玉器

2017

中国艺术品 JADE CARVING

{拍卖年鉴}

CHINESE ART AUCTION RECORDS

拍卖成交记录 | 2016.1.1~2016.12.31

掌握玉器投资全球价格及趋势

玉器爱好者、收藏者、从业者每年必备书

白玉 青玉 碧玉 籽料 当代名家作品

《拍卖年鉴》编辑部 / 编著　罗伯健 / 编审

北京联合出版公司
Beijing United Publishing Co.,Ltd.

推荐序

RECOMMENDATION

艺术品拍卖市场作为中国艺术品交易的二级市场，在过去几年，起到了良好的市场指引作用。拍卖市场的调整，则进一步影响着艺术品一级交易市场的走向与发展。拍卖平台的公开性与平等性，使藏品成交信息的获得更为直接、透明，网络及移动终端提供了更加迅捷、便利的查询途径。资讯时代的特征，在艺术品拍卖面前，显现出强大的动能；而获得准确的资讯，也间接或直接地影响了交易双方的投资收益。

由于网络资讯数据库过于庞大与冗杂，需要查询者付出大量宝贵的时间进行信息的梳理。随着拍卖市场的火爆而来的，是中国大陆涌现出了众多良莠不齐的拍卖年鉴类图书，殊不知，这是很不好的现象。拍卖年鉴中的资讯具有更高的参考价值，是因为其经过专业编辑团队系统性的汇总与整合筛选。其中，“紫图全球拍卖年鉴系列”收录了苏富比、佳士得、邦瀚斯、中国嘉德、北京保利等全球40家著名拍卖行的拍卖信息，视野覆盖伦敦、纽约、旧金山、香港、澳门、北京、上海、广州、台北等中国艺术品全球拍卖交易重镇，在国内拍卖年鉴类图书市场中，独领风骚。

紫图拍卖年鉴由数十名资深艺术品编辑、制作及专家、顾问组成的团队，耗时一年精心耕耘，在数以百万计的拍卖数据瀚海中孤舟向前，潜心为读者遴选实用、可用之数据；而坚持“从每年1月1日开始收集至12月31日为止”的编著宗旨，白驹过隙间已四载有余，更是诚心可鉴。

整套年鉴共收录了四万八千余条拍品资料、五万余幅相关拍品高清图片；每本年鉴六百余页，文字资料二十余万字，仅此两点，在国内就无出其右者。这一切的努力，只为能给中国艺术品藏家、艺术品收藏爱好者、艺术品投资人士及其相关从业人员，提供有价值的、可供参考的第一手拍卖成交信息。

本套艺术品年鉴，切合了广大投资者对资讯系统化的需求，还能帮助收藏爱好者开阔国际收藏视野。相信通过大家的共同努力，将艺术品市场向更为积极、透明、开放的发展方向进行引导，中国艺术品必会在世界收藏品市场中，更受瞩目与期待。

中国收藏家协会 会长 羅伯健

前言
PREFACE

《中国艺术品拍卖年鉴》系列丛书不是对过去一年所有拍品的简单搜罗，而是系统性、专业性的投资收藏指南。本着对读者认真负责的态度，我们《拍卖年鉴》编辑部经过一年的酝酿与筹备，推出了《2017 中国艺术品拍卖年鉴》系列丛书。

本书即是其中的《2017 中国艺术品拍卖年鉴 玉器》一书，书中搜集了邦瀚斯、保利厦门、保利香港、北京保利、北京诚轩、北京传是、北京东正、北京翰海、北京华辰、北京匡时、北京荣宝、北京中汉、朵云轩、福建东南、广东崇正、华艺国际、佳士得、荣宝斋、上海嘉禾、苏富比、天津文物、西泠印社、中国嘉德、中国艺海、中贸圣佳等拍卖公司，从 2016 年 1 月 1 日至 12 月 31 日中国艺术品拍卖中玉器的交易记录 4,000 多笔。本年鉴 536 页，翔实收录每件拍品的拍卖信息，并附精美图片，是目前中国艺术品拍卖市场最具参考价值的拍卖年鉴。

2016 年春拍市场，有一新板块高古玉表现令人惊喜，业内喻之为“黑马”。香港邦瀚斯推出的《温玉物华——思源堂藏中国玉器》专场，共拍出 178,276,250 港元的总成交额。其中，古玉专场获得 1.78 亿港元的总成交额，全场成交拍品 63 件，5 件超过千万港元，27 件超过百万港元，多件拍品甚至以超出估价几十倍的价格成交。

当代精品和田玉籽料拍卖市场也表现不俗。2016 年 5 月，一位女画家在田玉交易中心以 8,000 万的高价购得一块重达 91 公斤的和田白玉籽料。虽然由于礼品市场需求的压缩，股市期货市场吸引资金外流等原因，造成玉石市场进入持续调整期，但和田白玉籽料的“老大”地位却不容动摇。

出自当代玉雕大师之手的精品新疆和田白玉籽料摆件在 2016 年的拍卖市场有着不俗的表现，单件作品以数百万元的价格成交屡见不鲜，高者甚至能拍到千万元的价格。如 2016 年北京东正春季拍卖会上，一件吴德升雕刻的新疆和田白玉籽料摆件《双娇》以 1,322 万元人民币的价格成交。在同一拍卖专场中，当代玉雕大师雕刻的两件新疆和田白玉籽料摆件也分别拍出了 900 多万元的高价。

从 2012 年起，玉石器的拍卖行情就一直逐渐下滑。2011 年，中国玉石器共上拍 33,055 件，成交 15,280 件；到 2015 年的时候，中国玉器相比 2011 年上拍量上升 4.32%，成交量反而下降 30.62%，分别为 34,483 件和 10,602 件。从 2012 年开始，中国艺术品拍卖就出现开始调整的趋势，到 2016 年进入平稳调整期，中国艺术品拍卖市场已经没有当年那股"疯狂"。

从 2010 年—2015 年，5 万元以下玉石器拍卖成交量占比最大，达 68%；10 万—50 万元区间的占比 15%；5 万—10 万元的占比 12%。在成交额方面，100 万—500 万元区间占比最大，达到 30%；10 万—50 万元区间的成交额也达到了总量的 21%。由此可见，虽然高价位拍卖单品在占比方面有优势，但是总体来说，50 万以下的玉石器拍品才真正受到藏家和市场的青睐。

截至 2016 年 11 月 10 日，古代玉器板块共上拍 22,894 件，成交 6,704 件。在此需要说明的是，在秋拍刚刚开始的情况下已经超出去年整体总量的 50%。再加上每年最为重点的秋拍季，相信 2016 年古代玉器板块会有企稳上升趋势。

根据 2016 年中国玉器拍卖市场和艺术品拍卖市场的整体表现，我们保守预测：2017 年中国艺术品拍卖市场将继续沿着平稳持续发展的轨道前进，中国玉器拍卖市场有望在有限幅度内平稳增长。而且，随着经济平稳增长，全球艺术市场的发展即将呈现破竹之势，毫无疑问地推动中国艺术品拍卖走向世界，迎来快速发展、绝地发迹的新机遇。

目录

CONTENTS

阅读导航

EXAMPLE

中文品名

拍卖行官方品名信息，便于读者与相关拍卖行对比式查阅。

拍品图片

精美高清图片，读者可根据图片对拍品进行鉴赏，对年度成交前十位的各器型拍品，均予以标注，方便查找对比。

拍卖机构信息

书中所有拍品均标注拍卖机构的中英文名，读者可以迅速而直接地了解拍品成交信息及成交行情，让投资更简单。

玉器手镯
年代不详 Unknown C 佳士得
2016-05-31 Lot2038 5.20cm
估价：HKD 12,000,000-18,000,000
成交价：HKD 15,640,000

拍品年代信息

书中断代信息均为拍卖行官方数据，便于读者对比图片、文字数据进行鉴赏。

拍品估价及成交价位信息

书中均列明拍品估价与成交价，价格均以拍卖当地币种记录，更易查阅。

拍卖详情

详细列明拍品成交时间、拍品编号（Lot）及尺寸信息。

特别说明

1. 本书所用币种如下：USD-美元、GBP-英镑、HKD-港币、RMB-人民币。
2. 拍卖公司英文名称均为英文缩写，详情参考“拍卖公司中英名称及本书缩称索引”（第14页）。
3. 尺寸单位为厘米（cm），其中字母含义分别为：H-高、D-直径、L-长、W-宽、De-进深；重量单位为克（g），以W表示。

2016年度玉器拍卖Top10

THE TOP 10 OF 2016 JADE CARVING AUCTIONS

2016中国玉器拍卖十大天价排行榜 2016 Chinese Art Auction TOP10

排行	拍卖行	日期	Lot号	年代	名称	尺寸	估价	成交价
1	苏富比	2016-10-05	3304	乾隆	乾隆帝御宝青玉交龙钮方玺	11×12.8×12.8cm	HKD 80,000,000-120,000,000	HKD 91,480,000
2	北京保利	2016-06-06	7416	乾隆	白玉交龙钮宝玺八征耄念之宝	L7.5cm; W7.5cm H6.2cm	咨询价	RMB 41,975,000
3	北京匡时	2016-06-07	3776	现代	于泾雕童子观音坐像	H22cm	RMB 12,000,000-15,000,000	RMB 32,200,000
4	佳士得	2016-11-30	3201	西汉	青玉羊形水丞	W11cm	HKD 2,000,000-3,000,000	HKD 19,860,000
5	北京东正	2016-11-11	125	乾隆	白玉圆雕辟邪摆件	L14cm	RMB 8,000,000-12,000,000	RMB 16,675,000
6	苏富比	2016-04-06	3007	乾隆	乾隆帝写生“苍质滋华”“浮筠漱润”松竹图嵌仿古玉册（一对）	9.1cm;8.9cm	HKD 15,000,000-20,000,000	HKD 18,080,000
7	佳士得	2016-05-31	2038	年代不详	玉器手镯	5.20cm	HKD 12,000,000-18,000,000	HKD 15,640,000
8	北京东正	2016-05-15	731	当代	吴德升 新疆和田白玉籽料 双娇	H16cm;1260g	RMB 7,000,000-9,000,000	RMB 13,225,000
9	北京东正	2016-05-15	735	当代	忠荣玉典 新疆和田白玉籽料 观音	H25cm	RMB 8,000,000-9,000,000	RMB 9,200,000
10	北京东正	2016-05-15	724	当代	顾永俊 新疆和田白玉籽料 戏鹦鹉山子	H40cm;13544g	RMB 5,000,000-6,000,000	RMB 9,200,000

2016中国玉器拍卖配饰类十大天价排行榜 2016 Chinese Art Auction TOP10

排行	拍卖行	日期	Lot号	年代	名称	尺寸	估价	成交价
1	佳士得	2016-05-31	2038	年代不详	玉器手镯	5.20cm	HKD 12,000,000-18,000,000	HKD 15,640,000
2	苏富比	2016-04-06	3020	乾隆	黄玉仿古乳丁纹双联璧	24.1cm	HKD 6,000,000-8,000,000	HKD 9,680,000
3	佳士得	2016-11-30	3204	汉	玉龙凤璧	L11cm	HKD 2,600,000-4,000,000	HKD 7,860,000
4	北京东正	2016-11-11	214	乾隆	乾隆御提诗商圭	L15cm	RMB 2,800,000-4,200,000	RMB 4,370,000
5	保利香港	2016-10-04	3344	战国	螭龙纹璧	D8cm;D 4.1cm	HKD 3,800,000-6,000,000	HKD 4,720,000
6	佳士得	2016-11-30	3202	商晚期	青玉鸮形饰件	H4.1cm	HKD 1,800,000-3,000,000	HKD 4,620,000

排行	拍卖行	日期	Lot号	年代	名称	尺寸	估价	成交价
7	中国嘉德	2016-11-29	1124	年代不详	白玉镂雕出廓龙凤纹璧	W18.6cm	HKD 600,000-900,000	HKD 4,543,000
8	苏富比	2016-04-06	3028	康熙-雍正	白玉巧雕美人春睡把件	7.8cm	HKD 2,000,000-2,500,000	HKD 2,960,000
9	北京保利	2016-12-06	5915	乾隆	白玉童子牌	L7.6cm	RMB 1,000,000-1,600,000	RMB 2,530,000
10	佳士得	2016-10-04	27	六朝	青黄玉雕辟邪把件	5.5cm	HKD 600,000-800,000	HKD 2,100,000

2016中国玉器拍卖摆件类十大天价排行榜 2016 Chinese Art Auction TOP10

排行	拍卖行	日期	Lot号	年代	名称	尺寸	估价	成交价
1	北京匡时	2016-06-07	3776	现代	于泾雕童子观音坐像	H22cm	RMB 12,000,000-15,000,000	RMB 32,200,000
2	北京东正	2016-11-11	125	乾隆	白玉圆雕辟邪摆件	L14cm	RMB 8,000,000-12,000,000	RMB 16,675,000
3	苏富比	2016-04-06	3007	乾隆	乾隆帝写生“苍质滋华”“浮筠漱润”松竹图嵌仿古玉册（一对）	9.1cm;8.9cm	HKD 15,000,000-20,000,000	HKD 18,080,000
4	北京东正	2016-05-15	731	当代	吴德升 新疆和田白玉籽料 双娇	H16cm;1260g	RMB 7,000,000-9,000,000	RMB 13,225,000
5	北京东正	2016-05-15	735	当代	忠荣玉典 新疆和田白玉籽料 观音	H25cm	RMB 8,000,000-9,000,000	RMB 9,200,000
6	北京东正	2016-05-15	724	当代	顾永俊 新疆和田白玉籽料 戏鹦鹉山子	H40cm;13544g	RMB 5,000,000-6,000,000	RMB 9,200,000
7	苏富比	2016-04-06	3025	汉-六朝	黄玉卧兽	9.3cm	HKD 6,000,000-8,000,000	HKD 8,480,000
8	北京东正	2016-05-15	722	当代	崔磊 新疆和田白玉籽料 梵香幽步和三道（一对）	12cm;3266g	RMB 5,000,000-6,000,000	RMB 5,750,000
9	北京保利	2016-06-06	7467	乾隆	青白玉御题诗罗汉山子	H18cm	RMB 5,000,000-8,000,000	RMB 5,750,000
10	北京保利	2016-12-05	5169	乾隆	白玉雕御制古佛像赞山子	H15cm	RMB 3,500,000-5,500,000	RMB 5,635,000

2016中国玉器拍卖器皿类十大天价排行榜 2016 Chinese Art Auction TOP10

排行	拍卖行	日期	Lot号	年代	名称	尺寸	估价	成交价
1	佳士得	2016-11-30	3201	西汉	青玉羊形水丞	W11cm	HKD 2,000,000-3,000,000	HKD 19,860,000
2	苏富比	2016-04-06	3015	乾隆	白玉痕都斯坦式瓜棱式羊首杯	19cm	HKD 8,000,000-12,000,000	HKD 10,280,000
3	北京匡时	2016-12-06	3163	乾隆	和田白玉雕云蝠纹香炉	D11.2cm;H14.5cm	RMB 4,000,000-6,000,000	RMB 8,625,000

排行	拍卖行	日期	Lot号	年代	名称	尺寸	估价	成交价
4	荣宝斋（上海）	2016-11-27	828	乾隆	御制白玉龙纹多宝盒	L4.9cm; W4.8cm;H2.3cm	RMB 7,000,000-10,000,000	RMB 8,280,000
5	北京东正	2016-11-11	181	乾隆	白玉龙凤耳活环三足觥	H26cm	RMB 5,000,000-7,000,000	RMB 8,050,000
6	北京东正	2016-11-11	0203B	乾隆	白玉御制羊首水洗	L11.2cm	RMB 4,000,000-5,000,000	RMB 6,440,000
7	北京匡时	2016-06-07	3769	乾隆	白玉双凤耳衔环洗	D14cm	RMB 4,500,000-5,000,000	RMB 5,520,000
8	苏富比	2016-04-06	60	乾隆	白玉雕梅花双龙活环耳洗	24.8cm	HKD 2,500,000-3,500,000	HKD 6,080,000
9	北京保利	2016-06-06	7466	乾隆	御题诗白玉仿古龙尾觥	L17cm	RMB 3,000,000-5,000,000	RMB 5,175,000
10	北京保利	2016-12-05	5170	乾隆	白玉御题诗饕餮纹方觚	H20cm	RMB 4,200,000-6,200,000	RMB 4,830,000

2016中国玉器拍卖印章 · 印玺十大天价排行榜 2016 Chinese Art Auction TOP10

排行	拍卖行	日期	Lot号	年代	名称	尺寸	估价	成交价
1	苏富比	2016-10-05	3304	乾隆	乾隆帝御宝青玉交龙钮方玺	11 × 12.8 × 12.8cm	HKD 80,000,000-120,000,000	HKD 91,480,000
2	北京保利	2016-06-06	7416	乾隆	白玉交龙钮宝玺八征耄念之宝	L7.5cm; W7.5cm H6.2cm	咨询价	RMB 41,975,000
3	中国嘉德	2016-11-12	2644	嘉庆	青玉“孝懿仁皇后”交龙钮宝玺	12.8 × 12.8 × 9cm	RMB 5,000,000-8,000,000	RMB 5,980,000
4	北京华辰	2016-11-16	1254	年代不详	青玉龙钮方印（一组三只）	H6cm	RMB 4,000,000-6,000,000	RMB 4,600,000
5	北京匡时	2016-06-08	4017	当代	崔磊 四御大方章	13.20 × 6.00 × 6.20cm	RMB 2,200,000-2,700,000	RMB 3,335,000
6	北京保利	2016-12-05	5152	明	白玉蹲龙钮“隆福徽音”方玺	5.5 × 5.5 × 5cm	RMB 1,200,000-2,200,000	RMB 2,070,000
7	苏富比	2016-09-13	185	19-20 世纪	玉“奉三无私之宝”交龙钮玺	尺寸不详	USD 20,000-30,000	USD 286,000
8	北京保利	2016-12-05	5151	乾隆	白玉方观承私用印“幼怡园玉章”（一套九方）	尺寸不一	RMB 100,000-150,000	RMB 1,495,000
9	北京保利	2016-06-06	7475	元	黄玉麒麟钮梵文玺	5.1 × 6.2 × 6.4cm	RMB 1,000,000-1,500,000	RMB 1,150,000
10	北京保利	2016-12-05	5240	明	青白玉雕盘螭钮“功臣封爵铭”印（一对）	6.8 × 6.8 × 8cm	RMB 1,000,000-1,500,000	RMB 1,150,000

2016中国玉器拍卖鼻烟壶十大天价排行榜 2016 Chinese Art Auction TOP10 中国艺术拍卖十大天价

排行	拍卖行	日期	Lot号	年代	名称	尺寸	估价	成交价
1	苏富比	2016-10-04	1767	年代不详	天然裴翠鼻烟壶	尺寸不详	HKD 350,000-500,000	HKD 687,500
2	佳士得	2016-09-14	462	1760-1850年	灰黑玉雕双龙赶珠纹鼻烟壶	H7.8cm	USD 16,000-20,000	USD 35,000
3	苏富比	2016-12-02	888	清，18-19世纪	白玉鼻烟壶	5.5cm	HKD 30,000-40,000	HKD 250,000
4	北京保利	2016-04-27	574	乾隆	白玉瓜蝶绵绵鼻烟壶	H7cm	无底价	RMB 172,500
5	北京保利	2016-06-08	9224	乾隆	白玉御题诗烟壶	L8cm	RMB 150,000-200,000	RMB 172,500
6	北京古天一	2016-12-07	1052	清	翠玉鼻烟壶	H6.2cm	RMB 120,000-150,000	RMB 172,500
7	北京保利	2016-04-27	578	乾隆	白玉双狮耳鼻烟壶	H6.5cm	无底价	RMB 161,000
8	佳士得	2016-09-14	422	1770-1860年	翠玉光素鼻烟壶	H6.6cm	USD 4,000-6,000	USD 23,750
9	佳士得	2016-09-14	409	1791-1799年	御制白玉诗文鼻烟壶	H6.4cm	USD 6,000-8,000	USD 23,750
10	佳士得	2016-09-16	1293	1760-1820年	白玉鼻烟壶	H5.1cm	USD 10,000-15,000	USD 22,500

2016年拍场汇率表

EXCHANGE RATES OF 2016 AUCTIONS

币种 汇率 拍卖日期	USD/RMB 美元	EUR/RMB 欧元	HKD/RMB 港币	GBP/RMB 英镑
2016-01-06	653.14	701.30	84.26	957.70
2016-01-12	656.28	714.54	84.57	957.90
2016-01-15	656.37	713.97	84.40	948.62
2016-01-18	655.90	717.02	84.10	937.03
2016-01-21	655.85	713.86	83.92	932.47
2016-01-22	655.72	712.16	83.96	933.52
2016-01-29	655.16	717.00	84.09	942.09
2016-02-04	654.19	727.55	83.98	956.41
2016-02-18	651.52	725.78	83.68	931.84
2016-02-23	652.73	718.80	84.11	921.77
2016-02-25	653.18	719.24	84.09	909.73
2016-02-29	654.52	715.33	84.19	907.77
2016-03-04	652.84	714.94	84.03	925.04
2016-03-09	651.06	716.12	83.83	924.97
2016-03-14	649.13	724.57	83.65	933.52
2016-03-15	650.79	721.72	83.87	928.90
2016-03-16	651.72	723.31	83.99	921.81
2016-03-17	649.61	728.88	83.74	926.70
2016-03-18	646.28	732.53	83.33	936.96
2016-03-21	648.24	730.72	83.59	937.18
2016-03-22	649.71	729.55	83.79	933.31
2016-03-25	652.23	727.85	84.05	921.75
2016-03-28	652.32	727.50	84.08	921.15
2016-03-29	650.60	728.77	83.87	927.32
2016-04-01	645.85	734.93	83.28	927.74
2016-04-05	646.63	736.65	83.39	922.56
2016-04-06	647.54	736.70	83.49	916.44
2016-04-07	647.07	738.03	83.44	914.18
2016-04-11	646.49	736.96	83.33	912.79
2016-04-15	649.08	730.56	83.68	917.83
2016-04-18	647.87	731.97	83.54	918.34
2016-04-21	648.03	731.75	83.55	928.64
2016-04-22	648.98	732.59	83.65	929.78
2016-04-27	648.37	732.72	83.60	945.32
2016-04-28	649.54	735.00	83.74	944.15
2016-04-29	645.89	734.39	83.26	944.03
2016-05-06	652.02	742.89	84.01	944.15
2016-05-09	651.05	741.46	83.90	939.01
2016-05-10	652.33	742.20	84.03	939.92
2016-05-11	652.09	741.59	84.02	942.41
2016-05-12	649.59	742.89	83.71	938.05
2016-05-13	652.46	741.44	84.07	942.25
2016-05-16	653.43	738.76	84.16	937.66
2016-05-17	652.00	738.23	83.99	941.75
2016-05-18	652.16	737.78	84.01	942.48
2016-05-19	655.31	735.08	84.37	956.49
2016-05-20	655.10	733.77	84.35	956.22
2016-05-23	654.55	734.71	84.27	948.75
2016-05-26	655.52	731.80	84.43	963.68
2016-05-27	654.90	733.34	84.33	960.59
2016-05-30	657.84	730.15	84.70	961.56
2016-05-31	657.90	733.18	84.69	963.26
2016-06-01	658.89	733.08	84.79	953.69
2016-06-02	656.88	735.50	84.55	947.06
2016-06-03	657.93	733.47	84.68	948.30
2016-06-06	654.97	743.77	84.32	942.81
2016-06-07	656.18	744.99	84.48	948.73
2016-06-08	655.93	745.03	84.46	953.66
2016-06-13	658.05	740.48	84.77	936.02
2016-06-17	657.95	740.38	84.80	937.32
2016-06-20	657.08	745.63	84.68	954.79
2016-06-22	659.35	740.87	84.98	966.75
2016-06-24	657.76	744.34	84.79	958.99
2016-06-27	663.75	731.84	85.52	891.94

拍卖日期 \ 币种 汇率	USD/RMB 美元	EUR/RMB 欧元	HKD/RMB 港币	GBP/RMB 英镑
2016-06-28	665.28	732.38	85.74	879.92
2016-06-29	663.24	734.82	85.48	885.06
2016-06-30	663.12	737.50	85.47	892.12
2016-07-05	665.94	741.61	85.84	884.08
2016-07-07	668.20	741.18	86.13	862.48
2016-07-12	669.50	740.28	86.30	869.77
2016-07-15	668.05	742.26	86.16	892.58
2016-07-22	666.69	735.79	85.96	879.01
2016-07-25	668.60	732.73	86.19	877.95
2016-07-27	666.71	732.83	85.95	876.69
2016-07-29	665.11	737.24	85.75	875.13
2016-08-02	664.51	741.77	85.63	876.14
2016-08-05	664.06	739.21	85.62	871.47
2016-08-10	665.30	740.33	85.77	866.83
2016-08-15	664.30	741.47	85.65	857.45
2016-08-22	666.52	752.04	85.96	870.43
2016-08-26	664.88	750.79	85.74	877.44
2016-08-31	669.08	746.02	86.25	875.78
2016-09-05	668.73	745.95	86.23	889.05
2016-09-12	669.08	751.61	86.26	887.87
2016-09-13	667.26	750.01	86.01	889.73
2016-09-14	668.95	750.59	86.22	883.23
2016-09-19	667.86	745.51	86.08	869.14
2016-09-20	665.95	744.84	85.84	868.55
2016-09-23	666.70	746.98	85.96	872.00
2016-09-26	667.44	749.86	86.05	866.28
2016-09-29	667.00	748.54	86.02	869.91
2016-09-30	667.78	748.80	86.10	865.46
2016-10-10	670.08	748.94	86.37	832.01
2016-10-13	672.96	741.08	86.75	820.36
2016-10-18	673.03	740.95	86.75	821.55

拍卖日期 \ 币种 汇率	USD/RMB 美元	EUR/RMB 欧元	HKD/RMB 港币	GBP/RMB 英镑
2016-10-20	673.11	738.66	86.76	827.03
2016-10-26	677.05	737.07	87.29	824.72
2016-10-28	678.58	739.58	87.51	825.95
2016-10-31	676.41	742.94	87.23	825.01
2016-11-04	675.14	749.44	87.06	841.93
2016-11-07	677.25	750.99	87.32	844.82
2016-11-08	678.17	748.93	87.44	840.83
2016-11-09	678.32	747.42	87.47	839.77
2016-11-10	678.85	741.65	87.54	843.68
2016-11-11	681.15	740.71	87.82	854.11
2016-11-14	682.91	738.08	88.02	858.06
2016-11-15	684.95	736.76	88.30	858.11
2016-11-16	685.92	735.92	88.43	854.12
2016-11-21	689.85	730.80	88.93	851.61
2016-11-25	691.68	730.17	89.18	861.31
2016-11-28	690.42	732.92	89.02	861.41
2016-11-29	688.89	731.69	88.82	855.33
2016-11-30	688.65	733.86	88.79	860.85
2016-12-01	689.58	731.11	88.91	864.29
2016-12-02	687.94	733.78	88.70	866.10
2016-12-05	688.70	727.09	88.80	872.44
2016-12-06	685.75	738.80	88.43	873.60
2016-12-07	688.08	737.38	88.72	872.56
2016-12-08	687.31	739.53	88.61	868.62
2016-12-09	689.72	731.71	88.92	867.52
2016-12-12	690.86	728.42	89.03	870.14
2016-12-15	692.89	726.94	89.32	867.83
2016-12-19	693.12	726.55	89.26	868.33
2016-12-23	694.63	725.20	89.50	853.76
2016-12-28	694.95	727.10	89.56	853.17
2016-12-30	693.70	730.68	89.45	850.94

拍卖公司中英名称及本书缩称索引

AUCTION COMPANIES INDEX

中文名称	英文名称	本书缩称
邦瀚斯	BONHAMS	BO
保利厦门	POLY XIAMEN	PLXM
保利香港	POLY HONGKONG	PLHK
北京保利	BEIJING POLY	BP
北京诚轩	BEIJING CHENGXUAN	BC
北京传是	BEIJING TRANTHY	TH
北京东正	BEIJING DONGZHENG	BD
北京翰海	BEIJING HANHAI	BH
北京华辰	HUACHEN AUCTIONS	HC
北京匡时	COUNCIL	KS
北京荣宝	ROMBON	RB
北京中汉	JOHAN AUCTION	Z
朵云轩	DUO YUN XUAN	D
福建东南	SOUTHEAST	SE
广东崇正	CANTON TREASURE AUCTION	CZ
华艺国际	HOLLY INTERNATIONAL AUCTIONS	HY
佳士得	CHRISTIE'S	C
南京经典	NANJING CLASSIC AUCTION	NC
上海道明	DOWMIN AUCTION	DM
上海泓盛	HOSANE	HS
上海嘉禾	JIAHE	JH
苏富比	SOTHEBY'S	S
天津文物	TIANJIN ANTIQUE & CURIOSITY COMPANY	TC
西泠印社	XILING YINSHE ACADEMY	XLA
中国嘉德	CHINA GUARDIAN	GD
中国艺海	ARTSEA	AS
中贸圣佳	SUNGARI INTERNATIONAL AUCTION	SUN

感谢：邦瀚斯、保利厦门、保利香港、北京保利、北京诚轩、北京传是、北京东正、北京翰海、北京华辰、北京匡时、北京荣宝、北京中汉、朵云轩、福建东南、广东崇正、华艺国际、佳士得、南京经典、上海道明、上海泓盛、上海嘉禾、苏富比、天津文物、西泠印社、中国嘉德、中国艺海、中贸圣佳提供资料。

PART 1

高古玉
Jade before Sui Dynasty

配饰
Ornament

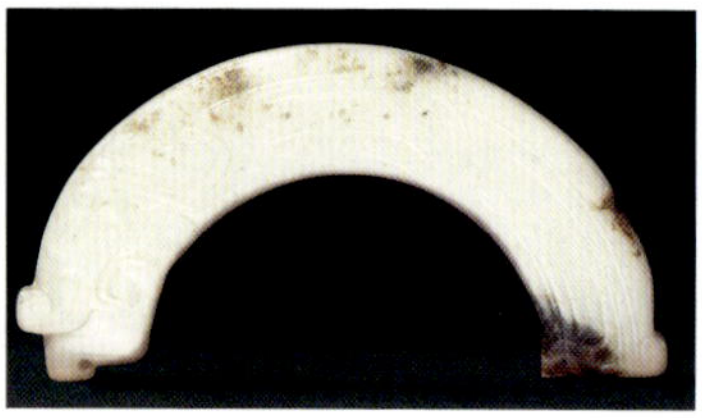

玉璜
西周 W.Zhou C 佳士得
2016-03-17 Lot910 L10.2cm
估价：USD 60,000-80,000
成交价：USD 149,000

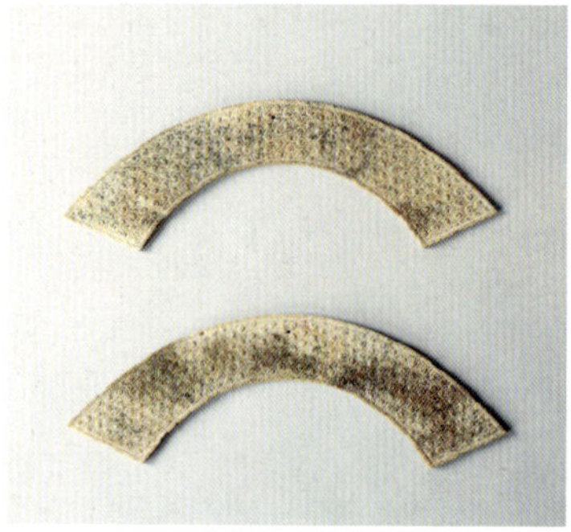

谷纹玉璜（一对）
战国 Warring PLHK 保利香港
2016-10-4 Lot3346 L 25cm
估价：HKD 200,000-300,000
成交价：HKD 236,000

云纹双联玉璧
春秋 S.&A. PLHK 保利香港
2016-10-4 Lot3328 D 4.5cm
估价：HKD 150,000-200,000
成交价：HKD 177,000

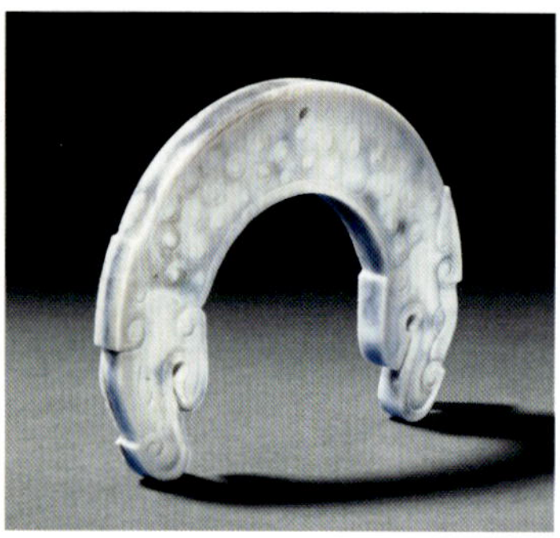

玉璜
战国晚期 Late Warring C 佳士得
2016-03-17 Lot918 W5.8cm
估价：USD 30,000-50,000
成交价：USD 37,500

鼓钉纹玉璜
战国 Warring XLA 西泠印社
2016-9-29 Lot125 L 12cm
估价：RMB 28,000-35,000
成交价：RMB 36,800

螭龙纹璧
战国 Warring PLHK 保利香港
2016-10-4 Lot3344 D 8cm;D 4.1cm
估价：HKD 3,800,000-6,000,000
成交价：HKD 4,720,000

2016 Chinese Art Auction TOP10 中国玉器拍卖配饰类十大天价排行榜 Top 5

青玉龙凤兽面纹璧
汉 Han GD 中国嘉德
2016-11-29 Lot1105 D24.5cm
估价：HKD 40,000-60,000
成交价：HKD 80,240

白玉高浮雕螭龙纹谷纹出廓璧
六朝 - 宋 Six Dy.-Song GD 中国嘉德
2016-11-29 Lot1136 W7.5cm
估价：HKD 250,000-350,000
成交价：HKD 295,000

玉透雕蟠虺纹双联璧
战国 Warring GD 中国嘉德
2016-11-29 Lot1110 D10.7cm
估价：HKD 200,000-300,000
成交价：HKD 236,000

玉龙凤璧
汉 Han C 佳士得
2016-11-30 Lot3204 L11cm
估价：HKD 2,600,000-4,000,000
成交价：HKD 7,860,000

玉雕璧（两件）
汉 Han GD 中国嘉德
2016-11-29 Lot1107 D13.6cm
估价：HKD 5,000-8,000
成交价：HKD 14,160

玉雕双龙首蟠虺纹璜（两件）
春秋 S.&A. GD 中国嘉德
2016-11-29 Lot1028 L9cm
估价：HKD 20,000-50,000
成交价：HKD 59,000

玉雕沁色出廓螭龙环
战国 Warring GD 中国嘉德
2016-11-29 Lot1029 D5.3cm
估价：HKD 150,000-250,000
成交价：HKD 177,000

玉雕兽面环
商 Shang GD 中国嘉德
2016-11-29 Lot1025 D4cm
估价：HKD 50,000-80,000
成交价：HKD 767,000

玉环
西汉 W.Han C 佳士得
2016-03-17 Lot923 D5.7cm
估价：USD 10,000-15,000
成交价：USD 12,500

白玉兽面纹环
战国 Warring GD 中国嘉德
2016-11-29 Lot1032 D5.1cm
估价：HKD 30,000-50,000
成交价：HKD 1,298,000

玉环
东周晚期 Late E.Zhou C 佳士得
2016-03-17 Lot927 D8.4cm
估价：USD 12,000-18,000
成交价：USD 27,500

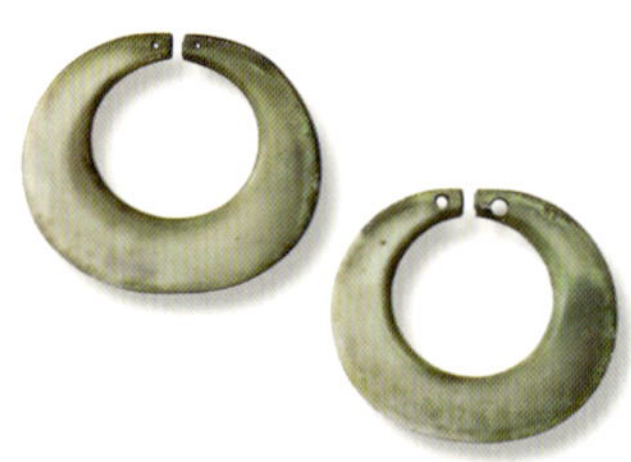

玉玦一对
战国晚期 - 西汉 Late Warring-W.Han C 佳士得
2016-03-17 Lot903 W4.5cm
估价：USD 12,000-18,000
成交价：USD 15,000

玉环
汉 Han GD 中国嘉德
2016-11-29 Lot1109 D5.8cm
估价：HKD 20,000-30,000
成交价：HKD 64,900

玉环两件、玉饰件一件
新石器时代 Neolithic GD 中国嘉德
2016-11-29 Lot1018 D8.7cm
估价：HKD 10,000-20,000
成交价：HKD 35,400

黄玉玦
新石器时代 Neolithic GD 中国嘉德
2016-11-29 Lot1056 D3.8cm
估价：HKD 5,000-8,000
成交价：HKD 23,600

玉环
新石器时代 Neolithic GD 中国嘉德
2016-11-29 Lot1063 D7.8cm
估价：HKD 70,000-100,000
成交价：HKD 141,600

玉环三件、玉钺和玉饰件三件
东周 E.Zhou GD 中国嘉德
2016-11-29 Lot1027 L8.2cm
估价：HKD 20,000-50,000
成交价：HKD 118,000

玉玦和玉饰件（共七件）
新石器时代 Neolithic GD 中国嘉德
2016-11-29 Lot1020 L6cm
估价：HKD 10,000-20,000
成交价：HKD 236,000

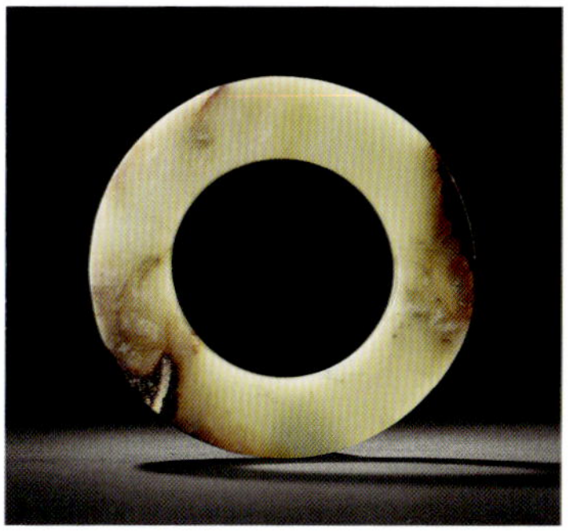

玉环
商 Shang GD 中国嘉德
2016-11-29 Lot1215 D9.5cm
估价：HKD 50,000-80,000
成交价：HKD 59,000

玉龙形玦
西周 W.Zhou C 佳士得
2016-11-30 Lot3206 D4cm
估价：HKD 90,000-150,000
成交价：HKD 112,500

龙形珮（一对）
战国 Warring PLHK 保利香港
2016-10-4 Lot3331 L 11cm
估价：HKD 120,000-150,000
成交价：HKD 153,400

玉龙形珮 一对
战国 Warring C 佳士得
2016-03-17 Lot914 W8.3cm
估价：USD 100,000-150,000
成交价：USD 125,000

玉雕谷纹 S 形龙形珮
战国 Warring GD 中国嘉德
2016-11-29 Lot1070 W15.3cm
估价：HKD 50,000-80,000
成交价：HKD 59,000

玉人龙形珮
西周 W.Zhou C 佳士得
2016-03-17 Lot911 H7.6cm
估价：USD 80,000-120,000
成交价：USD 100,000

黄玉龙纹方珮
东周 E.Zhou C 佳士得
2016-11-30 Lot3205 L4.3cm
估价：HKD 260,000-500,000
成交价：HKD 325,000

玉雕谷纹龙形珮
战国 Warring GD 中国嘉德
2016-11-29 Lot1071 W13cm
估价：HKD 100,000-200,000
成交价：HKD 118,000

白玉凤首珮饰
汉 Han GD 中国嘉德
2016-11-29 Lot1205 H5.5cm
估价：HKD 10,000-20,000
成交价：HKD 11,800

黄玉勾云形珮
新石器时代 Neolithic GD 中国嘉德
2016-11-29 Lot1090 W11cm
估价：HKD 100,000-200,000
成交价：HKD 118,000

白玉韘形珮
汉 Han C 佳士得
2016-10-4 Lot22 L 9cm
估价：HKD 250,000-350,000
成交价：HKD 812,500

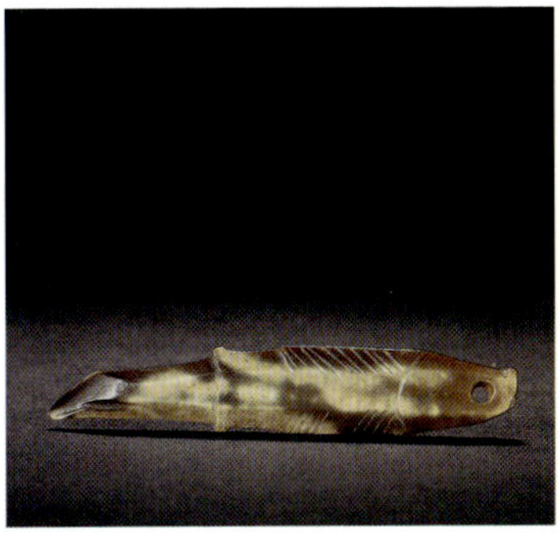

玉鱼珮
商 Shang GD 中国嘉德
2016-11-29 Lot1217 W5.6cm
估价：HKD 18,000-28,000
成交价：HKD 21,240

玉镂雕辟邪珮
汉 Han C 佳士得
2016-03-17 Lot936 D3.8cm
估价：USD 40,000-60,000
成交价：USD 161,000

玉龙带钩
西汉 W.Han PLHK 保利香港
2016-10-4 Lot3358 L 16cm
估价：HKD 50,000-80,000
成交价：HKD 59,000

玉剑珌 玉龙首带钩（各一件）
战国 - 汉 Warring-Han GD 中国嘉德
2016-11-29 Lot1067 H6.5cm
估价：HKD 10,000-20,000
成交价：HKD 25,960

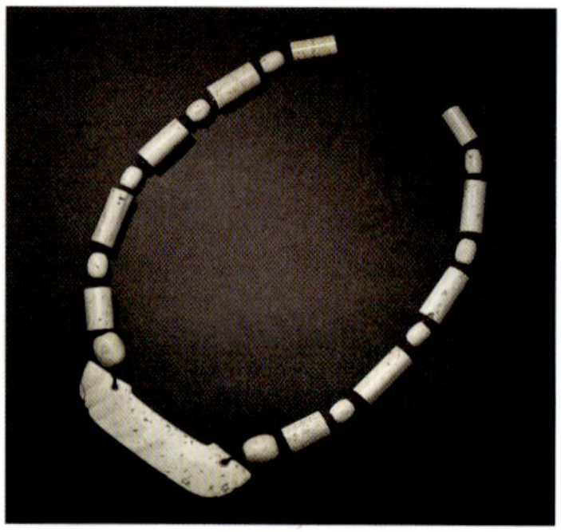

玉串饰（二十一件）
新石器时代 Neolithic GD 中国嘉德
2016-11-29 Lot1059 尺寸不一
估价：HKD 20,000-30,000
成交价：HKD 68,440

玉串饰（三十件）
新石器时代 Neolithic GD 中国嘉德
2016-11-29 Lot1060 尺寸不一
估价：HKD 20,000-30,000
成交价：HKD 96,760

玉饰（九件）
新石器时代 Neolithic GD 中国嘉德
2016-11-29 Lot1093 尺寸不一
估价：HKD 10,000-20,000
成交价：HKD 25,960

良渚文化 玉串饰
新石器时代，公元前 25 世纪 Neolithic，25th Century B.C. C 佳士得
2016-03-17 Lot907 L35cm
估价：USD 30,000-50,000
成交价：USD 125,000

玉串饰（十三件）
新石器时代 Neolithic GD 中国嘉德
2016-11-29 Lot1058 尺寸不一
估价：HKD 20,000-30,000
成交价：HKD 165,200

良渚文化 玉管

新石器时代，公元前20世纪 Neolithic，20th Century B.C. C 佳士得

2016-03-17 Lot905 H3.1cm

估价：USD 20,000-30,000

成交价：USD 81,250

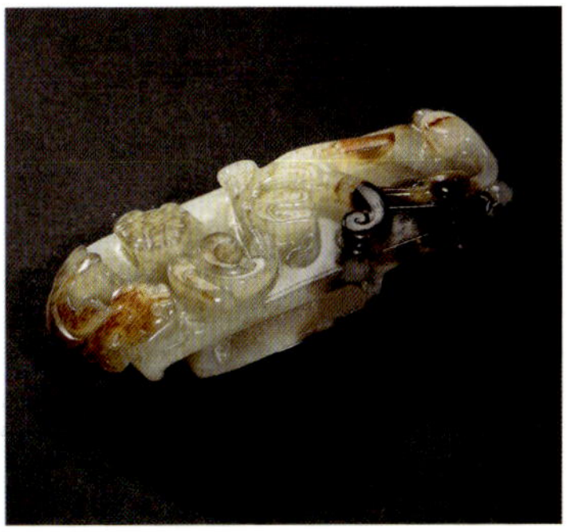

玉雕螭龙剑璏

汉 Han GD 中国嘉德

2016-11-29 Lot1030 L6.7cm

估价：HKD 20,000-50,000

成交价：HKD 141,600

白玉勾连纹兽面剑璏

战国 Warring GD 中国嘉德

2016-11-29 Lot1075 W8.5cm

估价：HKD 10,000-20,000

成交价：HKD 37,760

白玉剑璏

汉 Han C 佳士得

2016-03-17 Lot924 L9.2cm

估价：USD 12,000-15,000

成交价：USD 27,500

玉雕勾连纹兽面剑璏

战国 Warring GD 中国嘉德

2016-11-29 Lot1074 W6.8cm

估价：HKD 10,000-20,000

成交价：HKD 14,160

玉镂雕螭龙纹剑璏

西汉 W.Han C 佳士得

2016-03-17 Lot928 L8.9cm

估价：USD 80,000-120,000

成交价：USD 100,000

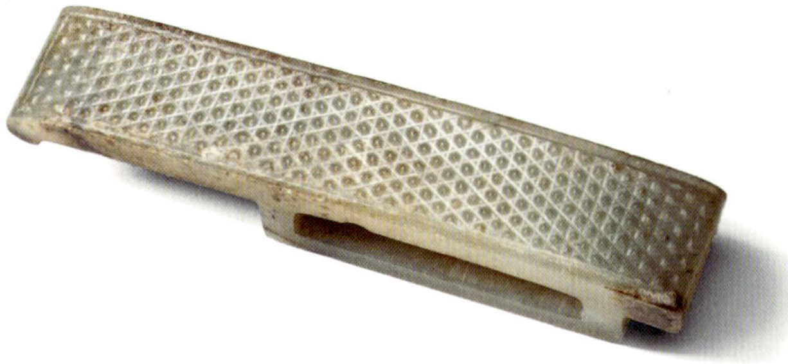

玉剑璏
西汉 W.Han C 佳士得
2016-03-17 Lot926 L9.2cm
估价：USD 8,000-12,000
成交价：USD 10,625

蟠龙纹玉剑饰（一组）
汉 Han PLHK 保利香港
2016-10-4 Lot3332 L 4.5cm;L 6cm;L 11cm;L 5.5cm
估价：HKD 600,000-800,000
成交价：HKD 708,000

玉剑璏（四件）
战国 - 明 Warring-Ming GD 中国嘉德
2016-11-29 Lot1228 W9cm
估价：HKD 20,000-30,000
成交价：HKD 23,600

玉雕素面剑珌（两件）
汉 Han GD 中国嘉德
2016-11-29 Lot1100 H4.5cm
估价：HKD 10,000-20,000
成交价：HKD 11,800

白玉带沁勾连纹剑珌
汉 Han GD 中国嘉德
2016-11-29 Lot1076 H5.8cm
估价：HKD 20,000-30,000
成交价：HKD 61,360

玉剑珌
战国 - 西汉早期 Warring-Early W.Han C 佳士得
2016-03-17 Lot920 L5.6cm
估价：USD 12,000-18,000
成交价：USD 12,500

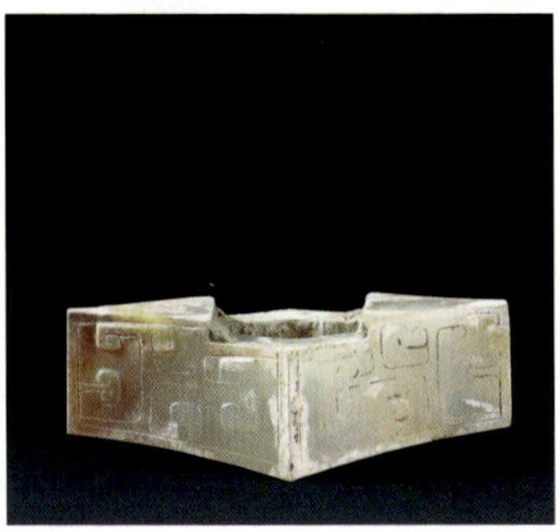

玉剑琫
战国 - 西汉早期 Warring-Early W.Han C 佳士得
2016-03-17 Lot921 L5.1cm
估价：USD 12,000-18,000
成交价：USD 16,250

玉勒子两件、玉剑璏和玉柄形器各一件
新石器时代 - 东周 Neolithic-E.Zhou GD 中国嘉德
2016-11-29 Lot1021 L5.2cm
估价：HKD 20,000-50,000
成交价：HKD 108,560

青玉勒子
新石器时代 Neolithic GD 中国嘉德
2016-11-29 Lot1115 H7cm
估价：HKD 50,000-80,000
成交价：HKD 59,000

玉雕龙纹勒子
春秋 S.&A. GD 中国嘉德
2016-11-29 Lot1121 H8cm
估价：HKD 60,000-90,000
成交价：HKD 82,600

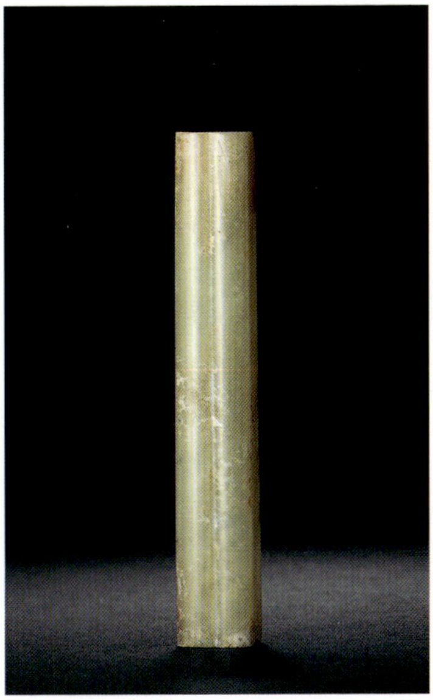

黄玉长勒子
西周 W.Zhou GD 中国嘉德
2016-11-29 Lot1064 H9cm
估价：HKD 20,000-30,000
成交价：HKD 41,300

玉勒子
战国 Warring GD 中国嘉德
2016-11-29 Lot1120 H7.2cm
估价：HKD 40,000-60,000
成交价：HKD 47,200

玉勾云纹束腰勒子
西周 W.Zhou GD 中国嘉德
2016-11-29 Lot1098 H5.8cm
估价：HKD 50,000-80,000
成交价：HKD 212,400

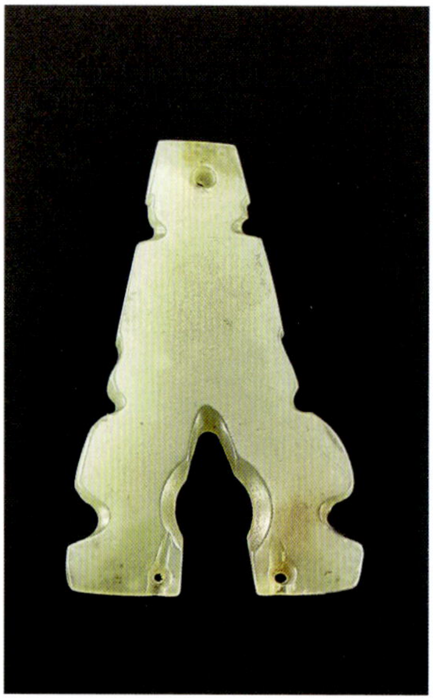

玉抽象图形饰
晋 Jin S 苏富比
2016-12-01 Lot92 6.1cm
估价：HKD 8,000-12,000
成交价：HKD 37,500

玉涡纹饰
春秋 - 战国 S.&A.-Warring C 佳士得
2016-03-17 Lot916 L3.8cm
估价：USD 40,000-60,000
成交价：USD 100,000

玉雕人物饰件（两件）
商 - 战国 Shang-Warring GD 中国嘉德
2016-11-29 Lot1026 L13cm
估价：HKD 20,000-50,000
成交价：HKD 49,560

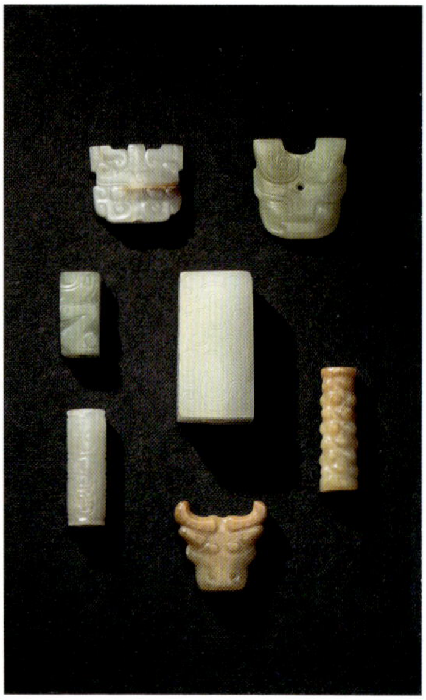

玉勒 玉兽面（七件）
东周 E.Zhou GD 中国嘉德
2016-11-29 Lot1072 尺寸不一
估价：HKD 50,000-80,000
成交价：HKD 153,400

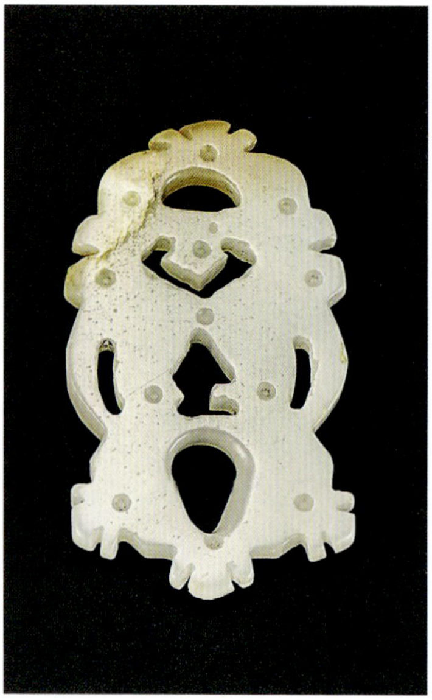

玉圆凹纹玉饰
晋 Jin S 苏富比
2016-12-01 Lot93 6.5cm
估价：HKD 10,000-15,000
成交价：HKD 81,250

玉人面形饰
新石器时代 Neolithic GD 中国嘉德
2016-11-29 Lot1019 L5.1cm
估价：HKD 30,000-50,000
成交价：HKD 236,000

玉雕勾连纹龙首觿
战国 Warring GD 中国嘉德
2016-11-29 Lot1073 H13cm
估价：HKD 80,000-120,000
成交价：HKD 129,800

玉龙形觿
战国 Warring C 佳士得
2016-11-30 Lot3207 L10cm
估价：HKD 260,000-500,000
成交价：HKD 350,000

玉龙形觿
战国晚期 Late Warring C 佳士得
2016-03-17 Lot913 H6cm
估价：USD 8,000-12,000
成交价：USD 27,500

玉雕蟠虺纹饰件（两件）
春秋 S.&A. GD 中国嘉德
2016-11-29 Lot1068 W9cm
估价：HKD 10,000-20,000
成交价：HKD 29,500

褐玉雕辟邪挂件
六朝 Six Dy. C 佳士得
2016-11-30 Lot3203 L3.6cm
估价：HKD 1,200,000-1,500,000
成交价：HKD 2,700,000

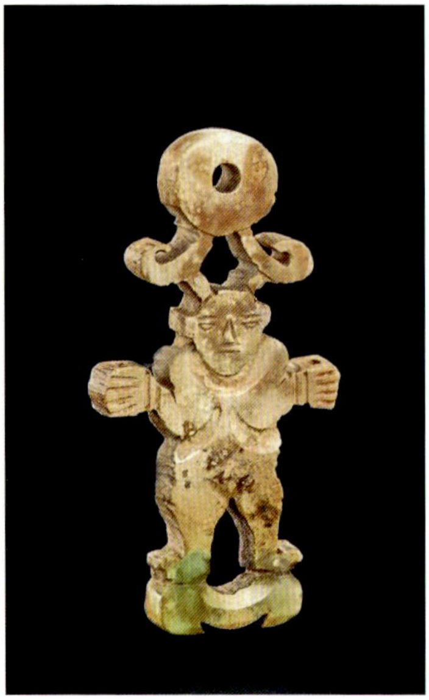

玉人“胜”
晋 Jin S 苏富比
2016-12-01 Lot72 5.6cm
估价：HKD 8,000-12,000
成交价：HKD 112,500

青玉鸮形饰件
商晚期 Late Shang C 佳士得
2016-11-30 Lot3202 H4.1cm
估价：HKD 1,800,000-3,000,000
成交价：HKD 4,620,000

2016 Chinese Art Auction TOP10 中国玉器拍卖配饰类十大天价排行榜 Top 6

玉雕覆面 玉蝉（一套十件）
汉 Han GD 中国嘉德
2016-11-29 Lot1080 尺寸不一
估价：HKD 50,000-80,000
成交价：HKD 61,360

良渚文化 玉琮
新石器时代，公元前 30 世纪 Neolithic，30th Century B.C. C 佳士得
2016-03-17 Lot906 W7.7cm
估价：USD 100,000-150,000
成交价：USD 269,000

玉琮
周 Zhou C 佳士得
2016-5-11 Lot297 W 5.5cm
估价：GBP 2,000-3,000
成交价：GBP 4,375

玉琮
东周 E.Zhou C 佳士得
2016-4-5 Lot1 W 7.5cm
估价：HKD 150,000-250,000
成交价：HKD 93,750

玉琮
商 - 周 Shang-Zhou C 佳士得
2016-03-17 Lot909 H9.7cm
估价：USD 25,000-35,000
成交价：USD 27,500

摆件
Decorated Jade Carving

黄玉卧兽
汉 - 六朝 Han-Six Dy. S 苏富比
2016-04-06 Lot3025 9.3cm
估价：HKD 6,000,000-8,000,000
成交价：HKD 8,480,000

2016 Chinese Art Auction TOP10 中国玉器拍卖摆件类十大天价排行榜 Top 7

白玉受沁瑞兽
汉 Han GD 中国嘉德
2016-11-29 Lot1111 W8cm
估价：HKD 500,000-800,000
成交价：HKD 3,599,000

白玉独角神兽

东汉 E.Han GD 中国嘉德

2016-11-29 Lot1088 W5.5cm

估价：HKD 400,000-600,000

成交价：HKD 944,000

白玉说唱人物

汉 Han GD 中国嘉德

2016-11-29 Lot1112 H6.5cm

估价：HKD 600,000-900,000

成交价：HKD 1,888,000

青玉雕卧牛把件

东汉 E.Han C 佳士得

2016-10-4 Lot23 L 6.5cm

估价：HKD 150,000-250,000

成交价：HKD 1,025,000

白玉翁仲

汉或以后 Han or After S 苏富比

2016-12-01 Lot74 4.8cm

估价：HKD 20,000-30,000

成交价：HKD 106,250

玉人

秦 - 汉 Qin-Han C 佳士得
2016-03-17 Lot935 H5cm
估价：USD 70,000-90,000
成交价：USD 209,000

咬尾龙

汉 Han PLHK 保利香港
2016-10-4 Lot3350 W 7cm
估价：HKD 60,000-80,000
成交价：HKD 212,400

玉猪龙

新石器时代 Neolithic GD 中国嘉德
2016-11-29 Lot1204 H5cm
估价：HKD 100,000-200,000
成交价：HKD 118,000

黄玉鸟

汉 Han GD 中国嘉德
2016-11-29 Lot1125 W6cm
估价：HKD 60,000-80,000
成交价：HKD 188,800

玉鸟四件、玉蝉一件

新石器时代 Neolithic GD 中国嘉德
2016-11-29 Lot1022 L4.3cm
估价：HKD 30,000-50,000
成交价：HKD 188,800

玉蚕 玉勒子 玉玦（共十三件）
西周 W.Zhou GD 中国嘉德
2016-11-29 Lot1094 尺寸不一
估价：HKD 50,000-80,000
成交价：HKD 59,000

玉蝉
汉 Han PLHK 保利香港
2016-10-4 Lot3351 L 5.6cm
估价：HKD 5,000-10,000
成交价：HKD 37,760

玉蝉
汉 Han C 佳士得
2016-03-17 Lot930 L5.5cm
估价：USD 4,000-6,000
成交价：USD 4,375

玉蝉
西汉 W.Han GD 中国嘉德
2016-11-29 Lot1078 H6.5cm
估价：HKD 20,000-30,000
成交价：HKD 37,760

青玉蝉（一组两件）
汉 Han S 苏富比
2016-12-02 Lot638 5.8cm
估价：HKD 20,000-30,000
成交价：HKD 25,000

玉蝉
西汉晚期 - 东汉 Late W.Han-E.Han C 佳士得
2016-03-17 Lot934 L4.8cm
估价：USD 3,000-5,000
成交价：USD 3,750

玉蝉
汉 Han C 佳士得
2016-03-17 Lot933 L6.3cm
估价：USD 3,000-5,000
成交价：USD 3,750

玉蝉（六件）
汉 Han GD 中国嘉德
2016-11-29 Lot1031 L7.5cm
估价：HKD 10,000-20,000
成交价：HKD 59,000

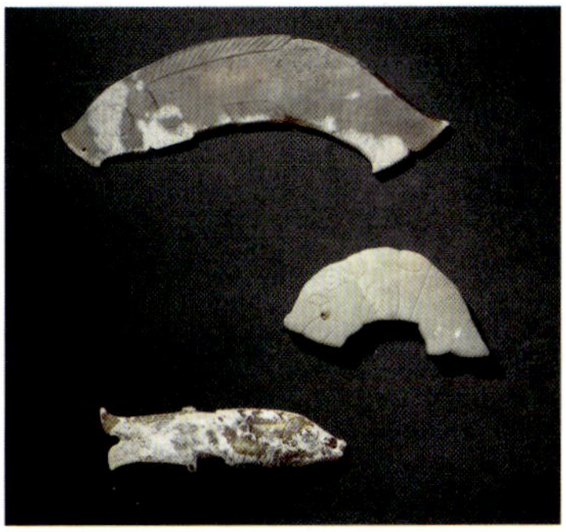

玉鱼（三件）
商 - 周 Shang-Zhou GD 中国嘉德
2016-11-29 Lot1218 W9.5cm
估价：HKD 35,000-55,000
成交价：HKD 41,300

玉斧
商 Shang GD 中国嘉德
2016-11-29 Lot1092 W16.3cm
估价：HKD 80,000-120,000
成交价：HKD 177,000

春秋加刻勾云纹新石器时代玉锛
新石器时代，春秋 Neolithic,S.&A. PLHK 保利香港
2016-10-4 Lot3353 L 19.2cm
估价：HKD 600,000-800,000
成交价：HKD 708,000

玉鱼 玉饰件（各一件）
周 Zhou GD 中国嘉德
2016-11-29 Lot1065 H9.5cm
估价：HKD 10,000-20,000
成交价：HKD 21,240

玉斧
新石器时代 Neolithic C 佳士得
2016-5-11 Lot298 L 18cm
估价：GBP 1,200-1,800
成交价：GBP 2,500

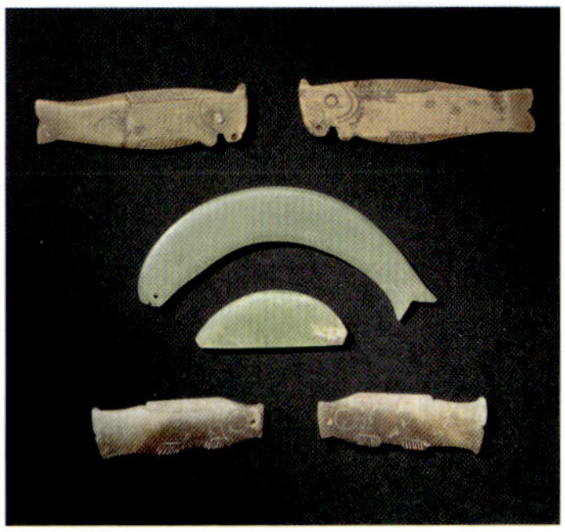

玉鱼五件、玉饰件一件
西周 W.Zhou GD 中国嘉德
2016-11-29 Lot1023 L9cm
估价：HKD 20,000-50,000
成交价：HKD 23,600

中国西北部 玉刀
公元前 20 世纪 20th Century B.C. C 佳士得
2016-03-17 Lot902 L33.1cm
估价：USD 20,000-30,000
成交价：USD 45,000

玉戈及玉斧
商 Shang C 佳士得
2016-11-30 Lot3208 L26cm;L17cm × 2
估价：HKD 100,000-150,000
成交价：HKD 250,000

青玉马蹄形器
新石器时代 Neolithic C 佳士得
2016-11-30 Lot3209 H9.6cm
估价：HKD 240,000-350,000
成交价：HKD 300,000

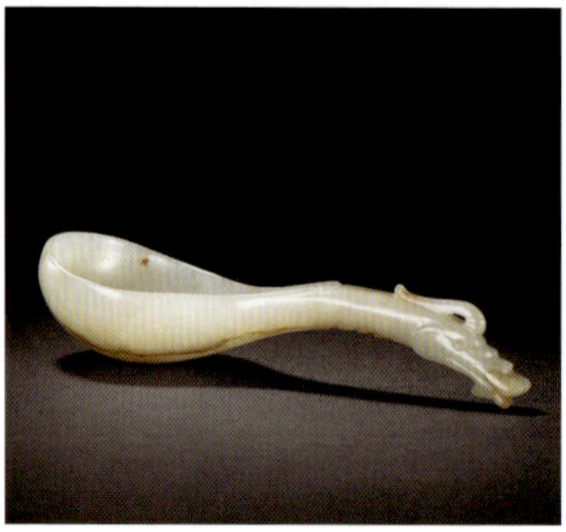

白玉龙首匙
东汉 E.Han GD 中国嘉德
2016-11-29 Lot1103 W11.5cm
估价：HKD 200,000-300,000
成交价：HKD 236,000

青玉羊形水丞
西汉 W.Han C 佳士得
2016-11-30 Lot3201 W11cm
估价：HKD 2,000,000-3,000,000
成交价：HKD 19,860,000

2016 Chinese Art Auction TOP10 中国玉器拍卖十大天价排行榜 Top 4
2016 Chinese Art Auction TOP10 中国玉器拍卖器皿类十大天价排行榜 Top 1

青玉柄形器
商 Shang GD 中国嘉德
2016-11-29 Lot1024 L16.2cm
估价：HKD 20,000-50,000
成交价：HKD 64,900

PART 2

隋至元玉器
Jade from Sui to Yuan

配饰
Ornament

黑白玉透雕仙人图牌
宋 - 元 Song-Yuan S 苏富比
2016-03-15 Lot108 尺寸不详
估价：USD 40,000-60,000
成交价：USD 225,000

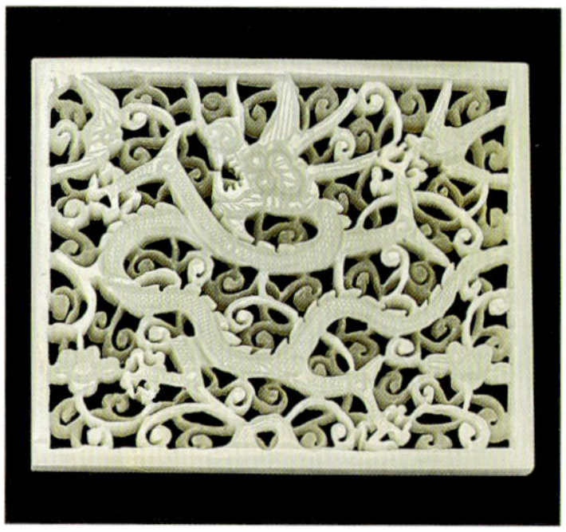

白玉镂空穿花龙纹牌饰
元 - 明 Yuan-Ming S 苏富比
2016-12-01 Lot228 6.5cm
估价：HKD 20,000-30,000
成交价：HKD 47,500

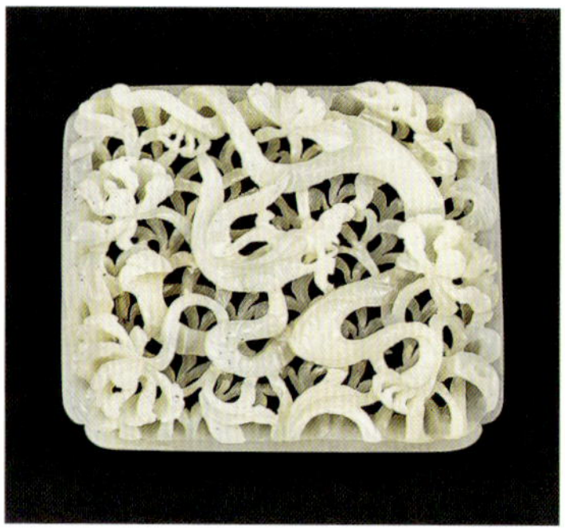

灰白玉镂空穿莲游龙牌饰
元 Yuan S 苏富比
2016-12-01 Lot47 6.9cm
估价：HKD 40,000-60,000
成交价：HKD 93,750

青白玉镂雕桃下仙鹤牌
元 - 明 Yuan-Ming BO 邦瀚斯
2016-11-07 Lot617 H 8.8cm
估价：GBP 2,000-3,000
成交价：GBP 2,500

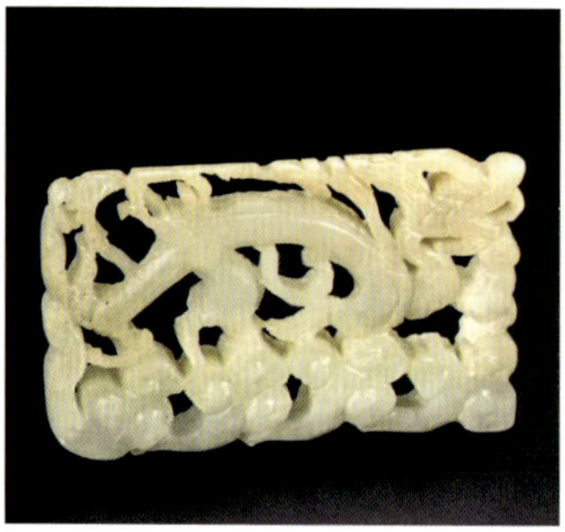

青白玉镂空云龙牌饰
元 Yuan S 苏富比
2016-12-01 Lot57 7cm
估价：HKD 8,000-12,000
成交价：HKD 112,500

玉虎牌饰
元 - 明 Yuan-Ming S 苏富比
2016-12-01 Lot61 6.7cm
估价：HKD 30,000-40,000
成交价：HKD 187,500

灰玉镂空富贵长寿麒麟牌饰
元 - 明 Yuan-Ming S 苏富比
2016-12-01 Lot227 7.1cm
估价：HKD 20,000-30,000
成交价：HKD 40,000

褐白玉宝鹅珮
宋 - 明 Song-Ming S 苏富比
2016-12-01 Lot103 4.4cm
估价：HKD 6,000-8,000
成交价：HKD 68,750

青白玉雕连生贵子珮
宋 - 明 Song-Ming S 苏富比
2016-12-01 Lot79 6.1cm
估价：HKD 60,000-80,000
成交价：HKD 400,000

青白玉持荷童子珮
宋 Song S 苏富比
2016-12-01 Lot188 4.5cm
估价：HKD 20,000-30,000
成交价：HKD 25,000

白玉交颈鸿雁珮
宋 - 元 Song-Yuan S 苏富比
2016-12-01 Lot199 3.8cm
估价：HKD 15,000-20,000
成交价：HKD 75,000

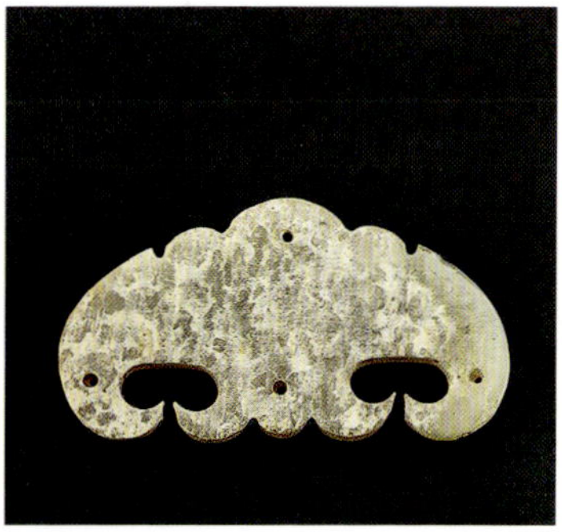

玉素纹珮
唐 Tang S 苏富比
2016-12-01 Lot91 5.9cm
估价：HKD 8,000-12,000
成交价：HKD 20,000

青白玉卧鹿珮
辽 - 金 Liao-Jin S 苏富比
2016-12-01 Lot220 4.4cm
估价：HKD 10,000-15,000
成交价：HKD 12,500

黄玉双鱼坠
元 Yuan BP 北京保利
2016-06-06 Lot7459 L5.5cm
估价：RMB 200,000-300,000
成交价：RMB 230,000

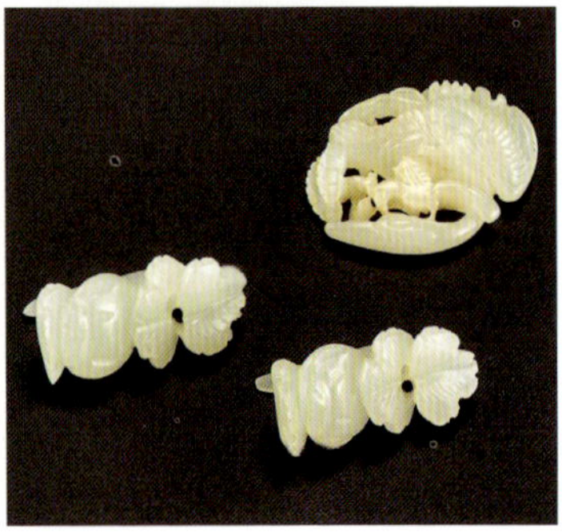

白玉瓜叶纹耳坠一对及白玉海东青啄雁春水饰
元 - 明 Yuan-Ming S 苏富比
2016-12-01 Lot113 2.4cm;2.8cm
估价：HKD 6,000-8,000
成交价：HKD 125,000

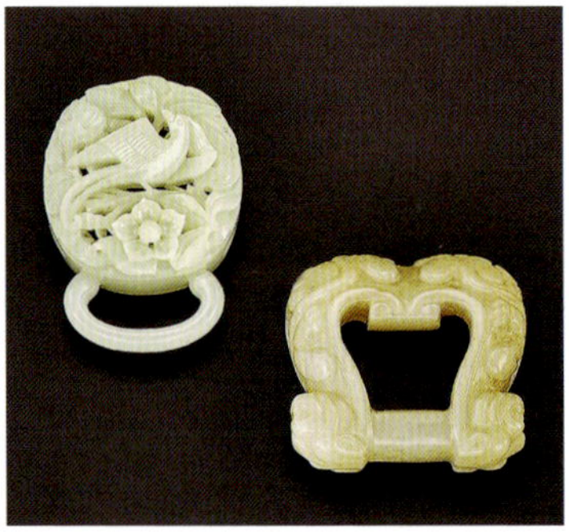

浅褐玉双狮带扣及白玉镂空穿花绶鸟带饰
元或以前；清 Yuan or Before;Qing S 苏富比
2016-12-01 Lot114 5.5cm;4.3cm
估价：HKD 15,000-20,000
成交价：HKD 212,500

玉乐人图带板（共二件）
唐 Tang S 苏富比
2016-12-01 Lot85 4.1cm;4cm
估价：HKD 20,000-30,000
成交价：HKD 175,000

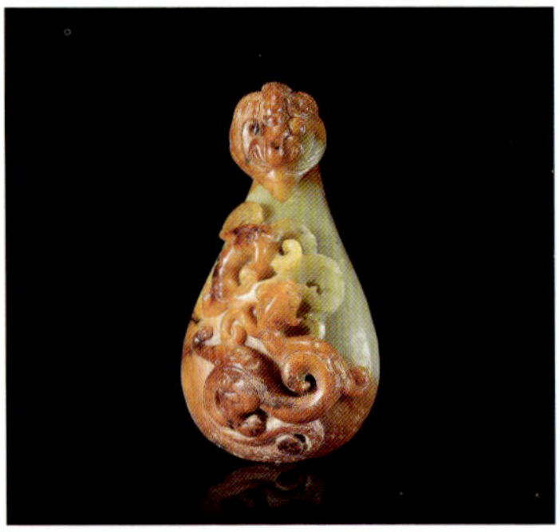

黄玉洒金龙凤纹带钩
元 Yuan BH 北京翰海
2016-06-05 Lot2638 L9cm
估价：RMB 25,000-35,000
成交价：RMB 34,500

青白玉建鹭纹带扣（一对）
金 - 元 Jin-Yuan S 苏富比
2016-12-01 Lot160 9cm
估价：HKD 30,000-40,000
成交价：HKD 62,500

玉雕舞人带板
唐 Tang GD 中国嘉德
2016-11-29 Lot1033 L8cm
估价：HKD 20,000-50,000
成交价：HKD 495,600

白玉巧雕螭龙纹带钩
宋或以前 Song or Before C 佳士得
2016-10-04 Lot25 L 4.5cm
估价：HKD 80,000-120,000
成交价：HKD 375,000

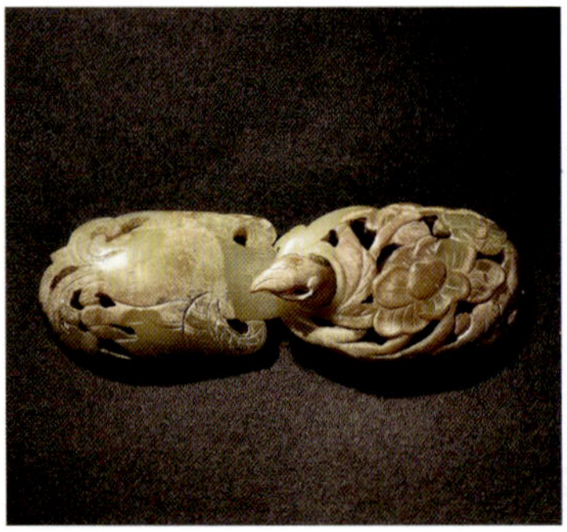

玉带沁鸟形带扣
辽 - 金 Liao-Jin GD 中国嘉德
2016-11-29 Lot1043 L11cm
估价：HKD 20,000-50,000
成交价：HKD 177,000

白玉飞天带板
唐 - 金 Tang-Jin C 佳士得
2016-03-17 Lot938 W7.3cm
估价：USD 30,000-50,000
成交价：USD 87,500

灰白玉胡人乐伎纹带板

唐 Tang C 佳士得

2016-03-17 Lot1515 W5.5cm

估价：USD 8,000-12,000

成交价：USD 7,500

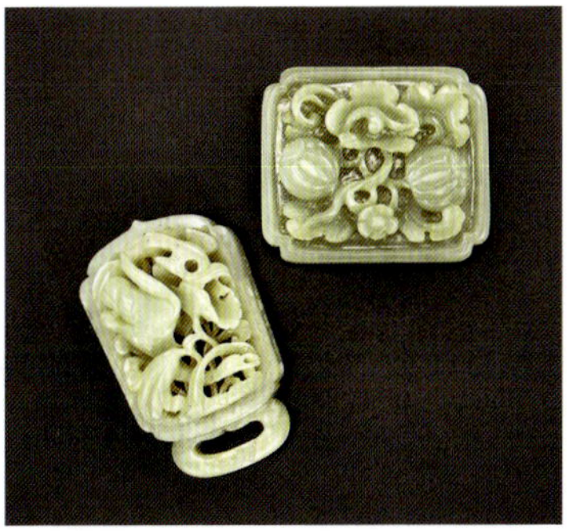

青白玉镂空海东青啄雁春水带饰及青白玉瓜瓞绵绵饰

元 - 明 Yuan-Ming S 苏富比

2016-12-01 Lot164 6.5cm;5.3cm

估价：HKD 15,000-20,000

成交价：HKD 68,750

黄玉螭龙纹环

宋 Song C 佳士得

2016-11-30 Lot3211 D5cm

估价：HKD 200,000-300,000

成交价：HKD 475,000

白玉龙纹带板（二十件）

元 Yuan BH 北京翰海

2016-12-04 Lot2484 L4.6cm;L9cm

估价：RMB 280,000-380,000

成交价：RMB 345,000

白化带板（一套十五块）

金 - 元 Jin-Yuan S 苏富比

2016-12-01 Lot75 2cm-4.7cm

估价：HKD 20,000-30,000

成交价：HKD 47,500

透空龙纹玉环

宋 Song C 佳士得

2016-11-30 Lot3210 D4.6cm

估价：HKD 220,000-400,000

成交价：HKD 687,500

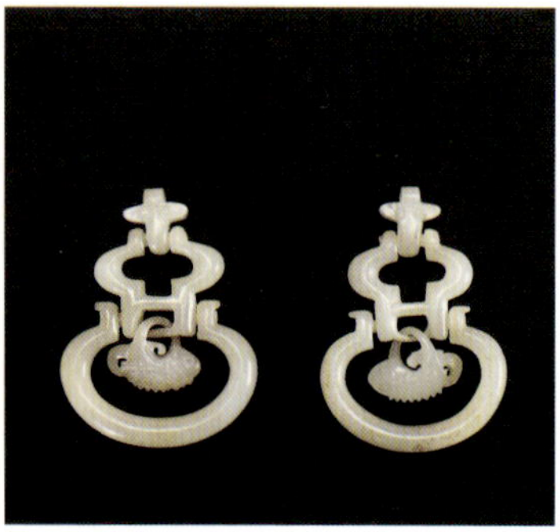

白玉活环（一对）
元 Yuan BD 北京东正
2016-11-11 Lot193 H6cm × 2
估价：RMB 150,000-200,000
成交价：RMB 368,000

玉环
明以前 Before Ming XLA 西泠印社
2016-04-09 Lot152 D5.5cm
估价：RMB 8,000-10,000
成交价：RMB 9,200

白玉雕螭龙纹环
宋或以前 Song or Before C 佳士得
2016-10-04 Lot26 W 8.3cm
估价：HKD 250,000-350,000
成交价：HKD 850,000

玉蒲纹环
宋或以前 Song or Before C 佳士得
2016-10-04 Lot20 D 6.5cm
估价：HKD 100,000-150,000
成交价：HKD 125,000

玉古钉纹璧及螭龙纹挂件（一组两件）
明以前 Before Ming XLA 西泠印社
2016-04-09 Lot151 D10cm;D4cm
估价：RMB 48,000-55,000
成交价：RMB 57,500

玉琮
明或更早 Ming or Earlier HY 华艺国际
2016-05-26 Lot1202 H3.6cm
估价：RMB 50,000-80,000
成交价：RMB 57,500

玉雕兽面纹琮
宋 Song GD 中国嘉德
2016-11-29 Lot1085 H9.7cm
估价：HKD 50,000-80,000
成交价：HKD 59,000

青玉雕卧牛把件
宋 Song C 佳士得
2016-11-30 Lot3213 L6cm
估价：HKD 300,000-500,000
成交价：HKD 475,000

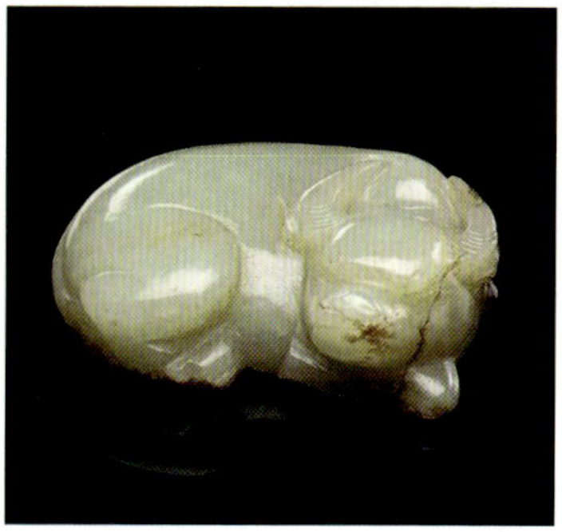

青褐玉卧牛把件
宋 - 明 Song-Ming C 佳士得
2016-04-05 Lot4 L 6.5cm
估价：HKD 120,000-150,000
成交价：HKD 150,000

白玉透雕飞天把件
宋 - 元 Song-Yuan S 苏富比
2016-12-01 Lot197 4.6cm
估价：HKD 40,000-60,000
成交价：HKD 350,000

褐斑黄玉雕卧犬把件
宋 Song S 苏富比
2016-12-01 Lot200 7.6cm
估价：HKD 300,000-500,000
成交价：HKD 937,500

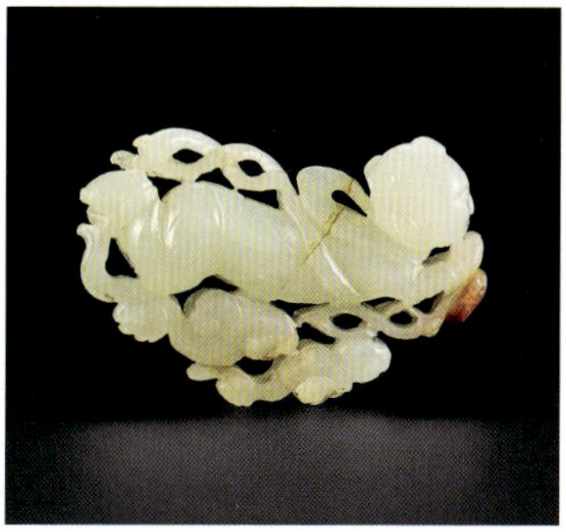

褐斑白玉雕飞天童子把件
宋 Song S 苏富比
2016-12-01 Lot24 5.7cm
估价：HKD 40,000-60,000
成交价：HKD 775,000

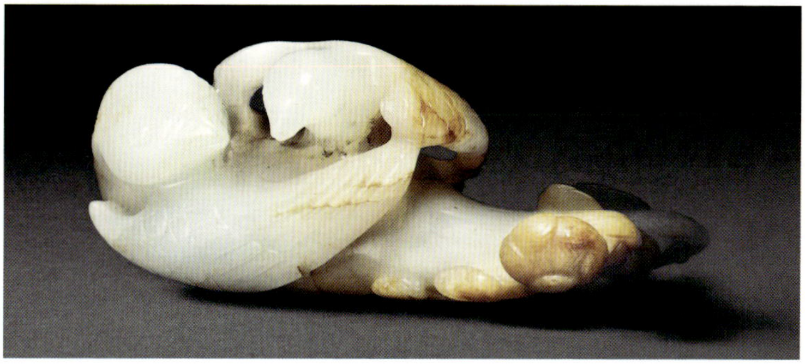

白玉双鸟把件
宋 - 明 Song-Ming C 佳士得
2016-03-17 Lot940 L6.6cm
估价：USD 100,000-150,000
成交价：USD 118,750

白玉雕瑞兽把件

宋 - 元 Song-Yuan C 佳士得

2016-10-04 Lot28 W 6cm

估价：HKD 80,000-150,000

成交价：HKD 150,000

褐斑青玉雕鸳鸯衔芝把件 褐斑灰玉簪（一组两件）

宋 - 明 Song-Ming S 苏富比

2016-12-02 Lot741 8.2cm;17.6cm

估价：HKD 20,000-30,000

成交价：HKD 100,000

白玉带沁秋山把件

金 - 元 Jin-Yuan GD 中国嘉德

2016-11-29 Lot1039 W5.9cm

估价：HKD 20,000-50,000

成交价：HKD 41,300

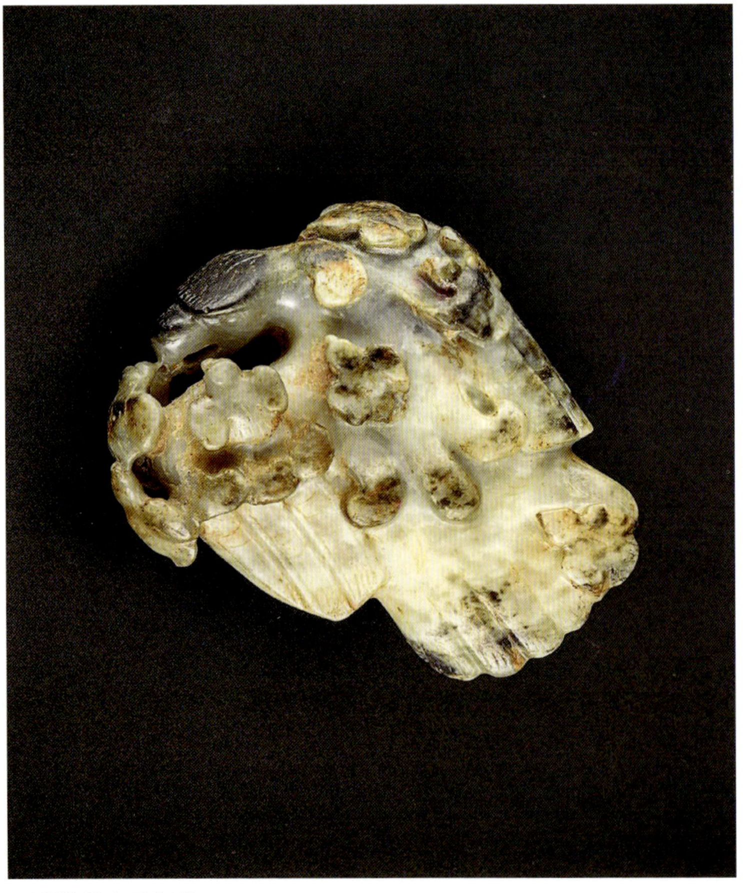

玉雕雄鹰育子把件

宋或以前 Song or Before S 苏富比

2016-12-01 Lot212 5.2cm

估价：HKD 30,000-50,000

成交价：HKD 1,100,000

青黄玉雕狮形把件

宋 - 明 Song-Ming C 佳士得

2016-10-04 Lot31 L 5cm

估价：HKD 120,000-180,000

成交价：HKD 525,000

青白玉雕天禄把件

宋 - 明 Song-Ming C 佳士得

2016-10-04 Lot30 L 7cm

估价：HKD 100,000-150,000

成交价：HKD 437,500

黄玉羊把件
宋 - 明 Song-Ming C 佳士得
2016-04-05 Lot6 L 7.8cm
估价：HKD 80,000-150,000
成交价：HKD 100,000

玉剑饰（一组）
明或更早 Ming or Earlier HY 华艺国际
2016-01-23 Lot1388 尺寸不一
估价：无底价
成交价：RMB 16,100

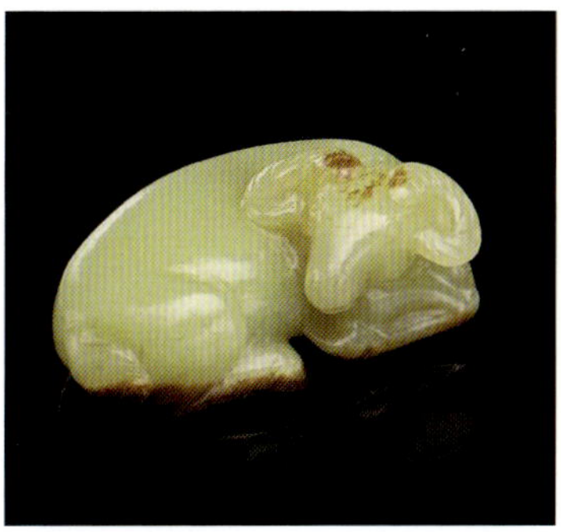

黄玉卧羊把件
元 - 明 Yuan-Ming C 佳士得
2016-04-05 Lot5 L 6.5cm
估价：HKD 150,000-240,000
成交价：HKD 350,000

青玉花鸟镶嵌件
元 Yuan GD 中国嘉德
2016-03-28 Lot5272 D5.4cm
估价：RMB 60,000-90,000
成交价：RMB 69,000

白玉鸳鸯帽顶
金 Jin BSA 北京古天一
2016-12-07 Lot1047 L4cm;H2cm
估价：RMB 30,000-50,000
成交价：RMB 59,800

玉雕勾云纹剑饰
明以前 Before Ming XLA 西泠印社
2016-04-09 Lot148 L6cm;W4.4cm
估价：RMB 10,000-16,000
成交价：RMB 17,250

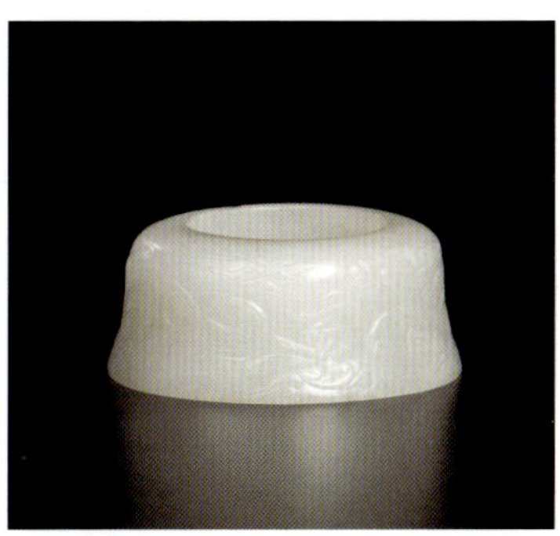

白玉雕双龙发圈
金 Jin BSA 北京古天一
2016-12-07 Lot1048 D4cm;H1.8cm
估价：RMB 50,000-80,000
成交价：RMB 66,700

白玉花簪头
元 - 明 Yuan-Ming S 苏富比
2016-12-01 Lot80 6.4cm
估价：HKD 5,000-7,000
成交价：HKD 6,250

白玉镂雕龙纹饰件
宋 - 元 Song-Yuan GD 中国嘉德
2016-11-29 Lot1036 L5.5cm
估价：HKD 10,000-20,000
成交价：HKD 33,040

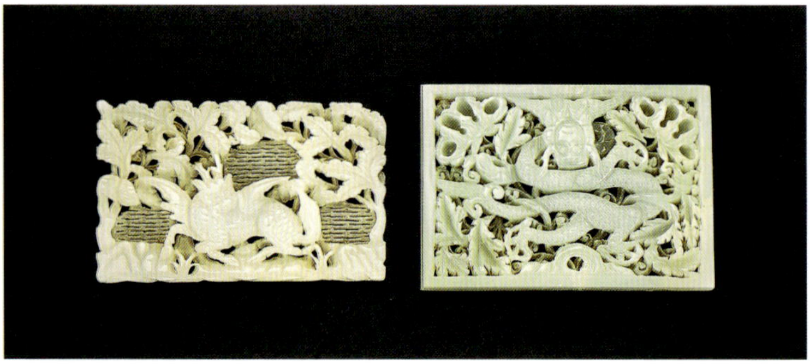

白玉镂空麒麟图饰及白玉镂空穿花龙纹饰
元 - 明 Yuan-Ming S 苏富比
2016-12-01 Lot214 7.2cm;7.1cm
估价：HKD 30,000-50,000
成交价：HKD 56,250

青玉雕龙纹配饰（一对）
元 Yuan S 苏富比
2016-12-01 Lot207 8.8cm
估价：HKD 10,000-20,000
成交价：HKD 250,000

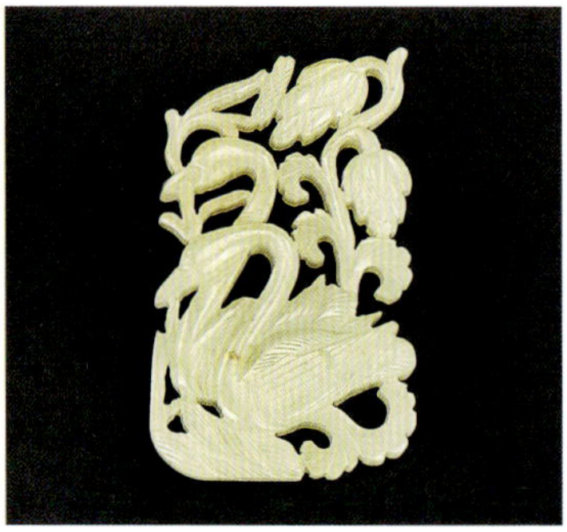

青白玉镂空瑞莲双鹅饰
金 Jin S 苏富比
2016-12-01 Lot191 6.4cm
估价：HKD 20,000-30,000
成交价：HKD 200,000

青白玉皮囊形摩羯双鱼饰
辽 Liao S 苏富比
2016-12-01 Lot235 4.4cm
估价：HKD 6,000-8,000
成交价：HKD 13,750

灰玉龙首饰及灰玉双兽饰
元 - 明 Yuan-Ming S 苏富比
2016-12-01 Lot151 4.5cm;6cm
估价：HKD 15,000-20,000
成交价：HKD 43,750

青白玉人面节约及青白玉兽面饰
金 - 明 Jin-Ming S 苏富比
2016-12-01 Lot233 5.9cm;3.8cm
估价：HKD 30,000-50,000
成交价：HKD 50,000

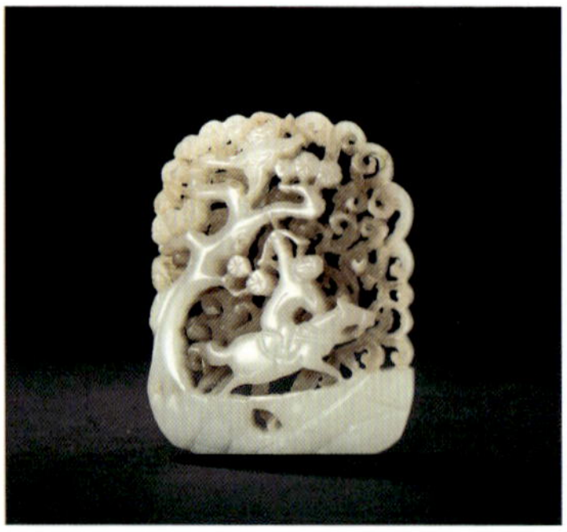

玉雕狩猎图饰件
辽 - 金 Liao-Jin GD 中国嘉德
2016-11-29 Lot1040 H6.5cm
估价：HKD 20,000-50,000
成交价：HKD 64,900

玉镂雕海东青饰件
辽 - 金 Liao-Jin GD 中国嘉德
2016-11-29 Lot1129 W5cm
估价：HKD 30,000-50,000
成交价：HKD 35,400

白玉镂空绶鸟衔穗饰
宋 Song S 苏富比
2016-12-01 Lot76 7cm
估价：HKD 50,000-70,000
成交价：HKD 250,000

灰白玉镂空花卉饰及青白玉双鸟饰（二件）
唐 - 明 Tang-Ming S 苏富比
2016-12-01 Lot219 4.7cm-7.7cm
估价：HKD 20,000-30,000
成交价：HKD 112,500

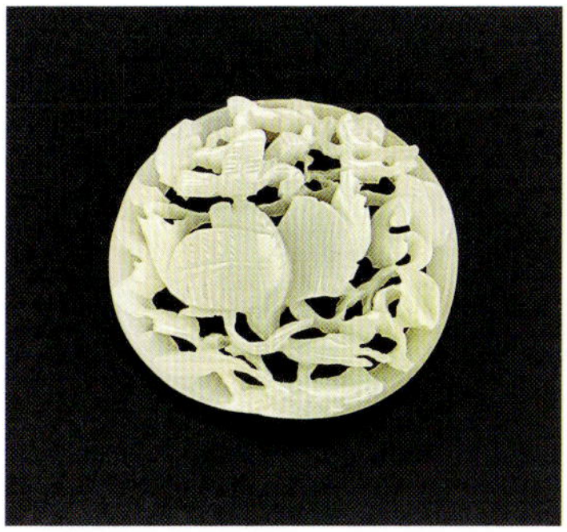

白玉镂空海东青啄雁春水饰
辽 - 元 Liao-Yuan S 苏富比
2016-12-01 Lot165 3.9cm
估价：HKD 8,000-12,000
成交价：HKD 62,500

白玉镂空孔雀衔莲饰
宋 - 元 Song-Yuan S 苏富比
2016-12-01 Lot116 4.6cm
估价：HKD 15,000-20,000
成交价：HKD 100,000

玉人首鸟饰
元 Yuan S 苏富比
2016-12-01 Lot218 3.9cm
估价：HKD 18,000-25,000
成交价：HKD 525,000

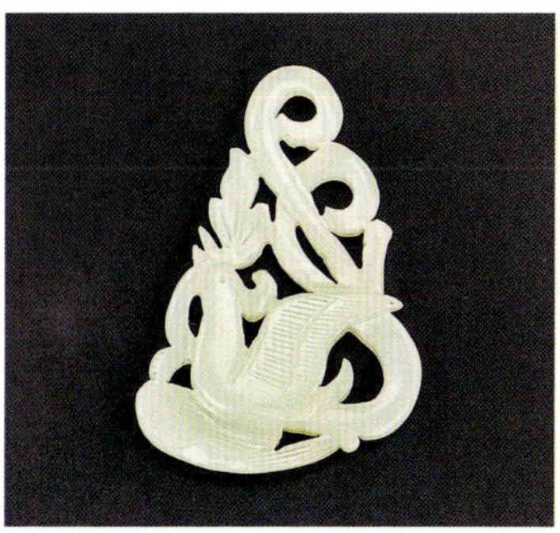

白玉镂空绶鸟衔穗饰
宋 Song S 苏富比
2016-12-01 Lot78 6.2cm
估价：HKD 30,000-40,000
成交价：HKD 93,750

青白玉镂空鹿鹤同春饰及青白玉镂空花鸟饰
元 Yuan S 苏富比
2016-12-01 Lot195 4.5cm
估价：HKD 20,000-30,000
成交价：HKD 43,750

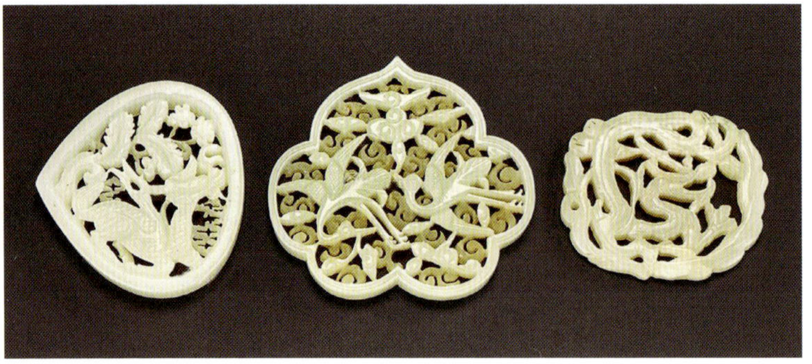

青白玉镂空行龙饰及青白玉镂空麒麟、云鹤饰二件
元；明 Yuan;Ming S 苏富比
2016-12-01 Lot60 3.8cm-4.9cm
估价：HKD 20,000-30,000
成交价：HKD 68,750d

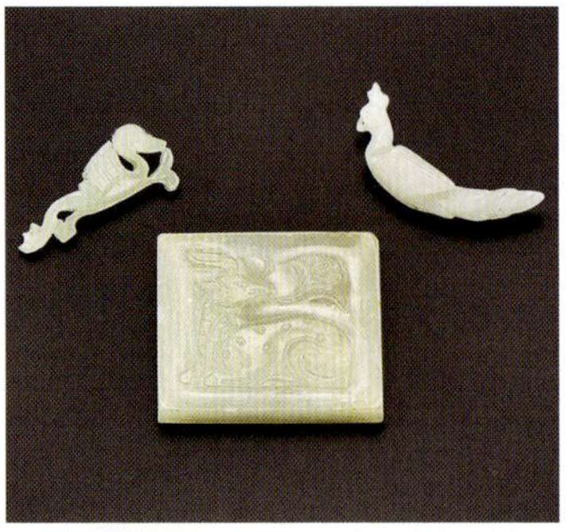

白玉梅鹿衔花牌饰及白玉瑞鸟饰两件（共三件）
五代 - 明；清初 Five Dy.-Ming;Early Qing S 苏富比
2016-12-01 Lot112 3.3cm-4cm
估价：HKD 20,000-30,000
成交价：HKD 225,000

褐斑青玉透雕瓜瓞绵绵图饰
元 Yuan S 苏富比
2016-12-01 Lot77 4.9cm
估价：HKD 30,000-50,000
成交价：HKD 56,250

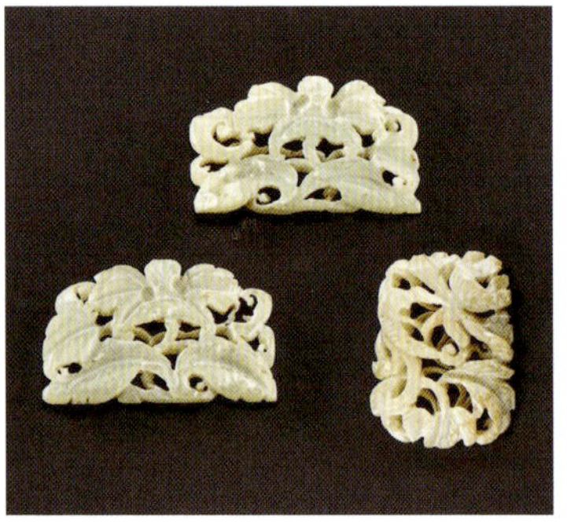

玉镂空折枝花卉、莲花绶鸟饰（共三件）
元 - 明 Yuan-Ming S 苏富比
2016-12-01 Lot81 3.1cm-3.6cm
估价：HKD 15,000-20,000
成交价：HKD 27,500

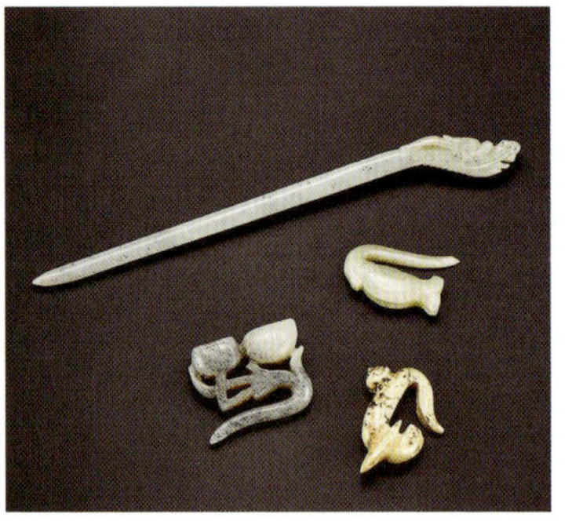

玉饰（四件）
辽 Liao S 苏富比
2016-12-01 Lot88 3.1cm-13.9cm
估价：HKD 8,000-12,000
成交价：HKD 12,500

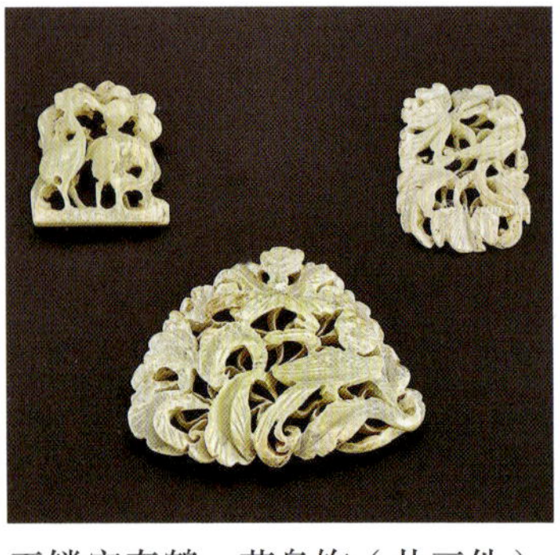

玉镂空寿鹤、花鸟饰（共三件）
元 - 明 Yuan-Ming S 苏富比
2016-12-01 Lot82 2.7cm-5cm
估价：HKD 15,000-20,000
成交价：HKD 75,000

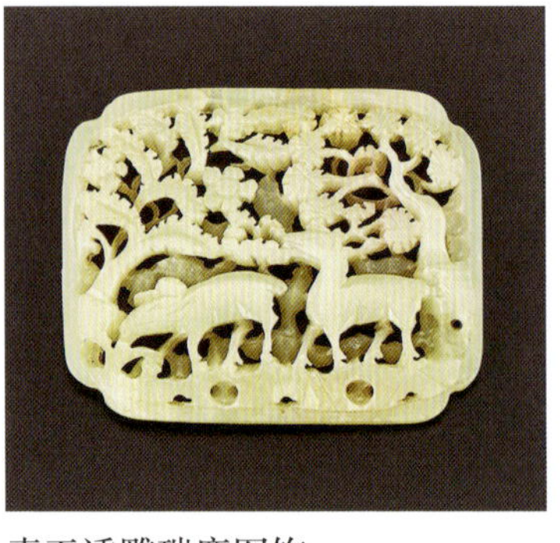

青玉透雕瑞鹿图饰
元 - 明 Yuan-Ming S 苏富比
2016-12-01 Lot226 6.1cm
估价：HKD 10,000-15,000
成交价：HKD 56,250

摆件
Decorated Jade Carving

白玉山子
元 Yuan BD 北京东正
2016-05-14 Lot2020 H7.6cm
估价：RMB 35,000-40,000
成交价：RMB 48,300

青白玉高士秋山图山子

辽 - 元 Liao-Yuan C 佳士得

2016-11-30 Lot3440 H13.8cm

估价：HKD 200,000-300,000

成交价：HKD 300,000

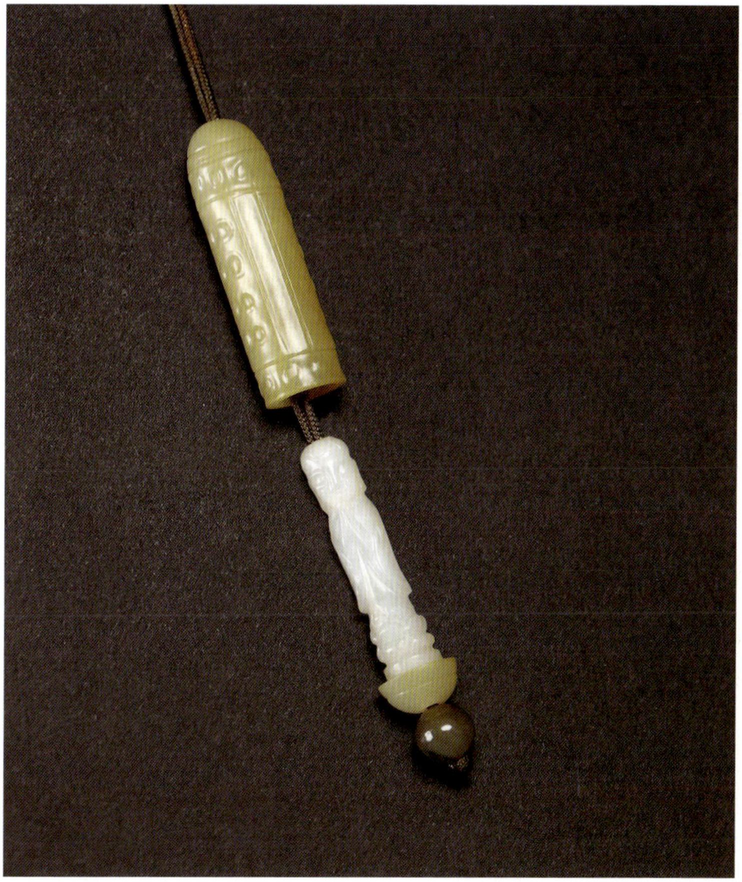

白玉套佛

元 Yuan BD 北京东正

2016-11-11 Lot182 3.2cm

估价：RMB 200,000-330,000

成交价：RMB 1,150,000

玉佛教人物坐像

元 - 明 Yuan-Ming S 苏富比

2016-12-01 Lot69 3.9cm

估价：HKD 6,000-8,000

成交价：HKD 118,750

墨玉巧雕笔架

元 Yuan BP 北京保利

2016-12-06 Lot5877 L20cm

估价：RMB 500,000-800,000

成交价：RMB 805,000

白玉飞天
宋 Song GD 中国嘉德
2016-11-29 Lot1128 W3.5cm
估价：HKD 50,000-80,000
成交价：HKD 200,600

白玉镂空飞天童子
宋 Song S 苏富比
2016-12-01 Lot210 7.4cm
估价：HKD 60,000-80,000
成交价：HKD 237,500

白玉持荷童子
元 Yuan S 苏富比
2016-12-01 Lot211 4.9cm
估价：HKD 50,000-70,000
成交价：HKD 375,000

白化玉飞天
唐 - 宋 Tang-Song S 苏富比
2016-12-01 Lot89 3.7cm
估价：HKD 15,000-20,000
成交价：HKD 300,000

青白玉童子
宋 Song S 苏富比
2016-12-01 Lot187 4.9cm
估价：HKD 15,000-20,000
成交价：HKD 20,000

褐斑青白玉持荷童子
元 Yuan S 苏富比
2016-12-01 Lot184 5.3cm
估价：HKD 20,000-30,000
成交价：HKD 27,500

玉飞天
唐 - 宋 Tang-Song S 苏富比
2016-12-01 Lot37 5.3cm
估价：HKD 10,000-15,000
成交价：HKD 137,500

黄玉持荷童子
宋 Song S 苏富比
2016-12-01 Lot26 4.5cm
估价：HKD 60,000-80,000
成交价：HKD 150,000

玉持荷童子
宋 Song S 苏富比
2016-12-01 Lot31 5.7cm
估价：HKD 40,000-60,000
成交价：HKD 112,500

青玉羽人

元 Yuan S 苏富比
2016-12-01 Lot217 4.8cm
估价：HKD 15,000-20,000
成交价：HKD 350,000

玉镂空人物寿鹤

宋 Song S 苏富比
2016-12-01 Lot29 5.8cm
估价：HKD 50,000-70,000
成交价：HKD 100,000

黄褐玉熊摆件

宋 - 明，12-15 世纪 Song-Ming,12th-15th Century
C 佳士得
2016-05-10 Lot49 L 6cm
估价：GBP 4,000-6,000
成交价：GBP 12,500

玉舞人

辽 - 明 Liao-Ming S 苏富比
2016-12-01 Lot34 5.7cm
估价：HKD 20,000-30,000
成交价：HKD 375,000

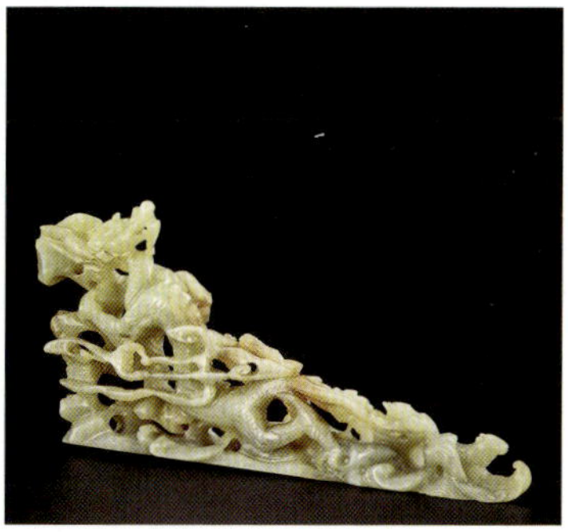

青玉雕山海云龙图摆件

元 - 明 Yuan-Ming S 苏富比
2016-12-01 Lot231 20.9cm
估价：HKD 40,000-60,000
成交价：HKD 225,000

青白玉坐龙

元 - 明 Yuan-Ming S 苏富比
2016-12-01 Lot150 4.3cm
估价：HKD 10,000-15,000
成交价：HKD 18,750

褐斑青玉雕羽人立像

元或以前 Yuan or Before S 苏富比
2016-12-02 Lot761 6.8cm
估价：HKD 30,000-50,000
成交价：HKD 237,500

白玉带皮瑞兽摆件

元 Yuan PLHK 保利香港
2016-11-29 Lot1081 H6.8cm;W9cm
估价：HKD 20,000-40,000
成交价：HKD 53,100

青玉凤

元 - 明 Yuan-Ming S 苏富比
2016-12-01 Lot238 5.8cm
估价：HKD 10,000-15,000
成交价：HKD 13,750

白玉带沁雕莲托瑞兽
唐 Tang GD 中国嘉德
2016-11-29 Lot1035 W5.4cm
估价：HKD 10,000-20,000
成交价：HKD 61,360

黄玉骆驼
宋 Song GD 中国嘉德
2016-11-29 Lot1038 W6cm
估价：HKD 20,000-50,000
成交价：HKD 92,040

白玉巧雕小熊
金 Jin BSA 北京古天一
2016-12-07 Lot1158 H3cm
估价：RMB 80,000-120,000
成交价：RMB 92,000

白玉带沁骆驼
唐 Tang GD 中国嘉德
2016-11-29 Lot1034 L5cm
估价：HKD 50,000-80,000
成交价：HKD 413,000

玉雕骆驼
宋 - 明 Song-Ming GD 中国嘉德
2016-11-29 Lot1037 W5cm
估价：HKD 30,000-50,000
成交价：HKD 224,200

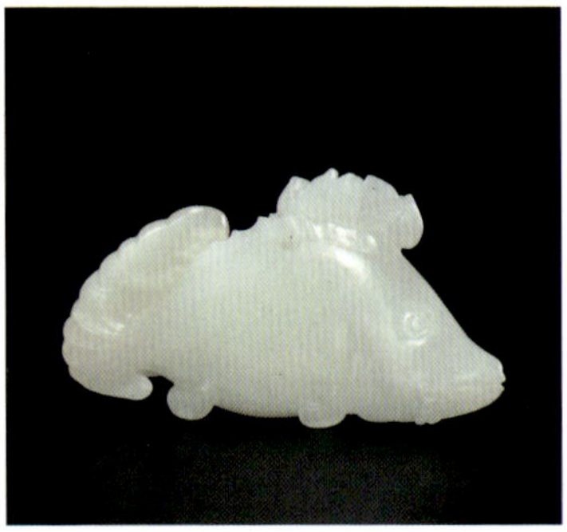

白玉鱼
元 Yuan BH 北京翰海
2016-06-05 Lot2530 L7.2cm
估价：RMB 10,000-15,000
成交价：RMB 17,250

青白玉骆驼
辽 - 宋 Liao-Song S 苏富比
2016-12-01 Lot71 2.3cm
估价：HKD 8,000-12,000
成交价：HKD 200,000

黑沁玉牛 黑沁玉虎（各一件）
宋 - 金 Song-Jin GD 中国嘉德
2016-11-29 Lot1237 W5.5cm
估价：HKD 48,000-68,000
成交价：HKD 56,640

白玉马

宋 Song C 佳士得

2016-11-30 Lot3214 L12.7cm

估价：HKD 400,000-600,000

成交价：HKD 625,000

黄玉狗

宋 Song GD 中国嘉德

2016-11-29 Lot1203 W7cm

估价：HKD 180,000-280,000

成交价：HKD 767,000

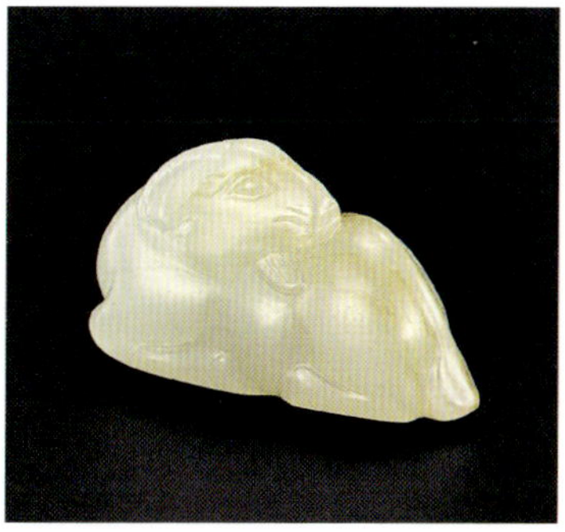

白玉卧羊

宋 - 明 Song-Ming S 苏富比

2016-12-01 Lot106 3.4cm

估价：HKD 12,000-18,000

成交价：HKD 27,500

白玉羊

元 Yuan BD 北京东正

2016-11-11 Lot172 L6.8cm

估价：RMB 80,000-100,000

成交价：RMB 149,500

黄玉卧犬

宋 - 明 Song-Ming GD 中国嘉德

2016-11-29 Lot1132 W5cm

估价：HKD 150,000-250,000

成交价：HKD 177,000

玉雕卧狗

宋 Song GD 中国嘉德

2016-11-29 Lot1131 6.7 × 6.7 × 5cm

估价：HKD 50,000-80,000

成交价：HKD 129,800

玉猪（两件）
宋 Song GD 中国嘉德
2016-11-29 Lot1042 W5cm
估价：HKD 20,000-50,000
成交价：HKD 129,800

白玉镂空莲池交颈鸿雁
辽 - 宋 Liao-Song S 苏富比
2016-12-01 Lot190 6.7cm
估价：HKD 20,000-30,000
成交价：HKD 150,000

白玉兔
宋 Song S 苏富比
2016-12-01 Lot32 5.3cm
估价：HKD 40,000-60,000
成交价：HKD 175,000

白玉瑞鸟
宋 - 明 Song-Ming S 苏富比
2016-12-01 Lot149 4cm
估价：HKD 10,000-15,000
成交价：HKD 43,750

玉鹅
元 - 明 Yuan-Ming S 苏富比
2016-12-01 Lot186 4.8cm
估价：HKD 10,000-15,000
成交价：HKD 13,750

红沁玉鱼
元 Yuan BSA 北京古天一
2016-12-07 Lot1082 L6.4cm
估价：RMB 50,000-80,000
成交价：RMB 115,000

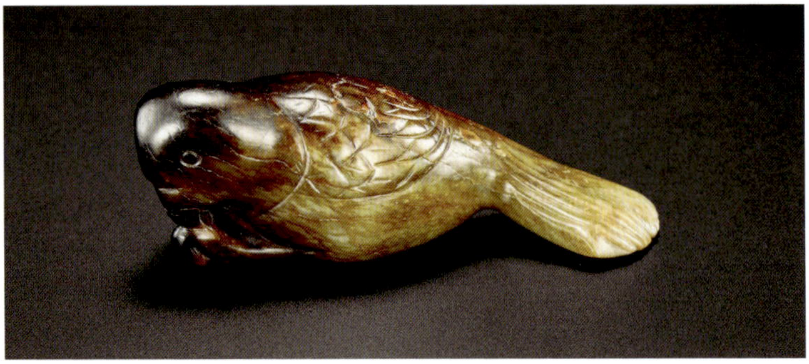

玉瑞鸟
宋 Song S 苏富比
2016-12-01 Lot30 8.3cm
估价：HKD 100,000-150,000
成交价：HKD 650,000

玉雕鸳鸯（两件）
宋 Song GD 中国嘉德
2016-11-29 Lot1041 W5cm
估价：HKD 20,000-50,000
成交价：HKD 118,000

褐斑青玉镂雕穿花龙纹钮
元 - 明 Yuan-Ming S 苏富比
2016-12-01 Lot170 6.8cm
估价：HKD 60,000-80,000
成交价：HKD 162,500

白玉龙钮押
元 Yuan BD 北京东正
2016-11-11 Lot174 4.7 × 4 × 4.2cm
估价：RMB 200,000-300,000
成交价：RMB 483,000

青玉镂空秋山松鹿钮
金 - 元 Jin-Yuan S 苏富比
2016-12-01 Lot189 4cm
估价：HKD 30,000-50,000
成交价：HKD 40,000

褐玉镂空瑞芝双鹿钮
宋 Song S 苏富比
2016-12-01 Lot194 3.3cm
估价：HKD 30,000-50,000
成交价：HKD 118,750

白玉蝉、龙纹璜、鱼（三件）
元 Yuan BH 北京翰海
2016-06-05 Lot2549 L3.5cm;L4.7cm;L6.2cm
估价：RMB 10,000-20,000
成交价：RMB 17,250

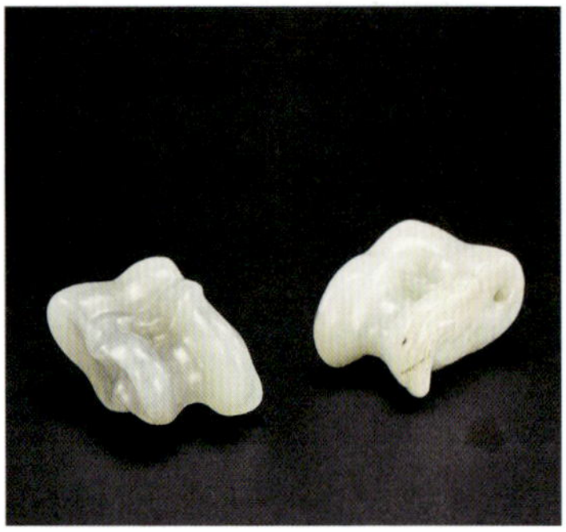

玉圆雕距骨（二件）
辽 Liao S 苏富比
2016-12-01 Lot54 3.3cm;3.4cm
估价：HKD 10,000-15,000
成交价：HKD 106,250

玉神鸟杖首
元 Yuan BD 北京东正
2016-11-11 Lot191 L11cm
估价：RMB 300,000-500,000
成交价：RMB 1,667,500

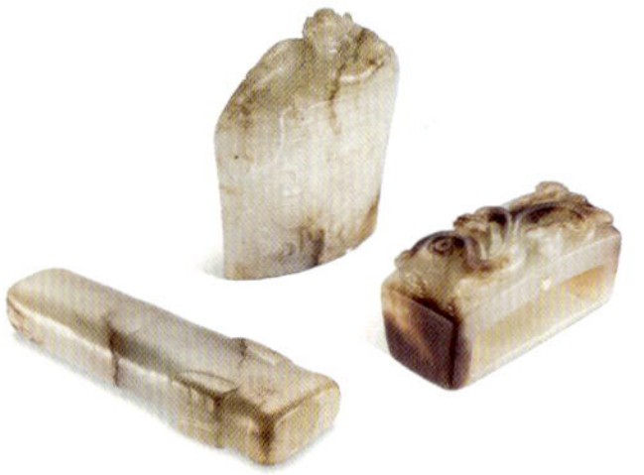

仿古玉雕（三件）
元 - 明 Yuan-Ming S 苏富比
2016-12-02 Lot742 5cm;7.1cm
估价：HKD 30,000-40,000
成交价：HKD 400,000

器皿
Utensil

白玉龙纹炉鼎
明或更早 Ming or Earlier KS 北京匡时
2016-06-07 Lot3335 H2.8cm
估价：RMB 50,000-80,000
成交价：RMB 57,500

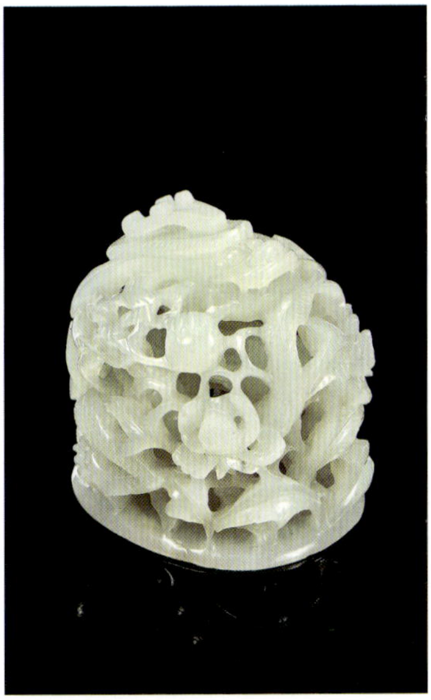

白玉透雕穿花龙纹炉顶
元 Yuan GD 中国嘉德
2016-11-12 Lot2848 H 4.8cm
估价：RMB 20,000-40,000
成交价：RMB 63,250

青白玉透雕龙纹炉顶
元 - 明 Yuan-Ming C 佳士得
2016-09-16 Lot1265 H 5.4cm
估价：USD 8,000-12,000
成交价：USD 13,750

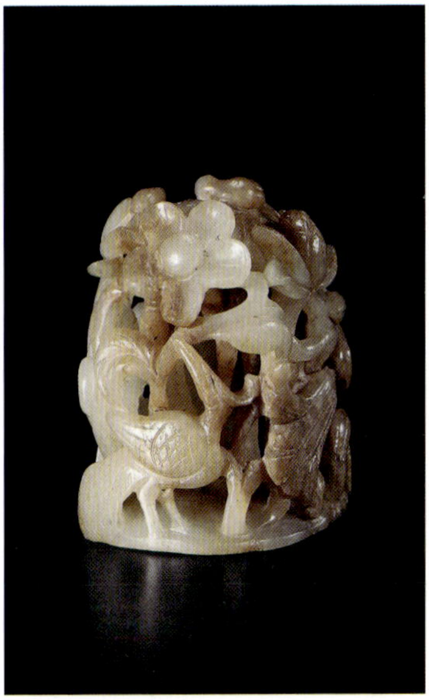

白玉透雕一路连科炉顶
元 Yuan BH 北京翰海
2016-12-04 Lot2486 H5.3cm
估价：RMB 8,000-12,000
成交价：RMB 11,500

白玉雕秋山图炉顶
元 Yuan XLA 西泠印社
2016-09-29 Lot123 H 5.5cm
估价：RMB 5,000-10,000
成交价：RMB 13,800

玉雕荷塘鹭鸶炉顶
元 Yuan GD 中国嘉德
2016-11-29 Lot1236 H4.9cm
估价：HKD 120,000-220,000
成交价：HKD 141,600

黄玉酌兕觥
唐 - 宋 Tang-Song GD 中国嘉德
2016-11-29 Lot1086 H7cm
估价：HKD 180,000-280,000
成交价：HKD 212,400

旧玉螭龙纹杯
元 Yuan BH 北京翰海
2016-06-05 Lot2632 H7.5cm
估价：RMB 25,000-35,000
成交价：RMB 34,500

青玉龙首建筑构件
元 Yuan S 苏富比
2016-10-05 Lot3306 21.7cm
估价：HKD 3,000,000-5,000,000
成交价：HKD 3,680,000

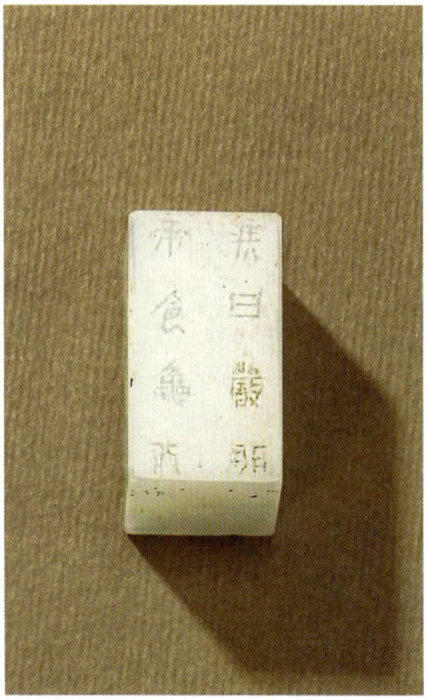

白玉严卯
宋或以后 Song or After C 佳士得
2016-10-04 Lot24 L 2.3cm
估价：HKD 100,000-150,000
成交价：HKD 562,500

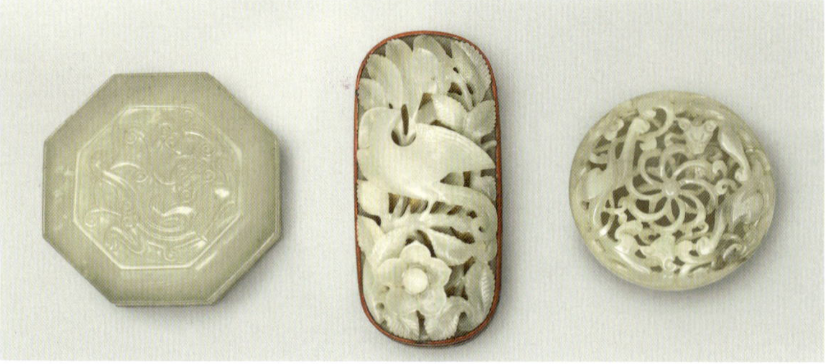

青白玉牌及青白玉盖盒 两件
元及更晚 Yuan or After S 苏富比
2016-03-19 Lot1385 尺寸不详
估价：USD 5,000-7,000
成交价：USD 6,875

PART 3

配饰
Ornament

牌
Plaque

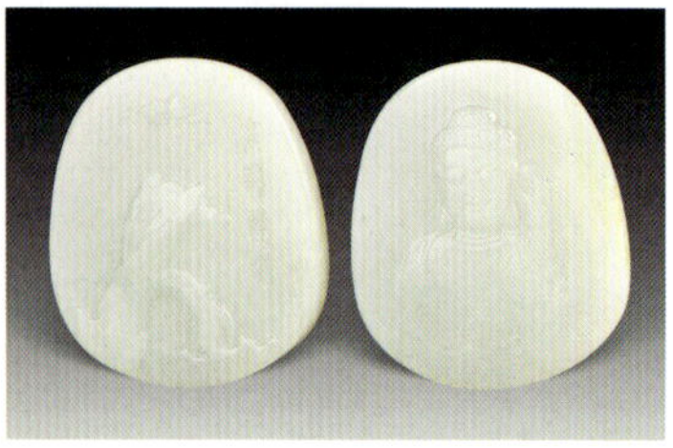

白玉释迦牌、高瞻远瞩牌各一件
年代不详 Unknown GD 中国嘉德
2016-03-28 Lot5501 L6cm;L5.8cm
估价：无底价
成交价：RMB 11,500

青白玉文殊菩萨诗文牌
年代不详 Unknown GD 中国嘉德
2016-09-25 Lot5591 D 6.4cm
估价：无底价
成交价：RMB 6,900

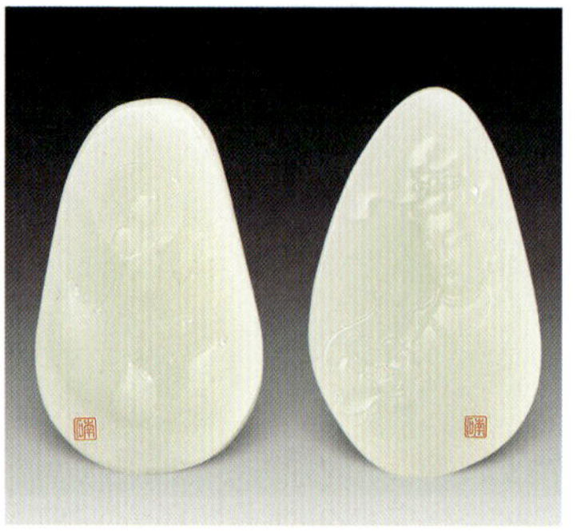

白玉观音牌、释迦牌各一件
年代不详 Unknown GD 中国嘉德
2016-03-28 Lot5502 L6.5cm;L6.2cm
估价：无底价
成交价：RMB 10,350

侯晓峰 白玉雕弥勒佛牌
年代不详 Unknown GD 中国嘉德
2016-11-13 Lot3319 3.3 × 1.5 × 6cm
估价：RMB 180,000-320,000
成交价：RMB 207,000

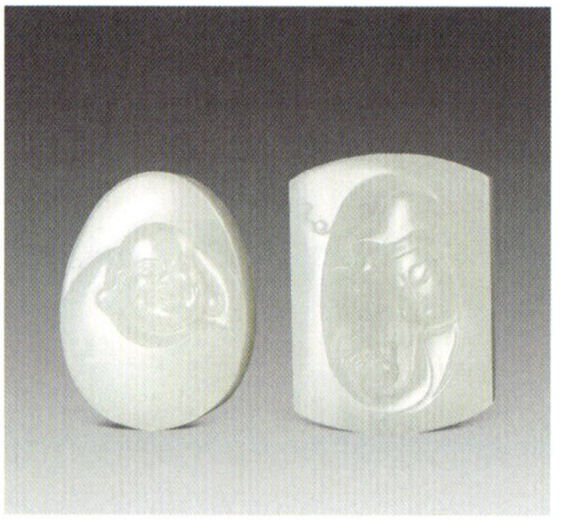

白玉观音、弥勒牌（两件）
近代 Modern BP 北京保利
2016-01-16 Lot426 L3.5cm;L3cm
估价：无底价
成交价：RMB 4,600

白玉观音牌
年代不详 Unknown GD 中国嘉德
2016-06-18 Lot2912 L6cm
估价：无底价
成交价：RMB 3,450

白玉观音牌
近代 Modern BP 北京保利
2016-01-16 Lot427 L8cm
估价：RMB 6,000-8,000
成交价：RMB 9,200

白玉籽料观音牌
年代不详 Unknown GD 中国嘉德
2016-06-18 Lot2917 5.4cm
估价：RMB 5,000-8,000
成交价：RMB 5,750

孟庆东 碧玉雕观音牌
年代不详 Unknown GD 中国嘉德
2016-11-13 Lot3269 2.6 × 1.3 × 6.2cm
估价：RMB 12,000-35,000
成交价：RMB 13,800

白玉观音牌
年代不详 Unknown GD 中国嘉德
2016-06-18 Lot2939 L6cm
估价：无底价
成交价：RMB 4,600

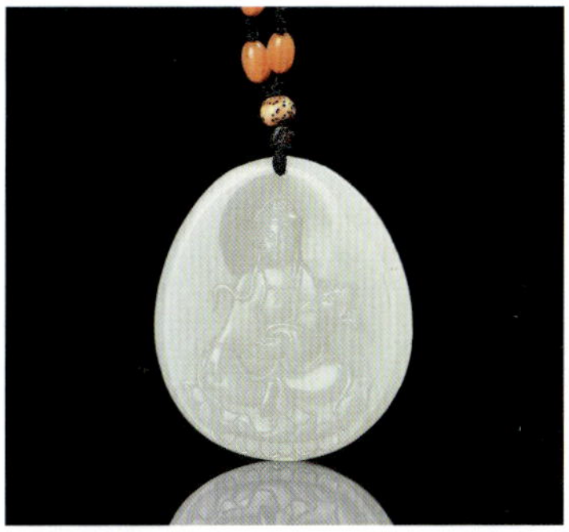

白玉籽料观音牌
年代不详 Unknown GD 中国嘉德
2016-06-18 Lot2930 L5.1cm
估价：RMB 5,000-8,000
成交价：RMB 5,750

白玉罗汉牌
年代不详 Unknown BP 北京保利
2016-10-31 Lot1758 L 7cm
估价：RMB 30,000-50,000
成交价：RMB 34,500

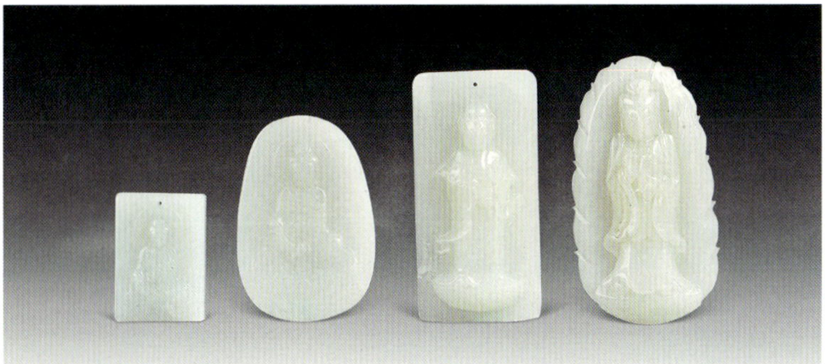

白玉观音牌（四件）
年代不详 Unknown GD 中国嘉德
2016-03-28 Lot5384 尺寸不一
估价：无底价
成交价：RMB 4,600

白玉罗汉诗文子冈牌
清 Qing BP 北京保利
2016-12-07 Lot6803 L6cm
估价：RMB 1,000-2,000
成交价：RMB 13,800

白玉“御制罗汉赞”牌
20 世纪 20th Century BP 北京保利
2016-12-07 Lot6856 L8cm
估价：RMB 1,000-3,000
成交价：RMB 25,300

白玉寿星牌
清 Qing BP 北京保利
2016-01-16 Lot425 L6.5cm
估价：无底价
成交价：RMB 4,600

白玉张骞乘槎牌
清 Qing GD 中国嘉德
2016-06-18 Lot2566 L5.7cm
估价：无底价
成交价：RMB 13,800

白玉子辰牌、弥勒牌各一件
年代不详 Unknown GD 中国嘉德
2016-03-28 Lot5503 L5.8cm;L5.5cm
估价：无底价
成交价：RMB 5,750

青白玉张骞乘槎诗文牌
年代不详 Unknown GD 中国嘉德
2016-06-18 Lot2528 L6cm
估价：无底价
成交价：RMB 4,600

白玉郑和下西洋人物诗文牌
20 世纪 20th Century BP 北京保利
2016-12-07 Lot6858 L6cm
估价：RMB 1,000-3,000
成交价：RMB 20,700

青白玉寿星牌
清 Qing GD 中国嘉德
2016-09-25 Lot5252 L 6.4cm
估价：RMB 8,000-12,000
成交价：RMB 11,500

白玉关公牌
年代不详 Unknown GD 中国嘉德
2016-03-28 Lot5499 L7cm
估价：无底价
成交价：RMB 6,900

白玉关公牌
年代不详 Unknown GD 中国嘉德
2016-09-25 Lot5580 L 5.6cm
估价：无底价
成交价：RMB 4,600

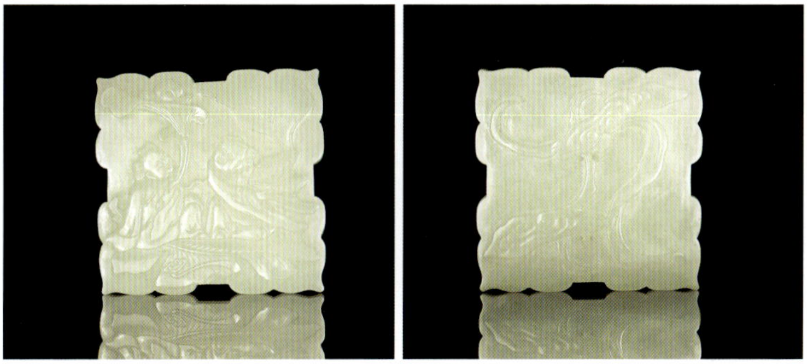

白玉和合二仙菱形牌
清中期 Mid Qing GD 中国嘉德
2016-11-12 Lot2850 7.5 × 7.5cm
估价：RMB 20,000-40,000
成交价：RMB 46,000

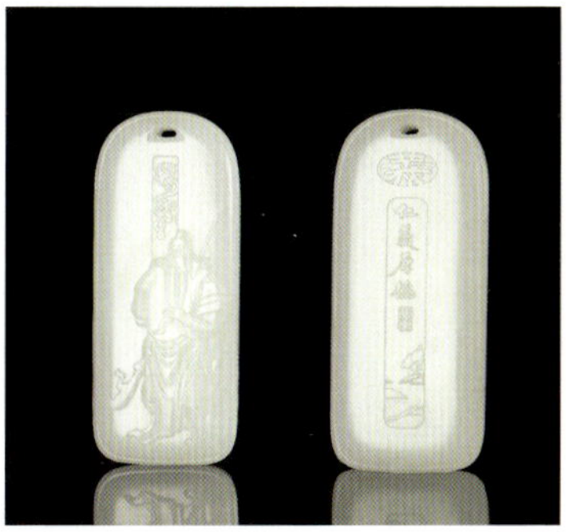

孟庆东 关羽牌
年代不详 Unknown BP 北京保利
2016-06-05 Lot6134 8.8 × 3.6 × 1.4cm
估价：RMB 150,000-250,000
成交价：RMB 172,500

白玉刘海戏金蟾牌
年代不详 Unknown GD 中国嘉德
2016-09-25 Lot5403 L 6cm
估价：无底价
成交价：RMB 4,600

白玉神仙纹圆牌
20 世纪 20th Century C 佳士得
2016-11-09 Lot315 D 4.8cm
估价：GBP 2,000-3,000
成交价：GBP 10,000

青白玉雕和合二仙牌饰
清，18-19 世纪 Qing,18th-19th Century C 佳士得
2016-09-16 Lot1294 D 5.8cm
估价：USD 5,000-7,000
成交价：USD 5,000

白玉刘海戏金蟾牌
清 Qing GD 中国嘉德
2016-09-25 Lot5410 D 5.1cm
估价：无底价
成交价：RMB 3,450

白玉双螭牌、黄玉夜游赤壁图牌各一件
年代不详 Unknown GD 中国嘉德
2016-06-18 Lot2587 L6cm;L5cm
估价：无底价
成交价：RMB 5,750

灰青玉透雕仙人图牌

清 Qing S 苏富比
2016-09-17 Lot1107 尺寸不详
估价：USD 3,000-5,000
成交价：USD 56,250

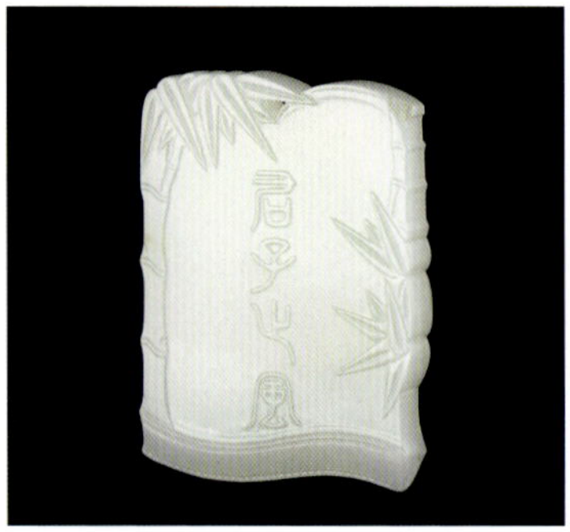

白玉雕“君子之风”牌

乾隆 Qianlong HY 华艺国际
2016-11-26 Lot1149 H5.9cm
估价：RMB 360,000-460,000
成交价：RMB 437,000

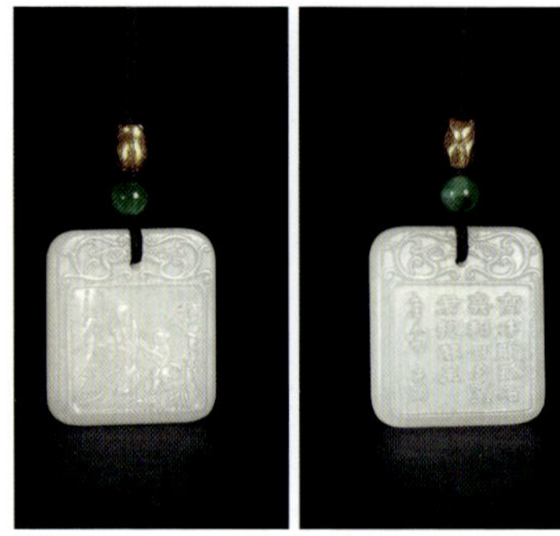

白玉携琴访友诗文子冈牌

18 世纪 18th Century BD 北京东正
2016-11-11 Lot173 4 × 4.5cm
估价：RMB 250,000-300,000
成交价：RMB 425,500

白玉“嵇康抚琴”牌

清，18-19 世纪 Qing,18th-19th Century C 佳士得
2016-04-05 Lot17 L 6.2cm
估价：HKD 150,000-300,000
成交价：HKD 325,000

白玉“携琴访友”牌

清，18-19 世纪 Qing,18th-19th Century C 佳士得
2016-11-11 Lot681 L 6cm
估价：GBP 3,000-5,000
成交价：GBP 6,250

白玉文姬思乡牌

清 Qing GD 中国嘉德
2016-09-25 Lot5380 L 6.1cm
估价：无底价
成交价：RMB 5,750

白玉雕“乘槎访帝孙”图牌

乾隆 Qianlong Z 北京中汉
2016-05-15 Lot190 L5.5cm
估价：RMB 58,000-70,000
成交价：RMB 66,700

黄玉竹林七贤诗文牌

年代不详 Unknown GD 中国嘉德
2016-09-26 Lot5635 L 8.5cm
估价：无底价
成交价：RMB 17,250

杨大钊 青玉雕乔林煮茗图牌
年代不详 Unknown GD 中国嘉德
2016-11-13 Lot3324 3 × 1.2 × 6.6cm
估价：RMB 40,000-60,000
成交价：RMB 46,000

白玉四爱图牌
清中期 Mid Qing BP 北京保利
2016-04-28 Lot1675 L7cm
估价：RMB 15,000-30,000
成交价：RMB 17,250

白玉松下高士诗文牌
乾隆 Qianlong BP 北京保利
2016-06-08 Lot9258 L8.2cm
估价：RMB 200,000-300,000
成交价：RMB 230,000

白玉溪山高隐牌
乾隆 Qianlong BP 北京保利
2016-10-31 Lot1178 L 5.5cm
估价：RMB 10,000-20,000
成交价：RMB 20,700

青白玉富贵吉祥人物纹牌
年代不详 Unknown GD 中国嘉德
2016-03-28 Lot5390 L5.5cm
估价：无底价
成交价：RMB 2,300

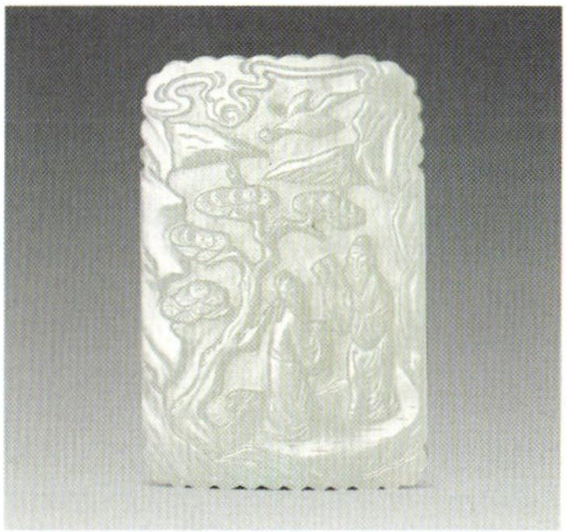

白玉松下高士牌
清 Qing BP 北京保利
2016-01-16 Lot399 L7cm
估价：无底价
成交价：RMB 2,300

青白玉西厢记人物故事牌
年代不详 Unknown GD 中国嘉德
2016-03-28 Lot5138 L6.5cm
估价：无底价
成交价：RMB 4,600

白玉山水人物纹牌
年代不详 Unknown GD 中国嘉德
2016-03-28 Lot5391 L8.3cm
估价：无底价
成交价：RMB 2,300

白玉雕高士图诗文牌
清晚期 Late Qing S 苏富比
2016-12-02 Lot739 4.8cm
估价：HKD 30,000-40,000
成交价：HKD 112,500

白玉高士图牌
清，18-19 世纪 Qing,18th-19th Century S 苏富比
2016-05-11 Lot109 5.7cm
估价：GBP 4,000-6,000
成交价：GBP 7,500

白玉高士诗文牌
年代不详 Unknown GD 中国嘉德
2016-09-25 Lot5612 L 6.5cm
估价：无底价
成交价：RMB 9,200

青白玉雕高士童子牌
年代不详 Unknown BP 北京保利
2016-10-31 Lot1760 L 4.5cm
估价：无底价
成交价：RMB 3,450

白玉高士图牌
年代不详 Unknown GD 中国嘉德
2016-03-28 Lot5500 L5.9cm
估价：无底价
成交价：RMB 1,150

白玉高士诗文牌
清，19 世纪 Qing,19 Century C 佳士得
2016-11-11 Lot670 H 6cm
估价：GBP 6,000-8,000
成交价：GBP 6,875

白玉簪花仕女纹牌
清 Qing CT 广州崇正
2016-12-11 Lot1404 H4.6cm
估价：RMB 15,000-30,000
成交价：RMB 20,700

白玉高士图牌
清，18-19 世纪 Qing,18th-19th Century C 佳士得
2016-04-05 Lot18 H 5.4cm
估价：HKD 150,000-300,000
成交价：HKD 350,000

白玉高士诗文牌
清早期 Early Qing BP 北京保利
2016-11-10 Lot4686 L 6cm
估价：RMB 30,000-50,000
成交价：RMB 34,500

白玉留皮仕女诗文牌
清 Qing BP 北京保利
2016-12-07 Lot6805 L5.5cm
估价：RMB 1,000-2,000
成交价：RMB 11,500

白玉仕女牌子
清早期 Early Qing BP 北京保利
2016-12-06 Lot5916 L5.7cm
估价：RMB 500,000-800,000
成交价：RMB 1,035,000

杨曦 芭蕉仕女和田籽料玉牌
当代 Contemporary KS 北京匡时
2016-06-08 Lot4032 L9.8cm
估价：RMB 380,000-450,000
成交价：RMB 437,000

白玉仕女子岗牌
清 Qing BD 北京东正
2016-05-14 Lot2021 L5.7cm
估价：RMB 150,000-200,000
成交价：RMB 172,500

白玉功臣牌
年代不详 Unknown GD 中国嘉德
2016-09-25 Lot5373 L 5.4cm
估价：无底价
成交价：RMB 4,600

白玉武将牌
清 Qing GD 中国嘉德
2016-03-28 Lot5137 L5.1cm
估价：无底价
成交价：RMB 13,800

白玉仕女牌
清 Qing BP 北京保利
2016-01-16 Lot400 L7cm
估价：无底价
成交价：RMB 2,300

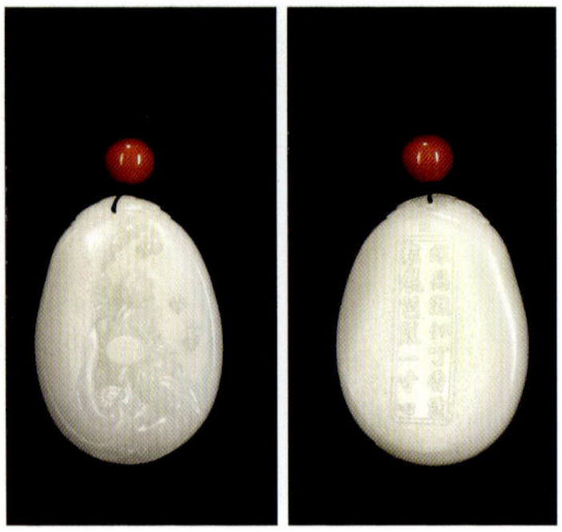

翟倚卫 芭蕉仕女 和田籽玉牌
当代 Contemporary KS 北京匡时
2016-06-08 Lot4005 7.50 × 5.30 × 1.80cm
估价：RMB 300,000-400,000
成交价：RMB 345,000

黄玉仕女诗文牌 青玉兽面纹牌各一件
年代不详 Unknown GD 中国嘉德
2016-09-26 Lot5625 L 6.5cm;6.2cm
估价：无底价
成交价：RMB 8,050

白玉童子牌
乾隆 Qianlong BP 北京保利
2016-12-06 Lot5915 L7.6cm
估价：RMB 1,000,000-1,600,000
成交价：RMB 2,530,000

2016 Chinese Art Auction TOP10 中国玉器拍卖配饰类十大天价排行榜 Top 9

白玉松下童子牌
年代不详 Unknown BP 北京保利
2016-10-31 Lot1757 L 5cm
估价：无底价
成交价：RMB 2,300

白玉松下童子诗文牌
清 Qing GD 中国嘉德
2016-11-12 Lot2938 H 6.5cm
估价：RMB 10,000-20,000
成交价：RMB 25,300

白玉童子实惠牌
19 世纪 19th Century C 佳士得
2016-05-13 Lot717 H 6cm
估价：GBP 1,500-2,500
成交价：GBP 20,000

平升三级童子白玉牌子
乾隆 Qianlong BD 北京东正
2016-05-14 Lot2028 L6cm
估价：RMB 300,000-350,000
成交价：RMB 437,000

白玉童子牌
清中期 Mid Qing BP 北京保利
2016-04-27 Lot50 L6cm
估价：无底价
成交价：RMB 57,500

青白玉甲子万年婴戏牌
清 Qing GD 中国嘉德
2016-09-25 Lot5398 L 8.5cm
估价：RMB 8,000-12,000
成交价：RMB 11,500

白玉童子岁岁平安牌
清中期 Mid Qing BP 北京保利
2016-04-28 Lot1300 L5.5cm
估价：RMB 80,000-120,000
成交价：RMB 92,000

白玉婴戏图牌
20 世纪 20th Century BP 北京保利
2016-06-08 Lot9300 L6.5cm
估价：RMB 30,000-50,000
成交价：RMB 74,750

白玉婴戏人物诗文牌
清 Qing BP 北京保利
2016-12-07 Lot6762 H5.3cm
估价：无底价
成交价：RMB 9,200

白玉童子牌
清中期 Mid Qing BP 北京保利
2016-04-27 Lot55 D7.2cm
估价：无底价
成交价：RMB 57,500

白玉天干地支婴戏牌
清 Qing GD 中国嘉德
2016-03-28 Lot5197 L6.7cm
估价：RMB 30,000-50,000
成交价：RMB 34,500

白玉人物诗文牌
清早期 Early Qing GD 中国嘉德
2016-11-29 Lot1054 H6.5cm
估价：HKD 20,000-50,000
成交价：HKD 61,360

白玉诗文人物牌
清 Qing BP 北京保利
2016-12-07 Lot6801 L4.2cm
估价：无底价
成交价：RMB 25,300

白玉雕无双谱冼夫人像诗文牌
清 Qing S 苏富比
2016-12-01 Lot138 5.3cm
估价：HKD 80,000-120,000
成交价：HKD 137,500

白玉山水人物诗文牌
年代不详 Unknown GD 中国嘉德
2016-09-25 Lot5579 L 5.3cm
估价：无底价
成交价：RMB 5,750

白玉垂钓图诗文子冈牌
清中期 Mid Qing GD 中国嘉德
2016-11-29 Lot1165 L5.4cm
估价：HKD 150,000-250,000
成交价：HKD 177,000

白玉山水诗文牌
清中期 Mid Qing BP 北京保利
2016-12-07 Lot6802 L5.4cm
估价：RMB 8,000-12,000
成交价：RMB 9,200

白玉山水人物纹牌
年代不详 Unknown GD 中国嘉德
2016-09-26 Lot5615 L 7.1cm
估价：无底价
成交价：RMB 5,750

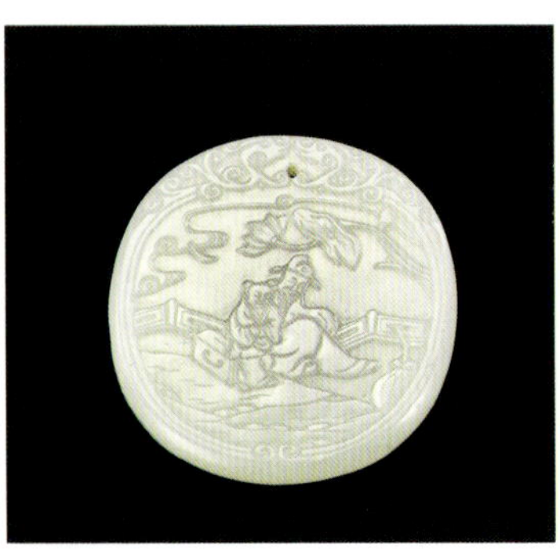

白玉雕斗酒百诗图诗文牌
清 Qing S 苏富比
2016-12-01 Lot241 5.4cm
估价：HKD 80,000-120,000
成交价：HKD 375,000

青白玉“芝仙祝寿”诗文牌
清 Qing S 苏富比
2016-12-02 Lot679 5.6cm
估价：HKD 30,000-50,000
成交价：HKD 187,500

白玉山水诗文牌
年代不详 Unknown BP 北京保利
2016-11-10 Lot4691 L 5cm
估价：RMB 60,000-100,000
成交价：RMB 69,000

白玉山水诗文牌
年代不详 Unknown GD 中国嘉德
2016-09-25 Lot5599 L 6.2cm
估价：无底价
成交价：RMB 4,600

青白玉山水人物纹牌
明 Ming GD 中国嘉德
2016-09-25 Lot5263 L 3.5cm
估价：无底价
成交价：RMB 2,300

高俊华 山水牌
年代不详 Unknown BP 北京保利
2016-06-05 Lot6166 L 6.5cm
估价：无底价
成交价：RMB 4,600

白玉制人物诗文牌
清 Qing BD 北京东正
2016-09-23 Lot333 H 5cm
估价：RMB 10,000-20,000
成交价：RMB 11,500

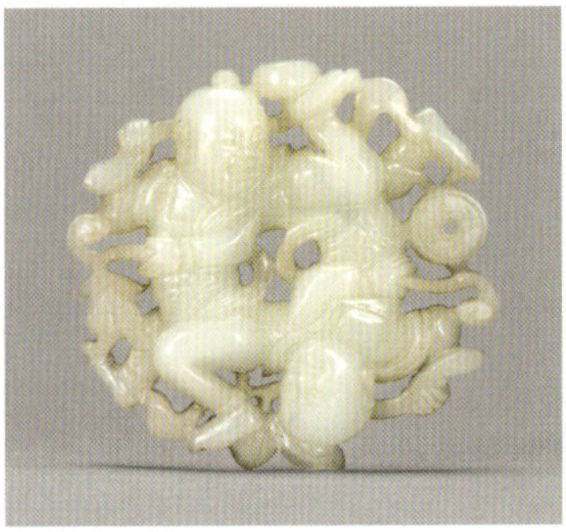

白玉透雕四喜娃娃纹牌
清，18 世纪 Qing,18th Century S 苏富比
2016-09-17 Lot1104 尺寸不详
估价：USD 7,000-9,000
成交价：USD 7,500

青白玉山水图牌
19-20 世纪 19th-20th Century C 佳士得
2016-11-09 Lot371 L 5.6cm
估价：GBP 1,500-2,500
成交价：GBP 5,000

黄玉 墨玉人物诗文牌各一件
年代不详 Unknown GD 中国嘉德
2016-09-25 Lot5608 L 5cm;4.8cm
估价：无底价
成交价：RMB 8,050

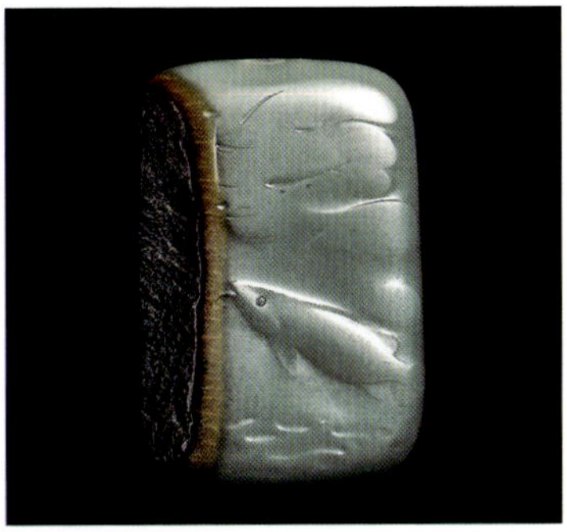

樊军民 青玉雕问道牌
年代不详 Unknown GD 中国嘉德
2016-11-13 Lot3275 4.5 × 1.6 × 7cm
估价：RMB 35,000-60,000
成交价：RMB 40,250

白玉人物诗文牌
19 世纪 19th Century C 佳士得
2016-11-08 Lot184 H 6.3cm
估价：GBP 12,000-15,000
成交价：GBP 15,000

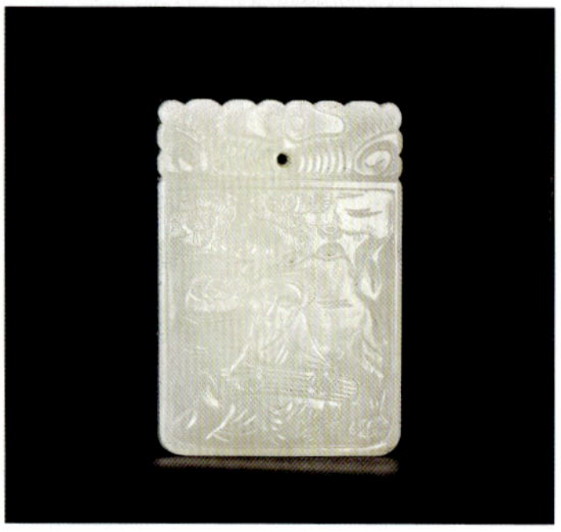

白玉高山流水诗文牌
清 Qing GD 中国嘉德
2016-11-12 Lot2939 H 5.2cm
估价：RMB 10,000-20,000
成交价：RMB 34,500

白玉制福寿诗文牌
清 Qing BD 北京东正
2016-09-23 Lot337 H 7cm
估价：RMB 10,000-20,000
成交价：RMB 13,800

白玉龙纹牌
清 Qing BP 北京保利
2016-04-28 Lot1668 L6.5cm
估价：无底价
成交价：RMB 4,600

白玉雕瓜瓞绵绵图诗文牌
19-20 世纪 19th-20th Century S 苏富比
2016-09-17 Lot1106 尺寸不详
估价：USD 4,000-6,000
成交价：USD 3,750

黄玉制无双谱诗文牌
清 Qing BD 北京东正
2016-09-23 Lot326 H 5cm
估价：无底价
成交价：RMB 2,300

白玉透雕龙纹牌
清 Qing BP 北京保利
2016-01-16 Lot377 L5.5cm
估价：RMB 12,000-22,000
成交价：RMB 13,800

白玉清慎勤忍诗文牌
年代不详 Unknown GD 中国嘉德
2016-09-25 Lot5588 L 5.3cm
估价：无底价
成交价：RMB 4,600

白玉龙纹牌
年代不详 Unknown BP 北京保利
2016-04-28 Lot1658 L5cm
估价：无底价
成交价：RMB 2,300

青白玉透雕穿花龙纹牌
明 Ming S 苏富比
2016-03-15 Lot101 尺寸不详
估价：USD 7,000-9,000
成交价：USD 9,375

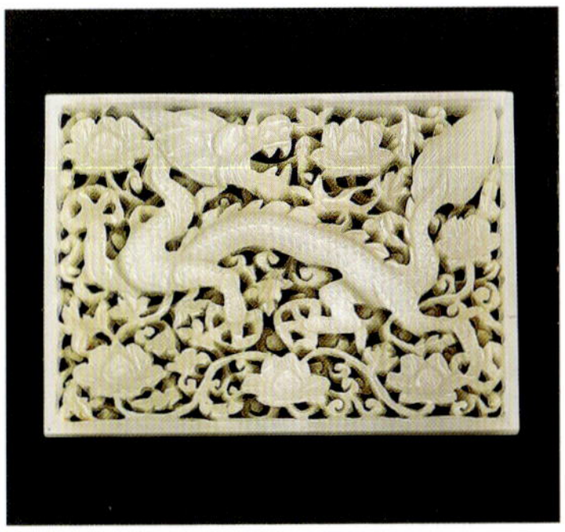

白玉镂空穿建龙纹牌饰
明 Ming S 苏富比
2016-12-01 Lot56 7.8cm
估价：HKD 30,000-40,000
成交价：HKD 68,750

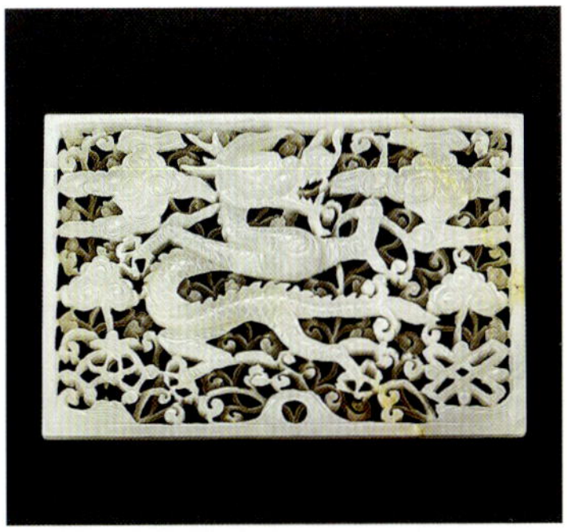

浅灰玉镂空云龙纹牌饰
明 Ming S 苏富比
2016-12-01 Lot204 7.1cm
估价：HKD 10,000-15,000
成交价：HKD 60,000

白玉镂空延寿连年螭龙牌
清，18 世纪 Qing,18th Century S 苏富比
2016-12-01 Lot192 4.4cm
估价：HKD 15,000-20,000
成交价：HKD 22,500

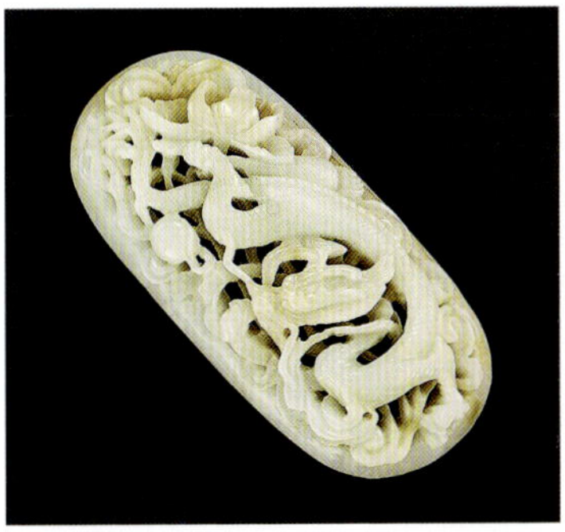

白玉镂空穿花逐珠龙纹椭圆牌饰
清 Qing S 苏富比
2016-12-01 Lot215 10.5cm
估价：HKD 30,000-40,000
成交价：HKD 52,500

白玉龙凤牌
清 Qing BD 北京东正
2016-11-11 Lot189 L5.3cm
估价：RMB 200,000-280,000
成交价：RMB 230,000

青白玉镂雕龙纹插牌
明 Ming GD 中国嘉德
2016-11-29 Lot1242 H17cm
估价：HKD 50,000-80,000
成交价：HKD 70,800

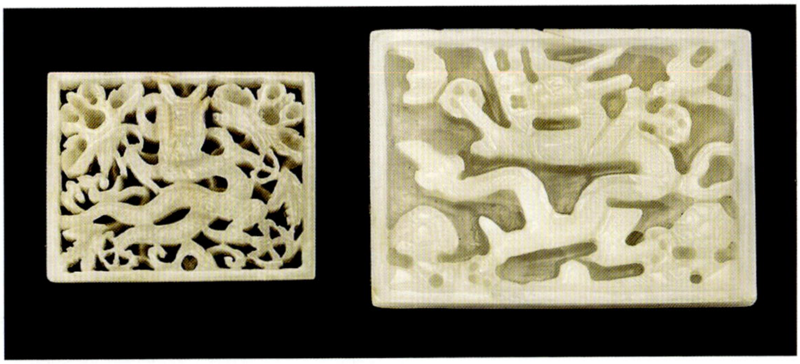

玉雕牡丹龙纹、福寿延年龙纹牌饰（共二件）
清 Qing S 苏富比
2016-12-01 Lot62 4.5cm;6.2cm
估价：HKD 20,000-30,000
成交价：HKD 40,000

易文骏 新疆和田白玉籽料 九龙牌

当代 Contemporary BD 北京东正

2016-05-15 Lot725 H14.6cm

估价：RMB 1,000,000-1,200,000

成交价：RMB 1,150,000

白玉雕龙凤吉祥牌

清中期 Mid Qing BC 北京诚轩

2016-05-15 Lot931 4.5 × 5.3cm

估价：RMB 40,000-50,000

成交价：RMB 69,000

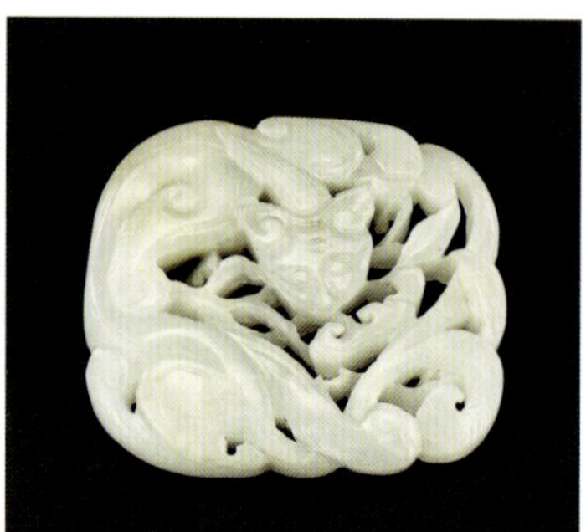

白玉镂空衔芝螭龙牌饰

明末清初 Late Ming and Early Qing S 苏富比

2016-12-01 Lot63 6.3cm

估价：HKD 10,000-15,000

成交价：HKD 12,500

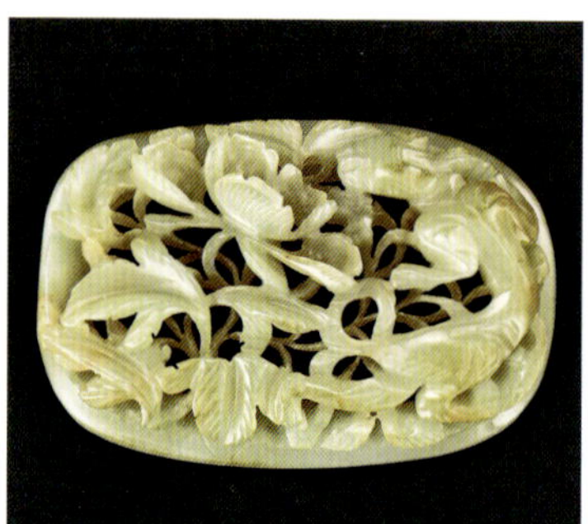

青玉镂空牡丹螭龙椭圆牌饰

明 Ming S 苏富比

2016-12-01 Lot83 7cm

估价：HKD 30,000-40,000

成交价：HKD 37,500

黄玉府上有龙牌

年代不详 Unknown GD 中国嘉德

2016-06-18 Lot2527 L7cm

估价：无底价

成交价：RMB 2,300

白玉双龙牌
清 Qing BP 北京保利
2016-11-10 Lot4682 W 6cm
估价：RMB 15,000-25,000
成交价：RMB 17,250

白玉透雕夔龙牌
清 Qing BP 北京保利
2016-12-07 Lot6808 L10cm
估价：RMB 38,000-58,000
成交价：RMB 43,700

青玉透雕仿古饕餮纹牌 及 白玉透雕香草龙纹牌一组两件 连一涅白料仿古夔龙纹牌
清，19 世纪 Qing,19th Century S 苏富比
2016-12-02 Lot774 12.1cm;7.6cm
估价：HKD 20,000-30,000
成交价：HKD 62,500

白玉双龙喜字牌
清 Qing BP 北京保利
2016-10-31 Lot471 L 6.3cm
估价：无底价
成交价：RMB 28,750

白玉长宜子孙锁、龙纹牌（两件）
清 Qing BP 北京保利
2016-10-31 Lot473 L 7.3cm;6.5cm
估价：无底价
成交价：RMB 13,800

青白玉龙凤呈祥牌
清 Qing GD 中国嘉德
2016-03-28 Lot5127 L6.2cm
估价：无底价
成交价：RMB 13,800

李剑 白玉雕龙凤对牌
年代不详 Unknown GD 中国嘉德
2016-11-13 Lot3308 5.2 × 0.8 × 5cm
估价：RMB 180,000-320,000
成交价：RMB 218,500

白玉双面雕螭龙牌
清中期 Mid Qing BP 北京保利
2016-06-08 Lot9254 L5.8cm
估价：RMB 30,000-50,000
成交价：RMB 34,500

青白玉螭龙纹带扣及白玉镂雕梅花纹牌
清，18-19 世纪 Qing,18th-19th Century S 苏富比
2016-05-11 Lot110 12.3cm
估价：GBP 4,000-6,000
成交价：GBP 5,000

青白玉双凤牌
年代不详 Unknown GD 中国嘉德
2016-03-28 Lot5366 L6.6cm
估价：无底价
成交价：RMB 3,450

黄杨洪 新疆和田白玉籽料 小凤牌
当代 Contemporary BD 北京东正
2016-05-15 Lot711 L4cm;26g
估价：RMB 300,000-400,000
成交价：RMB 345,000

青玉福寿螭龙牌
明 Ming GD 中国嘉德
2016-09-25 Lot5259 L 5.5cm
估价：无底价
成交价：RMB 6,900

白玉螭龙牌
清 Qing GD 中国嘉德
2016-06-18 Lot2535 L6.5cm
估价：无底价
成交价：RMB 11,500

白玉物华天宝螭龙牌
清 Qing GD 中国嘉德
2016-09-25 Lot5409 L 8.1cm
估价：无底价
成交价：RMB 25,300

青玉花鸟纹螭龙牌
清 Qing GD 中国嘉德
2016-09-25 Lot5260 L 5.8cm
估价：无底价
成交价：RMB 5,750

黄玉夔龙牌
乾隆 Qianlong BP 北京保利
2016-06-08 Lot9257 L4.7cm
估价：RMB 150,000-200,000
成交价：RMB 218,500

青白玉雕瑞兽纹牌
清，18-19 世纪 Qing,18th-19th Century S 苏富比
2016-12-01 Lot142 4.9cm
估价：HKD 40,000-60,000
成交价：HKD 50,000

青白玉太平有象牌
乾隆 Qianlong GD 中国嘉德
2016-11-29 Lot1163 L7cm
估价：HKD 50,000-80,000
成交价：HKD 59,000

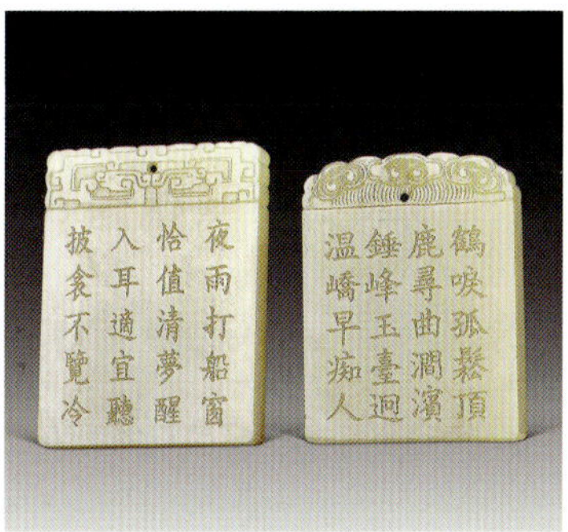

黄玉螭龙诗文牌（两件）
年代不详 Unknown GD 中国嘉德
2016-03-28 Lot5354 L5.7cm;L5.1cm
估价：无底价
成交价：RMB 4,600

白玉“虎符”牌
清 Qing BP 北京保利
2016-10-31 Lot1108 L 6.5cm
估价：RMB 8,000-15,000
成交价：RMB 18,400

碧玉雕太平有象图牌
清 Qing S 苏富比
2016-12-02 Lot797 7.4cm
估价：HKD 18,000-25,000
成交价：HKD 62,500

白玉镂雕瑞兽纹牌
清，19-20 世纪 Qing,19th-20th Century C 佳士得
2016-11-11 Lot642 L 6.4cm
估价：GBP 2,000-3,000
成交价：GBP 2,750

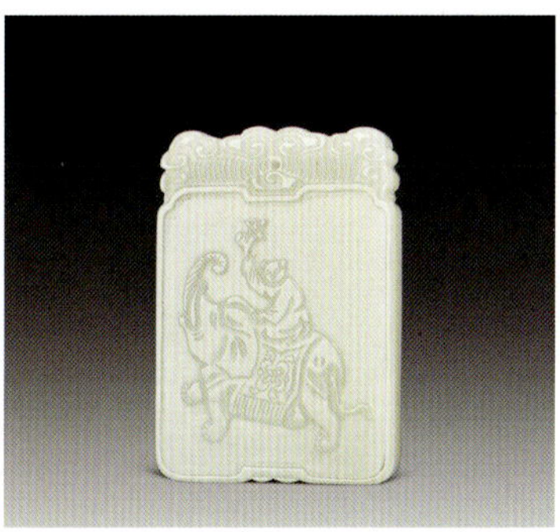

青白玉太平有象牌
年代不详 Unknown GD 中国嘉德
2016-09-25 Lot5589 L 5.6cm
估价：无底价
成交价：RMB 5,750

白玉太平有象牌
清，18 世纪 Qing,18th Century S 苏富比
2016-05-11 Lot101 12cm
估价：GBP 2,000-3,000
成交价：GBP 2,500

白玉“快马传佳音”双面牌
清 Qing BP 北京保利
2016-06-08 Lot9252 L6cm
估价：RMB 50,000-80,000
成交价：RMB 69,000

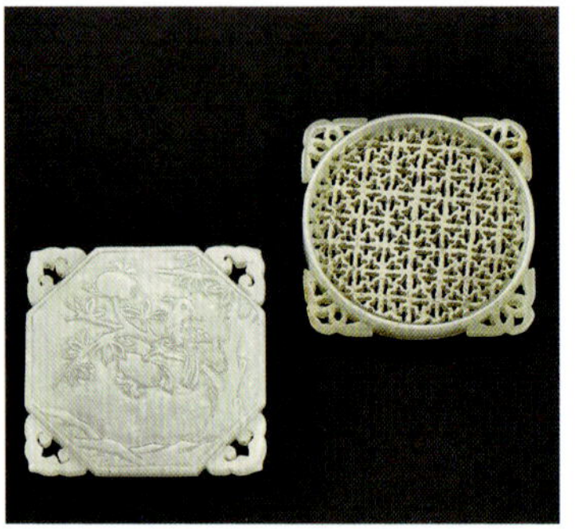

白玉镂空瑞果寿鸟图牌及青白玉镂空卍字纹饰
清 Qing S 苏富比
2016-12-01 Lot223 4.3cm;4.4cm
估价：HKD 10,000-15,000
成交价：HKD 62,500

青玉透雕荷雁纹牌
年代不详 Unknown S 苏富比
2016-09-17 Lot1108 尺寸不详
估价：USD 2,000-3,000
成交价：USD 5,250

白玉雕“三阳开泰”牌
乾隆 Qianlong HY 华艺国际
2016-11-26 Lot1148 H6cm
估价：RMB 250,000-300,000
成交价：RMB 322,000

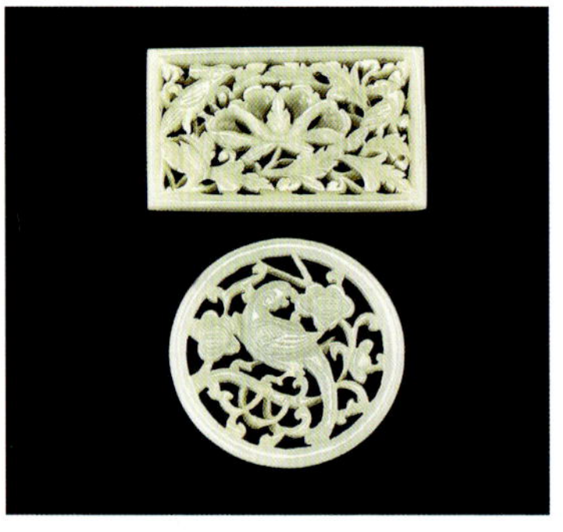

青白玉镂空花鸟图牌饰及白玉喜上眉梢图饰
明 - 清 Ming-Qing S 苏富比
2016-12-01 Lot119 5.9cm;4.8cm
估价：HKD 40,000-60,000
成交价：HKD 50,000

白玉云鹭牌饰两件及青白玉芦雁图牌饰（共三件）
明 Ming S 苏富比
2016-12-01 Lot86 3.2cm-3.5cm
估价：HKD 20,000-30,000
成交价：HKD 25,000

白玉松鹿诗文牌
明 Ming KS 北京匡时
2016-06-07 Lot3330 4.6×2.6cm
估价：RMB 100,000-150,000
成交价：RMB 126,500

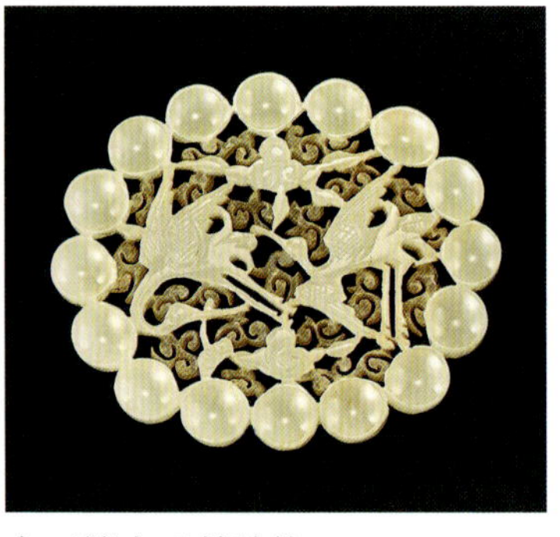

白玉镂空云鹤牌饰
明晚期 Late Ming S 苏富比
2016-12-01 Lot115 5.8cm
估价：HKD 5,000-7,000
成交价：HKD 47,500

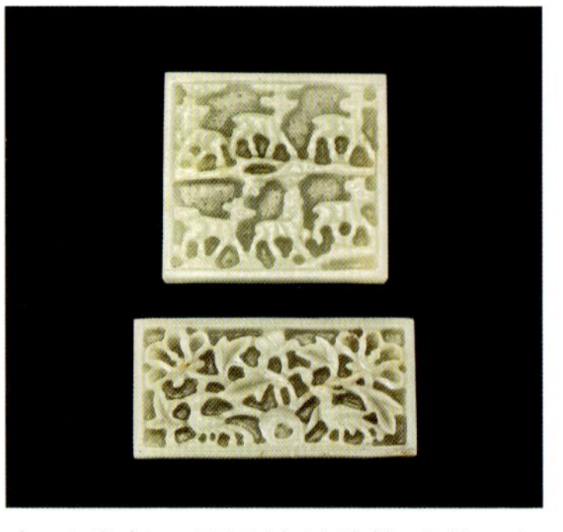

白玉瑞鹿、丹凤牡丹牌饰（共二）
明 Ming S 苏富比
2016-12-01 Lot59 7.6cm;6.3cm
估价：HKD 30,000-50,000
成交价：HKD 37,500

白玉雁形牌
清，18-19 世纪 Qing,18th-19th Century C 佳士得
2016-03-17 Lot964 W4.5cm
估价：USD 10,000-15,000
成交价：USD 40,000

白玉花鸟牌
近代 Modern BP 北京保利
2016-01-16 Lot424 L5.5cm
估价：RMB 5,000-8,000
成交价：RMB 5,750

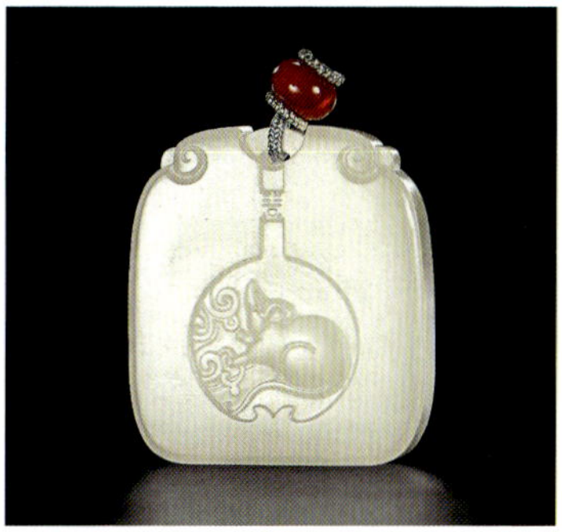

孟庆东 白玉雕鼠牌
年代不详 Unknown GD 中国嘉德
2016-11-13 Lot3266 3.4 × 0.8 × 3.8cm
估价：无底价
成交价：RMB 8,050

碧玉透雕鸳鸯纹锁形牌
清及更晚 Qing and Later S 苏富比
2016-03-15 Lot170 尺寸不详
估价：USD 100-200
成交价：USD 438

白玉玉兔捣药诗文牌
清 Qing GD 中国嘉德
2016-09-25 Lot5421 L 6.3cm
估价：无底价
成交价：RMB 6,900

白玉双蝠灵芝牌
清 Qing BP 北京保利
2016-10-31 Lot477 L 5.2cm
估价：无底价
成交价：RMB 32,200

白玉花鸟纹牌
18-19 世纪 18th-19th Century C 佳士得
2016-11-08 Lot183 L 5.9cm
估价：GBP 15,000-20,000
成交价：GBP 18,750

白玉玉兔纹牌
年代不详 Unknown BO 邦瀚斯
2016-09-12 Lot8030 L 5cm
估价：USD 5,000-7,000
成交价：USD 6,250

白玉雕芙蓉并蒂牌
乾隆 Qianlong BD 北京东正
2016-11-11 Lot126 H8cm
估价：RMB 200,000-300,000
成交价：RMB 299,000

白玉雕牡丹图牌
清 Qing S 苏富比
2016-12-02 Lot668 5.2cm
估价：HKD 30,000-50,000
成交价：HKD 50,000

白玉雕山水图诗文牌
清 Qing S 苏富比
2016-12-02 Lot670 5.6cm
估价：HKD 30,000-50,000
成交价：HKD 250,000

白玉花卉牌
清中期 Mid Qing BP 北京保利
2016-04-27 Lot53 L9cm
估价：无底价
成交价：RMB 25,300

白玉镂空牡丹牌饰
明 Ming S 苏富比
2016-12-01 Lot84 3.7cm
估价：HKD 5,000-7,000
成交价：HKD 15,000

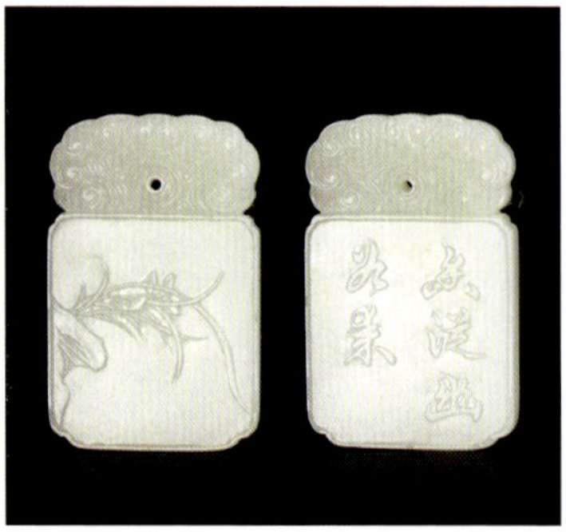

兰花玉牌
清 Qing SUN 中贸圣佳
2016-05-16 Lot1202 L5.9cm;W3.9cm;H0.6cm
估价：RMB 140,000-180,000
成交价：RMB 161,000

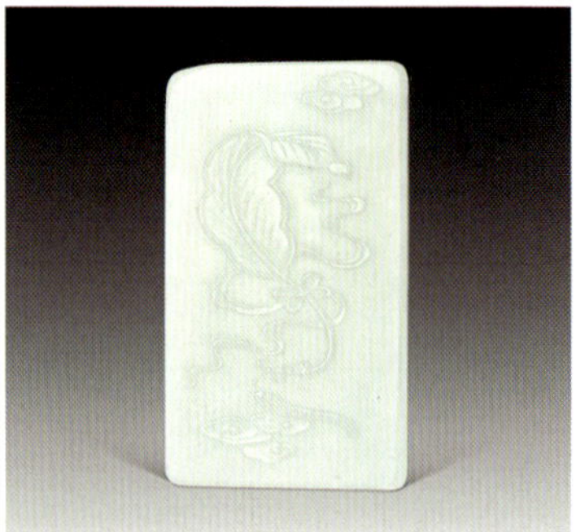

白玉芭蕉扇牌
年代不详 Unknown GD 中国嘉德
2016-03-28 Lot5352 L6.8cm
估价：无底价
成交价：RMB 3,450

白玉雕牡丹图诗文牌
清 Qing S 苏富比
2016-12-02 Lot678 5.6cm
估价：HKD 40,000-60,000
成交价：HKD 50,000

白玉梅花牌
清 Qing BP 北京保利
2016-01-16 Lot378 L7cm
估价：无底价
成交价：RMB 1,150

白玉大吉葫芦牌
清 Qing BP 北京保利
2016-04-28 Lot1299 L9cm
估价：RMB 60,000-120,000
成交价：RMB 97,750

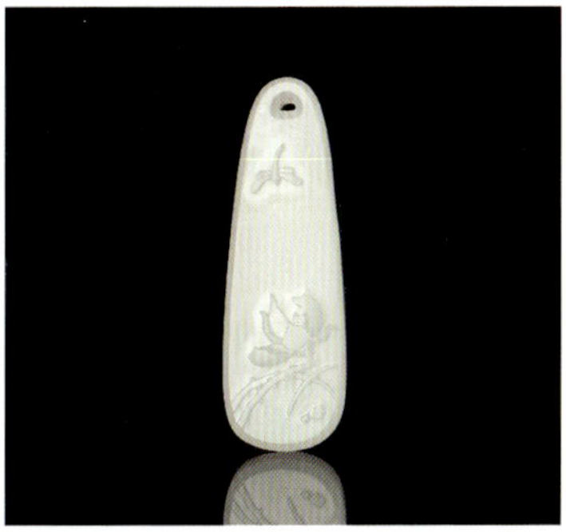

孟庆东 荷花牌
年代不详 Unknown BP 北京保利
2016-06-05 Lot6130 6.4 × 2 × 1cm
估价：无底价
成交价：RMB 2,300

青白玉如意花卉牌
清晚期 Late Qing GD 中国嘉德
2016-09-25 Lot5321 L 5cm
估价：RMB 3,000-5,000
成交价：RMB 6,900

杨大钊 墨玉琴鹤图牌
年代不详 Unknown GD 中国嘉德
2016-11-13 Lot3325 3.4 × 0.9 × 8.1cm
估价：RMB 80,000-120,000
成交价：RMB 92,000

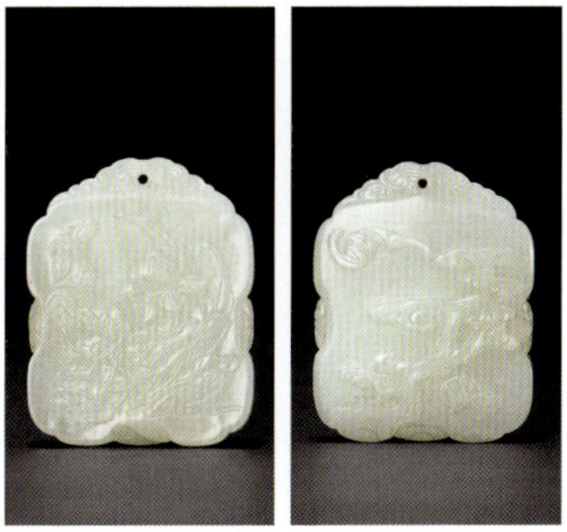

白玉荷塘牌
乾隆 Qianlong GD 中国嘉德
2016-11-29 Lot1164 L6.5cm
估价：HKD 55,000-85,000
成交价：HKD 64,900

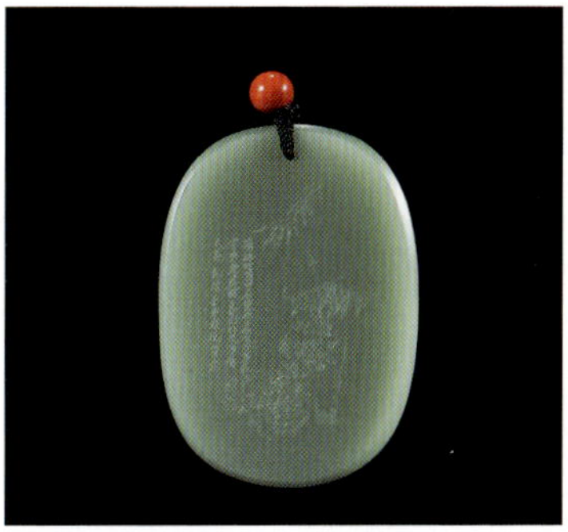

杨大钊 碧玉雕兰竹菊图牌
年代不详 Unknown GD 中国嘉德
2016-11-13 Lot3323 3.8 × 6.7 × 5.4cm
估价：无底价
成交价：RMB 17,250

黄玉雕梅花子冈牌
19 世纪 19th Century PLHK 保利香港
2016-10-04 Lot3153 H 6.2cm;W 4.2cm
估价：HKD 100,000-150,000
成交价：HKD 118,000

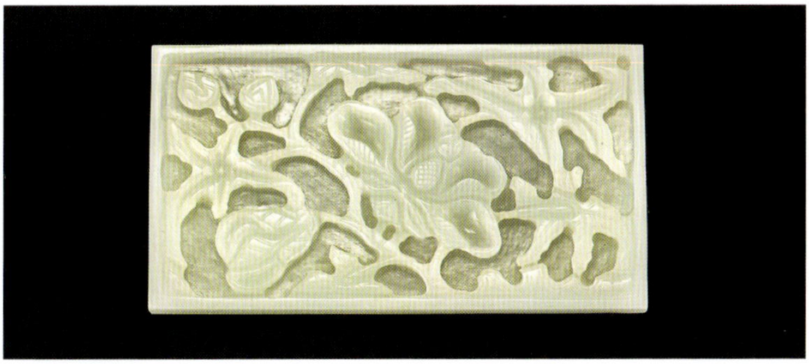

白玉葵花牌饰
明末清初 Late Ming and Early Qing S 苏富比
2016-12-01 Lot23 9.1cm
估价：HKD 10,000-15,000
成交价：HKD 21,250

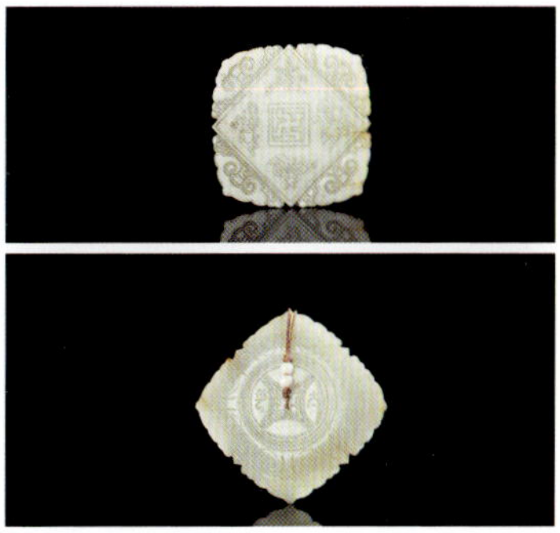

青白玉万字如意太平牌
清 Qing GD 中国嘉德
2016-09-25 Lot5241 L 5.5cm
估价：RMB 6,000-9,000
成交价：RMB 13,800

黄铭 和田玉籽料平安无事牌
年代不详 Unknown JH 上海嘉禾
2016-09-20 Lot703 30g
估价：RMB 4,000-5,000
成交价：RMB 4,600

白玉山水牌
清 Qing BP 北京保利
2016-04-27 Lot245 L4.5cm
估价：无底价
成交价：RMB 13,800

白玉平安牌
年代不详 Unknown GD 中国嘉德
2016-06-18 Lot2525 L6.2cm
估价：无底价
成交价：RMB 6,900

白玉雕瓜瓞绵绵图牌“吉祥如意”字
清 Qing S 苏富比
2016-12-01 Lot140 5.5cm
估价：HKD 100,000-150,000
成交价：HKD 375,000

白玉山水纹牌
年代不详 Unknown GD 中国嘉德
2016-06-18 Lot2938 L6.8cm
估价：无底价
成交价：RMB 6,900

白玉平安牌
年代不详 Unknown GD 中国嘉德
2016-06-18 Lot2941 L7.8cm
估价：无底价
成交价：RMB 8,050

白玉山水牌
清中期 Mid Qing BP 北京保利
2016-04-27 Lot51 L6cm
估价：无底价
成交价：RMB 23,000

白玉福寿牌
年代不详 Unknown GD 中国嘉德
2016-03-28 Lot5411 L5.5cm
估价：无底价
成交价：RMB 1,150

白玉平安牌
年代不详 Unknown GD 中国嘉德
2016-09-26 Lot5637 L 4.5cm
估价：无底价
成交价：RMB 4,600

白玉平安牌（四件）
年代不详 Unknown GD 中国嘉德
2016-03-28 Lot5385 尺寸不一
估价：无底价
成交价：RMB 3,450

白玉籽料平安牌
年代不详 Unknown GD 中国嘉德
2016-06-18 Lot2919 L5.1cm
估价：RMB 15,000-25,000
成交价：RMB 17,250

白玉平安牌
年代不详 Unknown GD 中国嘉德
2016-09-25 Lot5578 L 5.4cm
估价：无底价
成交价：RMB 4,600

白玉瑞兽牌
年代不详 Unknown GD 中国嘉德
2016-09-25 Lot5381 L 5.3cm
估价：无底价
成交价：RMB 3,450

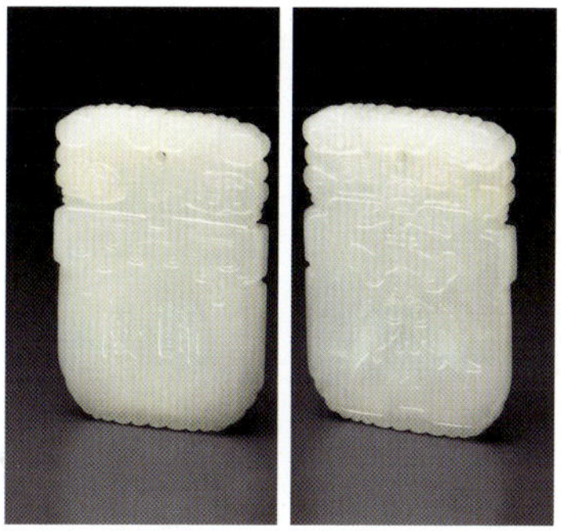

白玉“余庆”牌
清，18-19 世纪 Qing,18th-19th Century C 佳士得
2016-03-17 Lot1696 H5.1cm
估价：USD 8,000-12,000
成交价：USD 16,250

白玉如意牌（三件）
清，19 世纪 Qing,19 Century S 苏富比
2016-09-17 Lot1081 12.7cm
估价：USD 2,000-3,000
成交价：USD 4,000

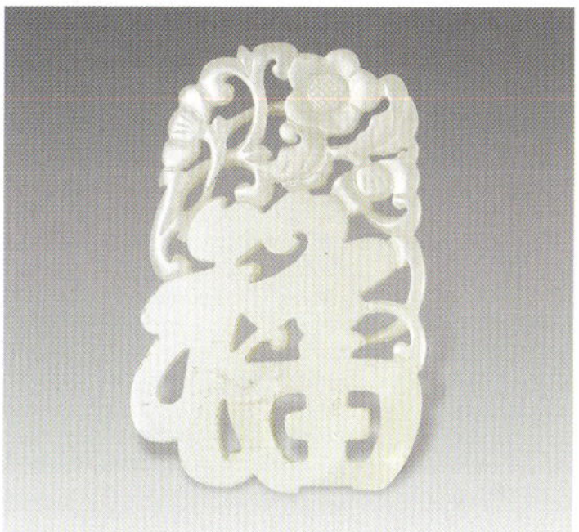

白玉福字牌
年代不详 Unknown BP 北京保利
2016-10-31 Lot1699 L 6.5cm
估价：RMB 4,000-8,000
成交价：RMB 4,600

白玉吉庆有余牌
清 Qing GD 中国嘉德
2016-06-18 Lot2534 L5.7cm
估价：无底价
成交价：RMB 20,700

青白玉吉庆有余牌

年代不详 Unknown GD 中国嘉德
2016-03-28 Lot5387 L5.2cm
估价：无底价
成交价：RMB 2,300

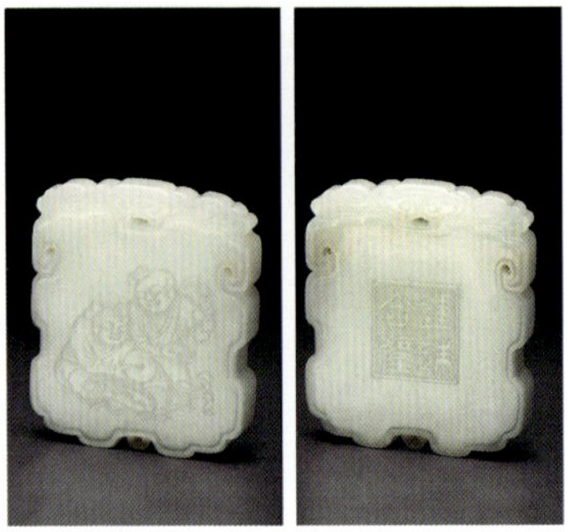

白玉“连珠合璧”牌

清，18-19 世纪 Qing,18th-19th Century C 佳士得
2016-03-17 Lot1694 H6cm
估价：USD 10,000-15,000
成交价：USD 43,750

白玉富寿牌

清中期 Mid Qing BP 北京保利
2016-10-31 Lot526 L 5.5cm
估价：RMB 30,000-50,000
成交价：RMB 34,500

白玉吉庆有余牌、荷花纹牌各一件

年代不详 Unknown GD 中国嘉德
2016-03-28 Lot5355 L5.6cm;L5.4cm
估价：无底价
成交价：RMB 4,600

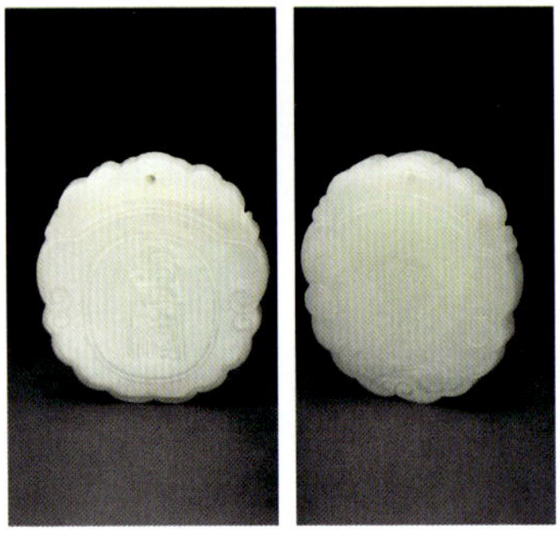

白玉“虎符”牌

清，18-19 世纪 Qing,18th-19th Century C 佳士得
2016-03-17 Lot1695 H4.5cm
估价：USD 7,000-9,000
成交价：USD 8,750

白玉生肖纹牌

清，18 世纪 Qing,18th Century S 苏富比
2016-05-11 Lot146 7.5cm
估价：GBP 4,000-6,000
成交价：GBP 56,250

白玉葫芦万代牌
清 Qing GD 中国嘉德
2016-11-12 Lot2930 H 6.3cm
估价：RMB 15,000-25,000
成交价：RMB 17,250

白玉雕福寿纹牌
清，19 世纪 Qing,19 Century S 苏富比
2016-09-17 Lot1082 尺寸不详
估价：USD 2,000-3,000
成交价：USD 2,500

白玉福寿双全纹牌
清，19 世纪 Qing,19th Century S 苏富比
2016-05-11 Lot148 12.5cm
估价：GBP 1,000-1,500
成交价：GBP 3,500

白玉大吉葫芦牌
年代不详 Unknown GD 中国嘉德
2016-09-25 Lot5603 L 5.5cm
估价：无底价
成交价：RMB 6,900

白玉雕寿山福海牌
清中期 Mid Qing BC 北京诚轩
2016-11-12 Lot946 4.3 × 5.4cm
估价：RMB 150,000-200,000
成交价：RMB 172,500

白玉玉堂富贵图牌
清 Qing GD 中国嘉德
2016-03-28 Lot5419 L6cm
估价：无底价
成交价：RMB 4,600

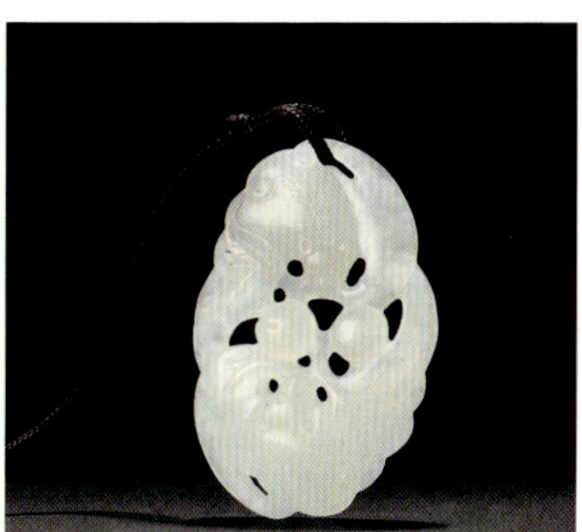

白玉雕福寿绵延牌
清 Qing BD 北京东正
2016-09-23 Lot358 L 5cm
估价：无底价
成交价：RMB 2,300

白玉雕福寿双全图牌
清 Qing S 苏富比
2016-12-02 Lot747 5.6cm
估价：HKD 30,000-40,000
成交价：HKD 200,000

白玉福寿双全纹牌
清，19 世纪 Qing,19th Century S 苏富比
2016-05-11 Lot149 10cm
估价：GBP 400-600
成交价：GBP 2,250

万伟 和田籽玉 青花山水牌
当代 Contemporary KS 北京匡时
2016-06-08 Lot4001 9.00 × 4.20 × 1.00cm
估价：RMB 135,000-160,000
成交价：RMB 172,500

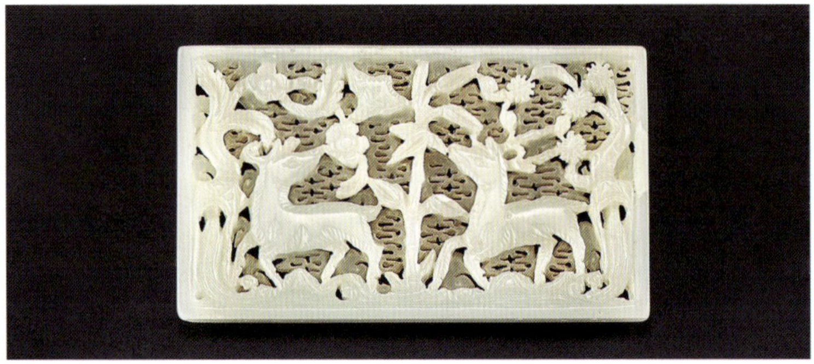

白玉仿明镂空岁寒三友双鹿图牌饰
清 Qing S 苏富比
2016-12-01 Lot65 8.1cm
估价：HKD 30,000-50,000
成交价：HKD 37,500

翟依卫 新疆和田白玉籽料 桃柳入梦玉牌
当代 Contemporary BD 北京东正
2016-05-15 Lot727 L10.8cm;262g
估价：RMB 600,000-800,000
成交价：RMB 690,000

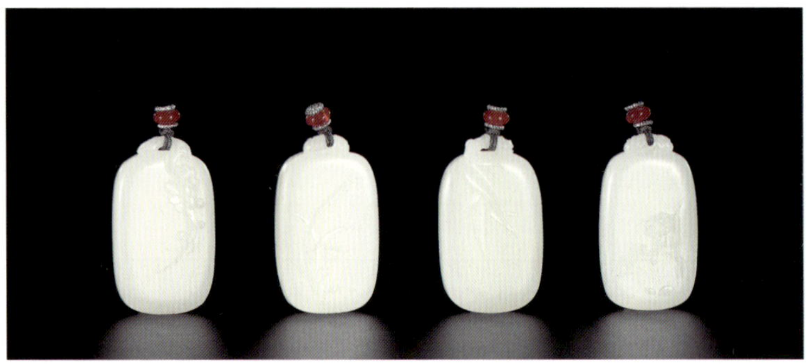

孟庆东 白玉雕梅兰竹菊套牌
当代 Contemporary GD 中国嘉德
2016-05-14 Lot3274 5.4 × 3 × 1cm × 4
估价：RMB 68,000-98,000
成交价：RMB 78,200

白玉雕太平丰乐牌
乾隆 Qianlong BD 北京东正
2016-11-11 Lot127 H5.3cm
估价：RMB 80,000-100,000
成交价：RMB 172,500

白玉锦上添花子冈牌
清 Qing HC 北京华辰
2016-11-16 Lot1252 H5.2cm
估价：RMB 60,000-80,000
成交价：RMB 69,000

白玉九如牌
乾隆 Qianlong BD 北京东正
2016-11-11 Lot179 L7.5cm
估价：RMB 300,000-450,000
成交价：RMB 402,500

阿拉伯文玉牌饰

明 Ming KS 北京匡时
2016-06-07 Lot3396 4.3 × 5.6cm
估价：RMB 10,000-20,000
成交价：RMB 11,500

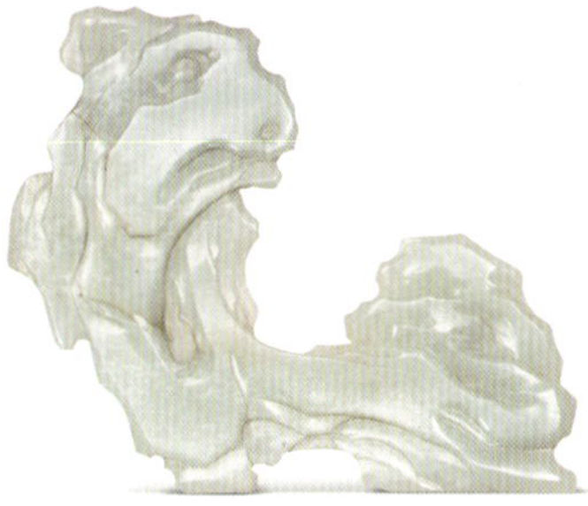

青白玉奇石牌

明末至清 Late Ming-Qing S 苏富比
2016-06-02 Lot75 13cm
估价：HKD 12,000-15,000
成交价：HKD 21,250

白玉留皮悟道牌

年代不详 Unknown GD 中国嘉德
2016-06-18 Lot2916 L3.8cm
估价：无底价
成交价：RMB 1,150

付雪飞 纵横天下对牌

当代 Contemporary KS 北京匡时
2016-06-08 Lot4020 L9.6cm
估价：RMB 1,200,000-1,500,000
成交价：RMB 1,495,000

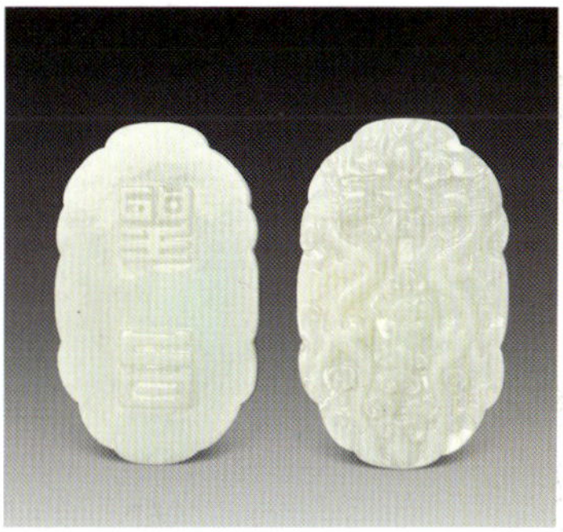

白玉云龙纹圣旨合牌

年代不详 Unknown GD 中国嘉德
2016-03-28 Lot5369 L7.8cm
估价：无底价
成交价：RMB 10,350

白玉连珠合璧牌

18 世纪 18th Century BD 北京东正
2016-11-11 Lot207 6 × 5cm
估价：RMB 250,000-300,000
成交价：RMB 322,000

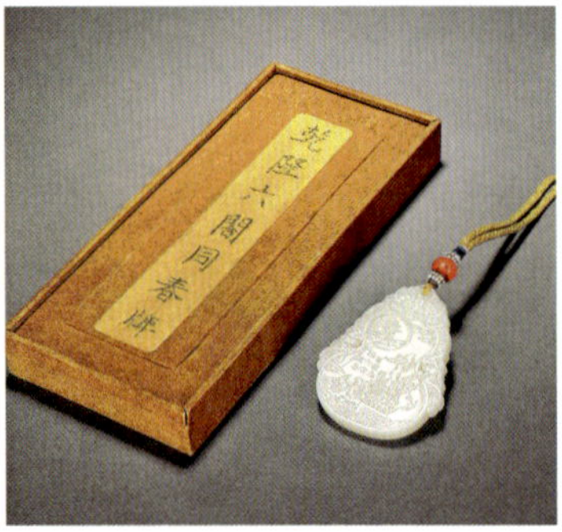

白玉留皮“六合同春”葫芦牌

20 世纪 20th Century BP 北京保利
2016-12-07 Lot6857 L7.3cm
估价：RMB 1,000-3,000
成交价：RMB 20,700

白玉、青玉牌、珮（八件）

年代不详 Unknown GD 中国嘉德
2016-03-28 Lot5383 尺寸不一
估价：无底价
成交价：RMB 2,300

白玉如意卷云纹牌

清 Qing S 苏富比
2016-12-01 Lot130 4.6cm
估价：HKD 10,000-15,000
成交价：HKD 27,500

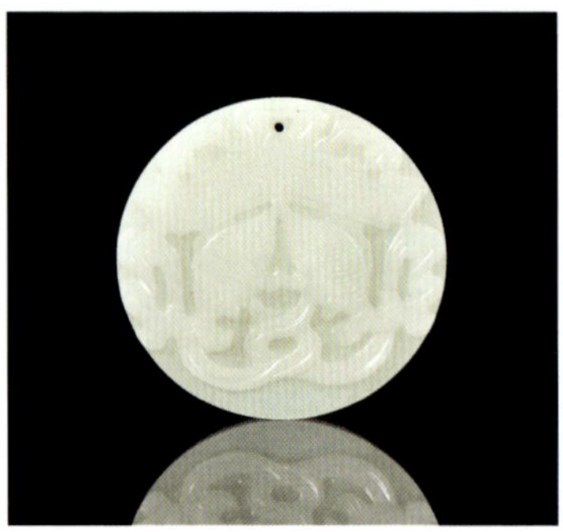

白玉吉庆有余牌

清 Qing GD 中国嘉德
2016-03-28 Lot5288 D6cm
估价：RMB 16,000-26,000
成交价：RMB 18,400

白玉素面牌

清 Qing S 苏富比
2016-12-02 Lot677 7cm
估价：HKD 70,000-100,000
成交价：HKD 150,000

白玉平生三级图牌

年代不详 Unknown GD 中国嘉德
2016-03-28 Lot5150 L7cm
估价：RMB 26,000-36,000
成交价：RMB 29,900

白玉石榴斋戒牌

清 Qing BP 北京保利
2016-12-07 Lot6800 L6.5cm
估价：RMB 5,000-8,000
成交价：RMB 69,000

白玉透雕法轮形牌

清 Qing S 苏富比
2016-12-02 Lot669 7.5cm
估价：HKD 30,000-50,000
成交价：HKD 60,000

白玉雁来红“夷则”牌
清 Qing S 苏富比
2016-12-01 Lot242 5.8cm
估价：HKD 100,000-150,000
成交价：HKD 350,000

白玉“洛神赋”子冈牌
清 Qing BP 北京保利
2016-06-08 Lot9253 L4.9cm
估价：RMB 80,000-120,000
成交价：RMB 92,000

白玉欢天喜地牌
近代 Morden GD 中国嘉德
2016-11-12 Lot2931 H 6.3cm
估价：无底价
成交价：RMB 25,300

白玉折枝蟠桃富寿绵绵图锁形牌
清 Qing S 苏富比
2016-12-02 Lot665 8.5cm
估价：HKD 30,000-50,000
成交价：HKD 37,500

白玉“比翼双飞”双面牌
清 Qing BP 北京保利
2016-06-08 Lot9251 L5.4cm
估价：RMB 40,000-60,000
成交价：RMB 86,250

白玉喜得连科牌
清 Qing GD 中国嘉德
2016-09-25 Lot5422 D 5.5cm
估价：无底价
成交价：RMB 5,750

青白玉镂空牌饰（一对）
明早期 Early Ming S 苏富比
2016-12-01 Lot46 6.7cm
估价：HKD 50,000-70,000
成交价：HKD 437,500

白玉雕五谷丰登牌
年代不详 Unknown BO 邦瀚斯
2016-09-12 Lot8027 H 7cm
估价：USD 8,000-10,000
成交价：USD 18,750

白玉一品当朝牌
年代不详 Unknown GD 中国嘉德
2016-09-25 Lot5590 L 5.4cm
估价：无底价
成交价：RMB 4,600

白玉制太平丰乐牌
清 Qing BD 北京东正
2016-09-23 Lot332 L 6cm
估价：RMB 10,000-20,000
成交价：RMB 11,500

青白玉富贵牌
清 Qing GD 中国嘉德
2016-06-18 Lot2526 L5.5cm
估价：无底价
成交价：RMB 1,150

白玉乘槎图诗文牌
清，18-19 世纪 Qing,18th-19th Century C 佳士得
2016-03-17 Lot1697 H5.3cm
估价：USD 6,000-8,000
成交价：USD 10,625

葛洪 白玉雕延年牌
年代不详 Unknown GD 中国嘉德
2016-11-13 Lot3281 2.3 × 1.1 × 5.3cm
估价：RMB 68,000-100,000
成交价：RMB 78,200

白玉雕“早报春雷”牌
清 Qing BP 北京保利
2016-06-08 Lot9083 L5.7cm
估价：RMB 10,000-20,000
成交价：RMB 86,250

青白玉榴开百子图牌
清，18 世纪 Qing,18th Century S 苏富比
2016-05-11 Lot103 6.8cm
估价：GBP 6,000-8,000
成交价：GBP 7,500

青白玉增花吉庆牌
清 Qing GD 中国嘉德
2016-09-25 Lot5402 D 4.2cm
估价：无底价
成交价：RMB 5,750

玉雕福禄万代牌
清 Qing BSA 北京古天一
2016-12-07 Lot1040 H8.5cm
估价：RMB 40,000-60,000
成交价：RMB 126,500

黄玉斋戒牌
清，19 世纪 Qing,19th Century C 佳士得
2016-03-17 Lot1706 L4.5cm
估价：USD 10,000-15,000
成交价：USD 37,500

白玉花篮牌及盘长牌（一套）
清 Qing C 佳士得
2016-04-05 Lot40 H 13.7cm
估价：HKD 60,000-80,000
成交价：HKD 75,000

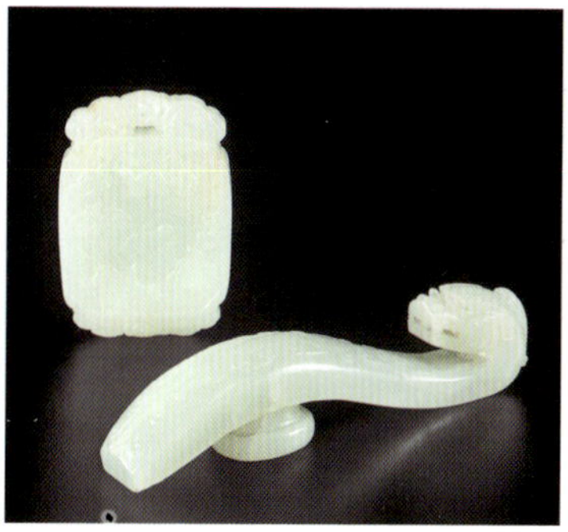

白玉雕龙首带钩及白玉雕福寿万世图牌
清，18-19 世纪 Qing,18th-19th Century S 苏富比
2016-03-16 Lot389 尺寸不详
估价：USD 7,000-9,000
成交价：USD 8,750

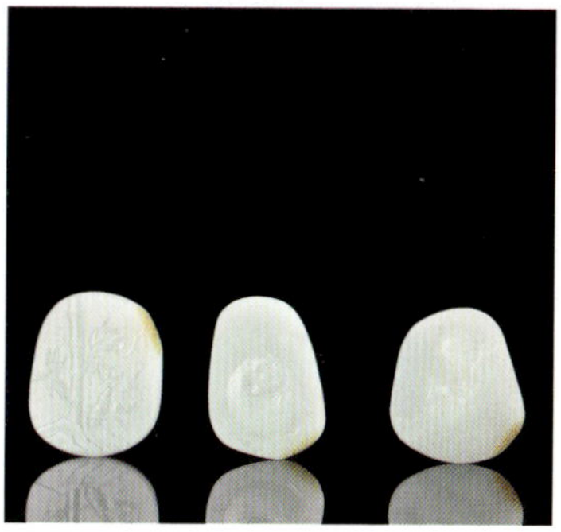

白玉牌（三件）
年代不详 Unknown GD 中国嘉德
2016-06-18 Lot2933 L5.3cm;L5.3cm;L4.8cm
估价：无底价
成交价：RMB 3,450

白玉葡萄牌 灵芝坠各一件
年代不详 Unknown GD 中国嘉德
2016-09-25 Lot5584 L 6.4cm;6cm
估价：无底价
成交价：RMB 2,300

白玉松鼠葡萄把件及翡翠叶形牌
清，19-20 世纪 Qing,19th-20th Century C 佳士得
2016-11-09 Lot313 L 4.7cm
估价：GBP 1,000-3,000
成交价：GBP 2,500

白玉十二章纹牌珮
乾隆 Qianlong GD 中国嘉德
2016-11-13 Lot4379 8.4 × 4.4 × 0.6cm
估价：RMB 400,000-600,000
成交价：RMB 460,000

白玉牌（四件）
年代不详 Unknown GD 中国嘉德
2016-03-28 Lot5394 尺寸不一
估价：无底价
成交价：RMB 9,200

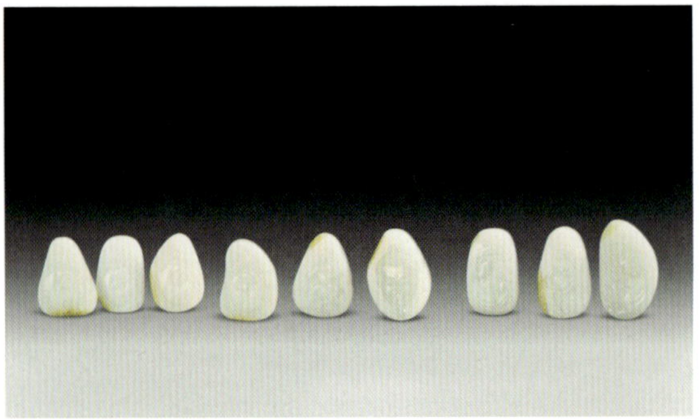

白玉牌（九件）
年代不详 Unknown GD 中国嘉德
2016-09-25 Lot5610 尺寸不一
估价：无底价
成交价：RMB 3,450

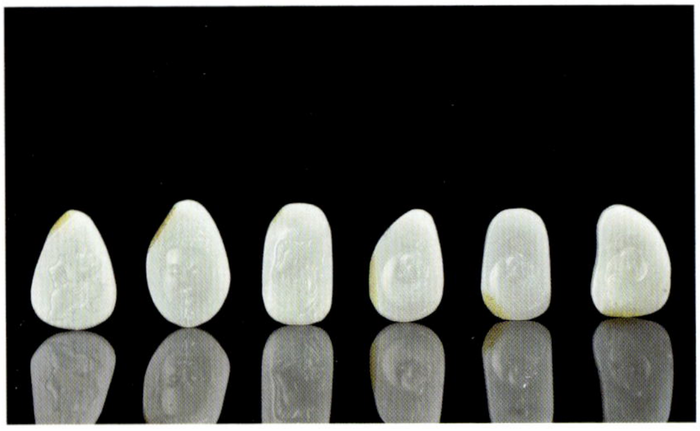

白玉牌（六件）
年代不详 Unknown GD 中国嘉德
2016-06-18 Lot2932 尺寸不一
估价：无底价
成交价：RMB 2,300

青白玉牌（三件）
年代不详 Unknown GD 中国嘉德
2016-09-25 Lot5609 L 7.3cm;6.8cm;6.2cm
估价：无底价
成交价：RMB 6,900

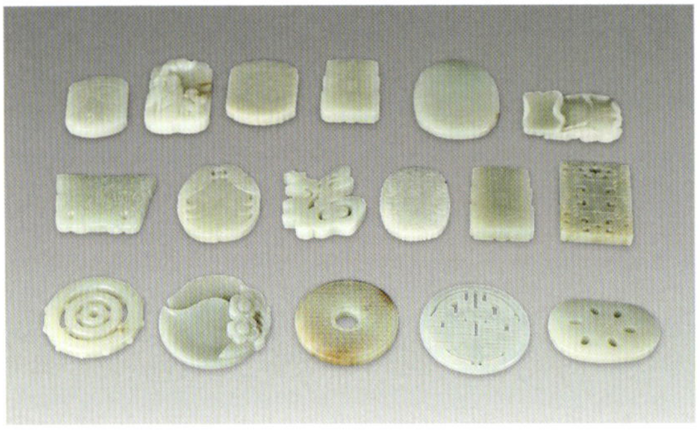

白玉牌（十七件）
清 Qing BP 北京保利
2016-04-28 Lot1673 尺寸不一
估价：无底价
成交价：RMB 2,300

青白玉牌（四件）
年代不详 Unknown GD 中国嘉德
2016-09-26 Lot5631 尺寸不一
估价：无底价
成交价：RMB 17,250

玉牌（一组两件）
清，19-20 世纪 Qing,19th-20th Century C 佳士得
2016-11-11 Lot606 W 9.2cm
估价：GBP 2,000-4,000
成交价：GBP 5,000

珮 Pei

白玉灵仙祝寿珮
乾隆 Qianlong BH 北京翰海
2016-06-05 Lot2766 H6.5cm
估价：RMB 30,000-40,000
成交价：RMB 40,250

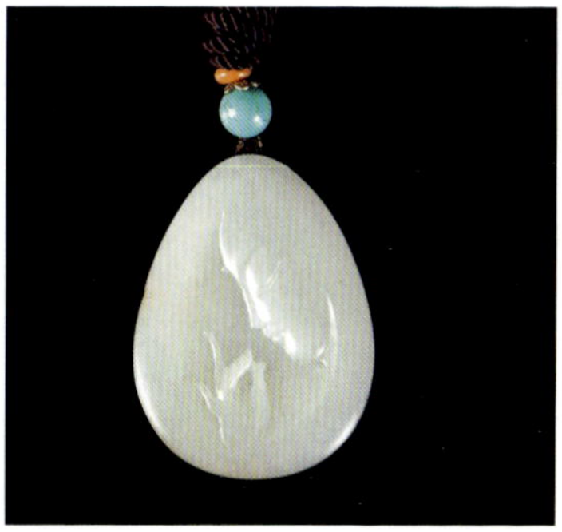

张再斌 和田玉籽料观音珮
年代不详 Unknown JH 上海嘉禾
2016-09-20 Lot711 27.5g
估价：RMB 3,500-5,000
成交价：RMB 4,025

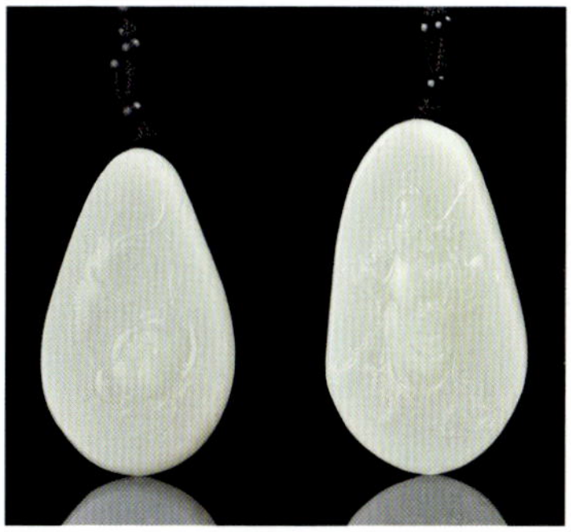

青白玉牌（两件）
年代不详 Unknown GD 中国嘉德
2016-06-18 Lot2929 L7cm;L6.5cm
估价：无底价
成交价：RMB 1,150

黄铭 和田玉籽料观音珮
年代不详 Unknown JH 上海嘉禾
2016-09-20 Lot701 55g
估价：RMB 3,500-5,000
成交价：RMB 4,025

白玉雕降龙伏虎珮
清 Qing BD 北京东正
2016-06-05 Lot230 L 5.7cm
估价：RMB 20,000-30,000
成交价：RMB 64,400

青白玉牌（四件）
年代不详 Unknown GD 中国嘉德
2016-06-18 Lot2954 尺寸不一
估价：无底价
成交价：RMB 8,050

刘海港 和田玉籽料观音珮
年代不详 Unknown JH 上海嘉禾
2016-09-20 Lot712 44.1g
估价：RMB 3,500-5,000
成交价：RMB 4,025

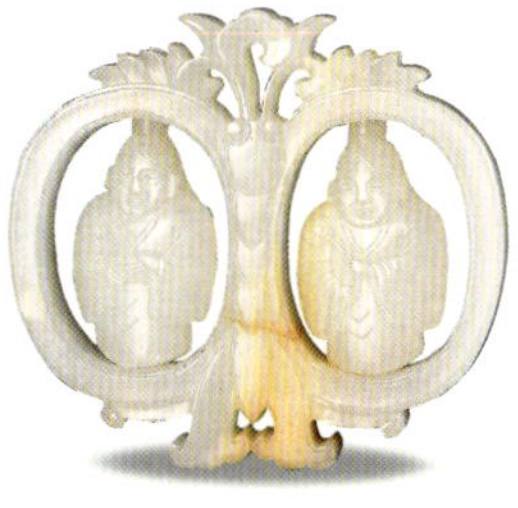

白玉和合二仙转心珮
清 Qing BP 北京保利
2016-10-31 Lot229 L 5.5cm
估价：无底价
成交价：RMB 32,200

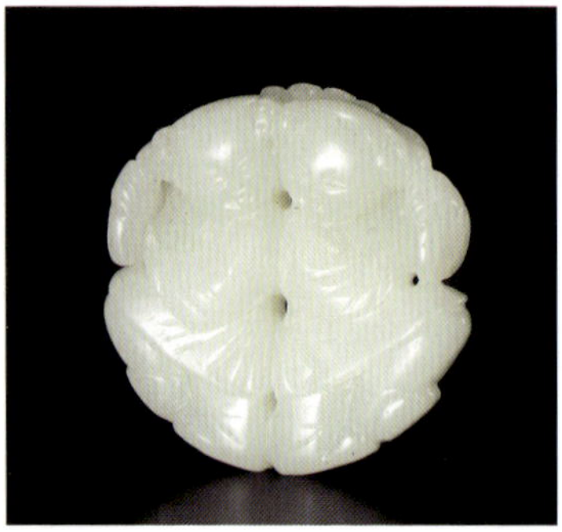

白玉和合二仙珮
清中期 Mid Qing BH 北京翰海
2016-12-04 Lot2444 H4.8cm
估价：RMB 8,000-12,000
成交价：RMB 11,500

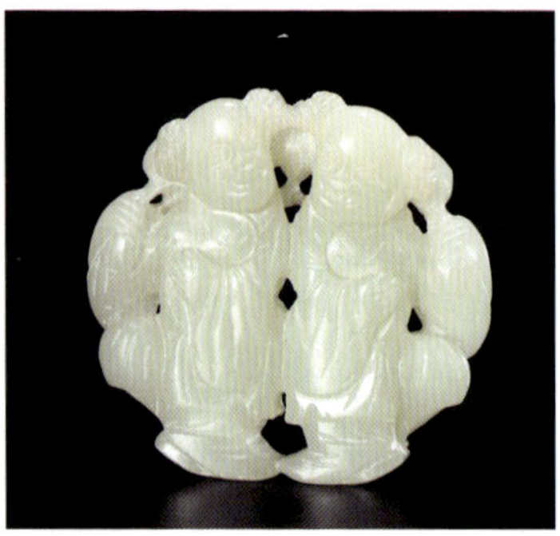

白玉和合二仙珮
清中期 Mid Qing BH 北京翰海
2016-12-04 Lot2445 H5.5cm
估价：RMB 55,000-70,000
成交价：RMB 69,000

白玉仙人乘槎珮
清中期 Mid Qing BH 北京翰海
2016-12-04 Lot2606 H8.5cm
估价：RMB 80,000-120,000
成交价：RMB 115,000

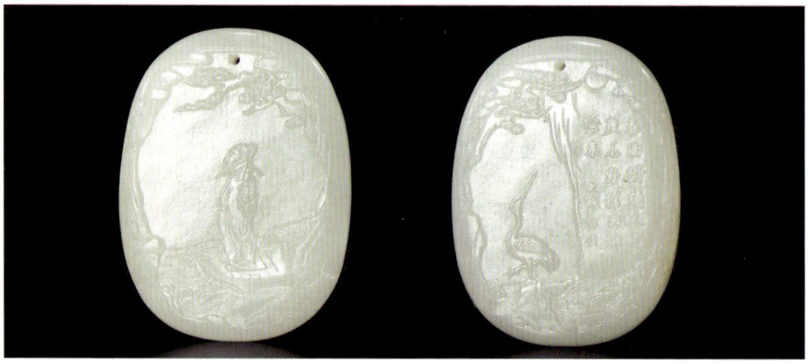

白玉仙人泛舟诗文珮
清中期 Mid Qing BH 北京翰海
2016-12-04 Lot2448 H6.5cm
估价：RMB 25,000-35,000
成交价：RMB 34,500

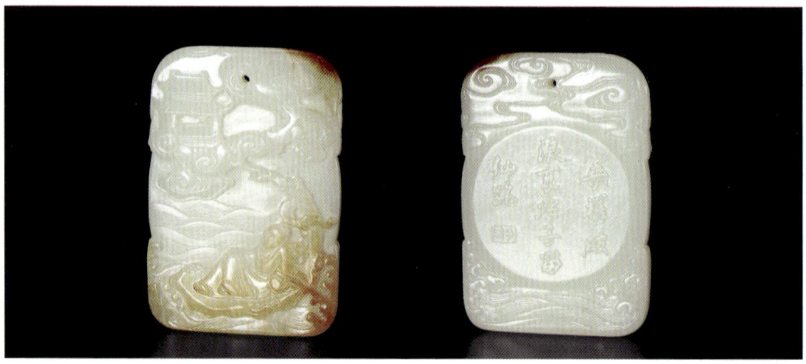

白玉洒金仙人乘槎珮
清中期 Mid Qing BH 北京翰海
2016-12-04 Lot2467 H6cm
估价：RMB 20,000-30,000
成交价：RMB 34,500

黄玉群仙献寿珮
清中期 Mid Qing BH 北京翰海
2016-12-04 Lot2460 H6cm
估价：RMB 25,000-35,000
成交价：RMB 34,500

白玉群仙献寿珮
清 Qing S 苏富比
2016-06-02 Lot926 5.8cm
估价：HKD 40,000-60,000
成交价：HKD 375,000

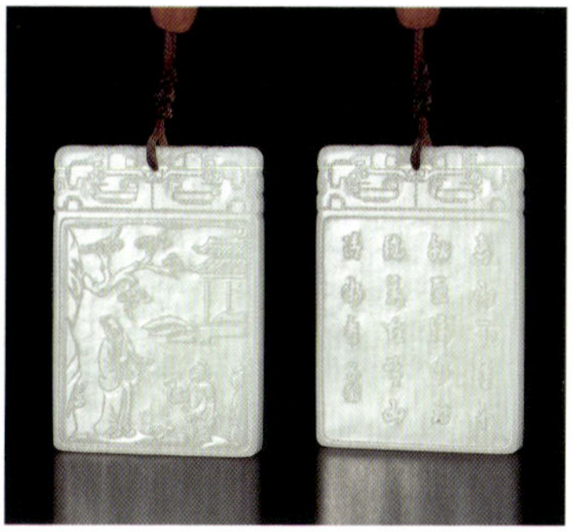

白玉羲之爱鹅诗文珮
乾隆 Qianlong BH 北京翰海
2016-06-05 Lot2739 H6.1cm
估价：RMB 40,000-50,000
成交价：RMB 52,900

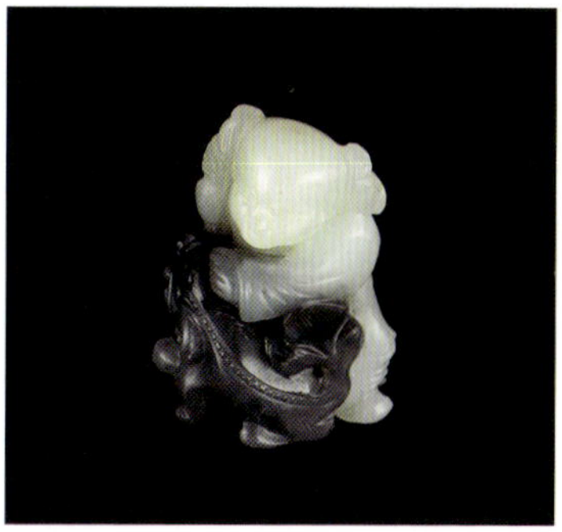

墨白玉童子戏狮珮
清，18 世纪 Qing,18th Century C 佳士得
2016-11-30 Lot3443 L3.7cm
估价：HKD 50,000-80,000
成交价：HKD 62,500

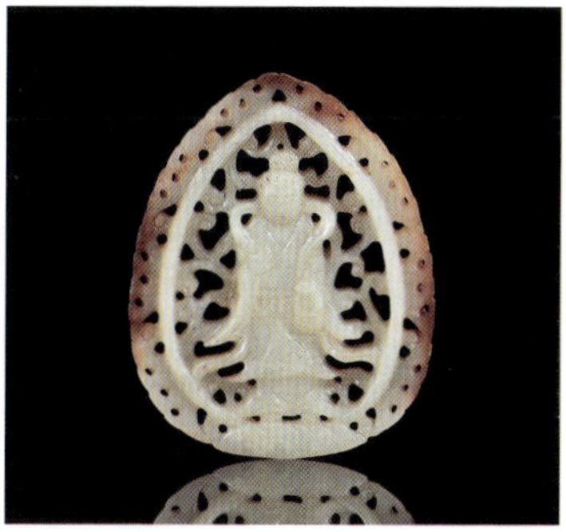

青白玉麻姑珮
清 Qing GD 中国嘉德
2016-03-28 Lot5223 L5.5cm
估价：无底价
成交价：RMB 1,150

白玉松下人物诗文珮
乾隆 Qianlong BH 北京翰海
2016-06-05 Lot2733 H4.4cm
估价：RMB 35,000-40,000
成交价：RMB 43,700

玉雕击鼓童子珮
乾隆 Qianlong BSA 北京古天一
2016-12-07 Lot1141 H5cm
估价：RMB 150,000-180,000
成交价：RMB 264,500

青白玉寿星珮
年代不详 Unknown GD 中国嘉德
2016-03-28 Lot5410 L6.8cm
估价：无底价
成交价：RMB 2,300

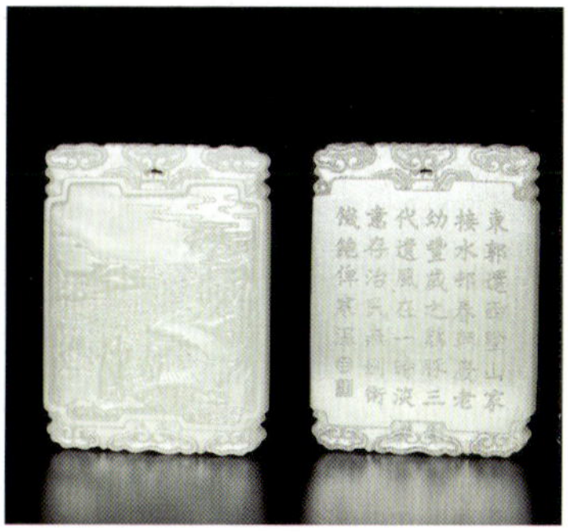

白玉携琴访友诗文珮
乾隆 Qianlong BH 北京翰海
2016-06-05 Lot2745 H6.8cm
估价：RMB 70,000-90,000
成交价：RMB 92,000

白玉童子诗文珮
乾隆 Qianlong BH 北京翰海
2016-06-05 Lot2765 H5.9cm
估价：RMB 10,000-15,000
成交价：RMB 13,800

白玉击鼓童子珮

清，18 世纪 Qing,18th Century S 苏富比
2016-04-06 Lot3698 5.5cm
估价：HKD 600,000-800,000
成交价：HKD 750,000

白玉留皮童子戏鹅珮

年代不详 Unknown GD 中国嘉德
2016-09-25 Lot5399 L 4.9cm
估价：RMB 3,000-5,000
成交价：RMB 3,450

白玉童子持莲珮

清 Qing XLA 西泠印社
2016-04-09 Lot143 L6.2cm;W4.5cm
估价：RMB 8,000-10,000
成交价：RMB 9,200

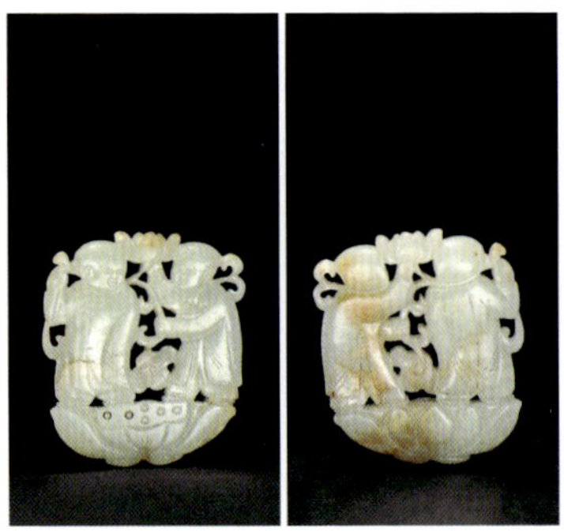

白玉持莲双童珮

明 Ming GD 中国嘉德
2016-05-14 Lot3104 H5.8cm
估价：RMB 200,000-250,000
成交价：RMB 230,000

白玉人物工字珮

清早期 Early Qing BH 北京翰海
2016-06-05 Lot2557 H4cm
估价：RMB 15,000-25,000
成交价：RMB 23,000

白玉雕舞童珮

清 Qing S 苏富比
2016-06-02 Lot927 5.8cm
估价：HKD 40,000-60,000
成交价：HKD 325,000

青白玉穿花童子珮

清 Qing GD 中国嘉德
2016-03-28 Lot5224 D5.2cm
估价：无底价
成交价：RMB 1,150

白玉人物诗文珮

乾隆 Qianlong BH 北京翰海
2016-06-05 Lot2753 H6.6cm
估价：RMB 280,000-320,000
成交价：RMB 345,000

白玉“子冈款”人物诗文珮

清中期 Mid Qing KS 北京匡时
2016-06-07 Lot3346 5 × 3.6cm
估价：RMB 150,000-200,000
成交价：RMB 172,500

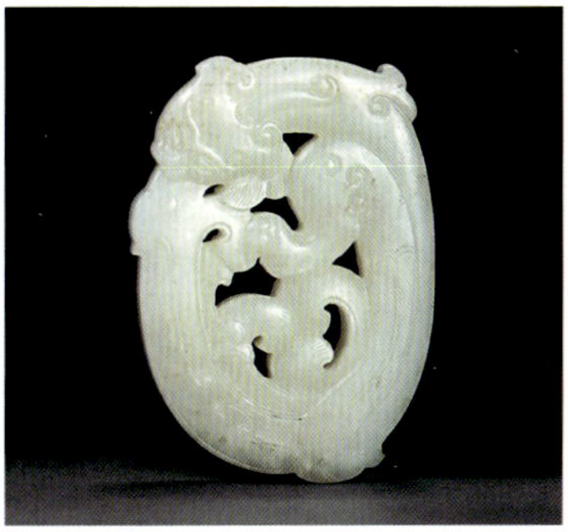

白玉龙珮

近代 Modern BH 北京翰海
2016-04-17 Lot1216 L5.5cm
估价：RMB 8,000-8,000
成交价：RMB 9,200

白玉龙形珮

清 Qing C 佳士得
2016-04-05 Lot12 W 6.7cm
估价：HKD 80,000-150,000
成交价：HKD 300,000

银制龙纹小杯、白玉人物珮（二件）

清 Qing BP 北京保利
2016-06-08 Lot9155 D4cm;D5.5cm
估价：RMB 3,000-5,000
成交价：RMB 4,600

白玉龙珮

乾隆 Qianlong BH 北京翰海
2016-06-05 Lot2581 H6cm
估价：RMB 10,000-20,000
成交价：RMB 23,000

白玉龙纹珮

清 Qing BP 北京保利
2016-04-27 Lot251 D5cm
估价：RMB 15,000-25,000
成交价：RMB 34,500

白玉龙珮

清 Qing BH 北京翰海
2016-12-04 Lot2411 D5.3cm
估价：RMB 22,000-30,000
成交价：RMB 32,200

白玉龙珮

清 Qing GD 中国嘉德
2016-09-25 Lot5374 L 5.2cm
估价：无底价
成交价：RMB 4,600

白玉龙纹珮

清 Qing GD 中国嘉德
2016-05-14 Lot3138 H6cm
估价：RMB 80,000-120,000
成交价：RMB 92,000

白玉龙纹珮
清，18 世纪 Qing,18th Century S 苏富比
2016-05-11 Lot155 5.5cm
估价：GBP 1,500-2,500
成交价：GBP 6,250

白玉龙纹珮
清中期 Mid Qing BH 北京翰海
2016-12-04 Lot2612 L6.5cm
估价：RMB 8,000-12,000
成交价：RMB 11,500

白玉龙形珮
明 Ming BH 北京翰海
2016-06-05 Lot2566 H5.3cm
估价：RMB 10,000-20,000
成交价：RMB 17,250

白玉龙纹璧形珮
清 Qing BH 北京翰海
2016-12-04 Lot2429 H6.5cm
估价：RMB 8,000-12,000
成交价：RMB 11,500

白玉龙纹珮
清中期 Mid Qing BH 北京翰海
2016-06-05 Lot2589 H6cm
估价：RMB 10,000-20,000
成交价：RMB 32,200

白玉龙祥凤瑞珮
清中期 Mid Qing BH 北京翰海
2016-12-04 Lot2428 H6cm
估价：RMB 8,000-12,000
成交价：RMB 11,500

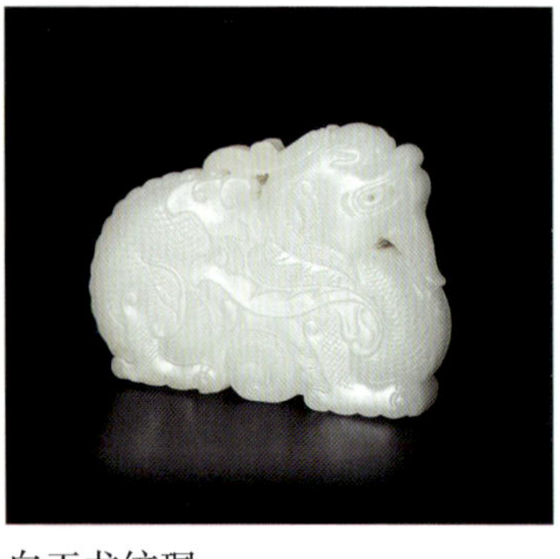

白玉龙纹珮
清中期 Mid Qing BH 北京翰海
2016-12-04 Lot2412 L5.4cm
估价：RMB 10,000-20,000
成交价：RMB 18,400

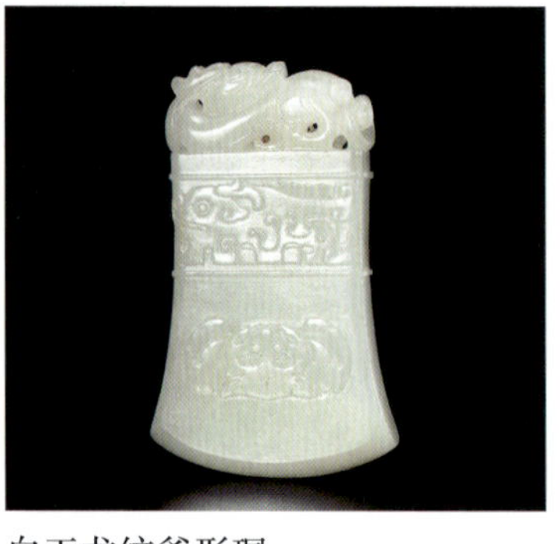

白玉龙纹斧形珮
清中期 Mid Qing BH 北京翰海
2016-06-05 Lot2605 H6.5cm
估价：RMB 16,000-26,000
成交价：RMB 29,900

白玉龙形珮
清 Qing BH 北京翰海
2016-12-04 Lot2413 L7.5cm
估价：RMB 12,000-18,000
成交价：RMB 17,250

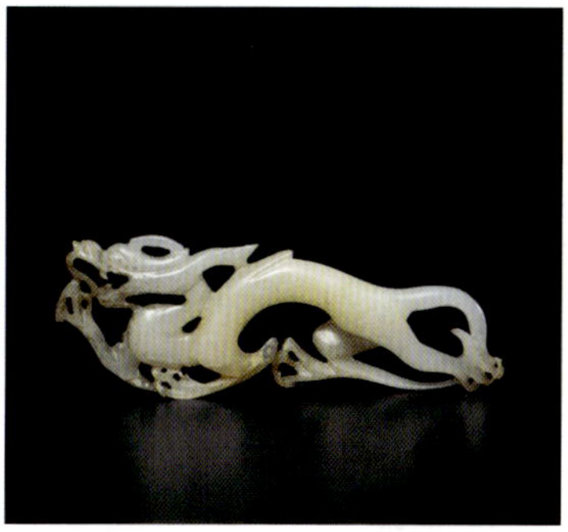

白玉透雕行龙珮
清 Qing BSA 北京古天一
2016-12-07 Lot1078 L7.2cm
估价：RMB 180,000-250,000
成交价：RMB 322,000

白玉雕交锁龙纹珮
清，18 世纪 Qing,18th Century S 苏富比
2016-12-01 Lot8 5.5cm
估价：HKD 20,000-30,000
成交价：HKD 125,000

白玉双龙珮
清早期 Early Qing BH 北京翰海
2016-06-05 Lot2587 H8cm
估价：RMB 15,000-25,000
成交价：RMB 25,300

白玉籽料留皮龙纹题诗珮
乾隆 Qianlong BP 北京保利
2016-12-06 Lot5863 L6.7cm
估价：RMB 350,000-550,000
成交价：RMB 402,500

白玉双龙珮
乾隆 Qianlong BH 北京翰海
2016-06-05 Lot2770 H6.8cm
估价：RMB 15,000-25,000
成交价：RMB 23,000

白玉双龙斧形珮
清中期 Mid Qing BP 北京保利
2016-06-08 Lot9173 L6.7cm
估价：RMB 25,000-55,000
成交价：RMB 32,200

白玉雕苍龙教子珮
清中期 Mid Qing BP 北京保利
2016-12-07 Lot6763 L8.5cm
估价：RMB 25,000-35,000
成交价：RMB 28,750

白玉双龙珮
清 Qing BP 北京保利
2016-06-08 Lot9163 L6.7cm
估价：RMB 35,000-55,000
成交价：RMB 40,250

玉雕双龙首珮
明 - 清 Ming-Qing BC 北京诚轩
2016-05-15 Lot936 8.8 × 7.6cm
估价：RMB 8,000-15,000
成交价：RMB 195,500

白玉龙、青白玉 双鱼珮（两件）
清 Qing BP 北京保利
2016-01-16 Lot382 L7cm;L6cm
估价：无底价
成交价：RMB 5,750

白玉雕龙凤日月纹珮 青黄玉镂空螭龙纹谍式珮（一组两件）
清 Qing S 苏富比
2016-12-02 Lot745 5.4cm;7.2cm
估价：HKD 70,000-100,000
成交价：HKD 150,000

白玉四龙珮
清，18-19 世纪 Qing,18th-19th Century C 佳士得
2016-04-05 Lot27 W 5cm
估价：HKD 40,000-60,000
成交价：HKD 50,000

白玉吉庆有余龙纹珮
清中期 Mid Qing BH 北京翰海
2016-12-04 Lot2461 H6.3cm
估价：RMB 25,000-35,000
成交价：RMB 34,500

白玉镂雕云龙珮
年代不详 Unknown PLXM 保利厦门
2016-11-06 Lot869 H 8.5cm
估价：无底价
成交价：RMB 18,400

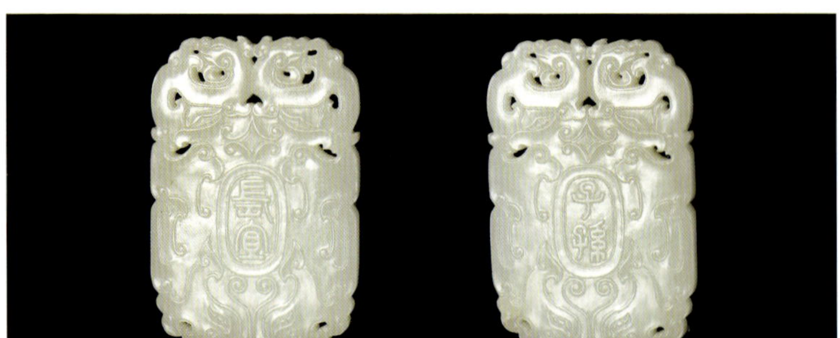

白玉双龙纹长宜子孙珮
清中期 Mid Qing BH 北京翰海
2016-12-04 Lot2468 H6.2cm
估价：RMB 15,000-30,000
成交价：RMB 23,000

玉雕带沁咬尾龙珮
明 Ming GD 中国嘉德
2016-11-29 Lot1084 D8cm
估价：HKD 50,000-80,000
成交价：HKD 59,000

白玉洒金龙凤珮
清中期 Mid Qing BH 北京翰海
2016-06-05 Lot2576 H6.4cm
估价：RMB 25,000-35,000
成交价：RMB 70,150

玉龙凤珮
清 Qing GD 中国嘉德
2016-11-12 Lot2889 L 5.5cm
估价：RMB 20,000-40,000
成交价：RMB 43,700

白玉沁色龙凤韘形珮
明 Ming SUN 中贸圣佳
2016-11-15 Lot1426 L5.7cm
估价：RMB 250,000-300,000
成交价：RMB 483,000

白玉洒金龙凤珮
乾隆 Qianlong BH 北京翰海
2016-12-04 Lot2472 H8cm
估价：RMB 25,000-40,000
成交价：RMB 34,500

白玉龙凤珮
年代不详 Unknown GD 中国嘉德
2016-03-28 Lot5184 L6.9cm
估价：无底价
成交价：RMB 5,750

白玉镂雕龙凤连环珮
明末清初 Late Ming-Early Qing C 佳士得
2016-03-17 Lot1660 W5.7cm
估价：USD 18,000-25,000
成交价：USD 22,500

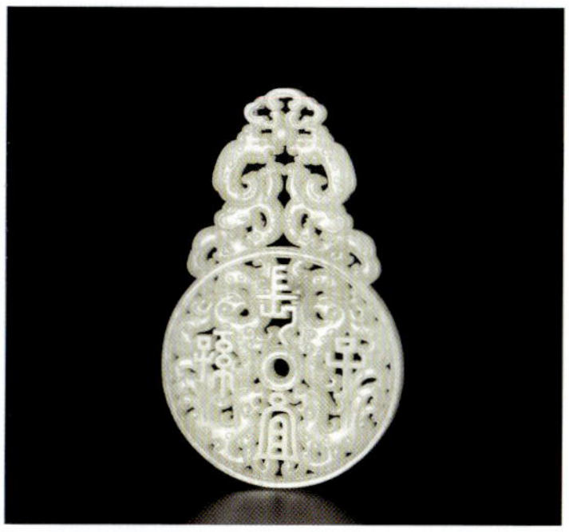

白玉龙凤纹长宜子孙珮
乾隆 Qianlong BH 北京翰海
2016-12-04 Lot2511 H12.2cm
估价：RMB 70,000-90,000
成交价：RMB 92,000

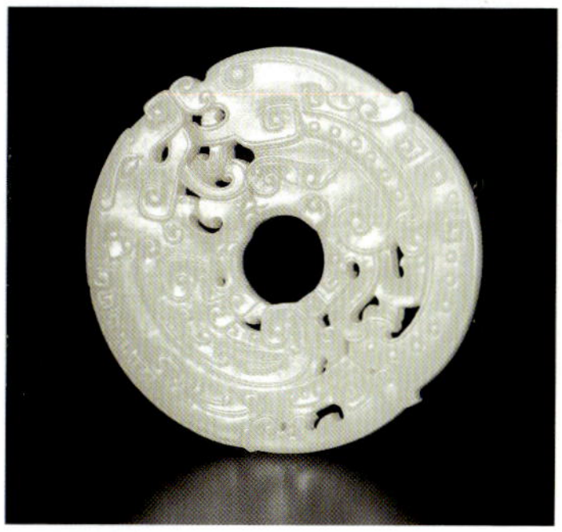

白玉龙凤珮
清中期 Mid Qing BH 北京翰海
2016-06-05 Lot2578 H7cm
估价：RMB 25,000-35,000
成交价：RMB 34,500

白玉龙凤珮

乾隆 Qianlong BH 北京翰海

2016-06-05 Lot2609 H6.3cm

估价：RMB 10,000-20,000

成交价：RMB 16,100

白玉螭龙纹吉祥玉玩珮

清中期 Mid Qing BH 北京翰海

2016-12-04 Lot2438 D5.3cm

估价：RMB 25,000-35,000

成交价：RMB 34,500

凤纹玉珮

明早期 Early Ming HC 北京华辰

2016-11-16 Lot1258 L6cm

估价：RMB 50,000-80,000

成交价：RMB 57,500

白玉凤纹珮

明 Ming BP 北京保利

2016-04-27 Lot33 L7.5cm

估价：无底价

成交价：RMB 8,050

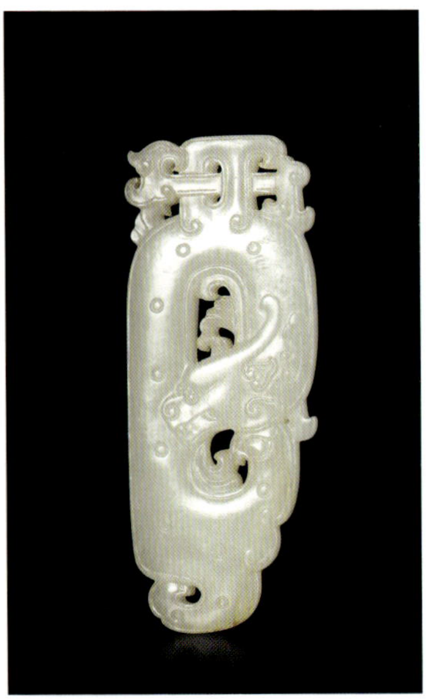

白玉龙凤珮

清中期 Mid Qing BH 北京翰海

2016-06-05 Lot2590 H8.3cm

估价：RMB 10,000-20,000

成交价：RMB 20,700

青白玉龙凤珮

清 Qing GD 中国嘉德

2016-06-18 Lot2943 L6cm

估价：无底价

成交价：RMB 2,300

白玉双凤“比翼同心”珮

乾隆 Qianlong BP 北京保利

2016-06-08 Lot9167 L6cm

估价：RMB 220,000-300,000

成交价：RMB 517,500

青白玉穿花凤纹珮（一对）
清 Qing GD 中国嘉德
2016-06-18 Lot2946 L6.5cm
估价：无底价
成交价：RMB 1,150

青白玉螭龙纹珮
年代不详 Unknown XLA 西泠印社
2016-04-09 Lot141 L6.5cm
估价：RMB 10,000-16,000
成交价：RMB 16,100

白玉螭龙灵芝珮
清早期 Early Qing BP 北京保利
2016-04-27 Lot250 D6cm
估价：RMB 10,000-20,000
成交价：RMB 11,500

白玉雕镂空凤穿花纹珮
清 Qing BD 北京东正
2016-06-05 Lot224 L 8.8cm
估价：RMB 10,000-20,000
成交价：RMB 11,500

青玉大吉螭龙珮
年代不详 Unknown GD 中国嘉德
2016-03-28 Lot5420 L7.4cm
估价：无底价
成交价：RMB 1,150

褐斑白玉透雕螭龙纹韘式珮
清 Qing S 苏富比
2016-12-02 Lot749 7.2cm
估价：HKD 60,000-80,000
成交价：HKD 87,500

螭龙玉珮
清中期 Mid Qing GD 中国嘉德
2016-05-14 Lot4519 L5.5cm
估价：RMB 10,000-20,000
成交价：RMB 11,500

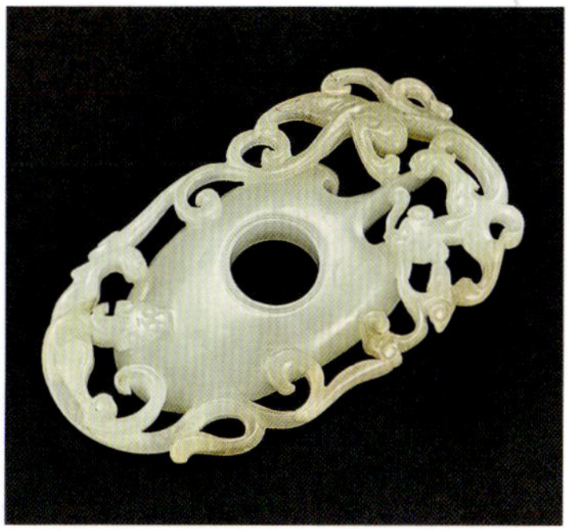

糖斑白玉透雕螭龙纹课式珮
明末清初 Late Ming and Early Qing S 苏富比
2016-12-01 Lot49 7.7cm
估价：HKD 30,000-50,000
成交价：HKD 37,500

青玉透雕螭龙纹珮
清 Qing S 苏富比
2016-12-02 Lot667 8.9cm
估价：HKD 40,000-60,000
成交价：HKD 50,000

黄玉螭龙纹紫香玉玩珮
清中期 Mid Qing BH 北京翰海
2016-12-04 Lot2454 H5cm
估价：RMB 20,000-30,000
成交价：RMB 28,750

碧玉雕螭龙鸡心珮
清早期 Early Qing BP 北京保利
2016-12-07 Lot6715 L6cm
估价：RMB 70,000-100,000
成交价：RMB 34,500

白玉夔龙纹富贵吉祥珮
清中期 Mid Qing BH 北京翰海
2016-12-04 Lot2446 H4.8cm
估价：RMB 30,000-40,000
成交价：RMB 43,700

青白玉螭龙珮、童子持莲坠各一件
清 Qing GD 中国嘉德
2016-06-18 Lot2578 L5.1cm;L5cm
估价：无底价
成交价：RMB 2,300

白玉夔龙纹珮
乾隆 Qianlong BH 北京翰海
2016-12-04 Lot2596 H5.5cm
估价：RMB 8,000-20,000
成交价：RMB 21,850

青白玉螭龙纹匕首形珮
年代不详 Unknown GD 中国嘉德
2016-06-18 Lot2942 L10cm
估价：无底价
成交价：RMB 2,300

旧玉螭龙珮
明 Ming GD 中国嘉德
2016-03-28 Lot5227 L9.5cm
估价：RMB 3,000-5,000
成交价：RMB 3,450

白玉螭龙纹珮
年代不详 Unknown GD 中国嘉德
2016-09-26 Lot5632 L 16.8cm
估价：无底价
成交价：RMB 5,750

白玉透雕螭龙纹珮
清，18-19 世纪 Qing,18th-19th Century S 苏富比
2016-09-17 Lot1105 尺寸不详
估价：USD 5,000-7,000
成交价：USD 3,750

褐玉镂雕螭龙纹珮
清 Qing S 苏富比
2016-06-02 Lot912 6.3cm
估价：HKD 40,000-60,000
成交价：HKD 50,000

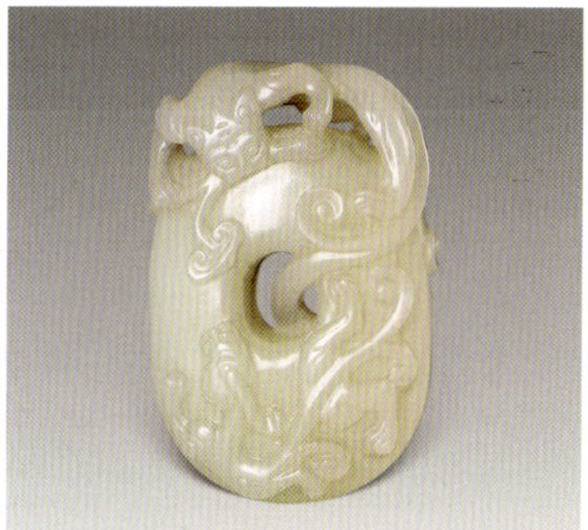

白玉双螭珮
清 Qing BP 北京保利
2016-10-31 Lot464 L 5.5cm
估价：无底价
成交价：RMB 13,800

青玉螭龙鸡心珮
清 Qing GD 中国嘉德
2016-09-25 Lot5614 L 5.2cm
估价：无底价
成交价：RMB 1,150

白玉螭龙珮
清 Qing GD 中国嘉德
2016-09-25 Lot5597 L 7cm
估价：无底价
成交价：RMB 8,050

玉雕螭龙珮
明 Ming XLA 西泠印社
2016-09-29 Lot112 L 7.6cm
估价：RMB 5,000-10,000
成交价：RMB 8,050

青玉螭龙转心珮
清 Qing GD 中国嘉德
2016-09-25 Lot5269 L 6.5cm
估价：无底价
成交价：RMB 5,750

白玉牧马图珮
乾隆 Qianlong BH 北京翰海
2016-06-05 Lot2744 H8.6cm
估价：RMB 45,000-55,000
成交价：RMB 57,500

白玉海东青天鹅玉珮
明 Ming SUN 中贸圣佳
2016-11-15 Lot1427 L7.1cm
估价：RMB 500,000-800,000
成交价：RMB 552,000

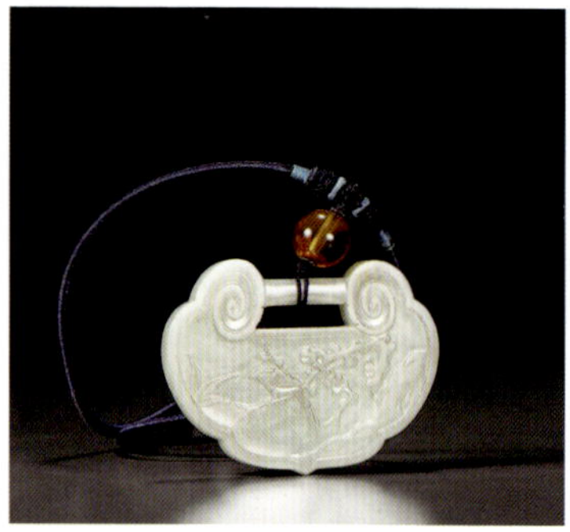

白玉雕喜上眉梢云纹珮
年代不详 Unknown XLA 西泠印社
2016-09-29 Lot113 W 7.2cm
估价：RMB 6,000-10,000
成交价：RMB 8,050

白玉三羊开泰出廓珮
清 Qing BH 北京翰海
2016-12-04 Lot2433 H7.3cm
估价：RMB 8,000-12,000
成交价：RMB 11,500

白玉蝉形珮
清早期 Early Qing BH 北京翰海
2016-06-05 Lot2613 H6.3cm
估价：RMB 10,000-20,000
成交价：RMB 20,700

白玉透雕喜上梅梢珮
乾隆 Qianlong S 苏富比
2016-10-05 Lot44 5.7cm
估价：HKD 150,000-200,000
成交价：HKD 500,000

白玉松鼠葡萄珮
清 Qing BD 北京东正
2016-11-11 Lot199 L6.5cm
估价：RMB 50,000-100,000
成交价：RMB 57,500

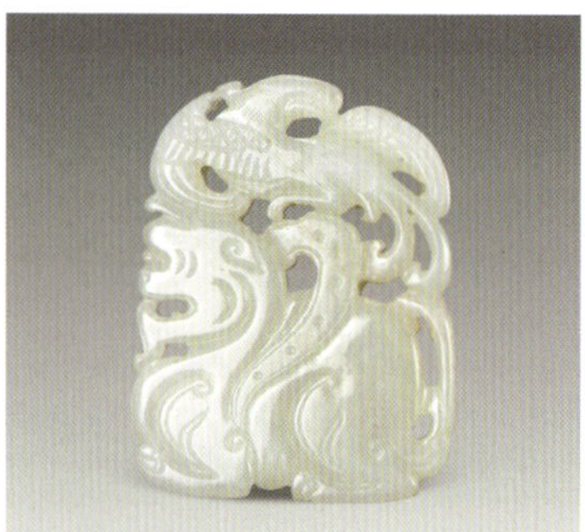

白玉雕“英雄”珮
清 Qing BP 北京保利
2016-10-31 Lot1101 L 6.3cm
估价：RMB 8,000-15,000
成交价：RMB 19,550

白玉嵌金鹦鹉珮
乾隆 Qianlong BP 北京保利
2016-10-31 Lot1168 L 7cm
估价：RMB 12,000-20,000
成交价：RMB 13,800

白玉鹦鹉珮
清 Qing BP 北京保利
2016-10-31 Lot460 D 5.5cm
估价：无底价
成交价：RMB 23,000

白玉比翼双飞珮
清中期 Mid Qing BH 北京翰海
2016-06-05 Lot2588 H5.5cm
估价：RMB 8,000-12,000
成交价：RMB 11,500

白玉年年有余珮
乾隆 Qianlong S 苏富比
2016-10-05 Lot54 9.8cm
估价：HKD 260,000-300,000
成交价：HKD 525,000

黄玉鸟纹珮
18 世纪 18th Century BO 邦瀚斯
2016-09-12 Lot8028 L 5cm
估价：USD 7,000-10,000
成交价：USD 4,375

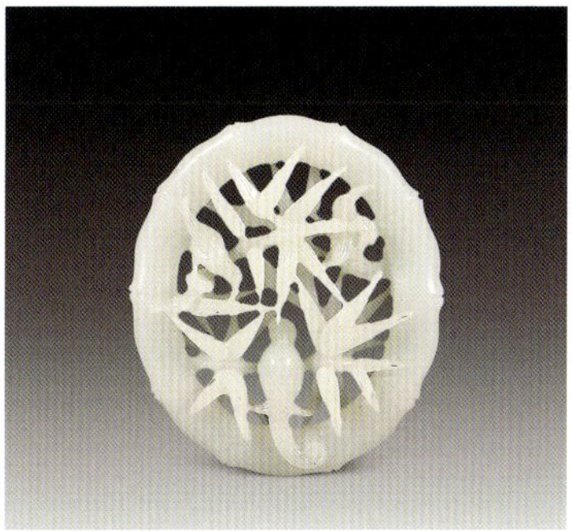

白玉竹雀珮
年代不详 Unknown GD 中国嘉德
2016-03-28 Lot5183 L5.6cm
估价：无底价
成交价：RMB 5,750

白玉蝴蝶珮
年代不详 Unknown BP 北京保利
2016-10-31 Lot1709 L 7cm
估价：无底价
成交价：RMB 2,300

白玉镂雕花鸟珮
清 Qing BP 北京保利
2016-10-31 Lot152 L 9cm
估价：无底价
成交价：RMB 25,300

白玉蝴蝶珮
清中期 Mid Qing BP 北京保利
2016-04-27 Lot48 L7.5cm
估价：无底价
成交价：RMB 5,750

青白玉双鱼磬形珮
清 Qing GD 中国嘉德
2016-09-25 Lot5268 L 6.5cm
估价：无底价
成交价：RMB 1,150

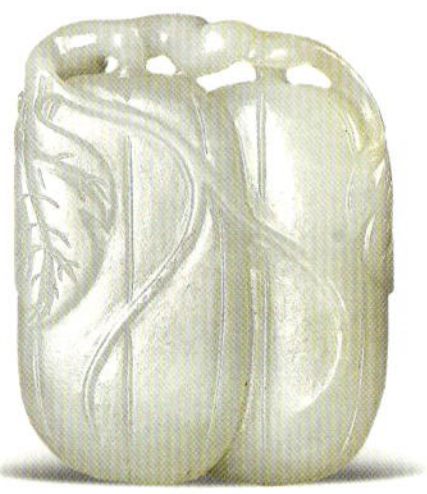

白玉双瓜珮
清中期 Mid Qing BP 北京保利
2016-11-10 Lot4687 L 5cm
估价：RMB 20,000-30,000
成交价：RMB 23,000

白玉花卉纹转心珮
年代不详 Unknown GD 中国嘉德
2016-03-28 Lot5363 L11cm
估价：无底价
成交价：RMB 10,350

白玉雕吉庆有余纹珮
清 Qing S 苏富比
2016-12-02 Lot748 5.5cm
估价：HKD 30,000-40,000
成交价：HKD 81,250

白玉留皮透雕荷叶形珮
清中期 Mid Qing BP 北京保利
2016-12-07 Lot6724 L5.4cm
估价：RMB 40,000-60,000
成交价：RMB 46,000

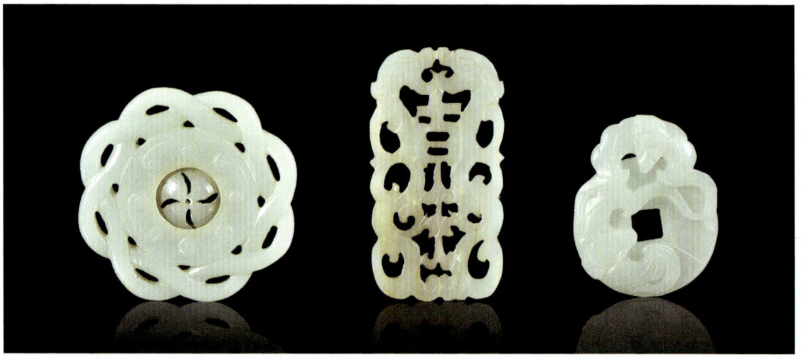

白玉 青玉珮（三件）
清 Qing GD 中国嘉德
2016-09-25 Lot5323 L 6.2cm;D 5.5cm;L 4.5cm
估价：RMB 3,000-5,000
成交价：RMB 6,900

白玉花卉福字珮
乾隆 Qianlong BH 北京翰海
2016-06-05 Lot2599 H7.3cm
估价：RMB 25,000-35,000
成交价：RMB 34,500

白玉浅刻飞鸣食宿诗文珮
清中期 Mid Qing BH 北京翰海
2016-12-04 Lot2464 H7.5cm
估价：RMB 35,000-50,000
成交价：RMB 46,000

白玉平安珮

乾隆 Qianlong BH 北京翰海
2016-12-04 Lot2435 H5.5cm
估价：RMB 25,000-35,000
成交价：RMB 32,200

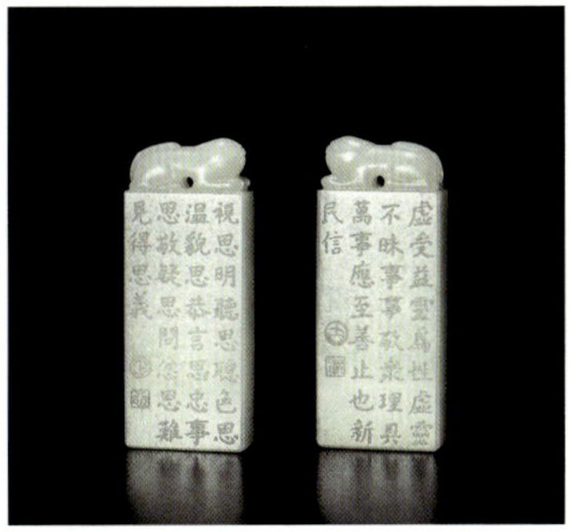

白玉诗文珮

乾隆 Qianlong BH 北京翰海
2016-06-05 Lot2767 H5.5cm
估价：RMB 10,000-20,000
成交价：RMB 17,250

白玉平安珮

清中期 Mid Qing BH 北京翰海
2016-12-04 Lot2598 H6cm
估价：RMB 12,000-20,000
成交价：RMB 18,400

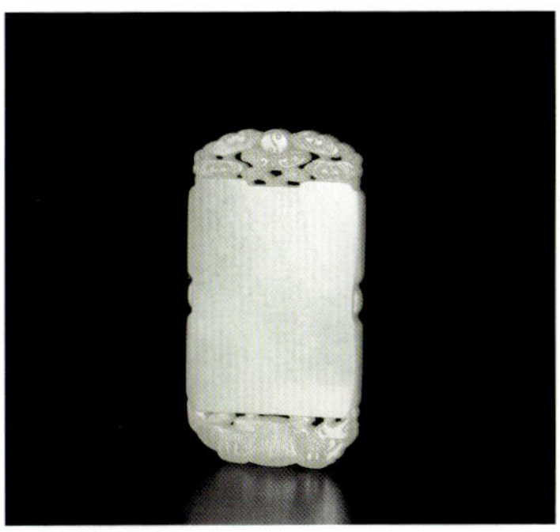

白玉平安珮

清 Qing BH 北京翰海
2016-12-04 Lot2602 H6.2cm
估价：RMB 8,000-12,000
成交价：RMB 11,500

白玉诗文珮

乾隆 Qianlong BH 北京翰海
2016-06-05 Lot2746 H6.3cm
估价：RMB 70,000-90,000
成交价：RMB 92,000

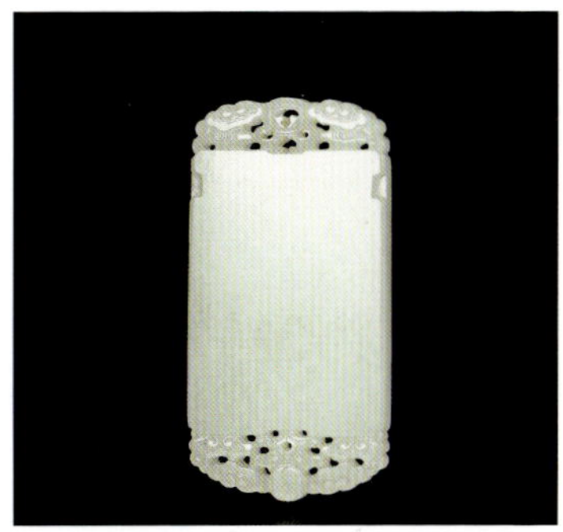

白玉平安珮

乾隆 Qianlong BH 北京翰海
2016-06-05 Lot2742 H7cm
估价：RMB 36,000-46,000
成交价：RMB 48,300

白玉平安珮

清中期 Mid Qing BH 北京翰海
2016-12-04 Lot2603 H4.6cm
估价：RMB 25,000-30,000
成交价：RMB 32,200

白玉平安珮

乾隆 Qianlong BH 北京翰海
2016-06-05 Lot2596 H5.1cm
估价：RMB 20,000-30,000
成交价：RMB 32,200

白玉转心珮

近代 Modern BP 北京保利
2016-01-16 Lot423 L8.5cm
估价：无底价
成交价：RMB 4,600

白玉转心珮
年代不详 Unknown GD 中国嘉德
2016-03-28 Lot5367 L8.8cm
估价：无底价
成交价：RMB 6,900

白玉子辰珮
清中期 Mid Qing BH 北京翰海
2016-06-05 Lot2564 H4.9cm
估价：RMB 10,000-20,000
成交价：RMB 25,300

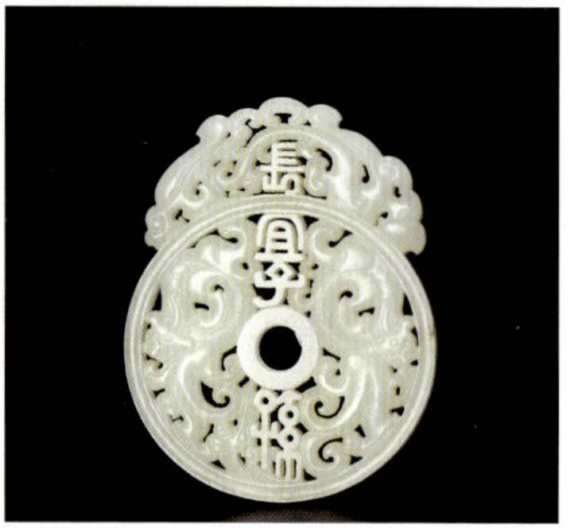

白玉长宜子孙珮
清中期 Mid Qing BH 北京翰海
2016-06-05 Lot2563 H9.2cm
估价：RMB 70,000-90,000
成交价：RMB 92,000

白玉转心珮
清 Qing BP 北京保利
2016-04-28 Lot1682 L8.5cm
估价：无底价
成交价：RMB 9,200

白玉子辰珮
清中期 Mid Qing BP 北京保利
2016-04-27 Lot57 L8cm
估价：无底价
成交价：RMB 20,700

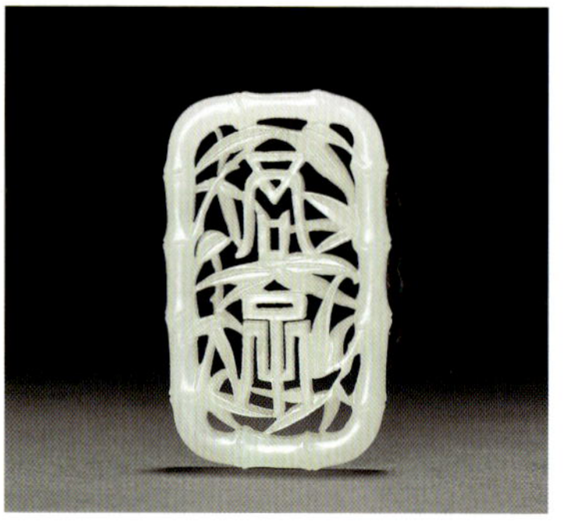

白玉竹节君子珮
清 Qing BP 北京保利
2016-06-08 Lot9164 L6.2cm
估价：RMB 80,000-120,000
成交价：RMB 92,000

白玉转心珮
清中期 Mid Qing BP 北京保利
2016-04-27 Lot254 D5.5cm
估价：RMB 20,000-40,000
成交价：RMB 69,000

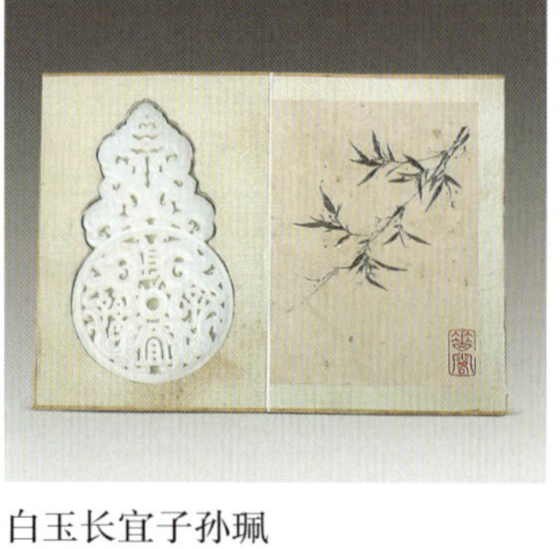

白玉长宜子孙珮
清 Qing BP 北京保利
2016-01-16 Lot403 L14.5cm
估价：无底价
成交价：RMB 4,600

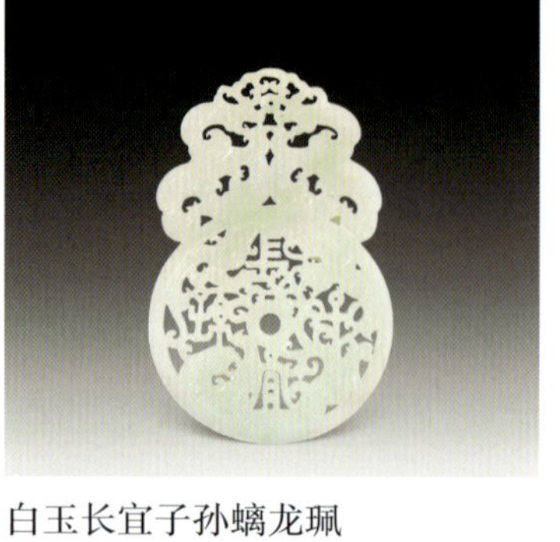

白玉长宜子孙螭龙珮
年代不详 Unknown GD 中国嘉德
2016-03-28 Lot5364 L13.5cm
估价：无底价
成交价：RMB 4,600

白玉长宜子孙螭龙珮
年代不详 Unknown GD 中国嘉德
2016-03-28 Lot5371 L15.5cm
估价：无底价
成交价：RMB 8,050

青白玉长宜子孙珮
年代不详 Unknown GD 中国嘉德
2016-06-18 Lot2524 L13.7cm
估价：无底价
成交价：RMB 2,300

白玉福禄天长珮
清中期 Mid Qing BH 北京翰海
2016-06-05 Lot2594 H5.5cm
估价：RMB 25,000-35,000
成交价：RMB 34,500

白玉长宜子孙龙凤纹圆珮
清中期 Mid Qing BH 北京翰海
2016-06-05 Lot2562 D5.4cm
估价：RMB 15,000-25,000
成交价：RMB 23,000

白玉八宝珮
清 Qing GD 中国嘉德
2016-06-18 Lot2532 D7cm
估价：无底价
成交价：RMB 11,500

白玉福禄永昌珮
清中期 Mid Qing BH 北京翰海
2016-06-05 Lot2597 H6.3cm
估价：RMB 15,000-25,000
成交价：RMB 25,300

白玉透雕凤凰纹“长宜子孙”圆珮
清 Qing S 苏富比
2016-06-02 Lot929 8cm
估价：HKD 15,000-20,000
成交价：HKD 60,000

白玉包袱大吉珮
清 Qing BP 北京保利
2016-04-28 Lot1298 L5.8cm
估价：RMB 40,000-60,000
成交价：RMB 46,000

白玉雕和寿团圆珮
清，19 世纪 Qing,19 Century S 苏富比
2016-09-17 Lot1080 尺寸不详
估价：USD 1,000-1,500
成交价：USD 1,000

白玉寿天百禄珮
乾隆 Qianlong BH 北京翰海
2016-12-04 Lot2465 H6cm
估价：RMB 70,000-90,000
成交价：RMB 92,000

白玉雕岁寒三友珮
清 Qing BD 北京东正
2016-09-23 Lot334 L 6.1cm
估价：RMB 10,000-20,000
成交价：RMB 25,300

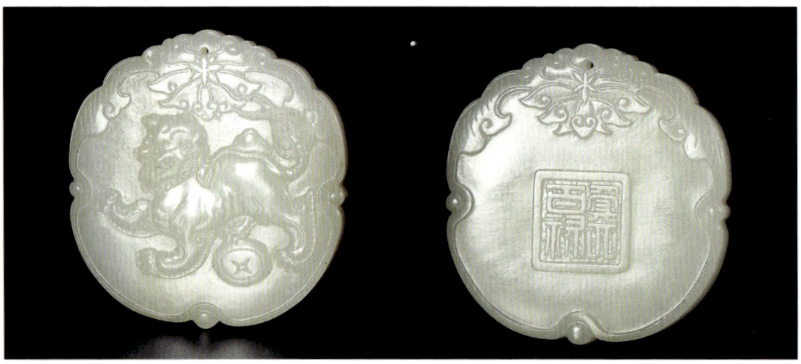

白玉寿天百禄珮
清中期 Mid Qing BH 北京翰海
2016-12-04 Lot2439 H6cm
估价：RMB 46,000-60,000
成交价：RMB 57,500

白玉“岁寒三友”珮
清，18 世纪 Qing,18th Century C 佳士得
2016-04-05 Lot25 L 5.8cm
估价：HKD 60,000-80,000
成交价：HKD 75,000

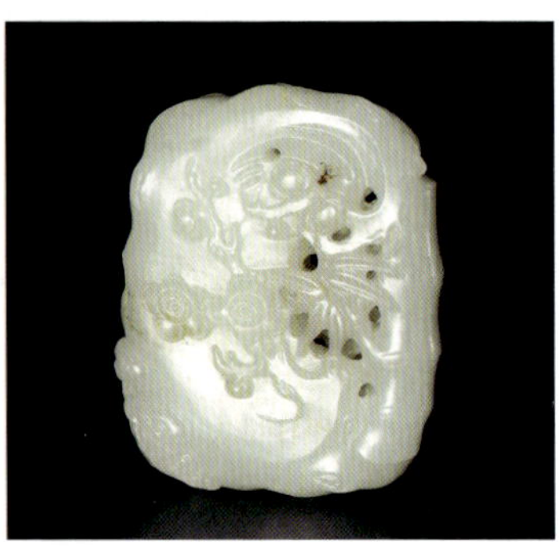

白玉岁寒三友珮
清中期 Mid Qing BH 北京翰海
2016-12-04 Lot2450 H5.5cm
估价：RMB 10,000-20,000
成交价：RMB 17,250

白玉雕寿桃纹珮
清 Qing BD 北京东正
2016-09-23 Lot347 L 6.2cm
估价：RMB 5,000-10,000
成交价：RMB 6,900

白玉“未羊”双喜珮
清，18-19 世纪 Qing,18th-19th Century S 苏富比
2016-10-05 Lot92 7.7cm
估价：HKD 100,000-150,000
成交价：HKD 687,500

白玉豆荚珮
清，18 世纪 Qing,18th Century C 佳士得
2016-11-11 Lot828 L 4.5cm
估价：GBP 1,200-1,500
成交价：GBP 3,250

白玉瓜瓞绵绵珮
清，19 世纪 Qing,19 Century C 佳士得
2016-04-05 Lot34 L 6.5cm
估价：HKD 50,000-80,000
成交价：HKD 62,500

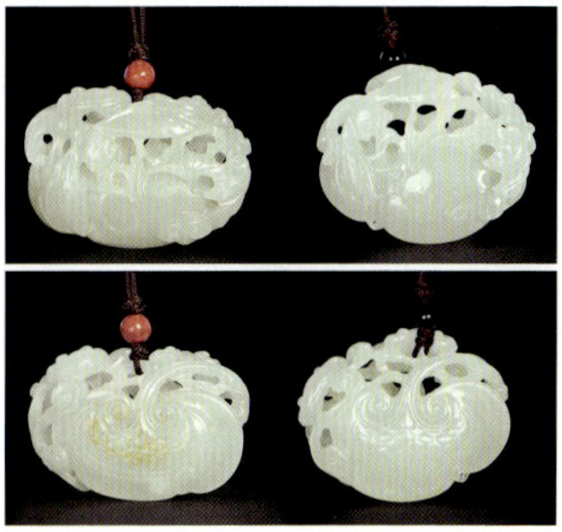

白玉灵芝珮（二件）
清 Qing GD 中国嘉德
2016-11-12 Lot2896 L 5.7cm;L 5.5cm
估价：RMB 100,000-140,000
成交价：RMB 161,000

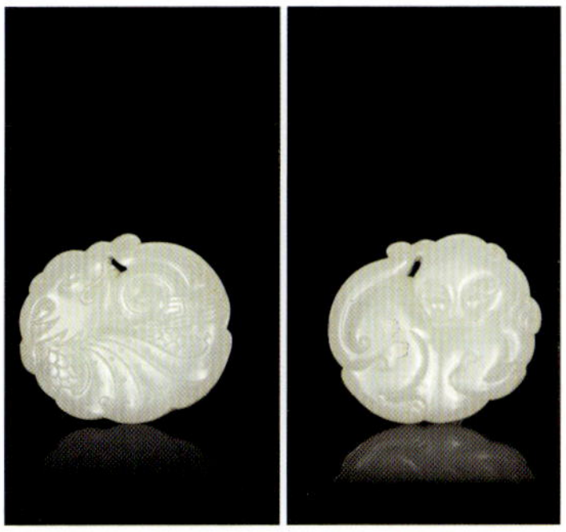

白玉风云际会珮
乾隆 Qianlong GD 中国嘉德
2016-11-12 Lot2855 W 5.3cm
估价：RMB 20,000-40,000
成交价：RMB 59,800

白玉活心轮形珮
清 Qing GD 中国嘉德
2016-11-12 Lot2908 D 5.8cm
估价：RMB 30,000-50,000
成交价：RMB 34,500

白玉珮
清，19-20 世纪 Qing,19th-20th Century C 佳士得
2016-11-11 Lot641 L 6cm
估价：GBP 2,000-3,000
成交价：GBP 2,500

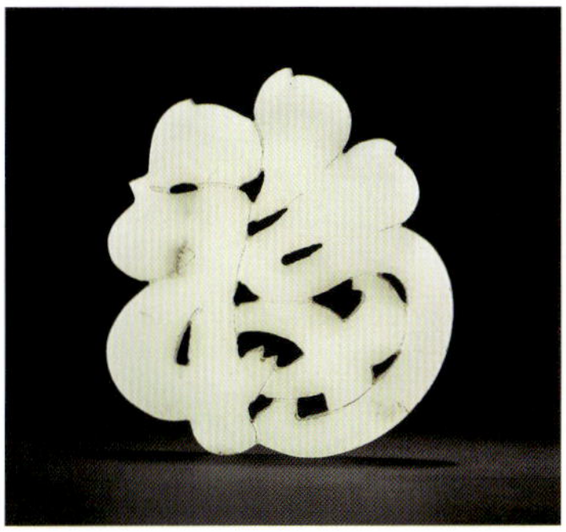

白玉福字珮
清 Qing GD 中国嘉德
2016-11-12 Lot2903 H 5.5cm
估价：RMB 20,000-40,000
成交价：RMB 23,000

白玉连连有喜珮
清 Qing GD 中国嘉德
2016-11-12 Lot2891 W 4.5cm
估价：RMB 20,000-40,000
成交价：RMB 97,750

白玉吉庆有余珮
清早期 Early Qing BH 北京翰海
2016-06-05 Lot2586 H7.2cm
估价：RMB 15,000-25,000
成交价：RMB 23,000

白玉寿天百禄珮
乾隆 Qianlong BH 北京翰海
2016-06-05 Lot2750 H6.7cm
估价：RMB 140,000-160,000
成交价：RMB 172,500

白玉长寿富贵锁形珮
年代不详 Unknown GD 中国嘉德
2016-06-18 Lot2553 L5.8cm
估价：无底价
成交价：RMB 2,300

玉雕三阳开泰珮
近代 Modern BH 北京翰海
2016-04-17 Lot1203 H5.8cm
估价：RMB 3,000-3,000
成交价：RMB 3,450

白玉糖色喜上梅梢珮
清中期 Mid Qing BP 北京保利
2016-04-27 Lot405 L5cm
估价：RMB 10,000-20,000
成交价：RMB 11,500

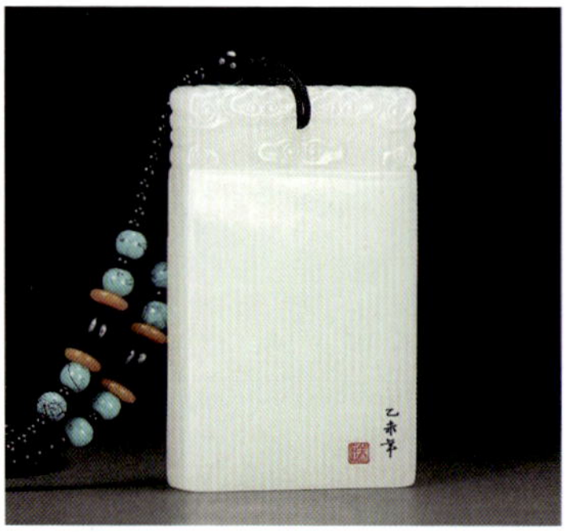

玉雕平安无事珮
现代 Modern BH 北京翰海
2016-04-17 Lot1212 H6cm
估价：RMB 6,000-6,000
成交价：RMB 6,900

青白玉大吉葫芦珮
清，18-19 世纪 Qing,18th-19th Century S 苏富比
2016-05-11 Lot102 7.7cm
估价：GBP 3,000-5,000
成交价：GBP 5,625

白玉天干地支珮
乾隆 Qianlong BH 北京翰海
2016-06-05 Lot2741 H6cm
估价：RMB 36,000-50,000
成交价：RMB 46,000

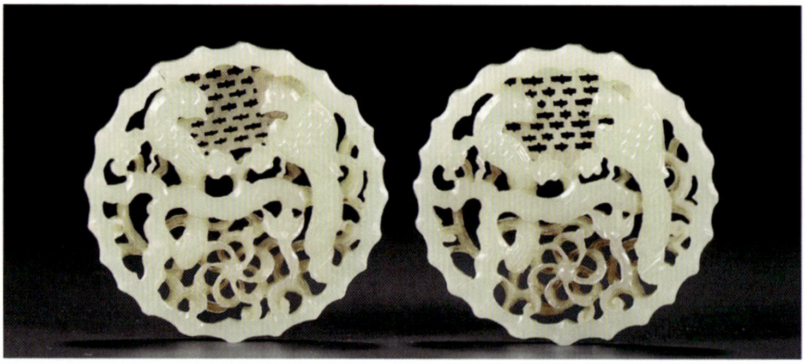

青白玉镂雕喜上眉梢珮（一组两件）
清 Qing XLA 西泠印社
2016-04-09 Lot145 D6.5cm
估价：RMB 5,000-10,000
成交价：RMB 5,750

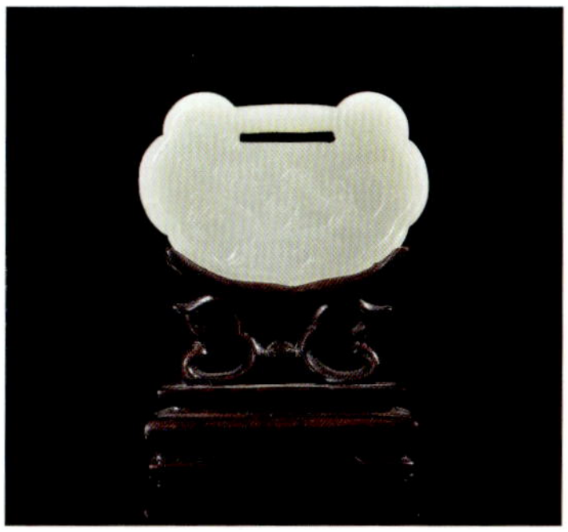

青白玉花卉纹锁型珮
清 Qing GD 中国嘉德
2016-03-28 Lot5284 L8.4cm
估价：无底价
成交价：RMB 11,500

青白玉一帆风顺转心珮
清 Qing GD 中国嘉德
2016-06-18 Lot2531 D5.7cm
估价：RMB 3,000-5,000
成交价：RMB 17,250

碧玉福在眼前珮
清 Qing GD 中国嘉德
2016-03-28 Lot5239 L8.8cm
估价：RMB 3,000-5,000
成交价：RMB 3,450

青白玉秋山纹珮
明 Ming BP 北京保利
2016-04-28 Lot1280 L5cm
估价：RMB 8,000-12,000
成交价：RMB 9,200

青白玉连年有余珮
年代不详 Unknown GD 中国嘉德
2016-06-18 Lot2940 L7.4cm
估价：RMB 3,000-5,000
成交价：RMB 3,450

青白玉望子成龙珮
清 Qing GD 中国嘉德
2016-03-28 Lot5232 L7cm
估价：RMB 18,000-28,000
成交价：RMB 20,700

青玉长斋纳锦珮
年代不详 Unknown GD 中国嘉德
2016-03-28 Lot5388 L9cm
估价：无底价
成交价：RMB 2,300

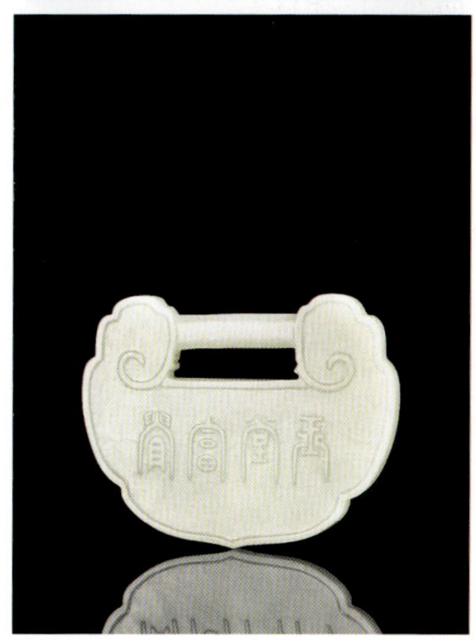

白玉玉堂富贵锁形珮
清 Qing GD 中国嘉德
2016-09-25 Lot5251 L 7.5cm
估价：RMB 15,000-25,000
成交价：RMB 17,250

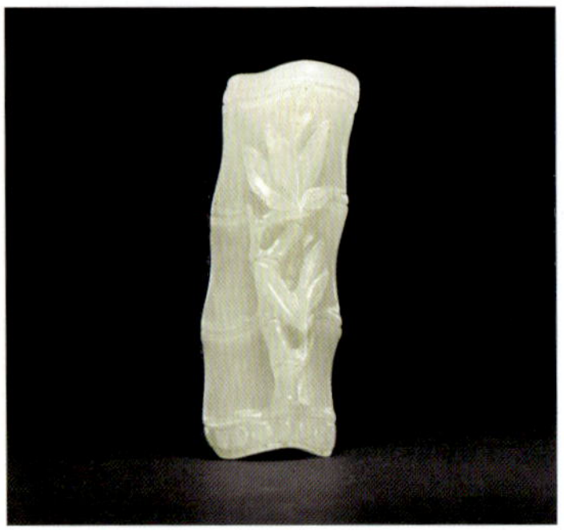

白玉竹节珮
清 Qing GD 中国嘉德
2016-11-12 Lot2910 H 5.5cm
估价：RMB 15,000-17,000
成交价：RMB 17,250

青白玉花卉珮
清 Qing GD 中国嘉德
2016-09-25 Lot5266 L 6.7cm
估价：无底价
成交价：RMB 3,450

黑白玉巧雕子辰珮
年代不详 Unknown BP 北京保利
2016-10-31 Lot1716 L 7cm
估价：无底价
成交价：RMB 3,450

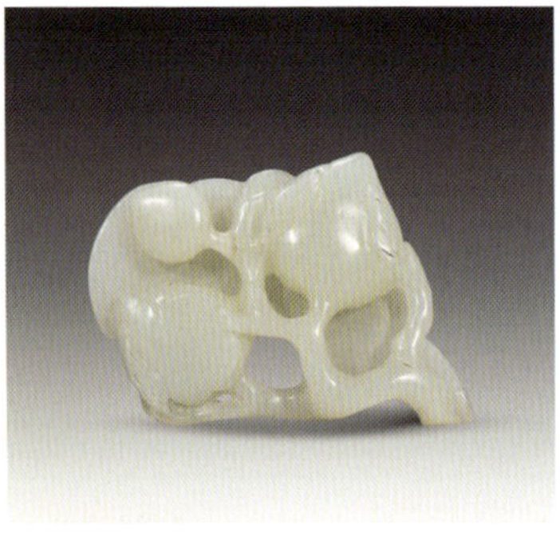

青白玉福寿珮
年代不详 Unknown GD 中国嘉德
2016-09-26 Lot5617 L 6.6cm
估价：无底价
成交价：RMB 2,300

青白玉竹节坠 花蝠珮各一件
清晚期 Late Qing GD 中国嘉德
2016-09-25 Lot5250 L 6cm;5cm
估价：无底价
成交价：RMB 17,250

白玉竹节珮
清 Qing BP 北京保利
2016-04-27 Lot246 L6.5cm
估价：RMB 20,000-30,000
成交价：RMB 80,500

青白玉瓜果珮、花鸟环（共三件）
清 Qing BP 北京保利
2016-10-31 Lot502 尺寸不一
估价：RMB 25,000-40,000
成交价：RMB 28,750

青玉花卉珮
明 Ming GD 中国嘉德
2016-09-25 Lot5257 L 6cm
估价：无底价
成交价：RMB 3,450

白玉灵芝珮
清，18-19 世纪 Qing,18th-19th Century S 苏富比
2016-05-11 Lot259 5cm
估价：GBP 4-
成交价：GBP 6,000

白玉豆荚珮
清中期 Mid Qing BP 北京保利
2016-04-27 Lot56 L6cm
估价：无底价
成交价：RMB 8,050

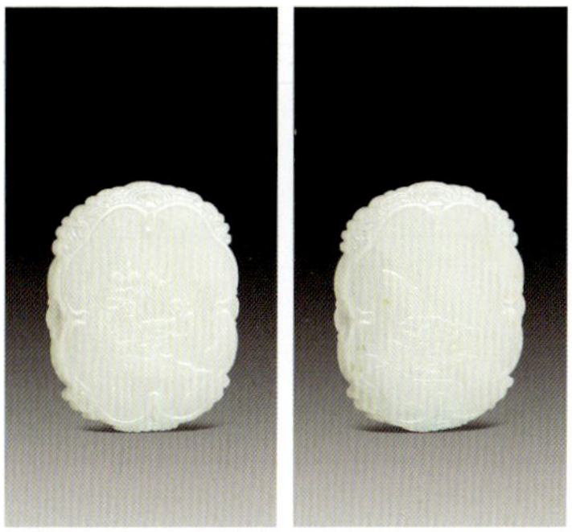

白玉菊石纹珮
乾隆 Qianlong KS 北京匡时
2016-06-07 Lot3348 5.8 × 4.8cm
估价：RMB 300,000-500,000
成交价：RMB 460,000

白玉双福绳纹珮
清早期 Early Qing BH 北京翰海
2016-06-05 Lot2591 H6.8cm
估价：RMB 8,000-12,000
成交价：RMB 13,800

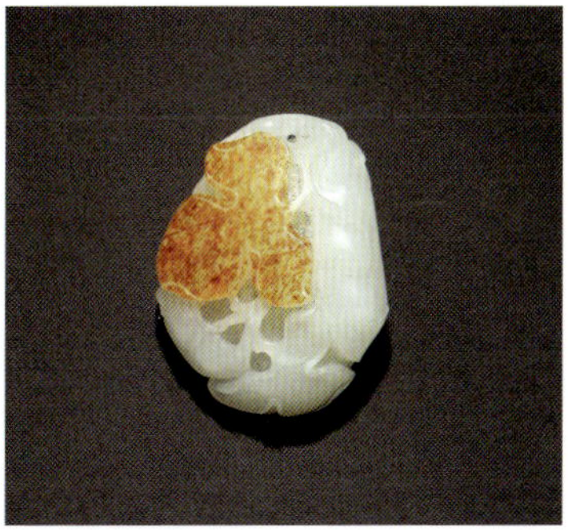

白玉留皮扁豆珮
清 Qing BP 北京保利
2016-06-08 Lot9159 L4.7cm
估价：RMB 30,000-50,000
成交价：RMB 40,250

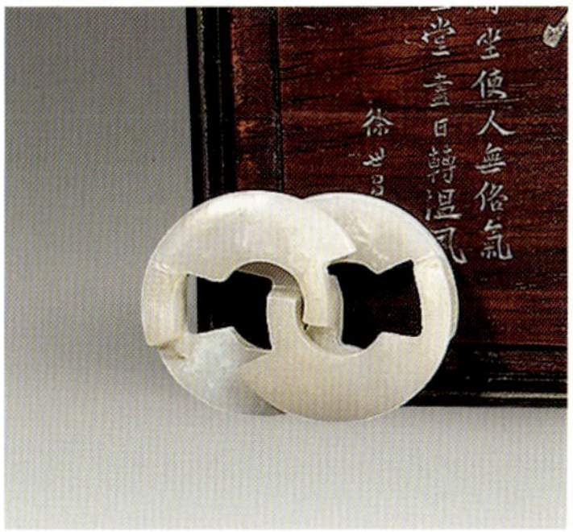

白玉连环珮
年代不详 Unknown GD 中国嘉德
2016-03-28 Lot5495 L7.5cm
估价：无底价
成交价：RMB 3,450

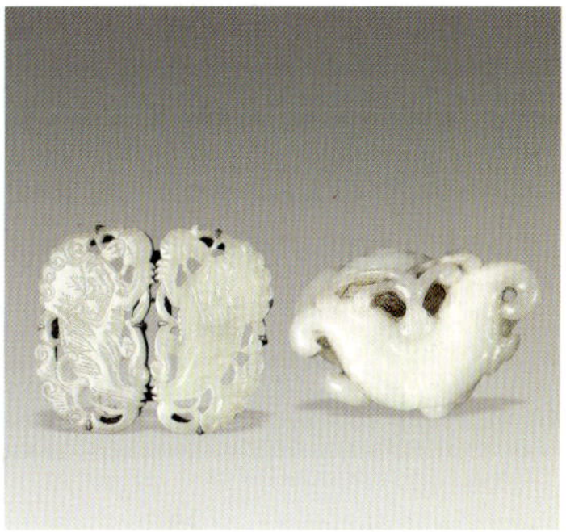

白玉双狮胸针、菱角珮（两件）
清 Qing BP 北京保利
2016-04-28 Lot1266 L5cm;L4.7cm
估价：RMB 10,000-20,000
成交价：RMB 11,500

白玉带皮豆角珮
清 Qing BP 北京保利
2016-06-08 Lot9157 L5.3cm
估价：RMB 20,000-50,000
成交价：RMB 36,800

白玉琵琶行珮
乾隆 Qianlong BH 北京翰海
2016-06-05 Lot2747 H6.7cm
估价：RMB 70,000-90,000
成交价：RMB 92,000

带皮白玉木兰珮
清，18 世纪 Qing,18th Century S 苏富比
2016-05-11 Lot95 6.3cm
估价：GBP 4,000-6,000
成交价：GBP 5,000

黄玉“进贤司”珮
明 Ming KS 北京匡时
2016-06-07 Lot3252 3.5 × 5cm
估价：RMB 50,000-80,000
成交价：RMB 57,500

旧玉璧、青玉螭龙鸡心珮（三件）
年代不详 Unknown GD 中国嘉德
2016-03-28 Lot5393 D13.5cm;L6.8cm;D5.5cm
估价：无底价
成交价：RMB 2,300

黄玉寿山福海珮
清中期 Mid Qing BH 北京翰海
2016-06-05 Lot2595 H6.5cm
估价：RMB 15,000-25,000
成交价：RMB 75,900

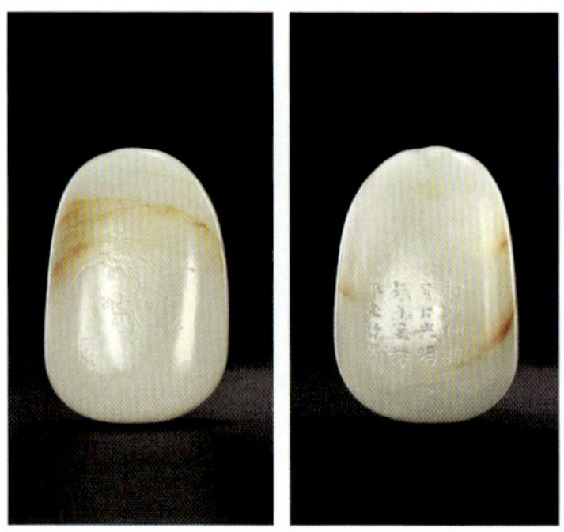

籽料雕梅花诗纹珮
清 Qing GD 中国嘉德
2016-11-12 Lot2905 H 4.5cm
估价：RMB 35,000-55,000
成交价：RMB 57,500

玛瑙辈辈有鱼坠、青白玉珮各一件
清 Qing GD 中国嘉德
2016-06-18 Lot2947 L4.7cm;L4.3cm
估价：无底价
成交价：RMB 1,150

玉及玛瑙珮（四件）
清晚期 Late Qing S 苏富比
2016-09-17 Lot1083 尺寸不详
估价：USD 1,500-2,000
成交价：USD 2,750

旧玉琴形珮
明 Ming GD 中国嘉德
2016-05-14 Lot3134 L6.8cm
估价：RMB 18,000-28,000
成交价：RMB 25,300

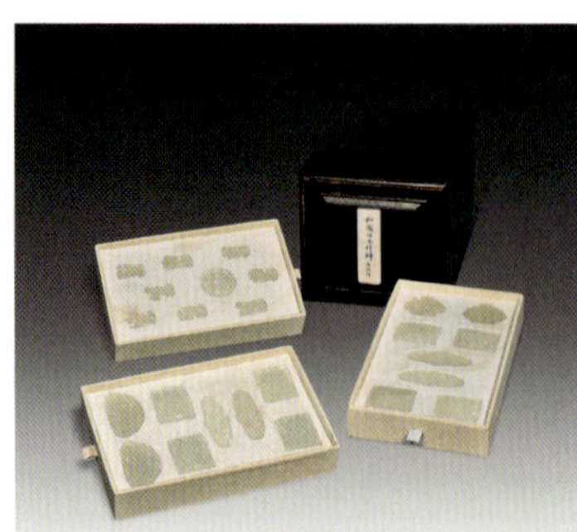

青白玉珮（二十五件）
年代不详 Unknown GD 中国嘉德
2016-03-28 Lot5376 尺寸不一
估价：无底价
成交价：RMB 5,750

白玉题诗玉兰珮

民国 Republic Period BP 北京保利
2016-12-07 Lot6854 L7.7cm
估价：RMB 30,000-50,000
成交价：RMB 34,500

白玉合蚌双喜珮

乾隆 Qianlong BP 北京保利
2016-12-06 Lot5860 L5.5cm
估价：RMB 150,000-200,000
成交价：RMB 172,500

白玉历古太平珮

清 Qing BP 北京保利
2016-12-07 Lot6733 L6.6cm
估价：RMB 200,000-300,000
成交价：RMB 414,000

白玉无双谱诗文珮

清中期 Mid Qing BH 北京翰海
2016-12-04 Lot2471 H6.4cm
估价：RMB 25,000-40,000
成交价：RMB 34,500

白玉金菊庄严珮

清 Qing BH 北京翰海
2016-12-04 Lot2452 H6cm
估价：RMB 15,000-30,000
成交价：RMB 23,000

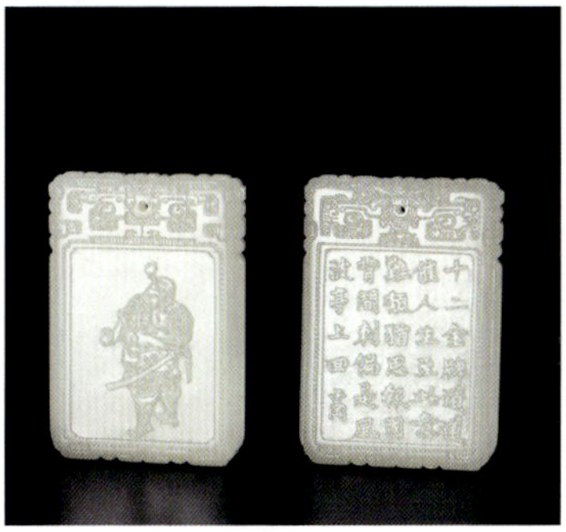

白玉无双谱诗文珮

清中期 Mid Qing BH 北京翰海
2016-12-04 Lot2608 H6cm
估价：RMB 70,000-90,000
成交价：RMB 92,000

白玉榴开百子珮

清中期 Mid Qing BH 北京翰海
2016-12-04 Lot2431 D5.5cm
估价：RMB 15,000-25,000
成交价：RMB 23,000

白玉榴开百子珮

清中期 Mid Qing BH 北京翰海
2016-12-04 Lot2434 H5.1cm
估价：RMB 35,000-50,000
成交价：RMB 43,700

黄玉福山寿海珮

清中期 Mid Qing BH 北京翰海
2016-12-04 Lot2456 H7.1cm
估价：RMB 55,000-70,000
成交价：RMB 69,000

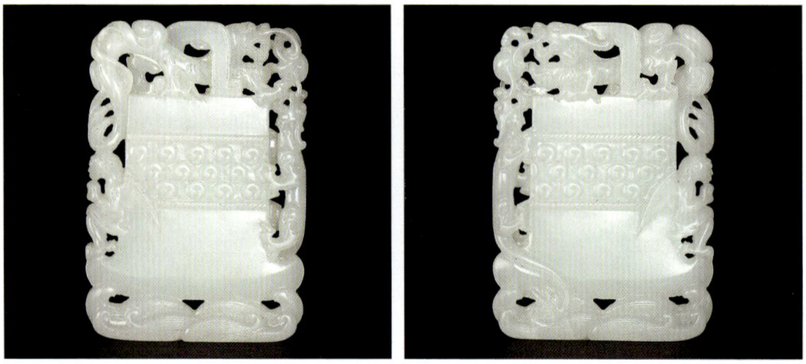

白玉斧形珮

清 Qing BD 北京东正
2016-11-11 Lot206 L7.2cm
估价：RMB 150,000-200,000
成交价：RMB 218,500

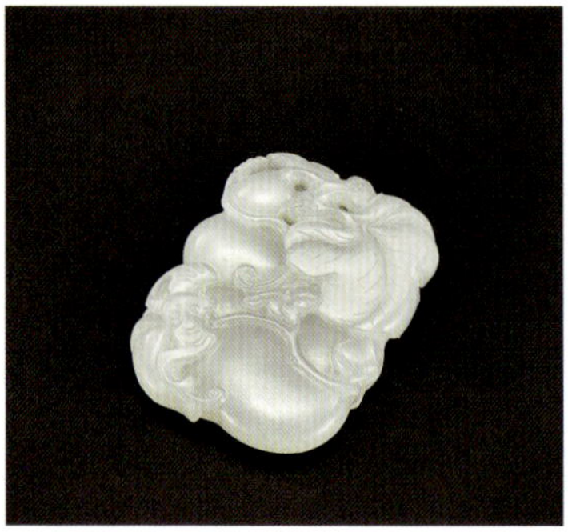

白玉祥蝠葫芦瓜瓞绵绵珮

清，18-19 世纪 Qing,18th-19th Century S 苏富比
2016-12-01 Lot249 6.3cm
估价：HKD 60,000-80,000
成交价：HKD 250,000

白玉福寿如意珮

清中期 Mid Qing BH 北京翰海
2016-12-04 Lot2441 D5.5cm
估价：RMB 20,000-30,000
成交价：RMB 32,200

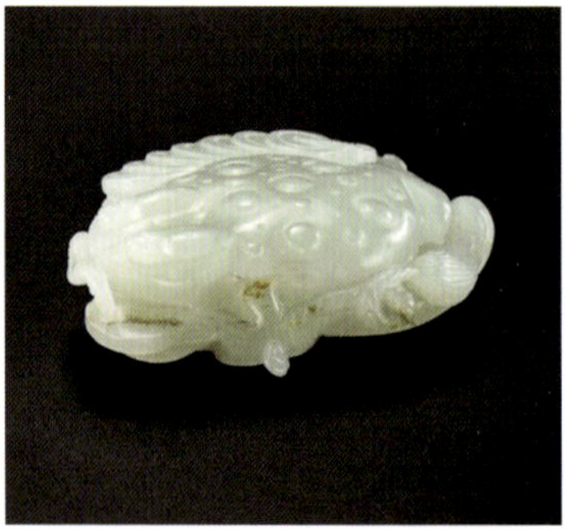

灰白玉招财进福金蟾珮

清 Qing S 苏富比
2016-12-02 Lot755 4.7cm
估价：HKD 20,000-30,000
成交价：HKD 25,000

青白玉鱼珮

明末清初 Late Ming and Early Qing S 苏富比
2016-12-01 Lot102 4.4cm
估价：HKD 6,000-8,000
成交价：HKD 68,750

白玉雕双欢把件 褐斑灰玉雕福至心灵珮（一组两件）

清 Qing S 苏富比
2016-12-02 Lot776 4.5cm;4.9cm
估价：HKD 15,000-20,000
成交价：HKD 100,000

玉组珮

清 Qing BSA 北京古天一
2016-12-07 Lot1079 D2.7cm;D2.5cm
估价：RMB 80,000-120,000
成交价：RMB 92,000

褐斑白玉雕蝉形珮

清，18 世纪 Qing,18th Century S 苏富比
2016-12-01 Lot122 5.1cm
估价：HKD 20,000-30,000
成交价：HKD 112,500

黄玉锥形器 及 褐斑青玉雕兽面纹珮（一组两件）

明 - 清 Ming-Qing S 苏富比
2016-12-02 Lot744 4.7cm;9.1cm
估价：HKD 20,000-30,000
成交价：HKD 56,250

白玉工字珮

明 Ming BH 北京翰海
2016-12-04 Lot2476 H3.2cm
估价：RMB 5,000-10,000
成交价：RMB 23,000

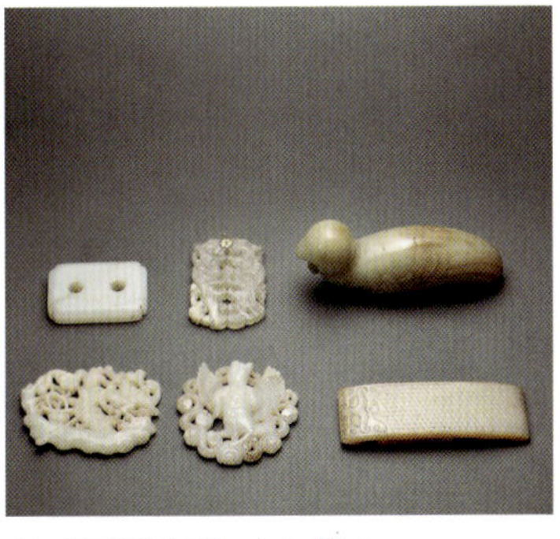

各式玉雕珮饰（六件）

明 - 清 Ming-Qing BP 北京保利
2016-12-07 Lot6711 尺寸不一
估价：无底价
成交价：RMB 28,750

青白玉雕代代封侯、瓜腿绵绵珮

清，19 世纪 Qing,19th Century S 苏富比
2016-12-02 Lot775 6.5cm;5.7cm
估价：HKD 15,000-20,000
成交价：HKD 52,500

白玉紫香玉玩珮、谷纹勒、珠

清中期 Mid Qing BH 北京翰海
2016-12-04 Lot2506 D1.3cm;H2.9cm;H4cm
估价：RMB 12,000-20,000
成交价：RMB 20,700

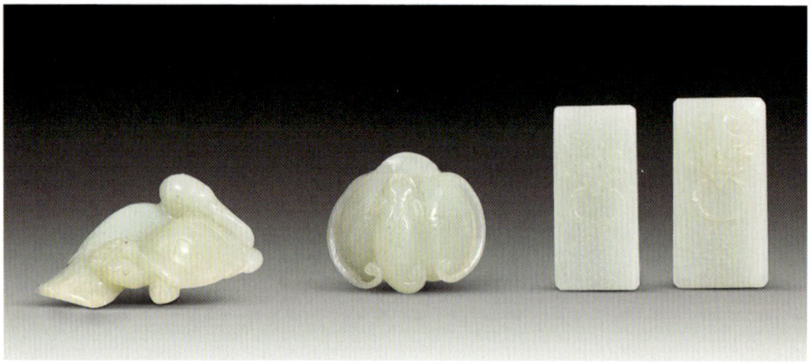

青白玉珮（四件）
年代不详 Unknown GD 中国嘉德
2016-06-18 Lot2949 尺寸不一
估价：无底价
成交价：RMB 1,150

玉雕珮（4 件）
近代 Modern BH 北京翰海
2016-04-17 Lot1223 尺寸不详
估价：RMB 2,000-2,000
成交价：RMB 2,300

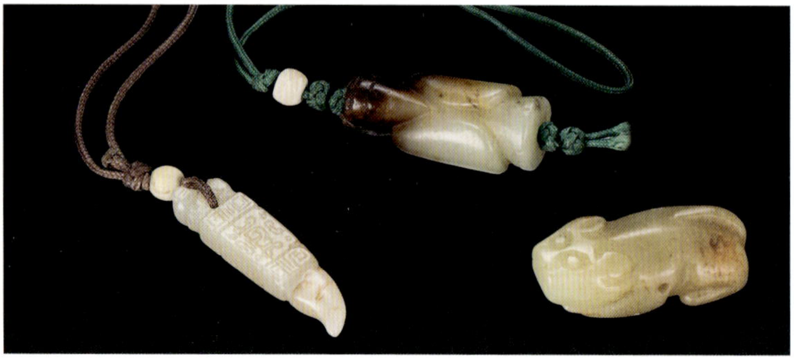

玉珮 三件
明 Ming S 苏富比
2016-06-02 Lot938 3.1 至 3.6cm
估价：HKD 10,000-20,000
成交价：HKD 21,250

坠、挂件
Pendant

白玉观音坠
年代不详 Unknown GD 中国嘉德
2016-03-28 Lot5182 L4.4cm
估价：无底价
成交价：RMB 3,450

孟庆东 白玉雕观音、弥勒挂坠（一对）
当代 Contemporary GD 中国嘉德
2016-05-14 Lot3272 5.5 × 2.5 × 0.7cm;
3.5 × 2.0 × 0.9cm
估价：无底价
成交价：RMB 23,000

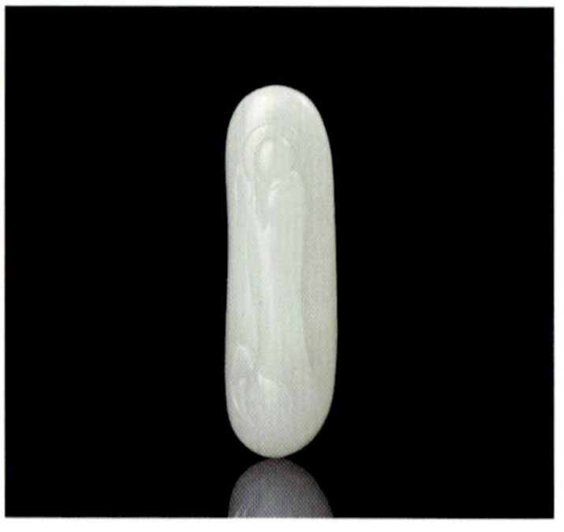

白玉悟道坠
年代不详 Unknown GD 中国嘉德
2016-06-18 Lot2921 L5.5cm
估价：无底价
成交价：RMB 3,450

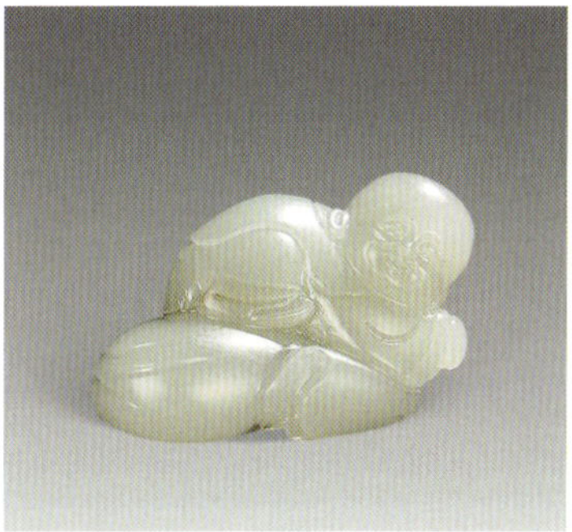

白玉童子坠

近代 Modern BP 北京保利
2016-01-16 Lot438 L3.5cm
估价：无底价
成交价：RMB 1,150

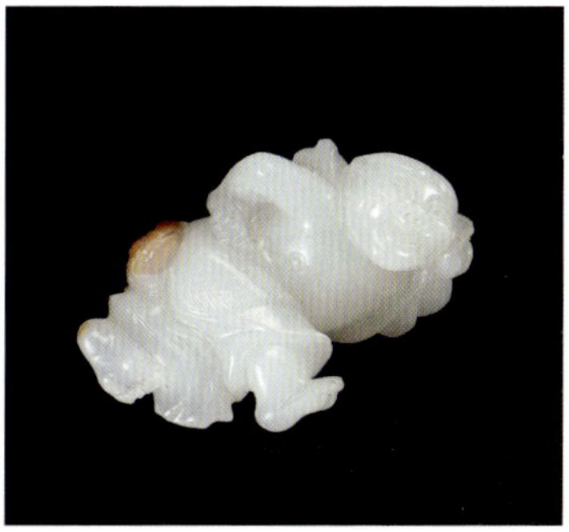

白玉巧雕刘海戏金蟾坠

清 Qing BD 北京东正
2016-11-11 Lot188 L3.5cm
估价：RMB 80,000-120,000
成交价：RMB 218,500

白玉童子击鼓坠

清 Qing GD 中国嘉德
2016-09-26 Lot5634 L 5.1cm
估价：无底价
成交价：RMB 3,450

白玉童子击鼓坠

清 Qing GD 中国嘉德
2016-03-28 Lot5290 L4cm
估价：无底价
成交价：RMB 6,900

白玉灵芝童子坠

清 Qing GD 中国嘉德
2016-09-25 Lot5272 L 5.4cm
估价：无底价
成交价：RMB 5,750

白玉童子坠

年代不详 Unknown GD 中国嘉德
2016-09-25 Lot5412 H 3.7cm
估价：无底价
成交价：RMB 1,150

青白玉刘海戏金蟾坠

清 Qing GD 中国嘉德
2016-09-25 Lot5267 L 5.5cm
估价：无底价
成交价：RMB 2,300

白玉童子坠

年代不详 Unknown GD 中国嘉德
2016-09-25 Lot5424 L 6.5cm
估价：无底价
成交价：RMB 9,200

白玉欢天喜地童子坠
年代不详 Unknown BP 北京保利
2016-10-31 Lot1686 L 5.5cm
估价：无底价
成交价：RMB 8,050

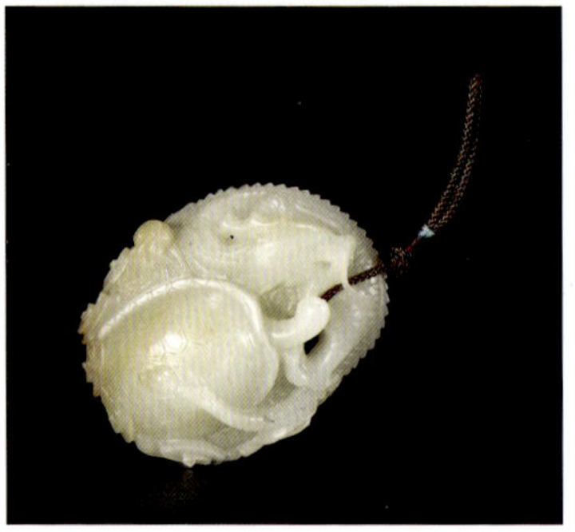

白玉龙龟坠
清 Qing BH 北京翰海
2016-12-04 Lot2563 L5cm
估价：RMB 5,000-12,000
成交价：RMB 6,900

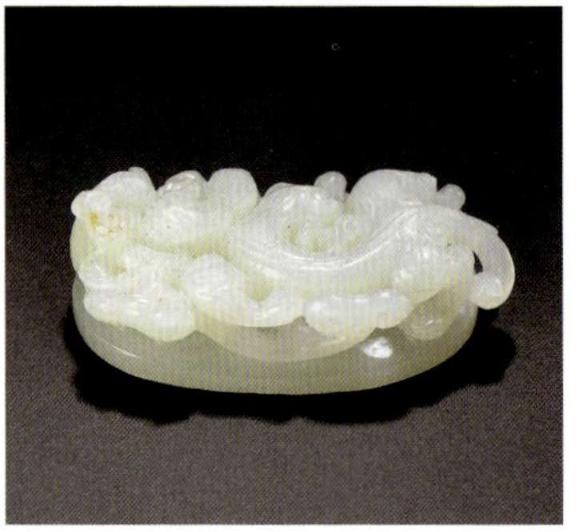

白玉雕螭龙纹挂坠
清 Qing BD 北京东正
2016-09-23 Lot324 L 6cm
估价：RMB 10,000-20,000
成交价：RMB 11,500

青白玉童子击鼓坠
清 Qing GD 中国嘉德
2016-03-28 Lot5279 L7cm
估价：无底价
成交价：RMB 4,600

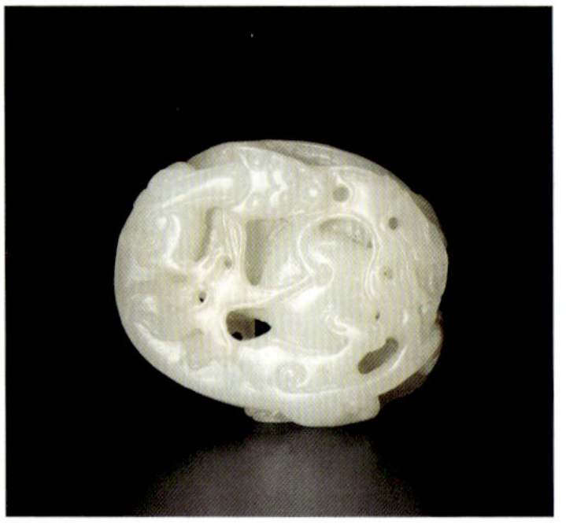

白玉螭龙坠
清中期 Mid Qing BH 北京翰海
2016-12-04 Lot2564 H4.2cm
估价：RMB 8,000-12,000
成交价：RMB 13,800

白玉籽料红皮螭龙坠
年代不详 Unknown GD 中国嘉德
2016-09-25 Lot5405 L 5.5cm
估价：无底价
成交价：RMB 4,600

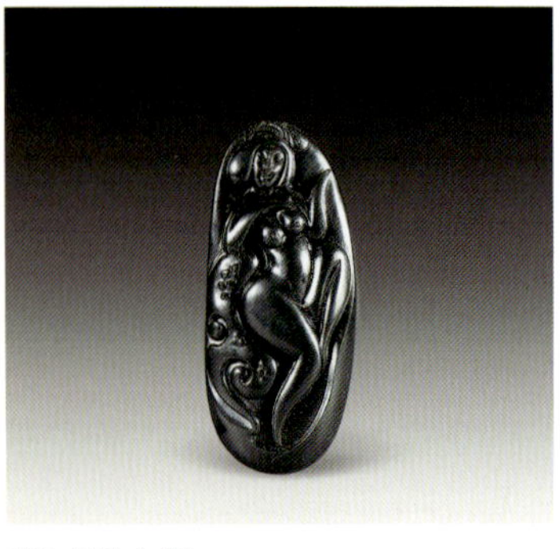

墨玉裸女坠
年代不详 Unknown GD 中国嘉德
2016-03-28 Lot5498 L9.4cm
估价：无底价
成交价：RMB 3,450

白玉雕螭龙纹坠
清 Qing BP 北京保利
2016-01-16 Lot362 L5cm
估价：RMB 4,000-6,000
成交价：RMB 4,600

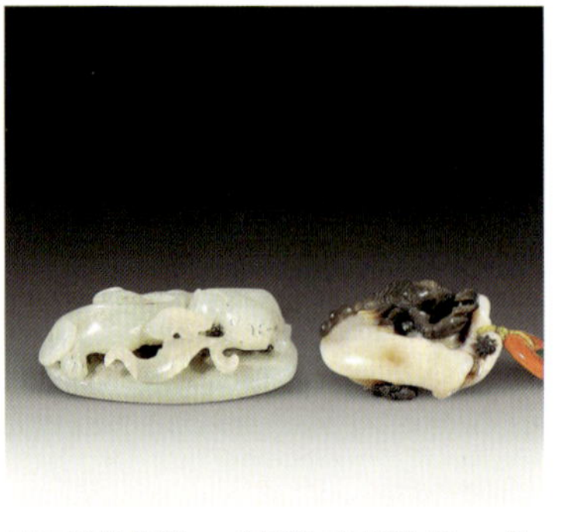

青玉螭龙坠、玛瑙五毒坠各一件
年代不详 Unknown GD 中国嘉德
2016-06-18 Lot2948 L6.3cm;L4.5cm
估价：无底价
成交价：RMB 1,150

白玉仿古螭龙坠、玛瑙坠（两件）
年代不详 Unknown BP 北京保利
2016-10-31 Lot1774 L 3cm;L 3.5cm
估价：无底价
成交价：RMB 5,750

白玉虎纹坠
近代 Modern BP 北京保利
2016-01-16 Lot433 L4cm
估价：无底价
成交价：RMB 1,150

白玉雕夔凤纹挂坠
清 Qing BD 北京东正
2016-09-23 Lot325 L 5cm
估价：无底价
成交价：RMB 3,450

黄玉雕瑞兽挂坠
清 Qing BD 北京东正
2016-09-23 Lot362 L 3.7cm
估价：无底价
成交价：RMB 3,450

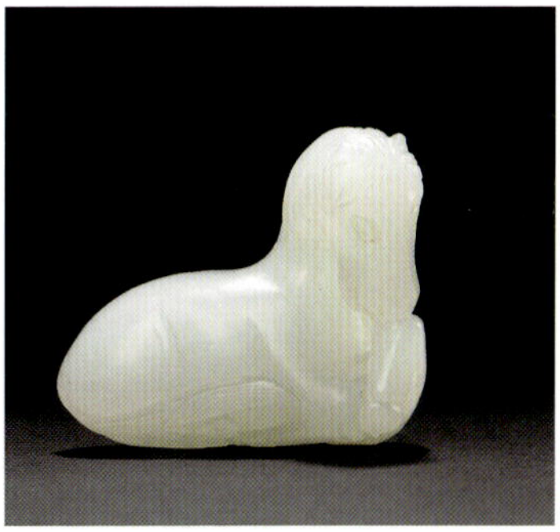

白玉雕卧马挂坠
清 Qing BD 北京东正
2016-09-23 Lot364 L 3.2cm
估价：RMB 15,000-20,000
成交价：RMB 23,000

白玉鱼化龙坠
年代不详 Unknown BP 北京保利
2016-10-31 Lot1773 L 8cm
估价：RMB 5,000-10,000
成交价：RMB 5,750

青白玉扳指、瑞兽坠各一件
清 Qing GD 中国嘉德
2016-06-18 Lot2544 L3.3cm;D2.2cm
估价：无底价
成交价：RMB 3,450

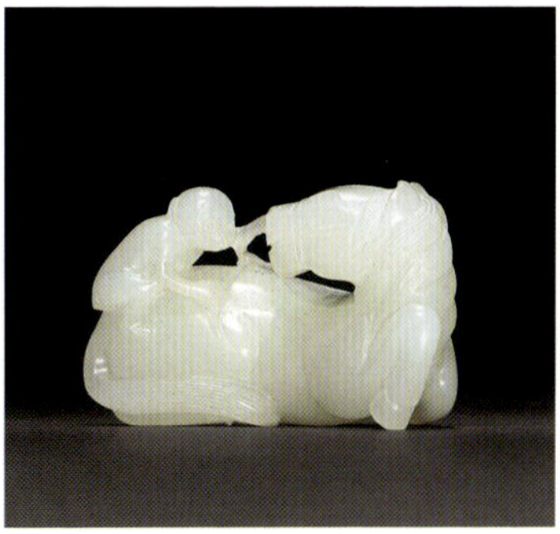

白玉雕马上封侯坠
清中期 Mid Qing BC 北京诚轩
2016-11-12 Lot945 5.2 × 2.7 × 3.2cm
估价：RMB 60,000-70,000
成交价：RMB 69,000

白玉马上封侯坠
18 世纪 18th Century BD 北京东正
2016-11-11 Lot204 4 × 3cm
估价：RMB 80,000-150,000
成交价：RMB 161,000

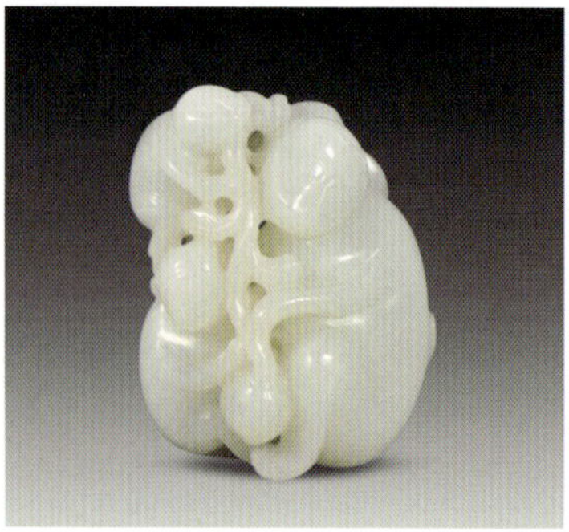

白玉灵猴献寿坠
年代不详 Unknown GD 中国嘉德
2016-09-25 Lot5604 L 5.8cm
估价：无底价
成交价：RMB 4,600

白玉雕卧犬挂坠
清 Qing BD 北京东正
2016-09-23 Lot331 L 6.5cm
估价：无底价
成交价：RMB 2,300

青白玉“马上封侯”坠
清 Qing BP 北京保利
2016-12-07 Lot6718 L4cm
估价：无底价
成交价：RMB 3,450

吴灶发 白玉雕猴挂坠
年代不详 Unknown GD 中国嘉德
2016-11-13 Lot3289 2.1 × 1.1 × 4.5cm
估价：RMB 12,000-35,000
成交价：RMB 36,800

黑白玉双骏坠
清中期 Mid Qing GD 中国嘉德
2016-09-25 Lot5274 L 3.3cm
估价：RMB 30,000-50,000
成交价：RMB 34,500

白玉留皮马上封侯坠
年代不详 Unknown GD 中国嘉德
2016-09-25 Lot5407 L 5.5cm
估价：RMB 5,000-8,000
成交价：RMB 6,900

白玉蜂猴挂坠
清 Qing BP 北京保利
2016-12-07 Lot6728 L6cm
估价：RMB 20,000-50,000
成交价：RMB 34,500

白玉洒金五蝠捧寿坠
清中期 Mid Qing BH 北京翰海
2016-12-04 Lot2559 H7cm
估价：RMB 12,000-20,000
成交价：RMB 17,250

白玉双寿鸟坠
乾隆 Qianlong BP 北京保利
2016-12-07 Lot6735 L5cm
估价：RMB 350,000-550,000
成交价：RMB 862,500

白玉留皮坠
清 Qing BP 北京保利
2016-12-07 Lot6717 L3.5cm
估价：RMB 6,000-10,000
成交价：RMB 13,800

白玉松鼠葡萄挂坠
清中期 Mid Qing BP 北京保利
2016-04-27 Lot249 L6cm
估价：RMB 8,000-15,000
成交价：RMB 11,500

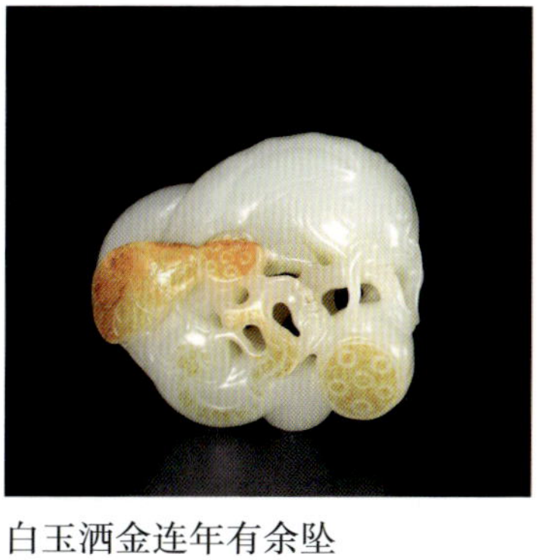

白玉洒金连年有余坠
清中期 Mid Qing BH 北京翰海
2016-12-04 Lot2558 H5.5cm
估价：RMB 15,000-30,000
成交价：RMB 20,700

白玉洒金荷塘情趣坠
清 Qing BH 北京翰海
2016-12-04 Lot2555 H4.8cm
估价：RMB 10,000-20,000
成交价：RMB 13,800

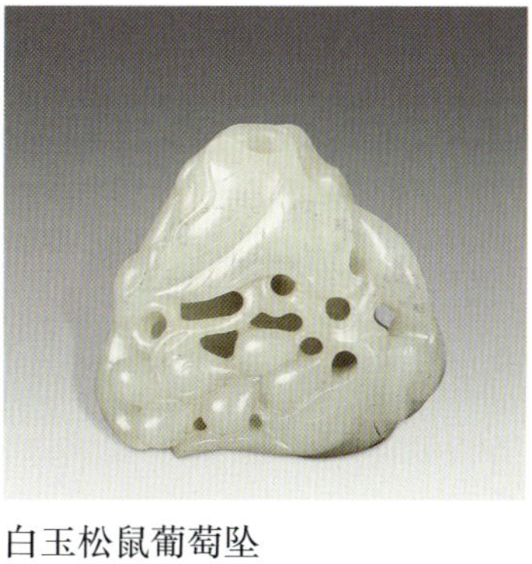

白玉松鼠葡萄坠
清 Qing BP 北京保利
2016-04-28 Lot1282 L5cm
估价：RMB 10,000-20,000
成交价：RMB 13,800

白玉瓜蝶坠
清 Qing BP 北京保利
2016-12-07 Lot6727 L7cm
估价：RMB 20,000-50,000
成交价：RMB 28,750

黑白玉巧雕灵猴献寿坠
清 Qing GD 中国嘉德
2016-03-28 Lot5195 L8.2cm
估价：无底价
成交价：RMB 4,600

王金忠 白玉雕灵猴献寿挂坠
当代 Contemporary GD 中国嘉德
2016-05-14 Lot3293 3.9 × 1.5 × 1.3cm
估价：RMB 68,000-98,000
成交价：RMB 78,200

白玉金皮瓜蝶坠
清 Qing BP 北京保利
2016-12-07 Lot6734 L6.5cm
估价：RMB 150,000-200,000
成交价：RMB 368,000

黑白玉俏色巧雕灵猴献福坠
清中期 Mid Qing BP 北京保利
2016-06-08 Lot9172 L3.4cm
估价：RMB 15,000-25,000
成交价：RMB 25,300

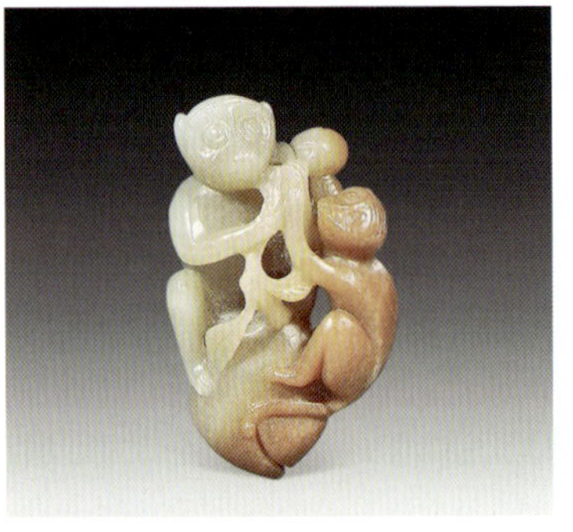

青玉巧雕猴桃坠
年代不详 Unknown GD 中国嘉德
2016-06-18 Lot2530 L5.7cm
估价：无底价
成交价：RMB 3,450

白玉籽料灵猴献寿坠
年代不详 Unknown GD 中国嘉德
2016-06-18 Lot2915 L3.8cm
估价：RMB 7,000-10,000
成交价：RMB 8,050

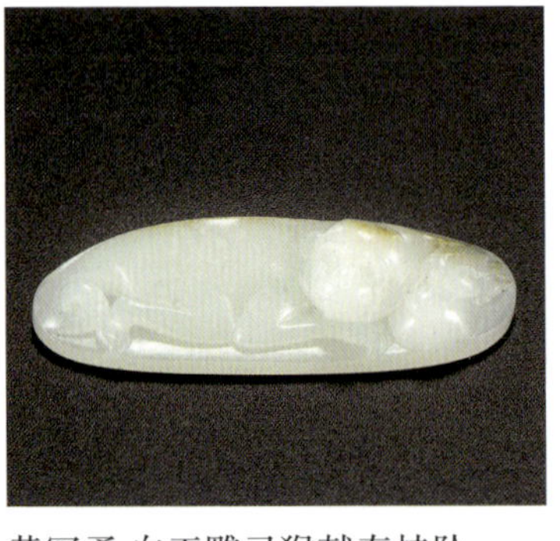

黄罕勇 白玉雕灵猴献寿挂坠
当代 Contemporary GD 中国嘉德
2016-05-14 Lot3249 4.3 × 1.6 × 1cm
估价：无底价
成交价：RMB 4,600

葛洪 白玉雕耄耋富贵挂坠
当代 Contemporary GD 中国嘉德
2016-05-14 Lot3251 5 × 2.4 × 0.6cm
估价：无底价
成交价：RMB 13,800

青黄褐玉兽面纹坠
明，16 世纪 - 清，18 世纪 Ming,16th Century-Qing,18th Century C 佳士得
2016-03-17 Lot959 W3.2cm
估价：USD 6,000-8,000
成交价：USD 6,000

白玉鹅衔灵芝坠
年代不详 Unknown GD 中国嘉德
2016-09-25 Lot5335 L 5.5cm
估价：RMB 2,000-3,000
成交价：RMB 2,300

黄玉双鱼挂坠
乾隆 Qianlong BD 北京东正
2016-05-14 Lot2022 L7cm
估价：RMB 100,000-200,000
成交价：RMB 195,500

玉雕鹿衔灵芝坠
清 Qing BP 北京保利
2016-04-27 Lot140 H5cm
估价：无底价
成交价：RMB 2,300

白玉大吉葫芦坠
清 Qing GD 中国嘉德
2016-03-28 Lot5277 L6cm
估价：无底价
成交价：RMB 6,900

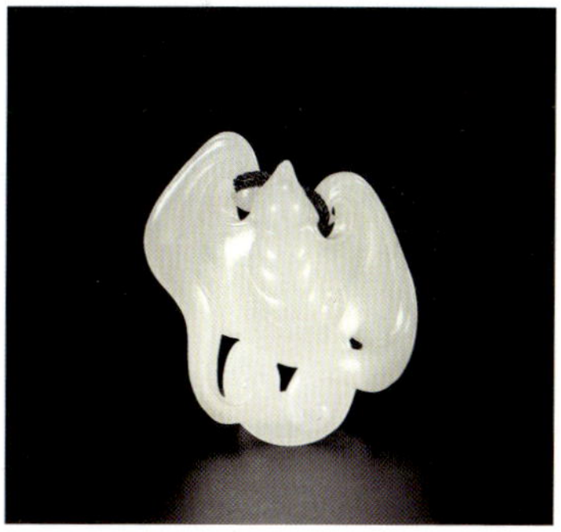

吴灶发 白玉雕蝙蝠挂坠
当代 Contemporary GD 中国嘉德
2016-05-14 Lot3256 4 × 3.5 × 1.5cm
估价：无底价
成交价：RMB 6,900

白玉鹤寿坠
年代不详 Unknown GD 中国嘉德
2016-09-25 Lot5331 L 6.6cm
估价：RMB 2,000-3,000
成交价：RMB 6,900

白玉鳜鱼坠
清 Qing BP 北京保利
2016-01-16 Lot372 L6.5cm
估价：RMB 3,000-5,000
成交价：RMB 3,450

吴灶发 白玉雕花鸟挂坠
当代 Contemporary GD 中国嘉德
2016-05-14 Lot3258 5.8 × 2.6 × 0.8cm
估价：RMB 72,000-90,000
成交价：RMB 82,800

白玉英雄坠

清中期 Mid Qing BH 北京翰海

2016-06-05 Lot2521 H3.2cm

估价：RMB 30,000-40,000

成交价：RMB 40,250

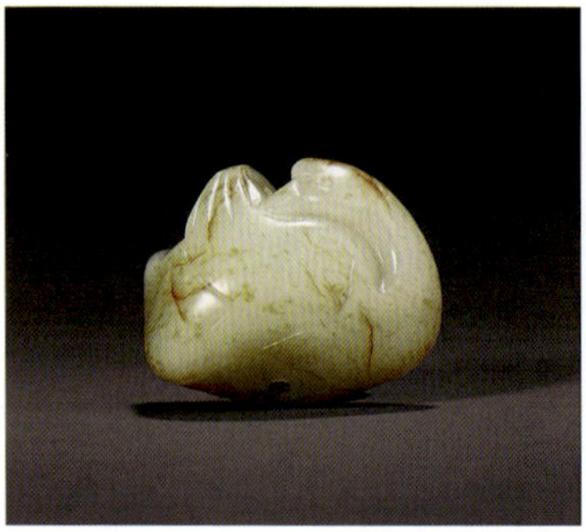

玉雕鹅形坠

明 Ming BC 北京诚轩

2016-05-15 Lot928 3.8 × 3.2cm

估价：RMB 8,000-12,000

成交价：RMB 9,200

玉石海东青坠

明 Ming GD 中国嘉德

2016-03-28 Lot5228 L3.3cm

估价：无底价

成交价：RMB 1,150

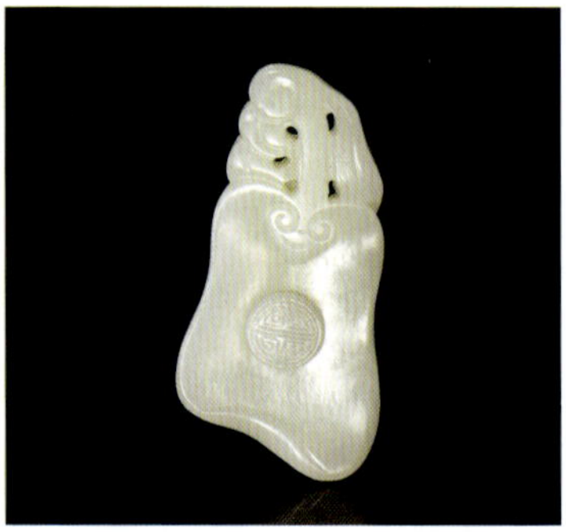

白玉蜻蜓纹扇形坠

清 Qing BH 北京翰海

2016-06-05 Lot2540 H7cm

估价：RMB 15,000-25,000

成交价：RMB 23,000

白玉留皮年年有余坠

清 Qing GD 中国嘉德

2016-09-25 Lot5379 L 6.9cm

估价：无底价

成交价：RMB 11,500

白玉留皮鹤纹坠

近代 Modern BP 北京保利

2016-01-16 Lot431 L6.5cm

估价：无底价

成交价：RMB 4,600

白玉带皮金鱼挂坠

清 Qing BD 北京东正

2016-09-23 Lot343 L 4.4cm

估价：无底价

成交价：RMB 5,750

玉蝉形坠（两件）

年代不详 Unknown BP 北京保利

2016-10-31 Lot1796 L 4cm;L 3cm

估价：无底价

成交价：RMB 3,450

葛洪 白玉雕福运挂坠
当代 Contemporary GD 中国嘉德
2016-05-14 Lot3252 4.8 × 2.2 × 0.8cm
估价：无底价
成交价：RMB 9,200

黄罕勇 白玉雕哺育挂坠
当代 Contemporary GD 中国嘉德
2016-05-14 Lot3248 4.3 × 1.6 × 1.4cm
估价：无底价
成交价：RMB 17,250

白玉福寿坠
明 Ming BH 北京翰海
2016-06-05 Lot2542 H5cm
估价：RMB 10,000-20,000
成交价：RMB 17,250

瞿利军 白玉雕福禄万代挂坠
当代 Contemporary GD 中国嘉德
2016-05-14 Lot3281 2.8 × 1.9 × 1.4cm
估价：无底价
成交价：RMB 9,200

青白玉封侯爵禄坠
清 Qing GD 中国嘉德
2016-06-18 Lot2529 L4.5cm
估价：无底价
成交价：RMB 3,450

白玉福寿坠、佛手坠各一件
年代不详 Unknown GD 中国嘉德
2016-03-28 Lot5421 L5.5cm;L4.3cm
估价：无底价
成交价：RMB 6,900

翟倚卫 白玉雕兰花挂坠
当代 Contemporary GD 中国嘉德
2016-05-14 Lot3285 3 × 1 × 0.8cm
估价：RMB 8,000-18,000
成交价：RMB 9,200

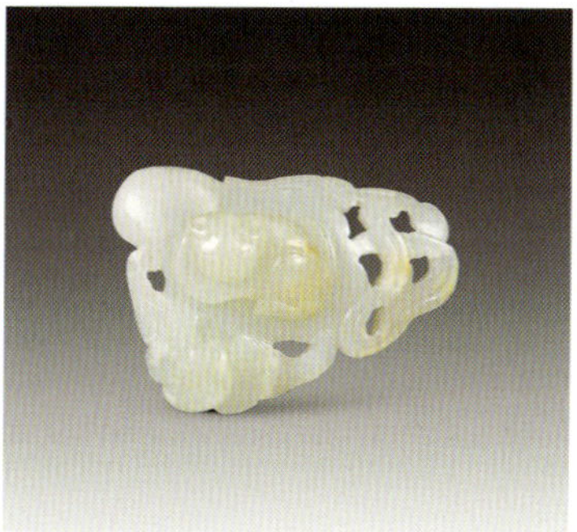

青白玉福寿坠
清 Qing GD 中国嘉德
2016-06-18 Lot2552 L5.5cm
估价：无底价
成交价：RMB 3,450

白玉花生坠
年代不详 Unknown GD 中国嘉德
2016-03-28 Lot5386 L5.1cm
估价：RMB 3,000-5,000
成交价：RMB 3,450

白玉九如坠
清中期 Mid Qing BP 北京保利
2016-04-27 Lot60 L6cm
估价：无底价
成交价：RMB 74,750

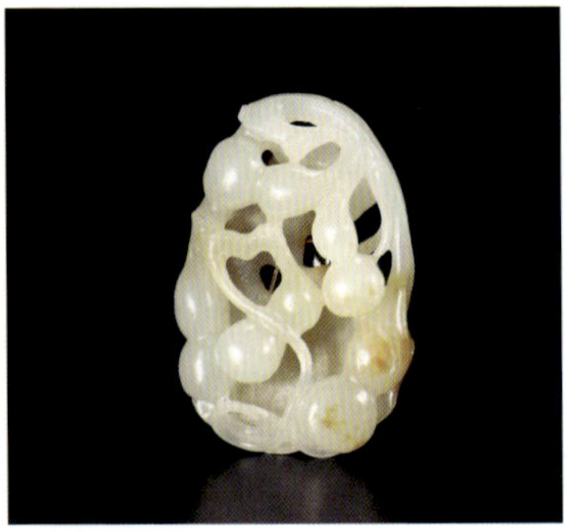

白玉洒金福禄万代坠
清中期 Mid Qing BH 北京翰海
2016-12-04 Lot2560 H5.5cm
估价：RMB 12,000-20,000
成交价：RMB 17,250

白玉葫芦万代坠
清 Qing BP 北京保利
2016-10-31 Lot453 L 5.5cm
估价：无底价
成交价：RMB 13,800

白玉菱角坠
清 Qing GD 中国嘉德
2016-03-28 Lot5196 L5.3cm
估价：无底价
成交价：RMB 8,050

白玉留皮福禄万代挂坠
清中期 Mid Qing BP 北京保利
2016-04-27 Lot248 L5.5cm
估价：RMB 10,000-20,000
成交价：RMB 36,800

青白玉雕葫芦万代坠
清 Qing BP 北京保利
2016-10-31 Lot161 L 3.5cm
估价：无底价
成交价：RMB 9,200

白玉留皮安居乐业坠
20 世纪 20th Century BP 北京保利
2016-06-08 Lot9299 H4.3cm
估价：RMB 10,000-20,000
成交价：RMB 20,700

白玉带皮福瓜挂坠
清 Qing BD 北京东正
2016-09-23 Lot357 L 3cm
估价：无底价
成交价：RMB 2,300

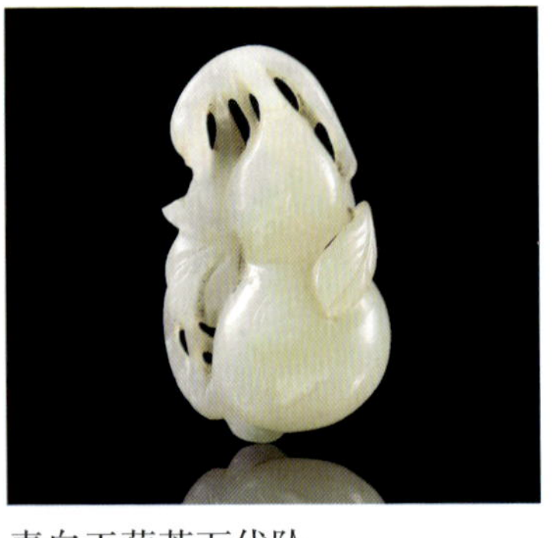

青白玉葫芦万代坠
清 Qing GD 中国嘉德
2016-09-25 Lot5265 L 5.8cm
估价：无底价
成交价：RMB 3,450

白玉事事如意坠

年代不详 Unknown BP 北京保利
2016-10-31 Lot1696 L 6.5cm
估价：无底价
成交价：RMB 3,450

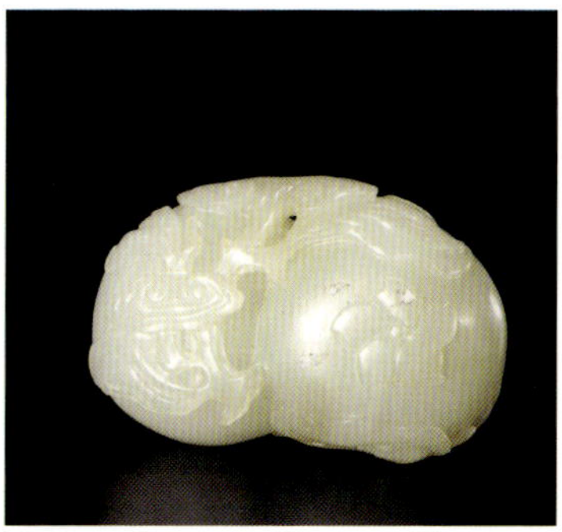

白玉事事如意坠

清中期 Mid Qing BH 北京翰海
2016-12-04 Lot2567 L5cm
估价：RMB 8,000-12,000
成交价：RMB 11,500

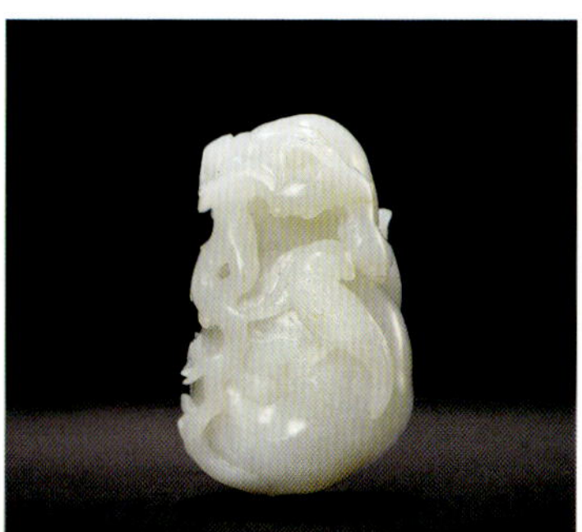

白玉雕福寿双全挂坠

清 Qing BD 北京东正
2016-09-23 Lot350 L 6.3cm
估价：RMB 5,000-10,000
成交价：RMB 6,900

洒金皮喜报三元挂件

清 Qing SUN 中贸圣佳
2016-11-15 Lot1435 L5cm
估价：RMB 250,000-300,000
成交价：RMB 253,000

葛洪 白玉雕飞黄腾达挂坠

年代不详 Unknown GD 中国嘉德
2016-11-13 Lot3279 1.3 × 0.7 × 3.6cm
估价：无底价
成交价：RMB 18,400

葛洪 白玉雕荷韵挂坠

年代不详 Unknown GD 中国嘉德
2016-11-13 Lot3278 1 × 0.4 × 4.8cm
估价：无底价
成交价：RMB 9,200

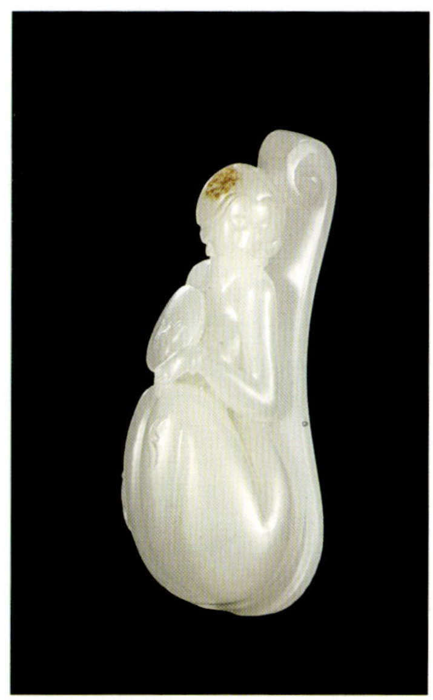

孟庆东 白玉雕清香逸远挂坠

年代不详 Unknown GD 中国嘉德
2016-11-13 Lot3268 4.8 × 1.7 × 5.3cm
估价：RMB 65,000-100,000
成交价：RMB 74,750

青白玉莲蓬坠
年代不详 Unknown GD 中国嘉德
2016-09-25 Lot5594 L 4.8cm
估价：无底价
成交价：RMB 4,600

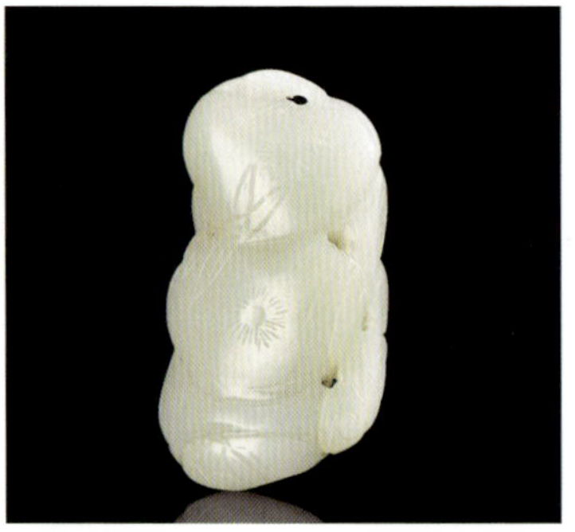

青白玉事事如意坠
清 Qing GD 中国嘉德
2016-09-25 Lot5264 L 6.4cm
估价：无底价
成交价：RMB 1,150

红沁玉雕柳叶挂件
清 Qing BSA 北京古天一
2016-12-07 Lot1035 L8.5cm
估价：RMB 50,000-80,000
成交价：RMB 172,500

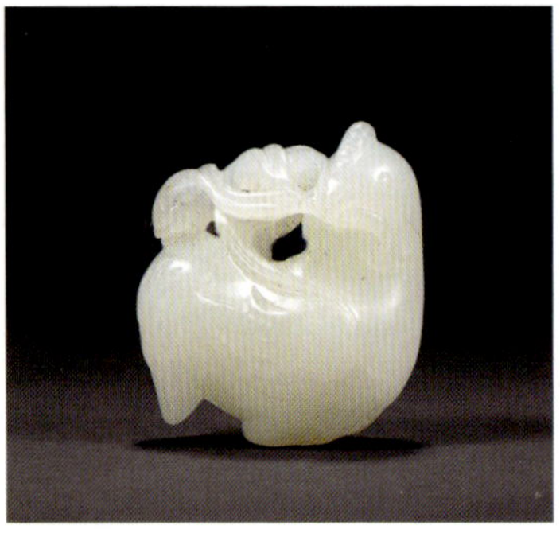

白玉雕岁岁吉祥坠
清中期 Mid Qing BC 北京诚轩
2016-11-12 Lot936 3.3 × 3.8cm
估价：RMB 40,000-50,000
成交价：RMB 46,000

瞿利军 白玉雕福寿挂坠
年代不详 Unknown GD 中国嘉德
2016-11-13 Lot3285 2.7 × 1.7 × 2.9cm
估价：RMB 18,000-35,000
成交价：RMB 40,250

白玉琴形坠
清早期 Early Qing BP 北京保利
2016-10-31 Lot478 L 7.5cm
估价：无底价
成交价：RMB 32,200

白玉鸿运当头坠
年代不详 Unknown GD 中国嘉德
2016-09-25 Lot5397 L 5.5cm
估价：RMB 6,000-9,000
成交价：RMB 6,900

于雪涛 白玉雕子承大业吊坠
年代不详 Unknown GD 中国嘉德
2016-11-13 Lot3293 4.3 × 3.2 × 1.9cm
估价：RMB 150,000-280,000
成交价：RMB 172,500

青白玉葫芦坠
清 Qing GD 中国嘉德
2016-09-25 Lot5592 L 5.8cm
估价：无底价
成交价：RMB 3,450

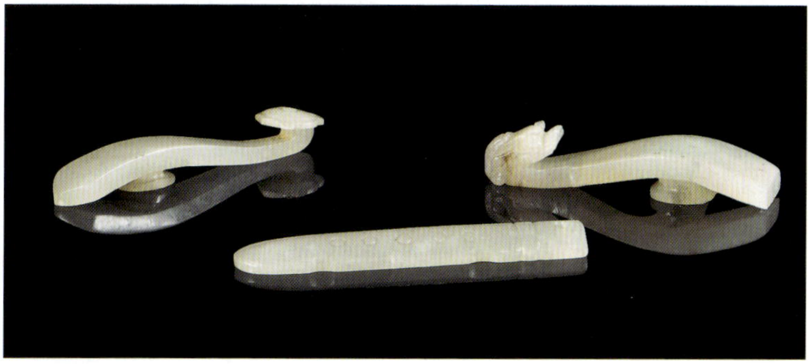

青白玉琴形坠 龙首带钩（三件）
清 Qing GD 中国嘉德
2016-09-25 Lot5243 L 5.4cm;5.2cm;4.7cm
估价：无底价
成交价：RMB 4,600

李剑 白玉雕金玉满堂挂坠
年代不详 Unknown GD 中国嘉德
2016-11-13 Lot3303 2.8 × 1.2 × 2.2cm
估价：RMB 25,000-35,000
成交价：RMB 28,750

青白玉金玉满堂坠
年代不详 Unknown GD 中国嘉德
2016-09-25 Lot5341 L 6.7cm
估价：RMB 2,000-3,000
成交价：RMB 2,300

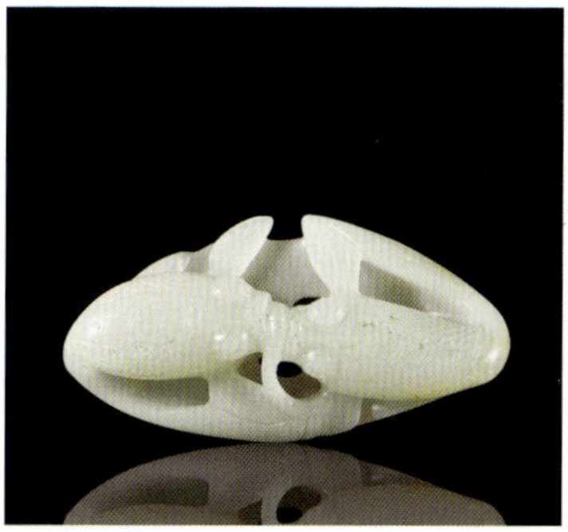

白玉留皮坠
清 Qing GD 中国嘉德
2016-03-28 Lot5217 L3.7cm
估价：无底价
成交价：RMB 3,450

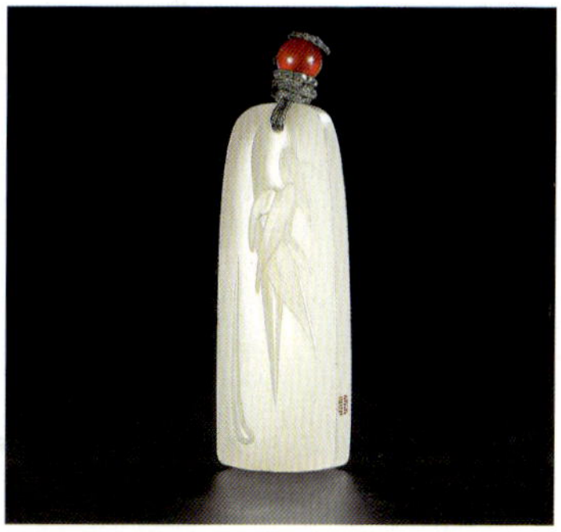

孟庆东 白玉雕节节高挂坠
年代不详 Unknown GD 中国嘉德
2016-11-13 Lot3267 1.8 × 0.8 × 5.5cm
估价：无底价
成交价：RMB 8,050

青白玉雕金玉满堂坠
清中期 Mid Qing BC 北京诚轩
2016-11-12 Lot944 W 5cm
估价：RMB 5,000-10,000
成交价：RMB 43,700

白玉洒金清廉坠
清中期 Mid Qing BH 北京翰海
2016-06-05 Lot2535 L6cm
估价：RMB 8,000-12,000
成交价：RMB 11,500

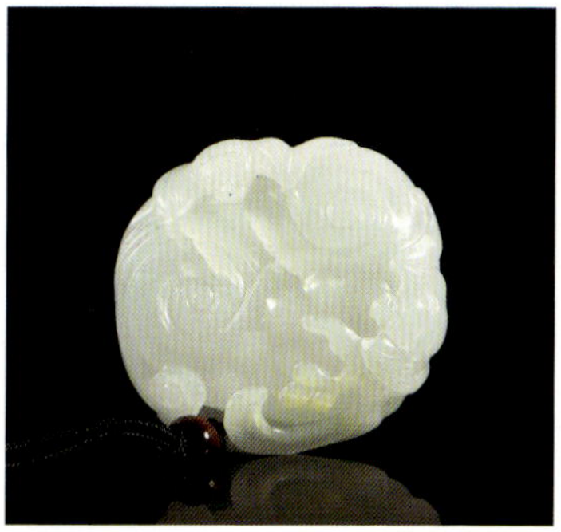

白玉灵芝坠
年代不详 Unknown GD 中国嘉德
2016-09-25 Lot5339 L 5cm
估价：RMB 3,000-5,000
成交价：RMB 3,450

白玉蘑菇坠
清 Qing BP 北京保利
2016-10-31 Lot235 L 5.5cm
估价：无底价
成交价：RMB 28,750

白玉留皮坠
清 Qing GD 中国嘉德
2016-03-28 Lot5217 L3.7cm
估价：无底价
成交价：RMB 3,450

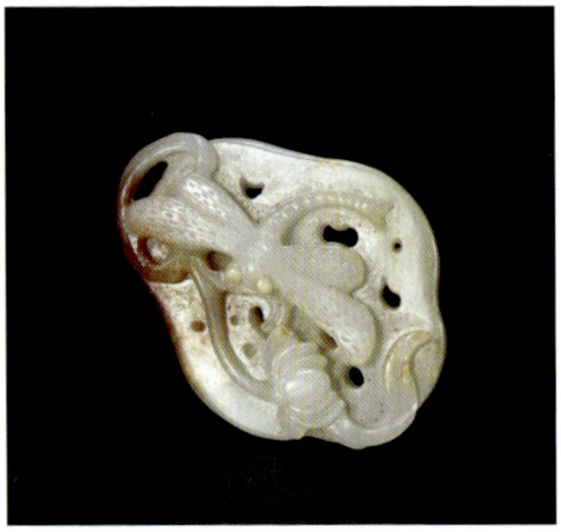

白玉洒金清廉坠
清中期 Mid Qing BH 北京翰海
2016-06-05 Lot2535 L6cm
估价：RMB 8,000-12,000
成交价：RMB 11,500

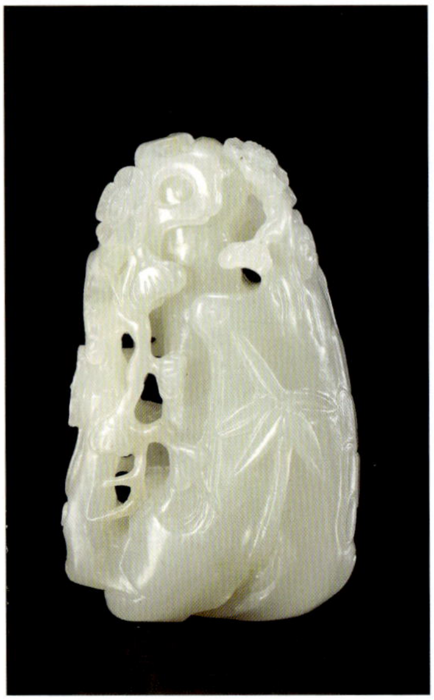

白玉岁寒三友坠
清中期 Mid Qing BH 北京翰海
2016-06-05 Lot2541 H6.3cm
估价：RMB 10,000-20,000
成交价：RMB 17,250

青玉凤竹坠
年代不详 Unknown GD 中国嘉德
2016-03-28 Lot5409 L6.2cm
估价：无底价
成交价：RMB 1,150

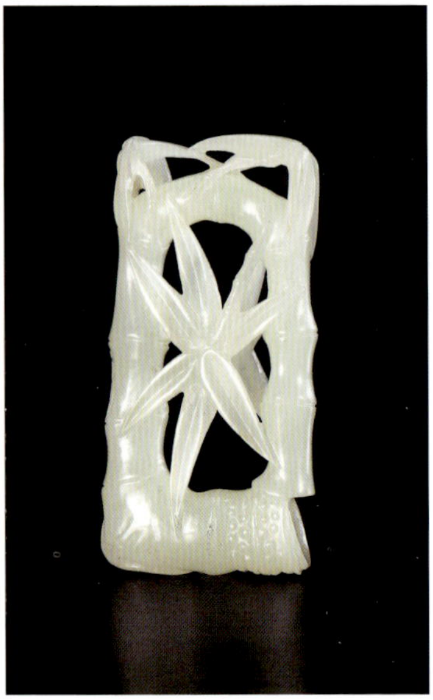

白玉竹节坠
清 Qing BH 北京翰海
2016-06-05 Lot2534 H6.4cm
估价：RMB 8,000-12,000
成交价：RMB 13,800

和田玉吊坠“阳春三月”
年代不详 Unknown RB 北京荣宝
2016-03-27 Lot2232 尺寸不详
估价：无底价
成交价：RMB 4,480

和田玉吊坠“翔鸾舞凤”

年代不详 Unknown RB 北京荣宝
2016-06-05 Lot1470 尺寸不详
估价：RMB 7,000-9,000
成交价：RMB 7,840

和田玉吊坠 DREAM 系列“花下寻梦”

年代不详 Unknown RB 北京荣宝
2016-06-05 Lot1309 尺寸不详
估价：RMB 16,000-20,000
成交价：RMB 17,920

和田玉吊坠、耳饰、戒指、手链套装“花丝如意”

年代不详 Unknown RB 北京荣宝
2016-03-27 Lot2244 尺寸不详
估价：RMB 18,000-25,000
成交价：RMB 20,160

和田玉吊坠“莺歌蝶舞”

年代不详 Unknown RB 北京荣宝
2016-06-05 Lot1469 尺寸不详
估价：RMB 16,000-20,000
成交价：RMB 17,920

和田玉花丝平安扣吊坠

年代不详 Unknown RB 北京荣宝
2016-03-27 Lot2233 尺寸不详
估价：无底价
成交价：RMB 3,360

和田玉吊坠、耳饰、戒指、手链套装“翩然韵彩”

年代不详 Unknown RB 北京荣宝
2016-06-05 Lot1476 L18.5cm
估价：RMB 18,000-25,000
成交价：RMB 20,160

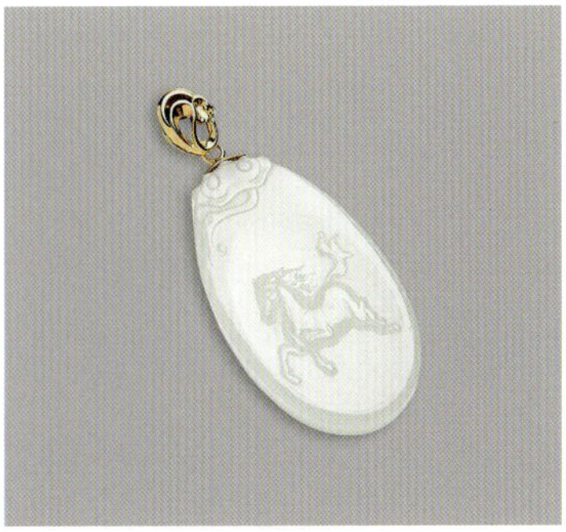

和田玉吊坠“马上有福”

年代不详 Unknown RB 北京荣宝
2016-03-27 Lot2238 尺寸不详
估价：无底价
成交价：RMB 2,240

白玉坠

年代不详 Unknown GD 中国嘉德
2016-09-25 Lot5598 L 7.5cm
估价：无底价
成交价：RMB 3,450

玉石镶金吊坠（三件）

20 世纪 20th Century S 苏富比
2016-09-17 Lot1084 尺寸不详
估价：USD 1,000-2,000
成交价：USD 1,188

和田玉胸针兼吊坠 踏·实
年代不详 Unknown RB 北京荣宝
2016-06-05 Lot1307 尺寸不详
估价：RMB 12,000-15,000
成交价：RMB 13,440

白玉坠
清 Qing GD 中国嘉德
2016-03-28 Lot5218 L3.3cm
估价：无底价
成交价：RMB 1,150

范同生 白玉雕观音挂件
当代 Contemporary GD 中国嘉德
2016-05-14 Lot3276 5.2 × 3.7 × 1.6cm
估价：RMB 68,000-98,000
成交价：RMB 78,200

于雪涛 白玉雕如意弥勒挂件
当代 Contemporary GD 中国嘉德
2016-05-14 Lot3265 3.2 × 2.9 × 1.8cm
估价：RMB 68,000-98,000
成交价：RMB 78,200

白玉持桃童子挂件
年代不详 Unknown XLA 西泠印社
2016-09-29 Lot109 H 6cm
估价：RMB 14,000-18,000
成交价：RMB 16,100

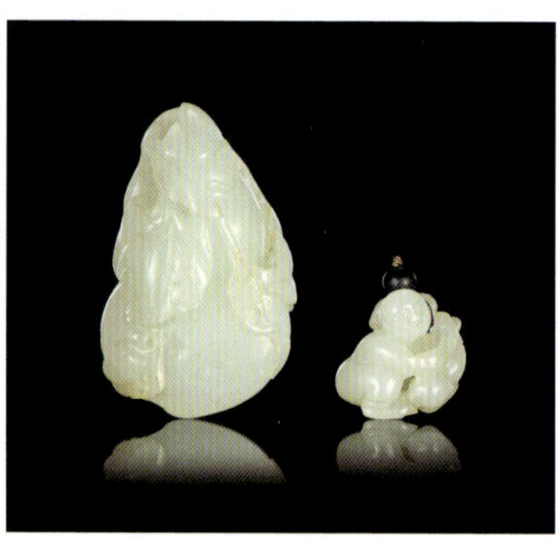

白玉瓜瓞挂件及白玉童子挂件
清 Qing GD 中国嘉德
2016-11-12 Lot2860 H 5.6cm;2.5cm
估价：RMB 20,000-40,000
成交价：RMB 51,750

白玉诗文勒、福寿挂件（二件）
清中期 Mid Qing BH 北京翰海
2016-12-04 Lot2501 H3.3cm;H3cm
估价：RMB 15,000-30,000
成交价：RMB 20,700

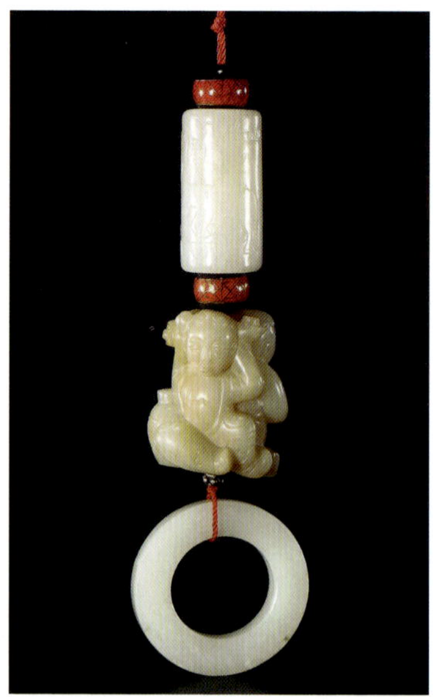

白玉诗文勒、人物、环挂件（三件）
清中期 Mid Qing BH 北京翰海
2016-12-04 Lot2500 H3.3cm;H3.5cm;D3.7cm
估价：RMB 15,000-30,000
成交价：RMB 20,700

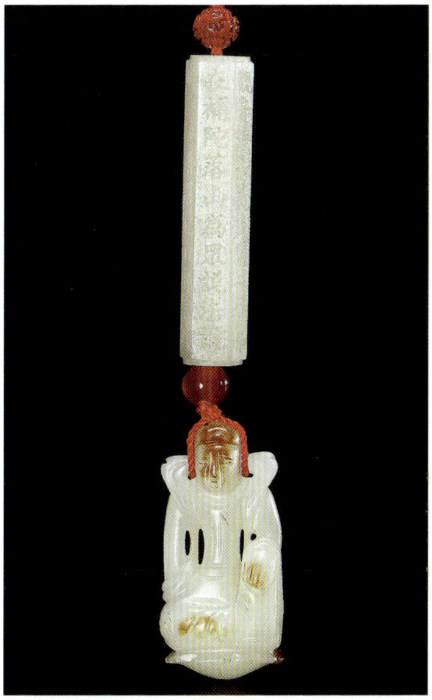

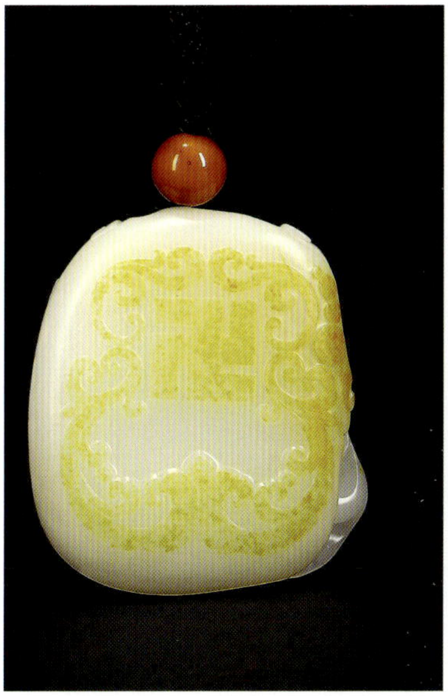

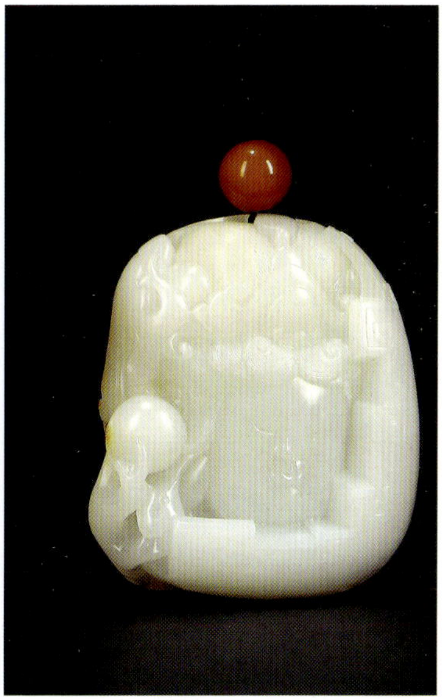

白玉佛、诗文勒挂件（二件）
清早期 Early Qing BH 北京翰海
2016-06-05 Lot2727 H4.2cm;4.8cm
估价：RMB 15,000-25,000
成交价：RMB 23,000

王平 水法观音 和田籽玉挂件
当代 Contemporary KS 北京匡时
2016-06-08 Lot4006 5.50 × 4.80 × 2.20cm
估价：RMB 500,000-620,000
成交价：RMB 747,500

白玉雕八卦瑞兽挂件（一组三件）
清 Qing XLA 西泠印社
2016-04-09 Lot129 尺寸不一
估价：RMB 10,000-20,000
成交价：RMB 11,500

白玉坠（三件）
年代不详 Unknown GD 中国嘉德
2016-03-28 Lot5382 L5.3cm;L4.6cm;L4.3cm
估价：无底价
成交价：RMB 3,450

玉雕羽人挂件
清 Qing XLA 西泠印社
2016-09-29 Lot106 L 5cm
估价：RMB 6,000-10,000
成交价：RMB 6,900

玉雕辈辈封侯挂件
清 Qing BP 北京保利
2016-01-16 Lot373 L4.5cm
估价：无底价
成交价：RMB 1,150

黄罕勇 白玉雕牛头挂件
当代 Contemporary GD 中国嘉德
2016-05-14 Lot3250 4.5 × 4.3 × 2cm
估价：无底价
成交价：RMB 3,450

白玉挂件（四件）
年代不详 Unknown BP 北京保利
2016-10-31 Lot1721 尺寸不一
估价：无底价
成交价：RMB 21,850

黄杨洪 新疆和田白玉籽料 动物挂件
当代 Contemporary BD 北京东正
2016-05-15 Lot710 L5cm;50g
估价：RMB 40,000-60,000
成交价：RMB 46,000

玛瑙、玉雕动物挂件（2 件）
清 Qing BH 北京翰海
2016-04-17 Lot1296 尺寸不一
估价：RMB 2,000-2,000
成交价：RMB 2,300

张建宏 和田玉籽料雕同心锁挂件
年代不详 Unknown JH 上海嘉禾
2016-09-20 Lot704 26.7g
估价：RMB 4,000-5,000
成交价：RMB 4,600

崔磊 岁稔年丰（红皮饕餮纹）挂件
当代 Contemporary KS 北京匡时
2016-06-08 Lot4016 L7.2cm
估价：RMB 520,000-600,000
成交价：RMB 598,000

和田白玉代代有福挂件
年代不详 Unknown TH 北京传是
2016-06-04 Lot541 6.5 × 7 × 3cm
估价：RMB 550,000-850,000
成交价：RMB 632,500

白玉雕鹅衔灵芝挂件
清 Qing XLA 西泠印社
2016-09-29 Lot120 H 3.7cm;L 4.5cm
估价：RMB 14,000-18,000
成交价：RMB 20,700

琉璃福瓜及玉雕金蝉挂件
清 Qing XLA 西泠印社
2016-09-29 Lot107 L 2.9cm
估价：RMB 6,000-10,000
成交价：RMB 8,050

和田白玉比翼双飞挂件
年代不详 Unknown TH 北京传是
2016-06-04 Lot539 7.2 × 3.1 × 1.2cm
估价：RMB 150,000-200,000
成交价：RMB 172,500

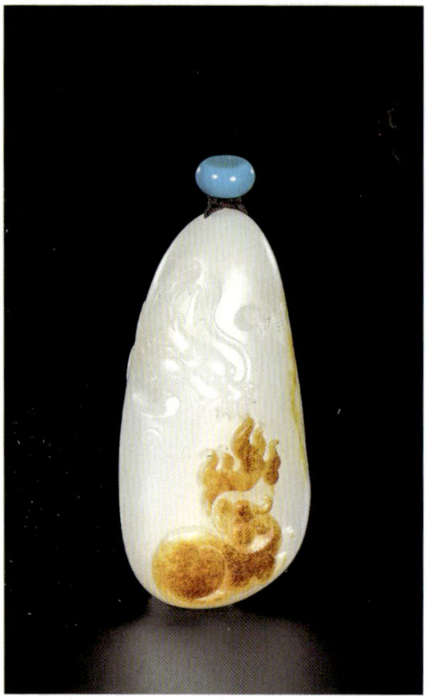

王金忠 白玉雕望子成龙挂件
当代 Contemporary GD 中国嘉德
2016-05-14 Lot3295 5.5 × 2.7 × 1.9cm
估价：RMB 180,000-280,000
成交价：RMB 207,000

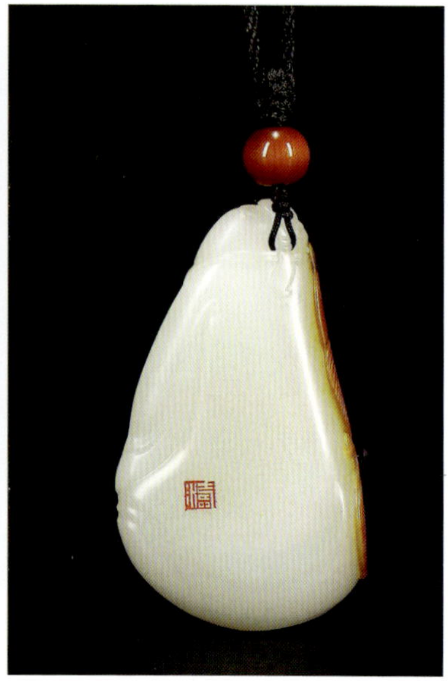

于雪涛 如意有余 和田籽玉挂件
当代 Contemporary KS 北京匡时
2016-06-08 Lot4007 7.00 × 4.00 × 2.00cm
估价：RMB 280,000-320,000
成交价：RMB 368,000

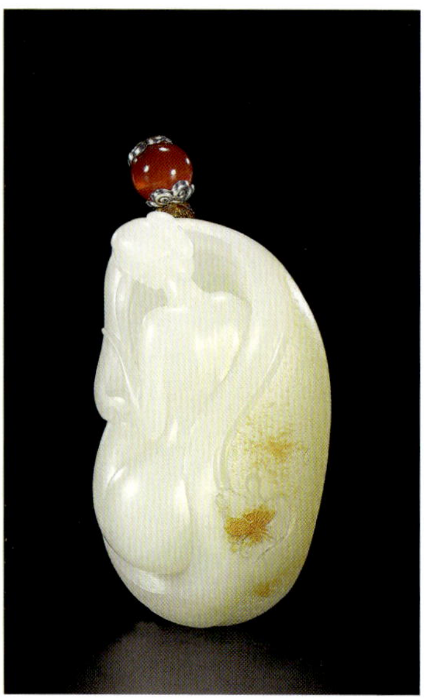

孟庆东 白玉雕蝶恋花挂件
当代 Contemporary GD 中国嘉德
2016-05-14 Lot3273 5.6 × 3.1 × 2cm
估价：RMB 58,000-88,000
成交价：RMB 195,500

带钩、带扣、带板
Belt Ornament

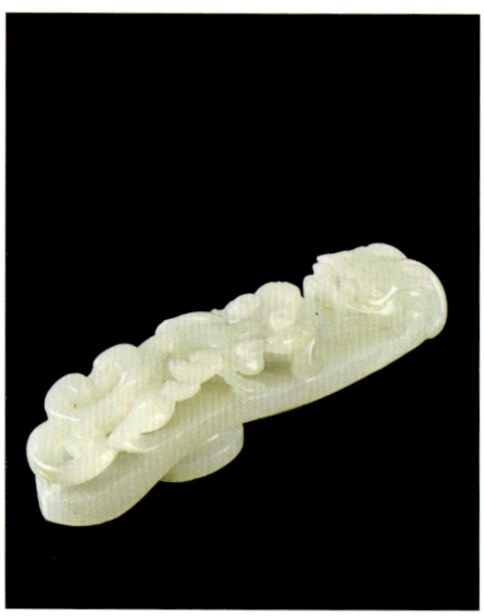

白玉龙钩
清 Qing GD 中国嘉德
2016-11-12 Lot2865 L 11.5cm
估价：RMB 20,000-40,000
成交价：RMB 46,000

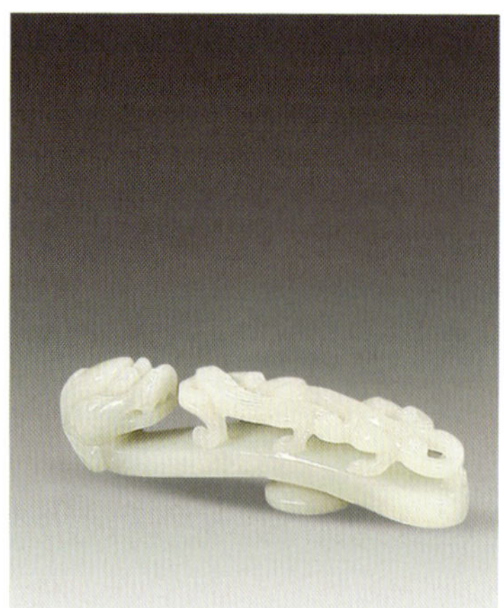

白玉龙首带钩
年代不详 Unknown GD 中国嘉德
2016-03-28 Lot5496 L9.9cm
估价：无底价
成交价：RMB 3,450

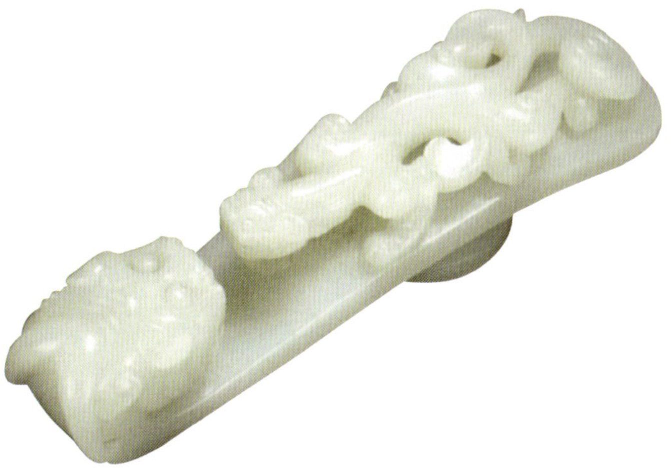

白玉龙钩

年代不详 Unknown AS 中国艺海

2016-01-21 Lot2005 L 12.2cm

估价：HKD 1,260,000-2,520,000

成交价：HKD 1,386,000

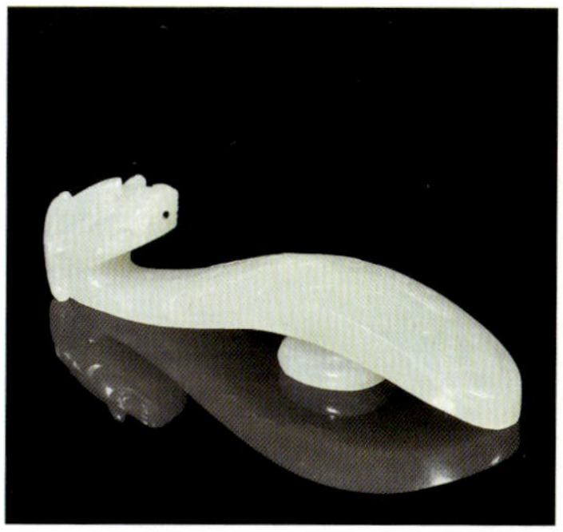

白玉如意纹龙首带钩

清 Qing GD 中国嘉德

2016-03-28 Lot5281 L9cm

估价：无底价

成交价：RMB 3,450

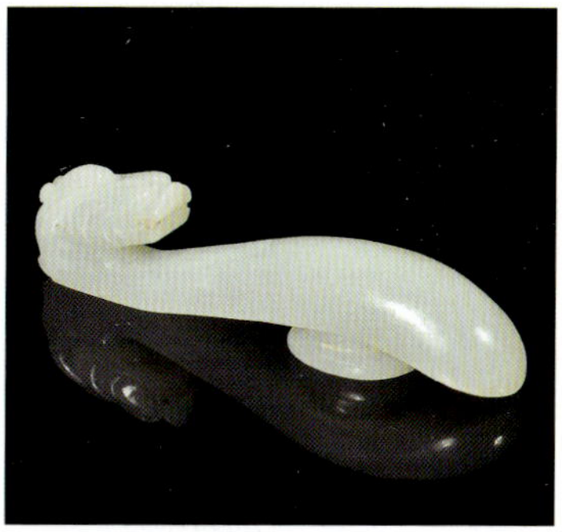

青白玉龙首带钩

清 Qing GD 中国嘉德

2016-03-28 Lot5282 L8.7cm

估价：无底价

成交价：RMB 4,600

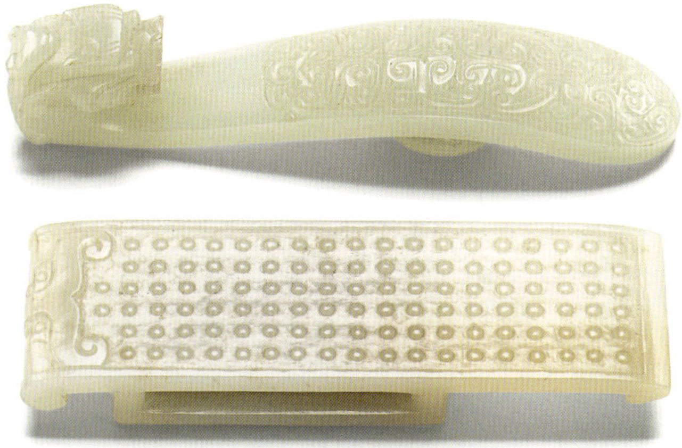

青白玉龙首带钩及青白玉仿古兽面纹剑璏

清，18 世纪 Qing,18th Century S 苏富比

2016-05-11 Lot143 10.5cm

估价：GBP 2,000-3,000

成交价：GBP 2,750

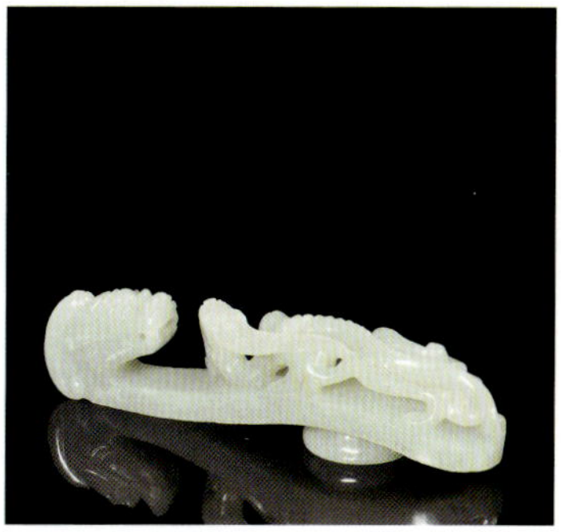

青白玉龙首带钩

清 Qing GD 中国嘉德

2016-03-28 Lot5283 L10.5cm

估价：无底价

成交价：RMB 6,900

白玉雕龙带钩
清 Qing XLA 西泠印社
2016-09-29 Lot118 L 13cm
估价：RMB 9,000-15,000
成交价：RMB 10,350

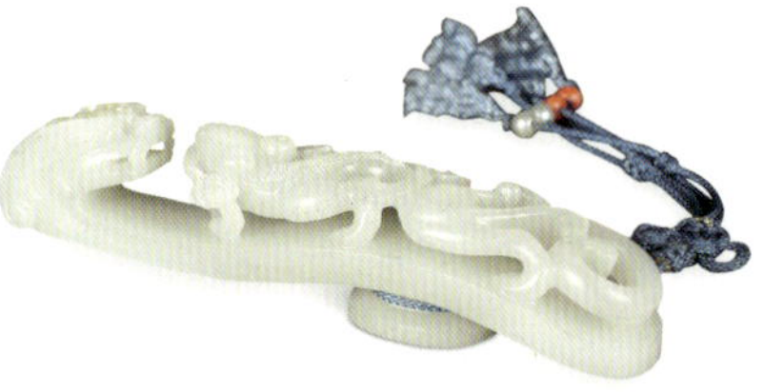

白玉龙纹带钩
乾隆 Qianlong BP 北京保利
2016-04-27 Lot183 L12.5cm
估价：RMB 15,000-30,000
成交价：RMB 46,000

青白玉龙首带钩
明 Ming GD 中国嘉德
2016-09-25 Lot5314 L 5.8cm
估价：RMB 70,000-100,000
成交价：RMB 80,500

白玉龙纹带钩
乾隆 Qianlong BP 北京保利
2016-04-27 Lot182 L11.5cm
估价：RMB 15,000-30,000
成交价：RMB 46,000

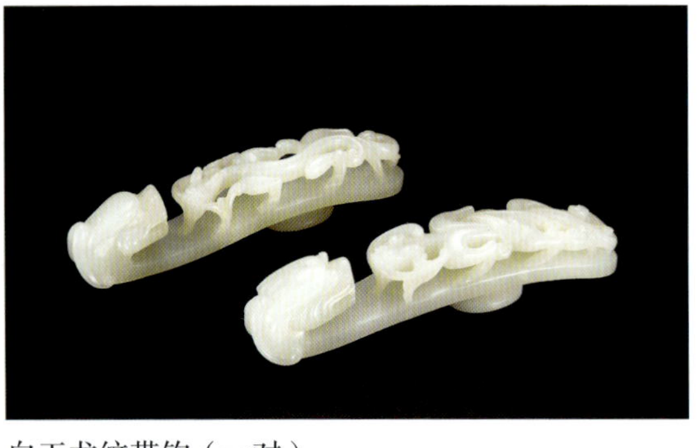

白玉龙纹带钩（一对）
清 Qing KS 北京匡时
2016-06-07 Lot3274 L12cm × 2
估价：RMB 20,000-30,000
成交价：RMB 23,000

白玉雕苍龙教子带钩
清 Qing XLA 西泠印社
2016-04-09 Lot147 L9.5cm
估价：RMB 9,000-16,000
成交价：RMB 10,350

青白玉雕苍龙教子大龙钩
清 Qing BP 北京保利
2016-12-07 Lot6758 L14.5cm
估价：RMB 20,000-50,000
成交价：RMB 25,300

青玉雕螭龙纹带钩两件改装火灯及烟碟
清 Qing S 苏富比
2016-09-17 Lot1125 尺寸不详
估价：USD 2,000-3,000
成交价：USD 2,000

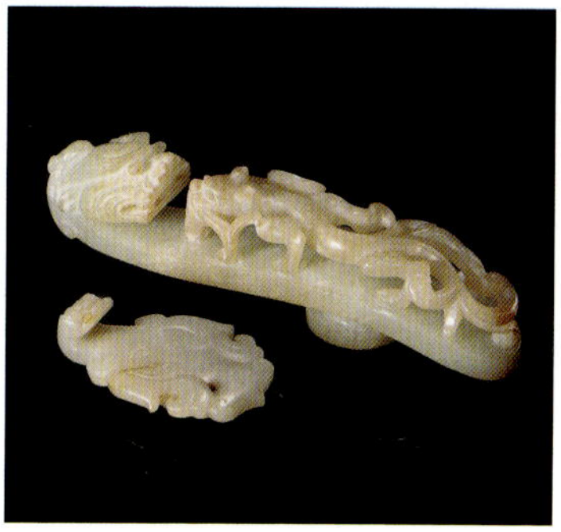

白玉螭龙纹、凤纹带钩（二件）
清中期 Mid Qing BH 北京翰海
2016-12-04 Lot2485 L12.8cm;L5.5cm
估价：RMB 55,000-65,000
成交价：RMB 105,800

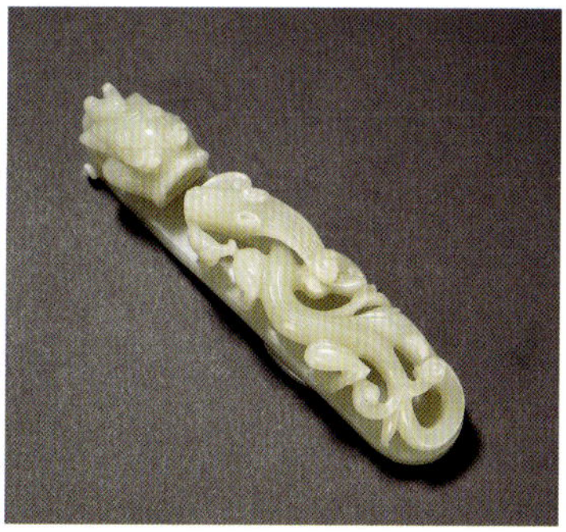

青白玉苍龙教子大龙钩
清 Qing BP 北京保利
2016-06-08 Lot9130 L13.5cm
估价：RMB 8,000-12,000
成交价：RMB 9,200

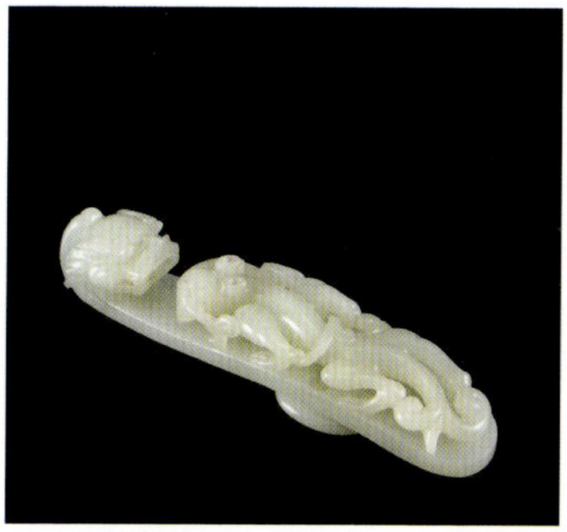

青白玉雕螭龙纹带钩
清，18-19 世纪 Qing,18th-19th Century S 苏富比
2016-03-16 Lot387 尺寸不详
估价：USD 5,000-7,000
成交价：USD 8,125

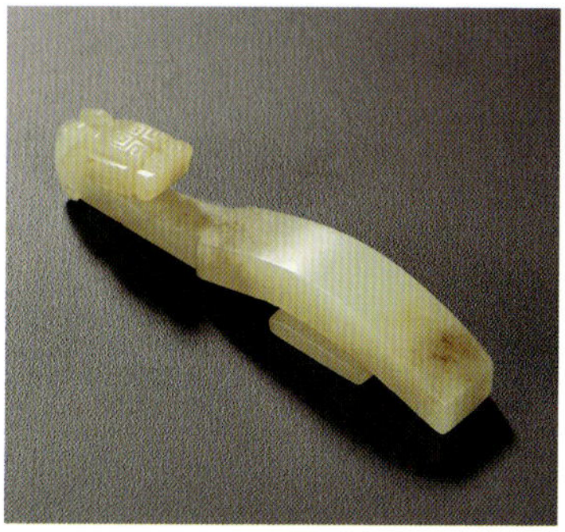

白玉螭龙带钩
清 Qing XLA 西泠印社
2016-04-09 Lot146 L9.2cm
估价：RMB 8,000-12,000
成交价：RMB 9,200

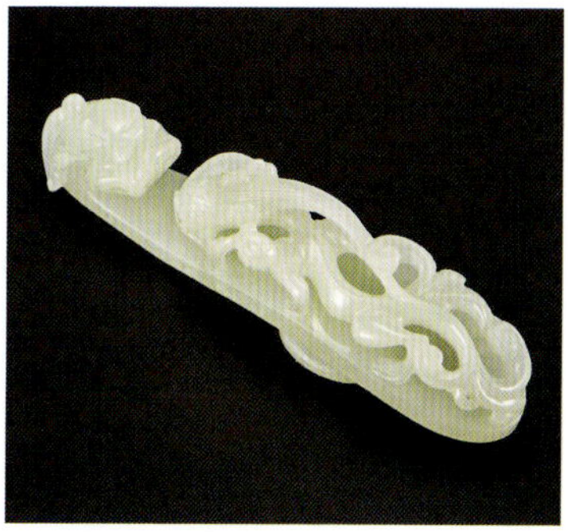

白玉雕螭龙纹带钩
清，18-19 世纪 Qing,18th-19th Century S 苏富比
2016-12-01 Lot141 9.7cm
估价：HKD 20,000-30,000
成交价：HKD 25,000

青白玉螭龙纹带钩
清，19 世纪 Qing,19 Century C 佳士得
2016-11-11 Lot829 L 10.2cm
估价：GBP 800-1,500
成交价：GBP 1,063

白玉夔凤带钩

乾隆 Qianlong BP 北京保利

2016-04-27 Lot185 L8cm

估价：RMB 10,000-20,000

成交价：RMB 32,200

白玉回头雁带钩

明或更早 Ming or Before HY 华艺国际

2016-11-26 Lot1152 L4cm

估价：RMB 80,000-150,000

成交价：RMB 92,000

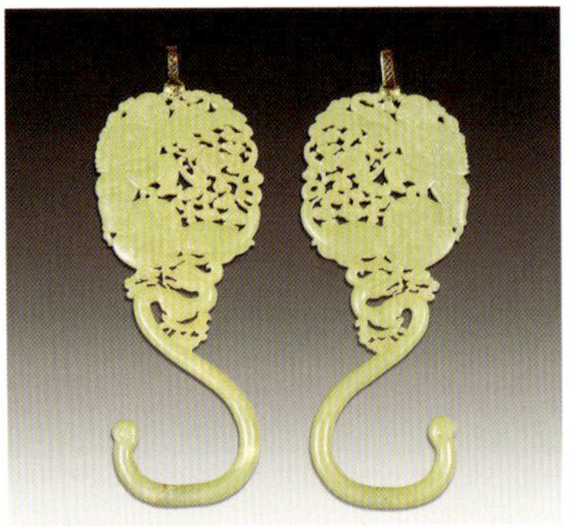

黄玉福寿挂钩（一对）

清 Qing GD 中国嘉德

2016-06-18 Lot2543 L20cm

估价：无底价

成交价：RMB 4,600

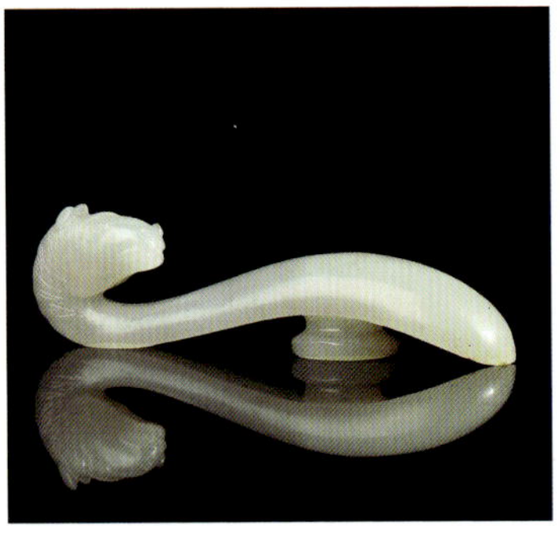

白玉马首带钩

清 Qing GD 中国嘉德

2016-03-28 Lot5222 L7.9cm

估价：无底价

成交价：RMB 2,300

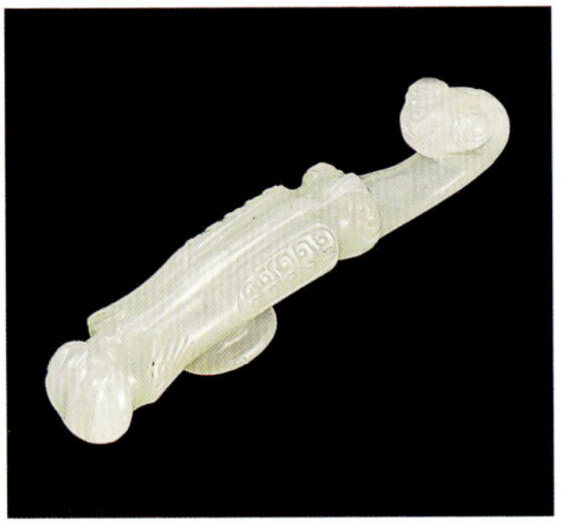

白玉螳螂捕蝉带钩

清，18 世纪 Qing,18th Century S 苏富比

2016-12-01 Lot244 6.8cm

估价：HKD 20,000-30,000

成交价：HKD 43,750

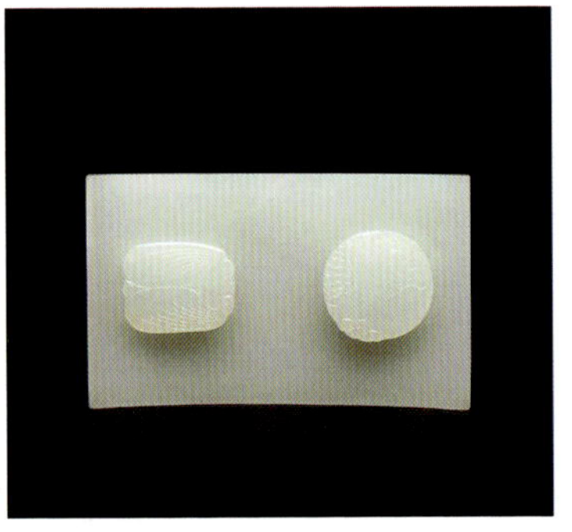

白玉多子寿考带钩

年代不详 Unknown C 佳士得

2016-04-05 Lot32 W 8.4cm

估价：HKD 60,000-80,000

成交价：HKD 187,500

白玉嵌红宝鹦鹉形带钩

清 Qing SUN 中贸圣佳

2016-05-16 Lot1194 L5.7cm

估价：RMB 50,000-60,000

成交价：RMB 57,500

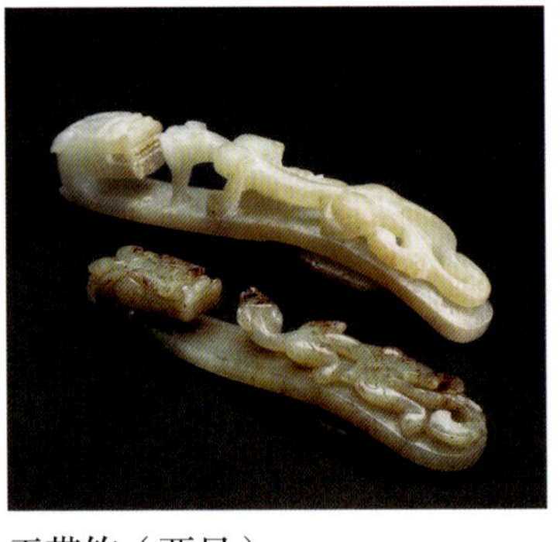

玉带钩（两只）

明 Ming KS 北京匡时

2016-12-05 Lot2565 L11.5cm;L12.6cm

估价：RMB 30,000-40,000

成交价：RMB 40,250

青白玉带钩镶白银放大镜及碧玉小杯

清，18-19 世纪 Qing,18th-19th Century C 佳士得

2016-11-11 Lot611 L 18.4cm

估价：GBP 800-1,200

成交价：GBP 2,000

青白玉带钩
18 世纪 18th Century BO 邦瀚斯
2016-09-12 Lot8034 L 10.3cm
估价：USD 1,500-2,000
成交价：USD 1,000

白玉雕带钩及青玉璧
清，19 世纪 Qing,19 Century S 苏富比
2016-03-19 Lot1387 尺寸不详
估价：USD 3,000-5,000
成交价：USD 16,250

青白玉带钩
清，18 世纪 Qing,18th Century C 佳士得
2016-11-11 Lot801 L 12.1cm
估价：GBP 1,500-2,000
成交价：GBP 2,250

玉带钩（一组十件）
清，18-19 世纪 Qing,18th-19th Century C 佳士得
2016-11-09 Lot319 L 9.5cm
估价：GBP 3,000-4,000
成交价：GBP 6,875

白玉和合二仙带扣
乾隆 Qianlong BP 北京保利
2016-04-27 Lot209 L6.5cm
估价：RMB 30,000-50,000
成交价：RMB 63,250

白玉仙人带扣
明 Ming BP 北京保利
2016-04-27 Lot195 L9cm
估价：RMB 30,000-50,000
成交价：RMB 115,000

白玉童子洗象带扣
乾隆 Qianlong BP 北京保利
2016-04-27 Lot215 L6.5cm
估价：RMB 20,000-30,000
成交价：RMB 51,750

白玉山水童子带扣
乾隆 Qianlong BP 北京保利
2016-04-27 Lot225 L7cm
估价：RMB 15,000-30,000
成交价：RMB 40,250

白玉龙纹带扣
清早期 Early Qing BP 北京保利
2016-04-27 Lot204 L6.5cm
估价：RMB 20,000-30,000
成交价：RMB 80,500

白玉龙纹带扣
清早期 Early Qing BP 北京保利
2016-04-27 Lot206 L8cm
估价：RMB 20,000-30,000
成交价：RMB 28,750

白玉龙纹带扣
清中期 Mid Qing BP 北京保利
2016-06-08 Lot9247 L10cm
估价：RMB 50,000-80,000
成交价：RMB 57,500

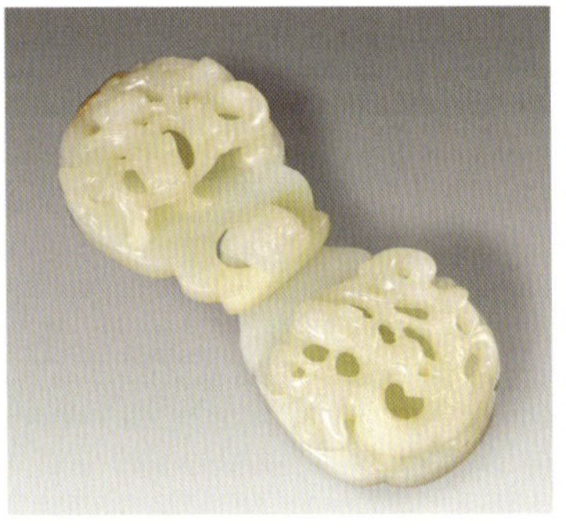

白玉龙纹带扣
清 Qing BP 北京保利
2016-10-31 Lot469 L 8.5cm
估价：无底价
成交价：RMB 16,100

白玉双龙带扣
乾隆 Qianlong BP 北京保利
2016-04-27 Lot184 L10cm
估价：RMB 20,000-30,000
成交价：RMB 46,000

胡适旧藏螭龙玉带扣
清 Qing SUN 中贸圣佳
2016-11-15 Lot1439 L8.2cm
估价：RMB 80,000-120,000
成交价：RMB 112,700

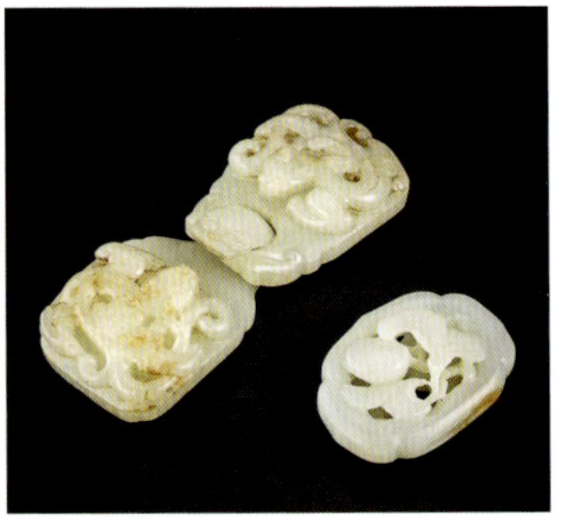

白玉螭龙带扣一对及白玉瑞果带饰
清，17-18 世纪 Qing,17th-18th Century S 苏富比
2016-12-01 Lot45 9cm;4cm
估价：HKD 30,000-50,000
成交价：HKD 56,250

白玉雕螭龙纹带扣（一对）
清，18 世纪 Qing,18th Century S 苏富比
2016-12-01 Lot9 11cm
估价：HKD 40,000-60,000
成交价：HKD 87,500

银嵌白玉提油透雕云龙带扣
明 Ming JH 上海嘉禾
2016-09-20 Lot713 69.8g
估价：RMB 16,000-20,000
成交价：RMB 18,400

白玉螭龙带扣
明 Ming BP 北京保利
2016-04-27 Lot224 L7cm
估价：RMB 10,000-20,000
成交价：RMB 36,800

白玉麒麟带扣
明 Ming BP 北京保利
2016-04-27 Lot191 L7cm
估价：RMB 30,000-50,000
成交价：RMB 115,000

白玉留皮龙凤纹带扣
清 Qing GD 中国嘉德
2016-11-12 Lot2962 L 8.5cm
估价：RMB 48,000-58,000
成交价：RMB 55,200

白玉带皮夔龙带扣
乾隆 Qianlong BP 北京保利
2016-04-27 Lot211 L7.5cm
估价：RMB 30,000-50,000
成交价：RMB 138,000

红沁麒麟带扣
明 Ming BP 北京保利
2016-04-27 Lot210 L6.5cm
估价：RMB 50,000-80,000
成交价：RMB 230,000

青白玉螭龙纹带扣
年代不详 Unknown GD 中国嘉德
2016-09-25 Lot5372 L 10.5cm
估价：RMB 4,000-6,000
成交价：RMB 4,600

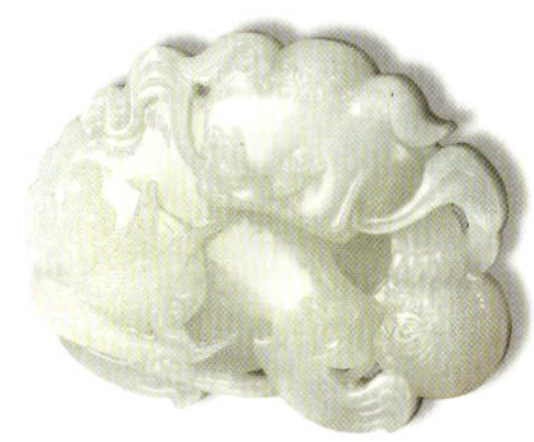

白玉狮子戏球带扣
乾隆 Qianlong BP 北京保利
2016-04-27 Lot213 L8.5cm
估价：RMB 50,000-80,000
成交价：RMB 207,000

白玉留皮太狮少狮带扣

乾隆 Qianlong BP 北京保利

2016-04-27 Lot212 L8cm

估价：RMB 80,000-150,000

成交价：RMB 333,500

白玉太平有象带扣

年代不详 Unknown BP 北京保利

2016-10-31 Lot1780 L 7.5cm

估价：RMB 8,000-15,000

成交价：RMB 9,200

白玉卧马带扣

清早期 Early Qing BP 北京保利

2016-04-27 Lot218 L6cm

估价：RMB 20,000-30,000

成交价：RMB 51,750

白玉太狮少狮带扣

清中期 Mid Qing BP 北京保利

2016-10-31 Lot228 L 6cm

估价：无底价

成交价：RMB 10,350

白玉太平有象带扣

清 Qing GD 中国嘉德

2016-06-18 Lot2533 L6.8cm

估价：RMB 12,000-22,000

成交价：RMB 17,250

白玉鹿衔灵芝带扣

乾隆 Qianlong BP 北京保利

2016-04-27 Lot214 L8cm

估价：RMB 30,000-50,000

成交价：RMB 103,500

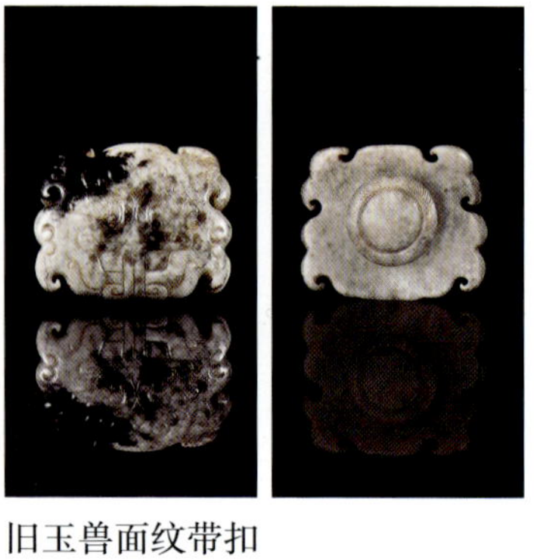

旧玉兽面纹带扣

清 Qing GD 中国嘉德

2016-09-25 Lot5284 L 3.4cm

估价：无底价

成交价：RMB 2,300

白玉马上封侯带扣

乾隆 Qianlong BP 北京保利

2016-04-27 Lot219 L10cm

估价：RMB 30,000-50,000

成交价：RMB 126,500

白玉双鹿带扣

明 Ming BP 北京保利

2016-04-27 Lot190 L7cm

估价：RMB 40,000-60,000

成交价：RMB 138,000

白玉英雄带扣
明 Ming BP 北京保利
2016-04-27 Lot203 L6.5cm
估价：RMB 50,000-80,000
成交价：RMB 207,000

白玉春水带扣
明 Ming BP 北京保利
2016-04-27 Lot196 L9.5cm
估价：RMB 40,000-60,000
成交价：RMB 97,750

白玉双福绵长带扣
清中期 Mid Qing BP 北京保利
2016-04-27 Lot205 L11cm
估价：RMB 20,000-30,000
成交价：RMB 86,250

白玉法轮带扣
明 Ming BP 北京保利
2016-04-27 Lot202 L6.5cm
估价：RMB 30,000-50,000
成交价：RMB 109,250

白玉万字八吉祥带扣
乾隆 Qianlong BP 北京保利
2016-04-27 Lot207 L9.5cm
估价：RMB 40,000-60,000
成交价：RMB 80,500

白玉福寿带扣
清中期 Mid Qing BP 北京保利
2016-04-27 Lot52 L5cm
估价：无底价
成交价：RMB 13,800

白玉锦纹带扣（一对）
明 Ming BP 北京保利
2016-04-27 Lot258 L7cm
估价：RMB 20,000-40,000
成交价：RMB 23,000

白玉八卦纹带扣
清中期 Mid Qing BP 北京保利
2016-04-27 Lot389 L11.5cm
估价：RMB 10,000-20,000
成交价：RMB 11,500

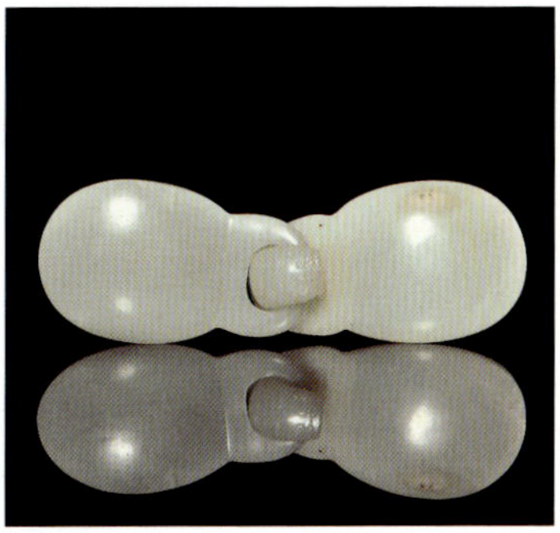

白玉带扣
清 Qing GD 中国嘉德
2016-03-28 Lot5286 L11.8cm
估价：无底价
成交价：RMB 3,450

白玉带扣

清 Qing GD 中国嘉德
2016-03-28 Lot5220 L5.5cm
估价：无底价
成交价：RMB 3,450

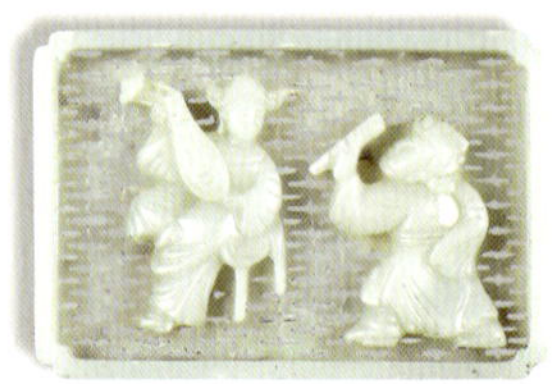

白玉人物带板

明 Ming BP 北京保利
2016-04-27 Lot188 L8cm
估价：RMB 60,000-100,000
成交价：RMB 138,000

白玉龙纹带板

明 Ming BP 北京保利
2016-04-27 Lot29 L7cm
估价：无底价
成交价：RMB 11,500

白玉嵌碧玺带扣

清 Qing BP 北京保利
2016-10-31 Lot1112 L 6.5cm
估价：RMB 3,000-5,000
成交价：RMB 16,100

白玉龙纹带板

明 Ming BP 北京保利
2016-04-27 Lot30 L7.7cm
估价：无底价
成交价：RMB 10,350

玉雕龙纹带板

明 Ming BP 北京保利
2016-04-27 Lot31 L6.5cm
估价：无底价
成交价：RMB 20,700

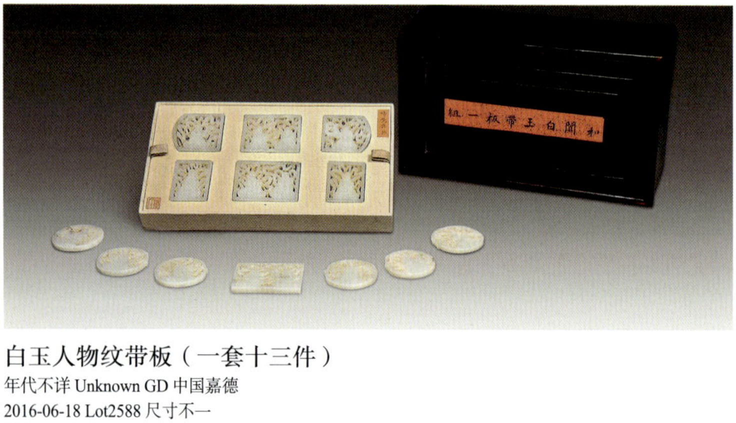

白玉人物纹带板（一套十三件）

年代不详 Unknown GD 中国嘉德
2016-06-18 Lot2588 尺寸不一
估价：无底价
成交价：RMB 8,050

白玉龙凤带板

乾隆 Qianlong BP 北京保利
2016-04-27 Lot186 L9cm
估价：RMB 50,000-80,000
成交价：RMB 138,000

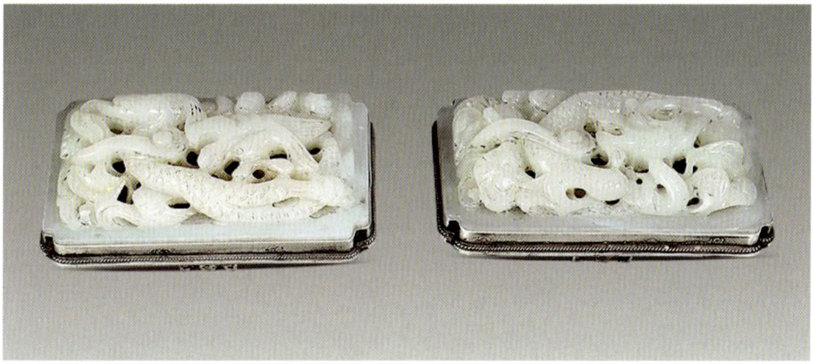

白玉龙纹带板（一组）
清 Qing BP 北京保利
2016-01-16 Lot398 L7.5cm
估价：无底价
成交价：RMB 2,300

青玉云龙纹带板
明 Ming GD 中国嘉德
2016-09-25 Lot5261 L 4.6cm
估价：无底价
成交价：RMB 3,450

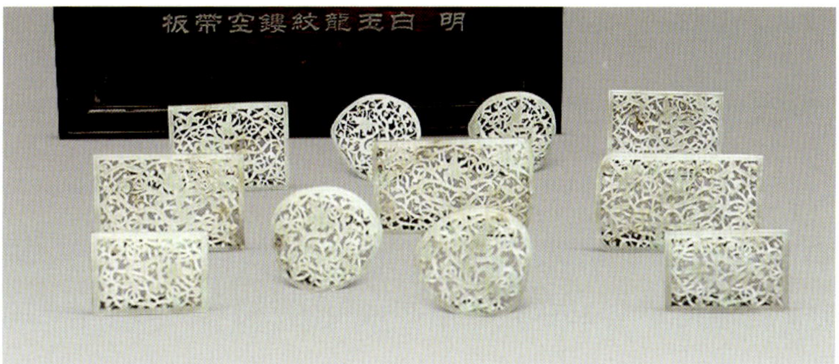

白玉龙纹带板（一盒）
明 Ming BP 北京保利
2016-01-16 Lot344 尺寸不一
估价：无底价
成交价：RMB 13,800

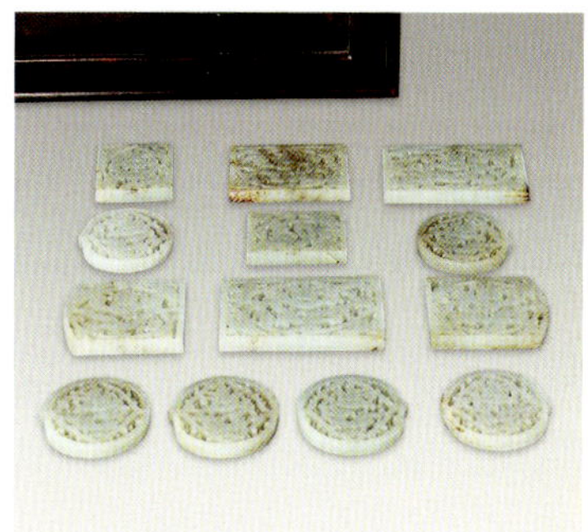

白玉龙纹带板（一组十三件）
清 Qing BP 北京保利
2016-04-28 Lot1674 尺寸不一
估价：无底价
成交价：RMB 6,900

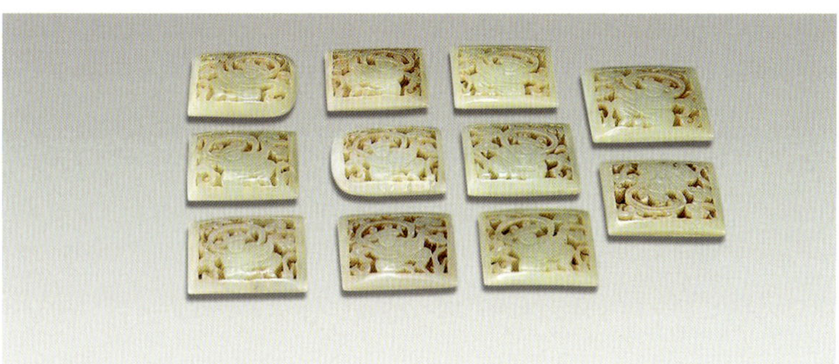

白玉舞俑带板（一组十一件）
年代不详 Unknown BP 北京保利
2016-10-31 Lot1731 尺寸不一
估价：无底价
成交价：RMB 3,450

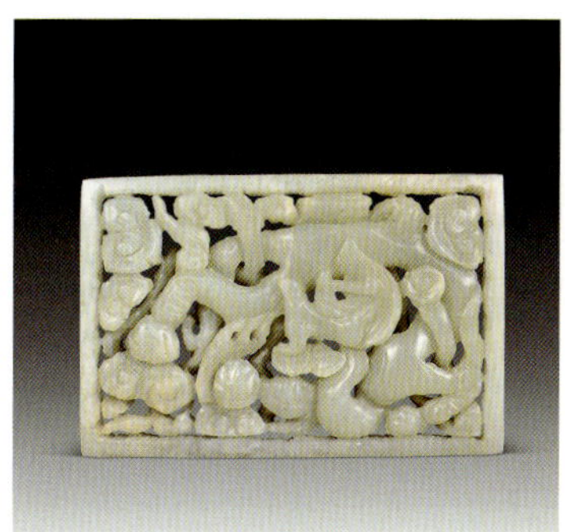

青白玉云龙纹带板
年代不详 Unknown GD 中国嘉德
2016-03-28 Lot5129 L7.5cm
估价：无底价
成交价：RMB 2,300

白玉螭龙纹带板
明 Ming BP 北京保利
2016-04-27 Lot200 L8.5cm
估价：RMB 30,000-50,000
成交价：RMB 97,750

白玉马上封侯带扣、珊瑚松鼠葡萄、秋虬根付（三件）
清 Qing BP 北京保利
2016-12-07 Lot6721 尺寸不一
估价：RMB 50,000-80,000
成交价：RMB 57,500

玉雕胡人带板
清 Qing BSA 北京古天一
2016-12-07 Lot1142 3.3 x 3.1cm
估价：RMB 120,000-150,000
成交价：RMB 138,000

白玉螭龙带板
明 Ming BP 北京保利
2016-04-27 Lot223 L8.5cm
估价：RMB 20,000-30,000
成交价：RMB 55,200

带皮青白玉镂雕路路连科纹带板
明 Ming S 苏富比
2016-05-11 Lot131 11cm
估价：GBP 6,000-8,000
成交价：GBP 11,250

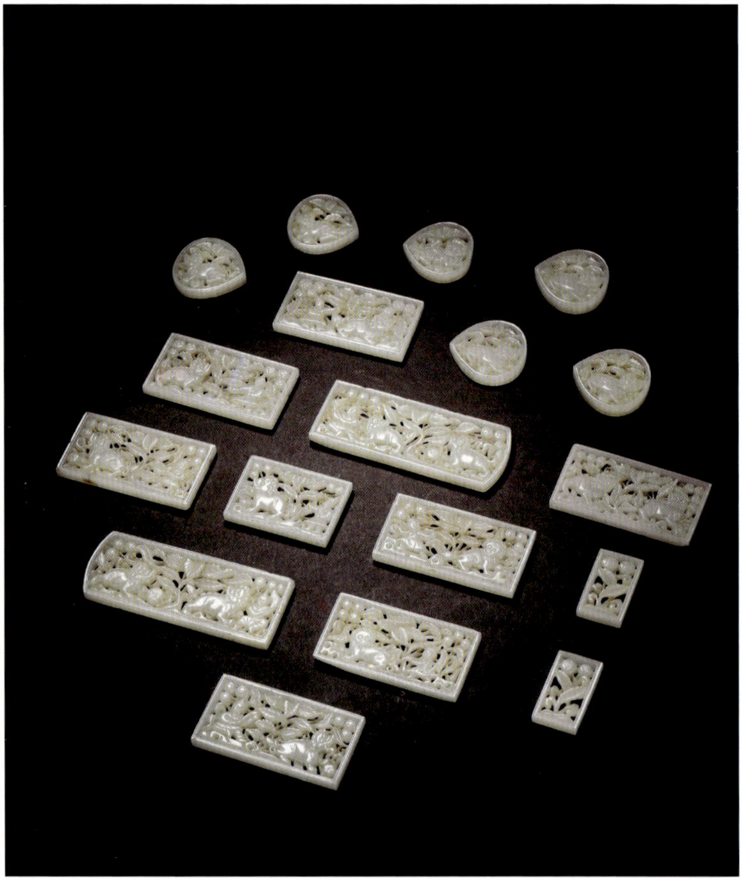

胡人戏狮纹白玉带板（一组十八件）
明 Ming RBZ 荣宝斋（上海）
2016-11-27 Lot829 尺寸不一
估价：RMB 200,000-300,000
成交价：RMB 977,500

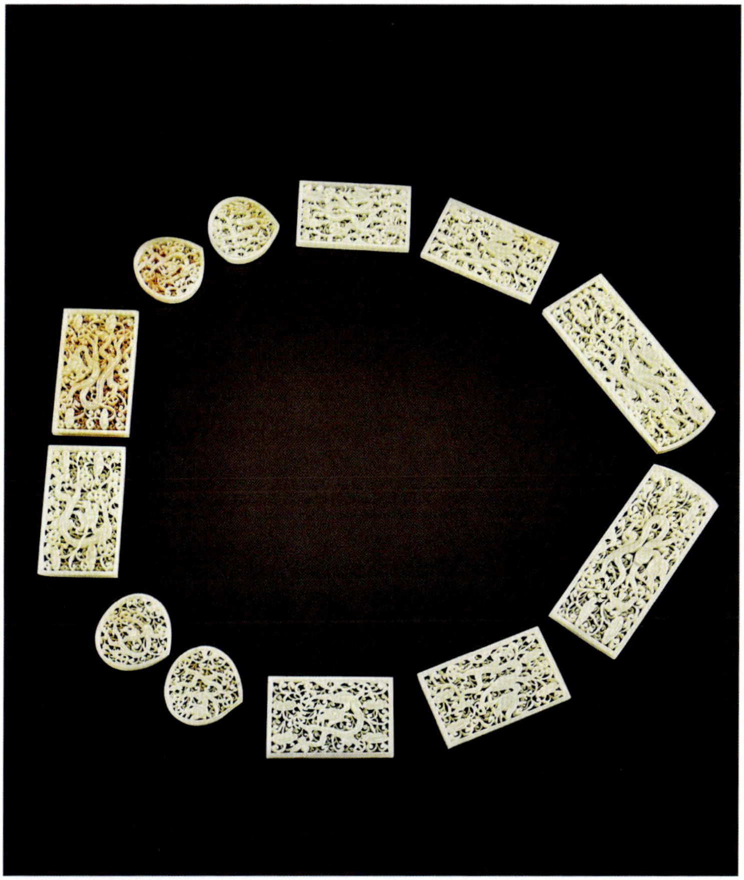

青白玉仿明镂空穿芝龙纹带板（一套十二块）
清 Qing S 苏富比
2016-12-01 Lot90 4.3cm-11.5cm
估价：HKD 50,000-70,000
成交价：HKD 500,000

白玉龙纹带饰
明 Ming BP 北京保利
2016-04-27 Lot192 L7.5cm
估价：RMB 10,000-20,000
成交价：RMB 25,300

白玉螭龙带饰
明 Ming BP 北京保利
2016-04-27 Lot198 L5cm
估价：RMB 15,000-25,000
成交价：RMB 48,300

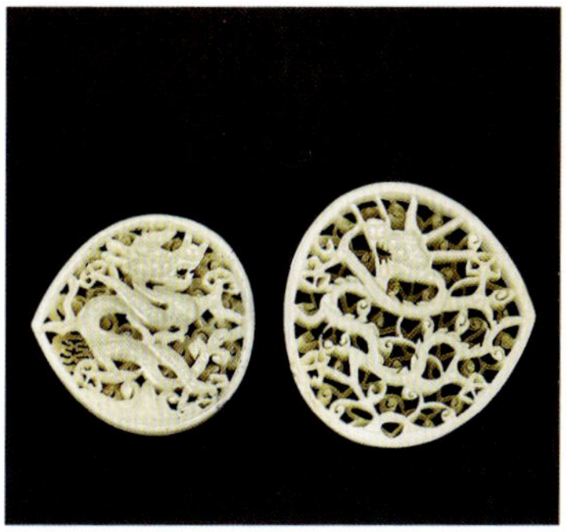

青白玉镂空龙纹带板（共二）
明 Ming S 苏富比
2016-12-01 Lot216 4.7cm;5.8cm
估价：HKD 20,000-30,000
成交价：HKD 40,000

白玉胡人献宝带饰
明 Ming BP 北京保利
2016-04-27 Lot220 L6cm
估价：RMB 40,000-80,000
成交价：RMB 97,750

白玉螭龙带饰
明 Ming BP 北京保利
2016-04-27 Lot193 L7.5cm
估价：RMB 30,000-50,000
成交价：RMB 86,250

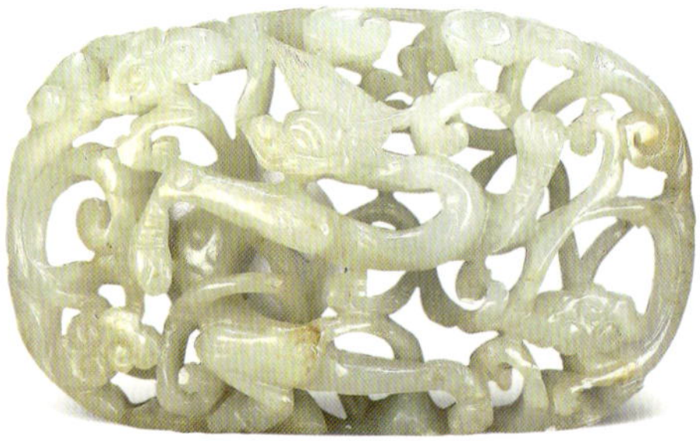

白玉龙纹带饰

明 Ming BP 北京保利

2016-04-27 Lot260 L8cm

估价：RMB 40,000-80,000

成交价：RMB 126,500

黄玉雕螭龙带饰

清中期 Mid Qing PLHK 保利香港

2016-11-29 Lot1082 L5.5cm;W2.2cm

估价：HKD 20,000-50,000

成交价：HKD 23,600

玉雕龙纹带饰

明 Ming BP 北京保利

2016-04-27 Lot32 L6.5cm

估价：无底价

成交价：RMB 20,700

玉雕螭龙钮带饰

明 Ming BP 北京保利

2016-04-27 Lot406 W3.5cm

估价：RMB 50,000-80,000

成交价：RMB 57,500

黄玉辟邪带饰

明 Ming BP 北京保利

2016-04-27 Lot222 L6cm

估价：RMB 60,000-80,000

成交价：RMB 207,000

白玉螭龙带饰

明 Ming BP 北京保利

2016-04-27 Lot197 L7.5cm

估价：RMB 20,000-30,000

成交价：RMB 86,250

白玉螭龙花卉带饰

明 Ming BP 北京保利

2016-04-27 Lot226 L9cm

估价：RMB 40,000-60,000

成交价：RMB 51,750

白玉带沁太狮少狮带饰

乾隆 Qianlong BP 北京保利

2016-04-27 Lot217 L8cm

估价：RMB 30,000-50,000

成交价：RMB 80,500

白玉卧羊带饰

明 Ming BP 北京保利
2016-04-27 Lot228 L5.5cm
估价：RMB 20,000-30,000
成交价：RMB 46,000

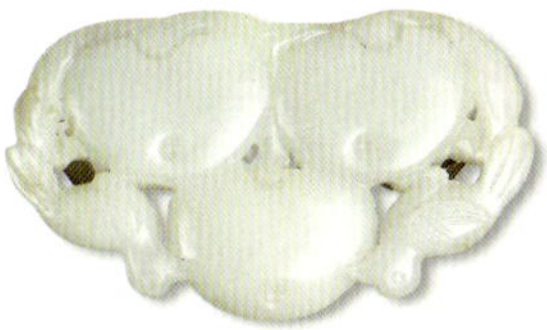

白玉喜报三元带饰

乾隆 Qianlong BP 北京保利
2016-04-27 Lot216 L7.5cm
估价：RMB 40,000-60,000
成交价：RMB 161,000

白玉一团和气带饰

清早期 Early Qing BP 北京保利
2016-04-27 Lot208 D6cm
估价：RMB 20,000-30,000
成交价：RMB 55,200

白玉年年有余带饰

明 Ming BP 北京保利
2016-04-27 Lot189 L7.5cm
估价：RMB 50,000-80,000
成交价：RMB 161,000

白玉一鹭连科带饰

明 Ming BP 北京保利
2016-04-27 Lot194 L5cm
估价：RMB 20,000-30,000
成交价：RMB 23,000

白玉缠枝绵长带饰

明 Ming BP 北京保利
2016-04-27 Lot199 L9.5cm
估价：RMB 15,000-25,000
成交价：RMB 46,000

白玉五蝠带饰

明 Ming BP 北京保利
2016-04-27 Lot253 D7cm
估价：RMB 10,000-20,000
成交价：RMB 46,000

白玉一团和气带饰

明 Ming BP 北京保利
2016-04-27 Lot221 L5cm
估价：RMB 15,000-30,000
成交价：RMB 51,750

白玉凌霄花带饰

明 Ming BP 北京保利
2016-04-27 Lot247 L6cm
估价：RMB 10,000-20,000
成交价：RMB 46,000

白玉秋山带饰

年代不详 Unknown GD 中国嘉德
2016-11-12 Lot2892 H 7cm
估价：RMB 50,000-80,000
成交价：RMB 94,300

白玉秋水带饰

明 Ming BP 北京保利
2016-04-27 Lot187 L10.5cm
估价：RMB 50,000-80,000
成交价：RMB 166,750

白玉山水带饰

乾隆 Qianlong BP 北京保利
2016-04-27 Lot201 L6cm
估价：RMB 20,000-30,000
成交价：RMB 92,000

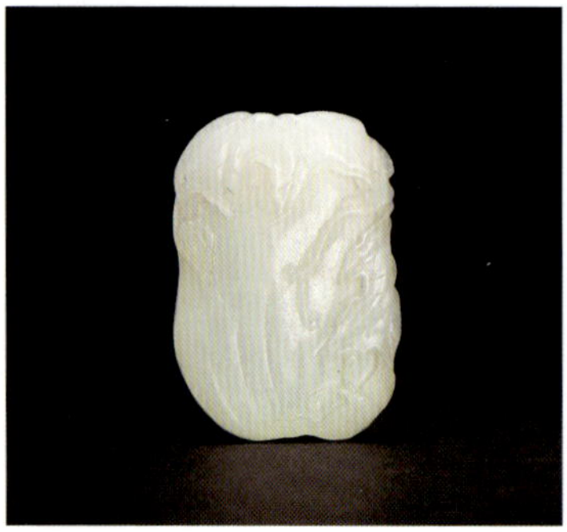

白玉带饰

清 Qing RBZ 荣宝斋（上海）
2016-11-27 Lot845 L4cm;W1.5cm;H6cm
估价：RMB 10,000-20,000
成交价：RMB 34,500

环
Ring

白玉龙首环

年代不详 Unknown GD 中国嘉德
2016-03-28 Lot5426 D8.3cm
估价：无底价
成交价：RMB 3,450

白玉龙纹环

清中期 Mid Qing BH 北京翰海
2016-12-04 Lot2419 D5.5cm
估价：RMB 18,000-22,000
成交价：RMB 23,000

玉龙纹环

明 Ming BP 北京保利
2016-04-27 Lot36 D9cm
估价：无底价
成交价：RMB 23,000

白玉双龙环

清 Qing BP 北京保利
2016-01-16 Lot401 D8cm
估价：无底价
成交价：RMB 3,450

白玉刻云纹环

清早期 Early Qing BD 北京东正
2016-05-14 Lot2006 D4.6cm
估价：RMB 40,000-50,000
成交价：RMB 46,000

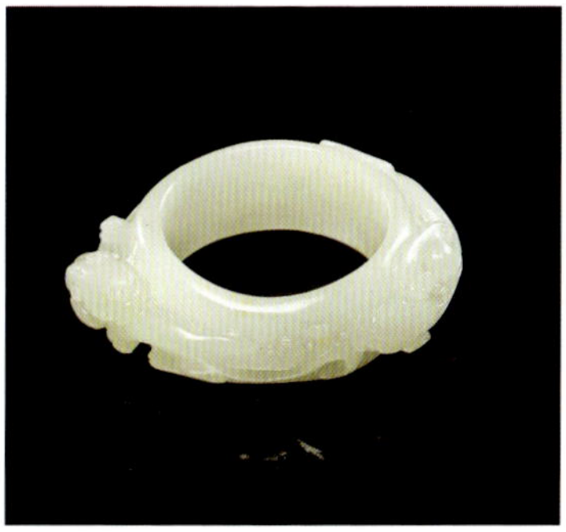

白玉龙纹环

清 Qing GD 中国嘉德
2016-11-12 Lot2918 L 5cm
估价：RMB 80,000-120,000
成交价：RMB 92,000

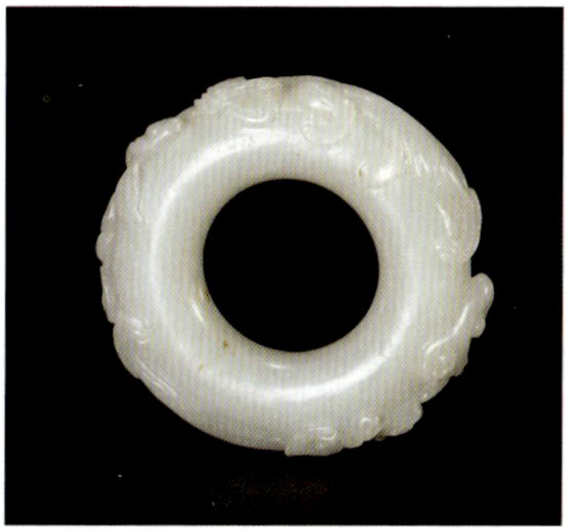

白玉螭龙纹环

清中期 Mid Qing BH 北京翰海
2016-12-04 Lot2418 D5.4cm
估价：RMB 18,000-22,000
成交价：RMB 23,000

白玉螭龙环

清 Qing GD 中国嘉德
2016-09-25 Lot5249 L 4.8cm
估价：RMB 5,000-8,000
成交价：RMB 8,050

黄白玉云龙环

清，17-18 世纪 Qing,17th-18th Century S 苏富比
2016-10-05 Lot60 12.8cm
估价：HKD 150,000-200,000
成交价：HKD 212,500

白玉螭龙环

清 Qing GD 中国嘉德
2016-05-14 Lot3110 D5.4cm
估价：RMB 150,000-180,000
成交价：RMB 172,500

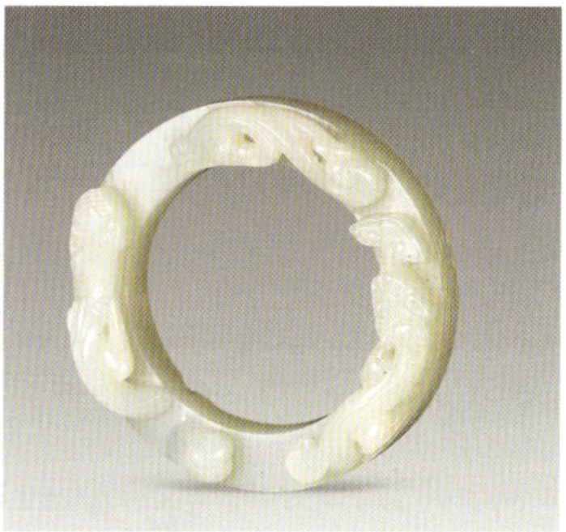

白玉螭龙环

清 Qing BP 北京保利
2016-10-31 Lot1107 D 5.6cm
估价：RMB 8,000-15,000
成交价：RMB 9,200

白玉螭龙纹环

清中期 Mid Qing BH 北京翰海
2016-12-04 Lot2420 D6.5cm
估价：RMB 12,000-18,000
成交价：RMB 20,700

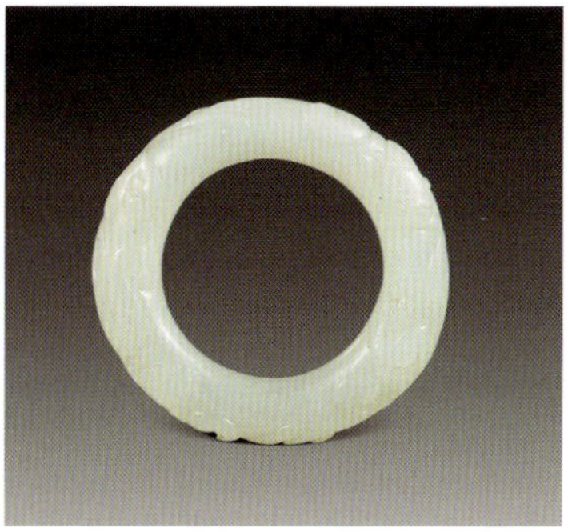

白玉螭龙纹环

清 Qing GD 中国嘉德
2016-03-28 Lot5156 D4.9cm
估价：无底价
成交价：RMB 10,350

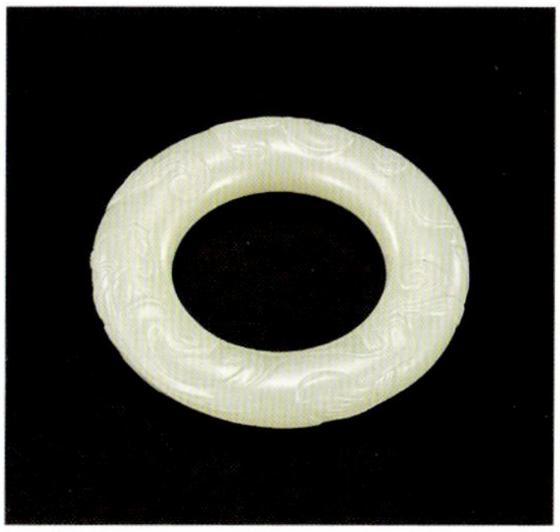

白玉雕螭龙纹环

清，18-19 世纪 Qing,18th-19th Century S 苏富比
2016-12-01 Lot127 4.8cm
估价：HKD 10,000-15,000
成交价：HKD 137,500

白玉透雕螭龙纹环
明 Ming BH 北京翰海
2016-06-05 Lot2560 D8.4cm
估价：RMB 260,000-360,000
成交价：RMB 345,000

白玉雕衔芝螭龙纹环
清 Qing S 苏富比
2016-06-02 Lot911 5.5cm
估价：HKD 30,000-40,000
成交价：HKD 137,500

白玉浮雕螭龙纹环
清，18 世纪 Qing,18th Century S 苏富比
2016-10-05 Lot69 14.3cm
估价：HKD 400,000-500,000
成交价：HKD 1,500,000

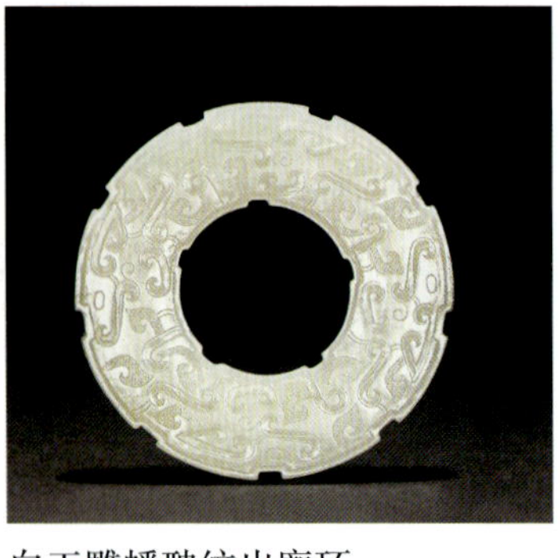

白玉雕蟠虺纹出廓环
清中期 Mid Qing BC 北京诚轩
2016-11-12 Lot930 D 5.5cm
估价：RMB 50,000-60,000
成交价：RMB 57,500

青白玉螭龙环耳杯
年代不详 Unknown GD 中国嘉德
2016-03-28 Lot5141 L13cm
估价：无底价
成交价：RMB 10,350

白玉童子环
清 Qing BP 北京保利
2016-10-31 Lot238 D 5.9cm
估价：无底价
成交价：RMB 34,500

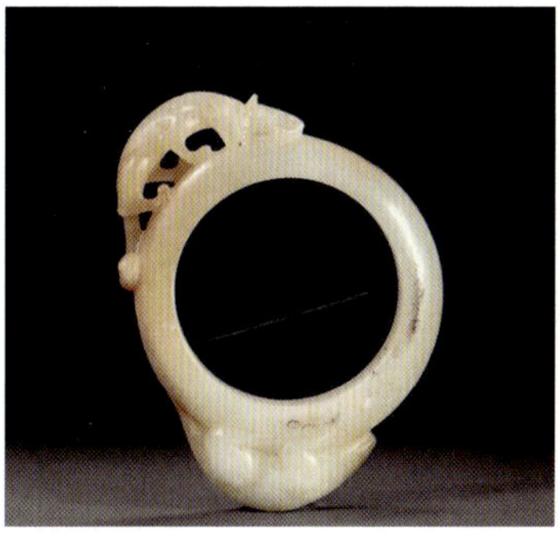

白玉子辰环
近代 Modern BH 北京翰海
2016-04-17 Lot1233 L6cm
估价：RMB 5,000-5,000
成交价：RMB 5,750

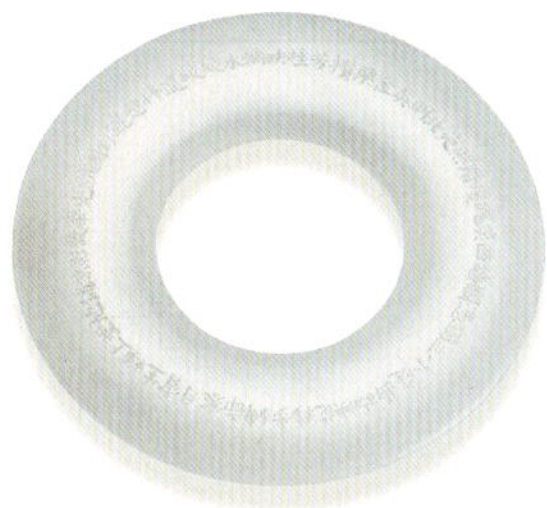

白玉雕寒月回文诗环
清 Qing S 苏富比
2016-12-02 Lot784 5.6cm
估价：HKD 30,000-40,000
成交价：HKD 212,500

碧玉雕卷云纹环
清 Qing S 苏富比
2016-12-02 Lot796 5.9cm
估价：HKD 15,000-20,000
成交价：HKD 18,750

白玉子辰环
清中期 Mid Qing BP 北京保利
2016-10-31 Lot476 D 3.5cm
估价：无底价
成交价：RMB 36,800

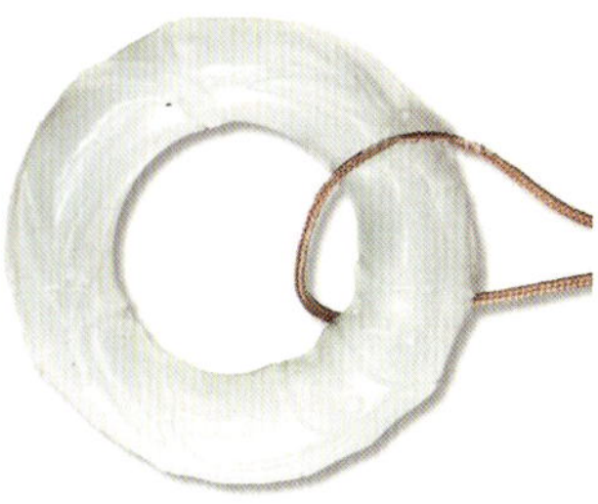

青白玉雕竹节形环
清 Qing S 苏富比
2016-12-02 Lot767 5.5cm
估价：HKD 40,000-60,000
成交价：HKD 52,500

白玉勾云纹环
明 Ming BH 北京翰海
2016-12-04 Lot2481 D8.5cm
估价：RMB 600,000-800,000
成交价：RMB 920,000

卷云纹玉环
清 Qing BSA 北京古天一
2016-12-07 Lot1031 D2.8cm
估价：RMB 30,000-50,000
成交价：RMB 161,000

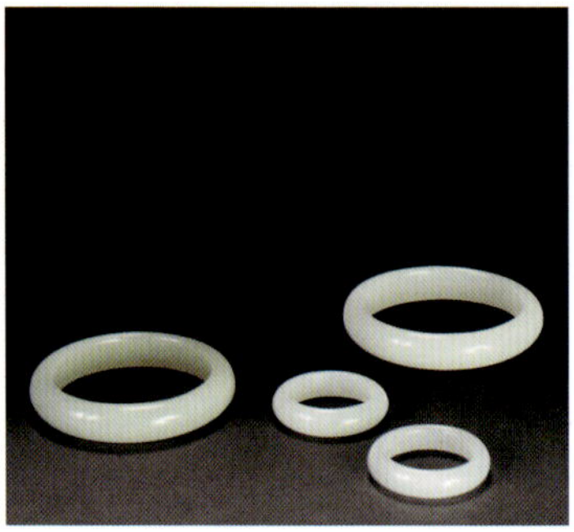

玉环（4件）
近代 Modern BH 北京翰海
2016-04-17 Lot1314 尺寸不详
估价：RMB 1,000-1,000
成交价：RMB 1,725

青黄玉素环
清 Qing BSA 北京古天一
2016-12-07 Lot1077 D11cm
估价：RMB 30,000-50,000
成交价：RMB 253,000

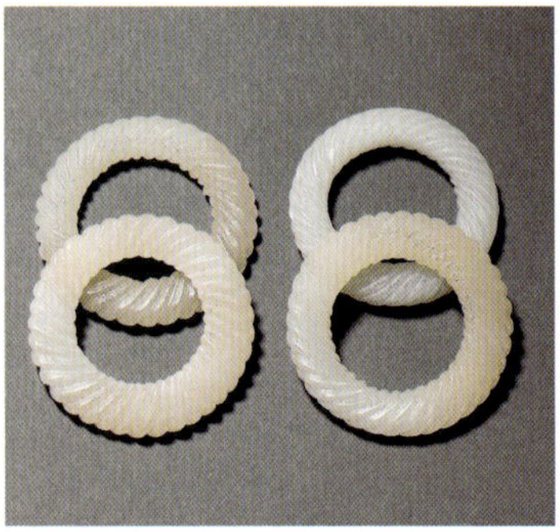

白玉绳纹环（四件）
清 Qing BP 北京保利
2016-06-08 Lot9108 尺寸不一
估价：RMB 12,000-15,000
成交价：RMB 13,800

玉环
明 Ming BP 北京保利
2016-04-27 Lot35 D8.5cm
估价：无底价
成交价：RMB 9,200

青黄玉素环
清 Qing BSA 北京古天一
2016-12-07 Lot1084 D9.3cm
估价：RMB 20,000-30,000
成交价：RMB 46,000

旧玉环
明 Ming GD 中国嘉德
2016-05-14 Lot3170 D5.8cm
估价：无底价
成交价：RMB 10,350

玉环
明 Ming BP 北京保利
2016-04-27 Lot37 D9cm
估价：无底价
成交价：RMB 5,750

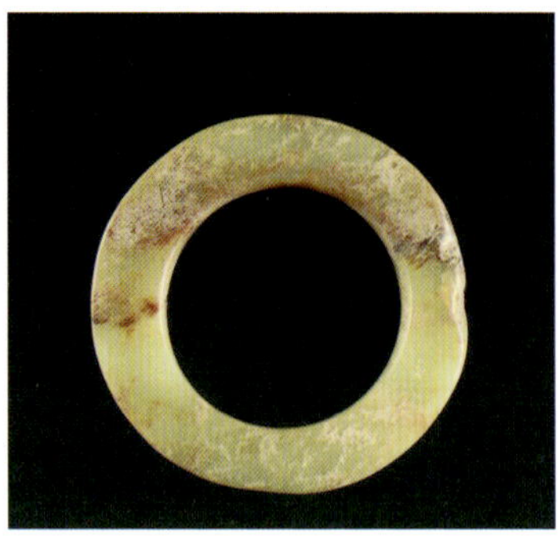

青黄玉素环
清 Qing BSA 北京古天一
2016-12-07 Lot1043 D9.5cm
估价：RMB 30,000-50,000
成交价：RMB 94,300

红沁素玉环
清 Qing BSA 北京古天一
2016-12-07 Lot1108 D9.8cm
估价：RMB 30,000-50,000
成交价：RMB 57,500

红沁灰皮玉素环
清 Qing BSA 北京古天一
2016-12-07 Lot1143 D9.5cm
估价：RMB 30,000-50,000
成交价：RMB 57,500

扭丝纹玉环
清 Qing BSA 北京古天一
2016-12-07 Lot1113 D5.6cm
估价：RMB 50,000-60,000
成交价：RMB 92,000

璧 Bi

白玉雕龙纹玉璧
清中期 Mid Qing BD 北京东正
2016-05-14 Lot3110 L7cm;W4.8cm
估价：RMB 10,000-20,000
成交价：RMB 20,700

玉龙纹璧
明 Ming BP 北京保利
2016-04-27 Lot41 D6.5cm
估价：无底价
成交价：RMB 8,050

双龙戏璧
年代不详 Unknown BP 北京保利
2016-06-05 Lot6056 5.5cm
估价：无底价
成交价：RMB 2,300

白玉双龙璧
清 Qing BP 北京保利
2016-10-31 Lot1117 L 9.5cm
估价：RMB 8,000-15,000
成交价：RMB 9,200

白玉龙凤纹璧
清 Qing GD 中国嘉德
2016-11-12 Lot2902 D 6.5cm
估价：RMB 55,000-75,000
成交价：RMB 63,250

白玉龙凤纹璧
明 Ming BH 北京翰海
2016-12-04 Lot2426 D5.2cm
估价：RMB 8,000-12,000
成交价：RMB 11,500

白玉龙凤戏珠璧
乾隆 Qianlong S 苏富比
2016-10-05 Lot73 10.4cm
估价：HKD 150,000-200,000
成交价：HKD 1,375,000

白玉镂雕出廓龙凤纹璧
年代不详 Unknown GD 中国嘉德
2016-11-29 Lot1124 W18.6cm
估价：HKD 600,000-900,000
成交价：HKD 4,543,000

2016 Chinese Art Auction TOP10 中国玉器拍卖配饰类十大天价排行榜 Top 7

白玉双凤纹璧
清中期 Mid Qing BH 北京翰海
2016-12-04 Lot2423 D5.4cm
估价：RMB 25,000-35,000
成交价：RMB 34,500

白玉雕螭龙璧
近代 Modern BH 北京翰海
2016-04-17 Lot1228 D5.5cm
估价：RMB 1,000-1,000
成交价：RMB 1,150

白玉龙凤呈祥纹璧
清，19 世纪 Qing,19th Century S 苏富比
2016-05-11 Lot260 6.4cm
估价：GBP 3,000- 5,000
成交价：GBP 3,750

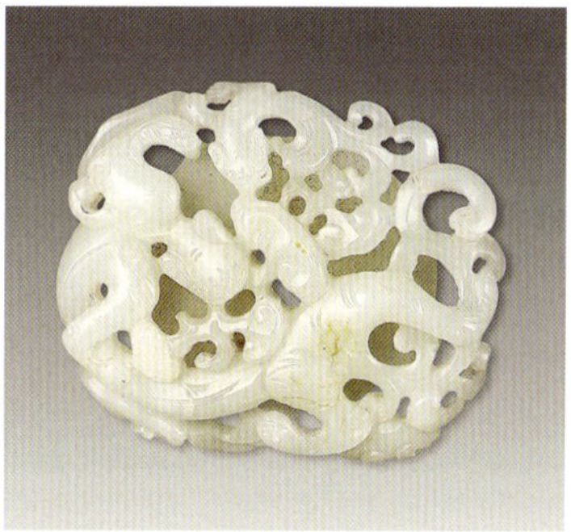

白玉螭龙璧
年代不详 Unknown BP 北京保利
2016-04-28 Lot1662 L7cm
估价：RMB 12,000-22,000
成交价：RMB 13,800

白玉螭龙纹璧
清中期 Mid Qing BH 北京翰海
2016-12-04 Lot2425 D5.7cm
估价：RMB 18,000-22,000
成交价：RMB 25,300

白玉留皮螭龙璧
年代不详 Unknown BP 北京保利
2016-04-28 Lot1645 H12cm
估价：RMB 12,000-22,000
成交价：RMB 13,800

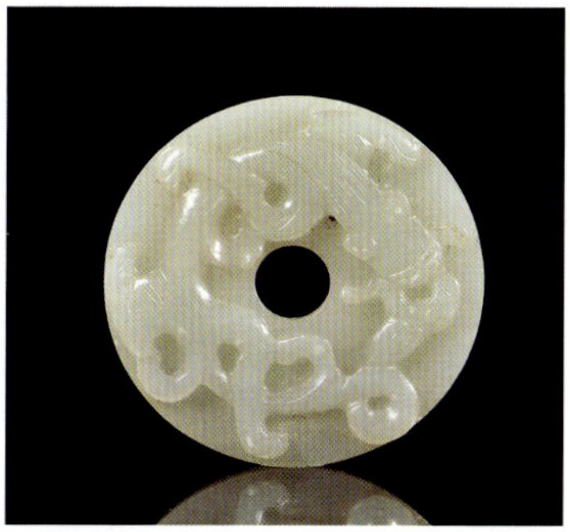

青白玉螭龙璧
清 Qing GD 中国嘉德
2016-03-28 Lot5209 D5.5cm
估价：RMB 10,000-20,000
成交价：RMB 20,700

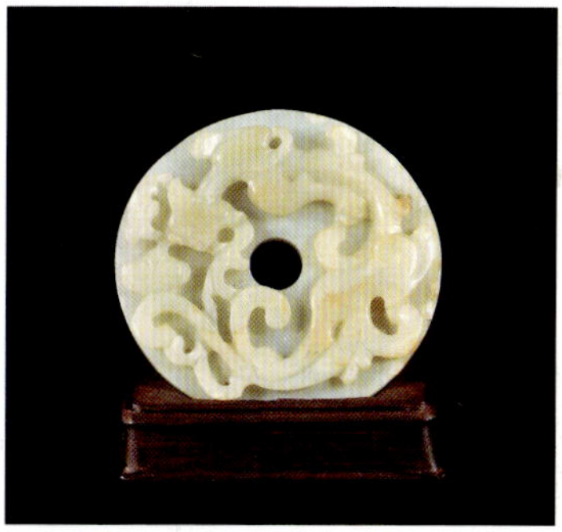

青白玉螭龙璧
清 Qing GD 中国嘉德
2016-09-25 Lot5271 D 5.8cm
估价：RMB 9,000-15,000
成交价：RMB 11,500

白玉螭龙璧
年代不详 Unknown GD 中国嘉德
2016-09-25 Lot5577 D 5.4cm
估价：无底价
成交价：RMB 2,300

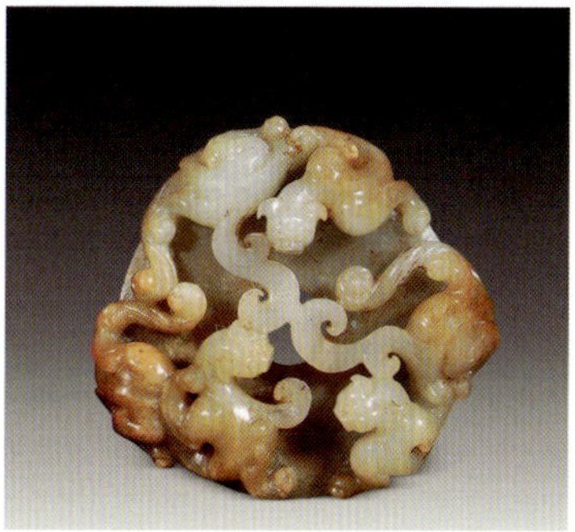

青白玉螭龙璧
年代不详 Unknown GD 中国嘉德
2016-09-25 Lot5415 L 8.5cm
估价：无底价
成交价：RMB 6,900

青白玉雕螭龙纹璧
清，18-19 世纪 Qing,18th-19th Century S 苏富比
2016-09-13 Lot190 尺寸不详
估价：USD 4,000-6,000
成交价：USD 5,000

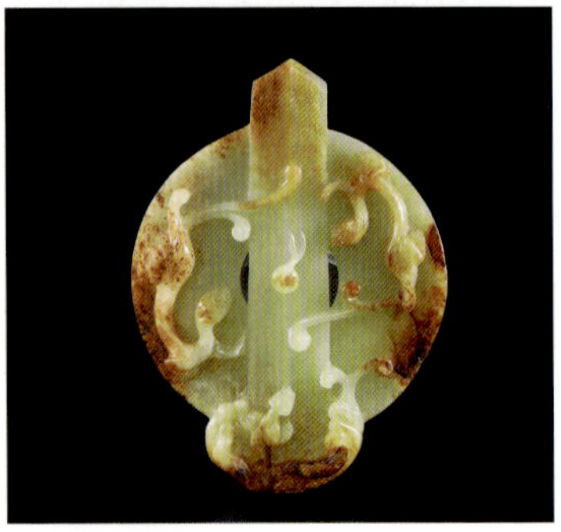

黄玉雕螭龙纹圭璧
19-20 世纪 19th-20th Century S 苏富比
2016-03-16 Lot378 尺寸不详
估价：USD 6,000-8,000
成交价：USD 47,500

府上有龙斧式璧
明 Ming KS 北京匡时
2016-12-05 Lot2531 L19.6cm
估价：RMB 10,000-20,000
成交价：RMB 23,000

玉螭龙榖纹璧
年代不详 Unknown AS 中国艺海
2016-01-21 Lot2027 D 26cm
估价：HKD 1,180,000-2,360,000
成交价：HKD 1,980,000

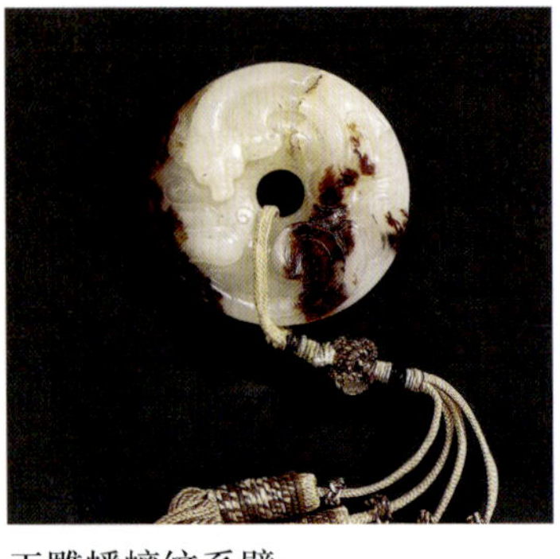

玉雕蟠螭纹系璧
清早期 Early Qing BC 北京诚轩
2016-11-12 Lot931 D 3.6cm
估价：RMB 10,000-20,000
成交价：RMB 23,000

旧玉双螭璧
明 Ming GD 中国嘉德
2016-11-12 Lot2876 D 8cm
估价：RMB 35,000-55,000
成交价：RMB 40,250

青玉雕螭虎纹璧
明 Ming BP 北京保利
2016-06-08 Lot9103 D7.5cm
估价：RMB 5,000-8,000
成交价：RMB 5,750

青白玉螭虎纹璧
清 Qing BP 北京保利
2016-12-07 Lot6760 W7cm
估价：RMB 5,000-10,000
成交价：RMB 13,800

白玉十二生肖璧
清中期 Mid Qing BH 北京翰海
2016-12-04 Lot2427 D7cm
估价：RMB 25,000-35,000
成交价：RMB 34,500

白玉狮球璧
清 Qing GD 中国嘉德
2016-03-28 Lot5139 D5.6cm
估价：无底价
成交价：RMB 5,750

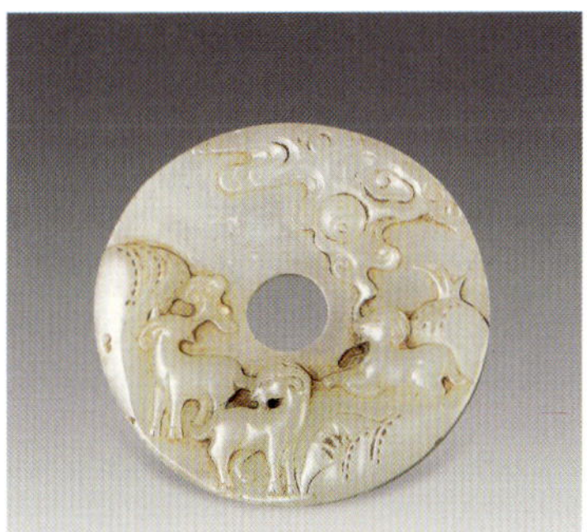

白玉三羊开泰璧
年代不详 Unknown BP 北京保利
2016-10-31 Lot1706 D 5.5cm
估价：RMB 6,000-10,000
成交价：RMB 6,900

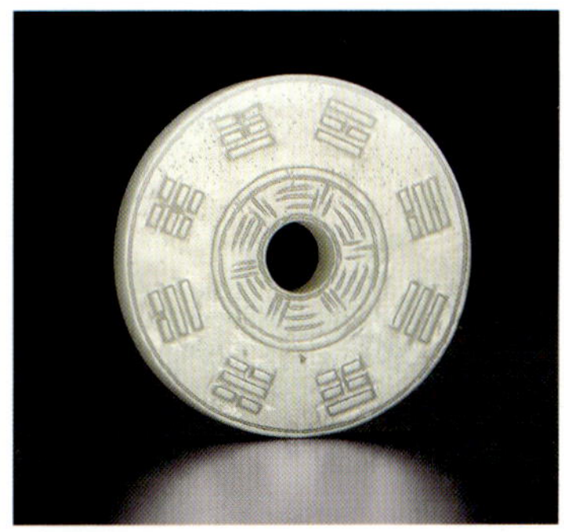

玉雕八卦纹玉璧
清 Qing XLA 西泠印社
2016-09-29 Lot116 D 5.8cm
估价：RMB 3,500-6,000
成交价：RMB 4,025

白玉洒金狮子戏球璧
乾隆 Qianlong BH 北京翰海
2016-06-05 Lot2569 D5.5cm
估价：RMB 15,000-25,000
成交价：RMB 23,000

乾隆御题兽面纹玉璧
清 Qing BSA 北京古天一
2016-12-07 Lot1169 D23.3cm
估价：RMB 550,000-650,000
成交价：RMB 690,000

白玉谷纹璧
清 Qing GD 中国嘉德
2016-03-28 Lot5280 D5.5cm
估价：无底价
成交价：RMB 2,300

旧玉谷纹璧
明 Ming GD 中国嘉德
2016-03-28 Lot5226 D3.8cm
估价：无底价
成交价：RMB 4,600

黄玉谷纹璧
明 Ming BP 北京保利
2016-12-06 Lot5868 D15.5cm
估价：RMB 500,000-800,000
成交价：RMB 598,000

谷纹小玉璧
清 Qing BSA 北京古天一
2016-12-07 Lot1086 D6.2cm
估价：RMB 150,000-200,000
成交价：RMB 172,500

黄玉仿古乳丁纹双联璧
乾隆 Qianlong S 苏富比
2016-04-06 Lot3020 24.1cm
估价：HKD 6,000,000-8,000,000
成交价：HKD 9,680,000

2016 Chinese Art Auction TOP10 中国艺术拍卖十大天价 中国玉器拍卖配饰类十大天价排行榜 Top 2

白玉鼓钉纹小璧
清 Qing BSA 北京古天一
2016-12-07 Lot1046 D5cm
估价：RMB 50,000-80,000
成交价：RMB 59,800

玉璧
明 Ming BP 北京保利
2016-04-27 Lot38 D11.5cm
估价：无底价
成交价：RMB 17,250

玉璧
明 Ming BP 北京保利
2016-04-27 Lot39 D11.5cm
估价：无底价
成交价：RMB 13,800

玉器 手串 玉璧（一对）（一只）
年代不详 Unknown JH 上海嘉禾
2016-03-18 Lot154 尺寸不详
估价：无底价
成交价：RMB 1,150

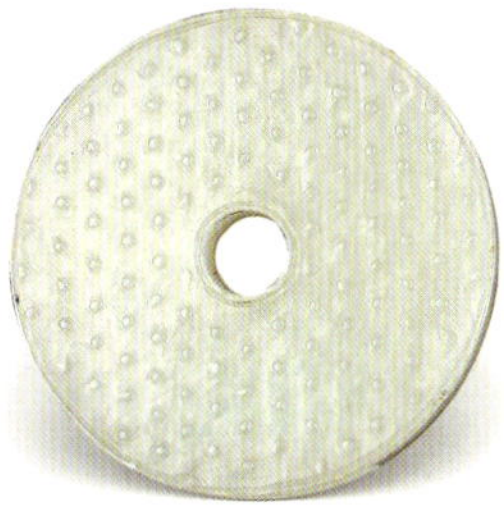

白玉璧
清中期 Mid Qing BP 北京保利
2016-04-27 Lot49 D5.5cm
估价：无底价
成交价：RMB 6,900

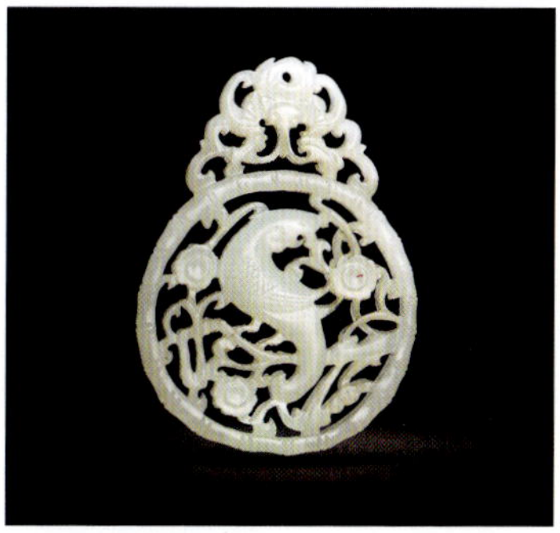

和田白玉出廓璧
清以前 Before Qing RBZ 荣宝斋（上海）
2016-11-27 Lot841 L5cm;H6.9cm;De0.4cm
估价：RMB 30,000-50,000
成交价：RMB 207,000

玉璧一组 五件
明 - 清 Ming-Qing S 苏富比
2016-06-02 Lot935 4.6 至 8cm
估价：HKD 30,000-50,000
成交价：HKD 125,000

黄玉璧
清 Qing BP 北京保利
2016-04-27 Lot252 D5.5cm
估价：RMB 20,000-40,000
成交价：RMB 32,200

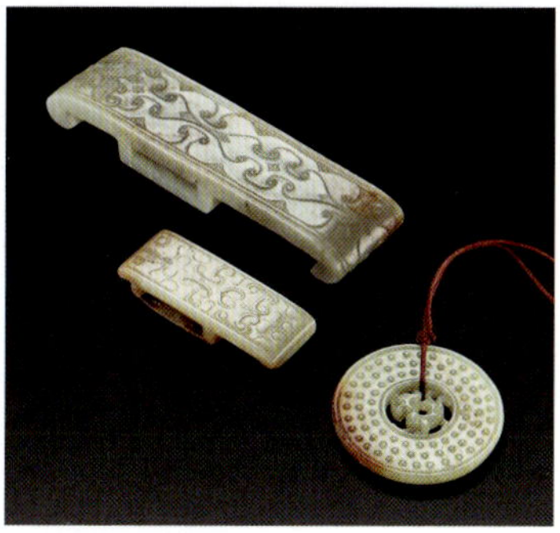

黄玉璧 青玉璏 二件
清 Qing S 苏富比
2016-06-02 Lot933 5.3cm;13.5;6.5cm
估价：HKD 30,000-50,000
成交价：HKD 187,500

手镯、串饰
Bracelet & String Trim

白玉龙纹手镯
清中期 Mid Qing BH 北京翰海
2016-06-05 Lot2723 D6.2cm
估价：RMB 15,000-20,000
成交价：RMB 20,700

白玉雕龙纹手镯（一对）
清 Qing BD 北京东正
2016-05-14 Lot3005 D5.7cm
估价：无底价
成交价：RMB 36,800

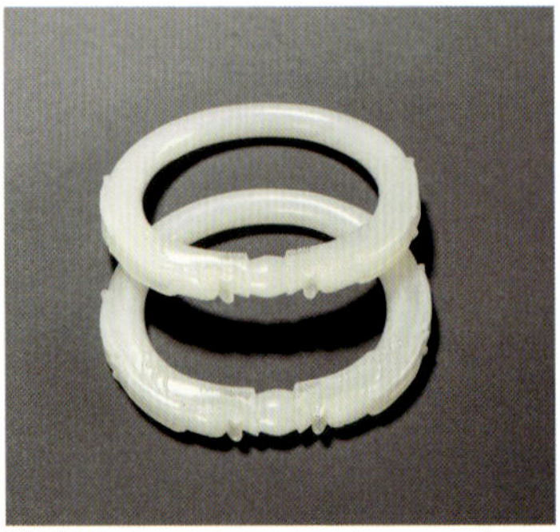

白玉双龙戏珠镯（一对）
清 Qing BP 北京保利
2016-12-07 Lot6846 D8cm
估价：无底价
成交价：RMB 40,250

白玉带沁双龙戏珠手镯
明 Ming BD 北京东正
2016-11-11 Lot209 D7.5cm
估价：RMB 100,000-120,000
成交价：RMB 241,500

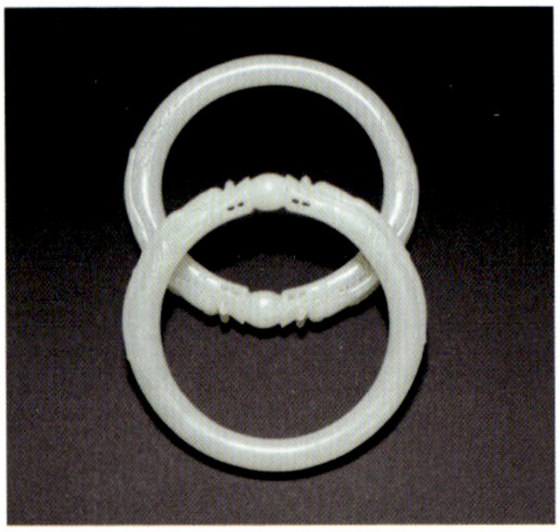

白玉双龙戏珠手镯（一对）
清 Qing BP 北京保利
2016-06-08 Lot9291 D7.7cm
估价：RMB 50,000-80,000
成交价：RMB 57,500

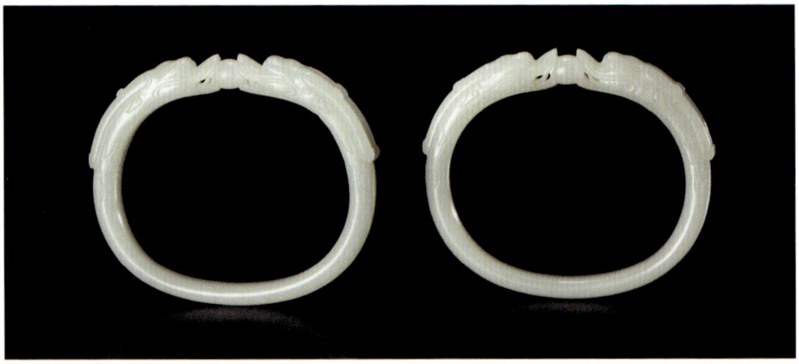

白玉二龙戏珠手镯（二件）
清中期 Mid Qing BH 北京翰海
2016-12-04 Lot2594 D6.8cm
估价：RMB 160,000-200,000
成交价：RMB 230,000

白玉双龙戏珠镯（一对）
清 Qing BP 北京保利
2016-12-07 Lot6844 D7.5cm
估价：RMB 40,000-60,000
成交价：RMB 46,000

白玉龙珠镯（一对）
年代不详 Unknown GD 中国嘉德
2016-06-18 Lot2841 D5.8cm;D5.6cm
估价：无底价
成交价：RMB 23,000

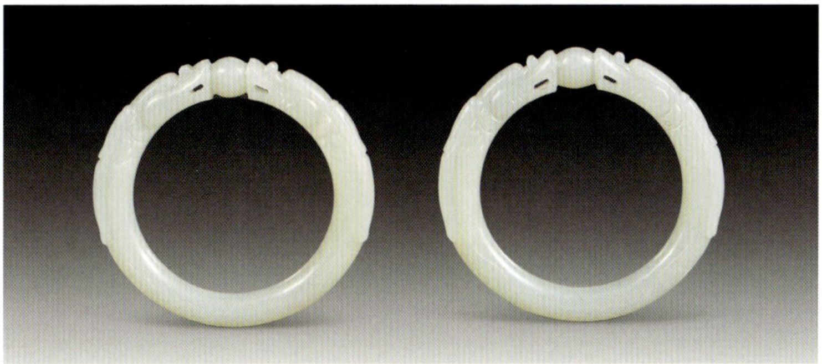

青白玉龙珠镯（一对）
年代不详 Unknown GD 中国嘉德
2016-03-28 Lot5434 D5.7cm
估价：无底价
成交价：RMB 20,700

青白玉云纹贵妃镯
年代不详 Unknown GD 中国嘉德
2016-09-25 Lot5445 D 6.2cm
估价：无底价
成交价：RMB 3,450

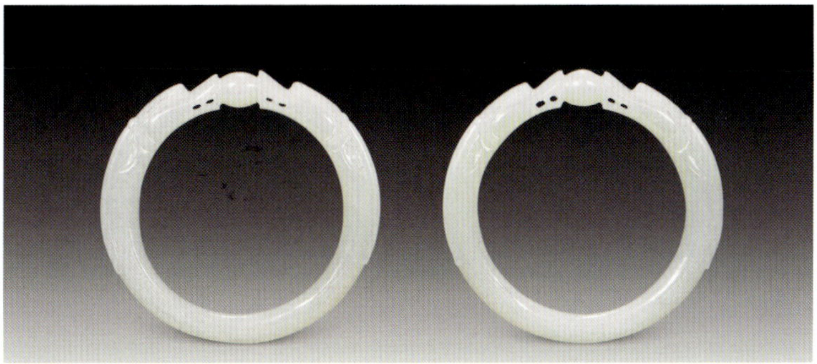

青白玉龙珠镯（一对）
年代不详 Unknown GD 中国嘉德
2016-09-25 Lot5441 D 6.4cm
估价：无底价
成交价：RMB 13,800

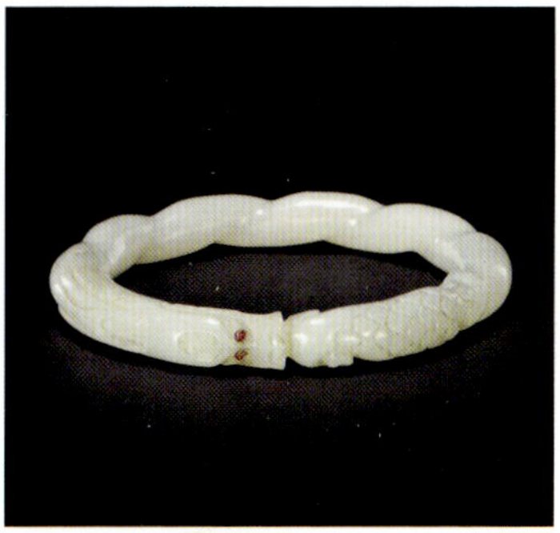

白玉咬尾龙形镯
清 Qing GD 中国嘉德
2016-11-12 Lot2970 D 7.4cm
估价：RMB 35,000-55,000
成交价：RMB 57,500

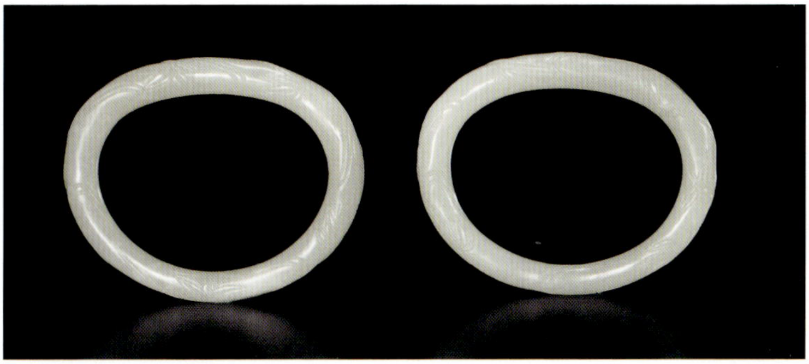

白玉竹纹贵妃手镯（二件）
清中期 Mid Qing BH 北京翰海
2016-12-04 Lot2593 D6cm
估价：RMB 160,000-200,000
成交价：RMB 230,000

白玉雕双龙衔珠镯
清，18-19 世纪 Qing,18th-19th Century S 苏富比
2016-09-17 Lot1102 尺寸不详
估价：USD 5,000-7,000
成交价：USD 3,500

白玉镂雕龙凤呈祥纹镯
清，18-19 世纪 Qing,18th-19th Century C 佳士得
2016-11-11 Lot816 D 7cm
估价：GBP 1,500-2,500
成交价：GBP 23,125

青白玉螭龙纹翎管 旧玉八骏图镯各一件
明 Ming GD 中国嘉德
2016-09-25 Lot5287 L 7cm;D 6.7cm
估价：无底价
成交价：RMB 6,900

黄玉螭龙纹镯
年代不详 Unknown GD 中国嘉德
2016-09-25 Lot5611 D 5.9cm
估价：无底价
成交价：RMB 2,300

玉龟背纹镯
清 Qing GD 中国嘉德
2016-11-12 Lot2967 D 8.2cm
估价：RMB 18,000-28,000
成交价：RMB 20,700

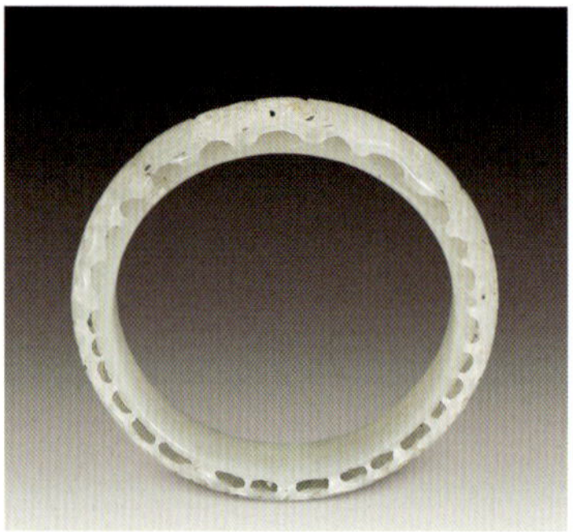

白玉镂雕花卉纹镯
年代不详 Unknown GD 中国嘉德
2016-09-25 Lot5450 D 5.8cm
估价：无底价
成交价：RMB 3,450

青白玉螭龙纹镯
年代不详 Unknown GD 中国嘉德
2016-09-25 Lot5332 D 5.5cm
估价：RMB 5,000-8,000
成交价：RMB 5,750

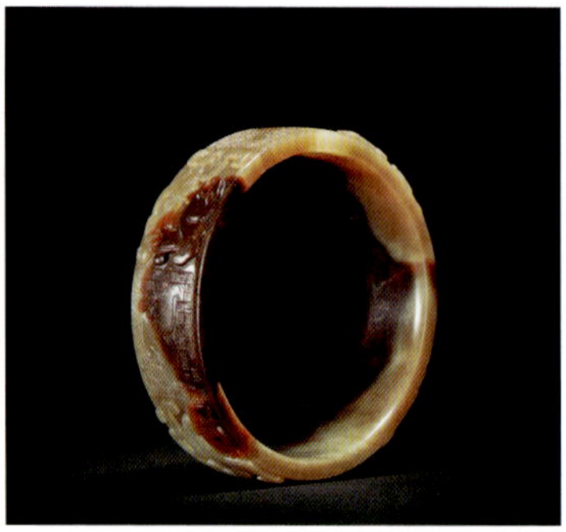

玉浸色兽纹镯
明 Ming GD 中国嘉德
2016-11-12 Lot2965 D 8.3cm
估价：RMB 30,000-50,000
成交价：RMB 51,750

白玉雕花卉纹手镯
清 Qing BD 北京东正
2016-05-14 Lot3004 D5.8cm
估价：无底价
成交价：RMB 23,000

白玉竹节纹手镯
20 世纪 20th Century CT 广州崇正
2016-12-11 Lot1408 D8cm
估价：RMB 5,000-10,000
成交价：RMB 9,200

白玉雕绳纹手镯
清 Qing BD 北京东正
2016-05-14 Lot3003 D6.4cm
估价：无底价
成交价：RMB 36,800

白玉扭绳纹镯
清，18-19 世纪 Qing,18th-19th Century C 佳士得
2016-03-17 Lot1698 L8.2cm
估价：USD 6,000-8,000
成交价：USD 15,000

白玉卷草纹手镯
清中期 Mid Qing BD 北京东正
2016-11-11 Lot210 D7cm
估价：RMB 100,000-120,000
成交价：RMB 126,500

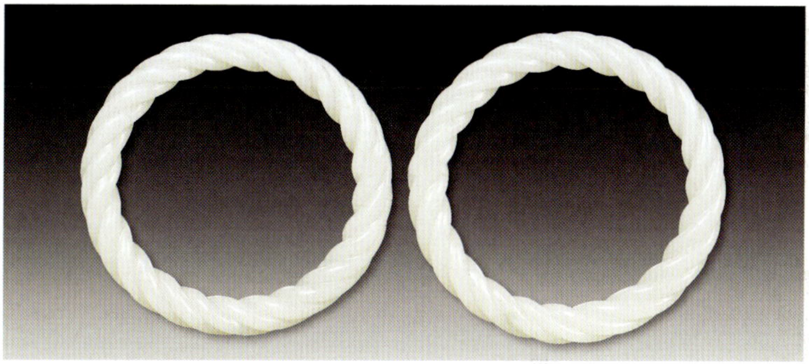

白玉绞丝镯（一对）
年代不详 Unknown GD 中国嘉德
2016-06-18 Lot2844 D5.8cm;D5.6cm
估价：无底价
成交价：RMB 13,800

白玉绳纹手镯
清 Qing BH 北京翰海
2016-06-05 Lot2722 D6cm
估价：RMB 10,000-15,000
成交价：RMB 13,800

黄玉云纹镯 白玉绞丝镯各一只
年代不详 Unknown GD 中国嘉德
2016-09-25 Lot5440 D 5.9cm;5.8cm
估价：无底价
成交价：RMB 17,250

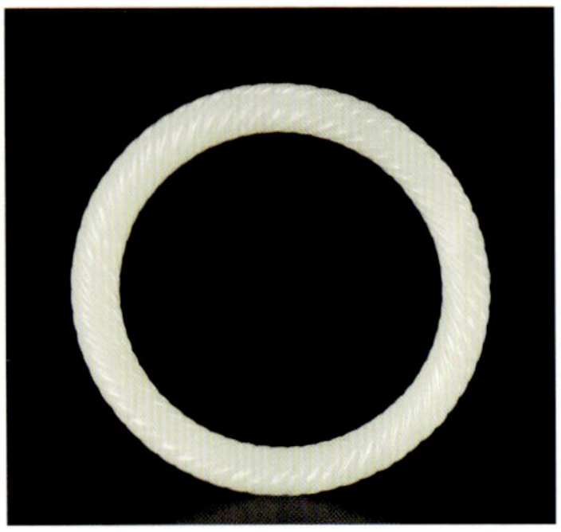

白玉绞丝纹手镯
清中期 Mid Qing BH 北京翰海
2016-12-04 Lot2581 D5.9cm
估价：RMB 30,000-50,000
成交价：RMB 57,500

白玉镯
年代不详 Unknown GD 中国嘉德
2016-06-18 Lot2821 D5.6cm
估价：RMB 7,000-10,000
成交价：RMB 8,050

白玉镯
年代不详 Unknown GD 中国嘉德
2016-03-28 Lot5430 D5.7cm
估价：无底价
成交价：RMB 11,500

青白玉云纹镯
年代不详 Unknown GD 中国嘉德
2016-09-25 Lot5444 D 5.7cm
估价：RMB 7,000-10,000
成交价：RMB 8,050

白玉镯
年代不详 Unknown GD 中国嘉德
2016-09-25 Lot5443 D 5.9cm
估价：RMB 4,000-6,000
成交价：RMB 25,300

白玉镯
年代不详 Unknown GD 中国嘉德
2016-03-28 Lot5433 D5.7cm
估价：RMB 8,000-12,000
成交价：RMB 10,350

青玉、碧玉描金镯各一只
年代不详 Unknown GD 中国嘉德
2016-03-28 Lot5429 D6.1cm;D5.8cm
估价：RMB 3,000-5,000
成交价：RMB 5,750

白玉镯
年代不详 Unknown GD 中国嘉德
2016-03-28 Lot5431 D5.9cm
估价：无底价
成交价：RMB 13,800

白玉镯
清 Qing BP 北京保利
2016-10-31 Lot528 D 8cm
估价：RMB 10,000-20,000
成交价：RMB 11,500

白玉镯（一对）
清 Qing BP 北京保利
2016-06-08 Lot9290 D8cm
估价：RMB 40,000-60,000
成交价：RMB 46,000

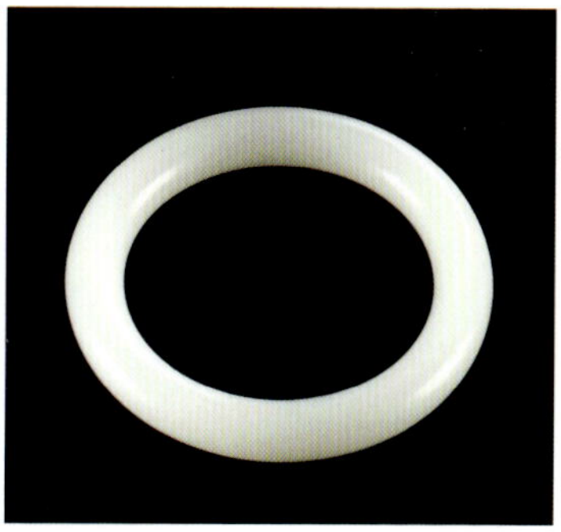

白玉手镯
清 Qing BD 北京东正
2016-05-14 Lot3001 D5.6cm
估价：无底价
成交价：RMB 23,000

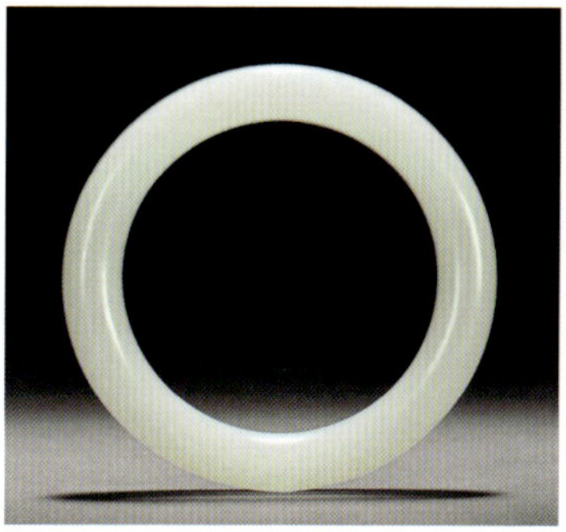

白玉镯
清 Qing BP 北京保利
2016-06-08 Lot9288 D7.8cm
估价：RMB 15,000-25,000
成交价：RMB 17,250

白玉手镯
20 世纪 20th Century CT 广州崇正
2016-12-11 Lot1407 D8.4cm
估价：RMB 5,000-10,000
成交价：RMB 14,950

白玉手镯
清 Qing BH 北京翰海
2016-12-04 Lot2580 D5.7cm
估价：RMB 8,000-12,000
成交价：RMB 11,500

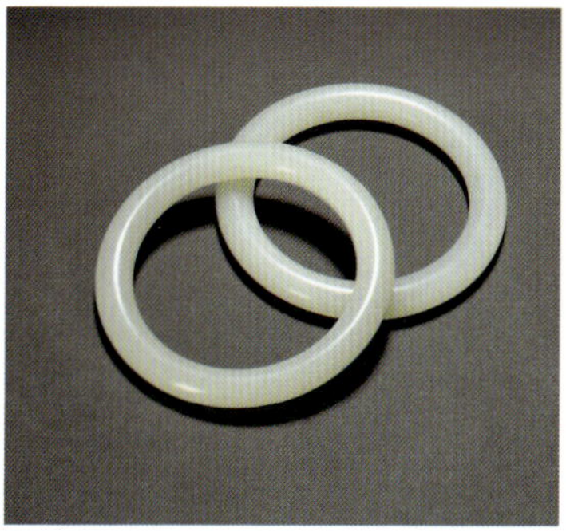

白玉镯（一对）
清 Qing BP 北京保利
2016-06-08 Lot9289 D7.4cm
估价：RMB 15,000-25,000
成交价：RMB 17,250

白玉手镯
清 Qing BD 北京东正
2016-09-23 Lot371 D 7.7cm
估价：无底价
成交价：RMB 2,300

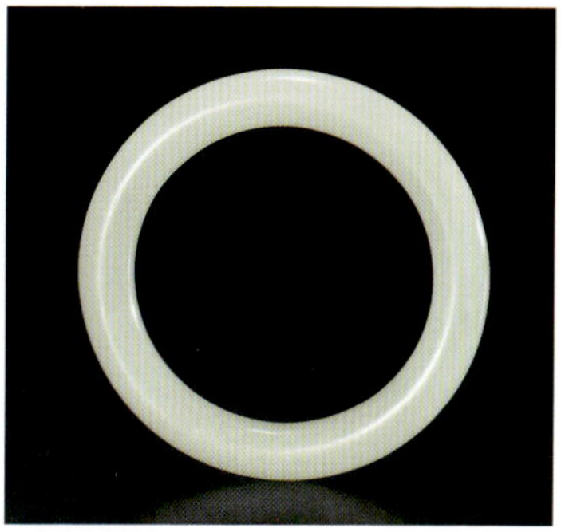

白玉手镯
清 Qing BH 北京翰海
2016-06-05 Lot2721 D5.8cm
估价：RMB 10,000-20,000
成交价：RMB 17,250

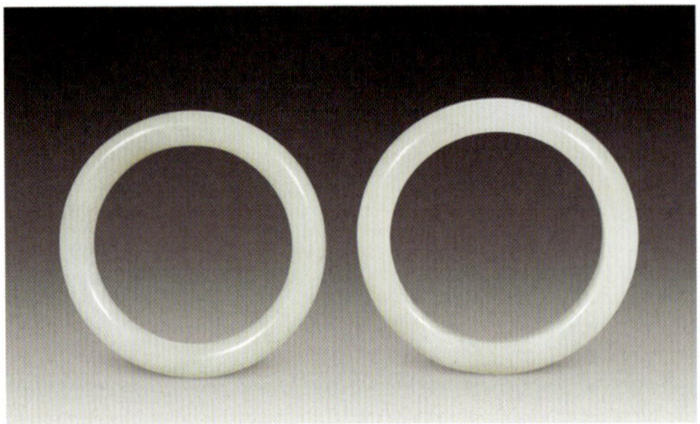

白玉沁色镯（一对）
年代不详 Unknown GD 中国嘉德
2016-09-25 Lot5439 D 5.8cm
估价：无底价
成交价：RMB 4,600

白玉镯（一对）
年代不详 Unknown GD 中国嘉德
2016-03-28 Lot5436 D5.6cm
估价：无底价
成交价：RMB 11,500

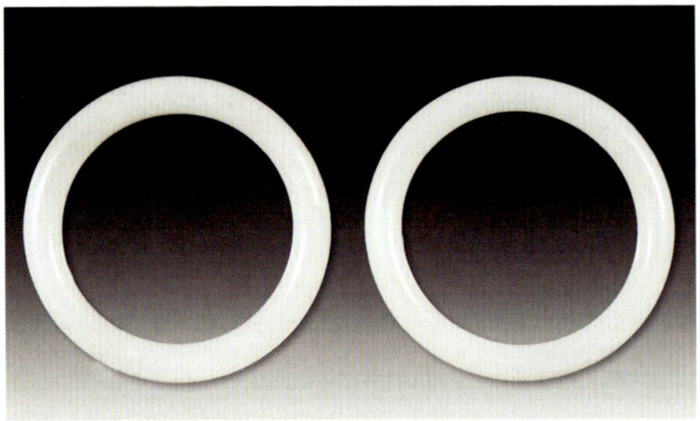

白玉镯（一对）
民国 Repulic Period GD 中国嘉德
2016-06-18 Lot2845 D6cm
估价：RMB 8,000-12,000
成交价：RMB 9,200

白玉镯（一对）
年代不详 Unknown GD 中国嘉德
2016-06-18 Lot2843 D5.7cm
估价：RMB 10,000-20,000
成交价：RMB 11,500

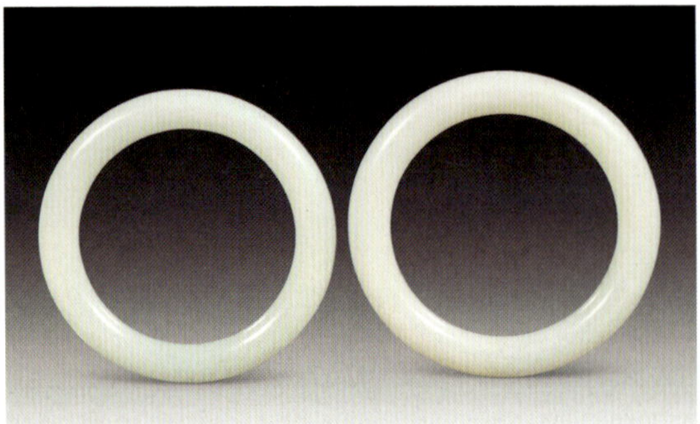

白玉镯（一对）
年代不详 Unknown GD 中国嘉德
2016-03-28 Lot5428 D5.5cm
估价：无底价
成交价：RMB 5,750

白玉镯（一对）
年代不详 Unknown GD 中国嘉德
2016-06-18 Lot2842 D5.8cm
估价：无底价
成交价：RMB 8,050

白玉镯（一对）
年代不详 Unknown GD 中国嘉德
2016-03-28 Lot5427 D5.9cm
估价：无底价
成交价：RMB 17,250

白玉手镯（二件）
清 Qing BH 北京翰海
2016-12-04 Lot2591 D6cm
估价：RMB 8,000-12,000
成交价：RMB 9,200

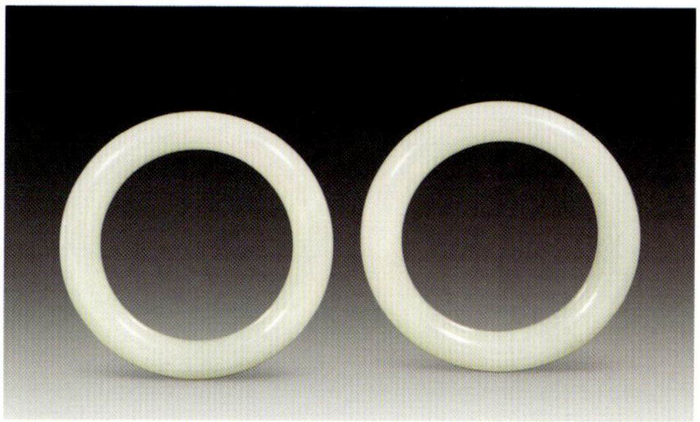

白玉镯（一对）
年代不详 Unknown GD 中国嘉德
2016-03-28 Lot5435 D5.9cm
估价：RMB 12,000-22,000
成交价：RMB 13,800

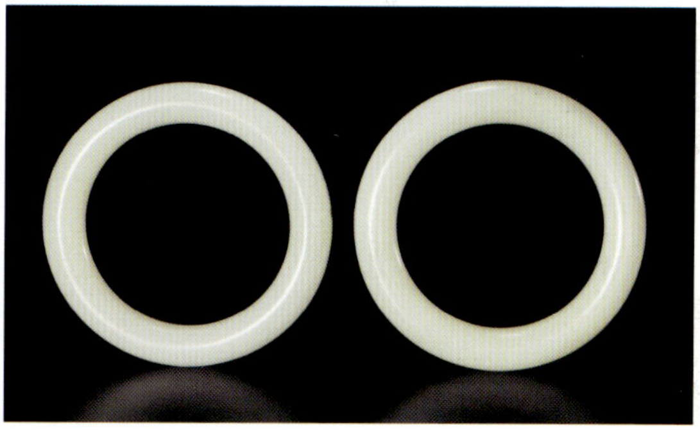

白玉手镯（二件）
清 Qing BH 北京翰海
2016-12-04 Lot2586 D6cm
估价：RMB 10,000-20,000
成交价：RMB 13,800

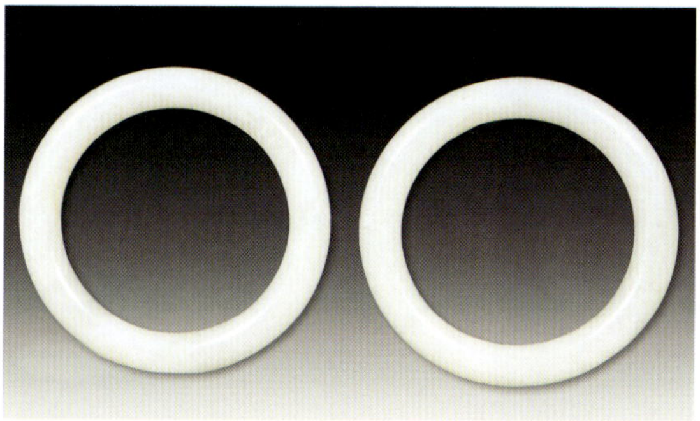

白玉镯（一对）
年代不详 Unknown GD 中国嘉德
2016-06-18 Lot2840 D6cm
估价：无底价
成交价：RMB 4,600

白玉手镯（二件）
清中期 Mid Qing BH 北京翰海
2016-12-04 Lot2589 D6.2cm
估价：RMB 15,000-30,000
成交价：RMB 20,700

白玉手镯
明 Ming BSA 北京古天一
2016-12-07 Lot1036 D7.8cm
估价：RMB 120,000-150,000
成交价：RMB 230,000

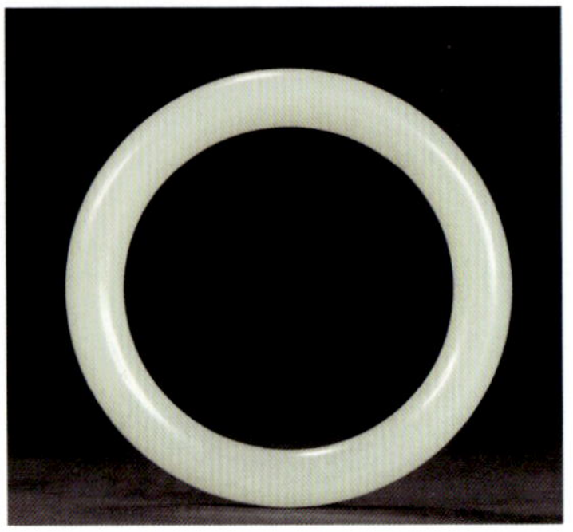

白玉手镯
现代 Modern BH 北京翰海
2016-04-17 Lot1301 D5.1cm
估价：RMB 5,000-5,000
成交价：RMB 5,750

白玉手镯（一对）
清 Qing BD 北京东正
2016-05-14 Lot2004 L8cm
估价：RMB 35,000-45,000
成交价：RMB 66,700

白玉手镯
清 Qing GD 中国嘉德
2016-11-12 Lot2968 D 8cm
估价：RMB 25,000-35,000
成交价：RMB 40,250

白玉手镯
现代 Modern BH 北京翰海
2016-04-17 Lot1297 D5.2cm
估价：RMB 5,000-5,000
成交价：RMB 5,750

白玉手镯（一对）
清 Qing TH 北京传是
2016-06-04 Lot105 D5.6cm × 2
估价：RMB 30,000-40,000
成交价：RMB 36,800

白玉手镯
清中期 Mid Qing BH 北京翰海
2016-06-05 Lot2717 D5.6cm
估价：RMB 15,000-20,000
成交价：RMB 20,700

白玉手镯
现代 Modern BH 北京翰海
2016-04-17 Lot1299 D5.8cm
估价：RMB 5,000-5,000
成交价：RMB 5,750

白玉手镯
年代不详 Unknown RB 北京荣宝
2016-06-05 Lot1472 尺寸不详
估价：RMB 23,000-28,000
成交价：RMB 25,760

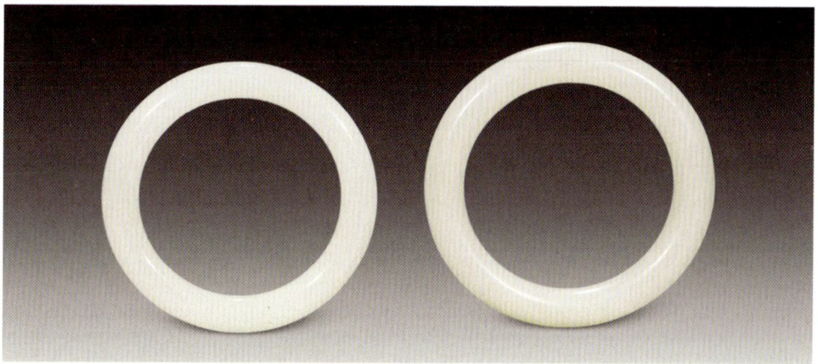

青白玉镯（两只）
年代不详 Unknown GD 中国嘉德
2016-09-25 Lot5437 D 5.8cm;5.6cm
估价：无底价
成交价：RMB 13,800

青白玉镯（三件）
20 世纪 20th Century S 苏富比
2016-09-17 Lot1101 尺寸不详
估价：USD 2,000-3,000
成交价：USD 10,625

青白玉镯（三只）
年代不详 Unknown GD 中国嘉德
2016-09-25 Lot5448 D 5.9cm;5.6cm;5.3cm
估价：无底价
成交价：RMB 3,450

青白玉镯
年代不详 Unknown GD 中国嘉德
2016-09-25 Lot5446 D 5.8cm
估价：无底价
成交价：RMB 2,300

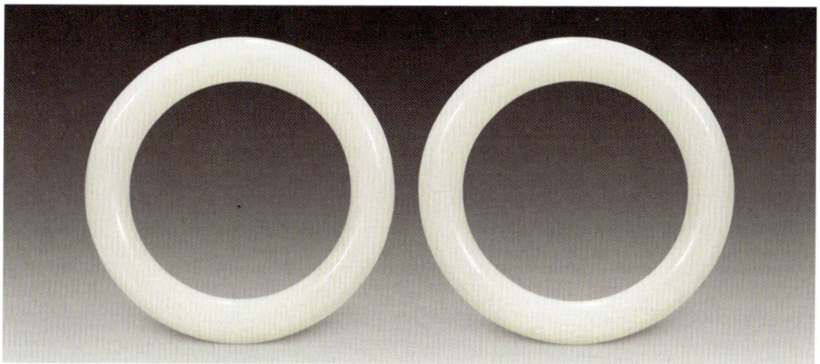

青白玉镯（一对）
年代不详 Unknown GD 中国嘉德
2016-09-25 Lot5438 D 5.9cm
估价：RMB 10,000-20,000
成交价：RMB 11,500

青白玉镯
年代不详 Unknown GD 中国嘉德
2016-03-28 Lot5425 D5.8cm
估价：无底价
成交价：RMB 2,300

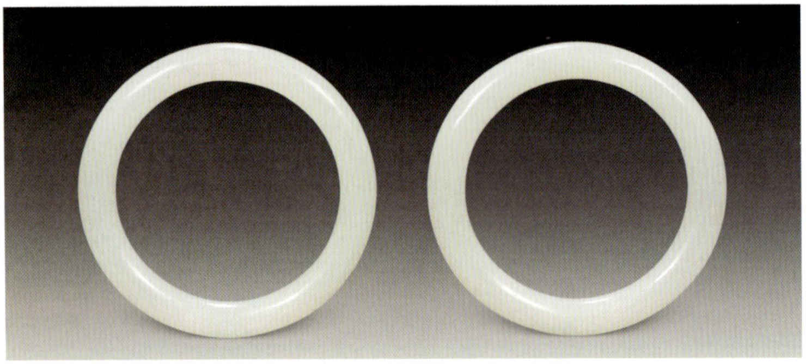

青白玉镯（一对）
年代不详 Unknown GD 中国嘉德
2016-09-25 Lot5447 D 6.2cm
估价：无底价
成交价：RMB 9,200

青白玉镯
年代不详 Unknown GD 中国嘉德
2016-03-28 Lot5432 D5.8cm
估价：无底价
成交价：RMB 3,450

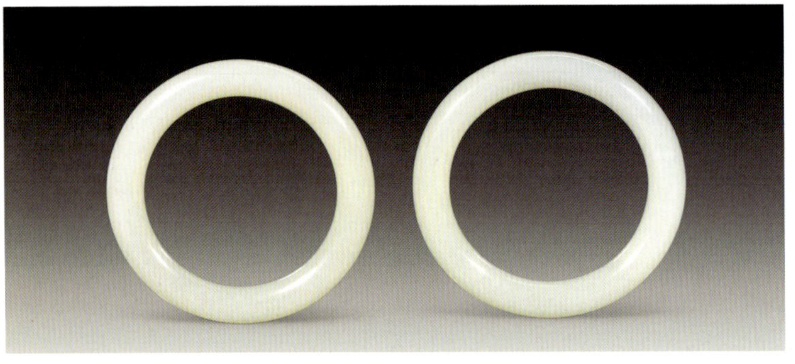

青白玉镯（一对）
年代不详 Unknown GD 中国嘉德
2016-03-28 Lot5446 D5.8cm
估价：无底价
成交价：RMB 8,050

青白玉镯
清 Qing GD 中国嘉德
2016-03-28 Lot5424 D5.7cm
估价：无底价
成交价：RMB 3,450

碧玉镯（两只）
年代不详 Unknown GD 中国嘉德
2016-09-25 Lot5442 D 5.8cm;5.7cm
估价：无底价
成交价：RMB 4,600

碧玉手镯
当代 Contemporary KS 北京匡时
2016-06-08 Lot4062 D7.4cm
估价：无底价
成交价：RMB 2,300

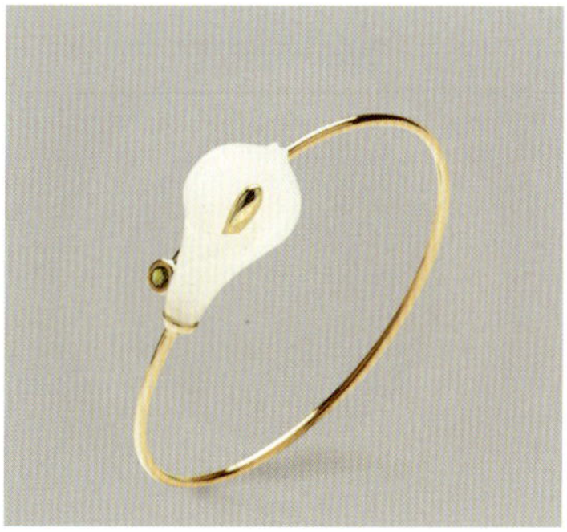

和田玉手镯 马蹄莲
年代不详 Unknown RB 北京荣宝
2016-03-27 Lot2246 尺寸不详
估价：RMB 5,000-7,000
成交价：RMB 5,600

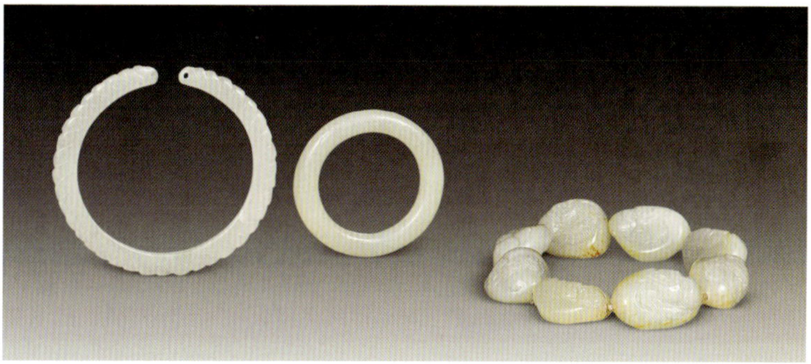

青白玉环 镯 弥勒手串各一件
年代不详 Unknown GD 中国嘉德
2016-09-25 Lot5449 L 11cm;D 5.9cm;D 3.6cm
估价：无底价
成交价：RMB 5,750

天然软玉手镯
清 Qing S 苏富比
2016-10-04 Lot1638 D 5.86cm
估价：HKD 80,000-120,000
成交价：HKD 237,500

青黄玉玉镯
清 Qing BSA 北京古天一
2016-12-07 Lot1147 D8cm
估价：RMB 50,000-70,000
成交价：RMB 414,000

灰皮玉手镯
清 Qing BSA 北京古天一
2016-12-07 Lot1088 D7.2cm
估价：RMB 30,000-50,000
成交价：RMB 57,500

天然软玉手镯（一对）
清 Qing S 苏富比
2016-10-04 Lot1636 6.275 × 5.682 × 1.071cm;6.325 × 5.7 × 1.091cm
估价：HKD 160,000-240,000
成交价：HKD 200,000

黄玉手镯
清 Qing XLA 西泠印社
2016-04-09 Lot154 D8cm
估价：RMB 8,000-15,000
成交价：RMB 9,200

白玉雕椭圆形手镯（一对）
明 Ming BSA 北京古天一
2016-12-07 Lot1045 D7cm
估价：RMB 100,000-150,000
成交价：RMB 195,500

玉镯（一组）
清 Qing HY 华艺国际
2016-01-23 Lot1387 尺寸不一
估价：无底价
成交价：RMB 1,150

玉器手镯
年代不详 Unknown C 佳士得
2016-05-31 Lot2038 5.20cm
估价：HKD 12,000,000-18,000,000
成交价：HKD 15,640,000

2016 Chinese Art Auction TOP10 中国玉器拍卖十大天价排行榜 Top 7
2016 Chinese Art Auction TOP10 中国玉器拍卖配饰类十大天价排行榜 Top 1

玉雕手镯
现代 Modern BH 北京翰海
2016-04-17 Lot1306 D8cm
估价：RMB 3,000-3,000
成交价：RMB 3,450

玉手镯（两件）
清 Qing BH 北京翰海
2016-04-17 Lot1313 D5.8cm
估价：RMB 5,000-5,000
成交价：RMB 5,750

白玉手串
年代不详 Unknown BP 北京保利
2016-04-28 Lot1666 L9.5cm;L8.5cm
估价：无底价
成交价：RMB 1,150

白玉手串
清中期 Mid Qing BH 北京翰海
2016-06-05 Lot2724 尺寸不详
估价：RMB 15,000-25,000
成交价：RMB 23,000

玉手串
近代 Modern BH 北京翰海
2016-04-17 Lot1283 尺寸不详
估价：RMB 1,000-1,000
成交价：RMB 1,150

黄杨洪 白玉招财猫手串
当代 Contemporary GD 中国嘉德
2016-05-14 Lot3261 1.5 × 1 × 0.8cm
估价：无底价
成交价：RMB 6,900

白玉串饰
年代不详 Unknown GD 中国嘉德
2016-09-25 Lot5451 L 46cm
估价：无底价
成交价：RMB 1,150

和田玉莲花手串
年代不详 Unknown RB 北京荣宝
2016-03-27 Lot2242 尺寸不详
估价：无底价
成交价：RMB 2,240

青白玉手串（两串）
年代不详 Unknown GD 中国嘉德
2016-03-28 Lot5439 L11cm;L10.3cm
估价：无底价
成交价：RMB 2,300

玉鱼串饰

年代不详 Unknown BP 北京保利

2016-06-05 Lot6054 5.0cm

估价：无底价

成交价：RMB 2,300

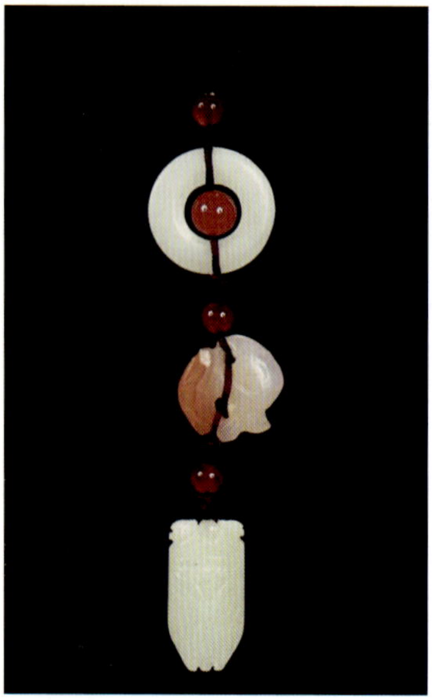

玉多宝串

近代 Modern BH 北京翰海

2016-04-17 Lot1280 尺寸不详

估价：RMB 5,000-5,000

成交价：RMB 5,750

玉多宝串

近代 Modern BH 北京翰海

2016-04-17 Lot1282 尺寸不详

估价：RMB 5,000-5,000

成交价：RMB 5,750

白玉多宝串

清 Qing GD 中国嘉德

2016-09-25 Lot5325 L 11.1cm

估价：无底价

成交价：RMB 5,750

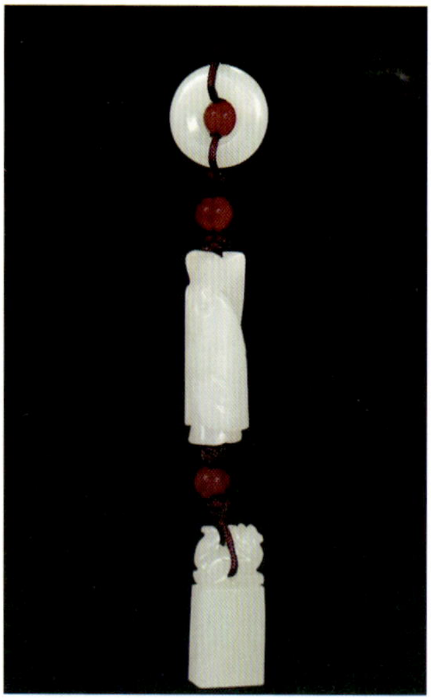

玉多宝串

近代 Modern BH 北京翰海

2016-04-17 Lot1281 尺寸不详

估价：RMB 5,000-5,000

成交价：RMB 5,750

旧玉多宝串

年代不详 Unknown GD 中国嘉德

2016-03-28 Lot5270 L12.5cm

估价：无底价

成交价：RMB 2,300

玉雕多宝串
年代不详 Unknown GD 中国嘉德
2016-06-18 Lot2944 L16.5cm
估价：无底价
成交价：RMB 1,150

俏色双猴、白玉马多宝串（两件）
清 Qing BP 北京保利
2016-12-07 Lot6743 尺寸不一
估价：RMB 1,000-3,000
成交价：RMB 17,250

玉组串
清 Qing BSA 北京古天一
2016-12-07 Lot1081 H2cm;H1.3cm
估价：RMB 50,000-80,000
成交价：RMB 69,000

多宝串
清 Qing BH 北京翰海
2016-04-17 Lot1278 尺寸不详
估价：RMB 2,000-2,000
成交价：RMB 2,300

玉组串
明 Ming BSA 北京古天一
2016-12-07 Lot1034 D4cm;L4.2cm
估价：RMB 50,000-80,000
成交价：RMB 78,200

白玉串饰（两串）
年代不详 Unknown GD 中国嘉德
2016-03-28 Lot5438 L44cm;L10.5cm
估价：无底价
成交价：RMB 3,450

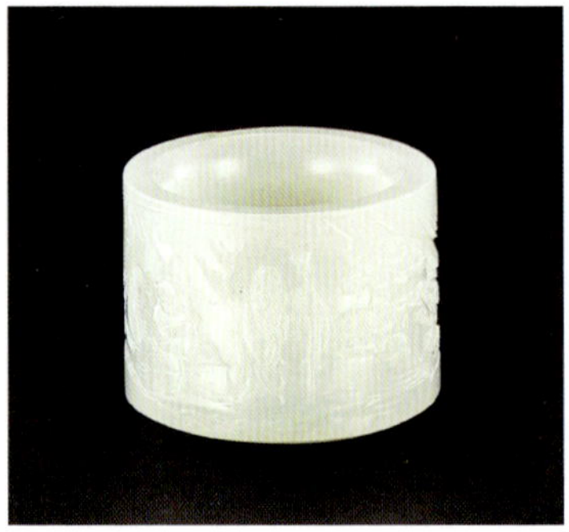

白玉雕携琴访友图扳指
清，18 世纪 Qing,18th Century S 苏富比
2016-12-01 Lot16 3cm
估价：HKD 40,000-60,000
成交价：HKD 137,500

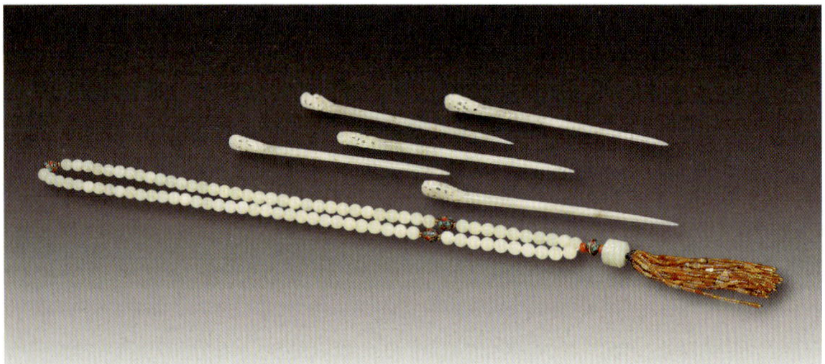

白玉发簪、串饰（六件）
年代不详 Unknown GD 中国嘉德
2016-03-28 Lot5398 尺寸不一
估价：无底价
成交价：RMB 2,300

白玉雕亭台人物扳指
清 Qing HC 北京华辰
2016-11-16 Lot1239 H3.5cm
估价：RMB 8,000-12,000
成交价：RMB 23,000

扳指
Fingerstall

白玉“乾隆御岁赏玩”扳指
乾隆 Qianlong BP 北京保利
2016-04-27 Lot43 W3.5cm
估价：无底价
成交价：RMB 4,600

乾隆款 玉扳指
年代不详 Unknown JH 上海嘉禾
2016-03-18 Lot131 2.8 × 3cm
估价：RMB 3,000-3,000
成交价：RMB 5,750

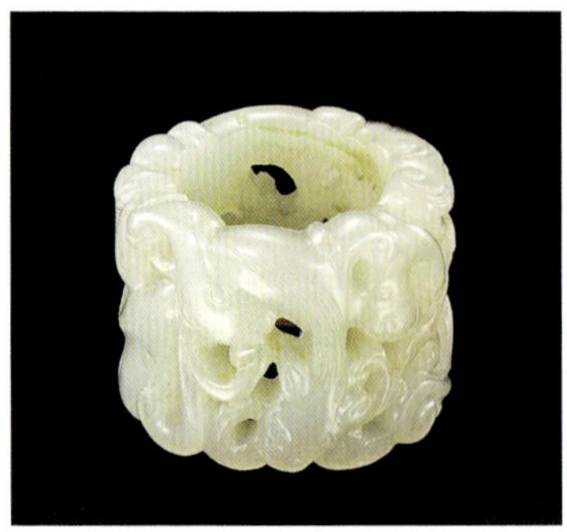

白玉镂雕苍龙教子图扳指
清，18 世纪 Qing,18th Century S 苏富比
2016-12-01 Lot7 3.2cm
估价：HKD 30,000-50,000
成交价：HKD 137,500

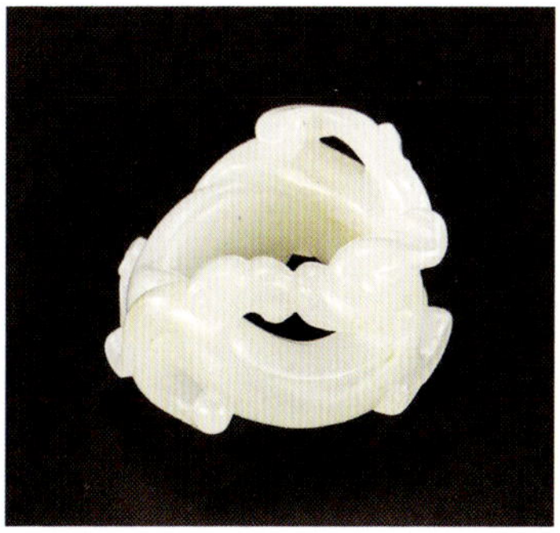

白玉镂雕仿古螭龙纹扳指
清，18 世纪 Qing,18th Century S 苏富比
2016-12-01 Lot51 3.7cm
估价：HKD 30,000-50,000
成交价：HKD 125,000

黄玉铭文扳指
明 Ming BP 北京保利
2016-04-27 Lot397 D3cm
估价：RMB 5,000-10,000
成交价：RMB 8,050

白玉镂雕螭龙衔芝扳指
乾隆 Qianlong C 佳士得
2016-03-17 Lot956 H2.8cm
估价：USD 20,000-30,000
成交价：USD 40,000

白玉雕耄耋图扳指
清，18-19 世纪 Qing,18th-19th Century S 苏富比
2016-12-01 Lot156 2.9cm
估价：HKD 30,000-50,000
成交价：HKD 75,000

白玉雕御题诗文扳指
乾隆 Qianlong BD 北京东正
2016-06-05 Lot227 D 2.7cm
估价：RMB 80,000-100,000
成交价：RMB 92,000

白玉雕兽面纹扳指
年代不详 Unknown XLA 西泠印社
2016-04-09 Lot153 D2.2cm;L4.8cm;W3.8cm
估价：RMB 28,000-38,000
成交价：RMB 36,800

白玉诗文扳指
年代不详 Unknown GD 中国嘉德
2016-03-28 Lot5437 D2.2cm
估价：无底价
成交价：RMB 11,500

玉御题诗文扳指
乾隆 Qianlong BH 北京翰海
2016-12-04 Lot2611 D2.2cm
估价：RMB 25,000-40,000
成交价：RMB 46,000

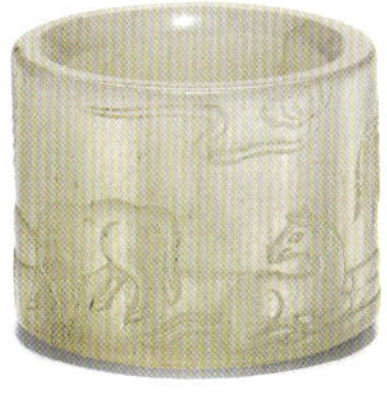

白玉马纹扳指
清，18-19 世纪 Qing,18th-19th Century S 苏富比
2016-05-11 Lot144 2.5cm
估价：GBP 1,000-1,500
成交价：GBP 2,000

白玉双骏扳指
清 Qing BP 北京保利
2016-04-28 Lot1264 D2.5cm
估价：RMB 12,000-25,000
成交价：RMB 17,250

白玉雕“干”纹扳指
乾隆 Qianlong S 苏富比
2016-09-13 Lot192 尺寸不详
估价：USD 20,000-30,000
成交价：USD 25,000

白玉福寿扳指
清中期 Mid Qing BP 北京保利
2016-04-27 Lot47 D2.7cm
估价：无底价
成交价：RMB 11,500

黄玉双骏扳指
明 Ming BP 北京保利
2016-04-27 Lot398 D3cm
估价：RMB 5,000-10,000
成交价：RMB 10,350

黄玉如意纹扳指
乾隆 Qianlong KS 北京匡时
2016-12-05 Lot2572 D3cm
估价：RMB 45,000-50,000
成交价：RMB 51,750

白玉竹纹扳指
清 Qing BP 北京保利
2016-04-27 Lot45 D3cm
估价：无底价
成交价：RMB 9,200

白玉留皮鹿衔灵芝扳指
清 Qing GD 中国嘉德
2016-11-12 Lot2966 D 3.5cm
估价：RMB 40,000-60,000
成交价：RMB 46,000

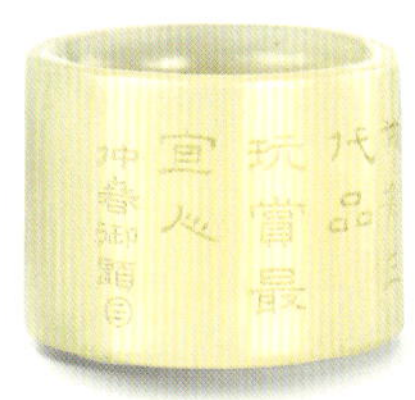

黄玉题诗扳指
乾隆 Qianlong S 苏富比
2016-10-05 Lot89 2.8cm
估价：HKD 80,000-100,000
成交价：HKD 625,000

白玉素扳指
清 Qing BP 北京保利
2016-04-27 Lot44 D3cm
估价：无底价
成交价：RMB 6,900

白玉扳指 三只

清 Qing BO 邦瀚斯
2016-09-12 Lot8040 D 3.2cm
估价：USD 3,000-5,000
成交价：USD 3,125

白玉扳指

清 Qing KS 北京匡时
2016-06-07 Lot3345 H3.2cm
估价：RMB 100,000-150,000
成交价：RMB 115,000

白玉扳指 五只

清 Qing BO 邦瀚斯
2016-09-12 Lot8037 D 3.5cm
估价：USD 7,000-9,000
成交价：USD 8,125

白玉扳指

清 Qing GD 中国嘉德
2016-09-25 Lot5254 D 2cm
估价：无底价
成交价：RMB 8,050

白玉扳指

清 Qing KS 北京匡时
2016-06-07 Lot3336 H2.6cm
估价：RMB 30,000-50,000
成交价：RMB 46,000

白玉扳指

清 Qing GD 中国嘉德
2016-11-29 Lot1168 D3cm
估价：HKD 20,000-30,000
成交价：HKD 23,600

白玉洒金皮扳指

清 Qing PLXM 保利厦门
2016-11-06 Lot850 D 3cm
估价：RMB 60,000-80,000
成交价：RMB 69,000

青玉留皮扳指
清 Qing GD 中国嘉德
2016-09-25 Lot5255 D 2.1cm
估价：无底价
成交价：RMB 2,300

玉扳指（一组两件）
清，19 世纪及更晚 Qing,19 Century or After C 佳士得
2016-11-09 Lot321 D 3.5cm
估价：GBP 600-1,000
成交价：GBP 3,250

白玉扳指（两件）
年代不详 Unknown C 佳士得
2016-03-17 Lot1699 H3.2cm;2.9cm
估价：USD 6,000-8,000
成交价：USD 25,000

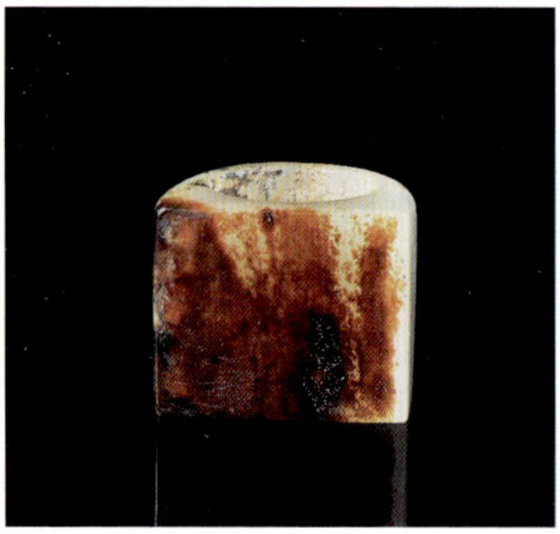

青玉留皮扳指
清 Qing GD 中国嘉德
2016-09-25 Lot5256 D 2.1cm
估价：无底价
成交价：RMB 4,600

玉扳指 六只
清 Qing BO 邦瀚斯
2016-09-12 Lot8043 D 2.9cm
估价：USD 6,000-9,000
成交价：USD 6,250

玉雕扳指
清 Qing BP 北京保利
2016-04-27 Lot46 D3cm
估价：无底价
成交价：RMB 3,450

扳指（六只）
年代不详 Unknown GD 中国嘉德
2016-09-25 Lot5452 尺寸不一
估价：无底价
成交价：RMB 17,250

各式扳指（五件）
清 Qing BP 北京保利
2016-10-31 Lot156 尺寸不一
估价：无底价
成交价：RMB 3,450

白玉刘海戏蟾把件
清，18-19 世纪 Qing,18th-19th Century S 苏富比
2016-06-02 Lot908 4.1cm
估价：HKD 30,000-40,000
成交价：HKD 81,250

各式扳指（五件）
近代 Modern BP 北京保利
2016-01-16 Lot443 尺寸不一
估价：无底价
成交价：RMB 1,150

青白玉刘海戏金蟾把件
清，19 世纪 Qing,19 Century C 佳士得
2016-11-11 Lot798 H 6.3cm
估价：GBP 800-1,200
成交价：GBP 1,000

把件 Jade Pieces

白玉雕渔女把件
清，18 世纪 Qing,18th Century S 苏富比
2016-12-01 Lot180 6.9cm
估价：HKD 40,000-60,000
成交价：HKD 50,000

白玉弥勒把件
年代不详 Unknown GD 中国嘉德
2016-06-18 Lot2914 L6cm
估价：无底价
成交价：RMB 1,150

黑白玉雕刘海戏金蟾把件
清，18-19 世纪 Qing,18th-19th Century S 苏富比
2016-09-13 Lot194 尺寸不详
估价：USD 6,000-8,000
成交价：USD 10,000

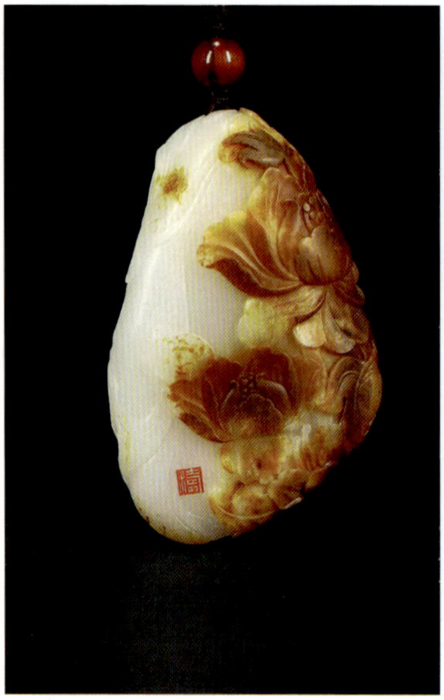

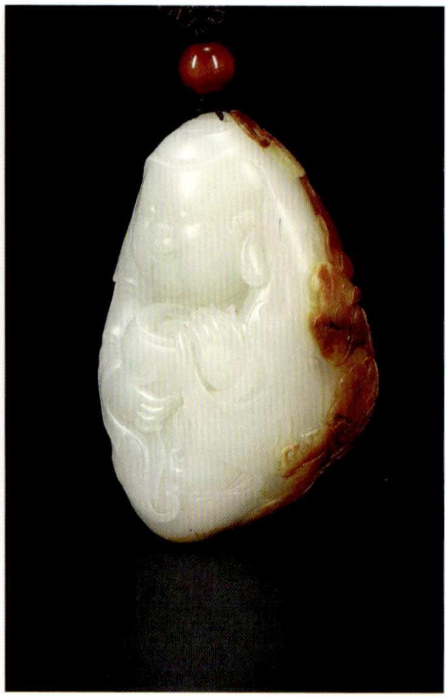

于雪涛 富贵佛 和田籽玉把件

当代 Contemporary KS 北京匡时

2016-06-08 Lot4026 8.30 × 5.00 × 3.00cm

估价：RMB 750,000-850,000

成交价：RMB 1,035,000

俏色灰白玉刘海把件

清，19 世纪 Qing,19 Century C 佳士得

2016-11-09 Lot523 L 5.3cm

估价：GBP 600-1,000

成交价：GBP 1,188

青白玉雕仙人把件

乾隆 Qianlong S 苏富比

2016-09-13 Lot197 尺寸不详

估价：USD 4,000-6,000

成交价：USD 5,000

和田白玉和合二仙把件

年代不详 Unknown TH 北京传是

2016-06-04 Lot542 11.8 × 6.8 × 2.8cm

估价：RMB 1,200,000-2,000,000

成交价：RMB 1,380,000

白玉雕双婴戏图把件

清 Qing XLA 西泠印社

2016-09-29 Lot110 H 4cm

估价：RMB 5,000-10,000

成交价：RMB 5,750

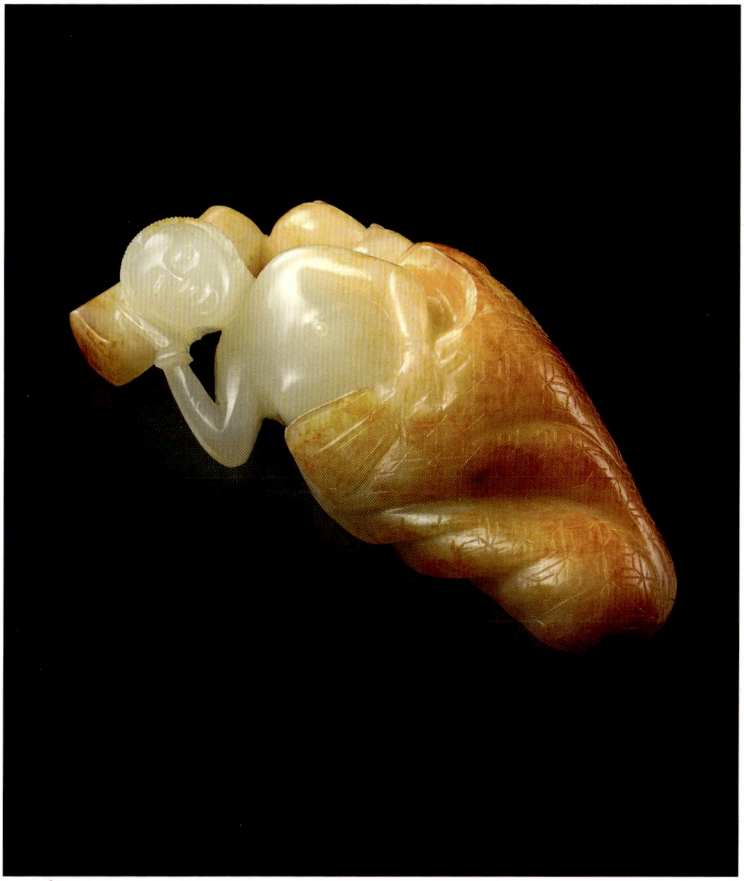

白玉巧雕美人春睡把件
康熙 - 雍正 Kangxi-Yongzheng S 苏富比
2016-04-06 Lot3028 7.8cm
估价：HKD 2,000,000-2,500,000
成交价：HKD 2,960,000

2016 Chinese Art Auction TOP10 中国艺术拍卖十大天价 中国玉器拍卖配饰类十大天价排行榜 Top 8

白玉童子木马把件
清，18-19 世纪 Qing,18th-19th Century C 佳士得
2016-03-17 Lot1688 H6.4cm
估价：USD 5,000-7,000
成交价：USD 6,250

白玉巧色雕童子把件
清 Qing KS 北京匡时
2016-06-07 Lot3328 H3.8cm
估价：RMB 30,000-50,000
成交价：RMB 43,700

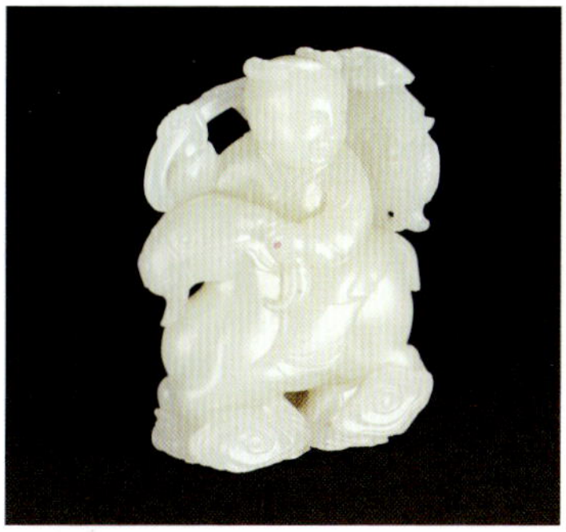

白玉童子把件
清 Qing S 苏富比
2016-06-02 Lot906 6.2cm
估价：HKD 20,000-30,000
成交价：HKD 125,000

白玉童子把件
清，18-19 世纪 Qing,18th-19th Century C 佳士得
2016-11-11 Lot608 H 5cm
估价：GBP 1,500-3,000
成交价：GBP 8,750

白玉童子像 青白玉葫芦把件各一件
年代不详 Unknown GD 中国嘉德
2016-09-26 Lot5626 L 8.5cm;8.3cm
估价：无底价
成交价：RMB 2,300

白玉雕童子持莲把件
清 Qing XLA 西泠印社
2016-09-29 Lot111 H 4.8cm
估价：RMB 5,000-10,000
成交价：RMB 5,750

白玉雕童子戏鹅把件
清，18 世纪 Qing,18th Century S 苏富比
2016-12-01 Lot104 4.8cm
估价：HKD 30,000-50,000
成交价：HKD 75,000

玉雕贵人把件
清 Qing BH 北京翰海
2016-04-17 Lot1247 H7cm
估价：RMB 8,000-8,000
成交价：RMB 9,200

白玉童子拜佛把件
年代不详 Unknown HC 北京华辰
2016-11-16 Lot1241 H7.5cm
估价：RMB 8,000-12,000
成交价：RMB 9,200

青白玉雕童子戏牛把件
清，19 世纪 Qing,19 Century S 苏富比
2016-03-19 Lot1383 尺寸不详
估价：USD 2,000-3,000
成交价：USD 2,500

孟庆东 白玉雕仕女把件
年代不详 Unknown GD 中国嘉德
2016-11-13 Lot3270 1.7 × 2.3 × 6.4cm
估价：RMB 45,000-60,000
成交价：RMB 51,750

玉雕持叶童子把件
清 Qing S 苏富比
2016-12-01 Lot98 5.8cm
估价：HKD 15,000-20,000
成交价：HKD 32,500

黄玉童子把件
清，18 世纪 Qing,18th Century C 佳士得
2016-11-11 Lot680 W 4.4cm
估价：GBP 2,000-3,000
成交价：GBP 6,875

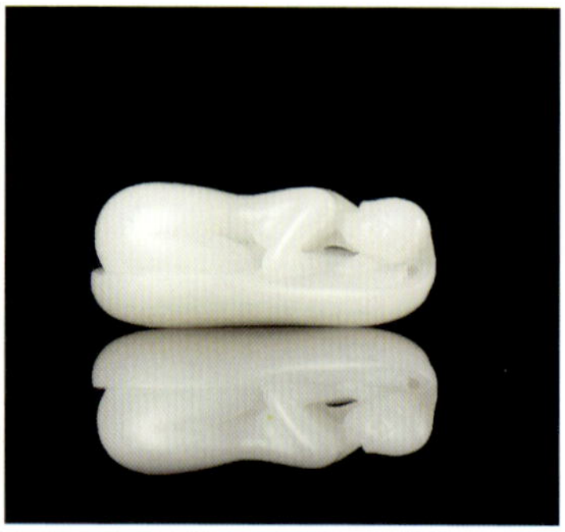

孟庆东 人体把件
年代不详 Unknown BP 北京保利
2016-06-05 Lot6131 4.6 × 2.4 × 3cm
估价：无底价
成交价：RMB 4,600

葛洪 白玉雕龙凤呈祥把件

当代 Contemporary GD 中国嘉德
2016-05-14 Lot3254 7.7 × 4.5 × 2.1cm
估价：RMB 170,000-280,000
成交价：RMB 172,500

青白玉雕麒麟把件

年代不详 Unknown S 苏富比
2016-09-17 Lot1115 尺寸不详
估价：USD 2,000-3,000
成交价：USD 1,875

青白玉雕麒麟把件

清，18 世纪 Qing,18th Century C 佳士得
2016-09-16 Lot1273 L 9.2cm
估价：USD 8,000-12,000
成交价：USD 60,000

白玉螭龙把件

清早期 Early Qing C 佳士得
2016-04-05 Lot11 L 6cm
估价：HKD 60,000-80,000
成交价：HKD 200,000

俏色玉水牛麒麟把件

清，18-19 世纪 Qing,18th-19th Century C 佳士得
2016-11-11 Lot808 W 3.5cm
估价：GBP 3,000-5,000
成交价：GBP 3,750

青黄玉雕辟邪把件

六朝 Six.Dy C 佳士得
2016-10-04 Lot27 5.5cm
估价：HKD 600,000-800,000
成交价：HKD 2,100,000

青白玉雕辟邪把件
清，18 世纪 Qing,18th Century S 苏富比
2016-04-06 Lot62 10cm
估价：HKD 250,000-350,000
成交价：HKD 687,500

褐青玉辟邪把件
明 Ming C 佳士得
2016-03-17 Lot941 L6.7cm
估价：USD 20,000-30,000
成交价：USD 40,000

褐斑玉雕瑞兽把件
明或更早 Ming or Before S 苏富比
2016-12-01 Lot38 8cm
估价：HKD 200,000-300,000
成交价：HKD 1,150,000

白玉雕瑞兽把件
乾隆 Qianlong C 佳士得
2016-06-01 Lot3256 L6.5cm
估价：HKD 500,000-700,000
成交价：HKD 687,500

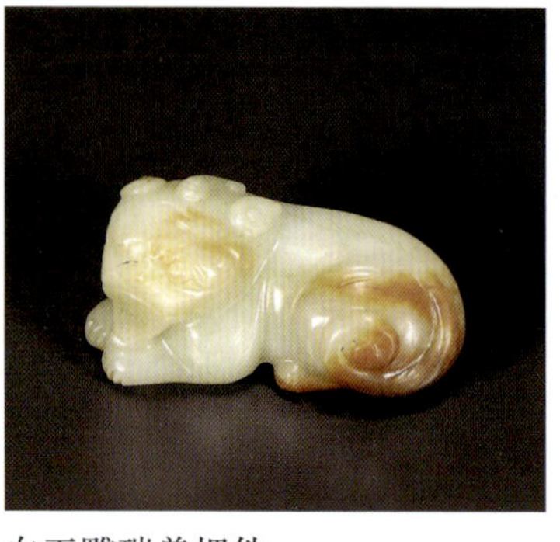

白玉雕瑞兽把件
清 Qing XLA 西泠印社
2016-04-09 Lot134 H2.5cm;L5cm
估价：RMB 8,000-12,000
成交价：RMB 10,350

白玉雕瑞兽把件
清 Qing XLA 西泠印社
2016-04-09 Lot137 H3cm;L5.5cm
估价：RMB 8,000-10,000
成交价：RMB 9,200

青白玉雕瑞兽把件及涅白料题字小杯
清，19 世纪 Qing,19th Century S 苏富比
2016-04-06 Lot68 4.5 及 6.5cm
估价：HKD 12,000-18,000
成交价：HKD 27,500

白玉瑞兽把件
年代不详 Unknown GD 中国嘉德
2016-09-26 Lot5636 L 7.7cm
估价：无底价
成交价：RMB 2,300

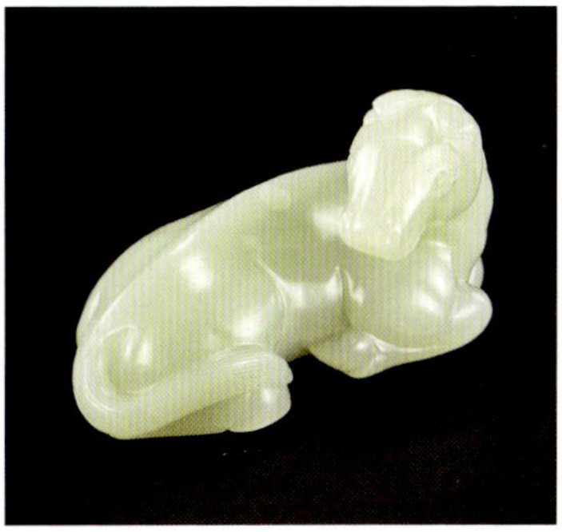

白玉雕卧马把件
乾隆 Qianlong S 苏富比
2016-12-01 Lot6 6.9cm
估价：HKD 150,000-200,000
成交价：HKD 187,500

青玉制瑞兽把件
清 Qing BD 北京东正
2016-09-23 Lot329 L 7.6cm
估价：RMB 5,000-10,000
成交价：RMB 5,750

白玉雕卧象把件
清 Qing BD 北京东正
2016-09-23 Lot344 L 7.4cm
估价：RMB 5,000-10,000
成交价：RMB 5,750

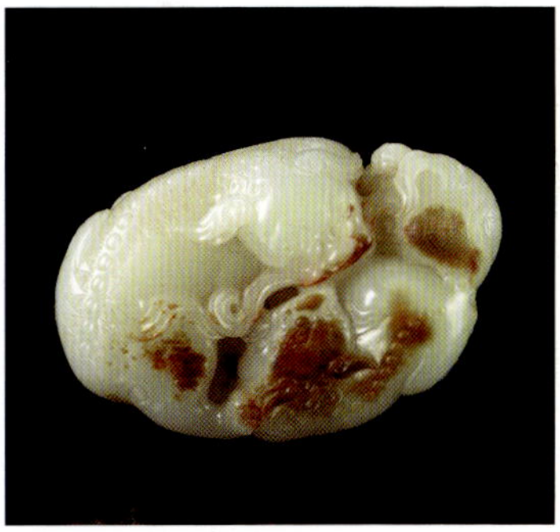

白玉雕太狮少狮把件
清 Qing C 佳士得
2016-06-01 Lot3371 W8.2cm
估价：HKD 150,000-250,000
成交价：HKD 350,000

白玉瑞兽把件
年代不详 Unknown GD 中国嘉德
2016-09-25 Lot5368 L 6.2cm
估价：RMB 5,000-8,000
成交价：RMB 5,750

白玉雕滚马把件
清 Qing XLA 西泠印社
2016-04-09 Lot128 L5.5cm
估价：RMB 10,000-20,000
成交价：RMB 20,700

白化太狮少狮把件
清，17-18 世纪 Qing,17th-18th Century S 苏富比
2016-12-01 Lot96 4.9cm
估价：HKD 20,000-30,000
成交价：HKD 37,500

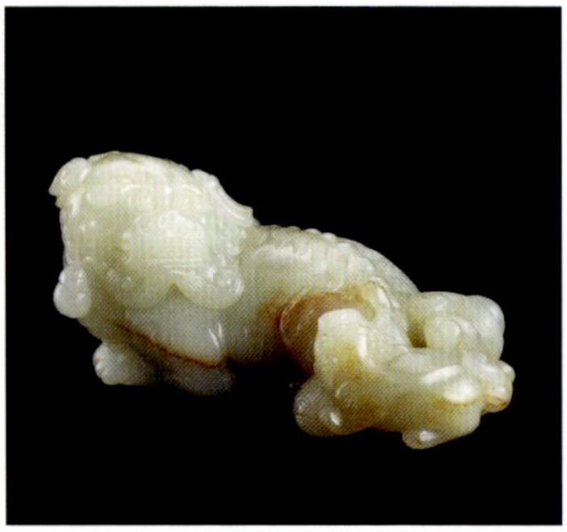

青白玉太狮少狮把件
康熙 Kangxi C 佳士得
2016-06-01 Lot3369 L10.2cm
估价：HKD 150,000-250,000
成交价：HKD 187,500

白玉雕“辈辈封侯”把件
清，18 世纪 Qing,18th Century C 佳士得
2016-09-16 Lot1274 H 7.6cm
估价：USD 4,000-6,000
成交价：USD 4,750

青白玉灵猴献寿把件（一组两件）
清，19 世纪 Qing,19 Century C 佳士得
2016-11-11 Lot815 L 4.4cm
估价：GBP 2,000-3,000
成交价：GBP 2,250

青白玉留皮狮形把件
清 Qing Z 北京中汉
2016-05-15 Lot185 L6.3cm
估价：RMB 30,000-50,000
成交价：RMB 34,500

白玉山羊把件
18 世纪 18th Century C 佳士得
2016-11-08 Lot178 L 8cm
估价：GBP 15,000-20,000
成交价：GBP 50,000

白玉雕卧鹿衔灵芝把件
清，18 世纪 Qing,18th Century S 苏富比
2016-10-05 Lot2 6.8cm
估价：HKD 200,000-300,000
成交价：HKD 500,000

青白玉雕狮子把件及青白玉雕神龟水丞
年代不详 Unknown S 苏富比
2016-03-19 Lot1377 尺寸不详
估价：USD 4,000-6,000
成交价：USD 11,875

青玉带皮马上封侯把件
清，19 世纪 Qing,19 Century C 佳士得
2016-11-11 Lot821 W 6.7cm
估价：GBP 1,000-2,000
成交价：GBP 2,000

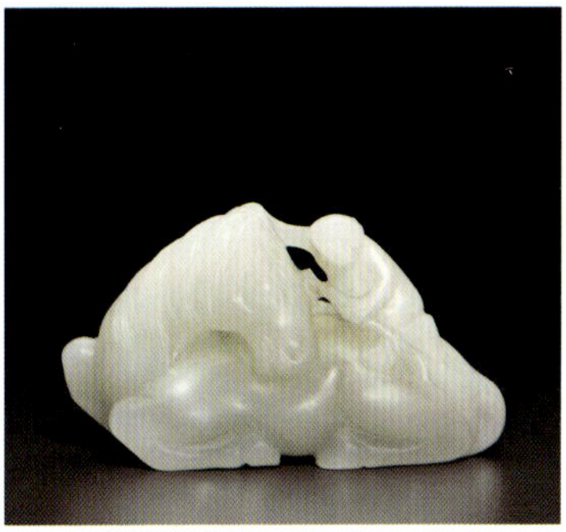

白玉雕马上封侯把件
清，18 世纪 Qing,18th Century C 佳士得
2016-03-17 Lot1687 L6.8cm
估价：USD 8,000-10,000
成交价：USD 10,000

青白玉封侯把件
清 Qing BP 北京保利
2016-01-16 Lot360 L4.5cm
估价：无底价
成交价：RMB 1,150

青白玉巧雕如意双欢把件
清，18-19 世纪 Qing,18th-19th Century S 苏富比
2016-09-17 Lot1114 尺寸不详
估价：USD 3,000-5,000
成交价：USD 2,750

白玉灵猴献寿把件
清 Qing S 苏富比
2016-04-06 Lot3708 5.2cm
估价：HKD 60,000-80,000
成交价：HKD 312,500

青褐玉双欢把件
清，19 世纪 Qing,19th Century S 苏富比
2016-06-02 Lot910 4.2cm
估价：HKD 20,000-30,000
成交价：HKD 25,000

青白玉雕卧犬把件
17-18 世纪 17th-18th Century S 苏富比
2016-03-16 Lot380 尺寸不详
估价：USD 3,000-5,000
成交价：USD 4,750

郭万龙 灵猴献寿 和田籽玉把件
当代 Contemporary KS 北京匡时
2016-06-08 Lot4028 4.50 × 3.40 × 2.00cm
估价：RMB 350,000-380,000
成交价：RMB 460,000

白玉卧犬把件及青白玉鹅衔荷花把件（一组两件）
清，19 世纪 Qing,19 Century C 佳士得
2016-11-11 Lot819 W 6cm
估价：GBP 1,200-1,800
成交价：GBP 5,250

白玉蟾宫折桂把件
清，18 世纪 Qing,18th Century S 苏富比
2016-10-05 Lot87 10.6cm
估价：HKD 300,000-400,000
成交价：HKD 1,875,000

白玉雕双鸟把件
清，18 世纪 Qing,18th Century S 苏富比
2016-04-06 Lot58 7cm
估价：HKD 70,000-90,000
成交价：HKD 200,000

白玉花鸟纹把件
20 世纪 20th Century C 佳士得
2016-11-11 Lot847 W 4.8cm
估价：GBP 4,000-6,000
成交价：GBP 5,000

青玉雕蝙蝠天下太平把件
清，19 世纪 Qing,19th Century S 苏富比
2016-06-02 Lot928 5.6cm
估价：HKD 25,000-30,000
成交价：HKD 500,000

灰白玉鸟形把件
明 Ming C 佳士得
2016-03-17 Lot1518 L8.1cm
估价：USD 6,000-8,000
成交价：USD 6,000

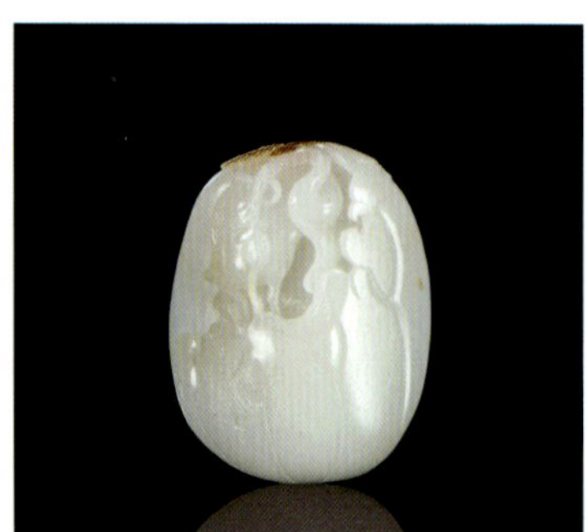

新疆和田白玉籽料 花鸟把件
当代 Contemporary BD 北京东正
2016-05-15 Lot703 L7.6cm;142g
估价：RMB 160,000-180,000
成交价：RMB 195,500

青玉鸟形把件
清，18 世纪 Qing,18th Century C 佳士得
2016-06-01 Lot3254 L9.5cm
估价：HKD 300,000-500,000
成交价：HKD 525,000

白玉天鸡把件
清 Qing C 佳士得
2016-04-05 Lot13 L 8.5cm
估价：HKD 80,000-150,000
成交价：HKD 1,144,000

白玉带皮鸳鸯衔莲把件
清，19 世纪 Qing,19 Century C 佳士得
2016-11-11 Lot794 W 7cm
估价：GBP 1,000-2,000
成交价：GBP 1,625

青白玉雕鸳鸯把件
清，18-19 世纪 Qing,18th-19th Century S 苏富比
2016-12-02 Lot777 7cm
估价：HKD 10,000-15,000
成交价：HKD 9,375

白玉河蟹把件
清，18 世纪 Qing,18th Century C 佳士得
2016-11-11 Lot602 W 9.2cm
估价：GBP 2,000-4,000
成交价：GBP 2,500

白玉制年年有余把件

清 Qing BD 北京东正

2016-09-23 Lot355 L 5cm

估价：RMB 15,000-20,000

成交价：RMB 32,200

青白玉大吉把件

年代不详 Unknown HC 北京华辰

2016-11-16 Lot1242 L7.5cm

估价：RMB 20,000-30,000

成交价：RMB 34,500

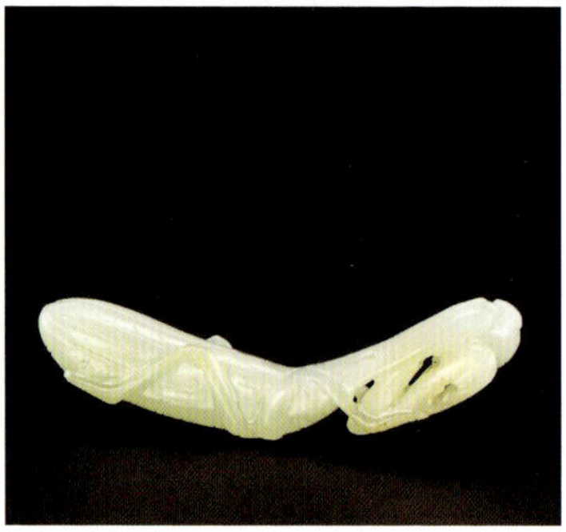

白玉雕螳螂把件

清，18 世纪 Qing,18th Century S 苏富比

2016-12-01 Lot179 6.6cm

估价：HKD 15,000-20,000

成交价：HKD 22,500

青白玉年年有余把件

年代不详 Unknown GD 中国嘉德

2016-09-26 Lot5633 L 9.5cm

估价：无底价

成交价：RMB 1,150

青白玉雕宝鸭穿莲把件

乾隆 Qianlong BD 北京东正

2016-11-11 Lot103 L10cm

估价：RMB 250,000-300,000

成交价：RMB 437,000

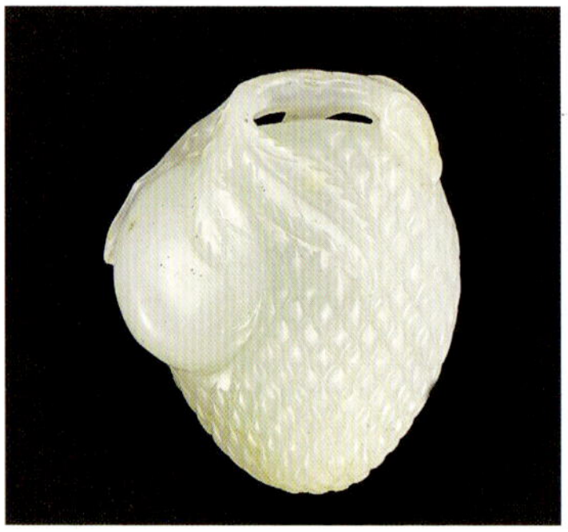

白玉雕荔枝把件

清，18-19 世纪 Qing,18th-19th Century S 苏富比

2016-12-01 Lot87 5.3cm

估价：HKD 30,000-40,000

成交价：HKD 87,500

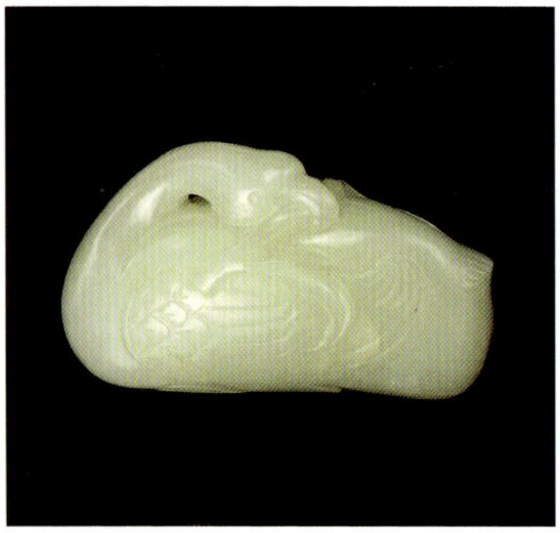

白玉雕鹅衔瑞穗把件

清，18 世纪 Qing,18th Century C 佳士得

2016-11-30 Lot3447 L5.4cm

估价：HKD 150,000-200,000

成交价：HKD 187,500

白玉雕螳螂把件

明末清初 Late Ming and Early Qing S 苏富比

2016-12-01 Lot123 6.7cm

估价：HKD 30,000-40,000

成交价：HKD 47,500

褐斑青白玉雕荔枝把件

清，18-19 世纪 Qing,18th-19th Century S 苏富比

2016-12-01 Lot19 5.9cm

估价：HKD 20,000-30,000

成交价：HKD 25,000

白玉荔枝把件
清，18 世纪 Qing,18th Century C 佳士得
2016-03-17 Lot957 L5.1cm
估价：USD 30,000-50,000
成交价：USD 100,000

白玉雕“福禄呈祥”把件
清，18 世纪 Qing,18th Century S 苏富比
2016-10-05 Lot71 4.6cm
估价：HKD 80,000-120,000
成交价：HKD 475,000

白玉雕福禄寿把件
19-20 世纪 19th-20th Century S 苏富比
2016-03-19 Lot1376 尺寸不详
估价：USD 5,000-7,000
成交价：USD 7,500

白玉雕连年有余把件
清 Qing XLA 西泠印社
2016-04-09 Lot139 L6.5cm
估价：RMB 8,000-16,000
成交价：RMB 10,350

樊军民 白玉雕观余把件
当代 Contemporary GD 中国嘉德
2016-05-14 Lot3245 5 × 4.5 × 2.5cm
估价：无底价
成交价：RMB 2,300

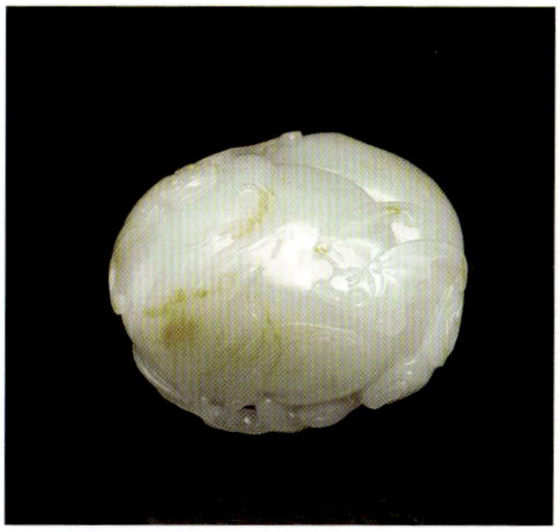

白玉福寿双全把件
清，18 世纪 Qing,18th Century C 佳士得
2016-04-05 Lot33 W 6.2cm
估价：HKD 150,000-250,000
成交价：HKD 187,500

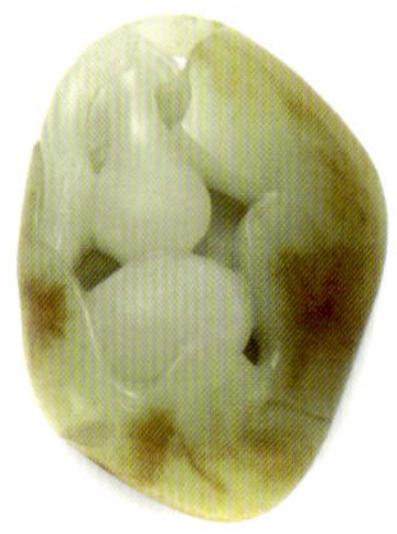

青白玉带皮葫芦把件
清，18 世纪 Qing,18th Century C 佳士得
2016-11-09 Lot552 L 5.4cm
估价：GBP 2,000-3,000
成交价：GBP 3,250

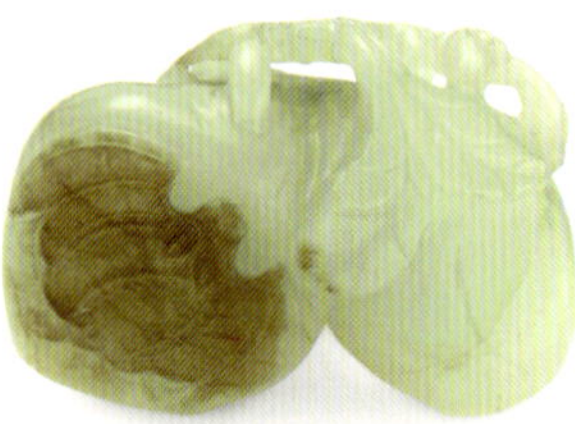

青白玉福寿双全把件
清，19 世纪 Qing,19 Century C 佳士得
2016-11-11 Lot813 W 5.7cm
估价：GBP 800-1,200
成交价：GBP 938

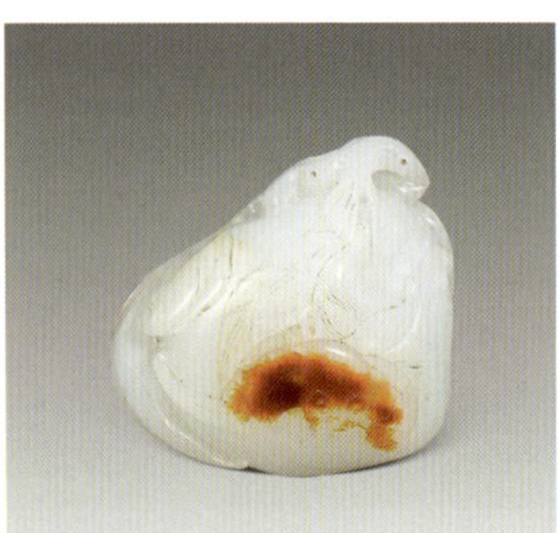

白玉留皮福寿把件
清中期 Mid Qing BP 北京保利
2016-01-16 Lot352 L4.5cm
估价：RMB 80,000-100,000
成交价：RMB 92,000

白玉雕四喜娃娃把件
清 Qing S 苏富比
2016-12-01 Lot99 4.5cm
估价：HKD 20,000-30,000
成交价：HKD 150,000

白玉雕连生贵子把件
乾隆 Qianlong S 苏富比
2016-12-01 Lot1 4.9cm
估价：HKD 20,000-30,000
成交价：HKD 250,000

白玉雕连生贵子、双欢把件
清 Qing S 苏富比
2016-12-02 Lot778 4.3cm;4.5cm
估价：HKD 15,000-20,000
成交价：HKD 106,250

青白玉雕连生贵子把件
清，18 世纪 Qing,18th Century S 苏富比
2016-12-01 Lot158 8.3cm
估价：HKD 100,000-150,000
成交价：HKD 525,000

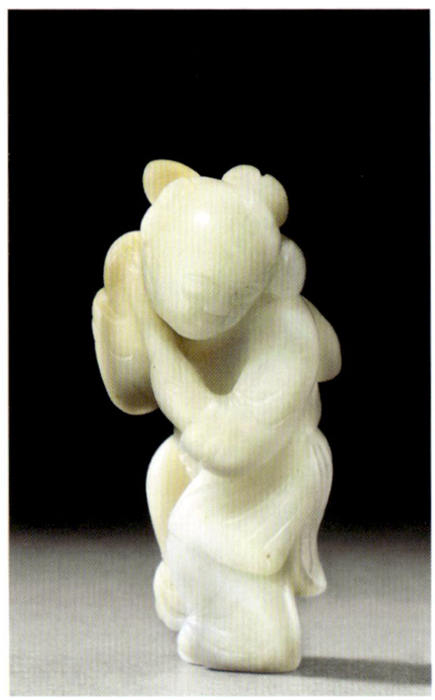

青白玉连生贵子把件
清，18-19 世纪 Qing,18th-19th Century C 佳士得
2016-03-17 Lot963 H7.3cm
估价：USD 5,000-8,000
成交价：USD 6,250

白玉带皮雕长生多子把件

18-19 世纪 18th-19th Century BO 邦瀚斯
2016-11-07 Lot615 L 4.8cm
估价：GBP 1,000-1,500
成交价：GBP 5,000

白玉镂雕瓜瓞绵绵把件

20 世纪 20th Century C 佳士得
2016-11-09 Lot553 L 5.7cm
估价：GBP 2,500-3,500
成交价：GBP 3,250

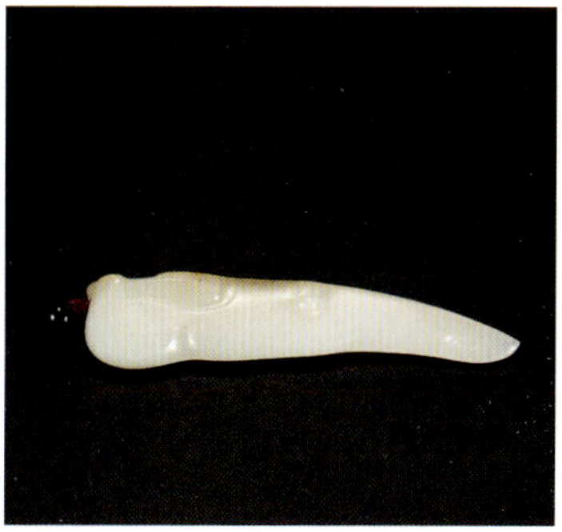

樊军民 白玉雕觽把件

当代 Contemporary GD 中国嘉德
2016-05-14 Lot3244 9.4 × 2 × 1.3cm
估价：无底价
成交价：RMB 4,600

青玉多子多福把件

清，19 世纪 Qing,19 Century C 佳士得
2016-10-04 Lot191 L 6.5cm
估价：HKD 30,000-50,000
成交价：HKD 56,250

李剑 白玉雕秋获把件

年代不详 Unknown GD 中国嘉德
2016-11-13 Lot3307 4.7 × 4.8 × 8.8cm
估价：RMB 180,000-320,000
成交价：RMB 207,000

白玉莲藕把件及青白玉蟾蜍水丞（一组两件）

清，18 世纪及更晚 Qing,18th Century or After C 佳士得
2016-11-11 Lot803 L 7cm
估价：GBP 1,500-2,500
成交价：GBP 2,250

白玉雕瓜瓞绵绵葫芦把件

乾隆 Qianlong S 苏富比
2016-10-05 Lot41 10.3cm
估价：HKD 80,000-120,000
成交价：HKD 187,500

白玉佛手把件

清，19 世纪 Qing,19 Century C 佳士得
2016-04-05 Lot39 H 6.6cm
估价：HKD 40,000-60,000
成交价：HKD 50,000

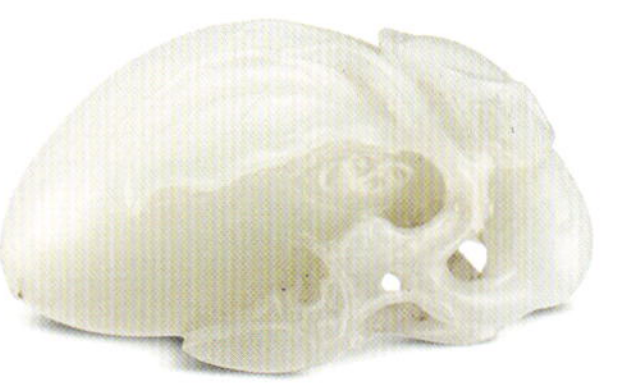

白玉茄子把件

清，18 世纪 Qing,18th Century S 苏富比
2016-06-02 Lot775 5.8cm
估价：HKD 20,000-30,000
成交价：HKD 87,500

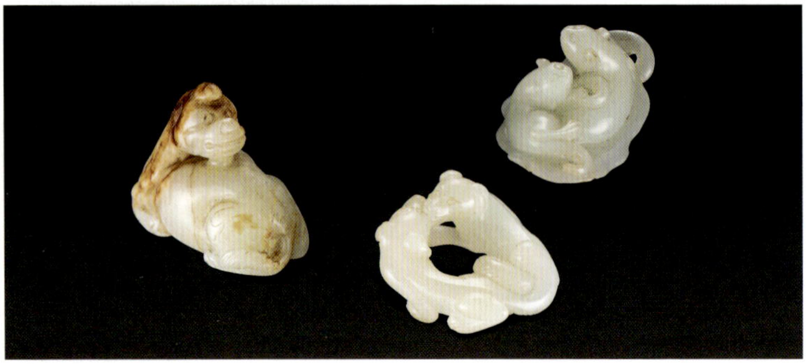

青白玉巧雕把件 三件

清，18-19 世纪 Qing,18th-19th Century S 苏富比

2016-06-02 Lot937 5.9,5.4;4.4cm

估价：HKD 20,000-30,000

成交价：HKD 112,500

白玉雕岁岁平安把件

清，18 世纪 Qing,18th Century S 苏富比

2016-04-06 Lot61 7cm

估价：HKD 70,000-90,000

成交价：HKD 93,750

忠荣玉典 手握江山 和田籽玉把件

当代 Contemporary KS 北京匡时

2016-06-08 Lot4008 8.00 × 5.00 × 3.20cm

估价：RMB 450,000-580,000

成交价：RMB 690,000

瞿利军 白玉雕秋韵把件

当代 Contemporary GD 中国嘉德

2016-05-14 Lot3284 6.4 × 4.1 × 1.6cm

估价：RMB 250,000-350,000

成交价：RMB 287,500

王一卜 白玉雕寄萍把件

年代不详 Unknown GD 中国嘉德

2016-11-13 Lot3314 3.9 × 1.9 × 4.9cm

估价：RMB 60,000-80,000

成交价：RMB 69,000

王一卜 白玉雕太湖石把件
年代不详 Unknown GD 中国嘉德
2016-11-13 Lot3315 4.5 × 1.6 × 6.2cm
估价：RMB 80,000-100,000
成交价：RMB 101,200

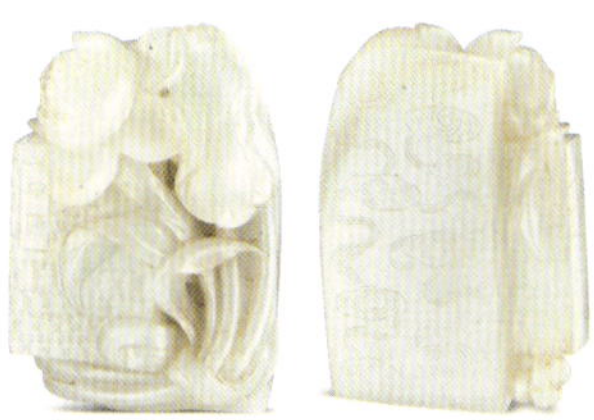

青玉雕廉正中庸把件
清，18 世纪 Qing,18th Century S 苏富比
2016-12-02 Lot793 6.4cm
估价：HKD 40,000-60,000
成交价：HKD 68,750

其他
Others

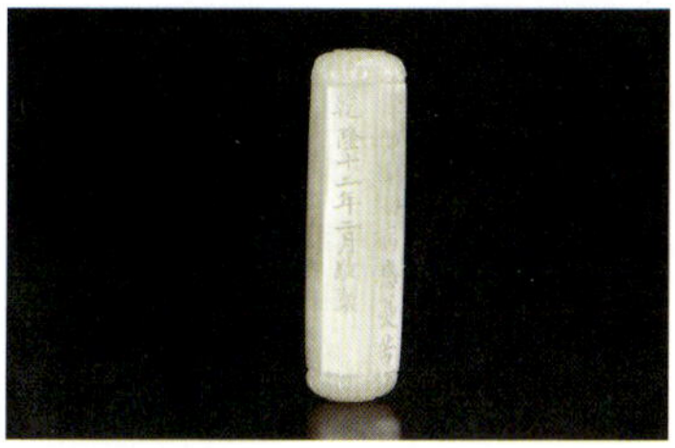

白玉经文勒
乾隆 Qianlong BH 北京翰海
2016-06-05 Lot2685 H5.3cm
估价：RMB 16,000-36,000
成交价：RMB 36,800

白玉诗文勒
明 Ming BH 北京翰海
2016-12-04 Lot2497 H3cm
估价：RMB 25,000-35,000
成交价：RMB 34,500

白玉诗文勒
乾隆 Qianlong BH 北京翰海
2016-12-04 Lot2499 H5.2cm
估价：RMB 15,000-30,000
成交价：RMB 28,750

白玉诗文勒
乾隆 Qianlong BH 北京翰海
2016-12-04 Lot2508 H8.2cm
估价：RMB 25,000-35,000
成交价：RMB 34,500

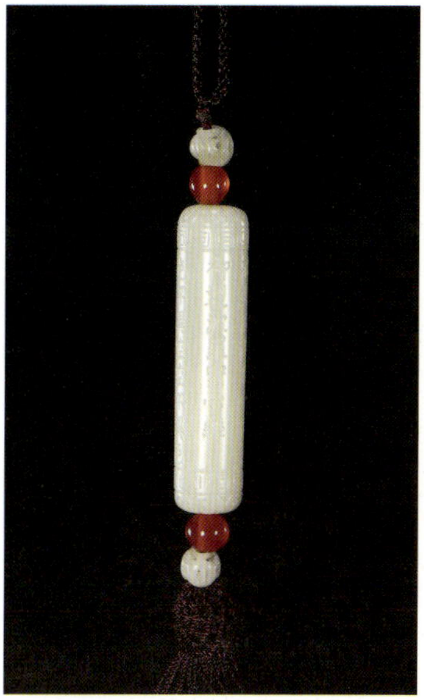

白玉经文勒
清中期 Mid Qing BH 北京翰海
2016-12-04 Lot2507 H5.2cm
估价：RMB 8,000-20,000
成交价：RMB 11,500

白玉经文勒

乾隆 Qianlong BH 北京翰海
2016-12-04 Lot2505 H7cm
估价：RMB 50,000-70,000
成交价：RMB 69,000

黄玉人物勒子

清 Qing BP 北京保利
2016-04-28 Lot1310 L3cm
估价：RMB 20,000-30,000
成交价：RMB 40,250

玉雕弥勒

清 Qing BP 北京保利
2016-01-16 Lot355 H4.5cm
估价：无底价
成交价：RMB 1,150

旧玉出戟勒子

明 Ming GD 中国嘉德
2016-11-12 Lot2901 L 3.5cm
估价：RMB 25,000-45,000
成交价：RMB 28,750

束勒

年代不详 Unknown BP 北京保利
2016-06-05 Lot6057 2.5cm
估价：无底价
成交价：RMB 1,150

青白玉沁色金蟾 白玉兽首勒子各一件

明 Ming GD 中国嘉德
2016-09-25 Lot5289 L 3.4cm;2.7cm
估价：无底价
成交价：RMB 17,250

几何龙纹玉勒

清 Qing BSA 北京古天一
2016-12-07 Lot1094 H7.7cm
估价：RMB 80,000-120,000
成交价：RMB 138,000

勾云纹玉勒子

清 Qing BSA 北京古天一
2016-12-07 Lot1092 H2cm
估价：RMB 60,000-90,000
成交价：RMB 69,000

玉勒子（三件）
清 Qing BP 北京保利
2016-10-31 Lot472 尺寸不一
估价：无底价
成交价：RMB 11,500

玉勒子（二件）
明 Ming GD 中国嘉德
2016-05-14 Lot3108 L6cm;L5.5cm
估价：RMB 40,000-60,000
成交价：RMB 46,000

白玉兽面纹勒
清中期 Mid Qing BH 北京翰海
2016-12-04 Lot2502 H6.5cm
估价：RMB 30,000-50,000
成交价：RMB 57,500

清 玉勒子（三件）
明 Ming GD 中国嘉德
2016-09-25 Lot5244 L 2.7cm;2.4cm;2.4cm
估价：无底价
成交价：RMB 3,450

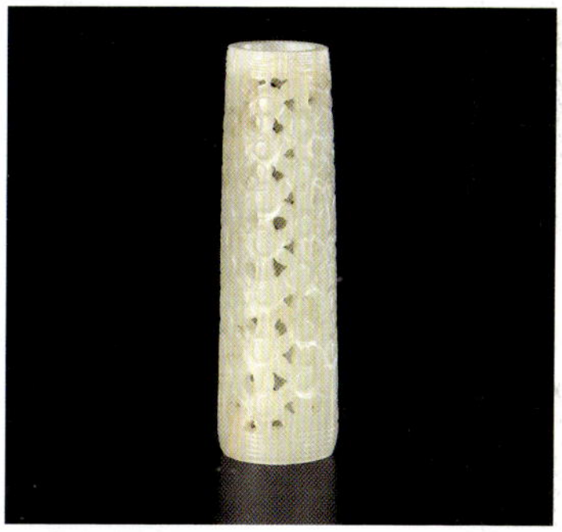

白玉透雕花卉勒
清中期 Mid Qing BH 北京翰海
2016-12-04 Lot2503 H7cm
估价：RMB 8,000-20,000
成交价：RMB 11,500

玉勒子（六件）
年代不详 Unknown GD 中国嘉德
2016-09-25 Lot5434 尺寸不一
估价：无底价
成交价：RMB 4,600

白玉文字双联勒
明 Ming BH 北京翰海
2016-12-04 Lot2498 H2.5cm
估价：RMB 40,000-60,000
成交价：RMB 59,800

白玉琮形玉勒
明 Ming KS 北京匡时
2016-12-05 Lot2526 H5.5cm
估价：RMB 10,000-20,000
成交价：RMB 13,800

青黄玉勒
清 Qing BSA 北京古天一
2016-12-07 Lot1104 H4.2cm
估价：RMB 30,000-40,000
成交价：RMB 55,200

谷纹小玉勒
清 Qing BSA 北京古天一
2016-12-07 Lot1109 L3.6cm
估价：RMB 60,000-80,000
成交价：RMB 138,000

红沁素勒子
清 Qing BSA 北京古天一
2016-12-07 Lot1100 L7.4cm
估价：RMB 30,000-50,000
成交价：RMB 48,300

玉雕梅花诗文勒子
清中期 Mid Qing BSA 北京古天一
2016-12-07 Lot1037 L2.3cm
估价：RMB 30,000-50,000
成交价：RMB 59,800

青白玉镂雕凤纹帽顶
明 Ming S 苏富比
2016-05-11 Lot133 6cm
估价：GBP 1,000-1,500
成交价：GBP 1,250

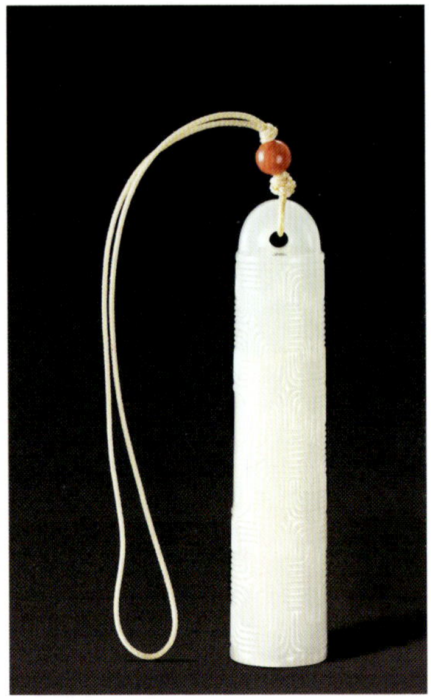

白玉雷纹翎管
清 Qing S 苏富比
2016-06-02 Lot917 7.7cm
估价：HKD 40,000-60,000
成交价：HKD 87,500

青玉留皮翎管
清 Qing GD 中国嘉德
2016-09-25 Lot5253 L 6.7cm
估价：无底价
成交价：RMB 3,450

白玉花鸟纹香囊
年代不详 Unknown GD 中国嘉德
2016-06-18 Lot2537 L6cm
估价：无底价
成交价：RMB 5,750

碧玉项链
当代 Contemporary KS 北京匡时
2016-06-08 Lot4088 尺寸不详
估价：无底价
成交价：RMB 6,900

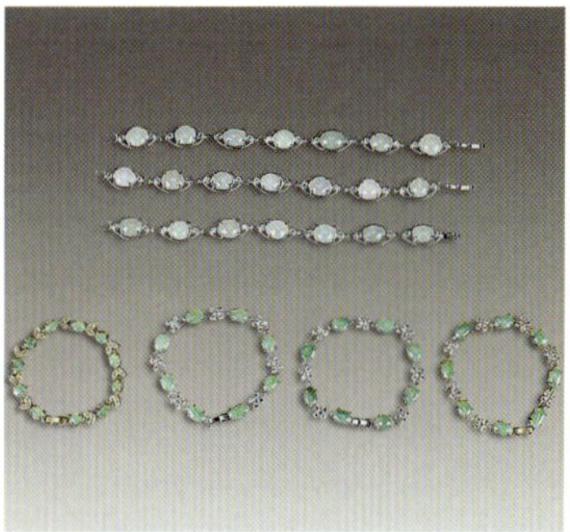

各式手链（七件）
近代 Modern BP 北京保利
2016-01-16 Lot475 尺寸不一
估价：无底价
成交价：RMB 1,150

白玉花卉纹香囊（两件）
年代不详 Unknown GD 中国嘉德
2016-03-28 Lot5370 L7.4cm;L6.9cm
估价：无底价
成交价：RMB 3,450

白玉香囊（三件）
年代不详 Unknown GD 中国嘉德
2016-03-28 Lot5358 L5.8cm;L5.7cm;L4.8cm
估价：无底价
成交价：RMB 8,050

侯晓峰 白玉佛头配青金石链
年代不详 Unknown GD 中国嘉德
2016-11-13 Lot3317 L 40cm
估价：RMB 15,000-30,000
成交价：RMB 17,250

侯晓峰 墨玉佛头配珍珠南红玛瑙链
年代不详 Unknown GD 中国嘉德
2016-11-13 Lot3316 L 37cm
估价：无底价
成交价：RMB 4,600

和田玉首饰（二件套）

年代不详 Unknown JH 上海嘉禾
2016-09-20 Lot743 W 13.25g
估价：无底价
成交价：RMB 3,450

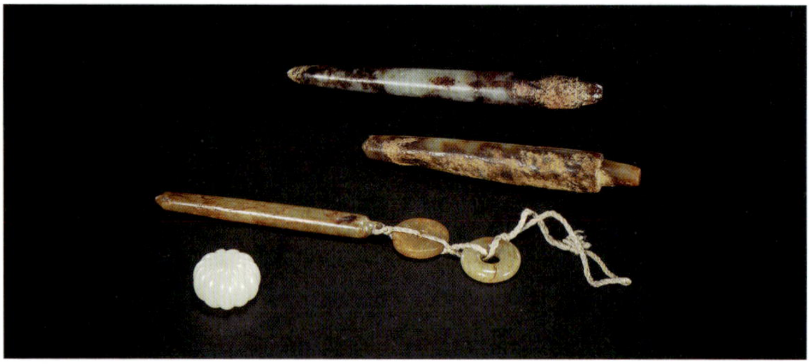

玉锥形器及玉瓜棱珠（三件）

明 Ming GD 中国嘉德
2016-05-14 Lot3109 L7.5cm;L9cm;D1.5cm
估价：RMB 40,000-60,000
成交价：RMB 46,000

青白玉嵌宝花篮式挂饰

19 世纪 19th Century BO 邦瀚斯
2016-11-07 Lot626 L 9cm
估价：GBP 1,000-1,500
成交价：GBP 4,750

白玉仿古龙凤纹出戟璋

乾隆 Qianlong KS 北京匡时
2016-12-05 Lot2577 H12.7cm
估价：RMB 2,600,000-3,200,000
成交价：RMB 2,990,000

和田玉花瓣戒指
年代不详 Unknown PLHK 保利香港
2016-04-05 Lot2686 2.0 × 2.5cm
估价：HKD 28,000-48,000
成交价：HKD 41,300

白玉韘
明 Ming BH 北京翰海
2016-12-04 Lot2491 L4cm
估价：RMB 15,000-25,000
成交价：RMB 23,000

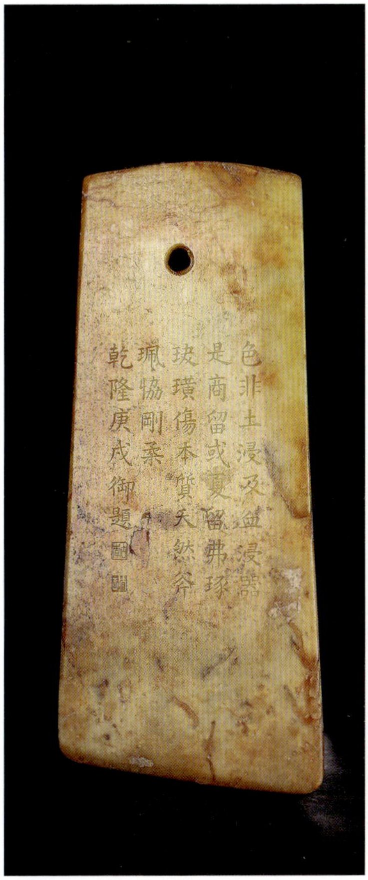

乾隆御提诗商圭
乾隆 Qianlong BD 北京东正
2016-11-11 Lot214 L15cm
估价：RMB 2,800,000-4,200,000
成交价：RMB 4,370,000

2016 Chinese Art Auction TOP10 中国玉器拍卖配饰类十大天价排行榜 Top 4

勾云纹玉璜
清 Qing BSA 北京古天一
2016-12-07 Lot1103 L9cm
估价：RMB 150,000-180,000
成交价：RMB 172,500

谷纹玉璜
清 Qing BSA 北京古天一
2016-12-07 Lot1149 L22.5cm
估价：RMB 280,000-350,000
成交价：RMB 322,000

褐玉雕螭龙纹剑彘
清 Qing S 苏富比
2016-06-02 Lot920 9cm
估价：HKD 30,000-40,000
成交价：HKD 37,500

玉剑璲
清 Qing BSA 北京古天一
2016-12-07 Lot1161 L8.5cm
估价：RMB 80,000-120,000
成交价：RMB 115,000

白玉雕仿古纹璏
清，18世纪 Qing,18th Century or After S 苏富比
2016-03-16 Lot385 尺寸不详
估价：USD 4,000-6,000
成交价：USD 2,500

螭龙纹玉剑首
清 Qing BSA 北京古天一
2016-12-07 Lot1083 3.3×2.1cm
估价：RMB 50,000-80,000
成交价：RMB 57,500

谷纹玉剑首
清 Qing BSA 北京古天一
2016-12-07 Lot1153 D4.8cm
估价：RMB 50,000-80,000
成交价：RMB 59,800

白玉仿古璏
清，18-19世纪 Qing,18th-19th Century S 苏富比
2016-12-02 Lot773 11.5cm
估价：HKD 15,000-20,000
成交价：HKD 18,750

白玉剑饰
清 Qing BP 北京保利
2016-10-31 Lot459 L 4.5cm
估价：无底价
成交价：RMB 36,800

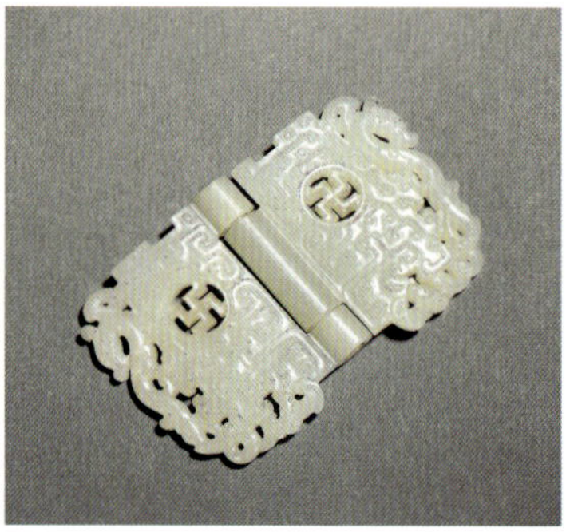

白玉透雕夔龙纹连环扣
清 Qing BP 北京保利
2016-12-07 Lot6719 L7.7cm
估价：RMB 5,000-8,000
成交价：RMB 5,750

白玉镂空梵文饰
明 Ming S 苏富比
2016-12-01 Lot70 6.5cm
估价：HKD 4,000-6,000
成交价：HKD 150,000

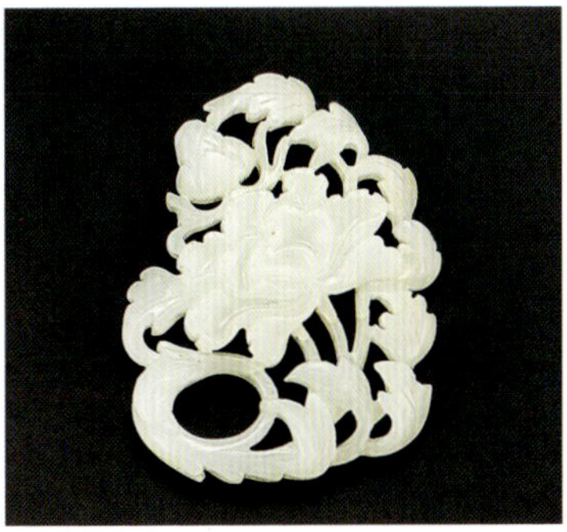

白玉镂空牡丹饰
清，18 世纪 Qing,18th Century S 苏富比
2016-12-01 Lot193 6.2cm
估价：HKD 15,000-20,000
成交价：HKD 187,500

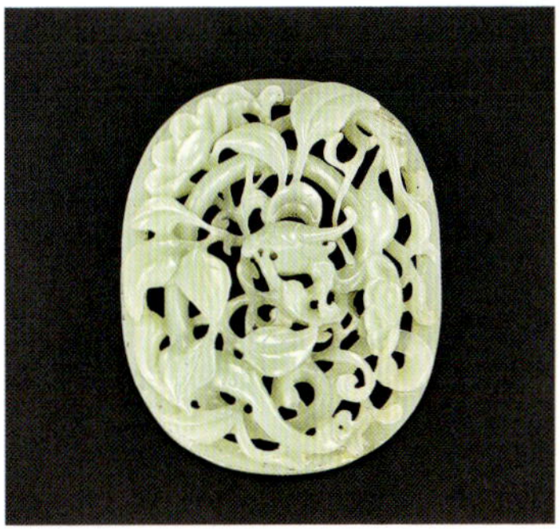

青白玉镂空穿花螭龙纹饰
明末清初 Late Ming and Early Qing S 苏富比
2016-12-01 Lot202 8.9cm
估价：HKD 15,000-20,000
成交价：HKD 18,750

白玉镂空花间绶鸟饰
明末清初 Late Ming and Early Qing S 苏富比
2016-12-01 Lot152 8.2cm
估价：HKD 30,000-40,000
成交价：HKD 37,500

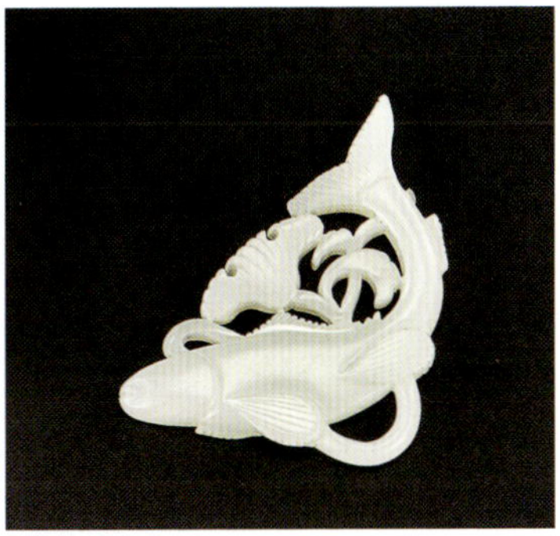

白玉镂空鱼藻饰
清 Qing S 苏富比
2016-12-01 Lot117 5.9cm
估价：HKD 10,000-15,000
成交价：HKD 375,000

青白玉镂空花鸟饰及白玉镂空莲池鸳鸯饰
明末清初 Late Ming and Early Qing S 苏富比
2016-12-01 Lot166 5.5cm;6.3cm
估价：HKD 30,000-50,000
成交价：HKD 68,750

白玉镂空花间绶鸟饰
明末清初 Late Ming and Early Qing S 苏富比
2016-12-01 Lot201 8.3cm
估价：HKD 20,000-30,000
成交价：HKD 25,000

灰玉镂空锦上添花饰
明 Ming S 苏富比
2016-12-01 Lot221 5.6cm
估价：HKD 10,000-15,000
成交价：HKD 22,500

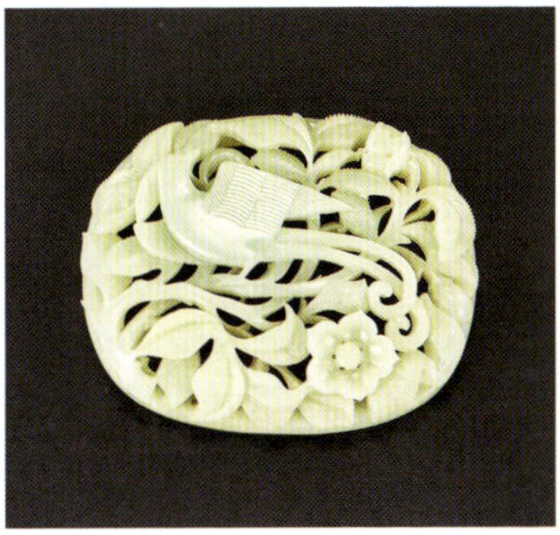

青白玉镂空锦上添花饰
明末清初 Late Ming and Early Qing S 苏富比
2016-12-01 Lot143 9.3cm
估价：HKD 30,000-50,000
成交价：HKD 37,500

青白玉诗意图饰二块及白玉诗意图饰一块
明末清初 Late Ming and Early Qing S 苏富比
2016-12-01 Lot147 4.1cm-5.4cm
估价：HKD 30,000-50,000
成交价：HKD 212,500

青白玉镂空莲雁春水饰（两件）
明末清初 Late Ming and Early Qing S 苏富比
2016-12-01 Lot111 8.9cm;8.1cm
估价：HKD 30,000-50,000
成交价：HKD 37,500

玉镂空花鸟饰（三件）
明 Ming S 苏富比
2016-12-01 Lot206 3.9cm;4.8cm;4.1cm
估价：HKD 15,000-25,000
成交价：HKD 62,500

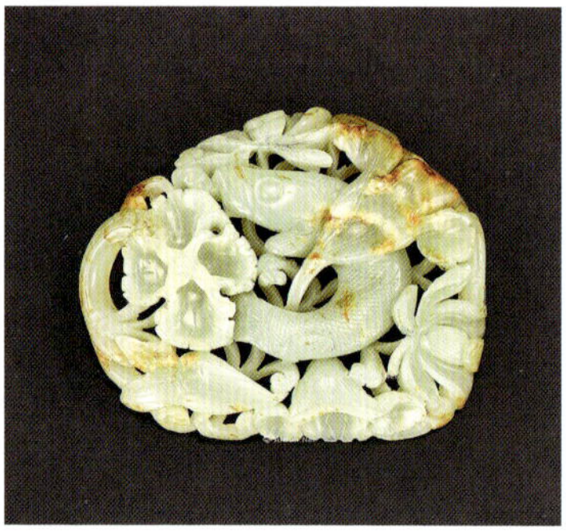

青白玉镂空连年有余饰
明 - 清 Ming-Qing S 苏富比
2016-12-01 Lot161 9cm
估价：HKD 30,000-50,000
成交价：HKD 68,750

玉镂空花鸟、双桃饰（共二）
明末清初 Late Ming and Early Qing S 苏富比
2016-12-01 Lot162 5.3cm;3.8cm
估价：HKD 10,000-15,000
成交价：HKD 27,500

玉镂空寿鹤图饰及玉镂空穿建龙纹饰
明 - 清 Ming-Qing S 苏富比
2016-12-01 Lot205 8.6cm;8.4cm
估价：HKD 30,000-50,000
成交价：HKD 37,500

青白玉镂空莲鹅春水饰
明末清初 Late Ming and Early Qing S 苏富比
2016-12-01 Lot110 8.7cm
估价：HKD 30,000-50,000
成交价：HKD 37,500

PART 4

摆件
Decorated Jade Carving

山子
Mountain

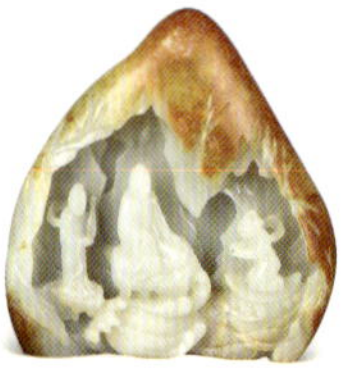

白玉留皮观音山子
年代不详 Unknown BP 北京保利
2016-04-27 Lot240 H9.5cm
估价：RMB 10,000-20,000
成交价：RMB 70,150

白玉仙人山子
清 Qing BP 北京保利
2016-06-08 Lot9099 H12.5cm
估价：RMB 8,000-12,000
成交价：RMB 161,000

青白玉诗文罗汉山子
明 Ming KS 北京匡时
2016-12-05 Lot2530 H16.5cm
估价：RMB 200,000-300,000
成交价：RMB 230,000

白玉雕御制古佛像赞山子
乾隆 Qianlong BP 北京保利
2016-12-05 Lot5169 H15cm
估价：RMB 3,500,000-5,500,000
成交价：RMB 5,635,000

2016 Chinese Art Auction TOP10 中国玉器拍卖摆件类十大天价排行榜 Top 10

青白玉镂雕罗汉山子
清中期 Mid Qing BP 北京保利
2016-12-07 Lot6840 H15cm
估价：RMB 30,000-50,000
成交价：RMB 103,500

青玉罗汉山子
清 Qing GD 中国嘉德
2016-03-28 Lot5122 L13.2cm
估价：无底价
成交价：RMB 4,600

碧玉罗汉山子
清 Qing BP 北京保利
2016-06-08 Lot9100 H14cm
估价：RMB 8,000-12,000
成交价：RMB 109,250

白玉夜游赤壁御题诗文山子
年代不详 Unknown GD 中国嘉德
2016-06-18 Lot2564 L19cm
估价：无底价
成交价：RMB 9,200

青白玉罗汉山子
清 Qing GD 中国嘉德
2016-09-25 Lot5376 L 13.2cm
估价：无底价
成交价：RMB 3,450

青白玉御题诗罗汉山子
乾隆 Qianlong BP 北京保利
2016-06-06 Lot7467 H18cm
估价：RMB 5,000,000-8,000,000
成交价：RMB 5,750,000

青白玉罗汉御题诗文山子
年代不详 Unknown GD 中国嘉德
2016-09-25 Lot5428 H 15.1cm
估价：无底价
成交价：RMB 9,200

青白玉雕焚香颂经罗汉山子
清，18 世纪 Qing,18th Century S 苏富比
2016-10-05 Lot34 15.7cm
估价：HKD 400,000-600,000
成交价：HKD 500,000

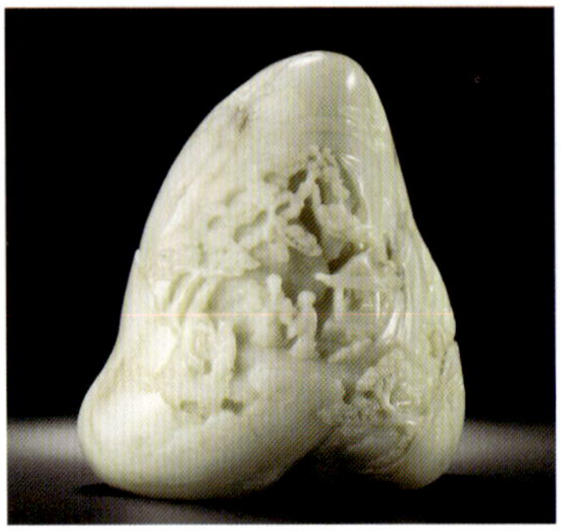

青白玉雕仙山祝寿图山子
乾隆 Qianlong BO 邦瀚斯
2016-11-29 Lot16 H16cm
估价：HKD 250,000-350,000
成交价：RMB 503,425

白玉仙人采芝图山子
乾隆 Qianlong C 佳士得
2016-09-16 Lot1280 W 18.5cm
估价：USD 60,000-80,000
成交价：USD 245,000

碧玉仙翁卧鹿山子
清早期 Early Qing KS 北京匡时
2016-12-05 Lot2578 H20.5cm
估价：RMB 20,000-50,000
成交价：RMB 23,000

白玉雕达摩山子
乾隆 Qianlong GD 中国嘉德
2016-11-12 Lot2854 H 10.3cm
估价：RMB 20,000-40,000
成交价：RMB 184,000

玉巧雕老子出关山子
乾隆 Qianlong BP 北京保利
2016-10-31 Lot1120 L 11.5cm
估价：RMB 60,000-80,000
成交价：RMB 92,000

青白玉夜游赤壁山子
年代不详 Unknown GD 中国嘉德
2016-03-28 Lot5187 L22cm
估价：无底价
成交价：RMB 20,700

青白玉题诗“羲之玩鹅”图山子
乾隆 Qianlong S 苏富比
2016-10-05 Lot50 26.3cm
估价：HKD 600,000-800,000
成交价：HKD 1,250,000

白玉留皮高士山子
年代不详 Unknown GD 中国嘉德
2016-06-18 Lot2937 H16.8cm
估价：无底价
成交价：RMB 2,300

青玉雕松下高士图山子
年代不详 Unknown S 苏富比
2016-03-19 Lot1384 尺寸不详
估价：USD 3,000-5,000
成交价：USD 1,875

青白玉夜游赤壁御题诗文山子
年代不详 Unknown GD 中国嘉德
2016-06-18 Lot2565 L13.3cm
估价：无底价
成交价：RMB 6,900

白玉访友图山子
清 Qing BP 北京保利
2016-01-16 Lot406 H11cm
估价：无底价
成交价：RMB 2,300

张宝禄 碧玉雕访友图山子
年代不详 Unknown GD 中国嘉德
2016-11-13 Lot3322 25 × 9.5 × 25cm
估价：RMB 90,000-180,000
成交价：RMB 103,500

顾永俊 新疆和田白玉籽料 戏鹦鹉山子

当代 Contemporary BD 北京东正

2016-05-15 Lot724 H40cm;13544g

估价：RMB 5,000,000-6,000,000

成交价：RMB 9,200,000

2016 Chinese Art Auction TOP10 中国艺术拍卖十大天价 中国玉器拍卖十大天价排行榜 Top 10

2016 Chinese Art Auction TOP10 中国艺术拍卖十大天价 中国玉器拍卖摆件类十大天价排行榜 Top 6

玉雕渔樵耕读图山子

乾隆 Qianlong BC 北京诚轩

2016-11-12 Lot941 11.6 × 5.1 × 6.1cm

估价：RMB 50,000-70,000

成交价：RMB 184,000

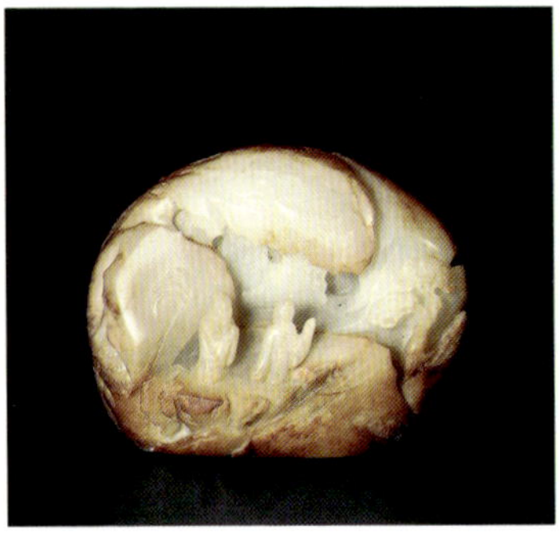

白玉洒金松下人物御题诗文山子

乾隆 Qianlong BH 北京翰海

2016-12-04 Lot2529 H7cm

估价：RMB 15,000-30,000

成交价：RMB 23,000

白玉松鹿福寿人物山子摆件

民国 Repulic Period BP 北京保利

2016-01-16 Lot501 H11cm

估价：无底价

成交价：RMB 10,350

白玉雕采芝图山子

清，18 世纪 Qing,18th Century C 佳士得

2016-06-01 Lot3372 L13cm

估价：HKD 100,000-150,000

成交价：HKD 125,000

白玉沁色婴戏山子
清 Qing GD 中国嘉德
2016-03-28 Lot5121 H15cm
估价：无底价
成交价：RMB 28,750

青白玉高士图山子
清，18-19 世纪 Qing,18th-19th Century C 佳士得
2016-03-17 Lot1684 H10.8cm
估价：USD 8,000-12,000
成交价：USD 8,750

白玉留皮人物山子
乾隆 Qianlong BP 北京保利
2016-10-31 Lot1122 H 17cm
估价：RMB 150,000-250,000
成交价：RMB 172,500

白玉松下人物山子
清早期 Early Qing BH 北京翰海
2016-06-05 Lot2681 H10.5cm
估价：RMB 180,000-220,000
成交价：RMB 230,000

碧玉松下高士山子
年代不详 Unknown GD 中国嘉德
2016-03-28 Lot5485 H22.3cm
估价：无底价
成交价：RMB 6,900

白玉留皮人物山子
乾隆 Qianlong BP 北京保利
2016-10-31 Lot462 L 14cm
估价：无底价
成交价：RMB 40,250

青白玉松下高仕御制诗文山子
乾隆 Qianlong KS 北京匡时
2016-12-05 Lot2534 L23cm
估价：RMB 350,000-450,000
成交价：RMB 402,500

黄玉松下高士山子
年代不详 Unknown GD 中国嘉德
2016-03-28 Lot5375 L14.7cm
估价：无底价
成交价：RMB 5,750

白玉松鹿延年御题诗文山子
年代不详 Unknown GD 中国嘉德
2016-09-25 Lot5600 L 16.5cm
估价：无底价
成交价：RMB 8,050

白玉山水人物山子
年代不详 Unknown BP 北京保利
2016-04-28 Lot1691 H15.5cm
估价：无底价
成交价：RMB 17,250

白玉山水人物御题诗文山子
年代不详 Unknown GD 中国嘉德
2016-06-18 Lot2499 L15.2cm
估价：无底价
成交价：RMB 5,750

青白玉山水人物御题诗文山子
年代不详 Unknown GD 中国嘉德
2016-03-28 Lot5173 H19.5cm
估价：无底价
成交价：RMB 8,050

青白玉山水人物山子
年代不详 Unknown GD 中国嘉德
2016-03-28 Lot5188 L18.2cm
估价：无底价
成交价：RMB 5,750

白玉山水人物御题诗文山子
年代不详 Unknown GD 中国嘉德
2016-06-18 Lot2519 L17.3cm
估价：无底价
成交价：RMB 10,350

青白玉山水人物御题诗文山子
年代不详 Unknown GD 中国嘉德
2016-03-28 Lot5142 L21.5cm
估价：无底价
成交价：RMB 8,050

黄玉山水人物山子
年代不详 Unknown GD 中国嘉德
2016-06-18 Lot2950 H21.8cm
估价：无底价
成交价：RMB 3,450

白玉御题诗山水人物山子
年代不详 Unknown BP 北京保利
2016-04-28 Lot1692 H17cm
估价：无底价
成交价：RMB 63,250

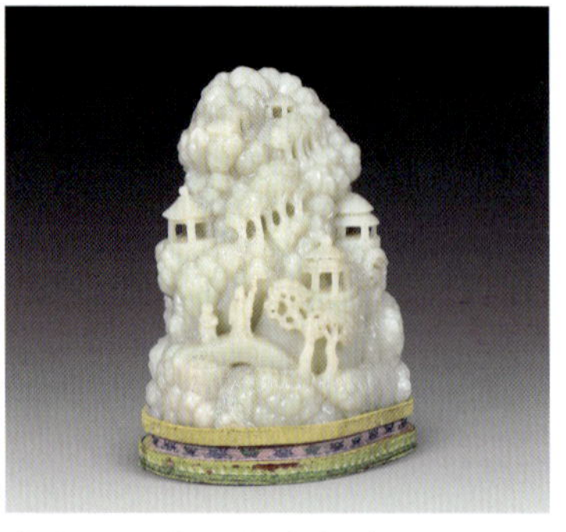

青白玉山水人物御制诗文山子
年代不详 Unknown GD 中国嘉德
2016-03-28 Lot5168 H19cm
估价：无底价
成交价：RMB 11,500

白玉瑞兽御题诗文山子
年代不详 Unknown GD 中国嘉德
2016-03-28 Lot5186 L26.3cm
估价：无底价
成交价：RMB 9,200

青白玉耕读图山子
清 Qing BP 北京保利
2016-12-07 Lot6838 W11.5cm
估价：RMB 20,000-50,000
成交价：RMB 34,500

玉雕山子摆件
民国 Republic Period BP 北京保利
2016-10-31 Lot534 H 29cm
估价：RMB 10,000-20,000
成交价：RMB 23,000

白玉题诗山子
清，18 世纪 Qing,18th Century S 苏富比
2016-04-06 Lot3703 9.9cm
估价：HKD 80,000-120,000
成交价：HKD 237,500

白玉秋山图小山子
年代不详 Unknown PLXM 保利厦门
2016-11-06 Lot870 H 4.5cm
估价：无底价
成交价：RMB 11,500

白玉瑞鸟图山子
乾隆 Qianlong S 苏富比
2016-10-05 Lot5 11.1cm
估价：HKD 1,000,000-1,500,000
成交价：HKD 2,480,000

屏风
Screen

青白玉人物插屏
年代不详 Unknown BP 北京保利
2016-04-28 Lot1677 H14cm
估价：RMB 12,000-22,000
成交价：RMB 13,800

青白玉雕罗汉御题诗插屏
乾隆 Qianlong BP 北京保利
2016-12-06 Lot5871 28.5 × 39cm
估价：RMB 1,500,000-2,500,000
成交价：RMB 1,955,000

白玉献寿图插屏
近代 Modern BP 北京保利
2016-01-16 Lot413 L8.5cm
估价：无底价
成交价：RMB 3,450

碧玉双面雕寿星献寿圆插屏
乾隆 - 嘉庆 Qianlong-Jiaqing BO 邦瀚斯
2016-11-29 Lot17 D19cm
估价：HKD 300,000-500,000
成交价：RMB 503,425

青白玉“瑶台祝寿”图插屏
清中期 Mid Qing BP 北京保利
2016-10-31 Lot1141 H 25.5cm
估价：RMB 10,000-20,000
成交价：RMB 46,000

白玉松下高士紫檀插屏
年代不详 Unknown BP 北京保利
2016-10-31 Lot1676 H 28cm
估价：无底价
成交价：RMB 34,500

白玉雕松下高士图插屏
乾隆 Qianlong PLHK 保利香港
2016-10-04 Lot3149 10.7 × 8.2 × 1cm
估价：HKD 100,000-150,000
成交价：HKD 118,000

青白玉高士图小插屏
年代不详 Unknown GD 中国嘉德
2016-09-26 Lot5618 H 13cm
估价：无底价
成交价：RMB 9,200

和田玉御题诗王羲之画竹插屏
乾隆 Qianlong HC 北京华辰
2016-11-16 Lot1249 L16cm
估价：RMB 1,200,000-1,800,000
成交价：RMB 1,437,500

白玉香山五老图插屏
乾隆 Qianlong HY 华艺国际
2016-11-26 Lot1145 24 × 28.5 × 2cm;13.5 × 33 × 36.5cm
估价：RMB 2,000,000-3,000,000
成交价：RMB 3,220,000

白玉耕织图圆插屏（一对）
乾隆 Qianlong HY 华艺国际
2016-11-26 Lot1146 D20.5cm;W1.5cm;H35cm
估价：RMB 1,200,000-2,000,000
成交价：RMB 1,380,000

白玉龙纹紫檀插屏
明 Ming BP 北京保利
2016-04-28 Lot1676 H16cm
估价：无底价
成交价：RMB 23,000

碧玉骏马插屏
近代 Modern BP 北京保利
2016-01-16 Lot454 L29cm
估价：无底价
成交价：RMB 5,750

白玉山水人物插屏
清 Qing GD 中国嘉德
2016-11-12 Lot2866 10 × 8.5cm
估价：RMB 30,000-50,000
成交价：RMB 74,750

碧玉雕耕织图插屏
乾隆 Qianlong KS 北京匡时
2016-06-07 Lot3321 D19.6cm
估价：RMB 50,000-80,000
成交价：RMB 57,500

白玉海东青插屏
清 Qing BP 北京保利
2016-01-16 Lot405 L10.5cm
估价：无底价
成交价：RMB 9,200

白玉配掐丝珐琅花卉纹插屏
乾隆 Qianlong C 佳士得
2016-05-10 Lot33 H 36.8cm
估价：GBP 40,000-60,000
成交价：GBP 40,000

白玉雕松鹤延年插屏连座
乾隆 Qianlong KS 北京匡时
2016-12-05 Lot2537 22.2 × 19.4cm
估价：RMB 500,000-600,000
成交价：RMB 632,500

硬木嵌白玉春水图插屏
年代不详 Unknown GD 中国嘉德
2016-06-18 Lot2523 H15.3cm
估价：无底价
成交价：RMB 13,800

碧玉山水人物御制诗文插屏
乾隆 Qianlong KS 北京匡时
2016-12-05 Lot2581 20 × 15cm
估价：RMB 300,000-500,000
成交价：RMB 460,000

白玉春水图紫檀插屏
年代不详 Unknown BP 北京保利
2016-04-28 Lot1696 L18cm
估价：无底价
成交价：RMB 13,800

白玉梅花诗文插屏
年代不详 Unknown BP 北京保利
2016-04-28 Lot1688 H14cm
估价：无底价
成交价：RMB 18,400

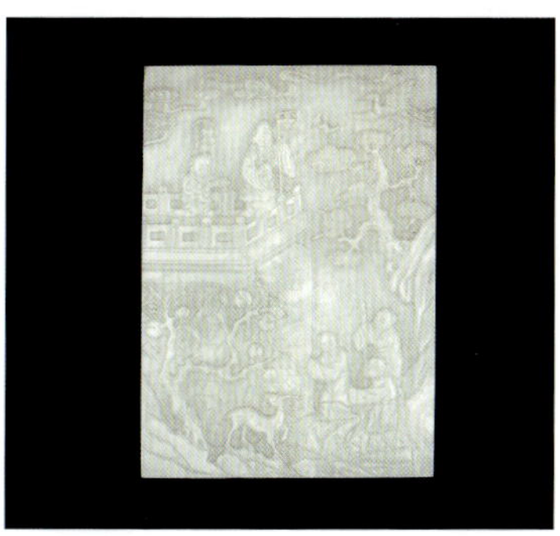

白玉松鹤延年图小插屏
18-19 世纪 18th-19th Century BO 邦瀚斯
2016-11-10 Lot82 L10.6cm
估价：GBP 4,000-6,000
成交价：GBP 5,000

碧玉描金诗文插屏（一对）
清 Qing KS 北京匡时
2016-06-07 Lot3319 22.4 × 15.3cm × 2
估价：RMB 26,000-30,000
成交价：RMB 32,200

碧玉嵌白玉诗文插屏（一对）
清 Qing BP 北京保利
2016-04-28 Lot1685 H11cm
估价：无底价
成交价：RMB 13,800

玉雕描金百寿插屏
民国 Repulic Period BP 北京保利
2016-04-27 Lot278 H18.5cm
估价：RMB 10,000-20,000
成交价：RMB 20,700

碧玉配硬木插屏
18-19 世纪 18th-19th Century C 佳士得
2016-05-10 Lot31 H 46.7cm
估价：GBP 10,000-15,000
成交价：GBP 16,250

“温润以比德”和田白玉插屏
乾隆 Qianlong KS 北京匡时
2016-06-07 Lot3399 6.5 × 4.5 × 13.5cm
估价：RMB 900,000-1,000,000
成交价：RMB 1,035,000

白玉寿山福海圆插屏
乾隆 Qianlong GD 中国嘉德
2016-05-14 Lot3136 D14cm;H22.8cm
估价：RMB 800,000-1,200,000
成交价：RMB 920,000

硬木嵌白玉牌插屏
清，19 世纪 Qing,19 Century C 佳士得
2016-11-11 Lot607 H 23.5cm
估价：GBP 600-1,000
成交价：GBP 1,063

玉雕插屏（四件）
清 Qing S 苏富比
2016-09-17 Lot1093 尺寸不详
估价：USD 6,000-8,000
成交价：USD 7,500

白玉山水人物御题诗文山子座屏
年代不详 Unknown GD 中国嘉德
2016-06-18 Lot2518 H31.7cm
估价：无底价
成交价：RMB 17,250

白玉山水人物御题诗文山子座屏
年代不详 Unknown GD 中国嘉德
2016-03-28 Lot5402 L22.4cm
估价：无底价
成交价：RMB 8,050

嵌玉璧诗文座屏
近代 Modern BP 北京保利
2016-01-16 Lot415 H14.5cm
估价：无底价
成交价：RMB 3,450

嵌玉璧云龙诗文座屏
近代 Modern BP 北京保利
2016-01-16 Lot414 H25.5cm
估价：无底价
成交价：RMB 4,600

白玉大吉葫芦插屏
乾隆 Qianlong BH 北京翰海
2016-12-04 Lot2512 H20.4cm
估价：RMB 70,000-90,000
成交价：RMB 92,000

白玉瓜蝶小座屏
清中期 Mid Qing BP 北京保利
2016-04-27 Lot54 D8cm
估价：无底价
成交价：RMB 11,500

掐丝珐琅嵌白玉花卉座屏
年代不详 Unknown BP 北京保利
2016-10-31 Lot1678 H 15cm
估价：无底价
成交价：RMB 5,750

白玉梅花小砚屏
清 Qing KS 北京匡时
2016-06-07 Lot3272 5.5 × 7.8cm
估价：RMB 10,000-20,000
成交价：RMB 23,000

白玉深山访友图砚屏
清 Qing SUN 中贸圣佳
2016-11-15 Lot1441 H22cm
估价：RMB 80,000-120,000
成交价：RMB 89,700

碧玉题诗松下高仕图砚屏
清，18 世纪 Qing,18th Century S 苏富比
2016-04-06 Lot3704 24.5cm
估价：HKD 150,000-200,000
成交价：HKD 400,000

青白玉仙人贺寿砚屏
乾隆 Qianlong S 苏富比
2016-10-05 Lot62 H 34.4cm
估价：HKD 800,000-1,200,000
成交价：HKD 2,480,000

青玉长安会酒图圆屏（一对）
年代不详 Unknown GD 中国嘉德
2016-06-18 Lot2506 H31cm
估价：无底价
成交价：RMB 32,200

云龙诗文圆屏（一对）
年代不详 Unknown GD 中国嘉德
2016-03-28 Lot5483 H56cm
估价：无底价
成交价：RMB 17,250

白玉山水圆形屏
清，19 世纪 Qing,19th Century BP 北京保利
2016-06-08 Lot9293 D19.2cm
估价：RMB 150,000-200,000
成交价：RMB 172,500

白玉南山献寿图书卷屏
年代不详 Unknown GD 中国嘉德
2016-06-18 Lot2557 H14.5cm
估价：无底价
成交价：RMB 6,900

白玉留皮描金山水屏风
乾隆 Qianlong C 佳士得
2016-05-10 Lot40 W 24.5cm
估价：GBP 30,000-50,000
成交价：GBP 134,500

白玉螭龙纹出廓璧式砚屏
明 Ming BH 北京翰海
2016-12-04 Lot2483 H10.2cm
估价：RMB 800,000-1,000,000
成交价：RMB 1,150,000

白玉留皮御题诗“禁中鹤”砚屏
乾隆 Qianlong BP 北京保利
2016-12-06 Lot5906 H8.5cm;W11.5cm
估价：RMB 900,000-1,200,000
成交价：RMB 1,035,000

白玉满堂春色御题诗文砚屏
乾隆 Qianlong BH 北京翰海
2016-12-04 Lot2513 H8cm
估价：RMB 50,000-70,000
成交价：RMB 69,000

白玉雕山石人物屏芯
清 Qing XLA 西泠印社
2016-09-29 Lot122 H 19cm;D 13cm
估价：RMB 28,000-35,000
成交价：RMB 34,500

如意、佛手
Ruyi & Finger Citron

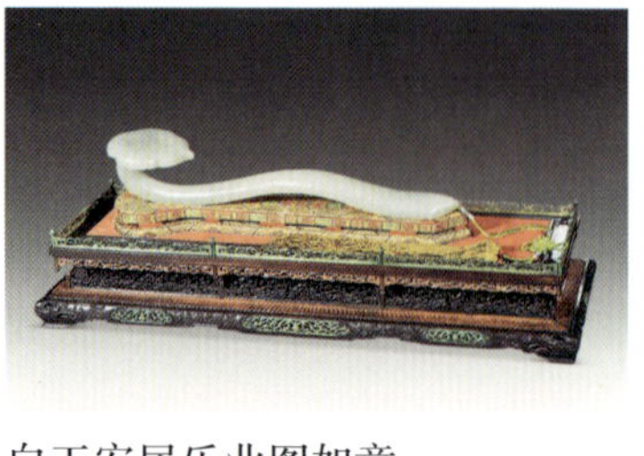

白玉安居乐业图如意
年代不详 Unknown GD 中国嘉德
2016-06-18 Lot2953 L40cm
估价：无底价
成交价：RMB 34,500

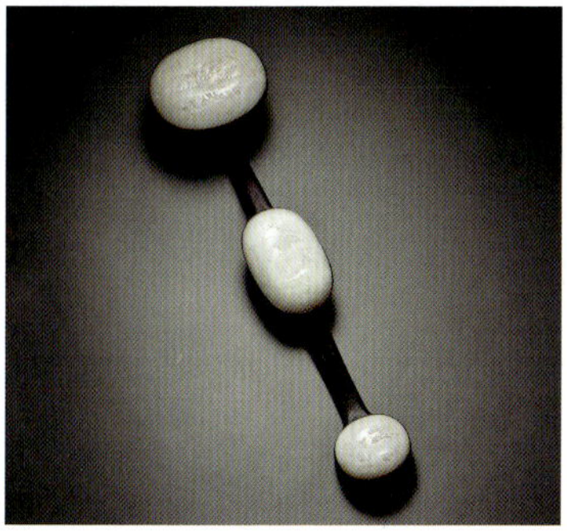

红木三镶白玉访友如意
清晚期 Late Qing BP 北京保利
2016-06-08 Lot9088 L52cm
估价：RMB 15,000-25,000
成交价：RMB 109,250

黄玉龙纹如意
清 Qing BP 北京保利
2016-04-27 Lot283 L43cm
估价：RMB 60,000-80,000
成交价：RMB 172,500

青白玉雕海水螭龙纹如意
乾隆 Qianlong KS 北京匡时
2016-06-07 Lot3775 L50cm
估价：RMB 2,200,000-2,500,000
成交价：RMB 2,530,000

灰白玉龙纹如意
清中期 Mid Qing BP 北京保利
2016-06-08 Lot9282 L33.5cm
估价：RMB 20,000-50,000
成交价：RMB 69,000

紫檀嵌青玉云龙纹如意
年代不详 Unknown GD 中国嘉德
2016-03-28 Lot5169 L53cm
估价：无底价
成交价：RMB 6,900

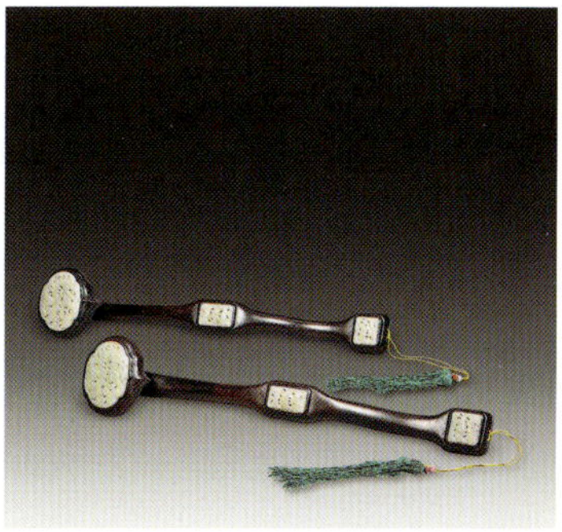

硬木嵌白玉云龙纹如意（一对）
年代不详 Unknown GD 中国嘉德
2016-03-28 Lot5171 L50cm
估价：无底价
成交价：RMB 8,050

青白玉螭龙如意
年代不详 Unknown GD 中国嘉德
2016-03-28 Lot5170 L26.5cm
估价：无底价
成交价：RMB 10,350

黄玉螭龙纹如意
清，19 世纪 Qing,19 Century C 佳士得
2016-09-16 Lot1291 L 39cm
估价：USD 100,000-150,000
成交价：USD 125,000

青白玉雕人物故事纹如意头
年代不详 Unknown HC 北京华辰
2016-11-16 Lot1237 L6.9cm
估价：RMB 10,000-20,000
成交价：RMB 11,500

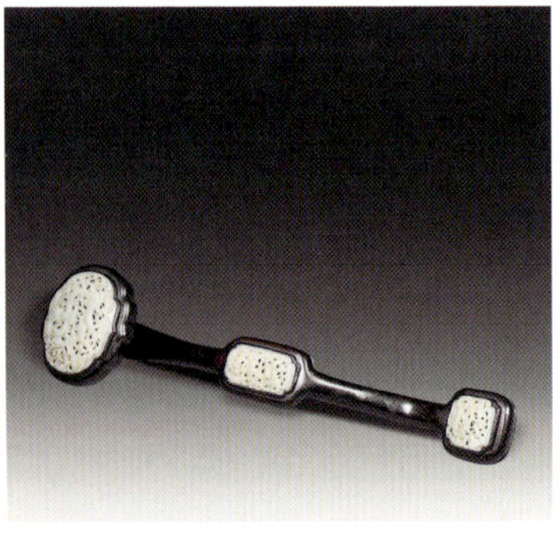

红木三镶玉螭龙纹如意
年代不详 Unknown GD 中国嘉德
2016-03-28 Lot5406 L52cm
估价：无底价
成交价：RMB 9,200

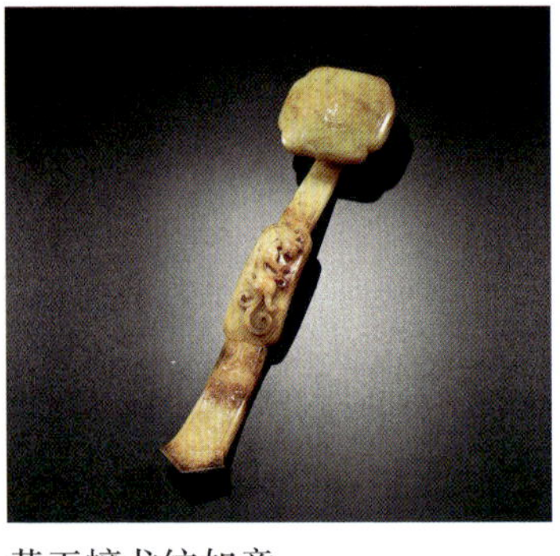

黄玉螭龙纹如意
明 Ming BH 北京翰海
2016-06-05 Lot2679 L35cm
估价：RMB 80,000-120,000
成交价：RMB 115,000

白玉人物如意
清 Qing SUN 中贸圣佳
2016-05-16 Lot1201 L43.8cm
估价：RMB 2,800,000-3,200,000
成交价：RMB 3,220,000

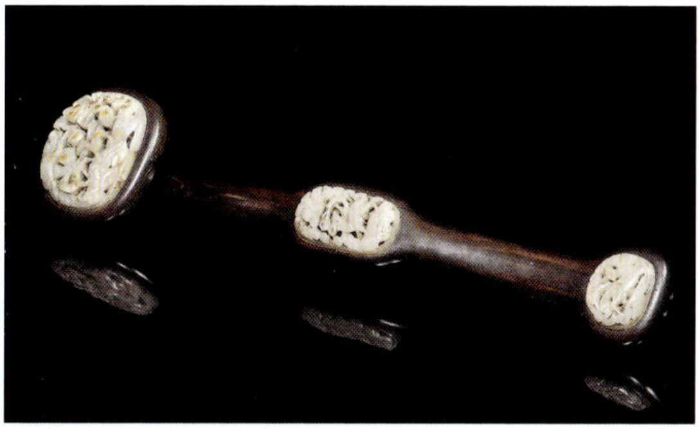

紫檀三镶白玉鹤鹿同春图如意
清 Qing GD 中国嘉德
2016-03-28 Lot5259 L47.5cm
估价：RMB 18,000-28,000
成交价：RMB 25,300

白玉五福捧寿如意
年代不详 Unknown GD 中国嘉德
2016-09-25 Lot5602 L 29.2cm
估价：无底价
成交价：RMB 13,800

白玉福寿诗文如意
近代 Modern BP 北京保利
2016-01-16 Lot448 L24.5cm
估价：无底价
成交价：RMB 8,050

白玉福寿诗文如意
年代不详 Unknown BP 北京保利
2016-10-31 Lot1679 L 32cm
估价：无底价
成交价：RMB 17,250

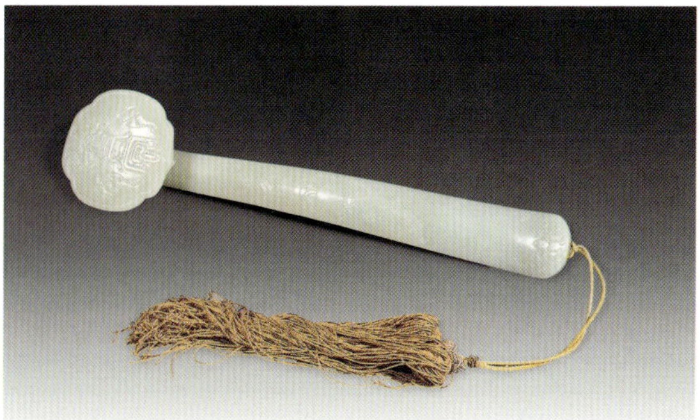

白玉福寿纹如意
年代不详 Unknown GD 中国嘉德
2016-03-28 Lot5407 L28.6cm
估价：无底价
成交价：RMB 23,000

白玉嵌百宝灵芝如意
年代不详 Unknown GD 中国嘉德
2016-06-18 Lot2520 L34cm
估价：无底价
成交价：RMB 20,700

白玉东方朔祝寿纹如意
乾隆 Qianlong CT 广州崇正
2016-12-11 Lot1406 L42.5cm
估价：RMB 2,000,000-3,000,000
成交价：RMB 2,875,000

白玉福庆万寿如意
乾隆 Qianlong BP 北京保利
2016-12-06 Lot5917 L38.5cm
估价：RMB 1,600,000-2,600,000
成交价：RMB 2,185,000

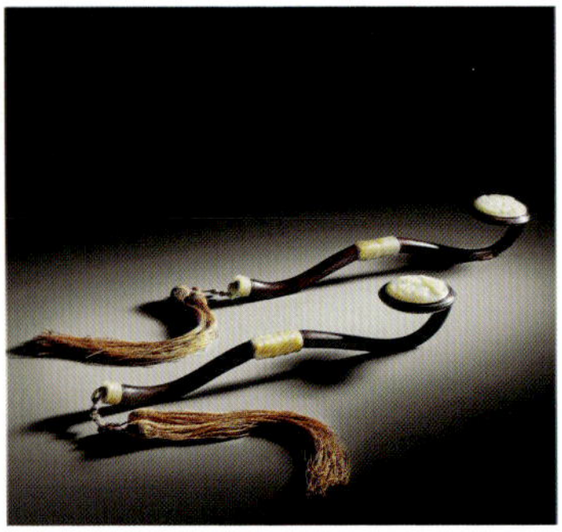

嵌白玉紫檀三阳开泰鹤鹿同春如意（一对）
清 Qing SUN 中贸圣佳
2016-11-15 Lot1444 L32.5cm
估价：RMB 450,000-550,000
成交价：RMB 506,000

白玉雕岁岁平安图如意首镶
清，18-19 世纪 Qing,18th-19th Century S 苏富比
2016-12-01 Lot168 12.9cm
估价：HKD 20,000-30,000
成交价：HKD 25,000

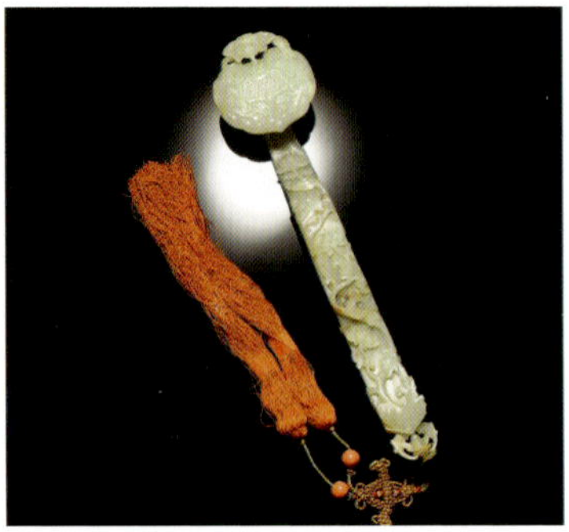

白玉雕福寿青莲大如意
清晚期 Late Qing BP 北京保利
2016-12-07 Lot6773 L43.3cm
估价：无底价
成交价：RMB 126,500

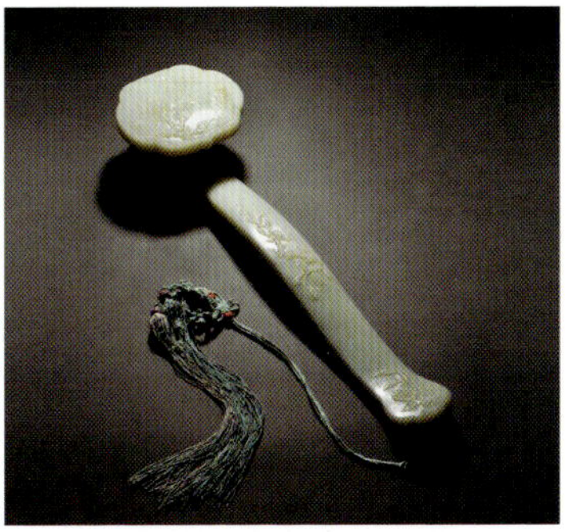

青白玉“玉堂富贵”纹如意

清中期 Mid Qing HY 华艺国际
2016-11-26 Lot1154 L35.5cm
估价：RMB 200,000-300,000
成交价：RMB 437,000

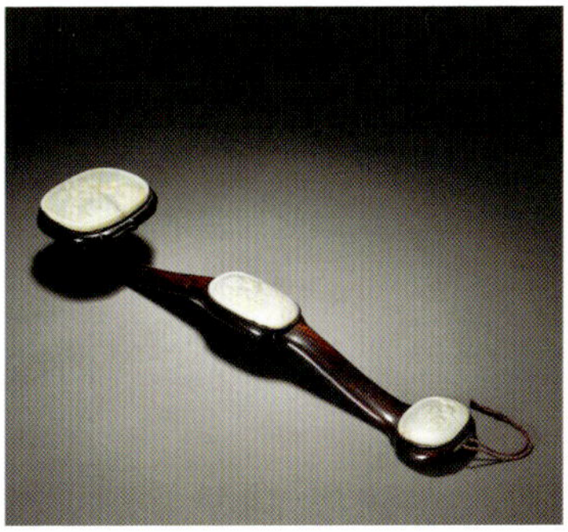

白玉三镶如意

清 Qing BP 北京保利
2016-12-07 Lot6843 L45cm
估价：RMB 300,000-400,000
成交价：RMB 575,000

青玉如意

清 Qing BP 北京保利
2016-12-07 Lot6842 L27.5cm
估价：RMB 150,000-200,000
成交价：RMB 402,500

白玉带沁八吉祥如意

乾隆 Qianlong BD 北京东正
2016-11-11 Lot208 L40cm
估价：RMB 4,000,000-5,000,000
成交价：RMB 5,520,000

三多九如如意

清中期 Mid Qing KS 北京匡时
2016-12-05 Lot2569 L42cm
估价：RMB 50,000-80,000
成交价：RMB 57,500

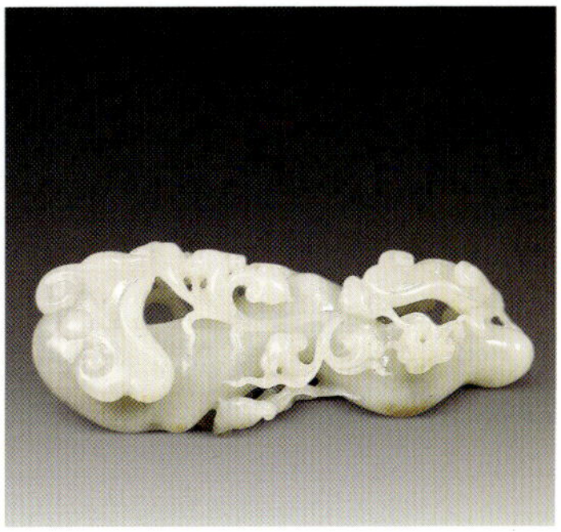

青白玉灵芝如意

年代不详 Unknown GD 中国嘉德
2016-03-28 Lot5190 L15.2cm
估价：无底价
成交价：RMB 6,900

青白玉松虬纹瓶、青玉灵芝如意各一件
年代不详 Unknown GD 中国嘉德
2016-03-28 Lot5359 L33.7cm;H21.8cm
估价：无底价
成交价：RMB 10,350

青玉福庆“吉祥如意”如意
清 Qing GD 中国嘉德
2016-05-14 Lot3152 L40.5cm
估价：RMB 800,000-900,000
成交价：RMB 920,000

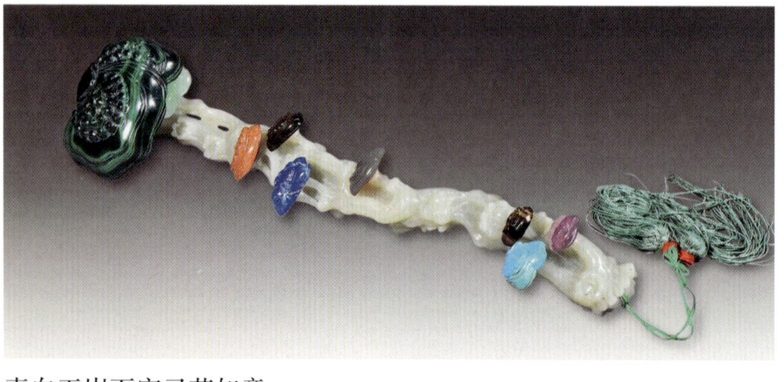

青白玉嵌百宝灵芝如意
年代不详 Unknown GD 中国嘉德
2016-09-25 Lot5587 L 34cm
估价：无底价
成交价：RMB 6,900

青白玉灵芝如意
年代不详 Unknown GD 中国嘉德
2016-09-25 Lot5607 L 36.5cm
估价：无底价
成交价：RMB 13,800

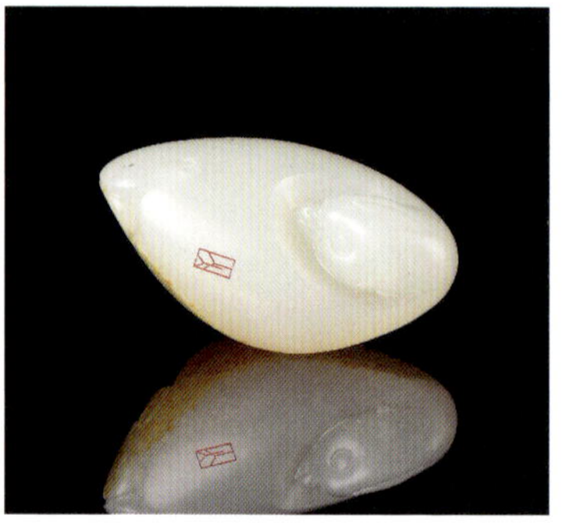

黄罕勇 平安如意
年代不详 Unknown BP 北京保利
2016-06-05 Lot6112 L 2.9cm
估价：无底价
成交价：RMB 1,150

紫檀嵌白玉岁岁平安如意
清中期 Mid Qing BH 北京翰海
2016-06-05 Lot2677 L42.5cm
估价：RMB 75,000-85,000
成交价：RMB 92,000

碧玉灵芝纹如意
清 Qing BP 北京保利
2016-10-31 Lot1185 L 37cm
估价：无底价
成交价：RMB 13,800

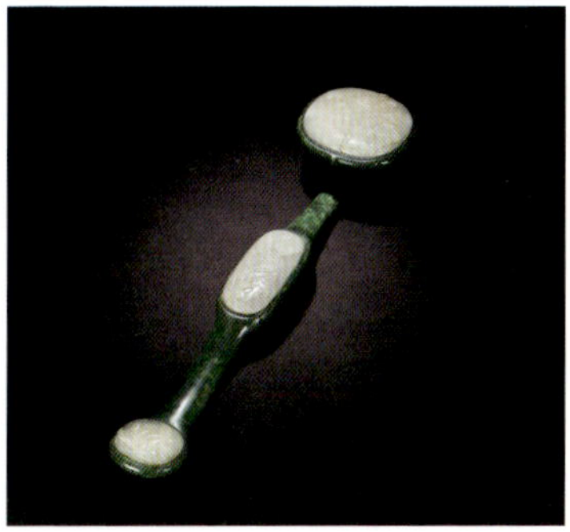

碧玉嵌白玉花卉纹如意
清 Qing BD 北京东正
2016-05-14 Lot2031 L44cm
估价：RMB 200,000-250,000
成交价：RMB 230,000

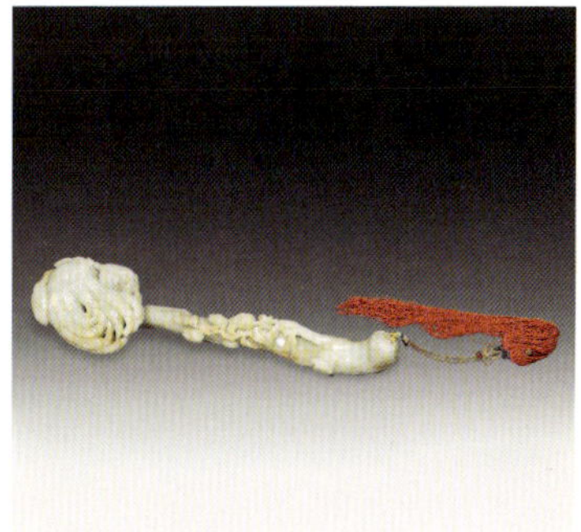

白玉三多如意
年代不详 Unknown GD 中国嘉德
2016-06-18 Lot2501 L36cm
估价：无底价
成交价：RMB 36,800

御题诗白玉如意
乾隆 Qianlong BD 北京东正
2016-05-14 Lot2029 L42cm
估价：RMB 1,500,000-2,000,000
成交价：RMB 1,725,000

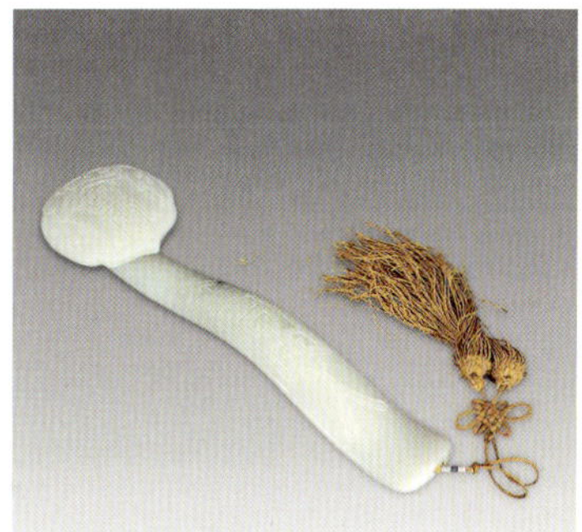

白玉寿字纹如意
近代 Modern BP 北京保利
2016-01-16 Lot449 L24cm
估价：无底价
成交价：RMB 3,450

三镶玉如意
清中期 Mid Qing GD 中国嘉德
2016-05-14 Lot3166 L57cm
估价：RMB 150,000-250,000
成交价：RMB 103,500

青白玉如意摆件
19 世纪 19th Century C 佳士得
2016-11-08 Lot162 L 40.6cm
估价：GBP 20,000-40,000
成交价：GBP 25,000

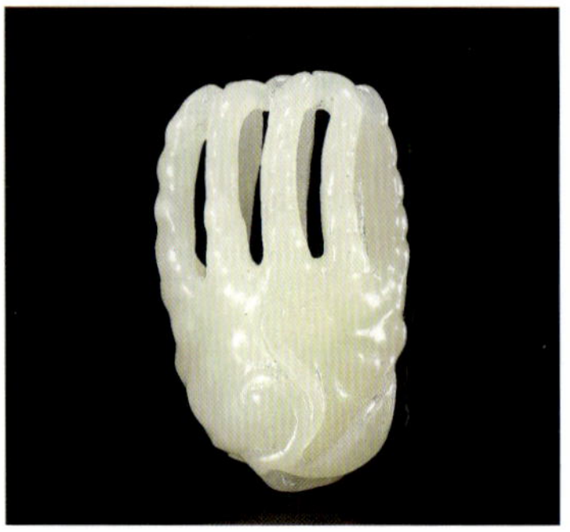

白玉佛手
清中期 Mid Qing BH 北京翰海
2016-06-05 Lot2538 H5cm
估价：RMB 8,000-10,000
成交价：RMB 9,200

白玉佛手
清 Qing BP 北京保利
2016-10-31 Lot226 L 6.6cm
估价：无底价
成交价：RMB 34,500

青玉如意（一对）
年代不详 Unknown GD 中国嘉德
2016-09-25 Lot5585 L 30cm;28cm
估价：无底价
成交价：RMB 17,250

黄玉佛手
年代不详 Unknown GD 中国嘉德
2016-06-18 Lot2516 H9cm
估价：无底价
成交价：RMB 11,500

青白玉雕佛手摆件
清，18 世纪 Qing,18th Century S 苏富比
2016-12-01 Lot11 14.9cm
估价：HKD 100,000-150,000
成交价：HKD 375,000

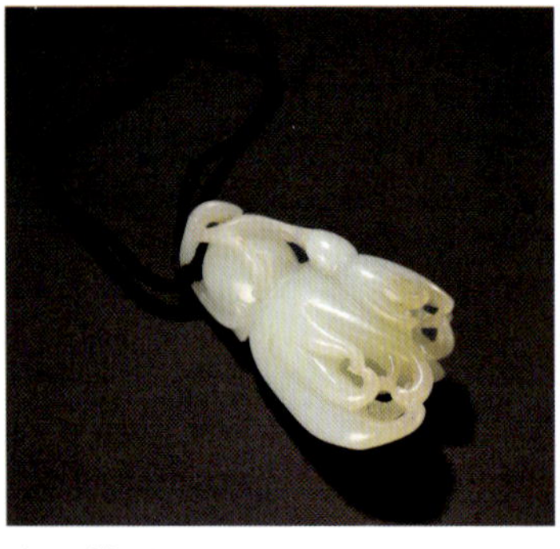

白玉佛手
清 Qing BP 北京保利
2016-06-08 Lot9162 L7.7cm
估价：RMB 30,000-50,000
成交价：RMB 36,800

白玉带皮佛手摆件
20 世纪 20th Century C 佳士得
2016-11-11 Lot771 L 10.2cm
估价：GBP 4,500-5,500
成交价：GBP 31,250

青白玉雕佛手及耄耋摆件
清，19 世纪 Qing,19 Century S 苏富比
2016-09-17 Lot1098 尺寸不详
估价：USD 3,000-5,000
成交价：USD 3,000

玉葫芦、玉琮、佛手、带皮小兽（四件）
清 Qing SUN 中贸圣佳
2016-11-15 Lot1428 尺寸不一
估价：RMB 30,000-50,000
成交价：RMB 55,200

白玉诗文竹节笔
年代不详 Unknown GD 中国嘉德
2016-03-28 Lot5491 L26.5cm
估价：无底价
成交价：RMB 4,600

青玉佛手瓜摆件
清，19 世纪 Qing,19 Century C 佳士得
2016-11-09 Lot551 H 15.3cm
估价：GBP 3,000-5,000
成交价：GBP 2,500

文房 Stationeries

白玉龙纹笔
年代不详 Unknown GD 中国嘉德
2016-06-18 Lot2935 L20.5cm
估价：无底价
成交价：RMB 1,150

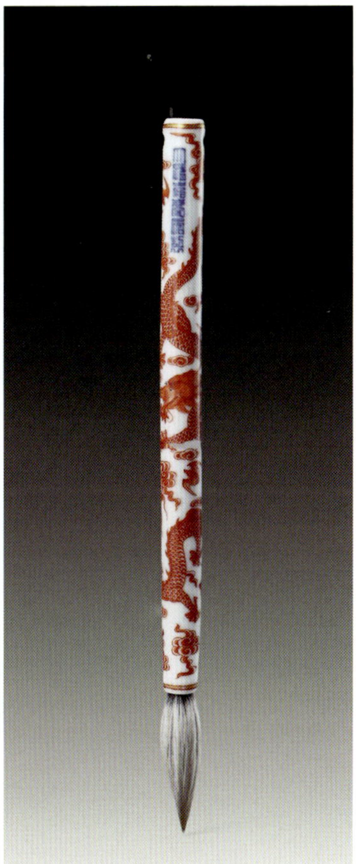

梵红彩云蝠龙纹毛笔
嘉庆 Jiaqing BH 北京翰海
2016-12-04 Lot2815 L18.5cm
估价：RMB 170,000-200,000
成交价：RMB 207,000

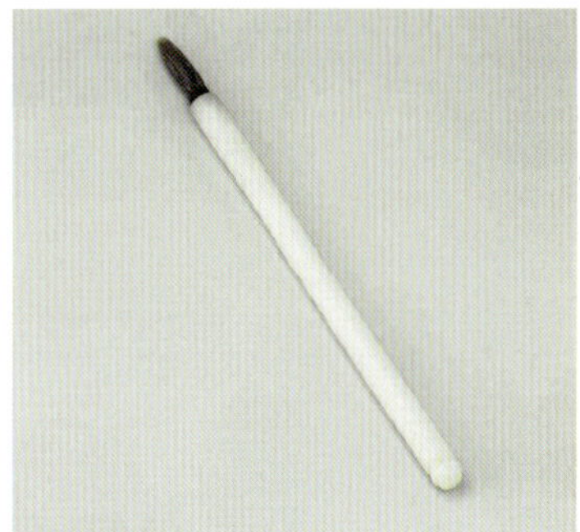

白玉花鸟纹笔
乾隆 Qianlong C 佳士得
2016-05-10 Lot35 L 19.5cm
估价：GBP 10,000-15,000
成交价：GBP 15,000

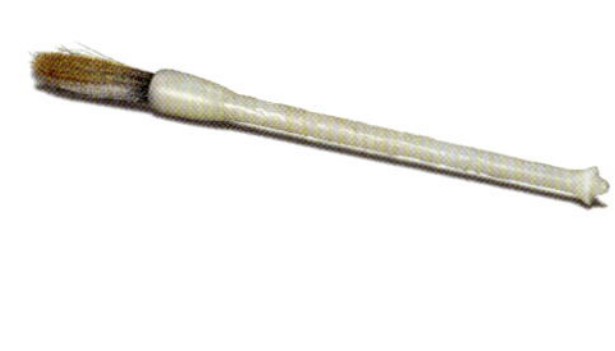

白玉花鸟纹毛笔
清 Qing BP 北京保利
2016-10-31 Lot237 L 25cm
估价：无底价
成交价：RMB 18,400

白玉花鸟纹笔
清中期 Mid Qing GD 中国嘉德
2016-11-12 Lot2917 L 16.5cm
估价：RMB 80,000-120,000
成交价：RMB 264,500

青玉福寿笔舔
年代不详 Unknown GD 中国嘉德
2016-09-25 Lot5384 L 12.8cm
估价：无底价
成交价：RMB 6,900

白玉寿山福海小笔山
清中期 Mid Qing BP 北京保利
2016-12-07 Lot6818 L5.5cm
估价：RMB 15,000-25,000
成交价：RMB 17,250

白玉嵌掐丝珐琅抓笔
年代不详 Unknown GD 中国嘉德
2016-03-28 Lot5490 L37.5cm
估价：无底价
成交价：RMB 4,600

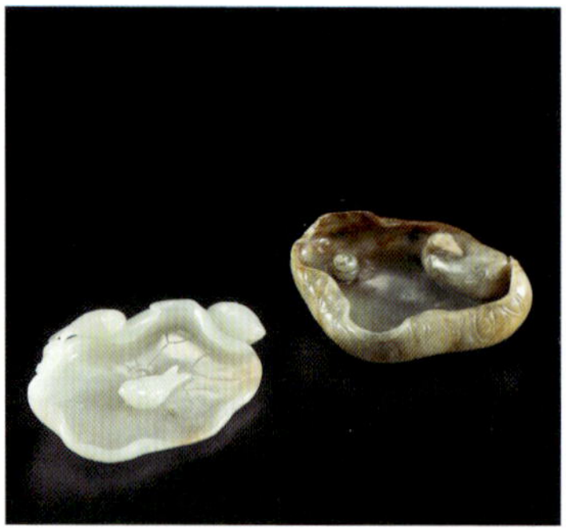

青白玉雕河清海晏笔舔及褐斑青玉雕一路连科笔舔
清 Qing S 苏富比
2016-03-16 Lot390 尺寸不详
估价：USD 5,000-7,000
成交价：USD 6,250

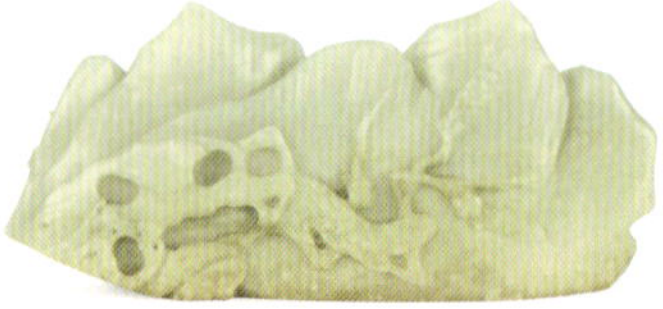

青白玉带皮笔山
清，18 世纪 Qing,18th Century C 佳士得
2016-11-11 Lot814 W 15.2cm
估价：GBP 1,500-2,500
成交价：GBP 1,750

白玉喜鹊登梅笔舔
清中期 Mid Qing GD 中国嘉德
2016-09-25 Lot5242 L 9cm
估价：RMB 5,000-8,000
成交价：RMB 8,050

白玉苍龙教子笔架山
明 Ming BP 北京保利
2016-12-05 Lot5242 L25.5cm
估价：RMB 500,000-800,000
成交价：RMB 690,000

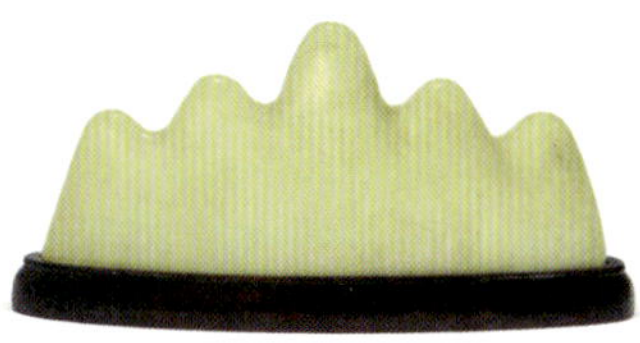

黄玉笔山
清，18-19 世纪 Qing,18th-19th Century C 佳士得
2016-11-11 Lot849 W 12.7cm
估价：GBP 2,000-3,000
成交价：GBP 3,000

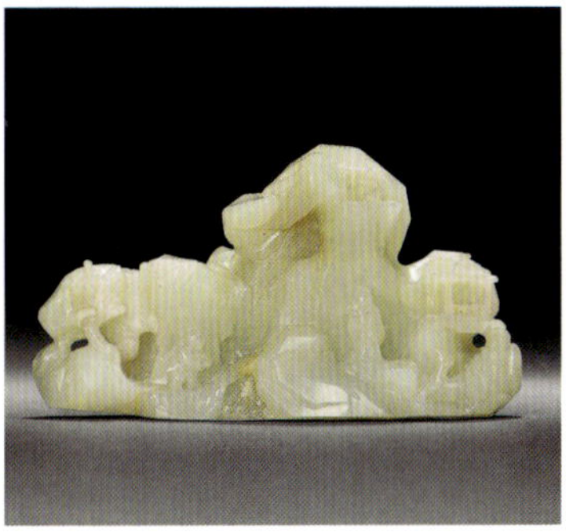

白玉雕深山高士笔架
清 Qing BP 北京保利
2016-06-08 Lot9098 L12cm
估价：RMB 8,000-12,000
成交价：RMB 86,250

白玉沁色石榴纹笔架
乾隆 Qianlong BH 北京翰海
2016-06-05 Lot2624 L7cm
估价：RMB 20,000-30,000
成交价：RMB 28,750

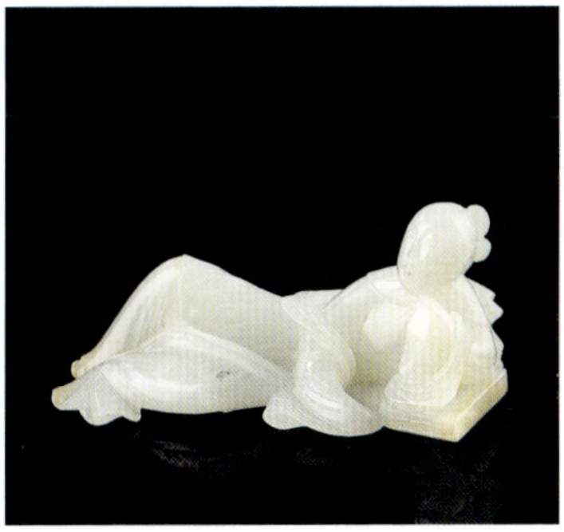

白玉文人笔架
清早期 Early Qing PLXM 保利厦门
2016-11-06 Lot867 L 7.5cm
估价：无底价
成交价：RMB 27,600

白玉藕节青蛙笔架
清 Qing BP 北京保利
2016-06-08 Lot9280 L14.5cm
估价：RMB 15,000-25,000
成交价：RMB 23,000

白玉巧雕福寿双全笔架
清 Qing BP 北京保利
2016-04-28 Lot1865 L11.5cm
估价：RMB 16,000-30,000
成交价：RMB 18,400

白玉雕羲之爱鹅笔架
乾隆 Qianlong BP 北京保利
2016-06-06 Lot7463 L12cm
估价：RMB 150,000-250,000
成交价：RMB 414,000

白玉倚琴母子笔搁
明末清初 Late Ming and Early Qing S 苏富比
2016-12-01 Lot52 7.5cm
估价：HKD 40,000-60,000
成交价：HKD 106,250

白玉雕灵芝梅枝式笔搁
清，18 世纪 Qing,18th Century S 苏富比
2016-10-05 Lot67 15.7cm
估价：HKD 100,000-150,000
成交价：HKD 275,000

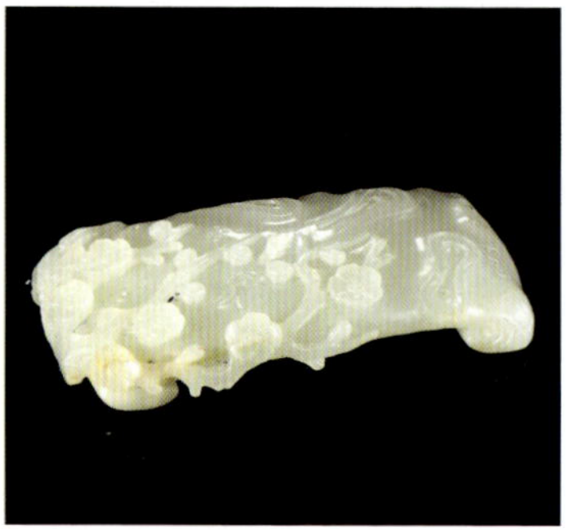

白玉梅花诗文墨床
清中期 Mid Qing BH 北京翰海
2016-12-04 Lot2521 L9.4cm
估价：RMB 25,000-40,000
成交价：RMB 34,500

白玉高士图墨床、翁仲各一件
年代不详 Unknown GD 中国嘉德
2016-03-28 Lot5373 L10.2cm;L6.1cm
估价：无底价
成交价：RMB 3,450

白玉雕赤壁赋墨床
清 Qing BD 北京东正
2016-06-05 Lot229 L 11.8cm
估价：RMB 25,000-35,000
成交价：RMB 32,200

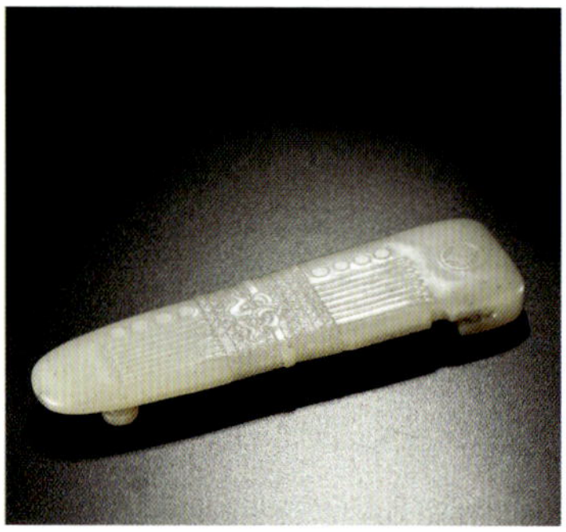

白玉琴式墨床
清中期 Mid Qing BH 北京翰海
2016-12-04 Lot2519 L11.5cm
估价：RMB 15,000-30,000
成交价：RMB 23,000

白玉留皮兰花书案式墨床
清中期 Mid Qing BP 北京保利
2016-06-08 Lot9269 L6.5cm
估价：RMB 30,000-50,000
成交价：RMB 34,500

青白玉俏色夜游赤壁图墨床
年代不详 Unknown GD 中国嘉德
2016-09-25 Lot5426 L 11.8cm
估价：无底价
成交价：RMB 20,700

黄玉经文墨床
清中期 Mid Qing BH 北京翰海
2016-12-04 Lot2518 L11.5cm
估价：RMB 8,000-12,000
成交价：RMB 16,100

玉雕梅纹墨床
清 Qing XLA 西泠印社
2016-09-29 Lot104 1.8 × 9.5 × 5.5cm
估价：RMB 15,000-20,000
成交价：RMB 17,250

白玉琴式诗文墨池
乾隆 Qianlong BH 北京翰海
2016-06-05 Lot2620 L13.5cm
估价：RMB 25,000-35,000
成交价：RMB 34,500

青白玉夔龙纹长方砚
清，19 世纪 Qing,19th Century S 苏富比
2016-06-02 Lot783 14.8cm
估价：HKD 70,000-100,000
成交价：HKD 125,000

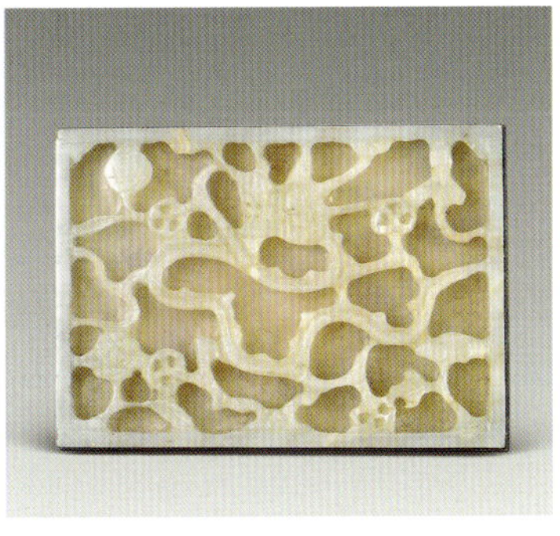

青白玉透雕螭龙喜字墨床
年代不详 Unknown BP 北京保利
2016-10-31 Lot1738 L 9cm
估价：无底价
成交价：RMB 19,550

白玉刘海戏金蟾纹砚
清，18 世纪 Qing,18th Century C 佳士得
2016-11-11 Lot810 D 7.8cm
估价：GBP 8,000-10,000
成交价：GBP 25,000

白玉鱼龙变幻砚
清早期 Early Qing BH 北京翰海
2016-06-05 Lot2645 L13.6cm
估价：RMB 25,000-35,000
成交价：RMB 34,500

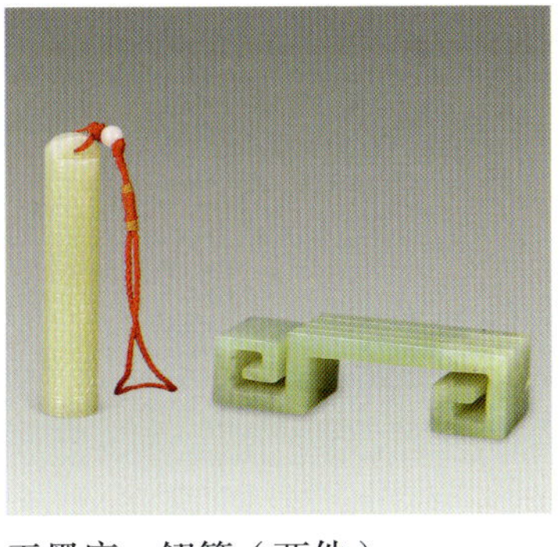

玉墨床、翎管（两件）
年代不详 Unknown BP 北京保利
2016-10-31 Lot1732 L 9cm;H 8.8cm
估价：无底价
成交价：RMB 2,300

白玉龙纹砚
清 Qing BH 北京翰海
2016-12-04 Lot2516 L12.4cm
估价：RMB 15,000-30,000
成交价：RMB 23,000

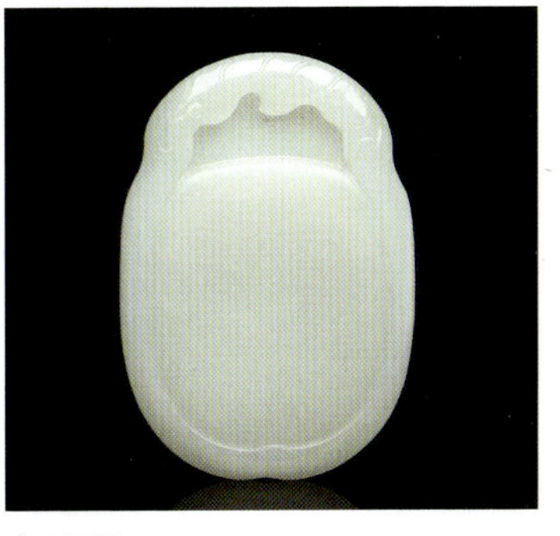

白玉砚
清 Qing C 佳士得
2016-04-05 Lot48 L 10cm
估价：HKD 60,000-80,000
成交价：HKD 162,500

白玉砚台
清 Qing GD 中国嘉德
2016-11-12 Lot2924 L 8.5cm
估价：RMB 30,000-50,000
成交价：RMB 34,500

白玉喜鹊登梅臂搁
清中期 Mid Qing BD 北京东正
2016-11-11 Lot194 L14.8cm
估价：RMB 60,000-100,000
成交价：RMB 126,500

白玉梅竹诗文臂搁（一对）
年代不详 Unknown BP 北京保利
2016-04-28 Lot1686 L14.5cm
估价：无底价
成交价：RMB 4,600

玉雕砚
清 Qing BP 北京保利
2016-10-31 Lot162 L 9.5cm
估价：无底价
成交价：RMB 13,800

青白玉雕螭龙臂搁
明 Ming BP 北京保利
2016-06-08 Lot9147 L10.5cm
估价：RMB 16,000-25,000
成交价：RMB 18,400

白玉巧雕岁寒三友臂搁
清，18 世纪 Qing,18th Century S 苏富比
2016-10-05 Lot14 17.5cm
估价：HKD 260,000-300,000
成交价：HKD 325,000

白玉云龙纹琴式臂格
嘉庆 Jiaqing BH 北京翰海
2016-06-05 Lot2621 L22cm
估价：RMB 56,000-66,000
成交价：RMB 69,000

灰青玉双鸟式笔搁
明 Ming C 佳士得
2016-03-17 Lot1658 L8cm
估价：USD 10,000-15,000
成交价：USD 10,000

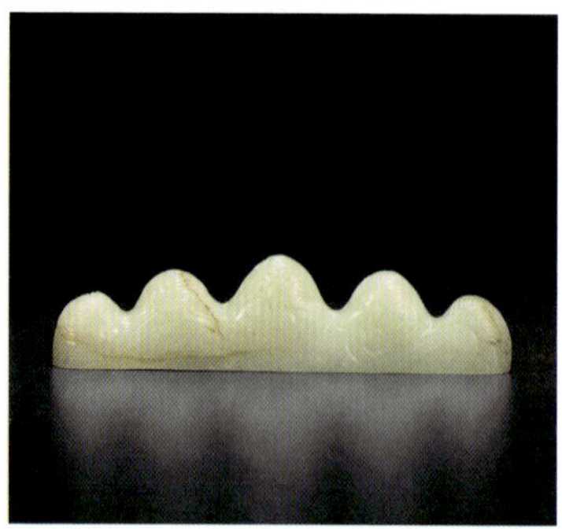

白玉雕江崖海水纹五峰笔搁
清 Qing XLA 西泠印社
2016-04-09 Lot132 H2.8cm;L11cm
估价：RMB 10,000-20,000
成交价：RMB 13,800

旧玉海水九龙纹笔海
明 Ming BH 北京翰海
2016-06-05 Lot2673 D25.5cm
估价：RMB 1,400,000-1,600,000
成交价：RMB 1,897,500

白玉雕荷叶高仕笔掭
清 Qing BD 北京东正
2016-11-11 Lot335 8 × 6cm
估价：RMB 120,000-150,000
成交价：RMB 138,000

白玉荷塘清趣笔舔
乾隆 Qianlong PLHK 保利香港
2016-04-05 Lot3077 W11.2cm
估价：HKD 200,000-300,000
成交价：HKD 236,000

青白玉祥云瑞兽纹笔舔
清，18-19 世纪 Qing,18th-19th Century C 佳士得
2016-03-17 Lot1674 L10cm
估价：USD 10,000-15,000
成交价：USD 10,000

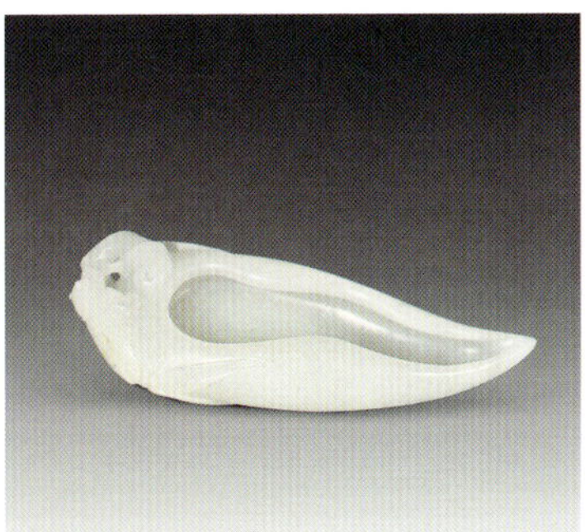

白玉蝉鸣笔舔
年代不详 Unknown GD 中国嘉德
2016-06-18 Lot2560 L8.7cm
估价：无底价
成交价：RMB 3,450

白玉梅花诗文荷叶形笔舔
清中期 Mid Qing BH 北京翰海
2016-12-04 Lot2530 L10.4cm
估价：RMB 12,000-20,000
成交价：RMB 17,250

白玉雕树叶形笔舔
清 Qing KS 北京匡时
2016-06-07 Lot3332 L7.8cm
估价：RMB 80,000-100,000
成交价：RMB 92,000

白玉开光山水图水注
乾隆 Qianlong HY 华艺国际
2016-05-26 Lot1204 H9.5cm
估价：RMB 200,000-300,000
成交价：RMB 299,000

黄玉雕三羊开泰水盂
清，18 世纪 Qing,18th Century S 苏富比
2016-04-06 Lot3004 11.9cm
估价：HKD 4,000,000-6,000,000
成交价：HKD 4,880,000

青玉兽面纹水盂
清 Qing BP 北京保利
2016-04-27 Lot402 D7cm
估价：RMB 8,000-12,000
成交价：RMB 9,200

白玉水盂
清 Qing BP 北京保利
2016-04-27 Lot267 H5.5cm
估价：RMB 10,000-20,000
成交价：RMB 13,800

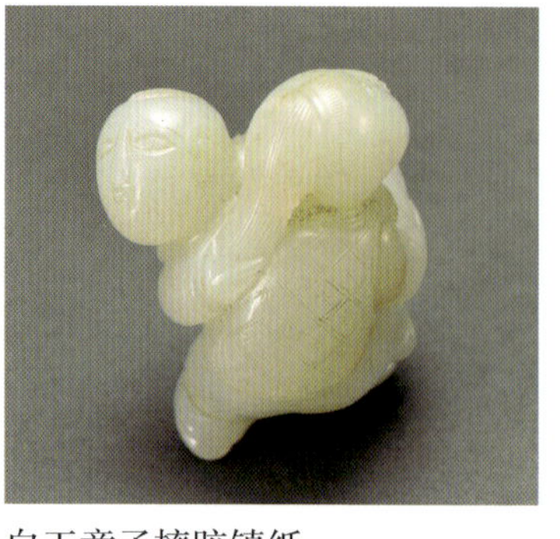

白玉童子捽跤镇纸
清 Qing BP 北京保利
2016-12-07 Lot6820 L5.5cm
估价：RMB 28,000-38,000
成交价：RMB 59,800

青白玉婴戏纸镇
年代不详 Unknown GD 中国嘉德
2016-03-28 Lot5362 L9cm
估价：无底价
成交价：RMB 1,150

旧玉龙纹镇
明 Ming BP 北京保利
2016-06-08 Lot9136 L13.5cm
估价：RMB 15,000-25,000
成交价：RMB 17,250

白玉螭龙镇纸
乾隆 Qianlong S 苏富比
2016-10-05 Lot3711 16.2cm
估价：HKD 500,000-700,000
成交价：HKD 625,000

玉雕苍龙教子镇
乾隆 Qianlong BC 北京诚轩
2016-05-15 Lot935 6.9 × 5.8 × 3cm
估价：RMB 100,000-120,000
成交价：RMB 115,000

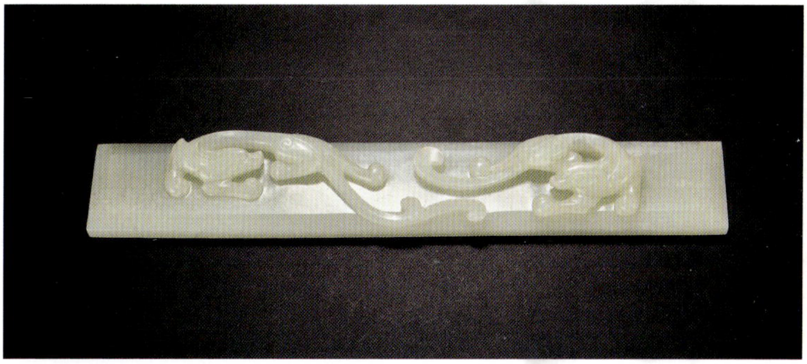

白玉雕双螭龙纸镇
清早期 Early Qing BD 北京东正
2016-05-14 Lot2023 L23cm
估价：RMB 180,000-200,000
成交价：RMB 322,000

青白玉螭龙纹纸镇
清，19 世纪 Qing,19th Century S 苏富比
2016-05-11 Lot151 22.5cm
估价：GBP 2,000-3,000
成交价：GBP 16,250

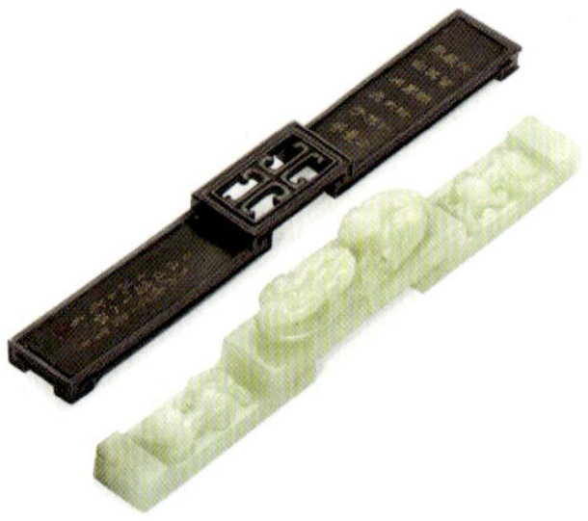

青白玉螭龙纹纸镇

乾隆 Qianlong C 佳士得

2016-05-11 Lot393 L 20.3cm

估价：GBP 5,000-8,000

成交价：GBP 26,250

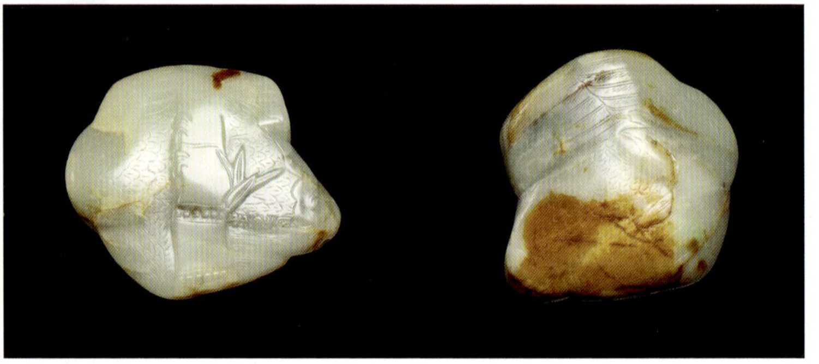

“步寿宫”款玉雕凤竹纸镇

明 Ming BSA 北京古天一

2016-12-07 Lot1152 L7cm

估价：RMB 150,000-200,000

成交价：RMB 172,500

白玉凤鸟形镇

明 Ming C 佳士得

2016-03-17 Lot949 L10cm

估价：USD 60,000-80,000

成交价：USD 85,000

黑白玉雕瑞兽镇纸

明 Ming S 苏富比

2016-12-01 Lot213 6.6cm

估价：HKD 80,000-120,000

成交价：HKD 400,000

白玉凤凰纸镇

乾隆 Qianlong KS 北京匡时

2016-12-06 Lot3202 L11cm

估价：RMB 80,000-120,000

成交价：RMB 494,500

白玉螭纹纸镇

乾隆 Qianlong BD 北京东正

2016-11-11 Lot195 L15cm

估价：RMB 50,000-100,000

成交价：RMB 115,000

白玉雕獬豸镇

康熙 Kangxi BC 北京诚轩

2016-11-12 Lot937 8.4 × 4.5 × 4.7cm

估价：RMB 200,000-280,000

成交价：RMB 241,500

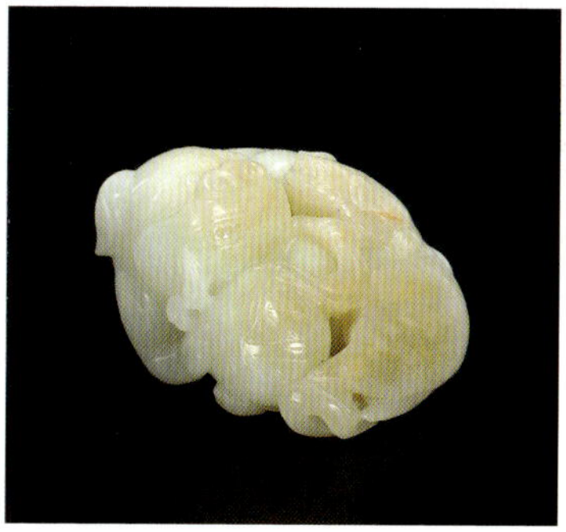

玉太狮少狮纸镇
明 Ming GD 中国嘉德
2016-11-12 Lot2913 L 6.5cm
估价：RMB 20,000-40,000
成交价：RMB 32,200

玉沁色“御题梅花琴诗”镇纸
乾隆 Qianlong GD 中国嘉德
2016-05-14 Lot3135 L8.7cm
估价：RMB 300,000-400,000
成交价：RMB 1,173,000

白玉太平有象纸镇 青玉沁色蝉各一件
年代不详 Unknown GD 中国嘉德
2016-09-25 Lot5431 L 5cm;4.3cm
估价：RMB 3,000-5,000
成交价：RMB 3,450

白玉虎符纸镇
明 Ming BH 北京翰海
2016-06-05 Lot2631 L11.7cm
估价：RMB 320,000-380,000
成交价：RMB 402,500

白玉三羊开泰纸镇
清 Qing GD 中国嘉德
2016-06-18 Lot2539 L4.3cm
估价：RMB 8,000-12,000
成交价：RMB 9,200

玉雕龙马献书镇
乾隆 Qianlong BC 北京诚轩
2016-05-15 Lot933 16.2 × 9.4 × 6.5cm
估价：RMB 120,000-160,000
成交价：RMB 184,000

青白玉牛形镇
清 Qing BP 北京保利
2016-01-16 Lot371 L5cm
估价：无底价
成交价：RMB 1,150

白玉雕三羊开泰镇纸
清，17-18 世纪 Qing,17th-18th Century S 苏富比
2016-12-01 Lot39 6.7cm
估价：HKD 80,000-120,000
成交价：HKD 100,000

白玉双羊衔芝镇
乾隆 Qianlong BP 北京保利
2016-12-06 Lot5862 L8cm
估价：RMB 350,000-550,000
成交价：RMB 402,500

青白玉鸭衔灵芝镇纸
清中期 Mid Qing BP 北京保利
2016-10-31 Lot1124 L 8.5cm
估价：RMB 10,000-20,000
成交价：RMB 20,700

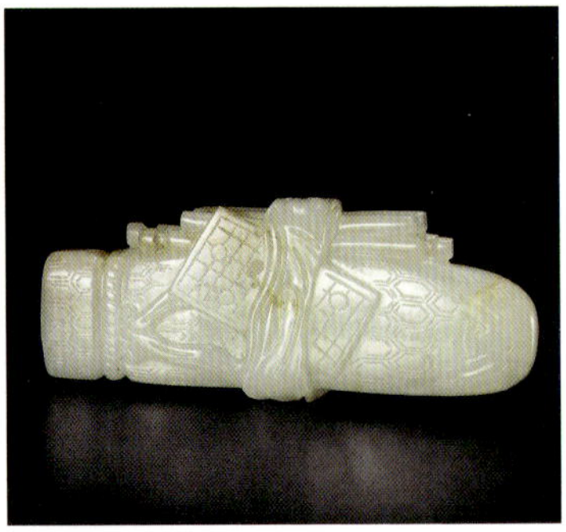

白玉琴棋书画纸镇
清中期 Mid Qing BH 北京翰海
2016-06-05 Lot2619 H8cm
估价：RMB 10,000-20,000
成交价：RMB 17,250

青白玉莲池鸳鸯纸镇
清 Qing SUN 中贸圣佳
2016-11-15 Lot1431 L9cm
估价：RMB 200,000-300,000
成交价：RMB 218,500

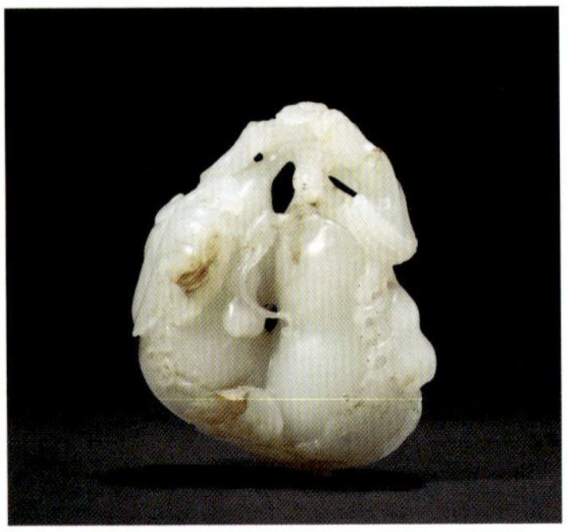

青白玉雕福禄绵延镇
乾隆 Qianlong BC 北京诚轩
2016-11-12 Lot942 7.3 × 5.9 × 2.7cm
估价：RMB 60,000-80,000
成交价：RMB 69,000

青白玉琴棋书画纸镇
年代不详 Unknown GD 中国嘉德
2016-09-25 Lot5581 L 10.4cm
估价：无底价
成交价：RMB 3,450

白玉雕连年有余纸镇
乾隆 Qianlong BD 北京东正
2016-11-11 Lot123 L14cm
估价：RMB 200,000-300,000
成交价：RMB 230,000

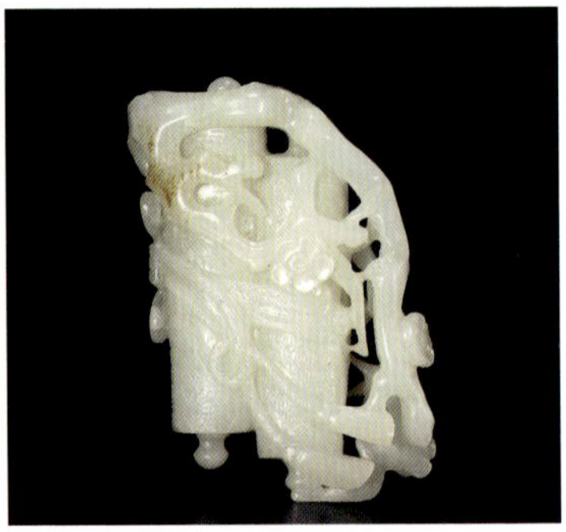

白玉梅花双联瓶式纸镇
乾隆 Qianlong BH 北京翰海
2016-12-04 Lot2523 L6.4cm
估价：RMB 25,000-40,000
成交价：RMB 34,500

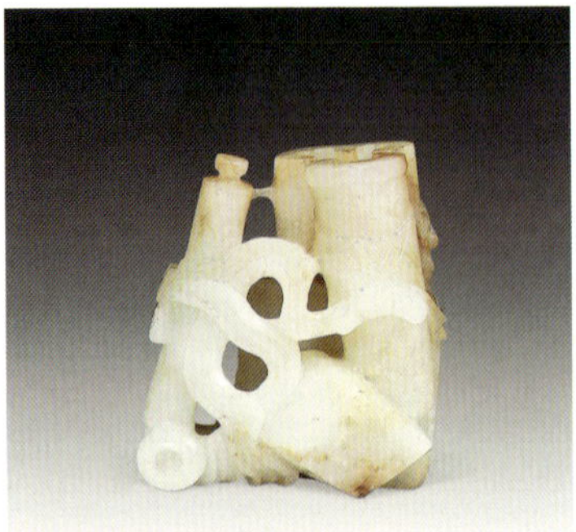

青白玉琴棋书画纸镇
清 Qing GD 中国嘉德
2016-06-18 Lot2515 L6cm
估价：RMB 10,000-20,000
成交价：RMB 11,500

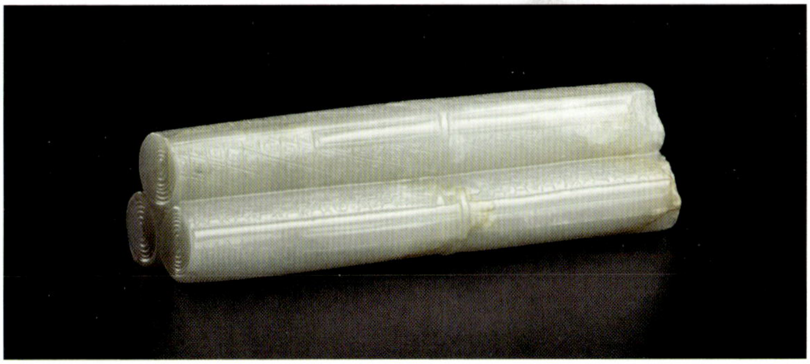

白玉雕书卷形纸镇
清 Qing BSA 北京古天一
2016-12-07 Lot1042 L10.3cm
估价：RMB 30,000-50,000
成交价：RMB 34,500

白玉竹节式纸镇
清早期 Early Qing BP 北京保利
2016-06-06 Lot7464 L22.2cm
估价：RMB 200,000-300,000
成交价：RMB 230,000

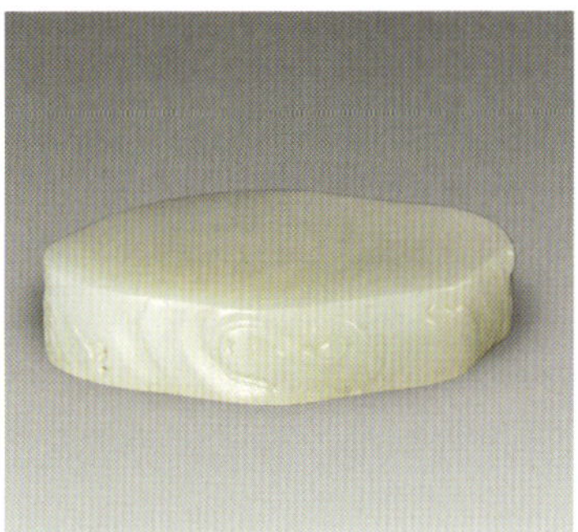

白玉树桩纹镇
清 Qing BP 北京保利
2016-10-31 Lot457 L 5.5cm
估价：无底价
成交价：RMB 17,250

青白玉鹤衔灵芝纸镇
清 Qing GD 中国嘉德
2016-03-28 Lot5278 L9.8cm
估价：无底价
成交价：RMB 9,200

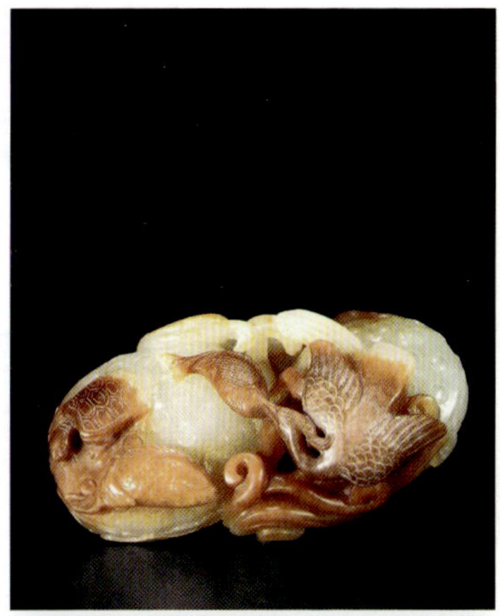

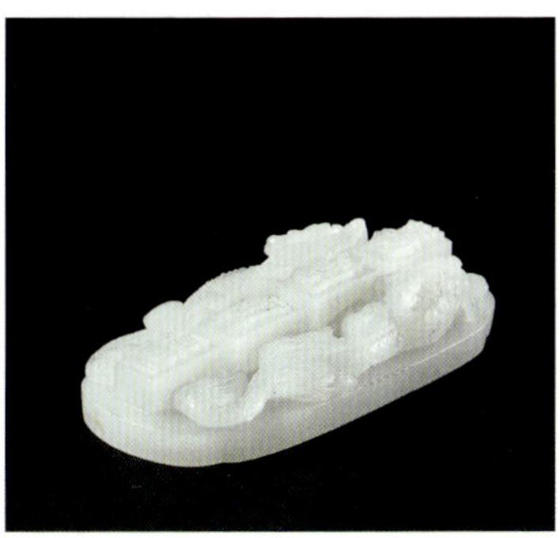

白玉“万寿无疆”纸镇
清 Qing BD 北京东正
2016-11-11 Lot197 L9.3cm
估价：RMB 60,000-100,000
成交价：RMB 184,000

白玉竹雀臂搁
清，18 世纪 Qing,18th Century BP 北京保利
2016-06-08 Lot9278 L11.2cm
估价：RMB 80,000-120,000
成交价：RMB 92,000

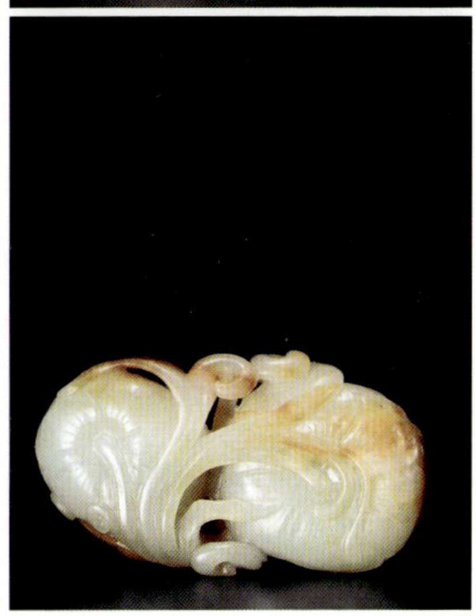

白玉巧作荷塘情趣纸镇
清中期 Mid Qing BH 北京翰海
2016-12-04 Lot2552 L7.5cm
估价：RMB 15,000-30,000
成交价：RMB 23,000

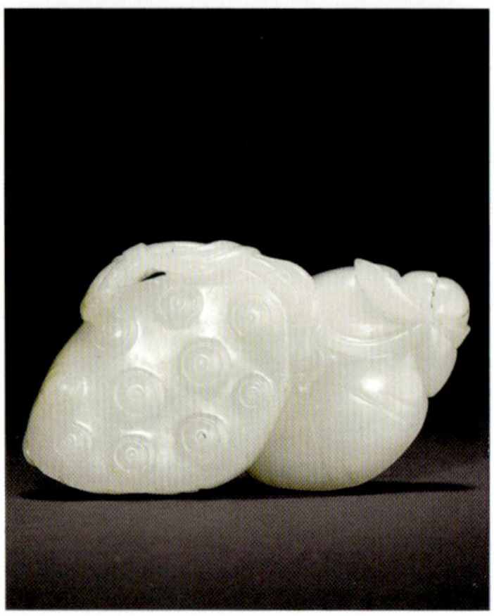

白玉雕相怜得莲镇
清中期 Mid Qing BC 北京诚轩
2016-05-15 Lot929 7×4×2cm
估价：RMB 8,000-15,000
成交价：RMB 46,000

白玉雕“平定”铭虎符镇
清中期 Mid Qing BD 北京东正
2016-05-14 Lot3102 L9.3cm
估价：RMB 10,000-20,000
成交价：RMB 23,000

白玉花瓣式小渣斗
清，18 世纪 Qing,18th Century C 佳士得
2016-03-17 Lot1521 D9.2cm
估价：USD 12,000-18,000
成交价：USD 81,250

各式文房（一组四件）
清 Qing BP 北京保利
2016-04-28 Lot1680 尺寸不一
估价：无底价
成交价：RMB 11,500

人物
Figure

白玉释伽像
清 Qing GD 中国嘉德
2016-06-18 Lot2569 H12cm
估价：RMB 20,000-30,000
成交价：RMB 23,000

白玉、青玉纸镇（三件）
年代不详 Unknown GD 中国嘉德
2016-06-18 Lot2623 L10cm;L8.5cm;L8cm
估价：无底价
成交价：RMB 3,450

白玉释迦牟尼
清 Qing BP 北京保利
2016-04-27 Lot238 L3.5cm
估价：无底价
成交价：RMB 4,600

白玉释迦牟尼
清早期 Early Qing BH 北京翰海
2016-06-05 Lot2690 H7cm
估价：RMB 16,000-26,000
成交价：RMB 23,000

白玉释迦像
清 Qing BP 北京保利
2016-04-27 Lot239 H8.5cm
估价：RMB 10,000-20,000
成交价：RMB 46,000

青白玉释伽像
年代不详 Unknown GD 中国嘉德
2016-06-18 Lot2521 H8.5cm
估价：无底价
成交价：RMB 6,900

碧玉释迦像
年代不详 Unknown GD 中国嘉德
2016-03-28 Lot5486 H18.5cm
估价：无底价
成交价：RMB 23,000

青白玉释迦牟尼立像
乾隆 Qianlong C 佳士得
2016-05-10 Lot45 H 22.8cm
估价：GBP 20,000-40,000
成交价：GBP 86,500

白玉无量寿佛像
年代不详 Unknown GD 中国嘉德
2016-06-18 Lot2496 H11.5cm
估价：无底价
成交价：RMB 8,050

白玉雕阿弥陀佛
清中期 Mid Qing BC 北京诚轩
2016-05-15 Lot930 H6.6cm
估价：RMB 50,000-70,000
成交价：RMB 92,000

白玉阿弥陀佛
乾隆 Qianlong BP 北京保利
2016-12-06 Lot5873 H16cm
估价：RMB 1,000,000-1,600,000
成交价：RMB 1,150,000

高俊华 弥勒佛
年代不详 Unknown BP 北京保利
2016-06-05 Lot6165 L 6cm
估价：无底价
成交价：RMB 4,600

白玉佛像
乾隆 Qianlong BD 北京东正
2016-11-11 Lot1430 H12cm
估价：RMB 120,000-150,000
成交价：RMB 483,000

白玉弥勒
清 Qing BP 北京保利
2016-04-27 Lot457 W10cm
估价：RMB 12,000-25,000
成交价：RMB 13,800

玉雕弥勒
清 Qing BP 北京保利
2016-01-16 Lot355 H4.5cm
估价：无底价
成交价：RMB 1,150

青白玉雕佛像
清 Qing BP 北京保利
2016-12-07 Lot6753 H14.5cm
估价：RMB 1,000-3,000
成交价：RMB 17,250

青白玉雕佛坐像
19-20 世纪 19th-20th Century S 苏富比
2016-09-17 Lot1086 尺寸不详
估价：USD 5,000-7,000
成交价：USD 10,625

玉雕佛坐像
17-18 世纪 17th-18th Century C 佳士得
2016-05-10 Lot56 H 8.9cm
估价：GBP 15,000-20,000
成交价：GBP 62,500

青白玉佛陀坐像
19 世纪 19th Century BO 邦瀚斯
2016-11-10 Lot78 H 11.5cm
估价：GBP 2,000-3,000
成交价：GBP 15,000

新疆和田白玉籽料 大肚佛
当代 Contemporary BD 北京东正
2016-05-15 Lot701 H3cm;31g
估价：RMB 50,000-60,000
成交价：RMB 57,500

白玉佛像
明 Ming BD 北京东正
2016-05-14 Lot2019 H10.5cm
估价：RMB 80,000-100,000
成交价：RMB 172,500

青白玉佛座像
清，18 世纪 Qing,18th Century C 佳士得
2016-09-16 Lot1286 H 14.6cm
估价：USD 30,000-50,000
成交价：USD 32,500

白玉佛
清 Qing BP 北京保利
2016-04-27 Lot237 H5.5cm
估价：RMB 8,000-12,000
成交价：RMB 9,200

白玉袖珍佛像
清，18 世纪 Qing,18th Century C 佳士得
2016-06-01 Lot3373 H6cm
估价：HKD 600,000-800,000
成交价：HKD 687,500

青玉坐佛
明 Ming GD 中国嘉德
2016-05-14 Lot3146 H20.5cm
估价：RMB 1,280,000-1,800,000
成交价：RMB 1,495,000

玉佛
民国 Repulic Period BP 北京保利
2016-04-27 Lot458 H5.3cm
估价：无底价
成交价：RMB 3,450

白玉雕仿唐观音立像
清 Qing BP 北京保利
2016-06-08 Lot9109 H10.5cm
估价：RMB 15,000-25,000
成交价：RMB 166,750

崔磊 新疆和田白玉籽料 梵香幽步和三道（一对）
当代 Contemporary BD 北京东正
2016-05-15 Lot722 12cm;3266g
估价：RMB 5,000,000-6,000,000
成交价：RMB 5,750,000

2016 Chinese Art Auction TOP10 中国艺术拍卖十大天价 中国玉器拍卖摆件类十大天价排行榜 Top 8

白玉莲花手观音菩萨像
明 Ming BH 北京翰海
2016-06-05 Lot2688 H12.2cm
估价：RMB 150,000-200,000
成交价：RMB 207,000

天然白玉观音摆件
年代不详 Unknown HY 华艺国际
2016-05-26 Lot2031 31.5 × 15 × 12.5cm
估价：RMB 380,000-500,000
成交价：RMB 437,000

白玉观音立像
清 Qing BP 北京保利
2016-04-27 Lot456 H27.5cm
估价：RMB 80,000-150,000
成交价：RMB 189,750

玉观音
年代不详 Unknown JH 上海嘉禾
2016-03-18 Lot126 H21cm
估价：RMB 4,000-4,000
成交价：RMB 4,600

白玉送子观音
乾隆 Qianlong BH 北京翰海
2016-12-04 Lot2539 H11.5cm
估价：RMB 50,000-70,000
成交价：RMB 69,000

白玉雕观音立像
清 Qing BP 北京保利
2016-12-07 Lot6755 H9cm
估价：RMB 15,000-25,000
成交价：RMB 52,900

白玉观音
年代不详 Unknown BP 北京保利
2016-10-31 Lot1680 H 8.5cm
估价：无底价
成交价：RMB 13,800

青玉雕观音
清中期 Mid Qing BP 北京保利
2016-12-06 Lot5872 H38cm
估价：RMB 650,000-850,000
成交价：RMB 747,500

青玉雕持莲观音立像
20 世纪 20th Century S 苏富比
2016-03-19 Lot1389 尺寸不详
估价：USD 4,000-6,000
成交价：USD 9,375

青玉观音立像
20 世纪 20th Century C 佳士得
2016-05-11 Lot125 H 32-34cm
估价：GBP 12,000-20,000
成交价：GBP 16,250

于泾雕童子观音坐像
现代 Modern KS 北京匡时
2016-06-07 Lot3776 H22cm
估价：RMB 12,000,000-15,000,000
成交价：RMB 32,200,000

2016 Chinese Art Auction TOP10 中国玉器拍卖十大天价排行榜 Top 3
2016 Chinese Art Auction TOP10 中国玉器拍卖摆件类十大天价排行榜 Top 1

白玉六臂观音
清中期 Mid Qing BH 北京翰海
2016-12-04 Lot2542 H10cm
估价：RMB 16,000-30,000
成交价：RMB 23,000

忠荣玉典 新疆和田白玉籽料 观音
当代 Contemporary BD 北京东正
2016-05-15 Lot735 H25cm
估价：RMB 8,000,000-9,000,000
成交价：RMB 9,200,000

2016 Chinese Art Auction TOP10 中国玉器拍卖十大天价排行榜 Top 9
2016 Chinese Art Auction TOP10 中国玉器拍卖摆件类十大天价排行榜 Top 5

白玉小菩萨像
清 Qing BP 北京保利
2016-06-08 Lot9194 H6.5cm
估价：RMB 35,000-55,000
成交价：RMB 40,250

白玉罗汉摆件
乾隆 Qianlong BD 北京东正
2016-11-11 Lot221 H13.5cm
估价：RMB 200,000-280,000
成交价：RMB 230,000

于雪涛 罗汉 和田籽玉摆件
当代 Contemporary KS 北京匡时
2016-06-08 Lot4011 6.00 × 9.00 × 8.50cm
估价：RMB 1,200,000-1,400,000
成交价：RMB 1,932,000

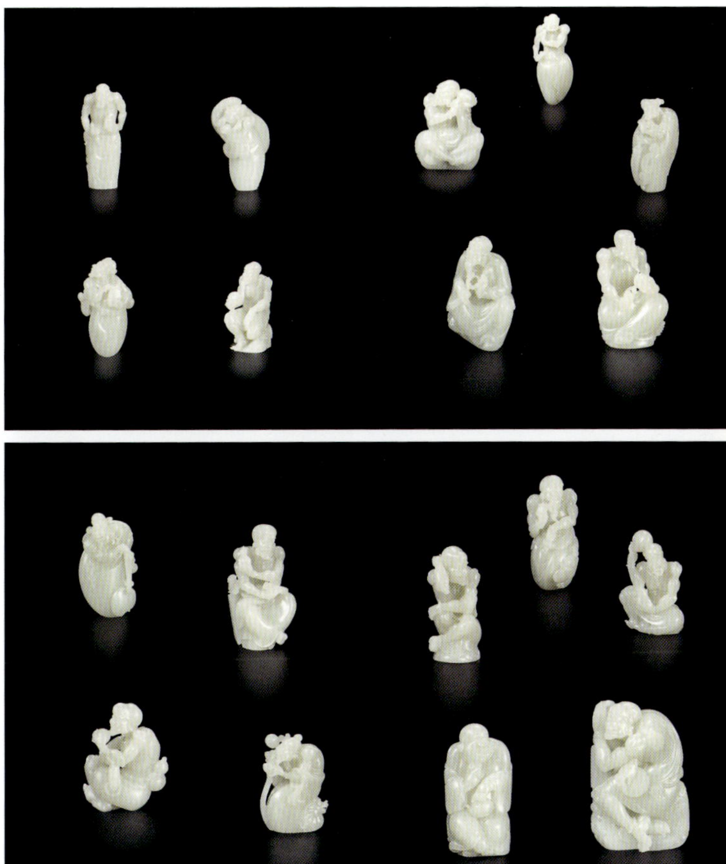

崔磊 白玉雕十八罗汉
当代 Contemporary GD 中国嘉德
2016-05-14 Lot3302 尺寸不一
估价：RMB 3,100,000-4,500,000
成交价：RMB 3,565,000

白玉伏虎罗汉

明晚期-清，18世纪 Late Ming-Qing,18th Century C 佳士得

2016-03-17 Lot1683 H7.6cm

估价：USD 6,000-8,000

成交价：USD 15,000

白玉罗汉小像

年代不详 Unknown GD 中国嘉德

2016-03-28 Lot5151 H8.2cm

估价：无底价

成交价：RMB 4,600

青白玉雕阿氏多尊者像

18世纪 18th Century BO 邦瀚斯

2016-11-29 Lot15 H11.3cm

估价：HKD 300,000-500,000

成交价：RMB 335,616

白玉伏虎罗汉

清 Qing BP 北京保利

2016-04-27 Lot277 W18cm

估价：RMB 10,000-20,000

成交价：RMB 20,700

青白玉罗汉立像

清，18世纪 Qing,18th Century C 佳士得

2016-11-11 Lot796 H 9.5cm

估价：GBP 2,000-4,000

成交价：GBP 2,500

白玉韩湘子与吕洞宾

清 Qing GD 中国嘉德

2016-11-12 Lot2857 H 7cm

估价：RMB 20,000-40,000

成交价：RMB 82,800

青玉雕罗汉戏狮像

18世纪 18th Century BO 邦瀚斯

2016-11-07 Lot631 H9.3cm

估价：GBP 3,000-5,000

成交价：GBP 6,875

青玉雕罗汉戏狮像

18世纪 18th Century BO 邦瀚斯

2016-11-07 Lot631 H 9.3cm

估价：GBP 3,000-5,000

成交价：GBP 6,875

白玉八仙人物摆件

年代不详 Unknown GD 中国嘉德

2016-06-18 Lot2502 L13cm

估价：无底价

成交价：RMB 9,200

白玉和合二仙
明 Ming BH 北京翰海
2016-12-04 Lot2551 H6cm
估价：RMB 15,000-35,000
成交价：RMB 23,000

白玉雕和合二仙
清 Qing BP 北京保利
2016-06-08 Lot9086 L5.7cm
估价：RMB 8,000-12,000
成交价：RMB 51,750

黑白玉巧雕和合二仙摆件
清 Qing BD 北京东正
2016-11-11 Lot202 H6.5cm
估价：RMB 150,000-200,000
成交价：RMB 235,750

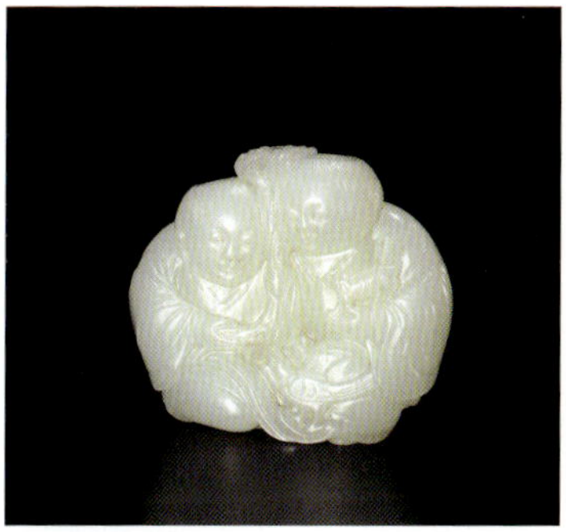

白玉和合二仙
清中期 Mid Qing BH 北京翰海
2016-12-04 Lot2548 H4.5cm
估价：RMB 35,000-50,000
成交价：RMB 46,000

白玉和合二仙
清 Qing BP 北京保利
2016-04-28 Lot1639 L7cm
估价：RMB 6,000-8,000
成交价：RMB 11,500

黑白玉麻姑献寿摆件
年代不详 Unknown GD 中国嘉德
2016-06-18 Lot2951 L20.5cm
估价：无底价
成交价：RMB 11,500

白玉和合二仙摆件
乾隆 Qianlong KS 北京匡时
2016-12-05 Lot2573 L8.5cm
估价：RMB 200,000-300,000
成交价：RMB 230,000

旧玉和合二仙
明 Ming BH 北京翰海
2016-06-05 Lot2698 H5cm
估价：RMB 10,000-20,000
成交价：RMB 17,250

白玉麻姑献寿摆件
清，18 世纪 Qing,18th Century S 苏富比
2016-10-05 Lot3709 15.6cm
估价：HKD 350,000-450,000
成交价：HKD 437,500

吴德升 新疆和田白玉籽料 荷花仙子
当代 Contemporary BD 北京东正
2016-05-15 Lot733 H10cm
估价：RMB 1,500,000-1,800,000
成交价：RMB 1,725,000

青白玉镂雕仙林聚瑞图摆件
明晚期 Late Ming S 苏富比
2016-09-13 Lot200 尺寸不详
估价：USD 15,000-20,000
成交价：USD 18,750

白玉仙人乘槎摆件
清 Qing KS 北京匡时
2016-06-07 Lot3253 L10.5cm
估价：RMB 30,000-50,000
成交价：RMB 34,500

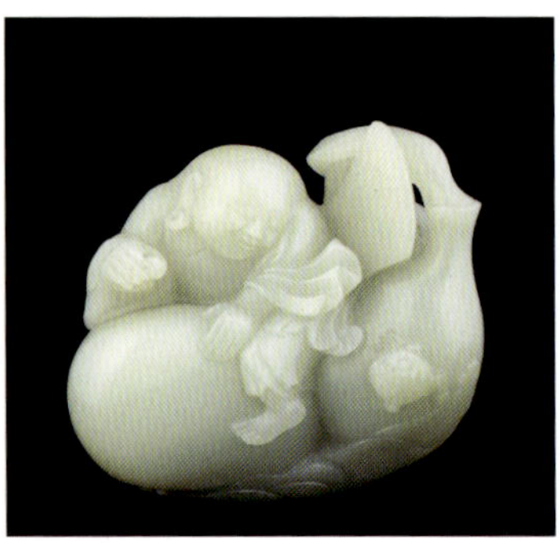

青白玉带皮刘海抱葫芦
乾隆 Qianlong BO 邦瀚斯
2016-11-10 Lot81 L 8.2cm
估价：GBP 5,000-8,000
成交价：GBP 12,500

青白玉雕刘海戏金蟾
清 Qing BP 北京保利
2016-10-31 Lot153 H 5.5cm
估价：无底价
成交价：RMB 3,450

玉仙人乘槎摆件
清，19 世纪 Qing,19th Century S 苏富比
2016-06-02 Lot757 14cm
估价：HKD 30,000-40,000
成交价：HKD 62,500

玉雕寿星摆件
清早期 Early Qing KS 北京匡时
2016-12-05 Lot2532 H10cm
估价：RMB 10,000-20,000
成交价：RMB 17,250

青白玉寿老摆件
清，19 世纪 Qing,19 Century C 佳士得
2016-09-16 Lot1285 H 25.3cm
估价：USD 6,000-8,000
成交价：USD 8,750

白玉刘海戏金蟾
清中期 Mid Qing BP 北京保利
2016-04-27 Lot58 L7.2cm
估价：无底价
成交价：RMB 40,250

白玉寿星像
近代 Modern BP 北京保利
2016-01-16 Lot441 H16cm
估价：无底价
成交价：RMB 5,750

青白玉寿老童子
清，19-20 世纪 Qing,19th-20th Century C 佳士得
2016-11-11 Lot610 H 6.4cm
估价：GBP 1,000-2,000
成交价：GBP 1,188

白玉刘海戏金蟾小像
年代不详 Unknown GD 中国嘉德
2016-03-28 Lot5368 L8.5cm
估价：无底价
成交价：RMB 20,700

青白玉寿星摆件
清早期 Early Qing KS 北京匡时
2016-06-07 Lot3278 H10cm
估价：RMB 10,000-20,000
成交价：RMB 11,500

于学涛 新疆和田白玉籽料 钟馗
当代 Contemporary BD 北京东正
2016-05-15 Lot707 H3.5cm;18g
估价：RMB 100,000-120,000
成交价：RMB 115,000

白玉刘海戏金蟾小像
清 Qing GD 中国嘉德
2016-03-28 Lot5265 H5.1cm
估价：RMB 5,000-8,000
成交价：RMB 5,750

白玉雕刘海戏金蟾小摆件
清中期 Mid Qing Z 北京中汉
2016-05-15 Lot186 L9cm
估价：RMB 15,000-18,000
成交价：RMB 23,000

白玉雕孙思邈立像
明 Ming KS 北京匡时
2016-06-07 Lot3393 H22.5cm
估价：RMB 30,000-50,000
成交价：RMB 46,000

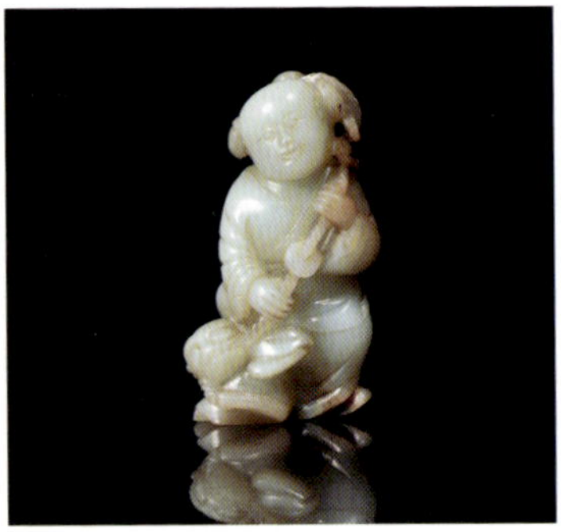

青白玉刘海戏金蟾小像
清 Qing GD 中国嘉德
2016-03-28 Lot5295 L7cm
估价：RMB 8,000-12,000
成交价：RMB 11,500

青白玉刘海戏金蟾
清早期 Early Qing GD 中国嘉德
2016-11-29 Lot1195 H9.5cm
估价：HKD 30,000-50,000
成交价：HKD 35,400

崔磊 新疆和田白玉籽料 九路财神
当代 Contemporary BD 北京东正
2016-05-15 Lot721 H10cm
估价：RMB 1,500,000-1,700,000
成交价：RMB 1,725,000

青白玉雕太白醉酒摆件
清 Qing S 苏富比
2016-12-01 Lot185 6cm
估价：HKD 30,000-40,000
成交价：HKD 37,500

白玉雕仕女立像
民国 Repulic Period BP 北京保利
2016-04-28 Lot1695 H11cm
估价：RMB 5,000-8,000
成交价：RMB 5,750

褐斑白玉仿宋文官
清 Qing S 苏富比
2016-12-01 Lot67 6cm
估价：HKD 20,000-30,000
成交价：HKD 40,000

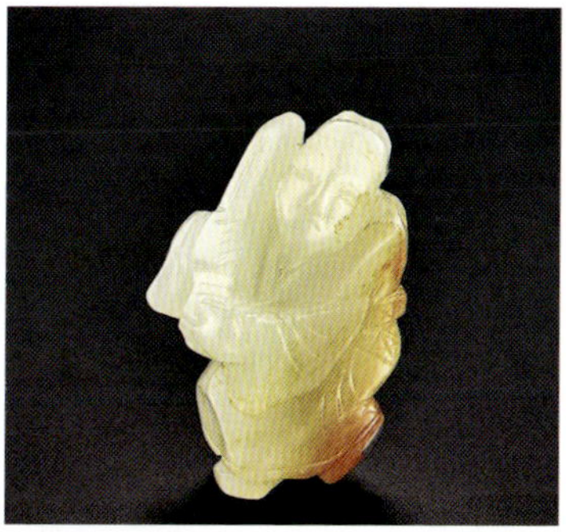

褐斑白玉搊琴高士
明 - 清 Ming-Qing S 苏富比
2016-12-01 Lot136 3.6cm
估价：HKD 20,000-30,000
成交价：HKD 68,750

崔磊 伯乐相马
当代 Contemporary KS 北京匡时
2016-06-08 Lot4015 L5.5cm
估价：RMB 280,000-320,000
成交价：RMB 322,000

玉高士及玉文官（共二）
明末清初 Late Ming and Early Qing S 苏富比
2016-12-01 Lot68 4.8cm;3.6cm
估价：HKD 15,000-20,000
成交价：HKD 32,500

玉雕踏雪寻梅摆件
明 Ming HY 华艺国际
2016-05-26 Lot1201 H7cm
估价：RMB 100,000-150,000
成交价：RMB 172,500

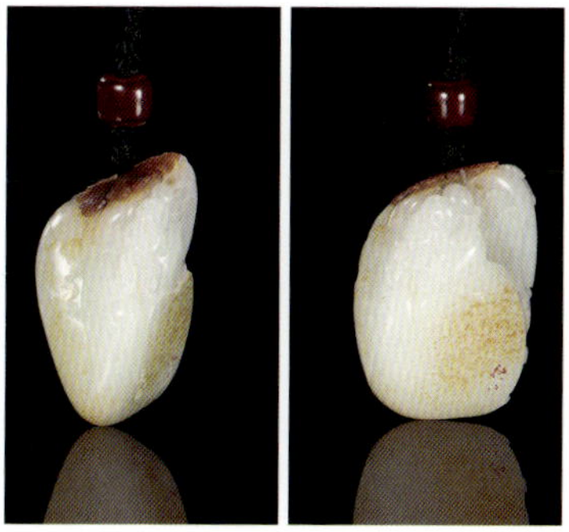

崔磊 新疆和田白玉籽料 伯乐相马
当代 Contemporary BD 北京东正
2016-05-15 Lot717 H6.7cm;145g
估价：RMB 500,000-700,000
成交价：RMB 575,000

白玉胡人
清 Qing BH 北京翰海
2016-06-05 Lot2696 H7cm
估价：RMB 30,000-40,000
成交价：RMB 40,250

白玉胡人架鹰

明 Ming S 苏富比

2016-12-01 Lot183 4.9cm

估价：HKD 40,000-60,000

成交价：HKD 50,000

青白玉胡人像

明晚期 - 清，18 世纪 Late Ming-Qing,18th Century C 佳士得

2016-03-17 Lot950 H8.9cm

估价：USD 60,000-80,000

成交价：USD 93,750

白玉胡人献宝

清早期 Early Qing HY 华艺国际

2016-11-26 Lot1147 H3.5cm

估价：RMB 50,000-80,000

成交价：RMB 97,750

青白玉胡人

明 Ming GD 中国嘉德

2016-11-29 Lot1045 H6cm

估价：HKD 20,000-50,000

成交价：HKD 25,960

黄玉童子牧牛摆件

清早期 Early Qing BP 北京保利

2016-06-06 Lot7472 L16.5cm

估价：RMB 700,000-900,000

成交价：RMB 805,000

黑白玉俏色胡人戏狮
明 Ming GD 中国嘉德
2016-11-29 Lot1046 H5cm
估价：HKD 20,000-50,000
成交价：HKD 271,400

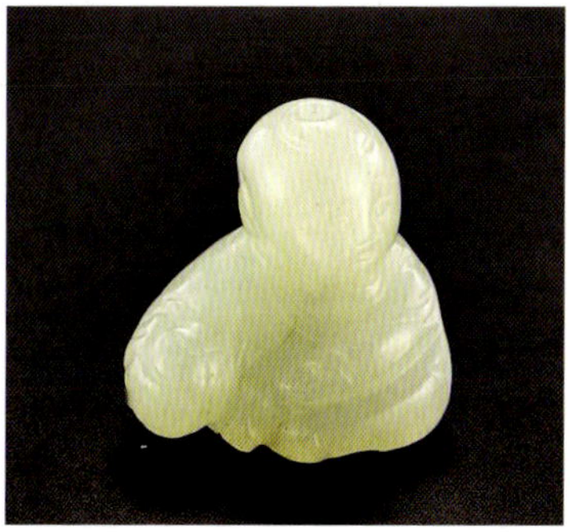

白玉抱球童子
明 - 清初 Ming- Early Qing S 苏富比
2016-12-01 Lot101 2.3cm
估价：HKD 20,000-30,000
成交价：HKD 25,000

白玉持荷童子
清，18-19 世纪 Qing,18th-19th Century S 苏富比
2016-12-01 Lot247 6.3cm
估价：HKD 10,000-15,000
成交价：HKD 12,500

白玉持莲童子
乾隆 Qianlong BP 北京保利
2016-04-27 Lot241 H6cm
估价：RMB 80,000-150,000
成交价：RMB 310,500

白玉持荷童子
清 Qing S 苏富比
2016-12-01 Lot176 4.6cm
估价：HKD 15,000-20,000
成交价：HKD 18,750

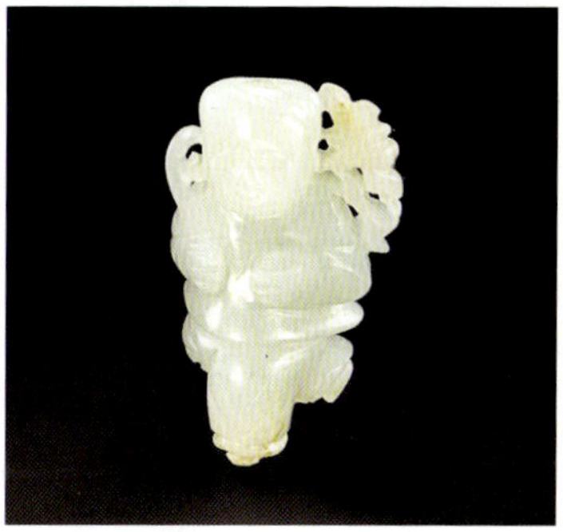

白玉持荷童子
清或以前 Qing or Before S 苏富比
2016-12-01 Lot182 4.7cm
估价：HKD 10,000-15,000
成交价：HKD 40,000

白玉童子持莲小像
清 Qing GD 中国嘉德
2016-03-28 Lot5275 H5.7cm
估价：无底价
成交价：RMB 4,600

白玉持荷童子
清 Qing S 苏富比
2016-12-01 Lot175 5.1cm
估价：HKD 20,000-30,000
成交价：HKD 25,000

青白玉荷花童子
明 Ming S 苏富比
2016-12-01 Lot177 5.1cm
估价：HKD 8,000-12,000
成交价：HKD 27,500

白玉童子骑鹅
清 Qing BP 北京保利
2016-04-28 Lot1647 L6.5cm
估价：无底价
成交价：RMB 2,300

白玉童趣摆件
年代不详 Unknown GD 中国嘉德
2016-06-18 Lot2522 L8cm
估价：无底价
成交价：RMB 9,200

青白玉寿星童子小像
清 Qing GD 中国嘉德
2016-03-28 Lot5276 H6.8cm
估价：无底价
成交价：RMB 4,600

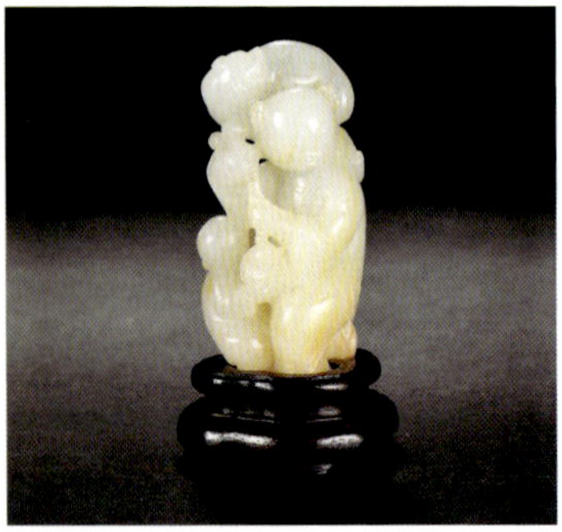

白玉雕童子戏猫立像
清中期 Mid Qing PLHK 保利香港
2016-04-05 Lot3081 H6.8cm
估价：HKD 36,000-50,000
成交价：HKD 42,480

白玉童子摆件
清中期 Mid Qing BP 北京保利
2016-04-27 Lot243 L7cm
估价：RMB 20,000-30,000
成交价：RMB 46,000

白玉嬉戏双童
年代不详 Unknown GD 中国嘉德
2016-11-12 Lot2870 H 4.5cm
估价：RMB 50,000-80,000
成交价：RMB 115,000

白玉巧雕葫芦童子
清 Qing GD 中国嘉德
2016-05-14 Lot3102 H6cm
估价：RMB 20,000-40,000
成交价：RMB 172,500

白玉童子
清 Qing BP 北京保利
2016-01-16 Lot356 L5cm
估价：无底价
成交价：RMB 3,450

青白玉童子石榴摆件
清，18 世纪 Qing,18th Century S 苏富比
2016-05-11 Lot1 7.6cm
估价：GBP 5,000-7,000
成交价：GBP 10,000

白玉大吉童子
年代不详 Unknown GD 中国嘉德
2016-09-25 Lot5357 L 5.3cm
估价：RMB 4,000-6,000
成交价：RMB 4,600

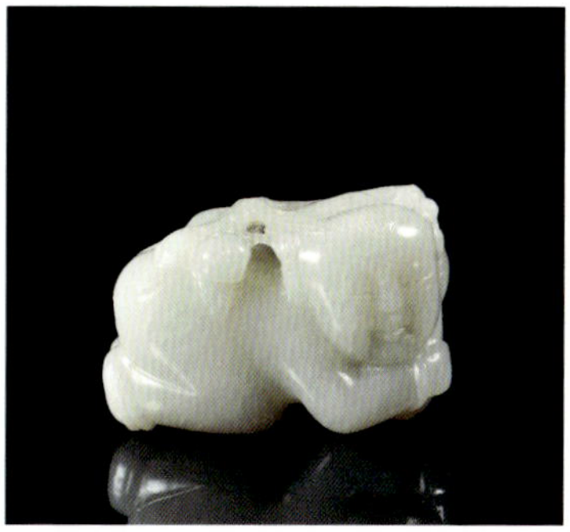

白玉桃枝童子
年代不详 Unknown GD 中国嘉德
2016-09-25 Lot5371 L 5.7cm
估价：RMB 2,000-3,000
成交价：RMB 2,300

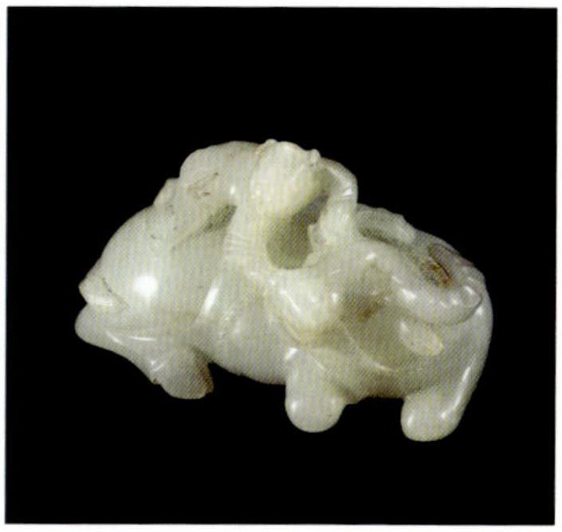

白玉童子牧牛
清 Qing BH 北京翰海
2016-12-04 Lot2545 L6.4cm
估价：RMB 15,000-30,000
成交价：RMB 23,000

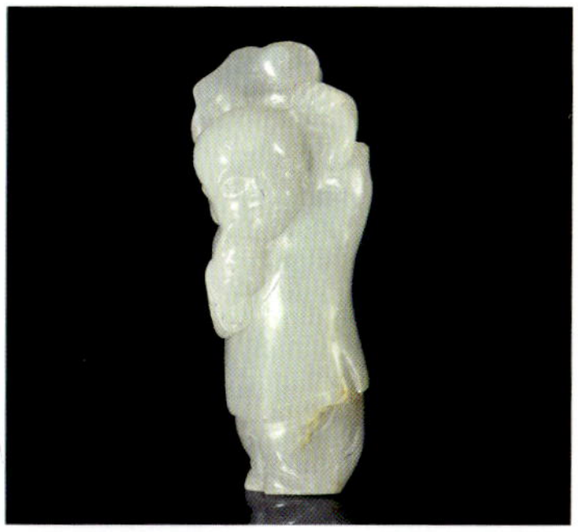

白玉灵芝童子
年代不详 Unknown GD 中国嘉德
2016-09-25 Lot5362 L 8.6cm
估价：RMB 2,000-3,000
成交价：RMB 2,300

白玉童子戏鹰小像
年代不详 Unknown GD 中国嘉德
2016-09-25 Lot5391 H 7.6cm
估价：无底价
成交价：RMB 10,350

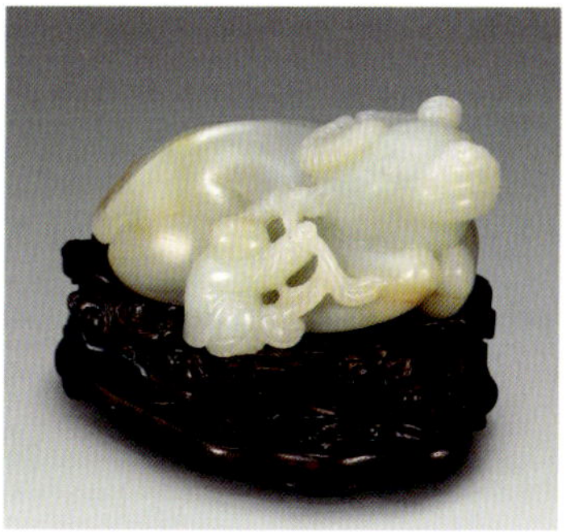

白玉童子牧牛摆件
年代不详 Unknown BP 北京保利
2016-10-31 Lot1794 L 8.5cm
估价：无底价
成交价：RMB 8,050

青白玉执芝童子
清，18 世纪 Qing,18th Century S 苏富比
2016-12-01 Lot53 6cm
估价：HKD 20,000-30,000
成交价：HKD 25,000

碧玉童子击鼓摆件
年代不详 Unknown GD 中国嘉德
2016-09-25 Lot5546 L 7.2cm
估价：无底价
成交价：RMB 6,900

白玉童子牧牛摆件
年代不详 Unknown GD 中国嘉德
2016-09-25 Lot5404 L 9cm
估价：无底价
成交价：RMB 6,900

黄玉童子牧牛
明 Ming GD 中国嘉德
2016-11-29 Lot1047 W4.5cm
估价：HKD 20,000-50,000
成交价：HKD 61,360

黄玉童子戏狮摆件
明 Ming BD 北京东正
2016-11-11 Lot180 10.3 × 6cm
估价：RMB 300,000-480,000
成交价：RMB 506,000

白玉福禄童子
18 世纪 18th Century BD 北京东正
2016-11-11 Lot171 H6cm
估价：RMB 20,000-30,000
成交价：RMB 138,000

白玉童子洗象
清，18 世纪 Qing,18th Century BP 北京保利
2016-12-06 Lot5908 L8.2cm
估价：RMB 250,000-350,000
成交价：RMB 287,500

白玉雕渔翁童子摆件
乾隆 Qianlong S 苏富比
2016-12-01 Lot134 8.5cm
估价：HKD 200,000-300,000
成交价：HKD 437,500

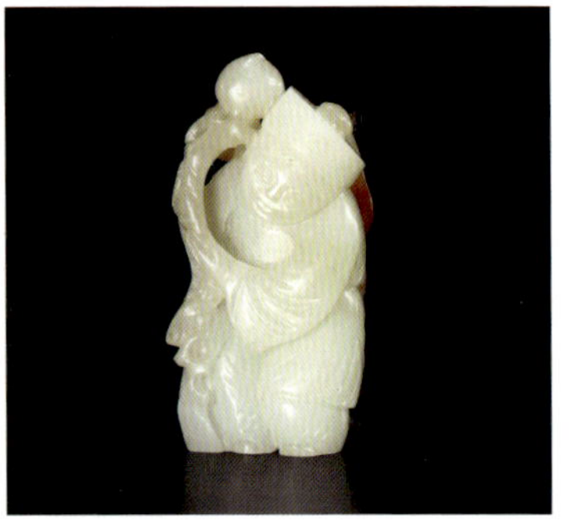

白玉洒金童子献寿
清 Qing BH 北京翰海
2016-12-04 Lot2547 H6.7cm
估价：RMB 15,000-20,000
成交价：RMB 20,700

黄玉童子洗象
明 Ming GD 中国嘉德
2016-11-29 Lot1048 W5cm
估价：HKD 20,000-50,000
成交价：HKD 41,300

白玉童子击鼓配碧玺座、银穿凤凰配白玉童子（两件）
清 Qing BP 北京保利
2016-12-07 Lot6754 L3.3cm;L5.5cm
估价：RMB 10,000-20,000
成交价：RMB 11,500

青白玉牧童母子牛
清早期 Early Qing BP 北京保利
2016-12-06 Lot5910 L11cm
估价：RMB 600,000-800,000
成交价：RMB 690,000

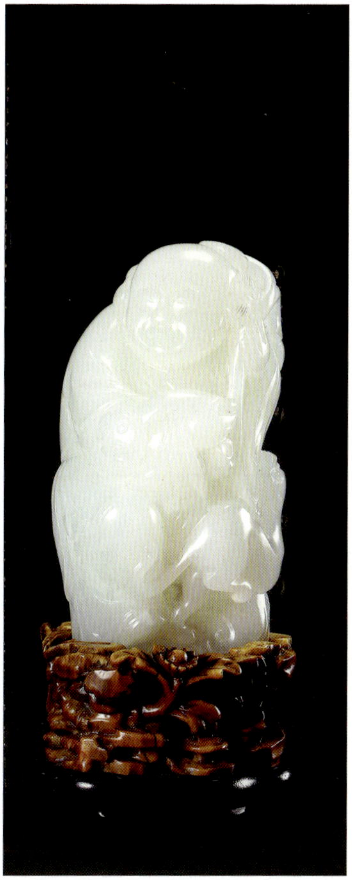

白玉童子
18 世纪 18th Century BD 北京东正
2016-11-11 Lot200 L7.5cm
估价：RMB 200,000-300,000
成交价：RMB 494,500

玉雕童子
年代不详 Unknown BP 北京保利
2016-10-31 Lot1682 L 6.5cm
估价：无底价
成交价：RMB 4,600

白玉童子
乾隆 Qianlong GD 中国嘉德
2016-11-29 Lot1240 H5.3cm
估价：HKD 40,000-60,000
成交价：HKD 64,900

白玉童子
清 Qing S 苏富比
2016-12-01 Lot174 4cm
估价：HKD 10,000-15,000
成交价：HKD 68,750

白玉留皮童子牧牛
乾隆 Qianlong GD 中国嘉德
2016-11-12 Lot2635 L 9cm
估价：RMB 500,000-800,000
成交价：RMB 897,000

白玉童子（四件）
明 - 清 Ming-Qing BP 北京保利
2016-10-31 Lot1175 尺寸不一
估价：RMB 10,000-20,000
成交价：RMB 20,700

白玉留皮童子
清 Qing BD 北京东正
2016-11-11 Lot175 L4cm
估价：RMB 80,000-120,000
成交价：RMB 195,500

白玉带皮童子
乾隆 Qianlong GD 中国嘉德
2016-11-29 Lot1144 W5cm
估价：HKD 60,000-90,000
成交价：HKD 94,400

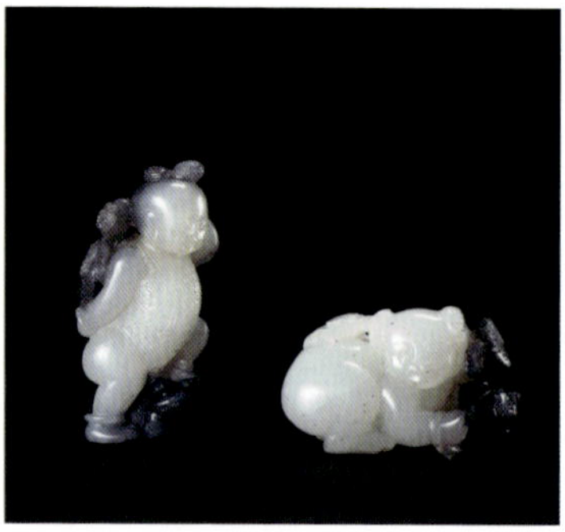

黑白玉巧雕童子（二件）
清中期 Mid Qing BD 北京东正
2016-11-11 Lot186 尺寸不一
估价：RMB 200,000-300,000
成交价：RMB 253,000

玉雕童子（一组三件）
清 Qing S 苏富比
2016-12-02 Lot779 5.3cm;8cm
估价：HKD 20,000-30,000
成交价：HKD 52,500

白玉雕奉读入仕摆件
清 Qing S 苏富比
2016-12-02 Lot673 4cm
估价：HKD 40,000-60,000
成交价：HKD 68,750

红木嵌白玉婴戏摆件
年代不详 Unknown GD 中国嘉德
2016-06-18 Lot2952 H15.5cm
估价：无底价
成交价：RMB 5,750

玉和合童子
明 Ming S 苏富比
2016-12-01 Lot21 6cm
估价：HKD 30,000-50,000
成交价：HKD 68,750

玉雕仕女童子、紫晶葫芦形摆件（共两件）
民国 Repulic Period BP 北京保利
2016-04-28 Lot1694 H14cm;H13cm
估价：无底价
成交价：RMB 5,750

白玉渔家乐摆件
清 Qing BP 北京保利
2016-04-28 Lot1693 L19cm
估价：无底价
成交价：RMB 21,850

玉三童子
明 Ming S 苏富比
2016-12-01 Lot27 4.5cm
估价：HKD 15,000-20,000
成交价：HKD 18,750

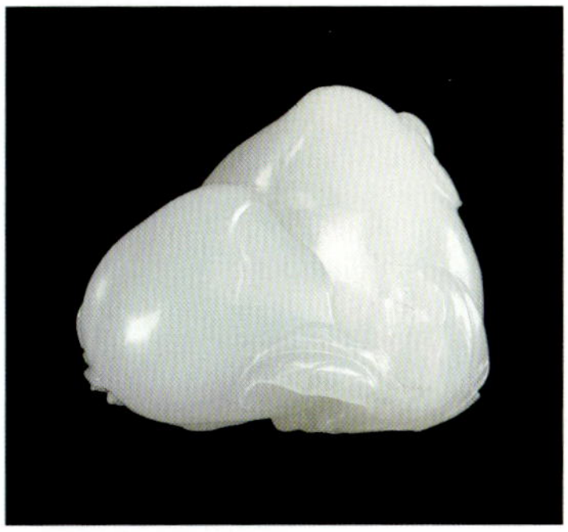

白玉双桃福寿小摆件
乾隆 Qianlong BD 北京东正
2016-11-11 Lot192 L4.5cm
估价：RMB 60,000-120,000
成交价：RMB 310,500

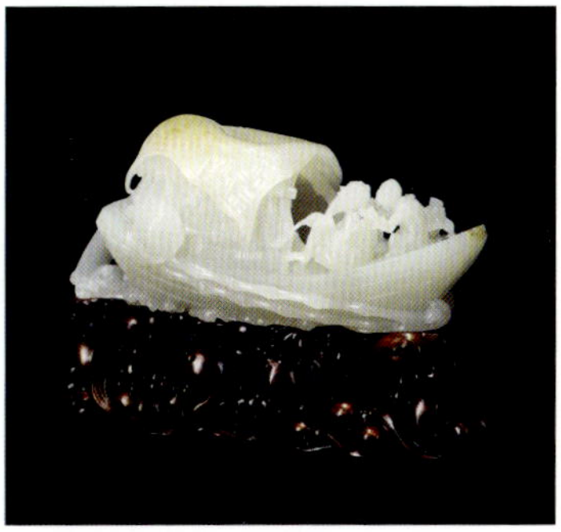

张焕庆 渔家乐 和田籽玉摆件
当代 Contemporary KS 北京匡时
2016-06-08 Lot4022 5.50 × 11.80 × 4.80cm
估价：RMB 450,000-600,000
成交价：RMB 632,500

褐青玉渔夫摆件

清，18 世纪 Qing,18th Century S 苏富比

2016-05-11 Lot154 10.5cm

估价：GBP 40,000-60,000

成交价：GBP 209,000

吴德升 新疆和田白玉籽料 双娇

当代 Contemporary BD 北京东正

2016-05-15 Lot731 H16cm;1260g

估价：RMB 7,000,000-9,000,000

成交价：RMB 13,225,000

2016 Chinese Art Auction TOP10 中国艺术拍卖十大天价 中国玉器拍卖十大天价排行榜 Top 8

2016 Chinese Art Auction TOP10 中国艺术拍卖十大天价 中国玉器拍卖摆件类十大天价排行榜 Top 4

崔磊 新疆和田白玉籽料 渔翁得利

当代 Contemporary BD 北京东正

2016-05-15 Lot716 H7cm;219g

估价：RMB 400,000-600,000

成交价：RMB 460,000

白玉人物摆件

18-19 世纪 18th-19th Century C 佳士得

2016-05-10 Lot57 H 8.5cm

估价：GBP 10,000-15,000

成交价：GBP 50,000

青白玉人物摆件

1736-1795 年 1736-1795 C 佳士得

2016-11-08 Lot159 L 12.5cm

估价：GBP 15,000-25,000

成交价：GBP 40,000

青白玉人物立像
清，19 世纪 Qing,19 Century C 佳士得
2016-11-09 Lot524 H 12.7cm
估价：GBP 600-1,000
成交价：GBP 1,500

白玉飞天
年代不详 Unknown BP 北京保利
2016-10-31 Lot234 L 5.5cm
估价：无底价
成交价：RMB 10,350

白玉飞天
清 Qing BSA 北京古天一
2016-12-07 Lot1102 L6.5cm
估价：RMB 280,000-380,000
成交价：RMB 563,500

青白玉山水人物摆件
乾隆 Qianlong C 佳士得
2016-05-10 Lot44 H 15.3cm
估价：GBP 10,000-15,000
成交价：GBP 40,000

白玉飞天
明以前 Before Ming RBZ 荣宝斋（上海）
2016-11-27 Lot833 L7cm;W4cm;H1cm
估价：RMB 30,000-50,000
成交价：RMB 115,000

青白玉飞天
明 Ming GD 中国嘉德
2016-11-29 Lot1050 W7cm
估价：HKD 10,000-20,000
成交价：HKD 23,600

白玉人物乘槎摆件
19-20 世纪 19th-20th Century C 佳士得
2016-11-11 Lot845 L 11.4cm
估价：GBP 3,000-5,000
成交价：GBP 3,750

青白玉羲之爱鹅图雕件
清，17-18 世纪 Qing,17th-18th Century S 苏富比
2016-10-05 Lot79 13cm
估价：HKD 600,000-800,000
成交价：HKD 750,000

白玉胡人舞狮摆件

18 世纪 18th Century C 佳士得
2016-11-08 Lot169 H 11.4cm
估价：GBP 25,000-35,000
成交价：GBP 56,250

青玉镂雕美人坐像

20 世纪 20th Century S 苏富比
2016-03-19 Lot1390 尺寸不详
估价：USD 1,000-1,500
成交价：USD 1,250

黄罕勇 冠上加官

年代不详 Unknown BP 北京保利
2016-06-05 Lot6111 L 3.2cm
估价：无底价
成交价：RMB 1,150

青玉雕胡人舞狮摆件

清 Qing BD 北京东正
2016-09-23 Lot327 L 7.2cm
估价：RMB 15,000-25,000
成交价：RMB 17,250

白玉雕渔翁得利像

清中期 Mid Qing GD 中国嘉德
2016-11-12 Lot2872 H 5.6cm
估价：无底价
成交价：RMB 36,800

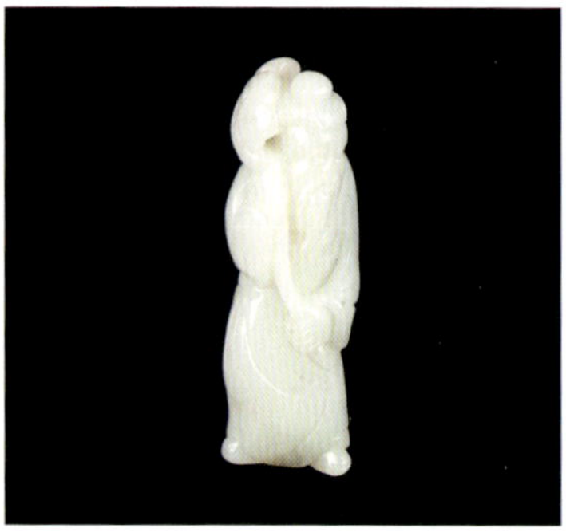

玉雕人物

年代不详 Unknown JH 上海嘉禾
2016-03-18 Lot136 8.5 × 2.5cm
估价：RMB 3,000-3,000
成交价：RMB 3,450

青白玉沁色芭蕉仕女像

年代不详 Unknown GD 中国嘉德
2016-09-25 Lot5394 H 11.4cm
估价：无底价
成交价：RMB 11,500

青玉瑞兽 仕女像（六件）

年代不详 Unknown GD 中国嘉德
2016-09-26 Lot5630 尺寸不一
估价：无底价
成交价：RMB 4,600

动物
Animal

白玉苍龙教子摆件
年代不详 Unknown GD 中国嘉德
2016-06-18 Lot2504 H7.2cm
估价：无底价
成交价：RMB 6,900

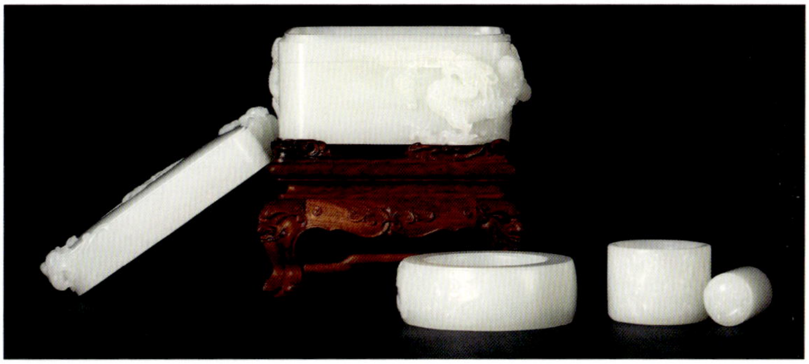

张焕庆 九龙 白玉（五件套）
当代 Contemporary KS 北京匡时
2016-06-08 Lot4013 尺寸不一
估价：RMB 800,000-900,000
成交价：RMB 920,000

白玉二龙戏珠摆件
年代不详 Unknown GD 中国嘉德
2016-03-28 Lot5132 L9cm
估价：无底价
成交价：RMB 3,450

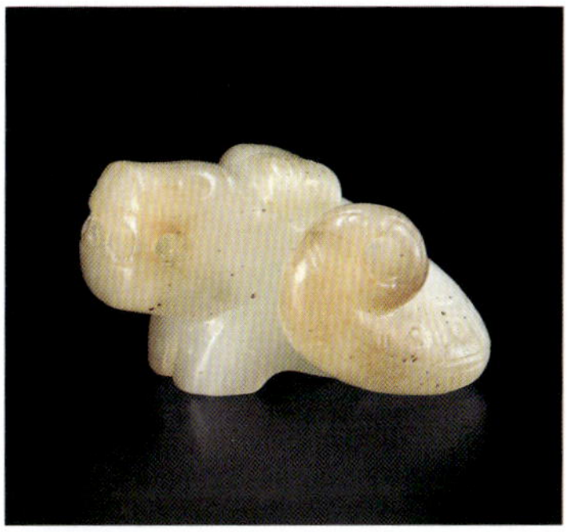

白玉龙
明 Ming BH 北京翰海
2016-06-05 Lot2511 L4.5cm
估价：RMB 25,000-30,000
成交价：RMB 66,700

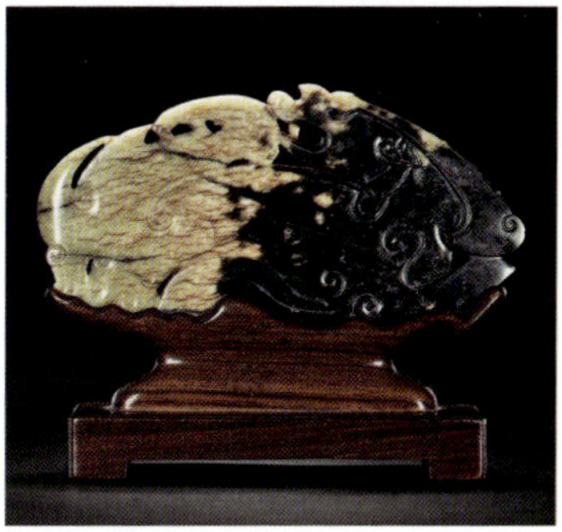

旧玉提色龙纹摆件
明 Ming GD 中国嘉德
2016-11-12 Lot2875 L 13.5cm
估价：RMB 30,000-50,000
成交价：RMB 34,500

青白玉云龙摆件
年代不详 Unknown GD 中国嘉德
2016-06-18 Lot2517 L12.3cm
估价：无底价
成交价：RMB 6,900

白玉龙
年代不详 Unknown GD 中国嘉德
2016-06-18 Lot2510 L9.5cm
估价：无底价
成交价：RMB 6,900

白玉龙凤呈祥摆件
18 世纪 18th Century C 佳士得
2016-05-13 Lot599 L 12cm
估价：GBP 3,000-5,000
成交价：GBP 16,250

白玉祥凤献桃摆件
乾隆 Qianlong S 苏富比
2016-12-01 Lot10 11.5cm
估价：HKD 500,000-700,000
成交价：HKD 1,187,500

郭万龙 百鸟朝凤 和田籽玉摆件
当代 Contemporary KS 北京匡时
2016-06-08 Lot4031 11.00 × 7.00 × 3.80cm
估价：RMB 2,200,000-2,600,000
成交价：RMB 3,220,000

玉雕凤鸟
明 Ming GD 中国嘉德
2016-11-29 Lot1044 W7.5cm
估价：HKD 20,000-50,000
成交价：HKD 37,760

青白玉凤凰摆件
清，18 世纪 Qing,18th Century C 佳士得
2016-11-11 Lot770 W 9.5cm
估价：GBP 6,000-8,000
成交价：GBP 7,500

青白玉凤凰
清，18 世纪 Qing,18th Century S 苏富比
2016-05-11 Lot4 10.7cm
估价：GBP 5,000-7,000
成交价：GBP 9,375

白玉辟邪

明 Ming BH 北京翰海
2016-06-05 Lot2520 H2.8cm
估价：RMB 20,000-30,000
成交价：RMB 46,000

白玉麒麟负书摆件

年代不详 Unknown GD 中国嘉德
2016-09-25 Lot5318 L 6.2cm
估价：RMB 5,000-8,000
成交价：RMB 6,900

白玉雕麒麟负书摆件

乾隆 Qianlong HY 华艺国际
2016-11-26 Lot1141 L9.5cm
估价：RMB 120,000-180,000
成交价：RMB 161,000

黄玉辟邪

明 Ming BP 北京保利
2016-04-27 Lot235 L9.5cm
估价：RMB 15,000-25,000
成交价：RMB 69,000

青玉麒麟

清，18 世纪 Qing,18th Century C 佳士得
2016-11-11 Lot601 W 11.5cm
估价：GBP 3,000-5,000
成交价：GBP 1,000

青白玉雕麒麟摆件

18 世纪 18th Century BO 邦瀚斯
2016-11-29 Lot13 L9.2cm
估价：HKD 200,000-300,000
成交价：RMB 1,986,851

白玉圆雕辟邪摆件

乾隆 Qianlong BD 北京东正

2016-11-11 Lot125 L14cm

估价：RMB 8,000,000-12,000,000

成交价：RMB 16,675,000

2016 Chinese Art Auction TOP10 中国玉器拍卖十大天价排行榜 Top 5

2016 Chinese Art Auction TOP10 中国玉器拍卖摆件类十大天价排行榜 Top 2

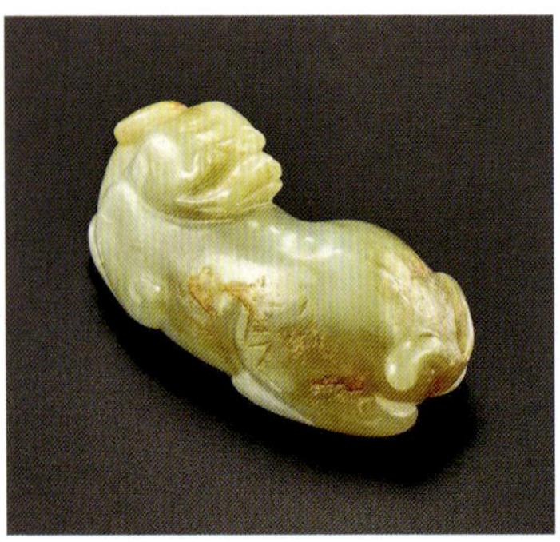

褐青玉辟邪

明 Ming S 苏富比

2016-12-02 Lot756 5.5cm

估价：HKD 20,000-30,000

成交价：HKD 25,000

白玉辟邪

明末清初 Late Ming and Early Qing C 佳士得

2016-11-11 Lot800 W 7cm

估价：GBP 2,000-3,000

成交价：GBP 4,000

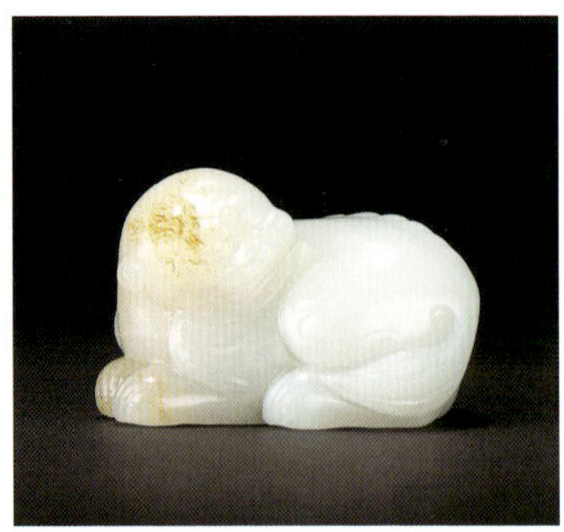

和田白玉雕貔貅

清以前 Before Qing RBZ 荣宝斋（上海）

2016-11-27 Lot838 L6cm;W4.4cm;H4.1cm

估价：RMB 150,000-250,000

成交价：RMB 345,000

白玉甪端
年代不详 Unknown GD 中国嘉德
2016-09-25 Lot5311 L 8cm
估价：RMB 6,000-9,000
成交价：RMB 6,900

白玉瑞兽
明 Ming GD 中国嘉德
2016-11-29 Lot1199 W6.2cm
估价：HKD 40,000-60,000
成交价：HKD 59,000

白玉瑞兽
明 Ming GD 中国嘉德
2016-11-29 Lot1140 W6.4cm
估价：HKD 30,000-50,000
成交价：HKD 53,100

白玉瑞兽
明 Ming KS 北京匡时
2016-06-07 Lot3251 L5cm
估价：RMB 20,000-30,000
成交价：RMB 23,000

白玉瑞兽
明 Ming BP 北京保利
2016-04-27 Lot231 L6.5cm
估价：RMB 10,000-20,000
成交价：RMB 28,750

白玉瑞兽
康熙 Kangxi BP 北京保利
2016-06-06 Lot7473 L12.5cm
估价：RMB 1,600,000-2,600,000
成交价：RMB 2,300,000

白玉瑞兽

清 Qing BP 北京保利
2016-04-27 Lot276 L13cm
估价：RMB 20,000-50,000
成交价：RMB 74,750

白玉洒金瑞兽

明 Ming BH 北京翰海
2016-06-05 Lot2646 L7.8cm
估价：RMB 10,000-20,000
成交价：RMB 20,700

青白玉瑞兽

清 Qing S 苏富比
2016-05-11 Lot139 6.5cm
估价：GBP 2,000-3,000
成交价：GBP 8,750

白玉瑞兽

清早期 Early Qing GD 中国嘉德
2016-11-29 Lot1200 W6cm
估价：HKD 80,000-120,000
成交价：HKD 472,000

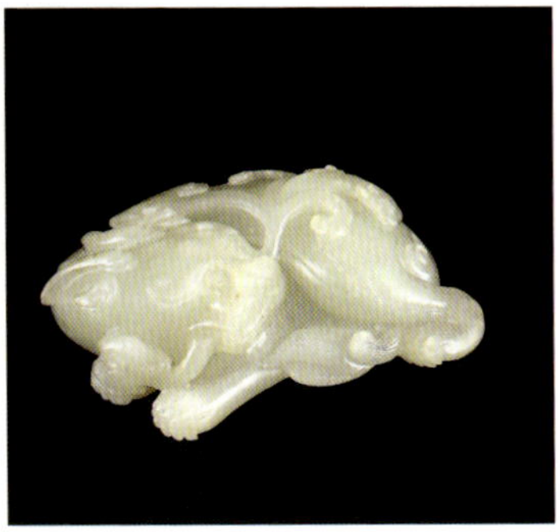

白玉雕瑞兽

清中期 Mid Qing BD 北京东正
2016-05-14 Lot3112 L7cm
估价：RMB 10,000-20,000
成交价：RMB 11,500

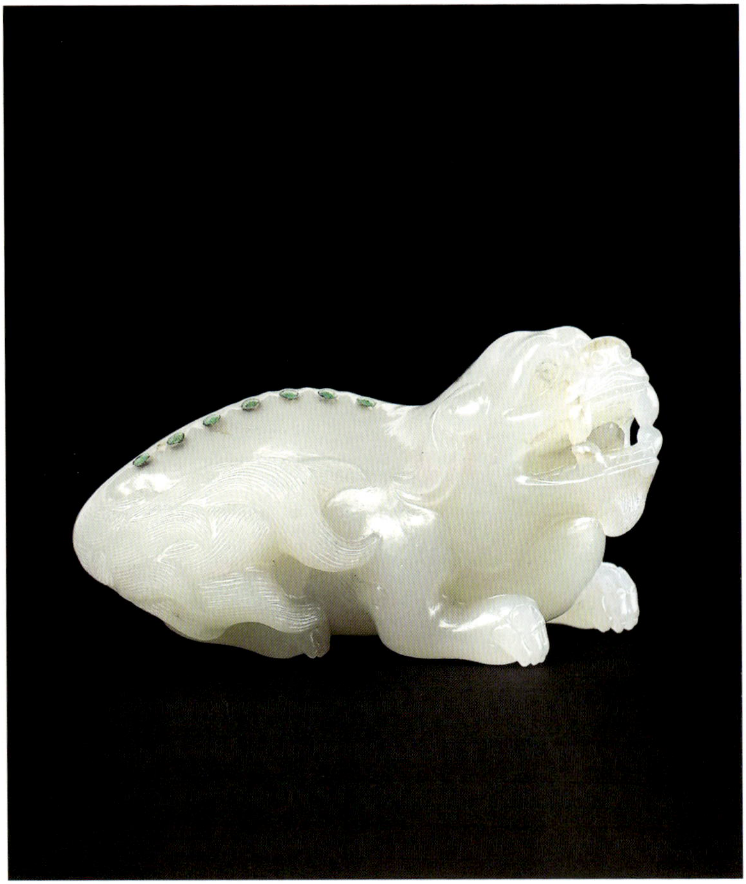

白玉嵌绿松石瑞兽

18 世纪 18th Century KS 北京匡时
2016-11-28 Lot97 6.5 × 4 × 4cm
估价：HKD 800,000-1,000,000
成交价：HKD 1,416,000

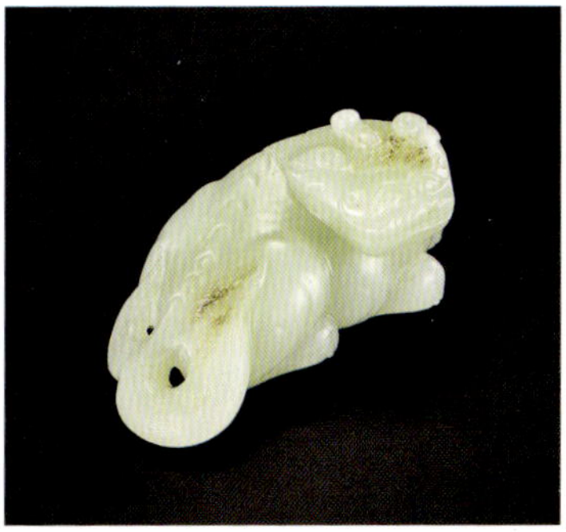

青白玉瑞兽
明末清初 Late Ming and Early Qing S 苏富比
2016-12-01 Lot42 7cm
估价：HKD 30,000-40,000
成交价：HKD 47,500

青白玉雕瑞兽摆件
17-18 世纪 17th-18th Century S 苏富比
2016-12-02 Lot781 9.9cm
估价：HKD 80,000-120,000
成交价：HKD 850,000

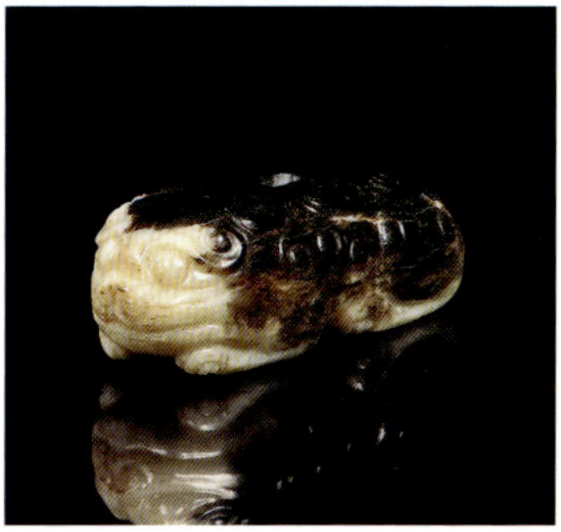

旧玉瑞兽
明 Ming GD 中国嘉德
2016-03-28 Lot5255 L5.4cm
估价：RMB 10,000-20,000
成交价：RMB 11,500

青白玉瑞兽
清 Qing GD 中国嘉德
2016-03-28 Lot5148 L4.9cm
估价：RMB 8,000-12,000
成交价：RMB 9,200

青玉瑞兽（五件）
年代不详 Unknown GD 中国嘉德
2016-03-28 Lot5378 尺寸不一
估价：无底价
成交价：RMB 14,950

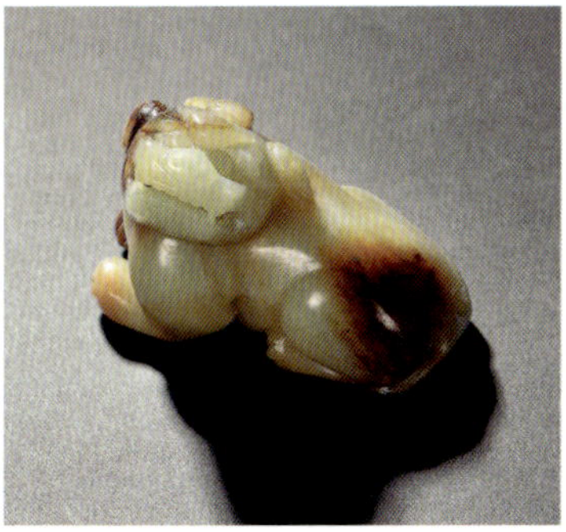

青白玉瑞兽
清 Qing BP 北京保利
2016-06-08 Lot9185 L5.3cm
估价：RMB 15,000-25,000
成交价：RMB 17,250

青白玉、青玉瑞兽（八件）
年代不详 Unknown GD 中国嘉德
2016-03-28 Lot5377 尺寸不一
估价：无底价
成交价：RMB 8,050

白玉雕衔灵芝瑞兽
清中期 Mid Qing GD 中国嘉德
2016-11-12 Lot2858 L 9.5cm
估价：RMB 25,000-40,000
成交价：RMB 195,500

青白玉瑞兽
年代不详 Unknown GD 中国嘉德
2016-09-25 Lot5411 L 10cm
估价：无底价
成交价：RMB 4,600

白玉子母兽
年代不详 Unknown GD 中国嘉德
2016-09-25 Lot5327 L 6.2cm
估价：RMB 5,000-8,000
成交价：RMB 5,750

白玉衔灵芝瑞兽
清中期 Mid Qing GD 中国嘉德
2016-11-12 Lot2861 L 9.5cm
估价：RMB 20,000-40,000
成交价：RMB 66,700

青玉瑞兽（三件）
年代不详 Unknown GD 中国嘉德
2016-09-26 Lot5628 L 7cm;5.5cm;4.5cm
估价：无底价
成交价：RMB 1,150

白玉嵌掐丝珐琅太平有象
年代不详 Unknown GD 中国嘉德
2016-03-28 Lot5152 L6.5cm
估价：无底价
成交价：RMB 5,750

青白玉瑞兽
明 Ming GD 中国嘉德
2016-09-25 Lot5286 L 5cm
估价：无底价
成交价：RMB 8,050

白玉子母兽
年代不详 Unknown GD 中国嘉德
2016-09-25 Lot5328 L 5.4cm
估价：RMB 4,000-6,000
成交价：RMB 4,600

白玉象
乾隆 Qianlong CT 广州崇正
2016-12-11 Lot1399 H3cm
估价：RMB 70,000-90,000
成交价：RMB 97,750

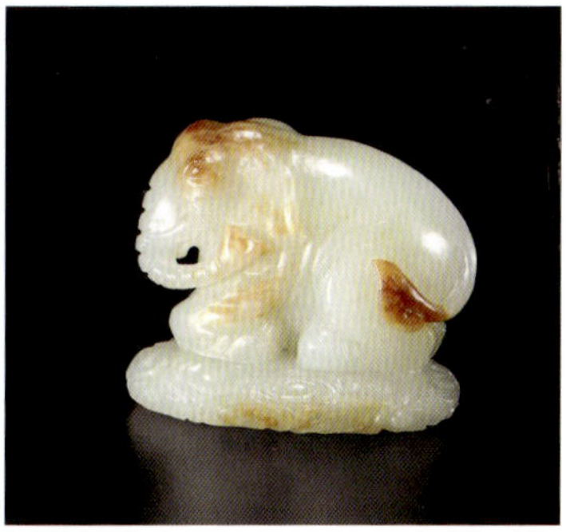

白玉洒金象
清中期 Mid Qing BH 北京翰海
2016-12-04 Lot2570 H4cm
估价：RMB 25,000-35,000
成交价：RMB 34,500

黄罕勇 大象（大吉祥）和田籽玉摆件
当代 Contemporary KS 北京匡时
2016-06-08 Lot4010 7.10 × 9.20 × 7.60cm
估价：RMB 900,000-1,100,000
成交价：RMB 1,265,000

青白玉带皮太平有象
清 Qing GD 中国嘉德
2016-11-29 Lot1194 W3.6cm
估价：HKD 20,000-30,000
成交价：HKD 44,840

青白玉太平有象
清，19 世纪 Qing,19th Century S 苏富比
2016-05-11 Lot108 8.8cm
估价：GBP 10,000-15,000
成交价：GBP 16,250

白玉骆驼
明 Ming BH 北京翰海
2016-06-05 Lot2518 L6.2cm
估价：RMB 8,000-10,000
成交价：RMB 11,500

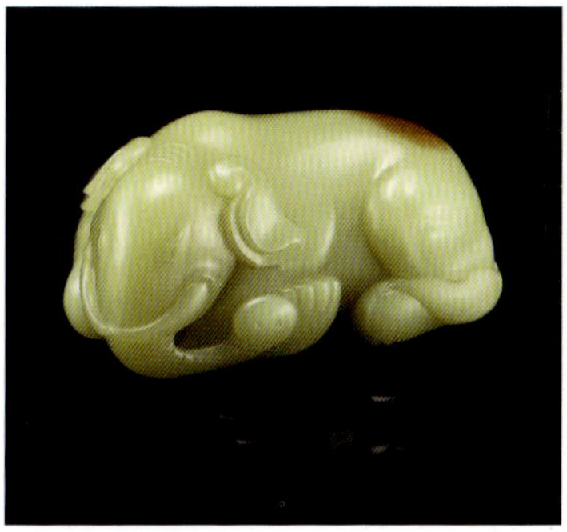

黄玉卧象摆件
年代不详 Unknown C 佳士得
2016-11-30 Lot3451 L9.3cm
估价：HKD 150,000-200,000
成交价：HKD 275,000

白玉太平有象摆件
乾隆 Qianlong GD 中国嘉德
2016-11-12 Lot2851 L 6.7cm
估价：RMB 20,000-40,000
成交价：RMB 103,500

黄玉骆驼摆件
明 Ming BP 北京保利
2016-12-05 Lot5241 L12.3cm
估价：RMB 200,000-300,000
成交价：RMB 253,000

白玉狮
年代不详 Unknown GD 中国嘉德
2016-03-28 Lot5133 L6.5cm
估价：无底价
成交价：RMB 20,700

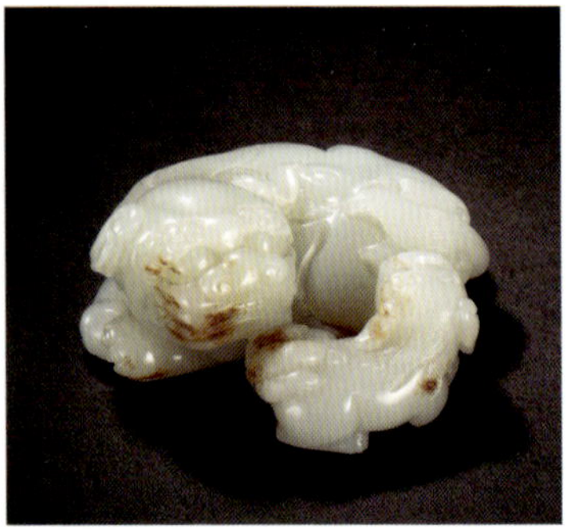

青白玉太狮少狮
18 世纪 18th Century GD 中国嘉德
2016-11-29 Lot1174 W7cm
估价：HKD 120,000-220,000
成交价：HKD 141,600

青白玉卧狮
明 Ming S 苏富比
2016-05-11 Lot132 8.2cm
估价：GBP 5,000-7,000
成交价：GBP 11,875

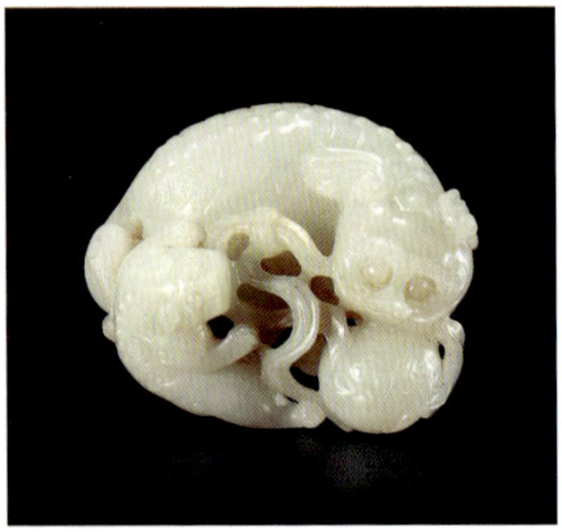

白玉太狮少狮
乾隆 Qianlong BH 北京翰海
2016-06-05 Lot2652 L7.5cm
估价：RMB 30,000-40,000
成交价：RMB 40,250

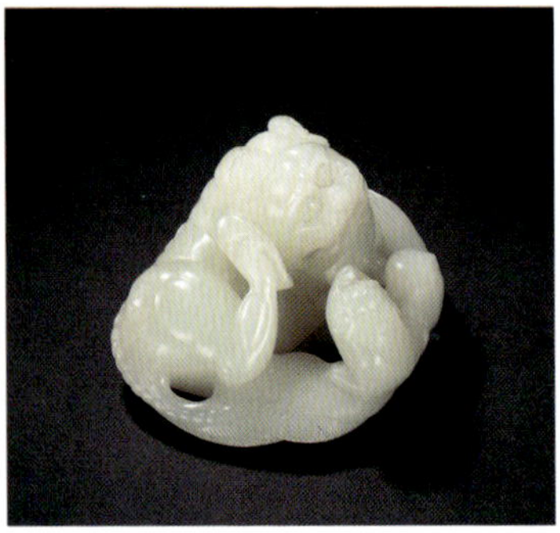

白玉太狮少狮
18 世纪 18th Century GD 中国嘉德
2016-11-29 Lot1145 W7cm
估价：HKD 120,000-220,000
成交价：HKD 141,600

白玉圆雕卧狮摆件
年代不详 Unknown AS 中国艺海
2016-01-21 Lot2035 L 7.8cm
估价：HKD 480,000-960,000
成交价：HKD 990,000

白玉狮子摆件

乾隆 Qianlong C 佳士得

2016-05-10 Lot55 W 8cm

估价：GBP 8,000-12,000

成交价：GBP 43,750

白玉雕狮子摆件

清 Qing BD 北京东正

2016-06-05 Lot232 L 4.5cm

估价：RMB 20,000-30,000

成交价：RMB 35,650

白玉雕太狮少狮摆件

清，18 世纪 Qing,18th Century S 苏富比

2016-10-05 Lot75 12.8cm

估价：HKD 500,000-700,000

成交价：HKD 1,750,000

青白玉雕太狮少狮摆件

20 世纪 20th Century S 苏富比

2016-09-17 Lot1111 尺寸不详

估价：USD 3,000-5,000

成交价：USD 2,500

碧玉太狮少狮摆件

年代不详 Unknown GD 中国嘉德

2016-11-12 Lot2927 L 16cm

估价：RMB 80,000-120,000

成交价：RMB 97,750

青玉狮戏球摆件

明末清初 Late Ming and Early Qing C 佳士得

2016-11-09 Lot317 L 12.7cm

估价：GBP 2,000-3,000

成交价：GBP 2,750

黄玉卧兽
明末清初 Late Ming and Early Qing S 苏富比
2016-12-01 Lot50 3.5cm
估价：HKD 10,000-15,000
成交价：HKD 87,500

白玉卧虎
清 Qing BP 北京保利
2016-04-27 Lot236 L11.5cm
估价：RMB 20,000-30,000
成交价：RMB 36,800

青白玉虎
年代不详 Unknown GD 中国嘉德
2016-09-25 Lot5334 L 6.4cm
估价：RMB 6,000-9,000
成交价：RMB 8,050

白玉雕坐虎摆件
年代不详 Unknown S 苏富比
2016-09-17 Lot1110 尺寸不详
估价：USD 8,000-12,000
成交价：USD 10,000

白玉卧虎
清 Qing BP 北京保利
2016-04-28 Lot1642 L6cm
估价：RMB 4,000-8,000
成交价：RMB 4,600

黄玉雕卧虎摆件
明 Ming BD 北京东正
2016-06-05 Lot231 L 8.5cm
估价：RMB 25,000-35,000
成交价：RMB 28,750

白玉虎
清 Qing GD 中国嘉德
2016-03-28 Lot5165 L5.3cm
估价：无底价
成交价：RMB 36,800

玉沁色虎
明 Ming GD 中国嘉德
2016-05-14 Lot3114 L5cm
估价：RMB 20,000-40,000
成交价：RMB 23,000

白玉熊
清 Qing C 佳士得
2016-10-04 Lot192 L 6.5cm
估价：HKD 100,000-150,000
成交价：HKD 125,000

玉留皮双鹿摆件
清 Qing GD 中国嘉德
2016-11-12 Lot2882 L 11.7cm
估价：RMB 80,000-120,000
成交价：RMB 448,500

白玉雕双鹿衔灵芝摆件
民国 Republic Period BP 北京保利
2016-12-07 Lot6850 L8.5cm
估价：RMB 25,000-35,000
成交价：RMB 46,000

白玉雕双鹿
清 Qing BP 北京保利
2016-04-28 Lot1656 L5.5cm
估价：无底价
成交价：RMB 1,150

白玉沁色鹿衔灵芝摆件
清 Qing GD 中国嘉德
2016-03-28 Lot5230 L7.3cm
估价：RMB 3,000-5,000
成交价：RMB 3,450

白玉鹿衔灵芝摆件
清中期 Mid Qing BH 北京翰海
2016-12-04 Lot2571 L5.7cm
估价：RMB 15,000-30,000
成交价：RMB 23,000

白玉带沁鹿摆件
明 Ming BP 北京保利
2016-06-08 Lot9142 L6.5cm
估价：RMB 30,000-50,000
成交价：RMB 34,500

白玉卧鹿
清中期 Mid Qing BH 北京翰海
2016-12-04 Lot2575 L7.7cm
估价：RMB 25,000-40,000
成交价：RMB 36,800

白玉雕兽衔灵芝摆件
清 Qing XLA 西泠印社
2016-04-09 Lot135 H3.4cm
估价：RMB 10,000-15,000
成交价：RMB 13,800

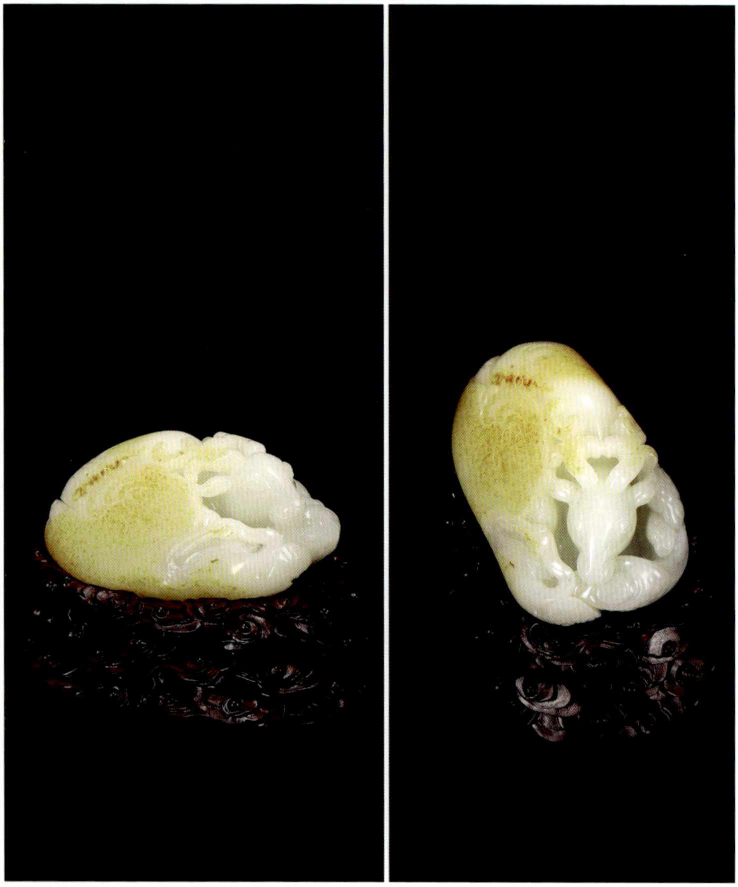

万德旭 鹤鹿同春 和田籽玉摆件
当代 Contemporary KS 北京匡时
2016-06-08 Lot4009 7.00 × 13.00 × 7.50cm
估价：RMB 800,000-1,100,000
成交价：RMB 1,265,000

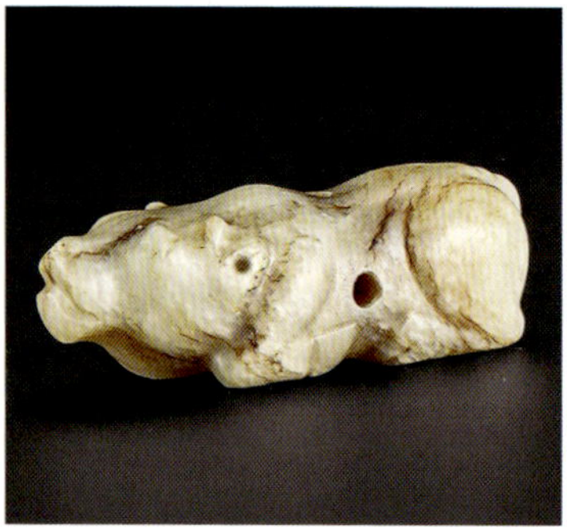

玉卧牛
明末清初 Late Ming and Early Qing S 苏富比
2016-12-01 Lot97 6.2cm
估价：HKD 15,000-20,000
成交价：HKD 43,750

白玉卧牛
清早期 Early Qing BH 北京翰海
2016-06-05 Lot2654 L14.3cm
估价：RMB 46,000-60,000
成交价：RMB 57,500

白玉带沁卧牛
明 Ming BP 北京保利
2016-04-27 Lot229 L6cm
估价：RMB 30,000-50,000
成交价：RMB 80,500

白玉卧牛
年代不详 Unknown GD 中国嘉德
2016-03-28 Lot5146 L5.7cm
估价：无底价
成交价：RMB 2,300

白玉卧牛摆件
年代不详 Unknown BP 北京保利
2016-04-28 Lot1671 W9cm
估价：无底价
成交价：RMB 11,500

白玉牛
年代不详 Unknown GD 中国嘉德
2016-09-25 Lot5358 L 4.5cm
估价：RMB 2,000-3,000
成交价：RMB 2,300

白玉沁色牛
清 Qing GD 中国嘉德
2016-09-25 Lot5385 L 6.4cm
估价：无底价
成交价：RMB 1,150

旧玉卧牛摆件
年代不详 Unknown BP 北京保利
2016-10-31 Lot1722 L 19cm
估价：无底价
成交价：RMB 5,750

黄玉雕牺牛摆件
乾隆 Qianlong BO 邦瀚斯
2016-11-29 Lot12 L10.2cm
估价：HKD 500,000-800,000
成交价：RMB 2,416,441

黑白玉卧牛
清 Qing BP 北京保利
2016-04-27 Lot234 L12cm
估价：RMB 20,000-40,000
成交价：RMB 23,000

灰玉卧牛
明晚期 - 清，18 世纪 Late Ming-Qing,18th Century C 佳士得
2016-03-17 Lot946 L27.3cm
估价：USD 70,000-90,000
成交价：USD 87,500

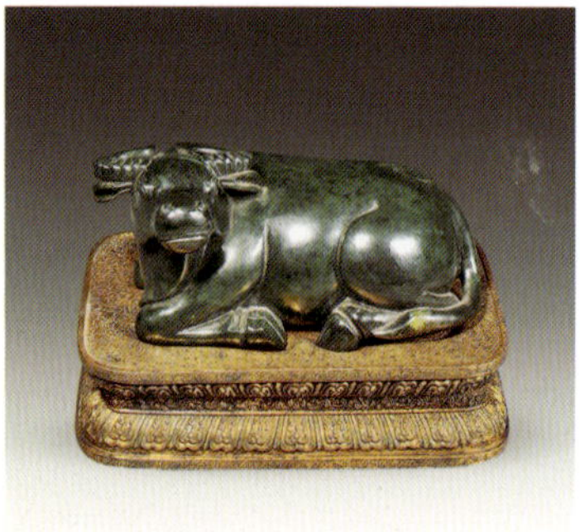

碧玉牛
年代不详 Unknown GD 中国嘉德
2016-03-28 Lot5481 L20cm
估价：无底价
成交价：RMB 10,350

玉雕卧牛 二件
清，17-18 世纪 Qing,17th-18th Century S 苏富比
2016-06-02 Lot936 9.6;11cm
估价：HKD 25,000-30,000
成交价：HKD 325,000

碧玉卧牛摆件
清 Qing BP 北京保利
2016-04-28 Lot1703 L22cm
估价：无底价
成交价：RMB 25,300

黄玉卧牛
明 Ming BH 北京翰海
2016-06-05 Lot2509 L5cm
估价：RMB 5,000-10,000
成交价：RMB 13,800

白玉雕卧羊
清 Qing BP 北京保利
2016-06-08 Lot9084 L4.5cm
估价：RMB 8,000-12,000
成交价：RMB 23,000

青墨玉卧牛
17 世纪 17th Century S 苏富比
2016-06-02 Lot915 5.6cm
估价：HKD 50,000-70,000
成交价：HKD 150,000

青玉子母牛
年代不详 Unknown GD 中国嘉德
2016-03-28 Lot5189 L17.5cm
估价：无底价
成交价：RMB 13,800

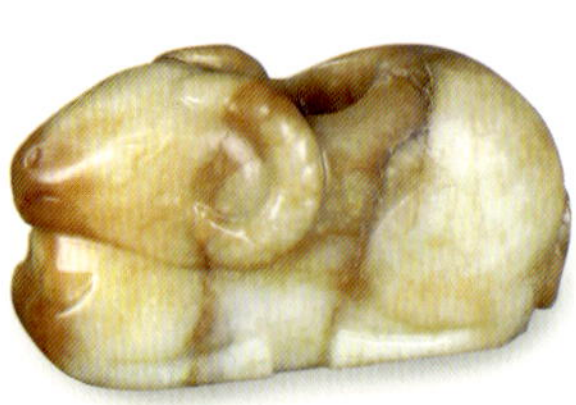

玉雕卧羊
明 Ming BP 北京保利
2016-04-27 Lot227 L5.5cm
估价：RMB 30,000-50,000
成交价：RMB 34,500

白玉雕双羊摆件
清中期 Mid Qing BD 北京东正
2016-05-14 Lot3109 H3.5cm
估价：RMB 10,000-20,000
成交价：RMB 32,200

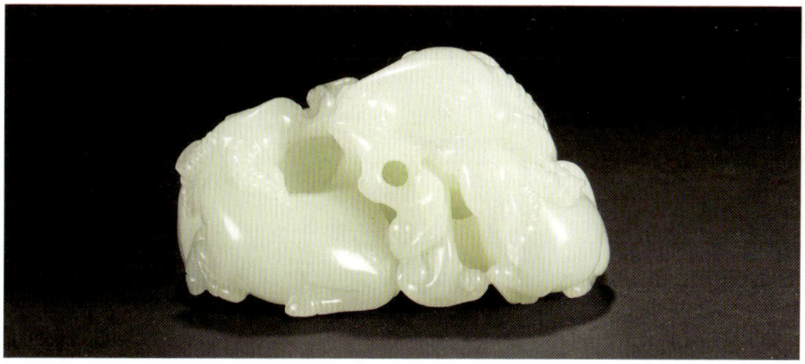

白玉雕三羊开泰
乾隆 Qianlong BP 北京保利
2016-12-06 Lot5909 W7cm
估价：RMB 700,000-900,000
成交价：RMB 805,000

黄玉羊摆件
明 Ming KS 北京匡时
2016-06-07 Lot3344 L6cm
估价：RMB 150,000-200,000
成交价：RMB 195,500

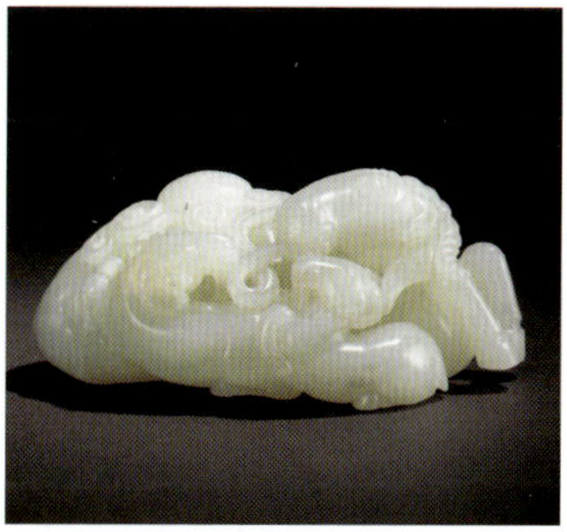

白玉三羊开泰摆件
清中期 Mid Qing CT 广州崇正
2016-12-11 Lot1405 L10.5cm
估价：RMB 120,000-200,000
成交价：RMB 138,000

白玉圆雕三羊开泰
清，18 世纪 Qing,18th Century S 苏富比
2016-12-01 Lot159 5.6cm
估价：HKD 150,000-200,000
成交价：HKD 687,500

白玉三阳开泰
清 Qing BP 北京保利
2016-10-31 Lot456 L 5cm
估价：无底价
成交价：RMB 19,550

白玉三羊开泰摆件
清中期 Mid Qing BH 北京翰海
2016-12-04 Lot2531 L17.3cm
估价：RMB 20,000-30,000
成交价：RMB 28,750

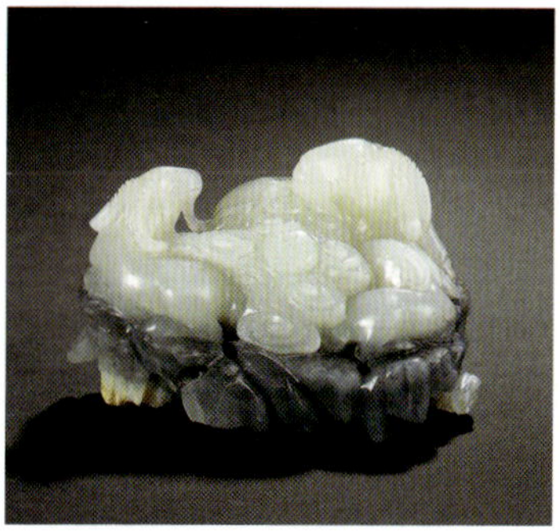

黑白玉巧雕三羊开泰
清，18 世纪 Qing,18th Century BP 北京保利
2016-12-06 Lot5907 L8.5cm
估价：RMB 200,000-300,000
成交价：RMB 230,000

青玉雕三羊开泰摆件
清早期 Early Qing S 苏富比
2016-12-02 Lot708 11cm
估价：HKD 100,000-150,000
成交价：HKD 150,000

白玉洋洋得意摆件
年代不详 Unknown GD 中国嘉德
2016-09-25 Lot5423 L 7.2cm
估价：无底价
成交价：RMB 4,600

青白玉雕卧羊摆件
清 Qing BD 北京东正
2016-09-23 Lot339 L 5.1cm
估价：无底价
成交价：RMB 4,600

白玉羊衔灵芝
年代不详 Unknown GD 中国嘉德
2016-09-25 Lot5606 L 6.3cm
估价：无底价
成交价：RMB 3,450

白玉羊衔灵芝
清 Qing BP 北京保利
2016-10-31 Lot468 L 5.5cm
估价：无底价
成交价：RMB 34,500

白玉马摆件
清中期 Mid Qing KS 北京匡时
2016-11-28 Lot96 6 × 1 × 1cm
估价：HKD 800,000-1,000,000
成交价：HKD 1,711,000

白玉马
清 Qing GD 中国嘉德
2016-06-18 Lot2559 L8cm
估价：RMB 5,000-8,000
成交价：RMB 10,350

玉马
清 Qing BH 北京翰海
2016-04-17 Lot1256 L4cm
估价：RMB 1,000-1,000
成交价：RMB 1,150

白玉雕滚马
清 Qing BP 北京保利
2016-12-07 Lot6744 L4cm
估价：RMB 15,000-25,000
成交价：RMB 28,750

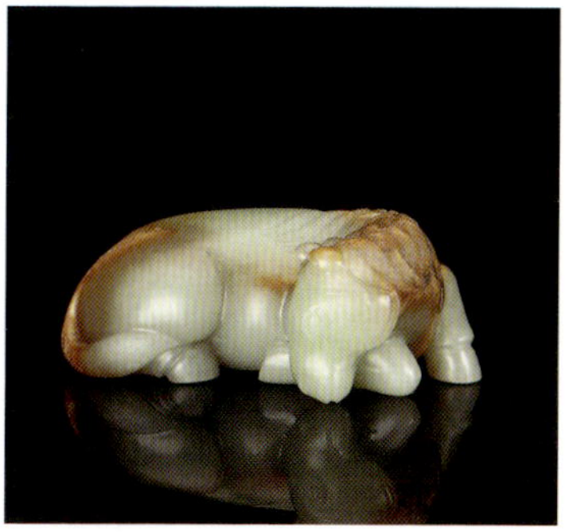

白玉马
清中期 Mid Qing BP 北京保利
2016-06-06 Lot7457 L10cm
估价：RMB 50,000-80,000
成交价：RMB 195,500

白玉马
清 Qing CT 广州崇正
2016-12-11 Lot1402 L4.5cm
估价：RMB 15,000-30,000
成交价：RMB 17,250

白玉卧马
清早期 Early Qing BH 北京翰海
2016-06-05 Lot2660 L11.5cm
估价：RMB 1,000,000-1,300,000
成交价：RMB 1,357,000

白玉卧马
清 Qing BP 北京保利
2016-04-27 Lot233 L15cm
估价：RMB 20,000-40,000
成交价：RMB 40,250

白玉卧马
清 Qing BP 北京保利
2016-04-27 Lot232 L8cm
估价：RMB 15,000-25,000
成交价：RMB 28,750

白玉卧马
乾隆 Qianlong S 苏富比
2016-10-05 Lot3703 10.5cm
估价：HKD 700,000-900,000
成交价：HKD 875,000

白玉卧马
清中期 Mid Qing BH 北京翰海
2016-12-04 Lot2408 L7.6cm
估价：RMB 40,000-60,000
成交价：RMB 57,500

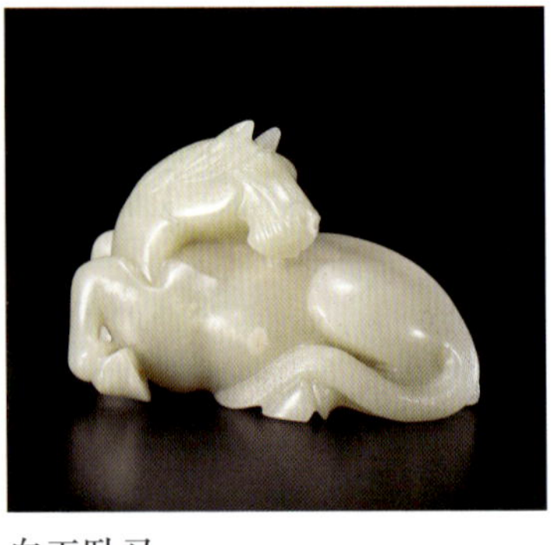

白玉卧马
清早期 Early Qing BH 北京翰海
2016-06-05 Lot2515 L10.5cm
估价：RMB 70,000-80,000
成交价：RMB 86,250

玉雕卧马
年代不详 Unknown BP 北京保利
2016-10-31 Lot1776 L 7.5cm
估价：无底价
成交价：RMB 2,300

白玉留皮马
清 Qing GD 中国嘉德
2016-03-28 Lot5147 L7.2cm
估价：无底价
成交价：RMB 5,750

黑白玉双马
清 Qing BP 北京保利
2016-06-08 Lot9186 L4.4cm
估价：RMB 15,000-25,000
成交价：RMB 17,250

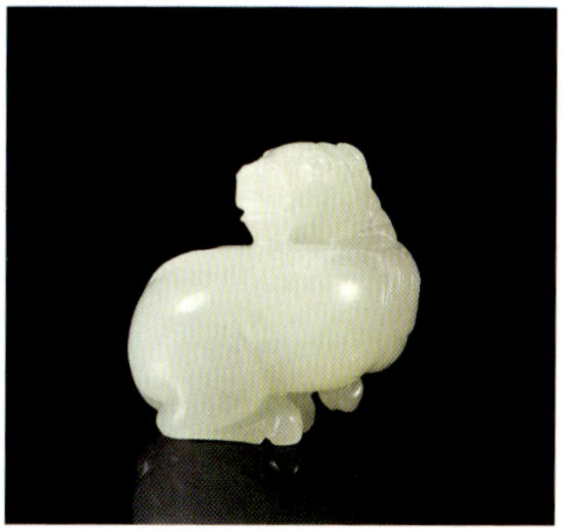

白玉马上翻身
年代不详 Unknown GD 中国嘉德
2016-09-25 Lot5338 L 3.7cm
估价：RMB 3,000-5,000
成交价：RMB 3,450

青白玉雕马形摆件
清 Qing HC 北京华辰
2016-11-16 Lot1240 H11cm
估价：RMB 18,000-28,000
成交价：RMB 55,200

旧玉马
清 Qing GD 中国嘉德
2016-05-14 Lot3178 L5.5cm
估价：无底价
成交价：RMB 5,750

白玉马上翻身
清 Qing GD 中国嘉德
2016-09-25 Lot5378 L 5cm
估价：无底价
成交价：RMB 10,350

黄玉马
明 Ming GD 中国嘉德
2016-11-29 Lot1049 W5.6cm
估价：HKD 20,000-50,000
成交价：HKD 118,000

白玉飞马摆件
清 Qing KS 北京匡时
2016-06-07 Lot3401 L11cm
估价：RMB 50,000-80,000
成交价：RMB 57,500

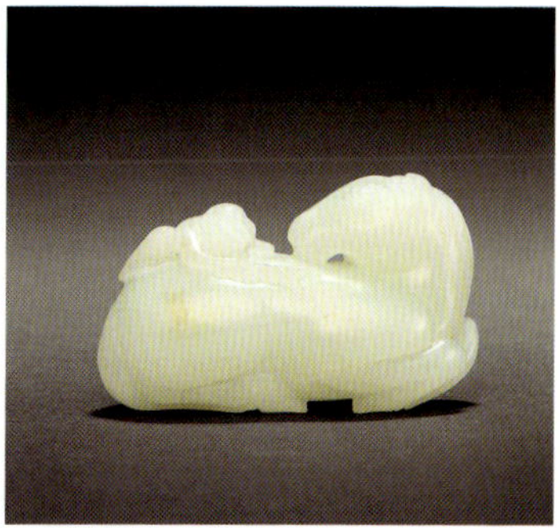

白玉马上封侯
清 Qing BP 北京保利
2016-06-08 Lot9093 L5.5cm
估价：RMB 8,000-12,000
成交价：RMB 32,200

白玉马上封侯
清 Qing GD 中国嘉德
2016-05-14 Lot3174 L8cm
估价：RMB 50,000-80,000
成交价：RMB 59,800

白玉雕马上封侯摆件
近代 Modern BH 北京翰海
2016-04-17 Lot1261 L7cm
估价：RMB 8,000-8,000
成交价：RMB 9,200

青玉马上封侯
清 Qing BP 北京保利
2016-01-16 Lot366 L4cm
估价：无底价
成交价：RMB 5,750

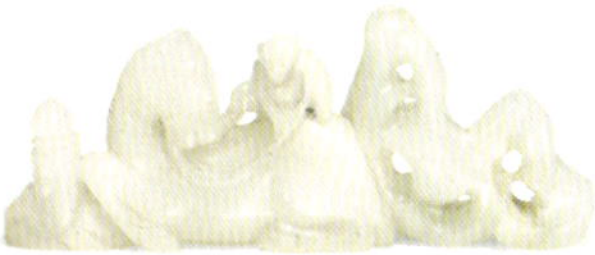

白玉马上封侯
清，18-19世纪 Qing,18th-19th Century S 苏富比
2016-05-11 Lot265 10.2cm
估价：GBP 4,000-6,000
成交价：GBP 20,000

白玉雕马上封侯
清 Qing BP 北京保利
2016-01-16 Lot354 L5cm
估价：RMB 8,000-12,000
成交价：RMB 28,750

灰白玉留皮马上封侯摆件
乾隆 Qianlong C 佳士得
2016-05-13 Lot517 L 11cm
估价：GBP 30,000-50,000
成交价：GBP 188,500

白玉马上封侯摆件
18 世纪 18th Century C 佳士得
2016-05-10 Lot54 W 9.3cm
估价：GBP 15,000-20,000
成交价：GBP 50,000

白玉辈辈封侯
清 Qing BH 北京翰海
2016-06-05 Lot2502 L4.3cm
估价：RMB 8,000-12,000
成交价：RMB 11,500

白玉辈辈封侯
清早期 Early Qing BH 北京翰海
2016-06-05 Lot2500 H7.1cm
估价：RMB 12,000-18,000
成交价：RMB 17,250

青白玉雕双骏摆件
清，18-19 世纪 Qing,18th-19th Century S 苏富比
2016-09-13 Lot193 尺寸不详
估价：USD 30,000-50,000
成交价：USD 62,500

青白玉御马摆件
年代不详 Unknown GD 中国嘉德
2016-09-25 Lot5383 L 10cm
估价：无底价
成交价：RMB 4,600

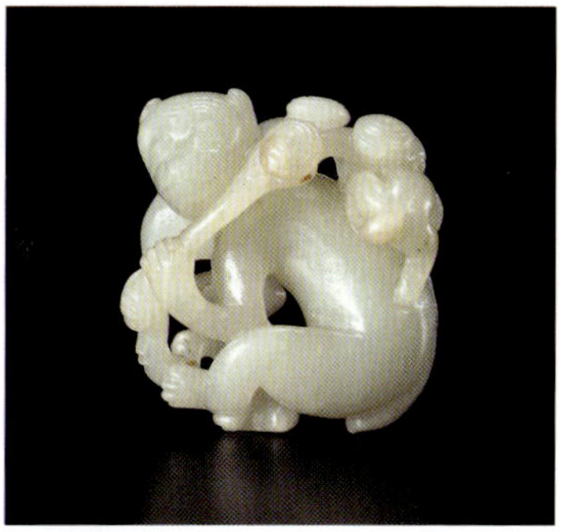

白玉辈辈封侯
清中期 Mid Qing BH 北京翰海
2016-06-05 Lot2501 H4cm
估价：RMB 8,000-12,000
成交价：RMB 11,500

白玉猴
清 Qing BP 北京保利
2016-04-28 Lot1279 L4.5cm
估价：RMB 4,000-8,000
成交价：RMB 4,600

白玉猴
清早期 Early Qing GD 中国嘉德
2016-11-29 Lot1139 H6cm
估价：HKD 160,000-260,000
成交价：HKD 188,800

白玉巧色雕灵猴献寿摆件
18 世纪 18th Century BO 邦瀚斯
2016-11-29 Lot14 L8.8cm
估价：HKD 500,000-800,000
成交价：RMB 1,118,722

白玉双猴
清 Qing BP 北京保利
2016-12-07 Lot6742 L4.5cm
估价：RMB 10,000-20,000
成交价：RMB 11,500

白玉吃桃灵猴
清 Qing BSA 北京古天一
2016-12-07 Lot1105 H4cm
估价：RMB 80,000-120,000
成交价：RMB 97,750

白玉糖色巧雕辈辈封侯
清 Qing BSA 北京古天一
2016-12-07 Lot1089 H3.5cm
估价：RMB 40,000-60,000
成交价：RMB 51,750

青白玉猴
年代不详 Unknown GD 中国嘉德
2016-03-28 Lot5131 L4.7cm
估价：无底价
成交价：RMB 3,450

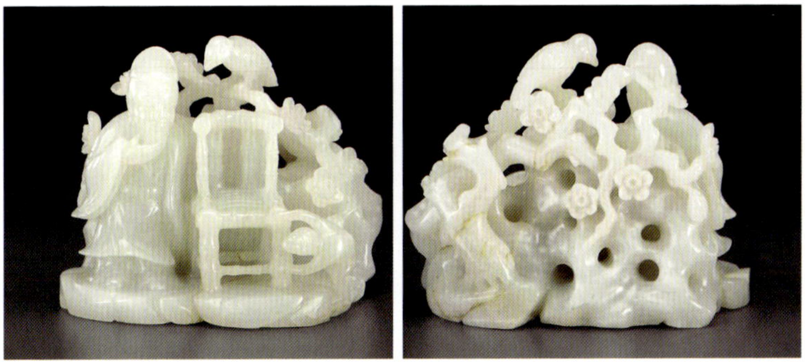

青白玉雕虚位以侯摆件
清，19 世纪 Qing,19th Century C 佳士得
2016-03-17 Lot1682 L8.3cm
估价：USD 6,000-8,000
成交价：USD 8,750

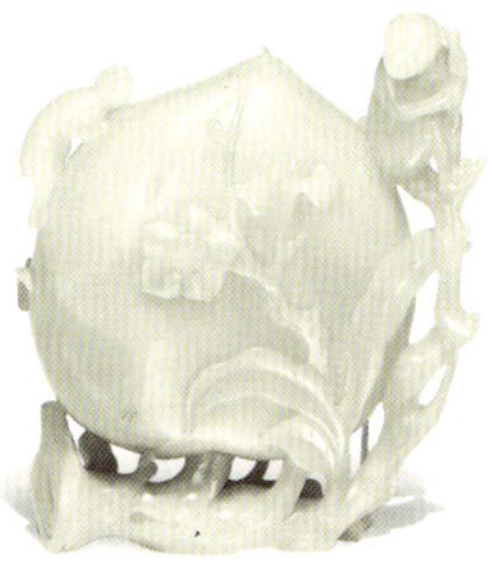

青白玉猴子献桃
清，18 世纪 Qing,18th Century S 苏富比
2016-05-11 Lot3 11cm
估价：GBP 5,000-7,000
成交价：GBP 21,250

白玉双猴摆件
清中期 Mid Qing BP 北京保利
2016-11-10 Lot4639 L 6.5cm
估价：RMB 50,000-100,000
成交价：RMB 57,500

白玉犬
年代不详 Unknown BP 北京保利
2016-04-28 Lot1661 L6cm
估价：无底价
成交价：RMB 2,300

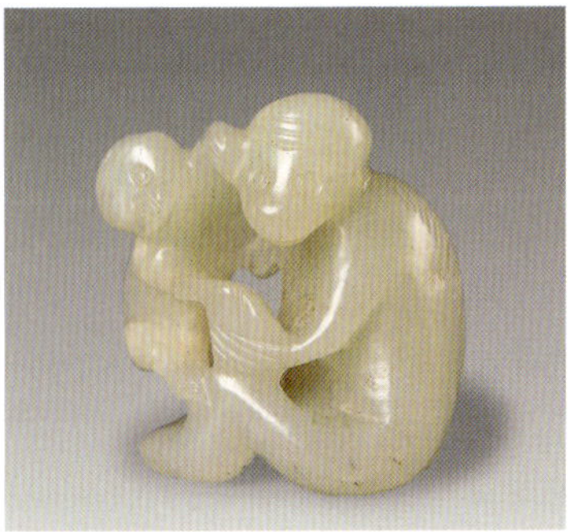

白玉双猴
清 Qing BP 北京保利
2016-10-31 Lot466 L 3.6cm
估价：无底价
成交价：RMB 17,250

白玉犬
明 Ming GD 中国嘉德
2016-05-14 Lot3175 L3.7cm
估价：RMB 130,000-180,000
成交价：RMB 184,000

白玉卧犬
近代 Modern BP 北京保利
2016-01-16 Lot437 L5.5cm
估价：RMB 5,000-8,000
成交价：RMB 5,750

白玉卧犬

清 Qing BP 北京保利
2016-01-16 Lot396 L5.5cm
估价：无底价
成交价：RMB 1,150

白玉卧犬

清，18 世纪 Qing,18th Century S 苏富比
2016-04-06 Lot3021 5.8cm
估价：HKD 250,000-350,000
成交价：HKD 325,000

白玉三犬摆件

清，18 世纪初 Qing,Early 18th Century S 苏富比
2016-05-11 Lot7 8.2cm
估价：GBP 20,000-30,000
成交价：GBP 173,000

白玉子母犬

清 Qing BD 北京东正
2016-11-11 Lot220 L5cm
估价：RMB 120,000-180,000
成交价：RMB 218,500

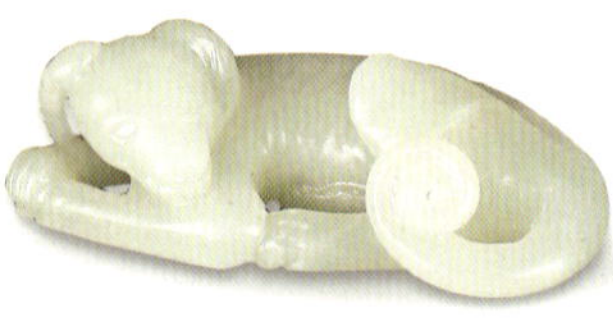

白玉卧犬

清早期 Early Qing BP 北京保利
2016-04-27 Lot393 L5.5cm
估价：RMB 40,000-60,000
成交价：RMB 46,000

白玉雕衔花卧犬摆件

清，19 世纪 Qing,19th Century S 苏富比
2016-12-02 Lot780 6.5cm
估价：HKD 15,000-20,000
成交价：HKD 87,500

玉卧犬
明 Ming S 苏富比
2016-12-01 Lot40 5.2cm
估价：HKD 30,000-50,000
成交价：HKD 106,250

黄玉犬
清中期 Mid Qing BP 北京保利
2016-06-06 Lot7458 L5.2cm
估价：RMB 60,000-80,000
成交价：RMB 218,500

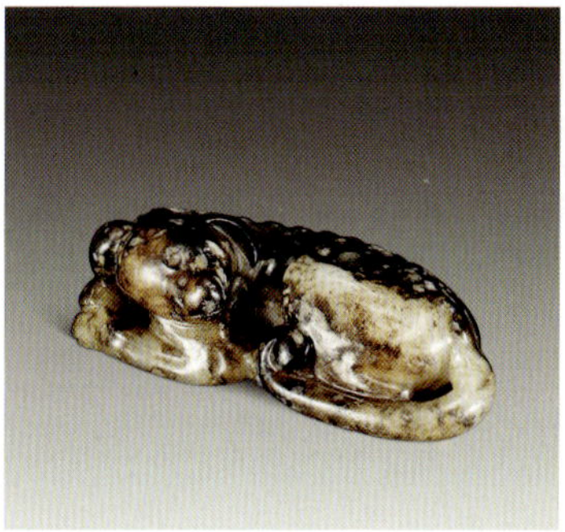

黄玉犬摆件
明 Ming KS 北京匡时
2016-06-07 Lot3341 L6.2cm
估价：RMB 150,000-200,000
成交价：RMB 195,500

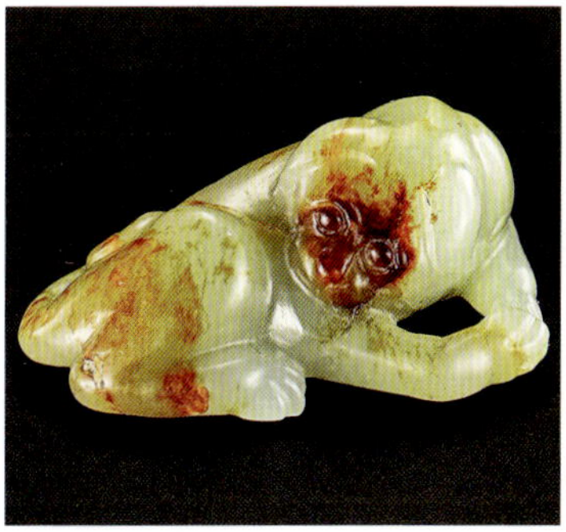

褐斑青玉卧犬
明 Ming S 苏富比
2016-12-01 Lot36 7cm
估价：HKD 30,000-40,000
成交价：HKD 40,000

黄玉卧犬
明 Ming BH 北京翰海
2016-06-05 Lot2659 L24cm
估价：RMB 700,000-900,000
成交价：RMB 943,000

旧玉琮、卧犬、卧鹿（三件）
明 Ming BH 北京翰海
2016-12-04 Lot2493 H8.6cm;L7.5cm;L5cm
估价：RMB 8,000-12,000
成交价：RMB 11,500

黄玉卧犬
明 Ming S 苏富比
2016-04-06 Lot3001 7cm
估价：HKD 300,000-400,000
成交价：HKD 875,000

黄玉卧犬
清，19 世纪 Qing,19th Century S 苏富比
2016-05-11 Lot142 7cm
估价：GBP 6,000-8,000
成交价：GBP 20,000

黄玉犬像摆件
明 Ming BO 邦瀚斯
2016-09-12 Lot8023 L 7cm
估价：USD 8,000-10,000
成交价：USD 10,000

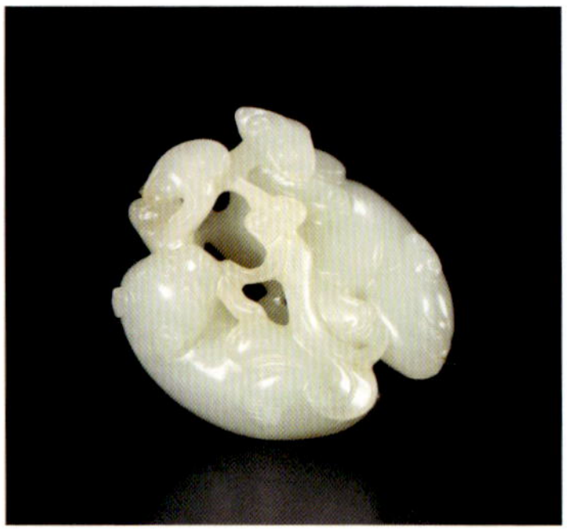

白玉双欢
清中期 Mid Qing BH 北京翰海
2016-12-04 Lot2566 L4.5cm
估价：RMB 10,000-20,000
成交价：RMB 13,800

白玉犬
20 世纪 20th Century C 佳士得
2016-11-08 Lot175 L 5.1cm
估价：GBP 10,000-15,000
成交价：GBP 12,500

白玉双欢
清早期 Early Qing GD 中国嘉德
2016-11-29 Lot1201 W6.8cm
估价：HKD 80,000-120,000
成交价：HKD 108,560

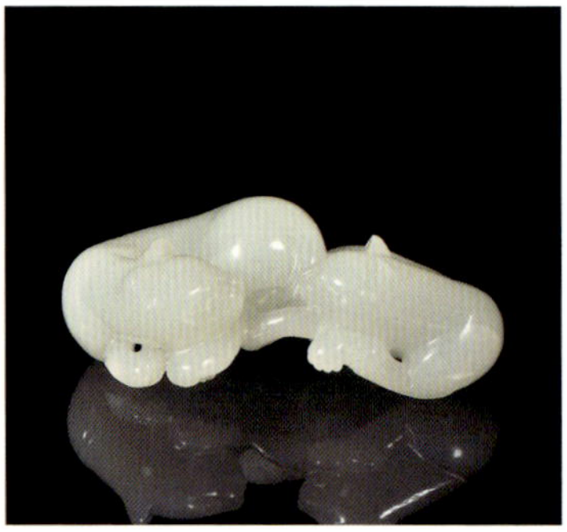

白玉双欢
年代不详 Unknown GD 中国嘉德
2016-09-25 Lot5347 L 7.4cm
估价：RMB 6,000-9,000
成交价：RMB 6,900

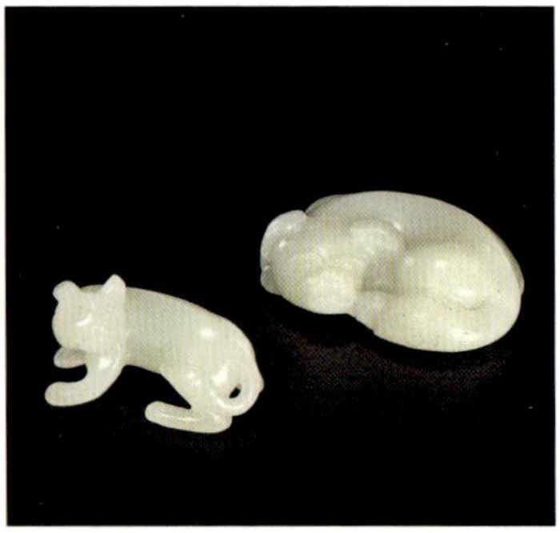

白玉卧犬（二件）
清 Qing GD 中国嘉德
2016-11-12 Lot2878 L 4cm;L 3.3cm
估价：无底价
成交价：RMB 20,700

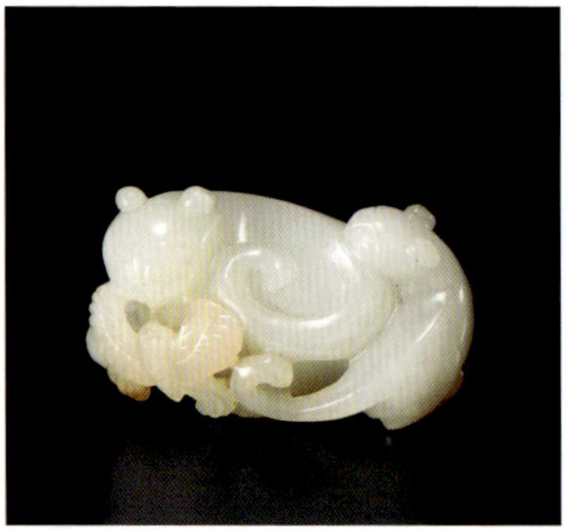

白玉双欢
清中期 Mid Qing BH 北京翰海
2016-12-04 Lot2565 L4.5cm
估价：RMB 12,000-20,000
成交价：RMB 17,250

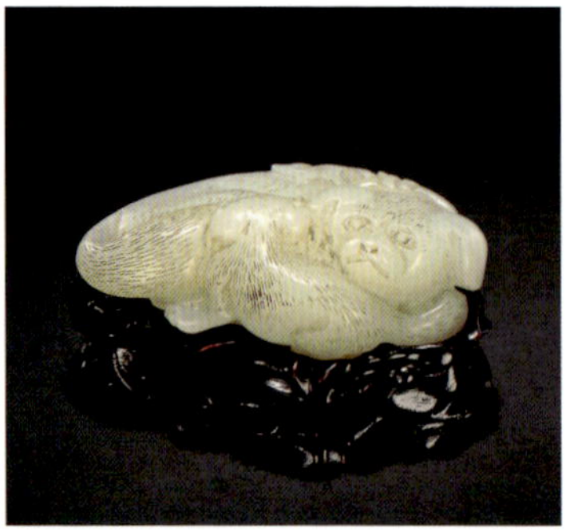

白玉双欢
清 Qing GD 中国嘉德
2016-11-12 Lot2877 L 5.2cm
估价：RMB 35,000-55,000
成交价：RMB 161,000

白玉双欢
清 Qing BP 北京保利
2016-10-31 Lot467 L 6cm
估价：无底价
成交价：RMB 23,000

白玉欢
清 Qing BP 北京保利
2016-04-27 Lot230 L4cm
估价：RMB 3,000-5,000
成交价：RMB 10,350

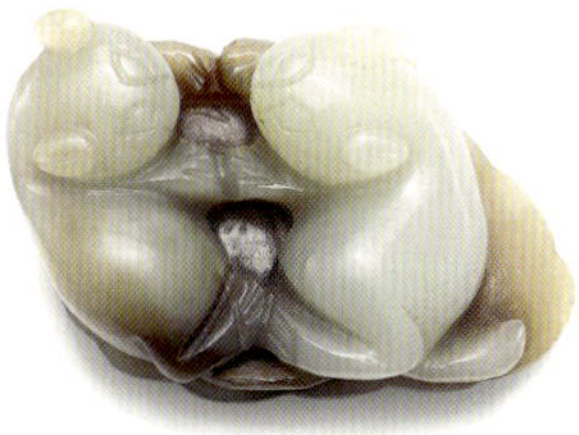

褐斑青白玉双欢
清，19 世纪 Qing,19th Century S 苏富比
2016-05-11 Lot134 6.5cm
估价：GBP 2,000-3,000
成交价：GBP 2,500

玉提色双欢
明 Ming GD 中国嘉德
2016-11-12 Lot2879 L 5.7cm
估价：RMB 60,000-80,000
成交价：RMB 69,000

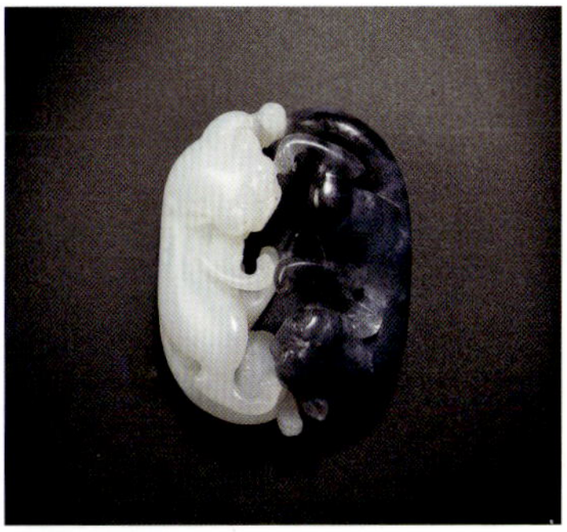

黑白玉双欢
乾隆 Qianlong BP 北京保利
2016-12-06 Lot5861 L5cm
估价：RMB 150,000-200,000
成交价：RMB 207,000

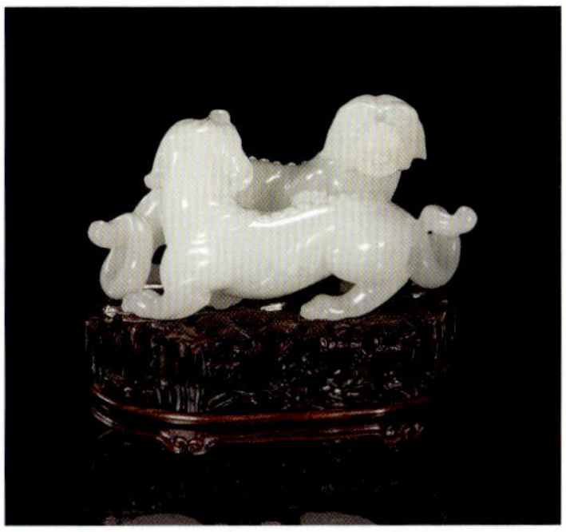

罗建民 新疆和田白玉籽料 双欢
当代 Contemporary BD 北京东正
2016-05-15 Lot712 L8.5cm;165g
估价：RMB 350,000-380,000
成交价：RMB 402,500

白玉巧色双欢
清 Qing BD 北京东正
2016-05-14 Lot2001 L4.3cm
估价：RMB 20,000-25,000
成交价：RMB 43,700

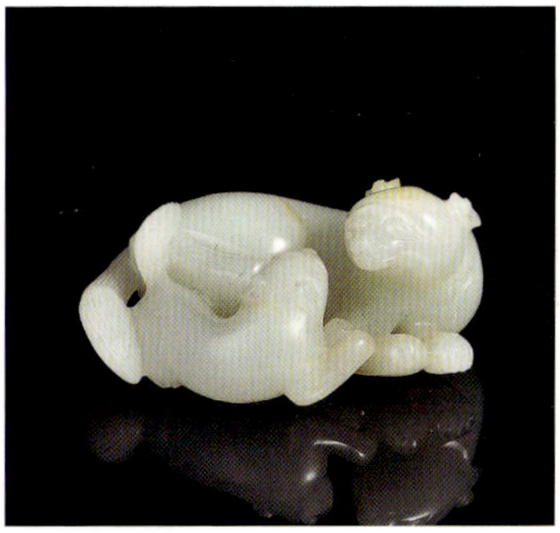

白玉双獾
清 Qing GD 中国嘉德
2016-03-28 Lot5269 L4.6cm
估价：RMB 12,000-22,000
成交价：RMB 17,250

青白玉卧獾
明或更早 Ming or Before S 苏富比
2016-10-05 Lot49 7.5cm
估价：HKD 80,000-120,000
成交价：HKD 562,500

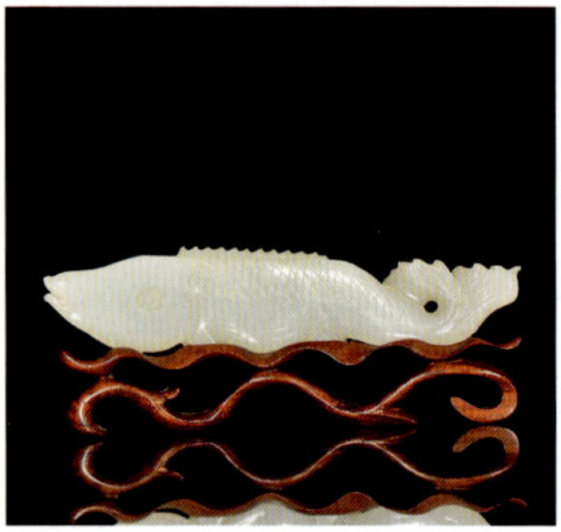

白玉鱼
明 Ming GD 中国嘉德
2016-03-28 Lot5231 L11.2cm
估价：RMB 8,000-12,000
成交价：RMB 9,200

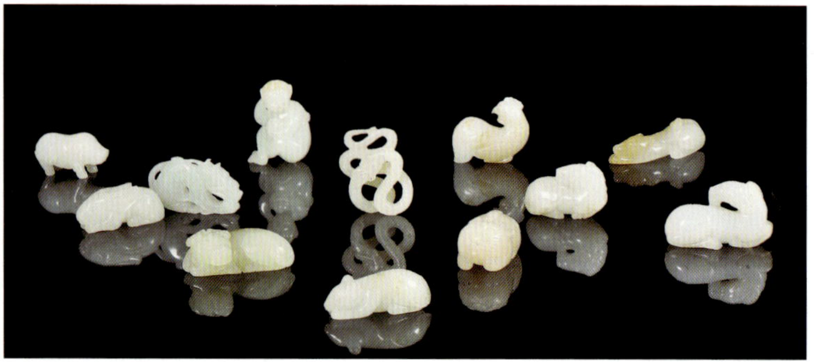

白玉十二生肖
年代不详 Unknown GD 中国嘉德
2016-06-18 Lot2931 尺寸不一
估价：无底价
成交价：RMB 6,900

白玉鱼化龙
清 Qing BP 北京保利
2016-06-08 Lot9094 L9.5cm
估价：RMB 8,000-12,000
成交价：RMB 20,700

白玉十二生肖蛇坐像
18 世纪 18th Century BD 北京东正
2016-11-11 Lot190 H4.5cm
估价：RMB 120,000-160,000
成交价：RMB 172,500

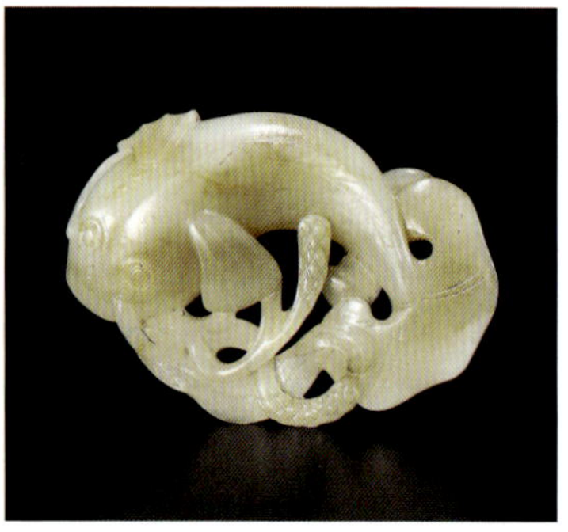

白玉连年有余
明 Ming BH 北京翰海
2016-06-05 Lot2531 L7.6cm
估价：RMB 8,000-12,000
成交价：RMB 11,500

白玉鱼龙变幻
清早期 Early Qing BH 北京翰海
2016-06-05 Lot2649 L8cm
估价：RMB 46,000-66,000
成交价：RMB 57,500

白玉雕岁岁有余摆件
清，18 世纪初 Qing,Early 18th Century S 苏富比
2016-04-06 Lot59 15.3cm
估价：HKD 120,000-180,000
成交价：HKD 312,500

青白玉年年有余
清，18 世纪 Qing,18th Century S 苏富比
2016-05-11 Lot6 7.5cm
估价：GBP 4,000-6,000
成交价：GBP 11,875

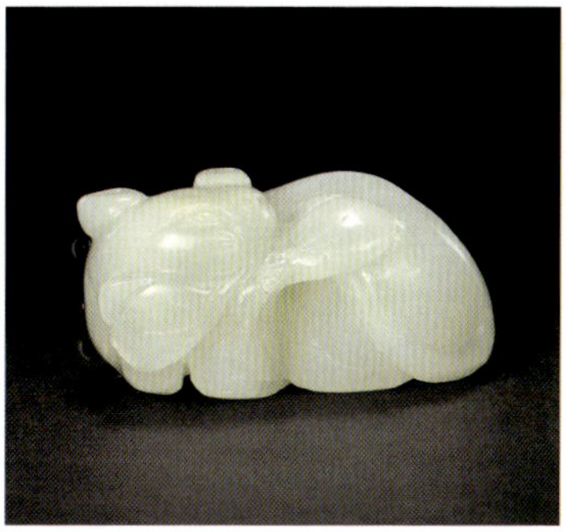

白玉猫蝶

清 Qing GD 中国嘉德
2016-05-14 Lot3128 L4cm
估价：无底价
成交价：RMB 6,900

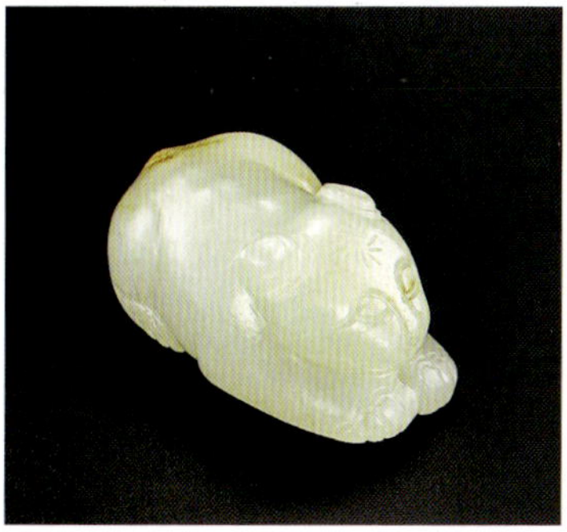

青白玉猫

明末清初 Late Ming and Early Qing S 苏富比
2016-12-01 Lot153 4.6cm
估价：HKD 20,000-30,000
成交价：HKD 32,500

青白玉耄耋

清 Qing GD 中国嘉德
2016-11-29 Lot1193 W5.5cm
估价：HKD 20,000-30,000
成交价：HKD 33,040

黑白玉鼓墩卧猫

乾隆 Qianlong BP 北京保利
2016-06-06 Lot7471 H7cm
估价：RMB 500,000-800,000
成交价：RMB 747,500

青玉猫

明 Ming GD 中国嘉德
2016-03-28 Lot5201 L6.5cm
估价：RMB 10,000-20,000
成交价：RMB 11,500

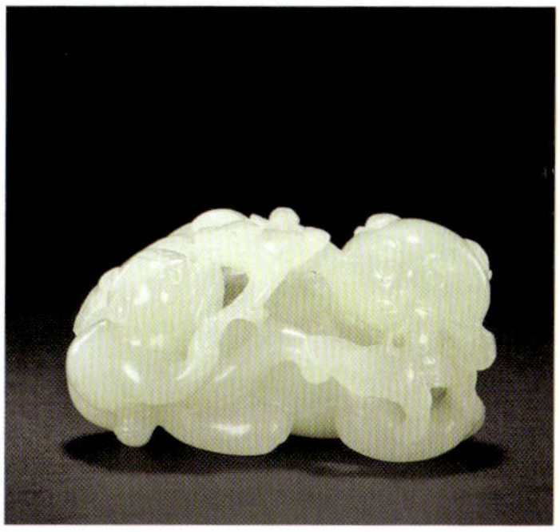

青白玉耄耋摆件

清 Qing GD 中国嘉德
2016-11-12 Lot2900 L 5.5cm
估价：RMB 60,000-80,000
成交价：RMB 69,000

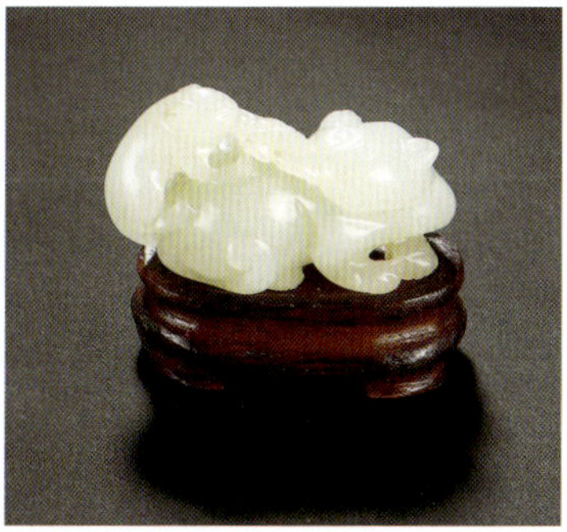

白玉雕耄耋守业纹摆件

清 Qing BD 北京东正
2016-06-05 Lot226 L 5cm
估价：RMB 10,000-15,000
成交价：RMB 16,100

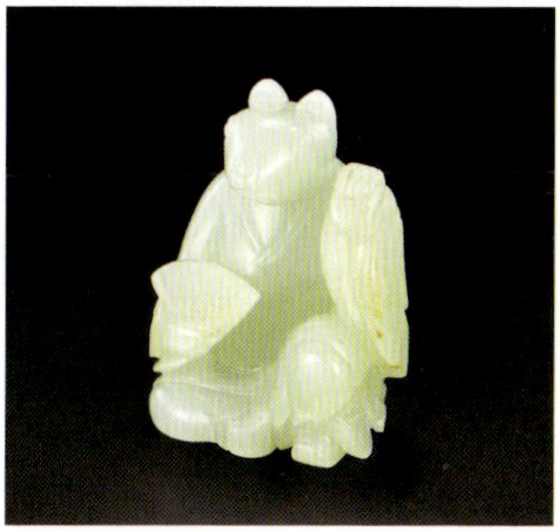

白玉子鼠摆件

乾隆 Qianlong S 苏富比
2016-12-01 Lot126 5.6cm
估价：HKD 60,000-80,000
成交价：HKD 212,500

玉浸色鼠
明 Ming GD 中国嘉德
2016-11-12 Lot2881 L 5.5cm
估价：RMB 20,000-40,000
成交价：RMB 23,000

白玉兔
明 Ming BH 北京翰海
2016-06-05 Lot2513 H5cm
估价：RMB 12,000-18,000
成交价：RMB 17,250

白玉蝉
清早期 Early Qing BH 北京翰海
2016-06-05 Lot2612 L6cm
估价：RMB 25,000-35,000
成交价：RMB 34,500

旧玉鼠
明 Ming BH 北京翰海
2016-06-05 Lot2510 L5cm
估价：RMB 8,000-12,000
成交价：RMB 25,300

白玉兔
乾隆 Qianlong BH 北京翰海
2016-06-05 Lot2506 L4.2cm
估价：RMB 5,000-10,000
成交价：RMB 9,775

玉蝉
清 Qing BSA 北京古天一
2016-12-07 Lot1157 H5.8cm
估价：RMB 40,000-60,000
成交价：RMB 46,000

白玉兔
明 Ming BH 北京翰海
2016-12-04 Lot2404 L5.3cm
估价：RMB 5,000-10,000
成交价：RMB 11,500

白玉蝉
年代不详 Unknown GD 中国嘉德
2016-03-28 Lot5353 L7.8cm
估价：无底价
成交价：RMB 5,750

玉蝉
清 Qing BSA 北京古天一
2016-12-07 Lot1090 L5.8cm
估价：RMB 80,000-120,000
成交价：RMB 103,500

玉蝉
清 Qing BSA 北京古天一
2016-12-07 Lot1156 L6cm
估价：RMB 50,000-70,000
成交价：RMB 57,500

白玉金蟾
清 Qing GD 中国嘉德
2016-03-28 Lot5234 L4.7cm
估价：RMB 10,000-20,000
成交价：RMB 11,500

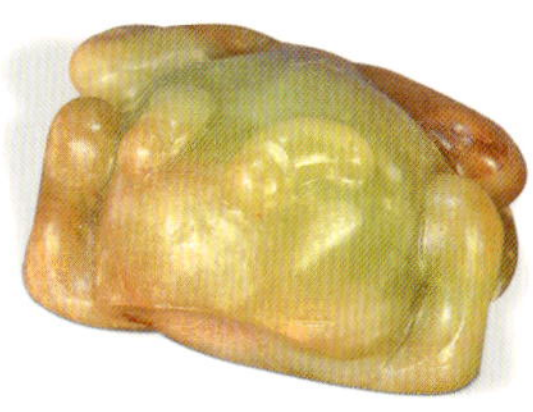

黄玉蟾
明 Ming BP 北京保利
2016-11-10 Lot4652 L 5cm
估价：RMB 40,000-60,000
成交价：RMB 46,000

旧玉蝉（三件）
年代不详 Unknown GD 中国嘉德
2016-11-29 Lot1079 H6.2cm
估价：HKD 20,000-30,000
成交价：HKD 23,600

白玉金蟾石榴摆件
清，18 世纪 Qing,18th Century S 苏富比
2016-05-11 Lot2 7cm
估价：GBP 4,000-6,000
成交价：GBP 26,250

旧玉提油三角金蟾
明 Ming GD 中国嘉德
2016-05-14 Lot3111 L5.8cm
估价：RMB 50,000-80,000
成交价：RMB 57,500

墨青玉蚕
明 Ming S 苏富比
2016-05-11 Lot162 6cm
估价：GBP 2,000-3,000
成交价：GBP 2,500

白玉皮色金蟾摆件连座
乾隆 Qianlong KS 北京匡时
2016-12-05 Lot2575 H3cm
估价：RMB 50,000-80,000
成交价：RMB 97,750

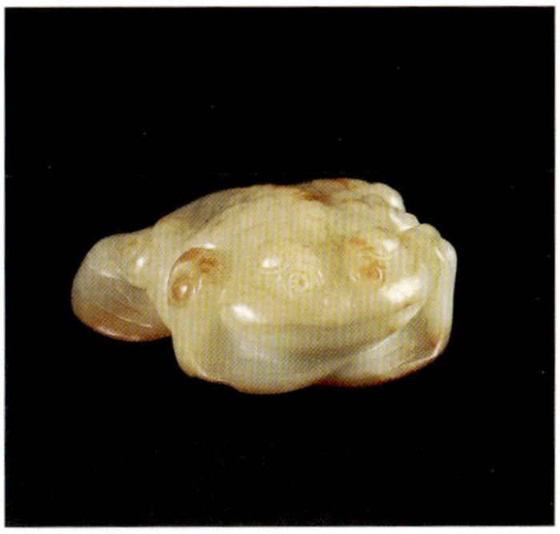

白玉蟾蜍摆件
17 世纪 17th Century BD 北京东正
2016-11-11 Lot201 L5cm
估价：RMB 100,000-150,000
成交价：RMB 172,500

玉提油蝉

明 Ming GD 中国嘉德
2016-11-12 Lot2884 L 4.3cm
估价：无底价
成交价：RMB 3,450

白玉留皮松鼠葡萄

清中期 Mid Qing BP 北京保利
2016-04-27 Lot395 L5.5cm
估价：RMB 35,000-60,000
成交价：RMB 63,250

和田白玉螳螂摆件

清以前 Before Qing RBZ 荣宝斋（上海）
2016-11-27 Lot839 L4.7cm;W1cm;H1.5cm
估价：RMB 20,000-30,000
成交价：RMB 34,500

玉龟（二件）

清 Qing GD 中国嘉德
2016-11-12 Lot2874 L 5cm;L 3.5cm
估价：无底价
成交价：RMB 10,350

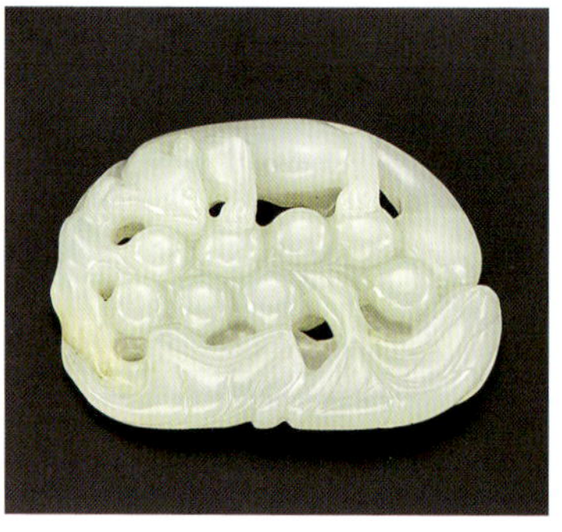

白玉松鼠葡萄

清，18-19 世纪 Qing,18th-19th Century S 苏富比
2016-12-01 Lot248 5.7cm
估价：HKD 10,000-15,000
成交价：HKD 12,500

白玉青蛙

清 Qing KS 北京匡时
2016-06-07 Lot3329 L3.6cm
估价：RMB 50,000-80,000
成交价：RMB 86,250

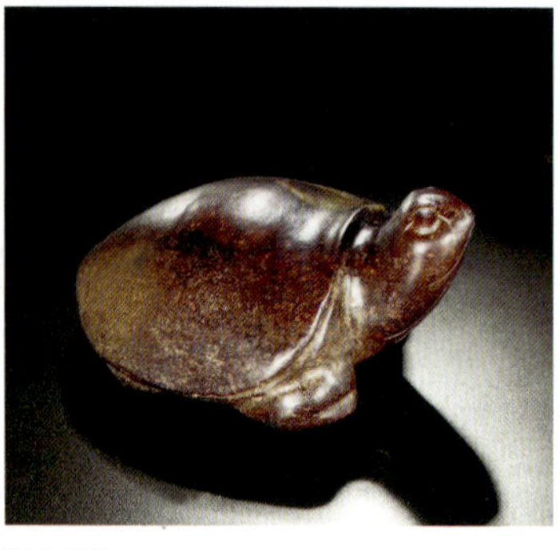

旧玉龟

明 Ming BH 北京翰海
2016-12-04 Lot2573 L12.7cm
估价：RMB 25,000-40,000
成交价：RMB 34,500

白玉留皮螳螂

民国 Repulic Period BP 北京保利
2016-06-08 Lot9295 L7.5cm
估价：RMB 5,000-8,000
成交价：RMB 5,750

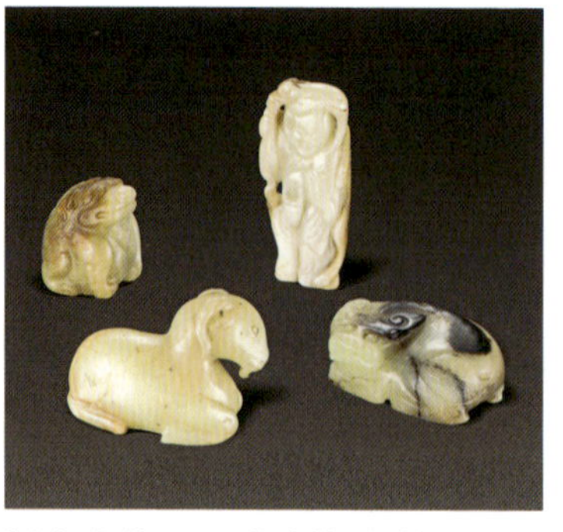

褐斑青黄玉巧雕动物 四件

明 - 清 Ming-Qing S 苏富比
2016-06-02 Lot934 7.5,4.2,5.5;6cm
估价：HKD 20,000-30,000
成交价：HKD 81,250

玉雕动物（两件）
明 - 清 Ming-Qing GD 中国嘉德
2016-11-29 Lot1133 W6.9cm
估价：HKD 40,000-60,000
成交价：HKD 70,800

白玉鹤衔寿桃摆件
近代 Morden GD 中国嘉德
2016-11-12 Lot2929 L 11.5cm
估价：RMB 20,000-40,000
成交价：RMB 112,700

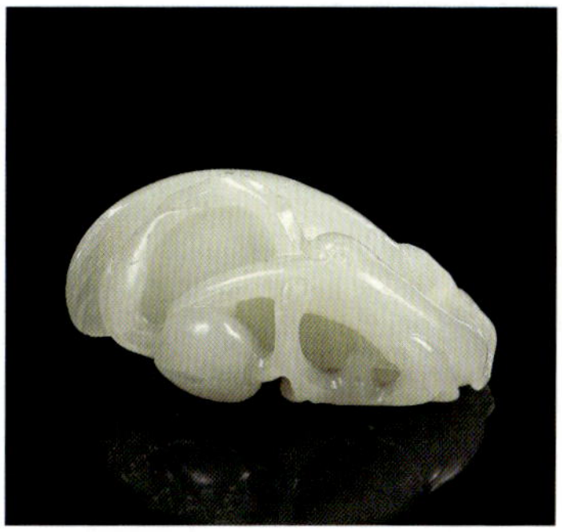

白玉衔桃瑞鹤
清中期 Mid Qing GD 中国嘉德
2016-11-12 Lot2864 L 6.5cm
估价：RMB 20,000-40,000
成交价：RMB 34,500

白玉留皮兽
年代不详 Unknown BP 北京保利
2016-04-28 Lot1660 L4cm
估价：无底价
成交价：RMB 2,300

花鸟 Flower & Bird

青白玉仙鹤摆件
清 Qing BP 北京保利
2016-04-28 Lot1689 H20cm
估价：RMB 35,000-55,000
成交价：RMB 40,250

吴灶发 新疆和田白玉籽料 路路连科
当代 Contemporary BD 北京东正
2016-05-15 Lot728 L12cm;1030g
估价：RMB 4,000,000-5,000,000
成交价：RMB 4,945,000

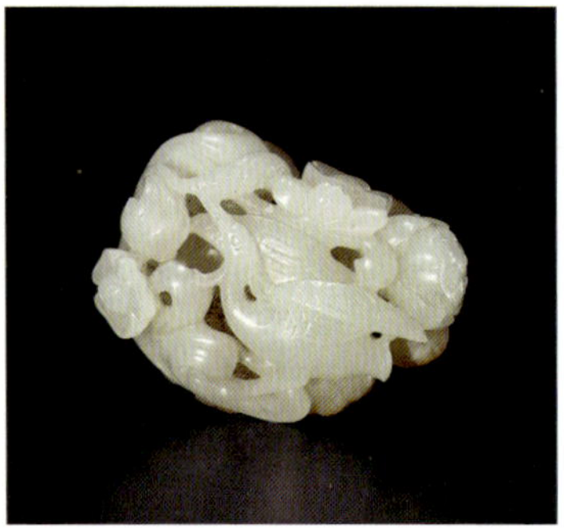

白玉洒金一路连科
清早期 Early Qing BH 北京翰海
2016-06-05 Lot2532 L6.4cm
估价：RMB 90,000-110,000
成交价：RMB 115,000

青白玉衔荷鸳鸯
清中期 Mid Qing GD 中国嘉德
2016-11-29 Lot1143 W6.8cm
估价：HKD 20,000-30,000
成交价：HKD 37,760

白玉鸳鸯
清中期 Mid Qing BP 北京保利
2016-04-27 Lot392 L5.8cm
估价：RMB 8,000-12,000
成交价：RMB 16,100

青玉镂雕一路连科摆件
明 Ming S 苏富比
2016-06-02 Lot924 6.7cm
估价：HKD 30,000-40,000
成交价：HKD 62,500

青白玉镂雕葫芦摆件 青白玉雕鸳鸯荷花摆件
清，18-19 世纪 Qing,18th-19th Century S 苏富比
2016-06-02 Lot907 6.3;6.1cm
估价：HKD 30,000-40,000
成交价：HKD 162,500

白玉鸳鸯摆件
18-19 世纪 18th-19th Century C 佳士得
2016-05-13 Lot596 W 6cm
估价：GBP 2,000-4,000
成交价：GBP 36,250

黄玉英雄摆件
清，17-18 世纪 Qing,17th-18th Century S 苏富比
2016-12-01 Lot203 5.7cm
估价：HKD 200,000-300,000
成交价：HKD 437,500

白玉留皮鸳鸯
清中期 Mid Qing BP 北京保利
2016-06-08 Lot9181 L7cm
估价：RMB 30,000-50,000
成交价：RMB 34,500

玉雕鸳鸯
清 Qing GD 中国嘉德
2016-03-28 Lot5166 L8cm
估价：无底价
成交价：RMB 1,150

褐青玉鸳鸯
康熙 Kangxi S 苏富比
2016-05-11 Lot153 8.4cm
估价：GBP 15,000-25,000
成交价：GBP 56,250

白玉雕鹌鹑衔穗摆件
清，18-19 世纪 Qing,18th-19th Century S 苏富比
2016-06-02 Lot905 2.8cm
估价：HKD 10,000-15,000
成交价：HKD 17,500

白玉鸟桃纹摆件
乾隆 Qianlong KS 北京匡时
2016-06-07 Lot3338 L8cm
估价：RMB 30,000-50,000
成交价：RMB 51,750

白玉双吉
明 Ming BH 北京翰海
2016-12-04 Lot2401 L6.3cm
估价：RMB 8,000-12,000
成交价：RMB 11,500

白玉双禽
清 Qing GD 中国嘉德
2016-09-25 Lot5248 L 6cm
估价：无底价
成交价：RMB 5,750

白玉天鸡
清 Qing KS 北京匡时
2016-12-05 Lot2527 H3.3cm
估价：RMB 10,000-20,000
成交价：RMB 25,300

白玉鹅
明 Ming BH 北京翰海
2016-06-05 Lot2707 L5.3cm
估价：RMB 8,000-12,000
成交价：RMB 11,500

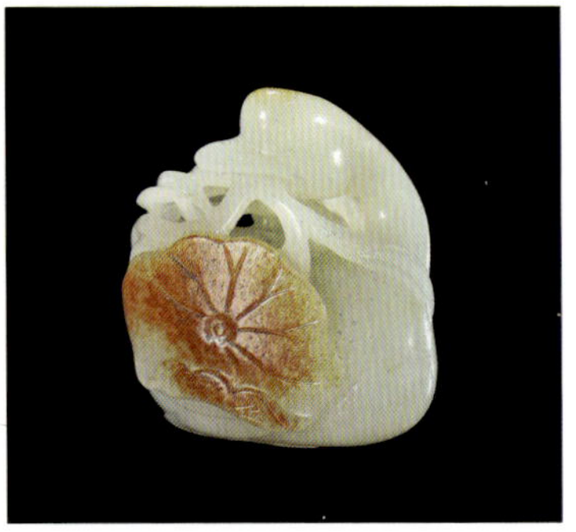

白玉洒金鹅衔枝
清早期 Early Qing BH 北京翰海
2016-06-05 Lot2533 H5cm
估价：RMB 60,000-80,000
成交价：RMB 92,000

青白玉宝鸭
明 Ming S 苏富比
2016-05-11 Lot138 4.5cm
估价：GBP 2,000-3,000
成交价：GBP 2,500

白玉双鹅摆件
清 Qing BP 北京保利
2016-04-27 Lot394 L5.2cm
估价：RMB 10,000-20,000
成交价：RMB 17,250

青白玉圆雕宝鹅
明末清初 Late Ming and Early Qing S 苏富比
2016-12-01 Lot154 4.7cm
估价：HKD 20,000-30,000
成交价：HKD 25,000

白玉宝鸭
乾隆 Qianlong BD 北京东正
2016-11-11 Lot205 H7cm
估价：RMB 200,000-300,000
成交价：RMB 345,000

白玉留皮鹅衔灵芝摆件
乾隆 Qianlong KS 北京匡时
2016-06-07 Lot3342 L5.8cm
估价：RMB 150,000-200,000
成交价：RMB 184,000

玉雕鹅衔花枝（三件）
清 Qing GD 中国嘉德
2016-11-29 Lot1051 W5cm
估价：HKD 10,000-20,000
成交价：HKD 49,560

青白玉衔莲宝鸭
乾隆 Qianlong S 苏富比
2016-05-11 Lot8 11cm
估价：GBP 8,000-12,000
成交价：GBP 30,000

青白玉宝鸭穿莲摆件
年代不详 Unknown GD 中国嘉德
2016-09-25 Lot5595 L 9.4cm
估价：无底价
成交价：RMB 4,600

青白玉雕鱼化龙摆件
年代不详 Unknown BP 北京保利
2016-10-31 Lot1814 H 9cm
估价：无底价
成交价：RMB 2,300

白玉海螺
清中期 Mid Qing GD 中国嘉德
2016-11-29 Lot1152 W14.5cm
估价：HKD 550,000-850,000
成交价：HKD 944,000

白玉雕双鱼
清 Qing BP 北京保利
2016-12-07 Lot6741 L8cm
估价：RMB 15,000-25,000
成交价：RMB 17,250

白玉金鱼
清 Qing BP 北京保利
2016-11-10 Lot4681 L 5cm
估价：RMB 10,000-20,000
成交价：RMB 11,500

白玉莲莲有鱼摆件
乾隆 Qianlong XLA 西泠印社
2016-09-29 Lot105 H 8.5cm;L 13cm
估价：RMB 16,000-20,000
成交价：RMB 20,700

白玉福寿摆件
清 Qing BP 北京保利
2016-10-31 Lot454 L 5.5cm
估价：无底价
成交价：RMB 14,950

青玉双寿摆件
年代不详 Unknown GD 中国嘉德
2016-09-25 Lot5596 L 7.5cm
估价：无底价
成交价：RMB 3,450

白玉年年有余
年代不详 Unknown GD 中国嘉德
2016-09-25 Lot5340 L 9.9cm
估价：RMB 2,000-3,000
成交价：RMB 3,450

青玉带皮寿桃
清，18 世纪 Qing,18th Century C 佳士得
2016-11-11 Lot600 W 7.9cm
估价：GBP 3,000-6,000
成交价：GBP 1,750

白玉洒金大吉大利
乾隆 Qianlong BH 北京翰海
2016-06-05 Lot2527 L5.5cm
估价：RMB 35,000-45,000
成交价：RMB 46,000

白玉福禄寿摆件
清 Qing BP 北京保利
2016-10-31 Lot455 L 6.5cm
估价：无底价
成交价：RMB 17,250

白玉寿桃摆件
18 世纪 18th Century C 佳士得
2016-05-11 Lot391 W 5.1cm
估价：GBP 6,000-8,000
成交价：GBP 50,000

崔磊 大吉大利 和田籽玉摆件
当代 Contemporary KS 北京匡时
2016-06-08 Lot4018 8.00 × 9.90 × 9.00cm
估价：RMB 800,000-1,300,000
成交价：RMB 1,702,000

吴德升 新疆和田白玉籽料 出水芙蓉
当代 Contemporary BD 北京东正
2016-05-15 Lot729 H13cm
估价：RMB 2,800,000-3,000,000
成交价：RMB 3,220,000

白玉雕岁岁平安摆件
清中期 Mid Qing PLHK 保利香港
2016-11-29 Lot1079 H12.7cm;H16cm
估价：HKD 20,000-50,000
成交价：HKD 23,600

青白玉蝴蝶
清 Qing BP 北京保利
2016-01-16 Lot364 W6cm
估价：无底价
成交价：RMB 4,600

白玉留皮灵芝
乾隆 Qianlong KS 北京匡时
2016-06-07 Lot3334 L4.3cm
估价：RMB 100,000-150,000
成交价：RMB 115,000

白玉灵芝
清 Qing BD 北京东正
2016-11-11 Lot187 L4.7cm
估价：RMB 80,000-120,000
成交价：RMB 138,000

碧玉岁寒三友摆件
清，18 世纪末 -19 世纪初 Qing,Late 18th Century-Early 19th Century C 佳士得
2016-11-09 Lot526 W 27cm
估价：GBP 6,000-10,000
成交价：GBP 3,750

白玉锦荔枝
乾隆 Qianlong GD 中国嘉德
2016-11-12 Lot2632 L 8.5cm
估价：RMB 20,000-60,000
成交价：RMB 310,500

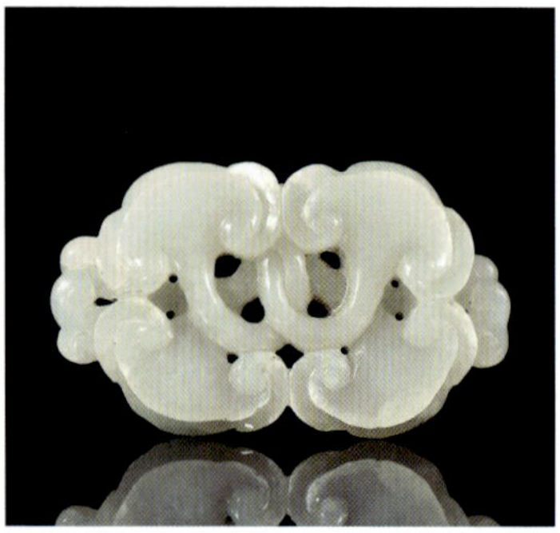

白玉灵芝
年代不详 Unknown GD 中国嘉德
2016-09-25 Lot5369 L 6.6cm
估价：RMB 2,000-3,000
成交价：RMB 2,300

黄玉岁寒三友摆件
清，18-19 世纪 Qing,18th-19th Century C 佳士得
2016-11-11 Lot848 L 8.2cm
估价：GBP 4,000-6,000
成交价：GBP 11,250

白玉榴开百子
年代不详 Unknown BP 北京保利
2016-10-31 Lot1697 L 7cm
估价：无底价
成交价：RMB 4,600

白玉并蒂莲摆件
清，18 世纪 Qing,18th Century S 苏富比
2016-10-05 Lot37 11.1cm
估价：HKD 300,000-400,000
成交价：HKD 375,000

白玉扁豆
清中期 Mid Qing BP 北京保利
2016-10-31 Lot527 L 5.7cm
估价：RMB 20,000-30,000
成交价：RMB 23,000

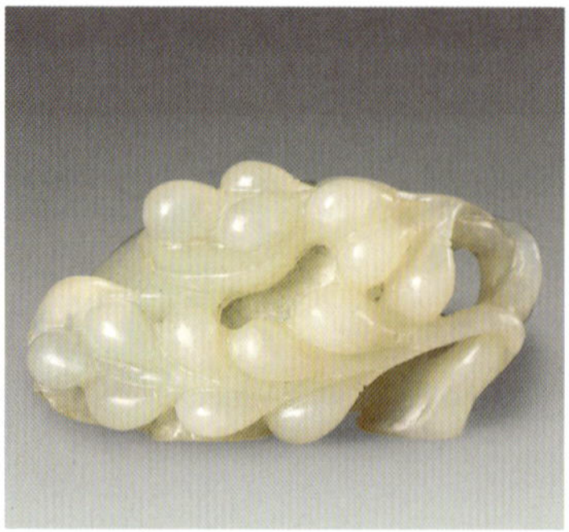

白玉葡萄
清 Qing BP 北京保利
2016-10-31 Lot470 L 5cm
估价：无底价
成交价：RMB 6,900

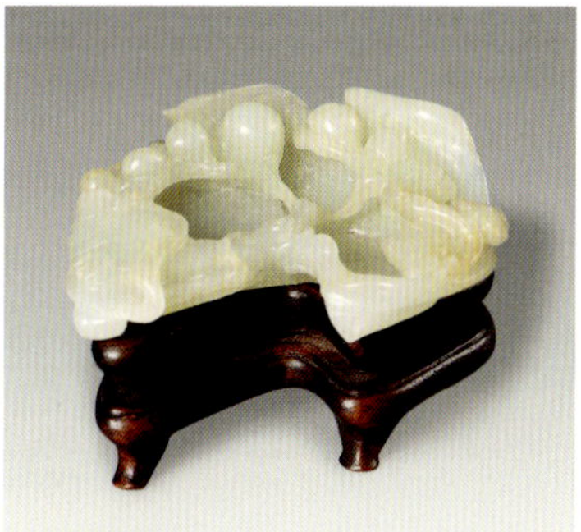

白玉葡萄纹摆件
清 Qing BP 北京保利
2016-10-31 Lot458 L 8cm
估价：无底价
成交价：RMB 16,100

碧玉诗文板、碧玉白菜（两件）
年代不详 Unknown BP 北京保利
2016-04-28 Lot1699 L18cm;W13cm
估价：无底价
成交价：RMB 103,500

青白玉雕花篮摆件
清 Qing KS 北京匡时
2016-06-07 Lot3255 L10cm
估价：RMB 80,000-100,000
成交价：RMB 109,250

白玉菱角（两件）
清 Qing BP 北京保利
2016-06-08 Lot9085 尺寸不一
估价：RMB 8,000-12,000
成交价：RMB 20,700

青白玉白菜
年代不详 Unknown GD 中国嘉德
2016-03-28 Lot5389 L11.2cm
估价：无底价
成交价：RMB 3,450

青白玉雕榅桲摆件
乾隆 Qianlong C 佳士得
2016-03-17 Lot954 L15.5cm
估价：USD 80,000-120,000
成交价：USD 485,000

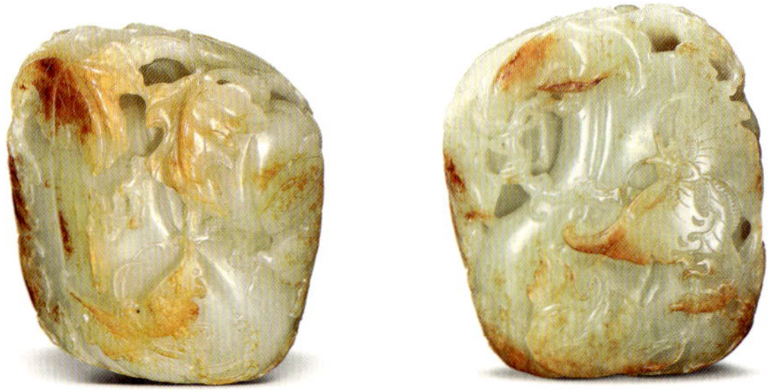

青白玉留皮瓜瓞连绵摆件
乾隆 Qianlong GD 中国嘉德
2016-11-12 Lot2633 H 8.8cm
估价：RMB 30,000-50,000
成交价：RMB 437,000

青白玉花片
年代不详 Unknown BP 北京保利
2016-06-05 Lot6052 4.5cm
估价：无底价
成交价：RMB 2,300

白玉一叶欢
清 Qing BP 北京保利
2016-10-31 Lot465 L 5.5cm
估价：无底价
成交价：RMB 18,400

青白玉白菜 青白玉禄星小像各一件
年代不详 Unknown GD 中国嘉德
2016-09-26 Lot5624 L 10cm;7.5cm
估价：无底价
成交价：RMB 2,300

青白玉花片
年代不详 Unknown BP 北京保利
2016-06-05 Lot6051 4.7cm
估价：无底价
成交价：RMB 1,150

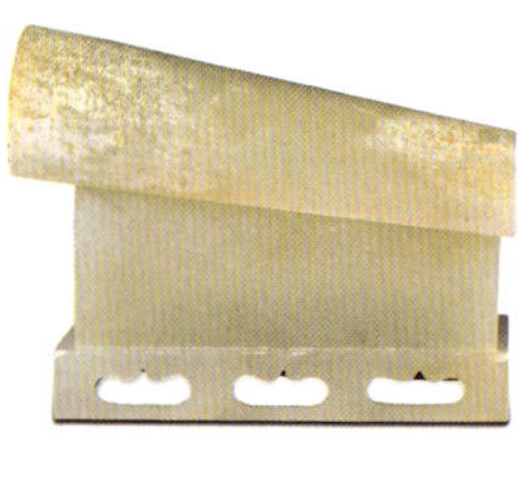

白玉升官发财
清 Qing BP 北京保利
2016-10-31 Lot230 L 8cm
估价：无底价
成交价：RMB 23,000

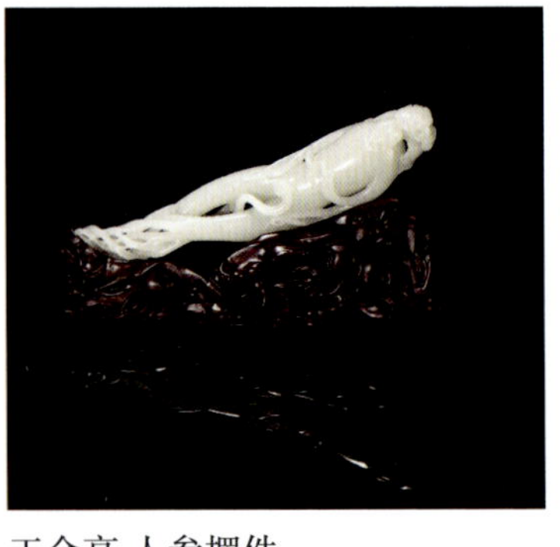

王金高 人参摆件
年代不详 Unknown BP 北京保利
2016-06-05 Lot6148 L 19cm
估价：RMB 150,000-250,000
成交价：RMB 172,500

青白玉花片
年代不详 Unknown BP 北京保利
2016-06-05 Lot6053 4.7cm
估价：无底价
成交价：RMB 2,300

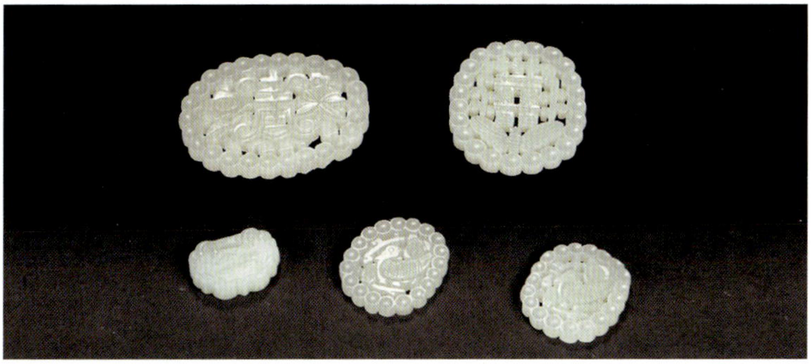

玉雕花片（五件）
近代 Modern BH 北京翰海
2016-04-17 Lot1224 尺寸不详
估价：RMB 1,000-1,000
成交价：RMB 1,150

白玉透雕花片（三件）
清 Qing BP 北京保利
2016-04-28 Lot1270 尺寸不一
估价：RMB 3,000-5,000
成交价：RMB 3,450

玉雕花片（三件一组）
清 Qing BP 北京保利
2016-04-28 Lot1269 尺寸不一
估价：RMB 3,000-5,000
成交价：RMB 3,450

其他
Others

玉琮
年代不详 Unknown C 佳士得
2016-04-05 Lot2 H 19.7cm
估价：HKD 150,000-250,000
成交价：HKD 300,000

玉琮
清 Qing BSA 北京古天一
2016-12-07 Lot1033 H3cm;4 × 4cm
估价：RMB 50,000-70,000
成交价：RMB 71,300

玉琮
年代不详 Unknown C 佳士得
2016-04-05 Lot3 H 25cm
估价：HKD 220,000-350,000
成交价：HKD 900,000

褐斑青玉雕仿古琮
20 世纪初 Early 20th Century S 苏富比
2016-09-17 Lot1109 尺寸不详
估价：USD 800-1,200
成交价：USD 1,125

青黄玉琮
清 Qing BSA 北京古天一
2016-12-07 Lot1041 H3.2cm;5.3 × 5.3cm
估价：RMB 120,000-150,000
成交价：RMB 138,000

黄玉小玉琮
明 Ming XLA 西泠印社
2016-09-29 Lot117 H 1.4cm;D 4.8cm
估价：RMB 14,000-18,000
成交价：RMB 17,250

提色玉琮
明 Ming GD 中国嘉德
2016-11-12 Lot2904 H 9cm
估价：无底价
成交价：RMB 10,350

黄玉熊及黄玉金刚杵（一组两件）
20 世纪 20th Century C 佳士得
2016-11-11 Lot643 W 5cm
估价：GBP 2,000-3,000
成交价：GBP 2,500

玉镂空花鸟纹钮
明 Ming S 苏富比
2016-12-01 Lot48 5.5cm
估价：HKD 20,000-30,000
成交价：HKD 81,250

白玉雕盘珠龙纹如意首镶
清，18 世纪 Qing,18th Century S 苏富比
2016-12-01 Lot146 11.2cm
估价：HKD 40,000-60,000
成交价：HKD 50,000

青白玉镂空云龙钮
明 Ming S 苏富比
2016-12-01 Lot66 3.8cm
估价：HKD 10,000-15,000
成交价：HKD 75,000

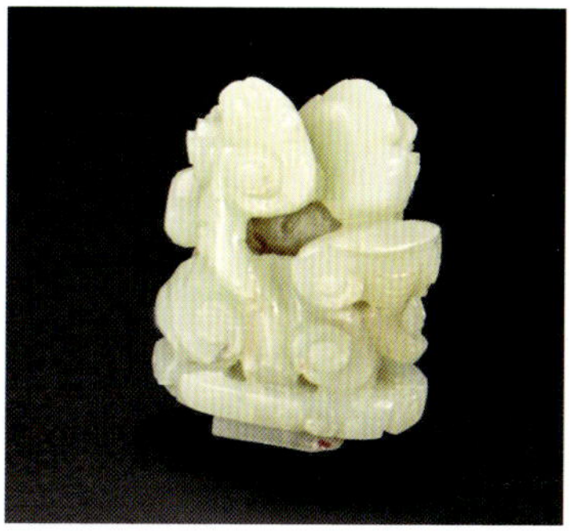

青白玉瑞芝钮
明 Ming S 苏富比
2016-12-01 Lot58 4.7cm
估价：HKD 8,000-12,000
成交价：HKD 11,250

银镶白玉松下高士图镜
19 世纪 19th Century BO 邦瀚斯
2016-11-07 Lot625 L 24cm
估价：GBP 2,000-3,000
成交价：GBP 5,625

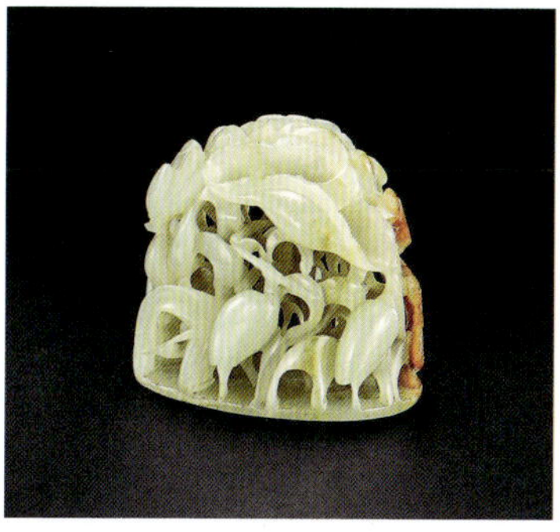

青白玉镂雕一路连科钮
明 Ming S 苏富比
2016-12-01 Lot25 4.9cm
估价：HKD 40,000-60,000
成交价：HKD 275,000

白玉瓦子（一对）
年代不详 Unknown BP 北京保利
2016-10-31 Lot501 L 10.3cm
估价：无底价
成交价：RMB 4,600

白玉渔家乐摆件
年代不详 Unknown GD 中国嘉德
2016-09-25 Lot5586 L 14cm
估价：无底价
成交价：RMB 13,800

白玉船
清 Qing SUN 中贸圣佳
2016-11-15 Lot1443 L34cm
估价：RMB 400,000-500,000
成交价：RMB 460,000

白玉优游自适摆件
年代不详 Unknown BP 北京保利
2016-10-31 Lot1677 L 19cm
估价：无底价
成交价：RMB 11,500

白玉渔家乐摆件
明末清初 Late Ming and Early Qing BD 北京东正
2016-11-11 Lot217 H6.5cm
估价：RMB 150,000-220,000
成交价：RMB 172,500

青白玉渔舟摆件
清，19 世纪 Qing,19 Century C 佳士得
2016-11-11 Lot701 W 12.7cm
估价：GBP 2,000-4,000
成交价：GBP 2,500

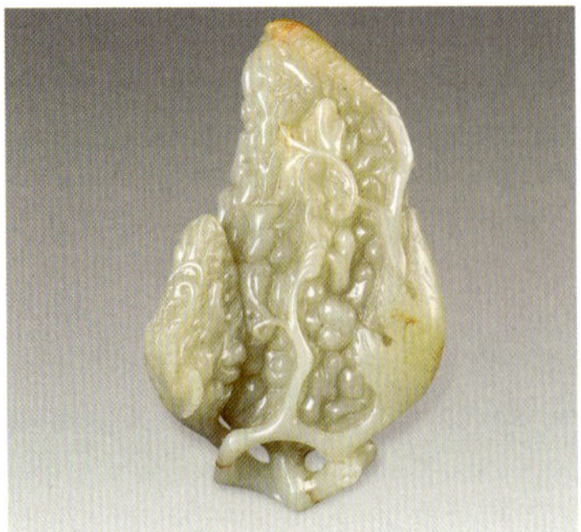

白玉苦尽甘来摆件
年代不详 Unknown BP 北京保利
2016-10-31 Lot1700 L 12cm
估价：无底价
成交价：RMB 8,050

赵显志 白玉雕天地书·山丘摆件
年代不详 Unknown GD 中国嘉德
2016-11-13 Lot3312 14.5 × 6.1 × 4.4cm;15.7 × 5.8 × 4cm
估价：RMB 2,600,000-3,800,000
成交价：RMB 2,990,000

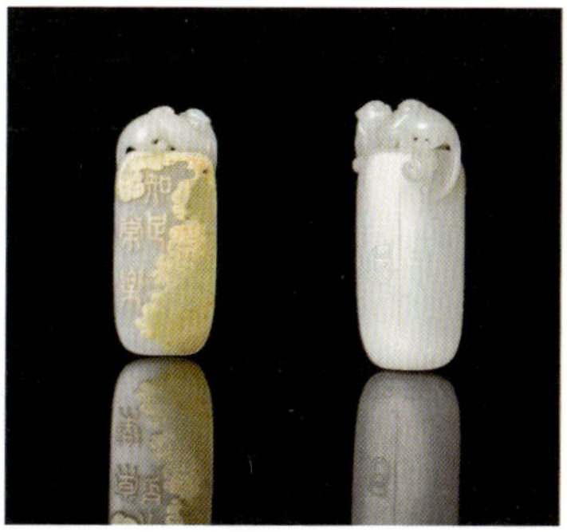

黄罕勇 知足常乐
年代不详 Unknown BP 北京保利
2016-06-05 Lot6117 L 9.8cm
估价：RMB 450,000-550,000
成交价：RMB 517,500

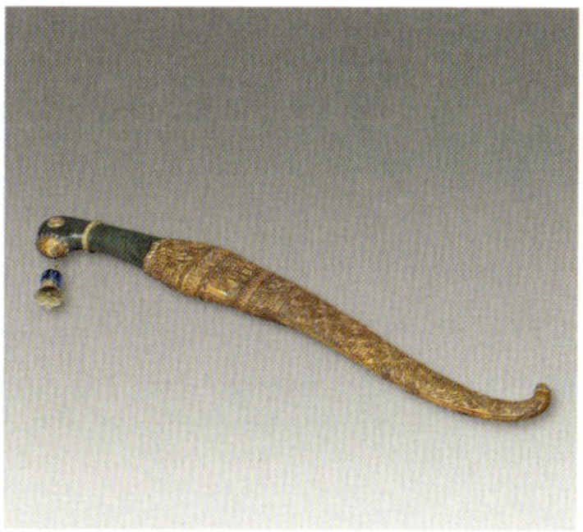

玉柄珮刀
年代不详 Unknown GD 中国嘉德
2016-09-26 Lot5669 L 44.5cm
估价：无底价
成交价：RMB 17,250

白玉透雕龙纹瓦子
康熙 Kangxi BD 北京东正
2016-11-11 Lot120 L10.2cm
估价：RMB 200,000-300,000
成交价：RMB 460,000

李东 门当户对
年代不详 Unknown BP 北京保利
2016-06-05 Lot6122 L 8.7cm
估价：RMB 500,000-600,000
成交价：RMB 575,000

玉柄腰刀
年代不详 Unknown GD 中国嘉德
2016-09-26 Lot5670 L 95cm
估价：无底价
成交价：RMB 32,200

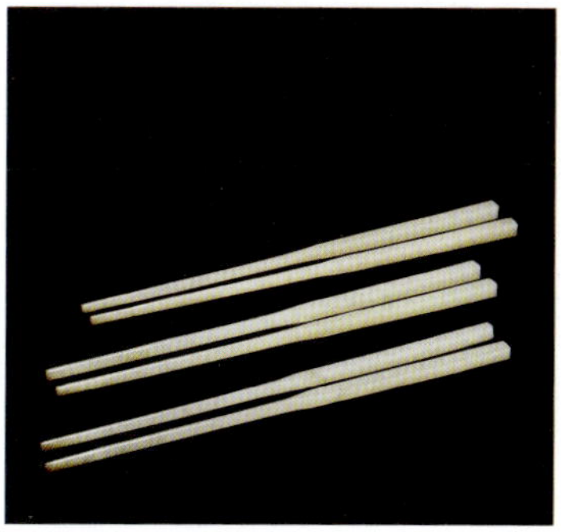

园庭膳房玉筷（三组）
清 Qing SUN 中贸圣佳
2016-11-15 Lot1446 尺寸不一
估价：RMB 80,000-120,000
成交价：RMB 94,300

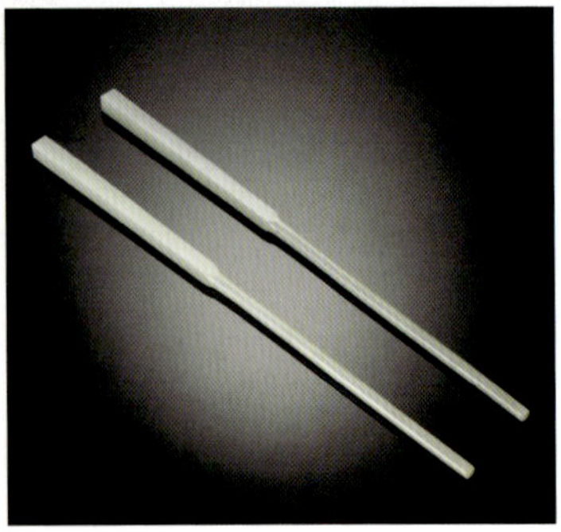

白玉筷子
清 Qing BP 北京保利
2016-12-07 Lot6816 L27.7cm
估价：RMB 50,000-80,000
成交价：RMB 80,500

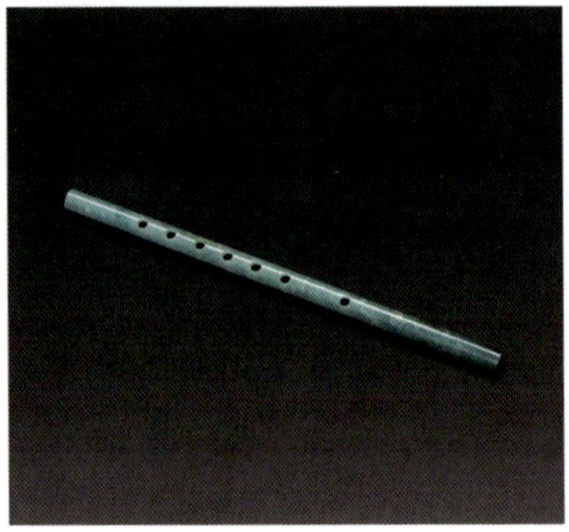

玉笛
清 Qing KS 北京匡时
2016-12-05 Lot2566 L36.5cm
估价：RMB 62,000-70,000
成交价：RMB 71,300

玉雕鸟形杖首
年代不详 Unknown BP 北京保利
2016-10-31 Lot1771 L 12cm
估价：RMB 3,000-5,000
成交价：RMB 3,450

御制青白玉龙凤纹杖首（一对）
乾隆 Qianlong HC 北京华辰
2016-11-16 Lot1255 L13.5cm
估价：RMB 1,800,000-2,800,000
成交价：RMB 2,070,000

白玉刻莲花纹磬
清 Qing BP 北京保利
2016-12-07 Lot6769 L14.6cm
估价：RMB 10,000-20,000
成交价：RMB 17,250

黄玉仔料
年代不详 Unknown BP 北京保利
2016-06-05 Lot6055 4.7cm
估价：无底价
成交价：RMB 3,450

玉小件（三件）
清 Qing GD 中国嘉德
2016-09-25 Lot5245 L 7cm;6.3cm;6cm
估价：无底价
成交价：RMB 3,450

玉金刚杵
清 Qing BH 北京翰海
2016-04-17 Lot1240 L6cm
估价：RMB 6,000-6,000
成交价：RMB 6,900

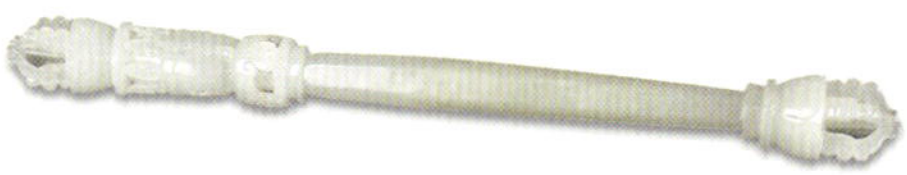

白玉金刚杵
清 Qing BP 北京保利
2016-04-27 Lot256 L17.5cm
估价：RMB 15,000-30,000
成交价：RMB 23,000

白玉“永乐法器”款金刚杵
永乐 Yongle GD 中国嘉德
2016-11-29 Lot1055 L6.2cm
估价：HKD 50,000-80,000
成交价：HKD 76,700

白玉金刚杵
清 Qing BP 北京保利
2016-04-27 Lot257 L7cm
估价：RMB 5,000-8,000
成交价：RMB 13,800

青白玉十字金刚杵
年代不详 Unknown GD 中国嘉德
2016-03-28 Lot5181 L5.6cm
估价：无底价
成交价：RMB 3,450

白玉金刚杵
年代不详 Unknown GD 中国嘉德
2016-03-28 Lot5157 L7.5cm
估价：无底价
成交价：RMB 3,450

白玉金钢橛
清中期 Mid Qing BP 北京保利
2016-06-08 Lot9197 L16cm
估价：RMB 60,000-80,000
成交价：RMB 69,000

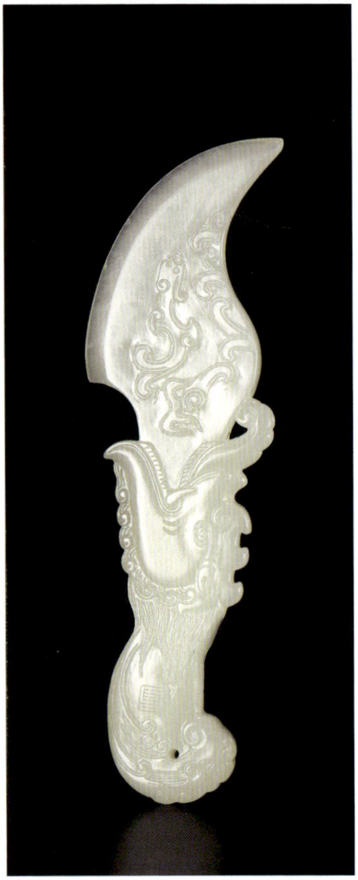

白玉钺刀
乾隆 Qianlong BH 北京翰海
2016-12-04 Lot2522 L11cm
估价：RMB 15,000-25,000
成交价：RMB 23,000

玉镶玛瑙法锤
明 Ming KS 北京匡时
2016-12-05 Lot2567 L37.5cm
估价：RMB 30,000-50,000
成交价：RMB 43,700

玉锥形器
清 Qing BSA 北京古天一
2016-12-07 Lot1151 L12cm
估价：RMB 20,000-30,000
成交价：RMB 32,200

玉柄花纹钢匕首两把
清 Qing GD 中国嘉德
2016-03-28 Lot5260 L37.5cm;L31cm
估价：无底价
成交价：RMB 6,900

烧蓝嵌白玉婴戏图瓦子龙柄手镜
清晚期 Late Qing GD 中国嘉德
2016-03-28 Lot5258 L24.5cm
估价：RMB 8,000-12,000
成交价：RMB 34,500

乾隆帝写生"苍质滋华""浮筠漱润"松竹图嵌仿古玉册（一对）
乾隆 Qianlong S 苏富比
2016-04-06 Lot3007 9.1cm;8.9cm
估价：HKD 15,000,000-20,000,000
成交价：HKD 18,080,000

2016 Chinese Art Auction TOP10 中国玉器拍卖十大天价排行榜 Top 6
2016 Chinese Art Auction TOP10 中国玉器拍卖摆件类十大天价排行榜 Top 3

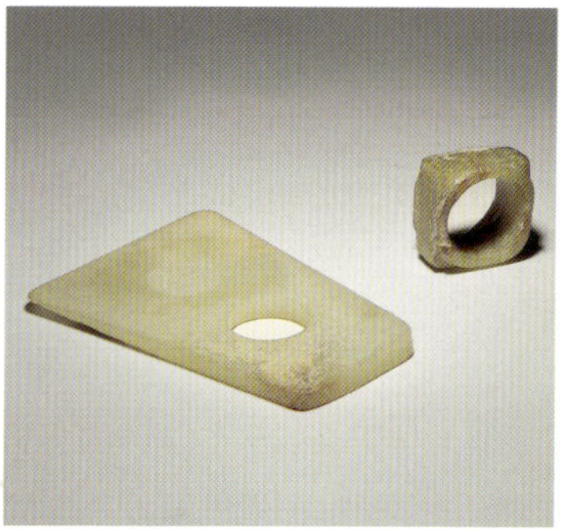

玉器（一组）
明 Ming HY 华艺国际
2016-01-23 Lot1385 尺寸不一
估价：无底价
成交价：RMB 9,775

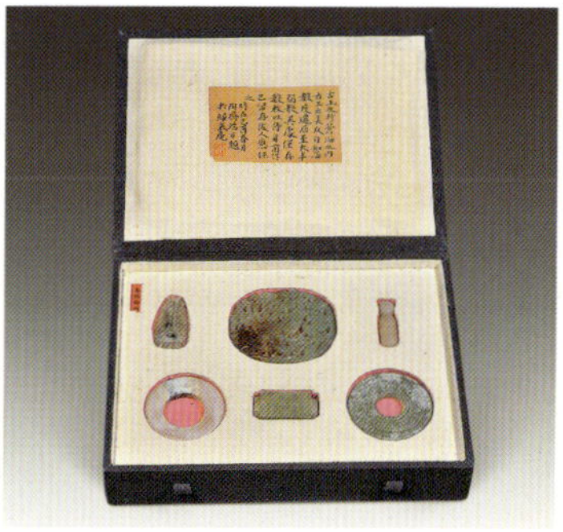

玉器（六件）
年代不详 Unknown GD 中国嘉德
2016-03-28 Lot5494 尺寸不一
估价：无底价
成交价：RMB 3,450

玉器（四件）
年代不详 Unknown GD 中国嘉德
2016-03-28 Lot5395 尺寸不一
估价：无底价
成交价：RMB 3,450

玉小件（十一件）
年代不详 Unknown GD 中国嘉德
2016-06-18 Lot2955 尺寸不一
估价：无底价
成交价：RMB 3,450

玉小件（十五件）
年代不详 Unknown GD 中国嘉德
2016-06-18 Lot2589 尺寸不一
估价：无底价
成交价：RMB 6,900

玉料（十件）
年代不详 Unknown GD 中国嘉德
2016-03-28 Lot5357 尺寸不一
估价：无底价
成交价：RMB 2,300

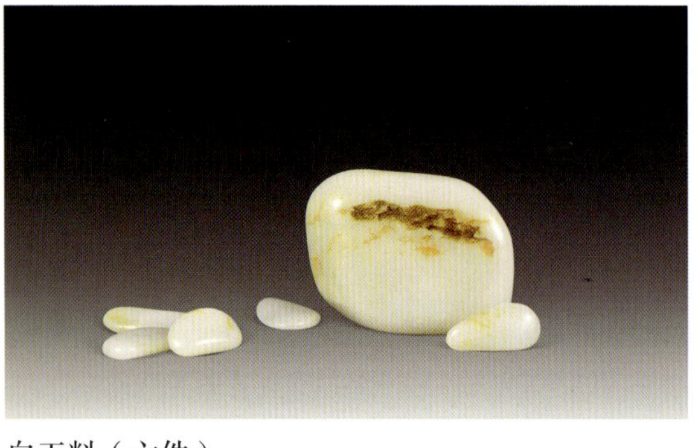

白玉料（六件）
年代不详 Unknown GD 中国嘉德
2016-03-28 Lot5356 尺寸不一
估价：无底价
成交价：RMB 9,200

玉料（十四件）
年代不详 Unknown GD 中国嘉德
2016-06-18 Lot2621 尺寸不一
估价：无底价
成交价：RMB 3,450

玉小件（三件）

明 Ming GD 中国嘉德
2016-09-25 Lot5285 L 5.3cm;3.4cm;2.5cm
估价：无底价
成交价：RMB 3,450

玉小件（三件）

民国 Republic Period GD 中国嘉德
2016-09-25 Lot5433 L 8cm;6.3cm;5.5cm
估价：无底价
成交价：RMB 3,450

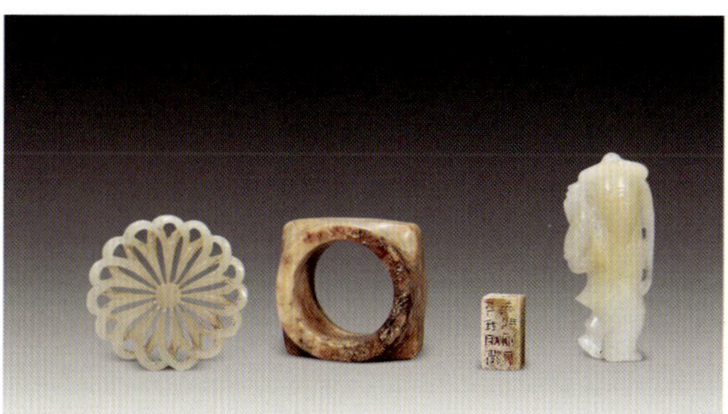

玉小件（四件）

年代不详 Unknown GD 中国嘉德
2016-09-25 Lot5435 尺寸不一
估价：RMB 2,000-3,000
成交价：RMB 4,600

玉小件（九件）

年代不详 Unknown GD 中国嘉德
2016-09-26 Lot5629 尺寸不一
估价：无底价
成交价：RMB 3,450

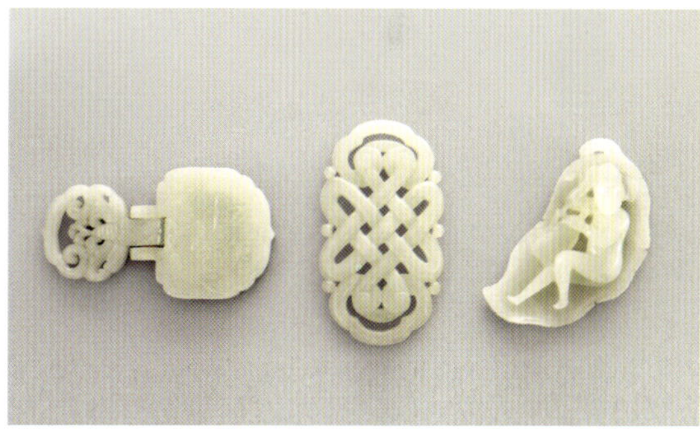

白玉雕三件

年代不详 Unknown S 苏富比
2016-03-19 Lot1388 尺寸不详
估价：USD 3,000-6,000
成交价：USD 11,875

玉器三件

清 Qing S 苏富比
2016-03-19 Lot1381 尺寸不详
估价：USD 5,000-7,000
成交价：USD 21,250

白玉雕（一组两件）

清，19世纪及更晚 Qing,19 Century or After C 佳士得

2016-11-09 Lot372 L 7cm

估价：GBP 2,500-3,500

成交价：GBP 3,125

青白玉带皮雕件（一组两件）

清，18-19世纪 Qing,18th-19th Century C 佳士得

2016-11-11 Lot846 W 4.8cm

估价：GBP 1,500-3,000

成交价：GBP 4,375

玉雕（一组三件）

清，18世纪及更晚 Qing,18th Century or After C 佳士得

2016-11-11 Lot603 L 6.4cm

估价：GBP 2,000-4,000

成交价：GBP 11,875

青玉雕（一组三件）

清，19世纪 Qing,19 Century C 佳士得

2016-11-11 Lot609 W 6.7cm

估价：GBP 1,500-3,000

成交价：GBP 2,375

青白玉雕（一组三件）

清，19世纪 Qing,19 Century C 佳士得

2016-11-11 Lot817 W 5.8cm

估价：GBP 1,500-2,500

成交价：GBP 12,500

玉雕四件

清 Qing S 苏富比

2016-03-19 Lot1382 尺寸不详

估价：USD 2,000-3,000

成交价：USD 16,250

玉器（五件）
19-20 世纪 19th-20th Century S 苏富比
2016-09-17 Lot1096 尺寸不详
估价：USD 3,000-5,000
成交价：USD 8,125

玉雕（一组六件）
清 Qing C 佳士得
2016-11-09 Lot320 L 10.2cm
估价：GBP 2,000-3,000
成交价：GBP 4,000

玉雕（一组四件）
清，19 世纪 Qing,19th Century S 苏富比
2016-12-02 Lot875 8.1cm;12.7cm
估价：HKD 20,000-30,000
成交价：HKD 87,500

玉雕（一组五件）
清，19 世纪 Qing,19 Century C 佳士得
2016-11-09 Lot555 D 4cm
估价：GBP 1,000-2,000
成交价：GBP 5,625

玉雕（一组五件）
17-18 世纪 17th-18th Century C 佳士得
2016-11-11 Lot639 L 6.4cm
估价：GBP 1,500-2,000
成交价：GBP 4,375

玉及青金石雕（一组四件）
清，19-20 世纪 Qing,19th-20th Century C 佳士得
2016-11-09 Lot322 5.5cm
估价：GBP 2,000-3,000
成交价：GBP 4,000

玉雕（四件）

清 Qing S 苏富比
2016-12-02 Lot740 5.2cm;11cm
估价：HKD 20,000-30,000
成交价：HKD 118,750

仿古玉雕（一组五件）

清 Qing S 苏富比
2016-12-02 Lot772 4.2cm;9.8cm
估价：HKD 20,000-30,000
成交价：HKD 25,000

仿古玉雕（一组七件）

清 Qing S 苏富比
2016-12-02 Lot771 4.6cm;12.2cm
估价：HKD 20,000-30,000
成交价：HKD 50,000

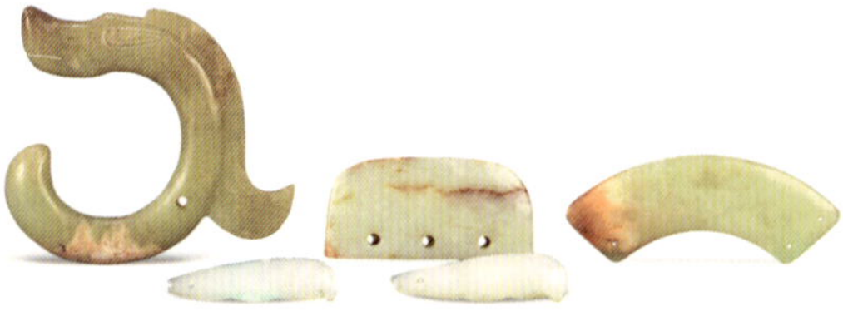

仿古玉雕件（五件）

清 Qing BP 北京保利
2016-10-31 Lot157 尺寸不一
估价：无底价
成交价：RMB 1,150

PART 5

器皿
Utensil

鼎
Tripod Caldron

青白玉饕餮纹方鼎
清，18 世纪 Qing,18th Century C 佳士得
2016-09-16 Lot1289 H 22cm
估价：USD 20,000-30,000
成交价：USD 22,500

玉雕文王鼎
清早期 Early Qing BC 北京诚轩
2016-11-12 Lot939 13.4 × 9.8 × 16cm
估价：RMB 30,000-40,000
成交价：RMB 112,700

香薰、炉
Incense Burner & Censer

白玉龙纹香薰
乾隆 Qianlong BP 北京保利
2016-04-27 Lot275 H14.5cm
估价：RMB 20,000-40,000
成交价：RMB 36,800

青白玉太极云纹香熏
清早期 Early Qing BP 北京保利
2016-11-10 Lot4655 D 10cm
估价：RMB 50,000-80,000
成交价：RMB 57,500

褐斑白玉镂雕螭龙纹香熏
清，18-19 世纪 Qing,18th-19th Century S 苏富比
2016-09-13 Lot191 尺寸不详
估价：USD 3,000-5,000
成交价：USD 4,000

白玉饕餮纹鼎式炉
清早期 Early Qing KS 北京匡时
2016-06-07 Lot3256 18.5 × 11.5 × 21cm
估价：RMB 400,000-500,000
成交价：RMB 667,000

青玉仿古夔龙纹簋式炉
16-17 世纪 16th-17th Century BO 邦瀚斯
2016-11-10 Lot80 W 16.5cm
估价：GBP 3,000-5,000
成交价：GBP 4,750

玉雕兽面纹簋式炉
明末清初 Late Ming and Early Qing BC 北京诚轩
2016-11-12 Lot943 18 × 8cm
估价：RMB 120,000-160,000
成交价：RMB 345,000

白玉雕兽面纹双凤耳鼎式炉

乾隆 Qianlong BD 北京东正
2016-11-11 Lot113 H14.6cm
估价：RMB 500,000-700,000
成交价：RMB 575,000

碧玉透雕缠枝番莲纹熏炉

清，19 世纪 Qing,19th Century S 苏富比
2016-03-15 Lot165 尺寸不详
估价：USD 20,000-30,000
成交价：USD 15,000

白玉雕龙钮香炉

清中期 Mid Qing BD 北京东正
2016-05-14 Lot3114 H14cm
估价：RMB 40,000-60,000
成交价：RMB 101,200

白玉镂雕仿古纹香薰

乾隆 Qianlong BD 北京东正
2016-11-11 Lot184 H10cm
估价：RMB 120,000-180,000
成交价：RMB 195,500

饕餮纹连盖白玉香炉

乾隆 Qianlong SUN 中贸圣佳
2016-05-16 Lot1200 L14.5cm;H10.6cm
估价：RMB 1,600,000-1,900,000
成交价：RMB 1,840,000

和田白玉雕云蝠纹香炉

乾隆 Qianlong KS 北京匡时
2016-12-06 Lot3163 D11.2cm;H14.5cm
估价：RMB 4,000,000-6,000,000
成交价：RMB 8,625,000

2016 Chinese Art Auction TOP10 中国艺术拍卖十大天价 中国玉器拍卖器皿类十大天价排行榜 Top 3

瞿利军 青白玉带盖三足香炉

当代 Contemporary GD 中国嘉德
2016-05-14 Lot3283 6.8 × 6.8 × 4cm
估价：RMB 45,000-65,000
成交价：RMB 59,800

瞿利军 青白玉香炉

年代不详 Unknown GD 中国嘉德
2016-11-13 Lot3287 10 × 8 × 6.7cm
估价：RMB 120,000-250,000
成交价：RMB 138,000

青白玉雕兽面纹香炉

明 Ming KS 北京匡时
2016-06-07 Lot3397 D8.8cm;H6cm
估价：RMB 30,000-50,000
成交价：RMB 34,500

玉雕三阳开泰香炉

清 Qing BH 北京翰海
2016-04-17 Lot1271 H12cm
估价：RMB 20,000-20,000
成交价：RMB 23,000

白玉朝天耳三足盖炉

乾隆 Qianlong BP 北京保利
2016-12-06 Lot5886 W15.7cm
估价：RMB 400,000-600,000
成交价：RMB 460,000

白玉双龙耳衔环狮钮香炉

清 Qing C 佳士得

2016-11-08 Lot160 W 19cm

估价：GBP 20,000-30,000

成交价：GBP 25,000

碧玉狮钮薰炉

清 Qing BP 北京保利

2016-10-31 Lot1188 H 17cm

估价：RMB 15,000-25,000

成交价：RMB 17,250

碧玉交龙纹盖炉

乾隆 Qianlong BC 北京诚轩

2016-11-12 Lot934 14.2 × 11.2cm

估价：RMB 120,000-160,000

成交价：RMB 264,500

黄玉莲瓣纹香炉

18 世纪 18th Century C 佳士得

2016-05-10 Lot37 L 8.5cm

估价：GBP 40,000-60,000

成交价：GBP 116,500

白玉龙钮双耳小盖炉

清中期 Mid Qing BP 北京保利

2016-06-08 Lot9206 W11.2cm

估价：RMB 50,000-80,000

成交价：RMB 109,250

白玉双龙耳三足炉

清 Qing C 佳士得

2016-11-08 Lot161 W 15.5cm

估价：GBP 20,000-30,000

成交价：GBP 32,500

白玉龙钮活环盖炉
清 Qing SUN 中贸圣佳
2016-05-16 Lot1199 H22.2cm
估价：RMB 900,000-1,200,000
成交价：RMB 1,265,000

白玉双耳炉
清晚期 Late Qing BP 北京保利
2016-04-27 Lot273 W17.5cm
估价：RMB 25,000-50,000
成交价：RMB 103,500

灰青玉雕蟠龙盖炉
明晚期 - 清，18 世纪 Late Ming-Qing,18th Century C 佳士得
2016-03-17 Lot1663 W13.5cm
估价：USD 12,000-18,000
成交价：USD 20,000

青白玉仿古兽面纹龙耳盖炉
乾隆 Qianlong S 苏富比
2016-05-11 Lot9 17.8cm
估价：GBP 4,000-6,000
成交价：GBP 11,875

青白玉螭龙纹龙耳炉
年代不详 Unknown GD 中国嘉德
2016-03-28 Lot5140 L17cm
估价：无底价
成交价：RMB 6,900

黄玉夔龙纹莲花钮盖炉
乾隆 Qianlong BP 北京保利
2016-06-06 Lot7470 W15.5cm
估价：RMB 1,100,000-1,800,000
成交价：RMB 1,380,000

双色碧玺螭龙纹盖炉
清 Qing BH 北京翰海
2016-12-04 Lot3156 H9.8cm
估价：RMB 20,000-30,000
成交价：RMB 48,300

白玉兽面纹龙耳衔环炉
年代不详 Unknown GD 中国嘉德
2016-06-18 Lot2508 L18.3cm
估价：无底价
成交价：RMB 28,750

碧玉雕仿古龙纹瑞兽耳活环四柱式盖炉
19-20 世纪 19th-20th Century S 苏富比
2016-12-02 Lot799 10cm
估价：HKD 20,000-30,000
成交价：HKD 125,000

青白玉螭龙纹双耳衔环四足炉
清 Qing KS 北京匡时
2016-12-05 Lot2529 L16cm
估价：RMB 180,000-200,000
成交价：RMB 207,000

白玉雕兽面纹出戟冠耳炉
乾隆 Qianlong KS 北京匡时
2016-06-07 Lot3771 H22.3cm
估价：RMB 2,000,000-3,000,000
成交价：RMB 2,300,000

青白玉云纹羊耳衔环方炉
清中期 Mid Qing GD 中国嘉德
2016-03-28 Lot5289 H15.5cm
估价：RMB 150,000-250,000
成交价：RMB 172,500

青白玉狮钮炉
年代不详 Unknown GD 中国嘉德
2016-03-28 Lot5489 L14.5cm
估价：无底价
成交价：RMB 6,900

白玉雕兽面纹双耳三足炉连座
清 Qing KS 北京匡时
2016-12-05 Lot2571 L18cm
估价：RMB 250,000-300,000
成交价：RMB 322,000

白玉兽面纹炉
清 Qing BP 北京保利
2016-04-27 Lot272 W8cm
估价：RMB 10,000-20,000
成交价：RMB 36,800

青白玉山水诗文象耳衔环炉
年代不详 Unknown GD 中国嘉德
2016-03-28 Lot5403 L13cm
估价：无底价
成交价：RMB 8,050

白玉太平有象炉
年代不详 Unknown GD 中国嘉德
2016-06-18 Lot2562 H10.5cm
估价：无底价
成交价：RMB 5,750

白玉嵌宝石象腿炉
清 Qing BP 北京保利
2016-01-16 Lot407 W12cm
估价：无底价
成交价：RMB 3,450

碧玉天鸡纹炉
乾隆 Qianlong BP 北京保利
2016-04-27 Lot287 W15.5cm
估价：RMB 40,000-60,000
成交价：RMB 46,000

白玉兽面纹三足炉
乾隆 Qianlong KS 北京匡时
2016-06-07 Lot3405 H17.2cm;D12.5cm
估价：RMB 500,000-600,000
成交价：RMB 897,000

青玉水丞、琴炉各一件
年代不详 Unknown GD 中国嘉德
2016-06-18 Lot2577 D4.6cm;H4cm
估价：无底价
成交价：RMB 3,450

青白玉戟耳琴炉（一对）
年代不详 Unknown GD 中国嘉德
2016-09-25 Lot5583 L 5.5cm
估价：无底价
成交价：RMB 10,350

青玉兽面纹朝冠耳炉 御题诗文瓶各一件
年代不详 Unknown GD 中国嘉德
2016-09-26 Lot5623 H 16cm;L 13.4cm
估价：无底价
成交价：RMB 25,300

青白玉双瑞兽形耳三足炉
清，18-19 世纪 Qing,18th-19th Century C 佳士得
2016-11-11 Lot795 W 17.2cm
估价：GBP 4,000-6,000
成交价：GBP 10,000

青白玉炉瓶三式
年代不详 Unknown GD 中国嘉德
2016-06-18 Lot2563 L11.5cm;H10.5cm;D5cm
估价：无底价
成交价：RMB 23,000

青白玉鹤鹿同春炉顶
清 Qing GD 中国嘉德
2016-09-25 Lot5613 H 5.7cm
估价：无底价
成交价：RMB 4,600

白玉兽面纹炉瓶三式
年代不详 Unknown GD 中国嘉德
2016-06-18 Lot2507 H12.7cm;H10.2cm;L6.1cm
估价：无底价
成交价：RMB 20,700

青白玉炉瓶三式
年代不详 Unknown GD 中国嘉德
2016-03-28 Lot5401 L13.3cm;H11cm;D6.2cm
估价：无底价
成交价：RMB 103,500

青白玉兽面纹炉瓶三式
年代不详 Unk nown GD 中国嘉德
2016-09-25 Lot5430 L 12.5cm;H 10.2cm;L 5cm
估价：无底价
成交价：RMB 34,500

白玉兽面纹炉瓶三式
年代不详 Unknown GD 中国嘉德
2016-03-28 Lot5174 H12.8cm;H10cm;L5cm
估价：无底价
成交价：RMB 36,800

碧玉兽面纹炉瓶三式
年代不详 Unknown GD 中国嘉德
2016-03-28 Lot5484 L15.7cm;H12.9cm;L6.5cm
估价：无底价
成交价：RMB 20,700

碧玉兽面纹炉瓶三式
年代不详 Unknown GD 中国嘉德
2016-06-18 Lot2590 H13.2cm;H10cm;L5.3cm
估价：无底价
成交价：RMB 13,800

白玉带皮龙穿花炉钮
明 Ming PLHK 保利香港
2016-11-29 Lot1084 H7.5cm;W6cm
估价：HKD 50,000-100,000
成交价：HKD 59,000

白玉灵芝炉顶、青白玉云纹勒子各一件
明 Ming GD 中国嘉德
2016-03-28 Lot5202 L5.2cm;L3.6cm
估价：RMB 8,000-12,000
成交价：RMB 9,200

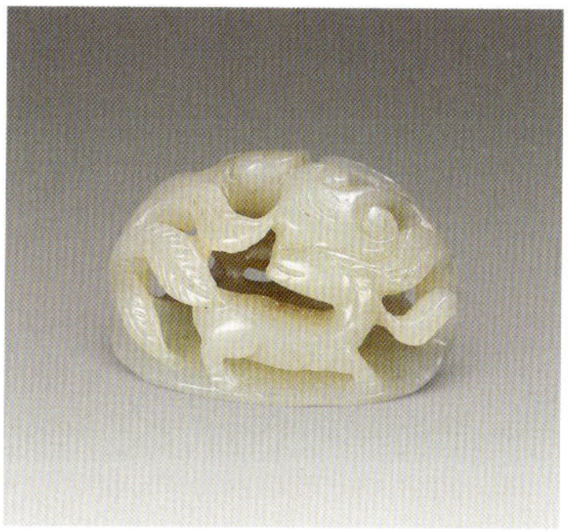

白玉鹿衔灵芝炉顶
清 Qing BP 北京保利
2016-01-16 Lot370 W3.5cm
估价：无底价
成交价：RMB 1,150

白玉荷塘鹭鸶炉顶
明 Ming BP 北京保利
2016-06-08 Lot9135 H5cm
估价：RMB 15,000-25,000
成交价：RMB 51,750

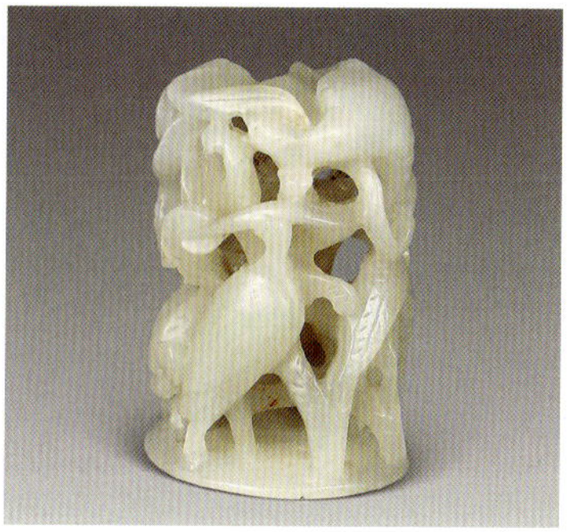

白玉一鹭连科炉顶
清 Qing BP 北京保利
2016-04-28 Lot1651 H5cm
估价：无底价
成交价：RMB 2,300

玉镂雕荷塘鹭鸶炉顶
明 Ming GD 中国嘉德
2016-05-14 Lot3133 H4cm
估价：RMB 30,000-50,000
成交价：RMB 34,500

尊
Zun

碧玉螭龙兽面纹海棠式尊
乾隆 Qianlong BP 北京保利
2016-12-06 Lot5926 H27.5cm
估价：RMB 800,000-1,200,000
成交价：RMB 920,000

鸡骨玉夔龙纹樽

明 Ming C 佳士得

2016-03-17 Lot1662 H10.5cm

估价：USD 5,000-7,000

成交价：USD 5,000

青白玉雕兽面纹小尊

清 Qing BP 北京保利

2016-12-07 Lot6828 H11.5cm

估价：RMB 8,000-12,000

成交价：RMB 13,800

青白玉鱼篓三联小尊

年代不详 Unknown BO 邦瀚斯

2016-11-10 Lot85 W 15.5cm

估价：GBP 3,000-5,000

成交价：GBP 5,625

觥、觚 Gong & Gu

黄玉螭龙耳觥

清 Qing BD 北京东正

2016-05-14 Lot2013 H11.5cm

估价：RMB 120,000-150,000

成交价：RMB 138,000

旧玉凤首觥、青玉螭龙纹瓶各一件

年代不详 Unknown GD 中国嘉德

2016-03-28 Lot5381 H27.7cm;H13.2cm

估价：无底价

成交价：RMB 3,450

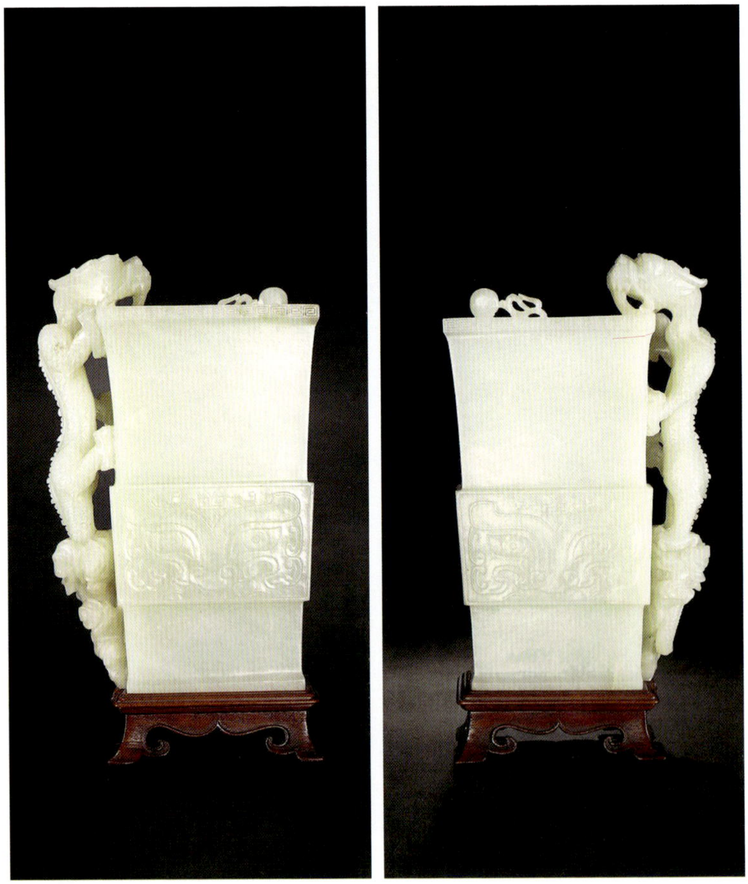

白玉雕苍龙探珠饕餮纹觥

乾隆 Qianlong BD 北京东正

2016-11-11 Lot128 H20cm

估价：RMB 1,500,000-1,800,000

成交价：RMB 3,220,000

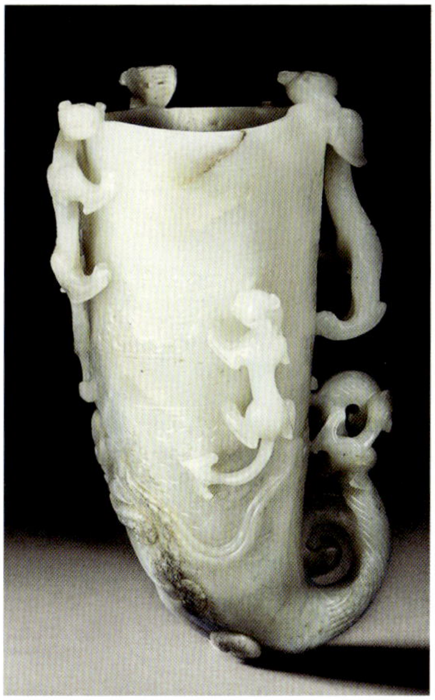

白褐玉仿古镂雕蟠螭觥

明，16 世纪 - 清，19 世纪 Ming,16th Century-Qing,19th Century C 佳士得

2016-03-17 Lot961 H21.6cm

估价：USD 80,000-120,000

成交价：USD 173,000

御题诗白玉仿古龙尾觥

乾隆 Qianlong BP 北京保利

2016-06-06 Lot7466 L17cm

估价：RMB 3,000,000-5,000,000

成交价：RMB 5,175,000

2016 Chinese Art Auction TOP10 中国艺术拍卖十大天价 中国玉器拍卖器皿类十大天价排行榜 Top 9

白玉雕饕餮纹觥

乾隆 Qianlong BD 北京东正

2016-05-14 Lot3111 H13.5cm

估价：RMB 20,000-30,000

成交价：RMB 40,250

白玉仿古兽面龙纹觥

清中期 Mid Qing BP 北京保利

2016-12-06 Lot5922 L13cm

估价：RMB 500,000-700,000

成交价：RMB 598,000

青白玉雕兽面纹觥

清 Qing BP 北京保利

2016-06-08 Lot9204 H20cm

估价：RMB 5,000-8,000

成交价：RMB 184,000

白玉御题诗饕餮纹方觚
乾隆 Qianlong BP 北京保利
2016-12-05 Lot5170 H20cm
估价：RMB 4,200,000-6,200,000
成交价：RMB 4,830,000

2016 TOP10 中国玉器拍卖器皿类十大天价排行榜 Top 10

白玉龙凤耳活环三足觥
乾隆 Qianlong BD 北京东正
2016-11-11 Lot181 H26cm
估价：RMB 5,000,000-7,000,000
成交价：RMB 8,050,000

2016 TOP10 中国玉器拍卖器皿类十大天价排行榜 Top 5

玉雕觥
清中期 Mid Qing BP 北京保利
2016-04-27 Lot288 L17cm
估价：RMB 80,000-120,000
成交价：RMB 333,500

青白玉凤纹觥
清 Qing BP 北京保利
2016-12-07 Lot6761 H7.5cm
估价：RMB 10,000-20,000
成交价：RMB 11,500

青白玉出戟寿字龙纹觚
明 Ming CT 广州崇正
2016-12-11 Lot1412 H22.8cm
估价：RMB 200,000-300,000
成交价：RMB 230,000

白玉雕蕉叶纹花觚
年代不详 Unknown AS 中国艺海
2016-01-21 Lot2021 H 23.5cm
估价：HKD 2,200,000-4,400,000
成交价：HKD 4,400,000

白玉雕兽面纹出戟方觚
乾隆 Qianlong KS 北京匡时
2016-06-07 Lot3774 H23.5cm
估价：RMB 2,500,000-3,000,000
成交价：RMB 2,875,000

黄玉雕兽面蕉叶纹花觚
清中期 Mid Qing BP 北京保利
2016-06-08 Lot9209 H11.2cm
估价：RMB 160,000-200,000
成交价：RMB 184,000

青玉雕仿古纹花觚
清，19 世纪 Qing,19 Century S 苏富比
2016-03-19 Lot1372 尺寸不详
估价：USD 3,000-5,000
成交价：USD 1,875

青白玉兽面纹方花觚
年代不详 Unknown GD 中国嘉德
2016-03-28 Lot5172 H17.1cm
估价：无底价
成交价：RMB 13,800

杯
Cup

黑白玉雕云龙纹杯
民国 Repulic Period BP 北京保利
2016-04-28 Lot1303 H9cm
估价：RMB 5,000-8,000
成交价：RMB 5,750

青白玉螭龙把杯
年代不详 Unknown GD 中国嘉德
2016-03-28 Lot5177 L13cm
估价：无底价
成交价：RMB 25,300

青白玉岁寒三友蝶龙耳杯
明晚期 Late Ming S 苏富比
2016-10-05 Lot78 10.5cm
估价：HKD 100,000-150,000
成交价：HKD 275,000

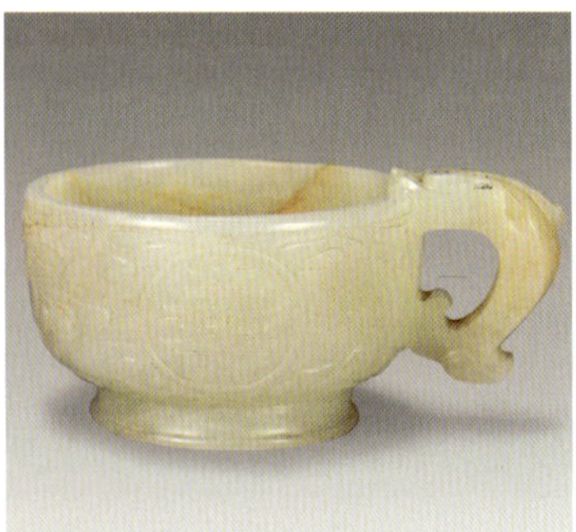

白玉龙耳寿字杯
年代不详 Unknown BP 北京保利
2016-10-31 Lot475 L 8.5cm
估价：无底价
成交价：RMB 36,800

火烧玉螭龙杯
明 Ming BP 北京保利
2016-04-27 Lot42 L6.5cm
估价：无底价
成交价：RMB 28,750

白玉螭耳杯
年代不详 Unknown GD 中国嘉德
2016-09-25 Lot5425 L 8.5cm
估价：无底价
成交价：RMB 36,800

白玉双龙耳杯、托
清 Qing PLXM 保利厦门
2016-11-06 Lot871 L 13cm
估价：无底价
成交价：RMB 49,450

白玉雕双螭耳杯
明 Ming BP 北京保利
2016-06-08 Lot9140 L12.5cm
估价：RMB 20,000-50,000
成交价：RMB 23,000

白玉双螭柄杯
清 Qing GD 中国嘉德
2016-11-12 Lot2925 W 7cm
估价：RMB 50,000-80,000
成交价：RMB 63,250

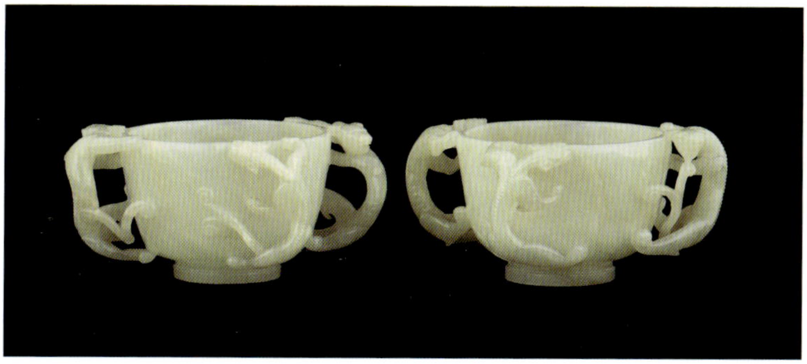

青白玉蟠螭龙柄小杯 一对
18 世纪 18th Century BO 邦瀚斯
2016-11-10 Lot73 W 10cm
估价：GBP 3,000-5,000
成交价：GBP 6,875

苍龙教子觥形杯
乾隆 Qianlong KS 北京匡时
2016-12-05 Lot2533 H16.5cm
估价：RMB 20,000-30,000
成交价：RMB 32,200

青玉雕螭龙耳杯
明 Ming S 苏富比
2016-12-01 Lot20 16.8cm
估价：HKD 80,000-120,000
成交价：HKD 100,000

碧玉雕螭龙耳杯
清，18-19 世纪 Qing,18th-19th Century S 苏富比
2016-12-01 Lot148 11.8cm
估价：HKD 30,000-50,000
成交价：HKD 62,500

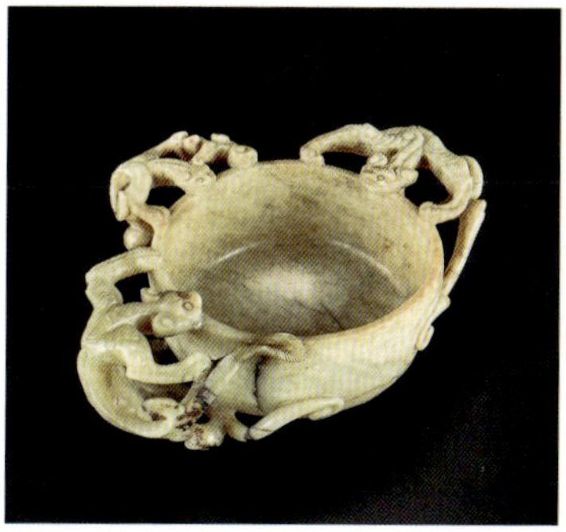

白化玉螭龙耳杯
清，17-18 世纪 Qing,17th-18th Century S 苏富比
2016-12-01 Lot95 13.5cm
估价：HKD 50,000-70,000
成交价：HKD 137,500

青白玉饕餮纹爵杯
明 Ming KS 北京匡时
2016-06-07 Lot3283 H9.3cm
估价：RMB 60,000-80,000
成交价：RMB 92,000

青玉留皮螭龙纹杯
明末清初 Late Ming and Early Qing C 佳士得
2016-09-16 Lot1268 H 21.5cm
估价：USD 40,000-60,000
成交价：USD 81,250

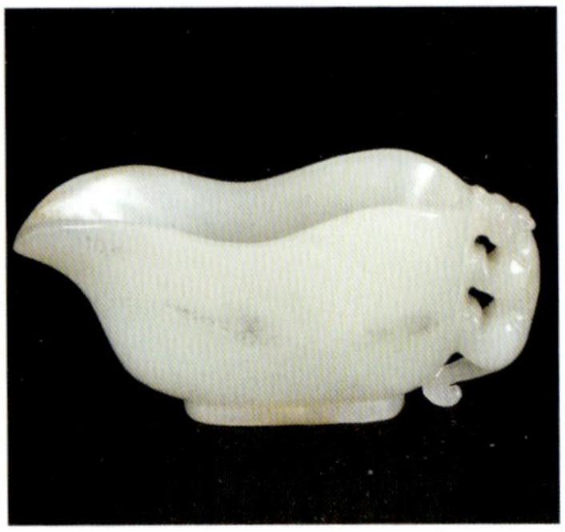

白玉爵杯
清 Qing JH 上海嘉禾
2016-03-18 Lot147 L9cm
估价：RMB 1,000-1,000
成交价：RMB 1,150

青玉镂雕喜上眉梢纹杯
清，17-18 世纪 Qing,17th-18th Century S 苏富比
2016-12-01 Lot44 11.2cm
估价：HKD 20,000-30,000
成交价：HKD 40,000

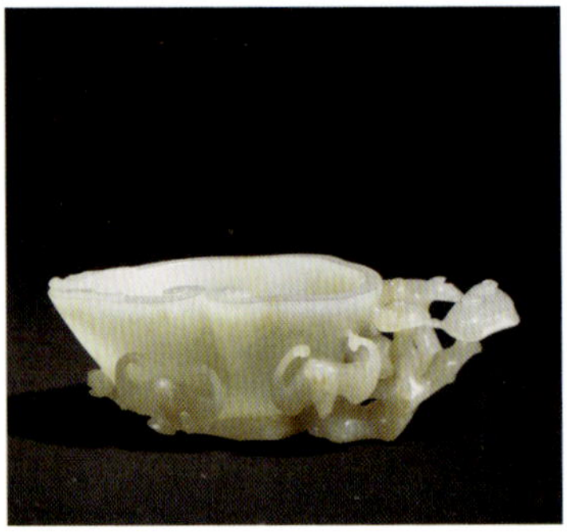

白玉灵芝福寿纹杯
清中期 Mid Qing CT 广州崇正
2016-12-11 Lot1401 L12.5cm
估价：RMB 22,000-50,000
成交价：RMB 74,750

白玉雕人物杯
19 世纪 19th Century BD 北京东正
2016-11-11 Lot223 H11.5cm
估价：RMB 200,000-300,000
成交价：RMB 230,000

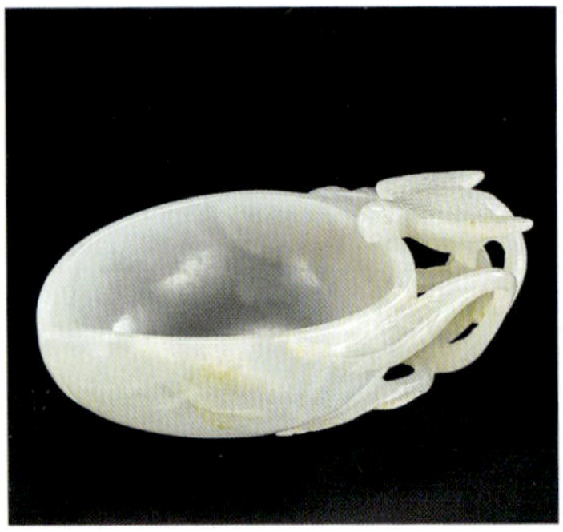

白玉雕鹦鹉纹桃式杯
清，19 世纪 Qing,19th Century S 苏富比
2016-12-01 Lot120 10.8cm
估价：HKD 20,000-30,000
成交价：HKD 40,000

白玉灵芝小丞杯连座
乾隆 Qianlong KS 北京匡时
2016-12-05 Lot2536 H4.7cm
估价：RMB 150,000-300,000
成交价：RMB 828,000

青玉雕仙人图灵芝耳杯
明 Ming S 苏富比
2016-12-01 Lot171 15.9cm
估价：HKD 60,000-80,000
成交价：HKD 450,000

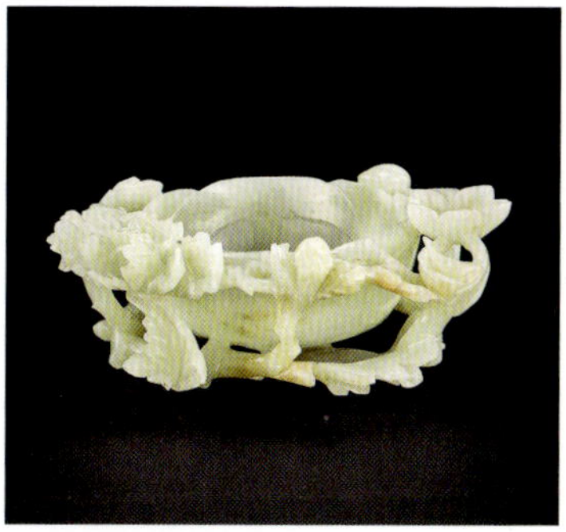

青白玉镂雕花式杯
明末清初 Late Ming and Early Qing S 苏富比
2016-12-01 Lot167 13.7cm
估价：HKD 30,000-50,000
成交价：HKD 112,500

灰白玉兰花杯
17-18 世纪 17th-18th Century C 佳士得
2016-05-13 Lot513 D 12.7cm
估价：GBP 6,000-8,000
成交价：GBP 86,500

白玉兰花杯
明 Ming KS 北京匡时
2016-06-07 Lot3254 H4.3cm
估价：RMB 50,000-60,000
成交价：RMB 74,750

白玉梅花杯
明 Ming BP 北京保利
2016-04-27 Lot270 W10cm
估价：RMB 20,000-30,000
成交价：RMB 36,800

青白玉梅枝纹题诗双耳杯
明 Ming BO 邦瀚斯
2016-11-07 Lot641 H 10.5cm
估价：GBP 2,000-3,000
成交价：GBP 4,750

白玉雕梅花式杯

清，19 世纪 Qing,19th Century S 苏富比
2016-12-01 Lot121 8.9cm
估价：HKD 15,000-20,000
成交价：HKD 32,500

玉梅花杯

明 Ming BP 北京保利
2016-12-07 Lot6707 W10.7cm
估价：RMB 10,000-20,000
成交价：RMB 17,250

白玉花卉小杯

明 Ming BP 北京保利
2016-12-07 Lot6712 W8cm
估价：RMB 10,000-20,000
成交价：RMB 11,500

白玉镂雕倚琴烹茶图杯

明末清初 Late Ming and Early Qing S 苏富比
2016-12-01 Lot157 12.9cm
估价：HKD 100,000-150,000
成交价：HKD 2,062,500

白玉鼠耳杯

清中期 Mid Qing BH 北京翰海
2016-12-04 Lot2577 L6.7cm
估价：RMB 160,000-200,000
成交价：RMB 230,000

白玉双耳杯

清中期 Mid Qing BH 北京翰海
2016-12-04 Lot2579 L11.1cm
估价：RMB 10,000-30,000
成交价：RMB 29,900

白玉双耳杯

乾隆 Qianlong BC 北京诚轩
2016-05-15 Lot932 10.5 × 4.3cm
估价：RMB 180,000-220,000
成交价：RMB 310,500

青玉雕乳钉纹单耳杯

明 Ming S 苏富比
2016-12-01 Lot246 8.8cm
估价：HKD 15,000-20,000
成交价：HKD 18,750

白玉杯

清中期 Mid Qing BC 北京诚轩
2016-11-12 Lot940 11.6 × 7.2cm
估价：RMB 80,000-100,000
成交价：RMB 299,000

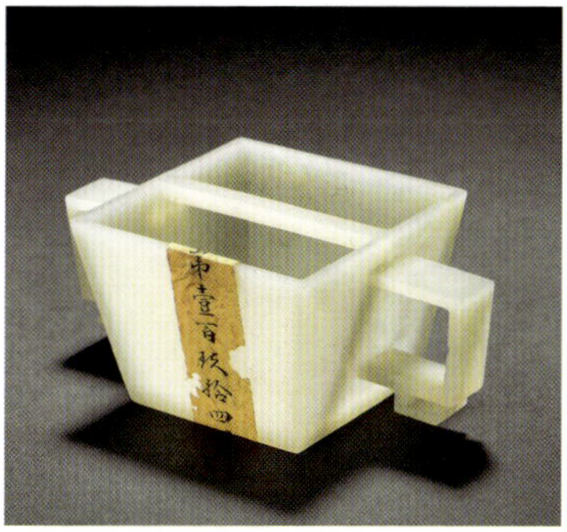

白玉戟耳四方杯

明，16 世纪 Ming,16th Century BP 北京保利
2016-12-06 Lot5875 L11.5cm
估价：RMB 300,000-500,000
成交价：RMB 345,000

白玉杯

18 世纪 18th Century BD 北京东正
2016-11-11 Lot176 D7.7cm
估价：RMB 200,000-260,000
成交价：RMB 425,500

白玉杯

乾隆 Qianlong BD 北京东正
2016-05-14 Lot2008 D5.5cm
估价：RMB 130,000-150,000
成交价：RMB 207,000

青玉雕竹节形单耳杯

清，17-18 世纪 Qing,17th-18th Century S 苏富比
2016-09-17 Lot1087 尺寸不详
估价：USD 3,000-5,000
成交价：USD 1,500

白玉小杯

清 Qing SUN 中贸圣佳
2016-11-15 Lot1437 H3.9cm
估价：RMB 60,000-90,000
成交价：RMB 66,700

白玉杯

清 Qing BP 北京保利
2016-06-08 Lot9096 D8.6cm
估价：RMB 8,000-12,000
成交价：RMB 28,750

灰青玉杯
明末清初 Late Ming-Early Qing C 佳士得
2016-03-17 Lot1661 D8.3cm
估价：USD 4,000-6,000
成交价：USD 3,750

墨白玉杯
乾隆 Qianlong S 苏富比
2016-10-05 Lot27 D 7.8cm
估价：HKD 300,000-500,000
成交价：HKD 375,000

白玉撇口小杯（一对）
清，18 世纪 Qing,18th Century C 佳士得
2016-09-16 Lot1282 D 6cm
估价：USD 6,000-8,000
成交价：USD 40,000

提油把杯
明 Ming BP 北京保利
2016-04-27 Lot269 W12.5cm
估价：RMB 10,000-20,000
成交价：RMB 17,250

瓶 Bottle

白玉龙纹盖瓶
清 Qing BP 北京保利
2016-04-27 Lot285 H20.5cm
估价：RMB 50,000-80,000
成交价：RMB 149,500

黄玉龙纹盖瓶
清中期 Mid Qing BP 北京保利
2016-04-27 Lot282 H16cm
估价：RMB 50,000-80,000
成交价：RMB 115,000

白玉盘云龙纹小盖瓶
清中期 Mid Qing BP 北京保利
2016-12-06 Lot5879 H14.5cm
估价：RMB 400,000-600,000
成交价：RMB 1,092,500

青白玉兽面双龙耳盖瓶
民国 Repulic Period BP 北京保利
2016-01-16 Lot412 W12.5cm
估价：无底价
成交价：RMB 8,050

白玉雕荷莲纹龙耳盖瓶
20 世纪 20th Century S 苏富比
2016-09-17 Lot1089 尺寸不详
估价：USD 10,000-15,000
成交价：USD 10,000

白玉童子龙纹盖瓶
乾隆 Qianlong BP 北京保利
2016-04-28 Lot1286 H10cm
估价：RMB 150,000-250,000
成交价：RMB 345,000

白玉龙首衔环盖瓶
清晚期 Later Qing S 苏富比
2016-04-06 Lot3711 28.2cm
估价：HKD 100,000-150,000
成交价：HKD 350,000

青白玉兽面纹双凤耳盖瓶
清 Qing BH 北京翰海
2016-06-05 Lot2664 L13.3cm
估价：RMB 20,000-30,000
成交价：RMB 28,750

青白玉薄胎雕双龙耳龙纽盖瓶
18 世纪 18th Century BD 北京东正
2016-11-11 Lot124 H31cm
估价：RMB 300,000-400,000
成交价：RMB 460,000

青白玉龙凤纹御题诗纹盖瓶
清中期 Mid Qing BH 北京翰海
2016-12-04 Lot2538 H14cm
估价：RMB 300,000-500,000
成交价：RMB 460,000

青白玉留皮螭龙双凤盖瓶
民国 Repulic Period BP 北京保利
2016-06-08 Lot9297 H15.5cm
估价：RMB 10,000-20,000
成交价：RMB 25,300

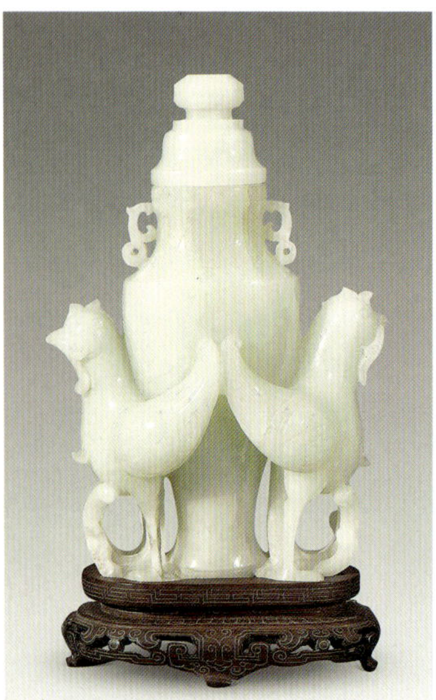

白玉双凤纹盖瓶
民国 Repulic Period BP 北京保利
2016-04-28 Lot1292 L16.5cm
估价：无底价
成交价：RMB 20,700

青白玉雕饕餮纹凤耳活环盖瓶
清 Qing S 苏富比
2016-12-02 Lot698 25.9cm
估价：HKD 60,000-80,000
成交价：HKD 75,000

青白玉双螭耳盖瓶
20 世纪 20th Century C 佳士得
2016-05-11 Lot126 H 19.5cm
估价：GBP 5,000-8,000
成交价：GBP 11,875

青玉雕螭龙纹套链盖瓶
清晚期 Late Qing S 苏富比
2016-09-17 Lot1100 尺寸不详
估价：USD 4,000-6,000
成交价：USD 12,500

黄玉仿古螭龙耳盖瓶
乾隆 Qianlong S 苏富比
2016-10-05 Lot24 14.7cm
估价：HKD 1,000,000-1,500,000
成交价：HKD 1,250,000

白玉雕饕餮纹象耳活环盖瓶
20 世纪 20th Century S 苏富比
2016-09-17 Lot1088 尺寸不详
估价：USD 6,000-8,000
成交价：USD 7,500

白玉夔龙纹活环耳瑞兽盖瓶
清，18 世纪 Qing,18th Century S 苏富比
2016-10-05 Lot3705 14.1cm
估价：HKD 400,000-600,000
成交价：HKD 750,000

青白玉雕瑞兽耳活环盖瓶
清末 - 民国 Late Qing-Republic Period S 苏富比
2016-12-02 Lot800 35.9cm
估价：HKD 400,000-600,000
成交价：HKD 750,000

白玉雕饕餮纹象耳活环瓶
清，18 世纪 Qing,18th Century S 苏富比
2016-12-01 Lot139 13.2cm
估价：HKD 200,000-300,000
成交价：HKD 687,500

白玉兽面纹双耳衔环盖瓶
乾隆 Qianlong BH 北京翰海
2016-06-05 Lot2670 H21.5cm
估价：RMB 90,000-110,000
成交价：RMB 115,000

白玉兽面纹双龙耳衔环盖瓶
乾隆 Qianlong KS 北京匡时
2016-06-07 Lot3280 H27cm
估价：RMB 400,000-600,000
成交价：RMB 460,000

白玉兽面纹盖瓶
清中期 Mid Qing BP 北京保利
2016-04-27 Lot286 H13cm
估价：RMB 10,000-20,000
成交价：RMB 17,250

白玉兽面纹提梁盖瓶
清 Qing BH 北京翰海
2016-12-04 Lot2536 H14.3cm
估价：RMB 40,000-60,000
成交价：RMB 57,500

白玉兽面纹盖瓶
乾隆 Qianlong KS 北京匡时
2016-06-07 Lot3277 H23cm
估价：RMB 100,000-120,000
成交价：RMB 138,000

青白玉雕兽面纹提梁瓶
民国 Republic Period BP 北京保利
2016-12-07 Lot6851 H25cm
估价：RMB 3,000-5,000
成交价：RMB 18,400

碧玉兽面狮钮大盖瓶
清晚期 Late Qing BP 北京保利
2016-04-27 Lot299 H35cm
估价：RMB 50,000-80,000
成交价：RMB 63,250

黄玉兽面纹盖瓶
乾隆 Qianlong BP 北京保利
2016-04-27 Lot281 H20.5cm
估价：RMB 50,000-100,000
成交价：RMB 230,000

白玉童子梅花盖瓶
清中期 Mid Qing BH 北京翰海
2016-12-04 Lot2533 H12.2cm
估价：RMB 20,000-30,000
成交价：RMB 28,750

青白玉灵芝竹叶双耳小盖瓶
清，18 世纪 Qing,18th Century C 佳士得
2016-11-11 Lot797 H 11.1cm
估价：GBP 3,000-5,000
成交价：GBP 4,375

白玉仿古双耳活环盖瓶
乾隆 Qianlong GD 中国嘉德
2016-11-12 Lot2643 H 21.5cm
估价：RMB 1,200,000-1,600,000
成交价：RMB 1,380,000

青白玉雕瓜瓞绵绵小盖瓶
清，19 世纪 Qing,19 Century S 苏富比
2016-03-19 Lot1380 尺寸不详
估价：USD 2,000-3,000
成交价：USD 5,250

张宝禄 碧玉雕缠枝莲双耳活环盖瓶
年代不详 Unknown GD 中国嘉德
2016-11-13 Lot3320 15.5 × 6.5 × 31.5cm
估价：RMB 120,000-280,000
成交价：RMB 138,000

黄玉葫芦瓶
清 Qing GD 中国嘉德
2016-11-29 Lot1156 H19.5cm
估价：HKD 120,000-220,000
成交价：HKD 472,000

白玉兰花双耳盖瓶
清早期 Early Qing KS 北京匡时
2016-06-07 Lot3276 H19cm
估价：RMB 80,000-100,000
成交价：RMB 161,000

白玉五蝠捧寿扁瓶
乾隆 Qianlong BP 北京保利
2016-12-06 Lot5884 H18cm
估价：RMB 500,000-700,000
成交价：RMB 575,000

黄玉盖瓶
清 Qing BP 北京保利
2016-04-27 Lot280 H14cm
估价：RMB 50,000-80,000
成交价：RMB 63,250

黄玉盖瓶（两件）

清 Qing C 佳士得
2016-04-05 Lot8 H 11.3cm
估价：HKD 120,000-180,000
成交价：HKD 150,000

白玉花鸟链瓶

近代 Modern BP 北京保利
2016-01-16 Lot416 H22cm
估价：无底价
成交价：RMB 5,750

青白玉花鸟纹链瓶（一对）

年代不详 Unknown GD 中国嘉德
2016-09-26 Lot5622 H 54.7cm
估价：无底价
成交价：RMB 43,700

白玉龙凤链瓶（一对）

年代不详 Unknown BP 北京保利
2016-10-31 Lot1725 H 32cm
估价：无底价
成交价：RMB 20,700

白玉花鸟纹环耳链瓶

年代不详 Unknown GD 中国嘉德
2016-06-18 Lot2512 H54.5cm
估价：无底价
成交价：RMB 17,250

白玉缠枝莲纹链瓶

年代不详 Unknown GD 中国嘉德
2016-03-28 Lot5144 H47.5cm
估价：无底价
成交价：RMB 8,050

青白玉缠枝莲纹链瓶

年代不详 Unknown GD 中国嘉德
2016-03-28 Lot5143 H50.8cm
估价：无底价
成交价：RMB 32,200

玉雕缠枝花卉纹赏瓶（一对）

年代不详 Unknown XLA 西泠印社
2016-04-09 Lot155 H23.5cm
估价：RMB 48,000-60,000
成交价：RMB 55,200

白玉缠枝莲纹环耳链瓶

年代不详 Unknown GD 中国嘉德
2016-06-18 Lot2513 H51cm
估价：无底价
成交价：RMB 25,300

白玉缠枝莲纹链瓶

年代不详 Unknown GD 中国嘉德
2016-09-25 Lot5427 H 55cm
估价：无底价
成交价：RMB 34,500

白玉雕赏瓶

年代不详 Unknown XLA 西泠印社
2016-04-09 Lot149 H20cm
估价：RMB 30,000-50,000
成交价：RMB 36,800

白玉"太平有象和合二仙"赏瓶
乾隆 Qianlong BD 北京东正
2016-05-14 Lot2024 H19.8cm
估价：RMB 600,000-800,000
成交价：RMB 1,127,000

白玉凤凰双联瓶
年代不详 Unknown GD 中国嘉德
2016-03-28 Lot5123 H18.3cm
估价：无底价
成交价：RMB 10,350

白玉缠枝莲纹环耳瓶
年代不详 Unknown GD 中国嘉德
2016-06-18 Lot2497 H20.8cm
估价：无底价
成交价：RMB 13,800

白玉螭龙双联瓶
清 Qing BP 北京保利
2016-04-27 Lot284 H13cm
估价：RMB 40,000-60,000
成交价：RMB 74,750

白玉雕螭龙纹双联瓶
清 Qing XLA 西泠印社
2016-04-09 Lot131 H9cm;L12cm
估价：RMB 22,000-30,000
成交价：RMB 32,200

白玉瑞芝耳活环耳瓶
清晚期 Later Qing S 苏富比
2016-04-06 Lot3709 18.8cm
估价：HKD 80,000-120,000
成交价：HKD 150,000

白玉兽面纹双耳瓶

年代不详 Unknown BP 北京保利

2016-10-31 Lot1674 H 11.5cm

估价：无底价

成交价：RMB 12,650

青白玉灵芝双联瓶

年代不详 Unknown GD 中国嘉德

2016-09-25 Lot5382 H 16.8cm

估价：无底价

成交价：RMB 9,200

青白玉象耳衔环瓶

年代不详 Unknown GD 中国嘉德

2016-03-28 Lot5154 H10.8cm

估价：无底价

成交价：RMB 4,600

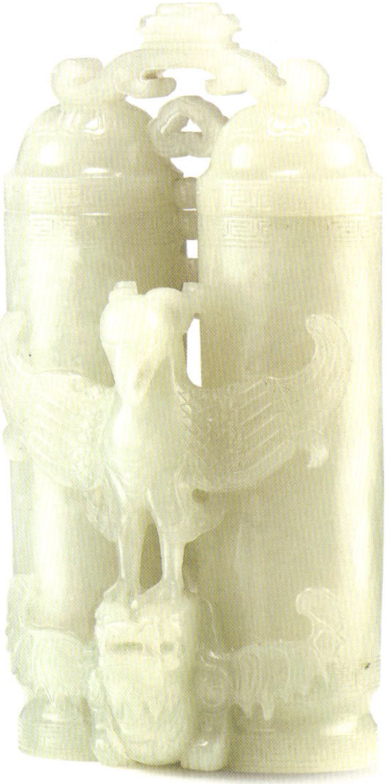

白玉英雄双联瓶

乾隆 Qianlong S 苏富比

2016-10-05 Lot3710 12.6cm

估价：HKD 1,500,000-2,000,000

成交价：HKD 1,875,000

碧玉兽面纹象耳衔环瓶

年代不详 Unknown GD 中国嘉德

2016-03-28 Lot5480 H22.1cm

估价：无底价

成交价：RMB 40,250

白玉雕饕餮纹香瓶

清中期 Mid Qing BD 北京东正

2016-05-14 Lot3113 H10.5cm

估价：RMB 10,000-20,000

成交价：RMB 11,500

碧玉雕西番莲纹香瓶
清中期 Mid Qing TH 北京传是
2016-06-04 Lot87 H16.2cm
估价：RMB 15,000-20,000
成交价：RMB 20,700

白玉和合二仙纹插瓶
清，18 世纪 Qing,18th Century S 苏富比
2016-05-11 Lot104 10.8cm
估价：GBP 30,000-40,000
成交价：GBP 68,750

白玉龙纹葫芦瓶
清 Qing GD 中国嘉德
2016-03-28 Lot5263 H11.9cm
估价：无底价
成交价：RMB 10,350

碧玉雕番莲纹小葫芦瓶
清，19 世纪 Qing,19th Century S 苏富比
2016-03-15 Lot164 尺寸不详
估价：USD 1,000-1,500
成交价：USD 2,125

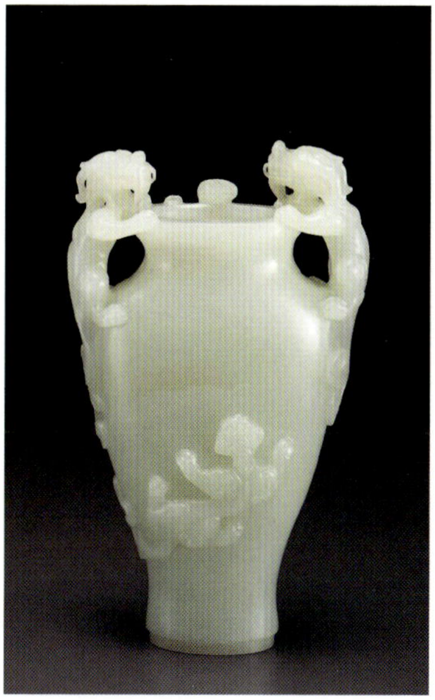

青白玉雕双龙耳瓶
清，18-19 世纪 Qing,18th-19th Century C 佳士得
2016-03-17 Lot1669 H15.2cm
估价：USD 12,000-18,000
成交价：USD 21,250

白玉龙纹双耳瓶
清 Qing BP 北京保利
2016-04-28 Lot1687 H17cm
估价：无底价
成交价：RMB 20,700

白玉螭龙纹双耳挂瓶
乾隆 Qianlong KS 北京匡时
2016-06-07 Lot3257 H25cm
估价：RMB 600,000-800,000
成交价：RMB 897,000

白玉鹤纹六方瓶

乾隆 Qianlong KS 北京匡时
2016-12-06 Lot3228 H29cm
估价：RMB 1,800,000-2,000,000
成交价：RMB 2,300,000

青白玉镂雕龙钮方瓶

清，19 世纪 Qing,19th Century S 苏富比
2016-05-11 Lot111 37.5cm
估价：GBP 80,000-120,000
成交价：GBP 125,000

白玉撇口瓶（一对）

年代不详 Unknown BP 北京保利
2016-04-28 Lot1678 H8cm
估价：无底价
成交价：RMB 6,900

白玉兽面方瓶

近代 Modern BP 北京保利
2016-01-16 Lot417 H19.5cm
估价：无底价
成交价：RMB 13,800

青白玉飞天瓶

年代不详 Unknown GD 中国嘉德
2016-03-28 Lot5192 H23.7cm
估价：无底价
成交价：RMB 10,350

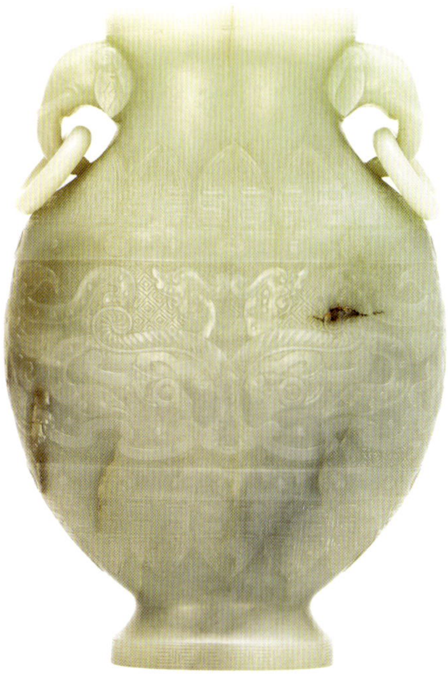

白玉雕双象耳活环饕餮纹扁瓶
乾隆 Qianlong KS 北京匡时
2016-06-07 Lot3768 H29cm
估价：RMB 2,800,000-3,000,000
成交价：RMB 3,277,500

白玉巧雕鹰熊瓶
乾隆 Qianlong BD 北京东正
2016-05-14 Lot332 H8cm
估价：RMB 800,000-1,200,000
成交价：RMB 1,322,500

白玉雕瑞兽宝瓶摆件
清中期 Mid Qing BD 北京东正
2016-05-14 Lot3115 H14.6cm
估价：RMB 10,000-20,000
成交价：RMB 34,500

青白玉兽面纹瓶
年代不详 Unknown GD 中国嘉德
2016-03-28 Lot5125 H18.5cm
估价：无底价
成交价：RMB 13,800

青白玉松鹤延年瓶
年代不详 Unknown GD 中国嘉德
2016-03-28 Lot5135 H13.7cm
估价：无底价
成交价：RMB 9,200

白玉高浮雕云龙瓶
清，18 世纪 Qing,18th Century BP 北京保利
2016-12-06 Lot5878 H22cm
估价：RMB 1,000,000-1,500,000
成交价：RMB 1,265,000

白玉双龙耳活环小瓶
清中期 Mid Qing BP 北京保利
2016-12-07 Lot6827 H11cm
估价：RMB 15,000-25,000
成交价：RMB 17,250

白玉英雄瓶
年代不详 Unknown GD 中国嘉德
2016-03-28 Lot5136 H12.2cm
估价：无底价
成交价：RMB 10,350

白玉龙纹瓶
乾隆 Qianlong KS 北京匡时
2016-06-07 Lot3404 H24.3cm
估价：RMB 150,000-200,000
成交价：RMB 218,500

白玉浮雕龙纹瓶
清早期 Early Qing BD 北京东正
2016-05-14 Lot2016 H18.7cm
估价：RMB 200,000-250,000
成交价：RMB 230,000

白玉天鸡瓶
清 Qing KS 北京匡时
2016-06-07 Lot3394 H27cm
估价：RMB 150,000-200,000
成交价：RMB 207,000

白玉寿字蝉纹瓶

乾隆 Qianlong KS 北京匡时
2016-06-07 Lot3287 H30.5cm
估价：RMB 200,000-300,000
成交价：RMB 287,500

青白玉嵌宝珠吉祥百寿瓶

年代不详 Unknown GD 中国嘉德
2016-03-28 Lot5175 H14.2cm
估价：无底价
成交价：RMB 11,500

青白玉兽面纹提梁小瓶

年代不详 Unknown GD 中国嘉德
2016-09-25 Lot5393 H 7.5cm
估价：无底价
成交价：RMB 4,600

青白玉福禄包袱瓶

清 Qing GD 中国嘉德
2016-03-28 Lot5134 H10.1cm
估价：RMB 20,000-30,000
成交价：RMB 23,000

青白玉灵芝纹瓶

清 Qing BP 北京保利
2016-04-28 Lot1291 L12.5cm
估价：RMB 25,000-35,000
成交价：RMB 28,750

王金高 墨玉鼓形瓶

年代不详 Unknown BP 北京保利
2016-06-05 Lot6151 H 21cm
估价：RMB 1,680,000-1,800,000
成交价：RMB 1,725,000

白玉带皮苍龙教子菱形瓶
乾隆 Qianlong BP 北京保利
2016-10-31 Lot1177 H 10cm
估价：RMB 20,000-30,000
成交价：RMB 23,000

白玉雕和合二仙葫芦瓶
乾隆 Qianlong GD 中国嘉德
2016-11-12 Lot2914 H 16cm
估价：RMB 150,000-180,000
成交价：RMB 172,500

白玉仿古饕餮纹瓶
清，18 世纪 Qing,18th Century C 佳士得
2016-11-09 Lot533 H 10.8cm
估价：GBP 2,000-3,000
成交价：GBP 3,000

白玉花卉云龙瓶
年代不详 Unknown GD 中国嘉德
2016-09-25 Lot5395 H 12.7cm
估价：无底价
成交价：RMB 6,900

玉雕蟠虺纹壶式瓶
乾隆 Qianlong BP 北京保利
2016-10-31 Lot461 H 21.5cm
估价：无底价
成交价：RMB 20,700

白玉童子瓶
18 世纪 18th Century C 佳士得
2016-11-08 Lot170 H 15.2cm
估价：GBP 30,000-50,000
成交价：GBP 81,250

白玉云龙纹瓶
清 Qing BP 北京保利
2016-10-31 Lot243 H 16cm
估价：无底价
成交价：RMB 42,550

壶 Pot

仿古白玉螭龙纹执壶

明晚期，16-17 世纪 Late Ming,16th-17th Century C 佳士得

2016-03-17 Lot952 L17.5cm

估价：USD 50,000-70,000

成交价：USD 245,000

白玉雕葫芦执壶

清，18 世纪 Qing,18th Century BP 北京保利

2016-06-08 Lot9087 H13.5cm

估价：RMB 30,000-50,000

成交价：RMB 149,500

白玉瓜棱壶

清早期 Early Qing BD 北京东正

2016-05-14 Lot2010 H14cm

估价：RMB 300,000-350,000

成交价：RMB 345,000

黄玉饕餮纹螭龙耳方壶

乾隆 Qianlong S 苏富比

2016-10-05 Lot56 13.8cm

估价：HKD 500,000-700,000

成交价：HKD 625,000

白玉龙凤纹壶

清 Qing BH 北京翰海

2016-12-04 Lot2537 H18.7cm

估价：RMB 160,000-260,000

成交价：RMB 230,000

白玉捆竹壶

年代不详 Unknown GD 中国嘉德

2016-03-28 Lot5374 L10.5cm

估价：无底价

成交价：RMB 14,950

白玉饕餮纹双象耳方壶

乾隆 Qianlong KS 北京匡时

2016-06-07 Lot3400 H28cm

估价：RMB 3,000,000-4,000,000

成交价：RMB 3,450,000

青白玉雕仿古饕餮纹小盖壶

16-17 世纪 16th-17th Century BO 邦瀚斯

2016-11-07 Lot639 H 7.2cm

估价：GBP 800-1,200

成交价：GBP 2,000

白玉雕饕餮纹瑞鸟式活环耳酒壶

清，18 世纪 Qing,18th Century S 苏富比

2016-04-06 Lot3013 16.4cm

估价：HKD 3,000,000-5,000,000

成交价：HKD 3,680,000

黄玉仿古方壶

清，18 世纪 Qing,18th Century S 苏富比

2016-04-06 Lot3009 10.1cm

估价：HKD 900,000-1,200,000

成交价：HKD 2,120,000

白玉雕开光人物诗文壶
年代不详 Unknown BD 北京东正
2016-06-05 Lot216 H 19.5cm
估价：RMB 120,000-150,000
成交价：RMB 138,000

白玉净壶
年代不详 Unknown BP 北京保利
2016-10-31 Lot1675 H 21cm
估价：无底价
成交价：RMB 11,500

王金高 玉液壶
年代不详 Unknown BP 北京保利
2016-06-05 Lot6149 H 17cm
估价：RMB 250,000-350,000
成交价：RMB 287,500

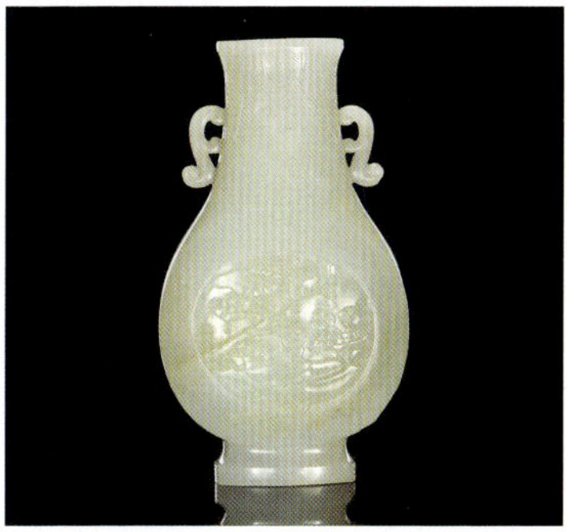

白玉开光婴戏图双耳扁壶
清 Qing GD 中国嘉德
2016-11-12 Lot2856 H 16.3cm
估价：RMB 150,000-200,000
成交价：RMB 207,000

青白玉花卉壶
明 Ming BP 北京保利
2016-10-31 Lot1143 H 21.3cm
估价：RMB 30,000-50,000
成交价：RMB 34,500

青玉壶（两件）
年代不详 Unknown GD 中国嘉德
2016-03-28 Lot5493 L15.5cm;L15.5cm
估价：无底价
成交价：RMB 1,150

碗、盘
Bowl & Plate

白玉五福八宝碗
乾隆 Qianlong BP 北京保利
2016-12-07 Lot6812 D13.7cm
估价：RMB 300,000-500,000
成交价：RMB 713,000

白玉花卉纹碗
18-19 世纪 18th-19th Century C 佳士得
2016-05-10 Lot52 D 12cm
估价：GBP 10,000-15,000
成交价：GBP 27,500

青白玉花卉纹碗
18 世纪 18th Century GD 中国嘉德
2016-11-29 Lot1150 D16.3cm
估价：HKD 300,000-500,000
成交价：HKD 354,000

白玉盖碗
清 Qing BP 北京保利
2016-04-27 Lot274 D10cm
估价：RMB 10,000-20,000
成交价：RMB 23,000

白玉雕缠枝莲纹碗
清，18 世纪 Qing,18th Century C 佳士得
2016-09-16 Lot1277 D 14.7cm
估价：USD 12,000-18,000
成交价：USD 37,500

玉雕菊瓣纹碗（一对）
清 Qing RBZ 荣宝斋（上海）
2016-11-27 Lot830 L10cm;W10cm;H5.5cm
估价：RMB 80,000-120,000
成交价：RMB 207,000

白玉诗文碗
清 Qing BP 北京保利
2016-01-16 Lot408 D13cm
估价：无底价
成交价：RMB 17,250

白玉填金松梅纹碗（一对）
清中期 Mid Qing GD 中国嘉德
2016-11-12 Lot2642 D 15.5cm
估价：RMB 800,000-1,200,000
成交价：RMB 920,000

白玉碗及红釉描金瓷座（一对）
乾隆 Qianlong BP 北京保利
2016-12-06 Lot5867 D13.5cm;W11cm
估价：RMB 800,000-1,200,000
成交价：RMB 1,207,500

白玉碗
清，18 世纪 Qing,18th Century S 苏富比
2016-12-01 Lot129 15.6cm
估价：HKD 300,000-500,000
成交价：HKD 525,000

白玉碗（一对）
乾隆 Qianlong BP 北京保利
2016-12-06 Lot5866 D14.8cm
估价：RMB 1,000,000-1,600,000
成交价：RMB 1,150,000

白玉碗
清中期 Mid Qing BP 北京保利
2016-06-08 Lot9203 D12cm
估价：RMB 120,000-180,000
成交价：RMB 368,000

白玉碗
18-19 世纪 18th-19th Century C 佳士得
2016-05-10 Lot50 D 13.5cm
估价：GBP 10,000-15,000
成交价：GBP 42,500

白玉碗
乾隆 Qianlong BP 北京保利
2016-10-31 Lot531 D 12.8cm
估价：RMB 80,000-120,000
成交价：RMB 92,000

白玉碗
嘉庆 Jiaqing S 苏富比
2016-03-16 Lot393 尺寸不详
估价：USD 60,000-80,000
成交价：USD 75,000

白玉光素大碗
清，18 世纪 Qing,18th Century S 苏富比
2016-10-05 Lot8 18.7cm
估价：HKD 260,000-300,000
成交价：HKD 437,500

青白玉碗
明 Ming GD 中国嘉德
2016-09-25 Lot5246 D 10.7cm
估价：无底价
成交价：RMB 17,250

白玉小碗（一对）
清 Qing GD 中国嘉德
2016-11-12 Lot2915 D 5.6cm
估价：无底价
成交价：RMB 74,750

碧玉碗（一对）
民国 Repulic Period BP 北京保利
2016-06-08 Lot9296 D14cm
估价：无底价
成交价：RMB 20,700

黄玉碗（一对）
清 Qing XLA 西泠印社
2016-04-09 Lot150 H7.2cm;D17.8cm
估价：RMB 28,000-36,000
成交价：RMB 36,800

玉碗（一对）
乾隆 Qianlong BP 北京保利
2016-10-31 Lot529 D 12.5cm
估价：RMB 100,000-200,000
成交价：RMB 115,000

青白玉盖碗
民国 Republic Period S 苏富比
2016-12-02 Lot766 D12.5cm
估价：HKD 80,000-120,000
成交价：HKD 106,250

仿古玉碗（一对）
乾隆 Qianlong BD 北京东正
2016-06-05 Lot212 D 12.5cm
估价：RMB 150,000-180,000
成交价：RMB 184,000

黄玉菊瓣盘
清 Qing BP 北京保利
2016-04-27 Lot403 D13cm
估价：RMB 50,000-80,000
成交价：RMB 126,500

玉雕诗文碗
清 Qing BP 北京保利
2016-10-31 Lot242 D 11.7cm
估价：无底价
成交价：RMB 48,300

白玉香盘（一对）
清 Qing BD 北京东正
2016-05-14 Lot2014 D14.7cm
估价：RMB 300,000-350,000
成交价：RMB 345,000

碧玉盘
乾隆 Qianlong BP 北京保利
2016-04-27 Lot61 D20.5cm
估价：无底价
成交价：RMB 11,500

碧玉撇口盌
清，19 世纪 Qing,19th Century S 苏富比
2016-04-06 Lot64 18.2cm
估价：HKD 25,000-35,000
成交价：HKD 68,750

白玉金彩过枝菊花盘
雍正 - 乾隆 Yongzheng-Qianlong BP 北京保利
2016-06-08 Lot9264 D26cm
估价：RMB 500,000-800,000
成交价：RMB 575,000

碧玉描金大盘
18 世纪 18th Century BD 北京东正
2016-11-11 Lot215 D30.7cm
估价：RMB 150,000-200,000
成交价：RMB 172,500

白玉盘
清 Qing BD 北京东正
2016-06-05 Lot213 D 15.2cm
估价：RMB 40,000-50,000
成交价：RMB 46,000

白玉海棠式盘
乾隆 Qianlong GD 中国嘉德
2016-11-12 Lot2634 L 14cm
估价：RMB 30,000-50,000
成交价：RMB 241,500

水洗、水丞
Brush Washer & Water Pot

白玉童子海棠式洗
清，18 世纪 Qing,18th Century S 苏富比
2016-05-11 Lot157 8cm
估价：GBP 4,000-6,000
成交价：GBP 13,750

白玉童子石榴洗
清 Qing BP 北京保利
2016-04-27 Lot242 W7cm
估价：RMB 10,000-20,000
成交价：RMB 23,000

白玉童子洗象摆件
年代不详 Unknown GD 中国嘉德
2016-03-28 Lot5185 L12.1cm
估价：无底价
成交价：RMB 17,250

白玉童子洗
年代不详 Unknown GD 中国嘉德
2016-06-18 Lot2561 L10.5cm
估价：无底价
成交价：RMB 8,050

青玉童子耳洗
清 Qing C 佳士得
2016-04-05 Lot9 16cm
估价：HKD 150,000-250,000
成交价：HKD 187,500

白玉龙纹洗
清 Qing BP 北京保利
2016-04-27 Lot266 D9.5cm
估价：RMB 10,000-20,000
成交价：RMB 43,700

玉雕龙纹水洗
清 Qing BP 北京保利
2016-04-27 Lot141 L16cm
估价：无底价
成交价：RMB 11,500

白玉雕梅花双龙活环耳洗
乾隆 Qianlong S 苏富比
2016-04-06 Lot60 24.8cm
估价：HKD 2,500,000-3,500,000
成交价：HKD 6,080,000

2016 Chinese Art Auction TOP10 中国玉器拍卖器皿类十大天价排行榜 Top 8

白玉双龙洗
清 Qing BP 北京保利
2016-04-27 Lot271 L10cm
估价：RMB 5,000-8,000
成交价：RMB 23,000

灰白玉雕云龙纹洗
康熙 Kangxi S 苏富比
2016-10-05 Lot3704 19.4cm
估价：HKD 550,000-750,000
成交价：HKD 937,500

白玉云龙纹开光婴戏图笔洗
乾隆 Qianlong PLHK 保利香港
2016-04-05 Lot3079 H4.8cm;D13.8cm
估价：HKD 600,000-800,000
成交价：HKD 708,000

白玉双凤耳衔环洗
乾隆 Qianlong KS 北京匡时
2016-06-07 Lot3769 D14cm
估价：RMB 4,500,000-5,000,000
成交价：RMB 5,520,000

海水龙纹火烧玉洗连木座
明 Ming KS 北京匡时
2016-11-28 Lot95 6.5 × 15 × 15cm
估价：HKD 1,800,000-2,000,000
成交价：HKD 2,124,000

白玉瓦子、凤凰、笔洗（一组三件）
清 Qing BP 北京保利
2016-06-08 Lot9095 尺寸不一
估价：RMB 8,000-12,000
成交价：RMB 25,300

青白玉螭龙双耳洗
乾隆 Qianlong KS 北京匡时
2016-06-07 Lot3284 D9.5cm;H5.2cm
估价：RMB 30,000-50,000
成交价：RMB 43,700

白玉海水龙纹洗
清 Qing BP 北京保利
2016-04-27 Lot279 W13cm
估价：RMB 40,000-60,000
成交价：RMB 74,750

青白玉凤凰洗
年代不详 Unknown GD 中国嘉德
2016-06-18 Lot2505 L12.5cm
估价：无底价
成交价：RMB 6,900

白玉螭龙耳棱式洗
清，18 世纪 Qing,18th Century S 苏富比
2016-10-05 Lot64 10.5cm
估价：HKD 200,000-300,000
成交价：HKD 400,000

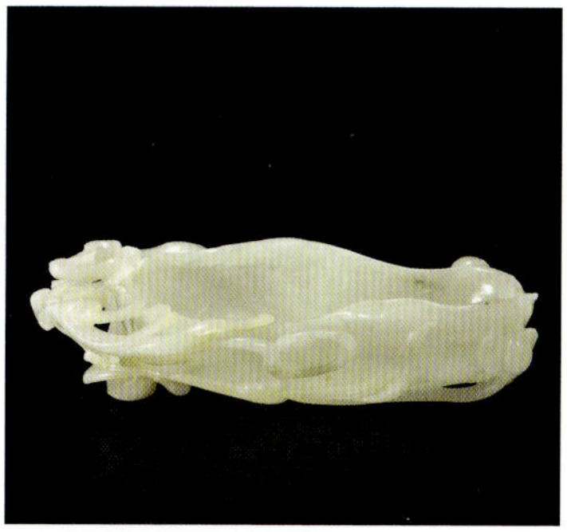

白玉雕螭龙荷叶洗
年代不详 Unknown GD 中国嘉德
2016-11-12 Lot2869 L 13.3cm
估价：RMB 20,000-40,000
成交价：RMB 82,800

黄玉螭龙洗
年代不详 Unknown GD 中国嘉德
2016-09-25 Lot5396 L 10.5cm
估价：无底价
成交价：RMB 10,350

黄玉带皮云龙纹洗
清早期 Early Qing GD 中国嘉德
2016-11-29 Lot1196 W9.5cm
估价：HKD 50,000-80,000
成交价：HKD 73,160

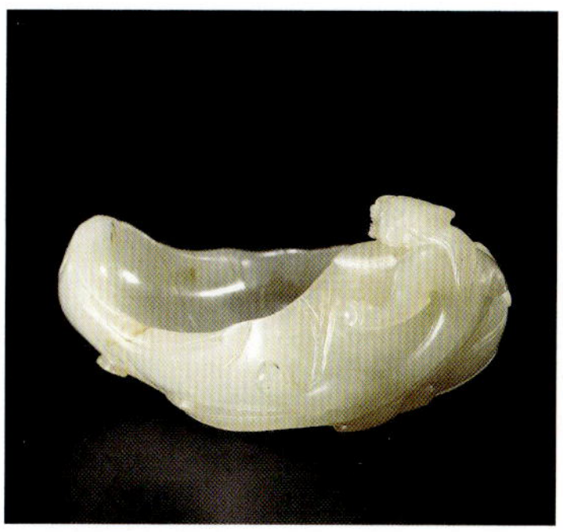

白玉螭龙纹荷叶形笔洗
清 Qing BH 北京翰海
2016-12-04 Lot2525 L6cm
估价：RMB 6,000-12,000
成交价：RMB 17,250

黄玉螭龙海棠洗
清中期 Mid Qing GD 中国嘉德
2016-11-29 Lot1154 W12.4cm
估价：HKD 150,000-250,000
成交价：HKD 354,000

青玉岁岁平安图葵花形兽耳洗
19 世纪 19th Century BO 邦瀚斯
2016-09-12 Lot8044 W 22.9cm
估价：USD 10,000-15,000
成交价：USD 11,250

白玉双螭海棠式洗
清中期 Mid Qing BP 北京保利
2016-11-10 Lot4641 L 12.5cm
估价：RMB 200,000-300,000
成交价：RMB 230,000

白玉留皮夔龙纹御题诗笔洗
清 Qing BP 北京保利
2016-06-08 Lot9272 L10cm
估价：RMB 40,000-60,000
成交价：RMB 46,000

青白玉蝠形洗
20 世纪 20th Century C 佳士得
2016-11-09 Lot532 W 8.8cm
估价：GBP 2,500-3,500
成交价：GBP 5,625

白玉吉庆五福捧寿洗
乾隆 Qianlong BD 北京东正
2016-05-14 Lot330 L13.8cm
估价：RMB 1,500,000-2,000,000
成交价：RMB 1,725,000

白玉御制羊首水洗
乾隆 Qianlong BD 北京东正
2016-11-11 Lot0203B L11.2cm
估价：RMB 4,000,000-5,000,000
成交价：RMB 6,440,000

2016 Chinese Art Auction TOP10 中国玉器拍卖器皿类十大天价排行榜 Top 6

青白玉雕八吉祥双蝠活环耳洗
清，18 世纪 Qing,18th Century S 苏富比
2016-10-05 Lot18 20.2cm
估价：HKD 200,000-300,000
成交价：HKD 250,000

白玉羊首洗
清 Qing BP 北京保利
2016-10-31 Lot239 L 14.5cm
估价：无底价
成交价：RMB 23,000

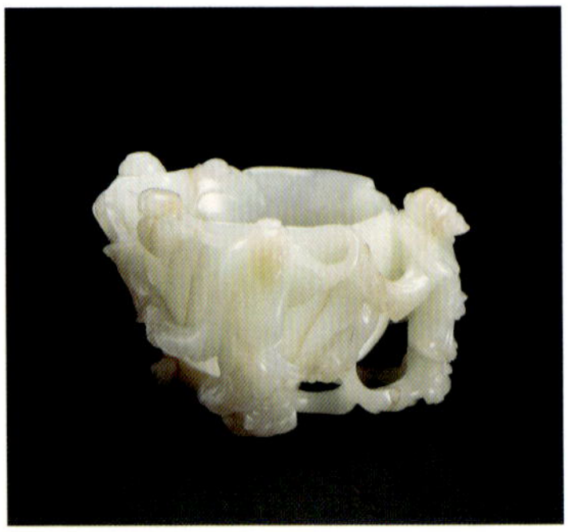

白玉三仙象义洗
明 Ming KS 北京匡时
2016-06-07 Lot3398 H8.3cm
估价：RMB 100,000-200,000
成交价：RMB 172,500

白玉巧雕鸳鸯水洗
清 Qing XLA 西泠印社
2016-04-09 Lot133 L10.5cm
估价：RMB 12,000-20,000
成交价：RMB 17,250

白玉荷叶洗
年代不详 Unknown GD 中国嘉德
2016-09-25 Lot5601 L 16cm
估价：无底价
成交价：RMB 17,250

白玉荷叶洗
清中期 Mid Qing BP 北京保利
2016-04-27 Lot400 L10.5cm
估价：RMB 20,000-30,000
成交价：RMB 25,300

白玉金蟾石榴形洗
清 Qing GD 中国嘉德
2016-11-12 Lot2859 W 10.5cm
估价：RMB 20,000-40,000
成交价：RMB 115,000

白玉荷叶笔洗
清 Qing BP 北京保利
2016-01-16 Lot402 L11cm
估价：无底价
成交价：RMB 6,900

白玉荷花形洗
清 Qing C 佳士得
2016-11-11 Lot699 W 10.8cm
估价：GBP 4,000-6,000
成交价：GBP 5,000

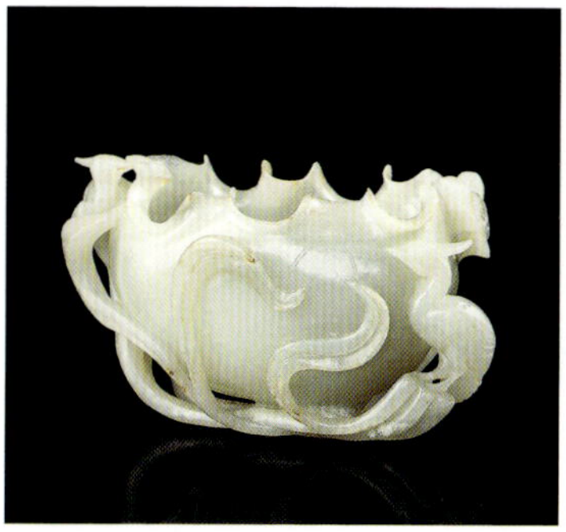

白玉荷叶白鹭水洗
清中期 Mid Qing PLXM 保利厦门
2016-11-06 Lot868 H 12.5cm
估价：无底价
成交价：RMB 6,900

白玉荷叶洗
清 Qing GD 中国嘉德
2016-05-14 Lot3132 W10cm
估价：RMB 40,000-60,000
成交价：RMB 46,000

青白玉砚、糖玉荷叶洗（三件）
年代不详 Unknown GD 中国嘉德
2016-03-28 Lot5492 L14cm;L9.5cm;L5.9cm
估价：无底价
成交价：RMB 5,750

白玉荷塘清趣笔洗
清 Qing BP 北京保利
2016-12-06 Lot5921 L16.5cm
估价：RMB 80,000-120,000
成交价：RMB 207,000

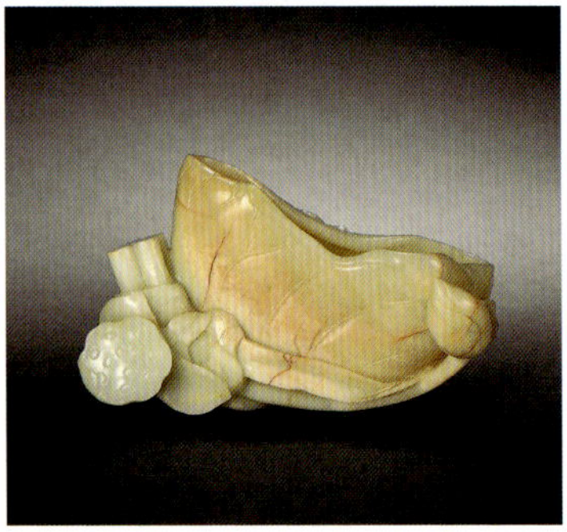

白玉莲花洗
清 Qing BP 北京保利
2016-06-08 Lot9097 L12.5cm
估价：RMB 8,000-12,000
成交价：RMB 28,750

青白玉芙蓉洗
乾隆 Qianlong BSA 北京古天一
2016-12-07 Lot1148 L23.5cm
估价：RMB 220,000-260,000
成交价：RMB 253,000

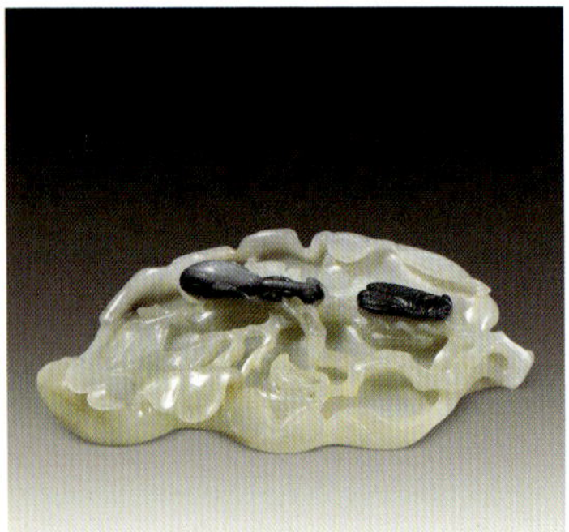

黑白玉俏色荷塘清趣洗
年代不详 Unknown GD 中国嘉德
2016-09-25 Lot5377 L 14.7cm
估价：无底价
成交价：RMB 4,600

青玉荷叶形洗
清，19 世纪 Qing,19 Century C 佳士得
2016-11-09 Lot373 W 13.7cm
估价：GBP 1,000-3,000
成交价：GBP 1,250

青玉雕缠枝花卉纹洗
明 Ming S 苏富比
2016-12-01 Lot94 12.8cm
估价：HKD 40,000-60,000
成交价：HKD 87,500

和田青白玉荷塘清趣笔洗
明 Ming RBZ 荣宝斋（上海）
2016-11-27 Lot824 L9.5cm;W7.5cm;H3.5cm
估价：RMB 80,000-120,000
成交价：RMB 138,000

白玉莲瓣笔洗
乾隆 Qianlong BD 北京东正
2016-05-14 Lot418 L15.5cm;H4.8cm
估价：RMB 200,000-250,000
成交价：RMB 690,000

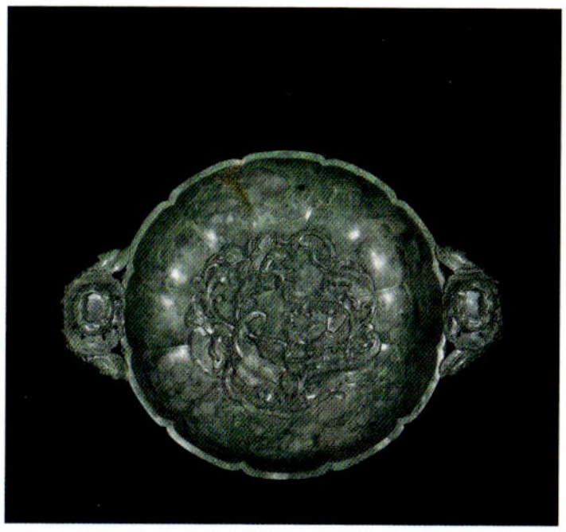

碧玉花卉洗
乾隆 Qianlong GD 中国嘉德
2016-09-25 Lot5283 L 29.5cm
估价：RMB 160,000-260,000
成交价：RMB 184,000

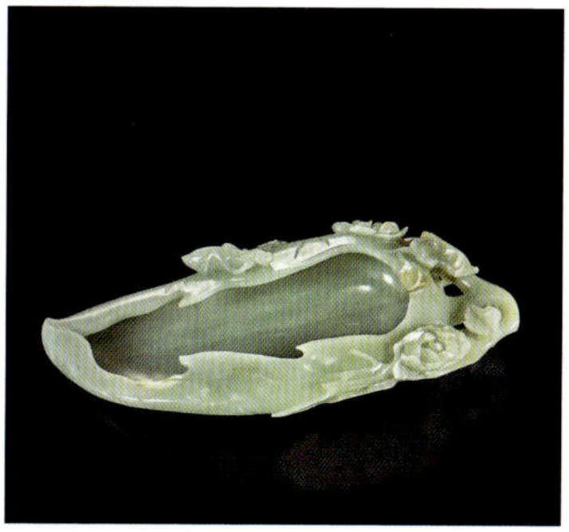

青玉雕叶形洗
清，18 世纪 Qing,18th Century S 苏富比
2016-09-13 Lot202 尺寸不详
估价：USD 15,000-20,000
成交价：USD 22,500

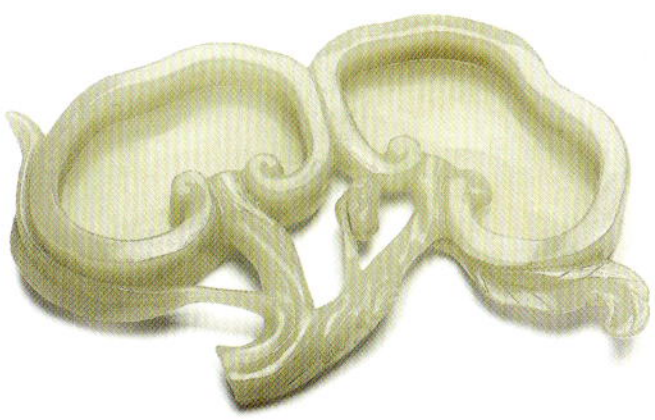

白玉灵芝式双联洗
清，18 世纪 Qing,18th Century S 苏富比
2016-04-06 Lot65 14.5cm
估价：HKD 120,000-180,000
成交价：HKD 525,000

青白玉一叶合欢洗
年代不详 Unknown GD 中国嘉德
2016-09-26 Lot5627 L 9.5cm
估价：无底价
成交价：RMB 2,300

青白玉叶形笔洗
17-18 世纪 17th-18th Century C 佳士得
2016-09-16 Lot1269 L 12.8cm
估价：USD 10,000-15,000
成交价：USD 10,000

黄玉雕灵芝纹洗
明晚期 - 清，18 世纪 Late Ming-Qing,18th Century C 佳士得
2016-03-17 Lot951 尺寸不详
估价：USD 80,000-120,000
成交价：USD 125,000

青玉雕灵芝形洗
清，18 世纪 Qing,18th Century S 苏富比
2016-03-16 Lot384 尺寸不详
估价：USD 40,000-60,000
成交价：USD 47,500

白玉海棠式洗
清，18 世纪 Qing,18th Century C 佳士得
2016-04-05 Lot44 L 9.5cm
估价：HKD 20,000-30,000
成交价：HKD 27,500

青白玉灵芝纹水洗
乾隆 Qianlong BD 北京东正
2016-11-11 Lot121 D17.2cm
估价：RMB 150,000-180,000
成交价：RMB 195,500

青白玉梅花洗
清中期 Mid Qing BP 北京保利
2016-11-10 Lot4642 W 11.5cm
估价：RMB 120,000-180,000
成交价：RMB 138,000

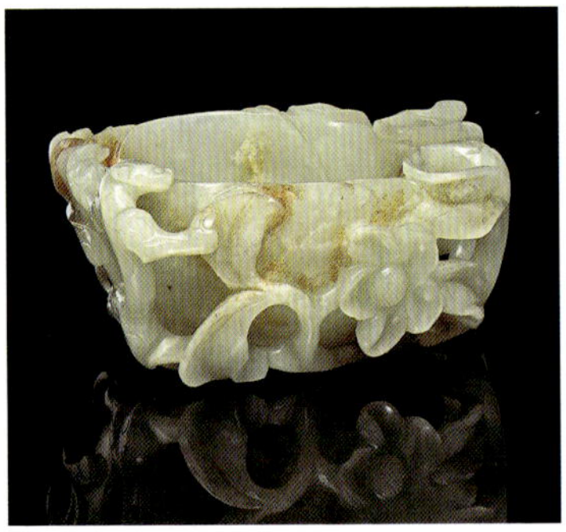

青玉带皮雕木兰花纹洗
17 世纪 17th Century BO 邦瀚斯
2016-11-07 Lot598 W 13.5cm
估价：GBP 2,000-3,000
成交价：GBP 2,500

黄玉花口洗
清 Qing BP 北京保利
2016-10-31 Lot232 L 16.2cm
估价：无底价
成交价：RMB 32,200

黄玉菱花洗
20 世纪 20th Century GD 中国嘉德
2016-11-29 Lot1155 H9cm
估价：HKD 50,000-80,000
成交价：HKD 306,800

白玉雕枇杷缠枝牡丹纹洗
乾隆 Qianlong BD 北京东正
2016-11-11 Lot122 D18cm
估价：RMB 2,800,000-3,000,000
成交价：RMB 3,220,000

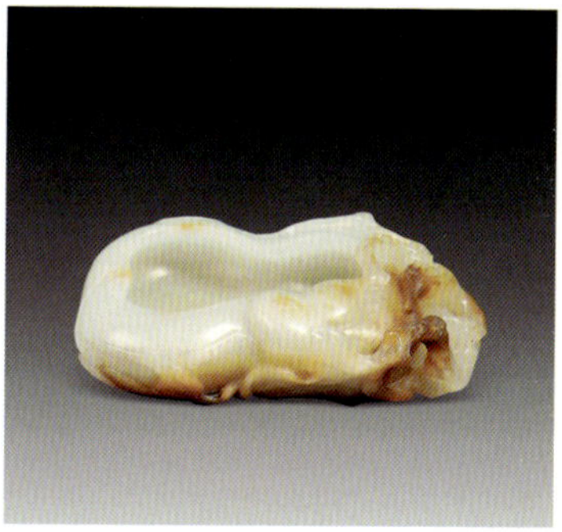

青白玉沁色葫芦洗
年代不详 Unknown GD 中国嘉德
2016-03-28 Lot5380 L7cm
估价：无底价
成交价：RMB 1,150

白玉桃形洗
乾隆 Qianlong BP 北京保利
2016-04-28 Lot1294 W12.5cm
估价：RMB 60,000-80,000
成交价：RMB 97,750

白玉葫芦洗
清 Qing BP 北京保利
2016-04-27 Lot268 L12cm
估价：RMB 20,000-30,000
成交价：RMB 63,250

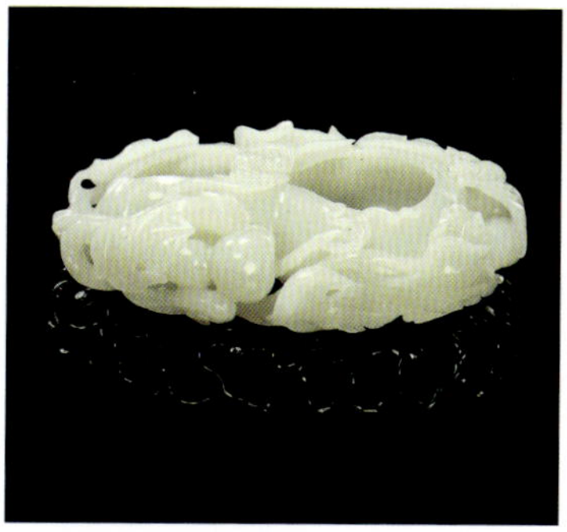

白玉葫芦形水洗
近代 Morden GD 中国嘉德
2016-11-12 Lot2928 L 13.5cm
估价：RMB 50,000-80,000
成交价：RMB 57,500

白玉桃形洗
清 Qing BP 北京保利
2016-10-31 Lot231 H 12cm
估价：无底价
成交价：RMB 23,000

黄玉桃纹洗
清 Qing BP 北京保利
2016-11-10 Lot4646 L 8cm
估价：RMB 50,000-80,000
成交价：RMB 57,500

旧玉雕福寿桃形洗
清中期 Mid Qing BP 北京保利
2016-06-08 Lot9274 L17cm
估价：RMB 20,000-50,000
成交价：RMB 32,200

白玉福禄万代洗
年代不详 Unknown GD 中国嘉德
2016-06-18 Lot2500 L16.5cm
估价：无底价
成交价：RMB 17,250

黄玉雕桃形洗
清 Qing BP 北京保利
2016-10-31 Lot244 L 11.5cm
估价：无底价
成交价：RMB 13,800

白玉福寿水洗
清中期 Mid Qing BP 北京保利
2016-11-10 Lot4644 L 14cm
估价：RMB 40,000-80,000
成交价：RMB 46,000

白玉俏色福寿桃形洗
乾隆 Qianlong BP 北京保利
2016-12-06 Lot5876 W11cm
估价：RMB 1,200,000-2,200,000
成交价：RMB 1,840,000

白玉莲耳活环莲瓣八吉祥洗

乾隆 Qianlong BD 北京东正
2016-11-11 Lot158 D14.5cm
估价：RMB 2,000,000-3,000,000
成交价：RMB 2,300,000

白玉年年有鱼福寿洗

乾隆 Qianlong BP 北京保利
2016-12-06 Lot5920 W20cm
估价：RMB 1,600,000-2,600,000
成交价：RMB 1,840,000

白玉八宝纹水洗

乾隆 Qianlong KS 北京匡时
2016-12-06 Lot3082 D14.5cm
估价：RMB 1,300,000-1,500,000
成交价：RMB 1,725,000

御制白玉八吉祥洗

乾隆 Qianlong BP 北京保利
2016-12-06 Lot5880 D12.6cm
估价：RMB 1,600,000-2,600,000
成交价：RMB 2,645,000

青白玉雕梅树桩式洗
乾隆 Qianlong S 苏富比
2016-04-06 Lot63 23.2cm
估价：HKD 1,200,000-1,800,000
成交价：HKD 3,680,000

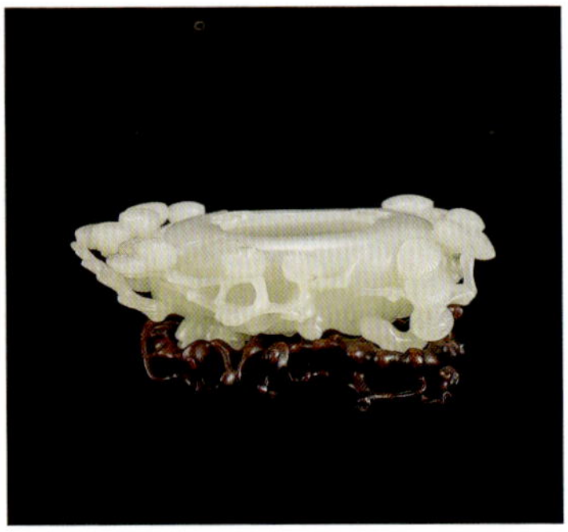

松干玉水洗
年代不详 Unknown HC 北京华辰
2016-11-16 Lot1248 L14.5cm
估价：RMB 600,000-800,000
成交价：RMB 690,000

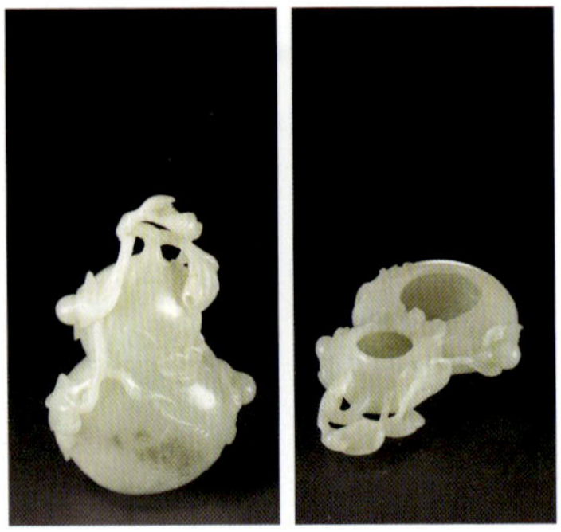

白玉瓜瓞绵绵洗
清，18-19 世纪 Qing,18th-19th Century C 佳士得
2016-03-17 Lot1673 W10.7cm
估价：USD 5,000-7,000
成交价：USD 6,875

玉雕福寿万年图洗
乾隆 Qianlong BC 北京诚轩
2016-11-12 Lot933 D 13.5cm
估价：RMB 40,000-50,000
成交价：RMB 195,500

白玉洒金海水云龙纹水呈
清 Qing BH 北京翰海
2016-12-04 Lot2527 L10.5cm
估价：RMB 15,000-30,000
成交价：RMB 23,000

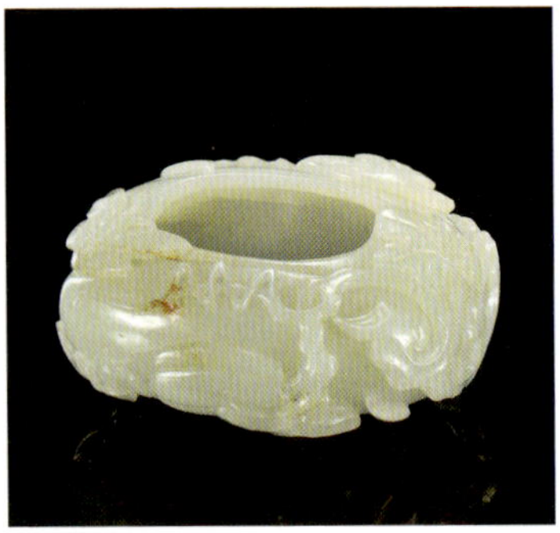

白玉瓜瓞绵绵洗
乾隆 Qianlong GD 中国嘉德
2016-11-12 Lot2853 L 9.5cm
估价：RMB 20,000-40,000
成交价：RMB 230,000

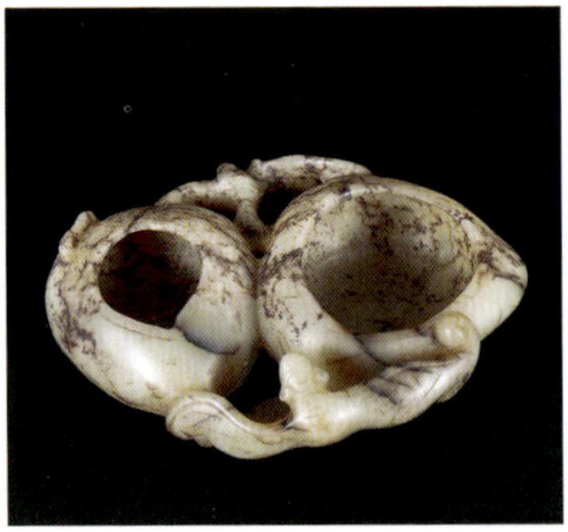

福寿笔洗
明 Ming JH 上海嘉禾
2016-03-18 Lot143 L13.2cm
估价：RMB 35,000-35,000
成交价：RMB 40,250

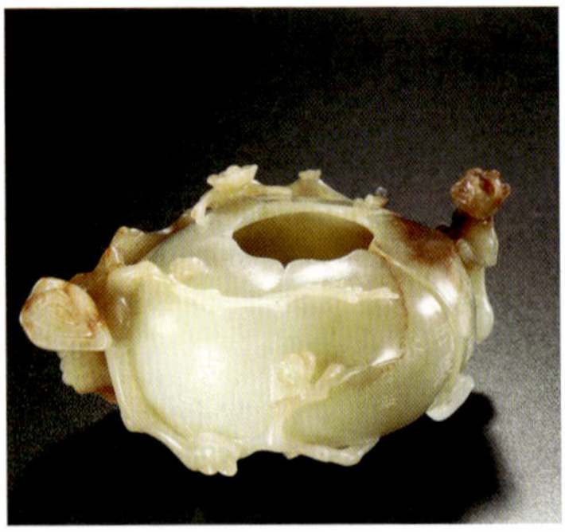

白玉洒金梅花螭龙纹水呈
清中期 Mid Qing BH 北京翰海
2016-12-04 Lot2528 L11.5cm
估价：RMB 55,000-70,000
成交价：RMB 69,000

白玉五蝠捧寿水呈
道光 Daoguang BH 北京翰海
2016-06-05 Lot2633 D7.7cm
估价：RMB 25,000-35,000
成交价：RMB 34,500

白玉卧羊水呈
清中期 Mid Qing BH 北京翰海
2016-12-04 Lot2406 L5.8cm
估价：RMB 10,000-15,000
成交价：RMB 16,100

青白玉云龙纹水丞
年代不详 Unknown GD 中国嘉德
2016-06-18 Lot2558 L10.4cm
估价：无底价
成交价：RMB 6,900

白玉留皮花卉纹水呈
乾隆 Qianlong C 佳士得
2016-05-10 Lot51 L 17.5cm
估价：GBP 10,000-15,000
成交价：GBP 110,500

青白玉海水云龙方水丞
清早期 Early Qing BP 北京保利
2016-12-06 Lot5883 L11.5cm
估价：RMB 400,000-600,000
成交价：RMB 460,000

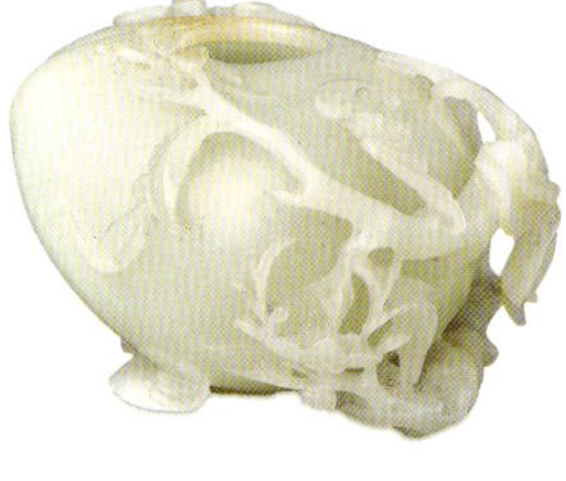

白玉雕福寿水丞
清中期 Mid Qing PLHK 保利香港
2016-11-29 Lot1080 H6cm;W10cm
估价：HKD 20,000-40,000
成交价：HKD 59,000

碧玉福寿纹水丞
清中期 Mid Qing TH 北京传是
2016-06-04 Lot88 L10cm
估价：RMB 40,000-60,000
成交价：RMB 58,650

碧玉荷塘鲤鱼水丞
清，19 世纪 Qing,19 Century C 佳士得
2016-11-11 Lot799 W 7.7cm
估价：GBP 1,000-3,000
成交价：GBP 1,875

青白玉喜鹊登梅水丞
年代不详 Unknown GD 中国嘉德
2016-09-25 Lot5582 L 9.3cm
估价：无底价
成交价：RMB 6,900

白玉巧作童子鱼篓水丞
年代不详 Unknown BP 北京保利
2016-10-31 Lot1664 L 10cm
估价：无底价
成交价：RMB 9,200

青玉婴戏图水丞
年代不详 Unknown GD 中国嘉德
2016-09-26 Lot5621 L 10cm
估价：无底价
成交价：RMB 6,900

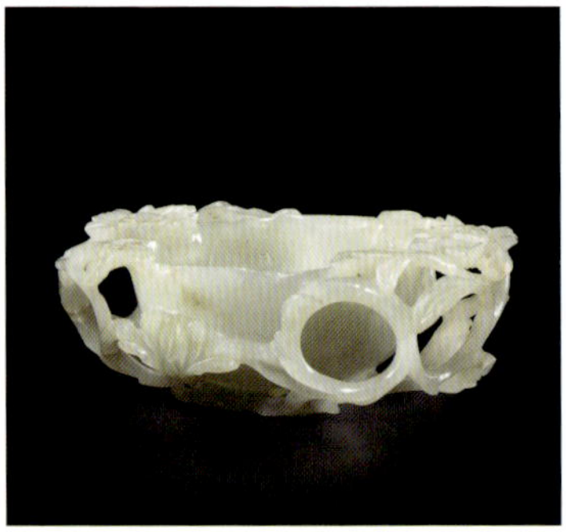

青白玉镂雕花形水丞
17 世纪 17th Century BO 邦瀚斯
2016-09-12 Lot8021 W 12cm
估价：USD 2,000-3,000
成交价：USD 750

白玉凤鸟式水丞
明晚期 - 清，18 世纪 Late Ming-Qing,18th Century C 佳士得
2016-03-17 Lot958 尺寸不详
估价：USD 40,000-60,000
成交价：USD 47,500

白玉喜鹊登梅水丞
清 Qing GD 中国嘉德
2016-09-26 Lot5616 L 6.5cm
估价：无底价
成交价：RMB 4,600

白玉梅花水丞
年代不详 Unknown GD 中国嘉德
2016-03-28 Lot5145 D7cm
估价：无底价
成交价：RMB 5,750

褐白玉雕牡丹式水丞
清，18 世纪 Qing,18th Century C 佳士得
2016-03-17 Lot1668 W8.2cm
估价：USD 12,000-18,000
成交价：USD 13,750

白玉大吉葫芦水丞
年代不详 Unknown GD 中国嘉德
2016-03-28 Lot5361 L11cm
估价：无底价
成交价：RMB 3,450

黄玉鹅式水盂
明或更早 Ming or Before S 苏富比
2016-10-05 Lot84 11.3cm
估价：HKD 200,000-300,000
成交价：HKD 1,187,500

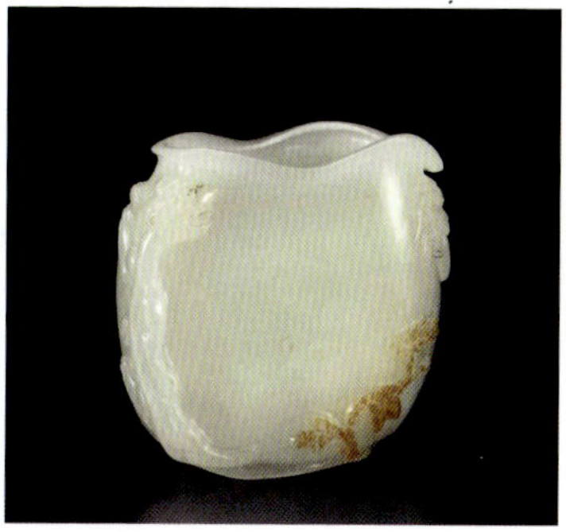

白玉包袱形水丞
清，18 世纪 Qing,18th Century C 佳士得
2016-09-16 Lot1276 H 5.4cm
估价：USD 15,000-20,000
成交价：USD 21,250

青白玉铺首水丞
清 Qing GD 中国嘉德
2016-09-25 Lot5416 D 8cm
估价：RMB 10,000-20,000
成交价：RMB 11,500

白玉螭龙水盂
乾隆 Qianlong BP 北京保利
2016-11-10 Lot4645 L 8cm
估价：RMB 35,000-65,000
成交价：RMB 40,250

白玉螭龙水盂
乾隆 Qianlong GD 中国嘉德
2016-11-29 Lot1151 D6cm
估价：HKD 20,000-30,000
成交价：HKD 23,600

黄玉三阳开泰水盂
乾隆 Qianlong GD 中国嘉德
2016-11-29 Lot1153 W8.3cm
估价：HKD 90,000-150,000
成交价：HKD 731,600

白玉莲蓬水盂
清中期 Mid Qing BSA 北京古天一
2016-12-07 Lot1106 H4.5cm;L11.5cm
估价：RMB 120,000-150,000
成交价：RMB 172,500

白玉松鼠水盂
清中期 Mid Qing BP 北京保利
2016-11-10 Lot4643 L 6.5cm
估价：RMB 80,000-150,000
成交价：RMB 92,000

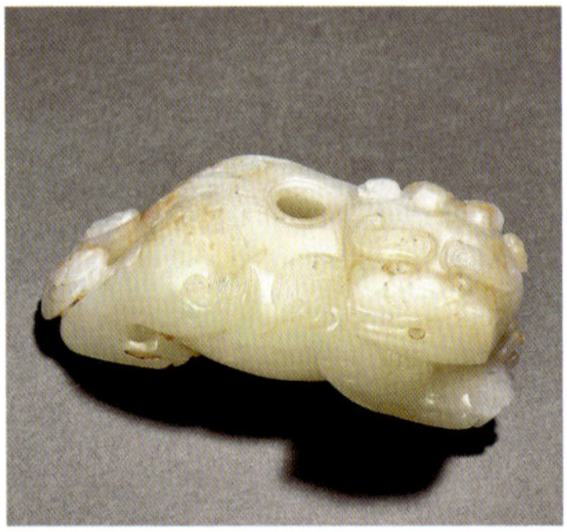

青白玉瑞兽水滴
民国 Republic Period BP 北京保利
2016-12-07 Lot6849 L8.5cm
估价：RMB 2,000-5,000
成交价：RMB 5,750

白玉云雷纹水盂
清 Qing BP 北京保利
2016-04-27 Lot404 L5.5cm
估价：RMB 5,000-8,000
成交价：RMB 9,200

青白玉金蟾水盂
乾隆 Qianlong BP 北京保利
2016-11-10 Lot4647 L 10.5cm
估价：RMB 30,000-50,000
成交价：RMB 34,500

白玉雕灵芝茶壶双联小水盂
民国 Republic Period BP 北京保利
2016-12-07 Lot6852 L6.5cm
估价：RMB 40,000-60,000
成交价：RMB 86,250

白玉水盂
清 Qing BP 北京保利
2016-04-27 Lot267 H5.5cm
估价：RMB 10,000-20,000
成交价：RMB 13,800

鸡骨玉雕仿古凤式水滴
清 Qing S 苏富比
2016-03-19 Lot1379 尺寸不详
估价：USD 3,000-5,000
成交价：USD 4,750

白玉山水人物纹笔筒
年代不详 Unknown GD 中国嘉德
2016-03-28 Lot5400 H14.8cm
估价：无底价
成交价：RMB 25,300

碧玉雕高仕赏游图笔筒连白玉座
乾隆 Qianlong S 苏富比
2016-10-05 Lot16 13.6cm
估价：HKD 400,000-500,000
成交价：HKD 1,375,000

笔筒、香筒、花插
Brush Pot & Incense Tube & Flowerpot

青玉听琴图笔筒
年代不详 Unknown GD 中国嘉德
2016-03-28 Lot5399 H14.3cm
估价：无底价
成交价：RMB 25,300

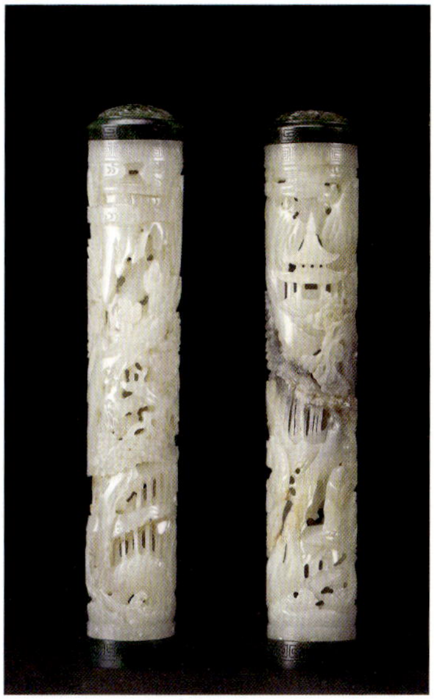

白玉会昌九老图香筒（一对）
乾隆 Qianlong BD 北京东正
2016-11-11 Lot196 H22cm × 2
估价：RMB 500,000-700,000
成交价：RMB 575,000

青白玉雕松下高士图笔筒
清 Qing PLHK 保利香港
2016-10-04 Lot3152 H 15cm
估价：HKD 350,000-450,000
成交价：HKD 802,400

青白玉留皮围猎图笔筒
清，18-19 世纪 Qing,18th-19th Century C 佳士得
2016-09-16 Lot1272 H 15.2cm
估价：USD 60,000-80,000
成交价：USD 425,000

白玉山水人物四方笔筒
民国 Repulic Period GD 中国嘉德
2016-05-14 Lot3179 H12cm
估价：RMB 60,000-80,000
成交价：RMB 69,000

白玉嵌百宝山水人物纹小笔筒
年代不详 Unknown GD 中国嘉德
2016-03-28 Lot5176 H10.3cm
估价：无底价
成交价：RMB 3,450

碧玉山水人物图笔筒
19 世纪 19th Century C 佳士得
2016-05-11 Lot114 H 14.4cm
估价：GBP 3,000-5,000
成交价：GBP 30,000

白玉雕山水笔筒
民国 Repulic Period BH 北京翰海
2016-04-17 Lot1264 H12cm
估价：RMB 1,000-1,000
成交价：RMB 13,800

碧玉云龙纹笔筒
年代不详 Unknown GD 中国嘉德
2016-03-28 Lot5479 H18cm
估价：无底价
成交价：RMB 6,900

青白玉螭龙纹笔筒
明 Ming KS 北京匡时
2016-06-07 Lot3395 D7.5cm;H7.8cm
估价：RMB 10,000-20,000
成交价：RMB 11,500

青玉巧雕松鹿笔筒
民国 Repulic Period BP 北京保利
2016-04-28 Lot1684 H13cm
估价：RMB 28,000-40,000
成交价：RMB 32,200

白玉留皮随形灵芝纹笔筒
18 世纪 18th Century C 佳士得
2016-05-10 Lot53 H 10.5cm
估价：GBP 20,000-30,000
成交价：GBP 116,500

玉雕三色笔筒
清 Qing BP 北京保利
2016-06-08 Lot9089 H11cm;D10cm
估价：RMB 15,000-25,000
成交价：RMB 86,250

碧玉阴刻填金诗文笔筒
年代不详 Unknown GD 中国嘉德
2016-06-18 Lot2591 H16.3cm
估价：无底价
成交价：RMB 13,800

碧玉花卉纹笔筒
乾隆 Qianlong C 佳士得
2016-05-10 Lot30 H 14cm
估价：GBP 60,000-80,000
成交价：GBP 80,500

黄玉笔筒
清 Qing BP 北京保利
2016-04-27 Lot264 H9cm
估价：RMB 10,000-20,000
成交价：RMB 36,800

碧玉楼阁山水图笔筒
清，18 世纪 Qing,18th Century S 苏富比
2016-05-11 Lot100 12cm
估价：GBP 20,000-30,000
成交价：GBP 43,750

碧玉笔筒
年代不详 Unknown GD 中国嘉德
2016-09-25 Lot5545 H 16cm
估价：无底价
成交价：RMB 11,500

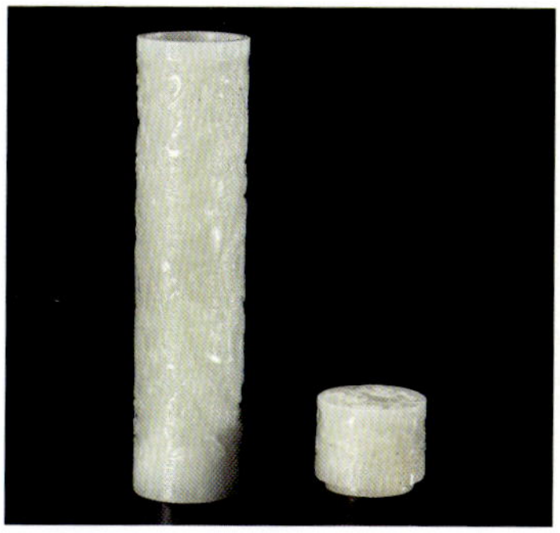

白玉海水龙纹香筒
乾隆 Qianlong BH 北京翰海
2016-06-05 Lot2683 H15cm
估价：RMB 70,000-90,000
成交价：RMB 92,000

青白玉雕螭龙香筒
清 Qing BP 北京保利
2016-06-08 Lot9133 H14.9cm
估价：RMB 40,000-60,000
成交价：RMB 97,750

碧玉山水人物香筒（一对）
年代不详 Unknown BP 北京保利
2016-04-28 Lot1698 H25cm
估价：无底价
成交价：RMB 11,500

白玉嵌宝石信筒
清 Qing BP 北京保利
2016-06-08 Lot9276 L19cm
估价：RMB 40,000-60,000
成交价：RMB 46,000

青白玉童子击鼓小花插
清 Qing GD 中国嘉德
2016-03-28 Lot5274 L7.5cm
估价：无底价
成交价：RMB 9,200

碧玉山水人物纹大香筒
年代不详 Unknown GD 中国嘉德
2016-03-28 Lot5488 H56.5cm
估价：无底价
成交价：RMB 17,250

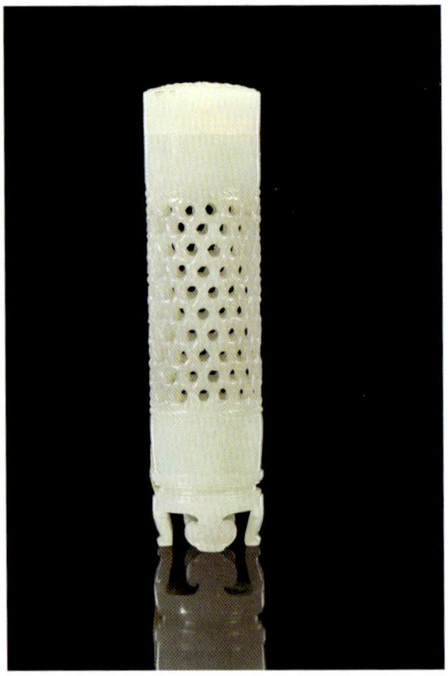

白玉镂空绳纹香筒
清中期 Mid Qing GD 中国嘉德
2016-11-12 Lot2852 H 12.1cm
估价：RMB 25,000-40,000
成交价：RMB 46,000

白玉凤纹双联花插
年代不详 Unknown GD 中国嘉德
2016-06-18 Lot2511 L19cm
估价：无底价
成交价：RMB 9,200

白玉螭龙纹花插
清中期 Mid Qing BH 北京翰海
2016-06-05 Lot2682 H10cm
估价：RMB 10,000-20,000
成交价：RMB 28,750

白玉鱼化龙花插
年代不详 Unknown GD 中国嘉德
2016-06-18 Lot2509 H16.5cm
估价：无底价
成交价：RMB 20,700

白玉兽面纹双联花插
年代不详 Unknown GD 中国嘉德
2016-03-28 Lot5124 H9.4cm
估价：无底价
成交价：RMB 11,500

青白玉雕佛手花插
清，18 世纪 Qing,18th Century C 佳士得
2016-06-01 Lot3267 H16.5cm
估价：HKD 200,000-300,000
成交价：HKD 250,000

白玉佛手花插
年代不详 Unknown GD 中国嘉德
2016-03-28 Lot5128 H13cm
估价：无底价
成交价：RMB 6,900

黄玉琮式花插
明 Ming Z 北京中汉
2016-05-15 Lot182 H14.2cm
估价：RMB 120,000-150,000
成交价：RMB 138,000

白玉玉兰花插
清中期 Mid Qing KS 北京匡时
2016-06-07 Lot3279 H24.5cm
估价：RMB 100,000-150,000
成交价：RMB 115,000

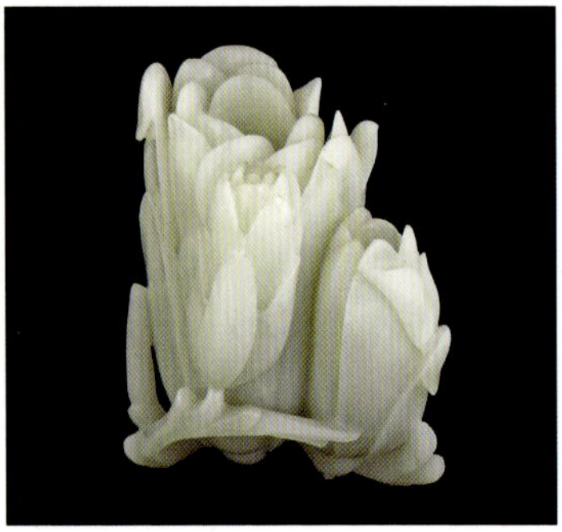

嘉庆 白玉玉兰花花插
乾隆 Qianlong BO 邦瀚斯
2016-11-10 Lot74 H 11.4cm
估价：GBP 2,000-3,000
成交价：GBP 5,000

青玉玉兰花插
年代不详 Unknown GD 中国嘉德
2016-09-26 Lot5620 H 18cm
估价：无底价
成交价：RMB 6,900

褐斑青白玉雕荷叶形花插
明末清初 Late Ming and Early Qing S 苏富比
2016-12-01 Lot17 9cm
估价：HKD 30,000-50,000
成交价：HKD 37,500

黄玉雕玉兰花插
乾隆 Qianlong GD 中国嘉德
2016-11-12 Lot2637 H 11cm
估价：RMB 900,000-1,200,000
成交价：RMB 1,035,000

青白玉仙鹤荷花花插
清，18-19 世纪 Qing,18th-19th Century C 佳士得
2016-11-11 Lot605 H 15.2cm
估价：GBP 2,000-4,000
成交价：GBP 813

白玉花插
年代不详 Unknown GD 中国嘉德
2016-06-18 Lot2934 H6.3cm
估价：无底价
成交价：RMB 8,050

碧玉桃树桩式花插
清，18 世纪 Qing,18th Century S 苏富比
2016-10-05 Lot22 11.7cm
估价：HKD 200,000-300,000
成交价：HKD 400,000

白玉螭龙纹香插
清 Qing BP 北京保利
2016-01-16 Lot397 H8cm
估价：无底价
成交价：RMB 1,150

青白玉兽面纹香插
年代不详 Unknown GD 中国嘉德
2016-06-18 Lot2498 H17.5cm
估价：无底价
成交价：RMB 6,900

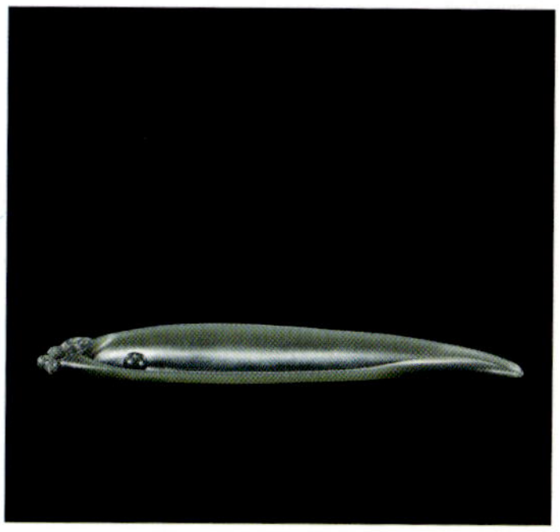

瞿利军 碧玉竹叶香插
当代 Contemporary GD 中国嘉德
2016-05-14 Lot3280 10.8 × 2.4 × 0.6cm
估价：无底价
成交价：RMB 5,750

瞿利军 青白玉荷叶形香插
年代不详 Unknown GD 中国嘉德
2016-11-13 Lot3284 6.7 × 6.7 × 1.5cm
估价：无底价
成交价：RMB 9,200

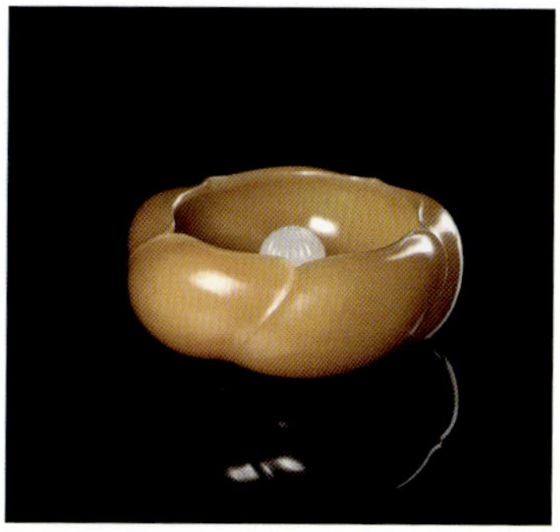

王金高 糖玉香插
年代不详 Unknown BP 北京保利
2016-06-05 Lot6147 D 5.5cm
估价：无底价
成交价：RMB 6,900

盒 Box

嵌白玉松下童子盖盒
清 Qing GD 中国嘉德
2016-05-14 Lot3167 L11cm
估价：无底价
成交价：RMB 8,050

紫檀嵌白玉童子盖盒
清中期 Mid Qing GD 中国嘉德
2016-05-14 Lot3162 L10.5cm
估价：RMB 100,000-200,000
成交价：RMB 115,000

白玉龙纹八棱盖盒
乾隆 Qianlong BH 北京翰海
2016-12-04 Lot2532 L7.2cm
估价：RMB 70,000-90,000
成交价：RMB 92,000

白玉四芦雁盖盒
18 世纪 18th Century BD 北京东正
2016-05-14 Lot329 L17cm
估价：RMB 2,000,000-2,800,000
成交价：RMB 2,875,000

白玉拐子龙纹盖盒
清，18-19 世纪 Qing,18th-19th Century C 佳士得
2016-09-16 Lot1292 D 5.7cm
估价：USD 20,000-30,000
成交价：USD 25,000

白玉雕螭龙纹盖盒
年代不详 Unknown XLA 西泠印社
2016-04-09 Lot130 H1.5cm;L9.5cm;W6cm
估价：RMB 8,000-12,000
成交价：RMB 9,200

白玉饕餮纹盖盒
18 世纪 18th Century BO 邦瀚斯
2016-09-12 Lot8029 L 7cm
估价：USD 1,000-1,500
成交价：USD 1,000

玉雕熊纹盖盒
明早期 Early Ming BC 北京诚轩
2016-11-12 Lot929 D 5cm
估价：RMB 8,000-12,000
成交价：RMB 43,700

晚青白玉鸟形盖盒
清晚期 Late Qing BO 邦瀚斯
2016-09-12 Lot8039 L 15.4cm
估价：USD 40,000-60,000
成交价：USD 305,000

白玉雕鹌鹑形盖盒（一对）
清，18-19 世纪 Qing,18th-19th Century S 苏富比
2016-12-01 Lot240 6.6cm;6.4cm
估价：HKD 40,000-60,000
成交价：HKD 50,000

白玉雕秋菊瑞鸟盖盒
清，18 世纪 Qing,18th Century S 苏富比
2016-10-05 Lot12 15cm
估价：HKD 400,000-600,000
成交价：HKD 500,000

碧玉雕鸳鸯形盖盒
乾隆 Qianlong KS 北京匡时
2016-06-07 Lot3323 5.5 × 8.5 × 5cm
估价：RMB 360,000-400,000
成交价：RMB 414,000

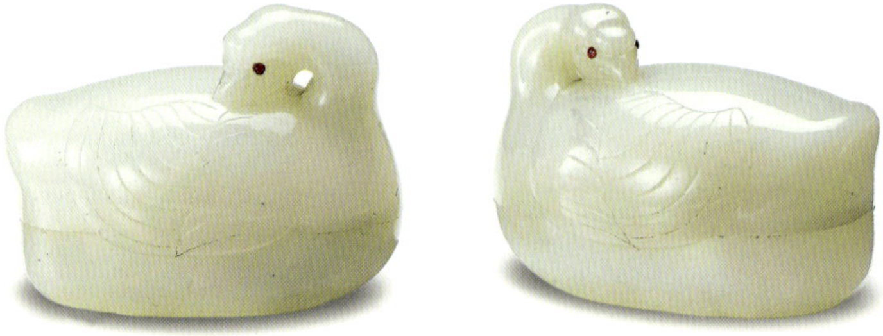

白玉雕鹅形盖盒（一对）
乾隆 Qianlong KS 北京匡时
2016-06-07 Lot3773 8×5.5×6cm×2
估价：RMB 1,000,000-1,200,000
成交价：RMB 1,150,000

碧玉镂雕缠枝牡丹纹盖盒
清，18 世纪 Qing,18th Century S 苏富比
2016-12-01 Lot13 10.7cm
估价：HKD 80,000-120,000
成交价：HKD 225,000

白玉雕花蝶纹盖盒
乾隆 Qianlong BD 北京东正
2016-11-11 Lot118 D6cm
估价：RMB 150,000-180,000
成交价：RMB 218,500

嵌白玉福禄寿盖盒
清 Qing GD 中国嘉德
2016-05-14 Lot3148 W14.5cm
估价：无底价
成交价：RMB 6,900

白玉荔枝纹圆盖盒
清，17-18 世纪 Qing,17th-18th Century C 佳士得
2016-11-30 Lot3446 D7cm
估价：HKD 300,000-500,000
成交价：HKD 625,000

御制无量寿佛赞玉盖盒
乾隆 Qianlong KS 北京匡时
2016-12-05 Lot2535 9.8×6.2×3.7cm
估价：RMB 200,000-300,000
成交价：RMB 253,000

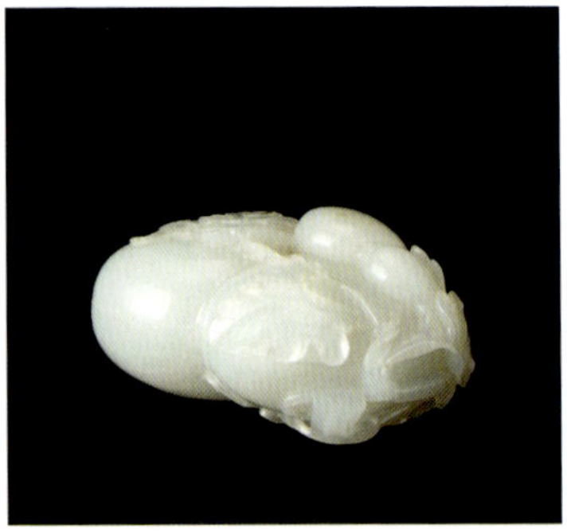

白玉葫芦小盖盒
乾隆 Qianlong KS 北京匡时
2016-06-07 Lot3275 9×6.2×4cm
估价：RMB 100,000-150,000
成交价：RMB 184,000

白玉瓜瓞绵绵盖盒
清，18-19 世纪 Qing,18th-19th Century C 佳士得
2016-11-11 Lot604 W 7.4cm
估价：GBP 1,200-1,800
成交价：GBP 5,000

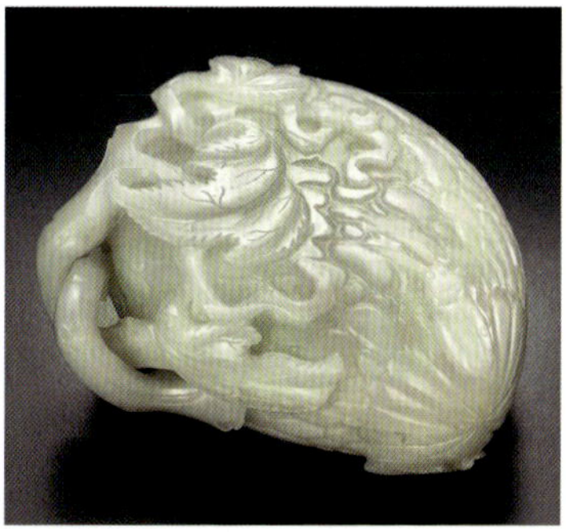

癞瓜形盖盒

清，18-19 世纪 Qing,18th-19th Century C 佳士得
2016-09-16 Lot1279 W 9cm
估价：USD 15,000-20,000
成交价：USD 16,250

灰青玉福寿双全相连盖盒

清，18 至 19 世纪初 Qing,18th-Early 19th Century S 苏富比
2016-06-02 Lot84 12.5cm
估价：HKD 400,000-500,000
成交价：HKD 175,000

黄玉如意纹长方盖盒

清 Qing S 苏富比
2016-06-02 Lot931 10.5cm
估价：HKD 40,000-60,000
成交价：HKD 175,000

白玉桃形福寿盖盒

乾隆 Qianlong BD 北京东正
2016-11-11 Lot177 D7cm
估价：RMB 120,000-200,000
成交价：RMB 241,500

白玉雕福寿双全桃式盖盒

清，18-19 世纪 Qing,18th-19th Century S 苏富比
2016-12-01 Lot3 6.3cm
估价：HKD 30,000-50,000
成交价：HKD 437,500

玉扳指三枚配填漆盖盒

乾隆 Qianlong S 苏富比
2016-04-06 Lot3023 2.8cm、2.7cm、3cm
估价：HKD 2,000,000-3,000,000
成交价：HKD 2,480,000

白玉方形仿古纹盖盒
乾隆 Qianlong BD 北京东正
2016-11-11 Lot178 6.8 × 5 × 5cm
估价：RMB 200,000-300,000
成交价：RMB 345,000

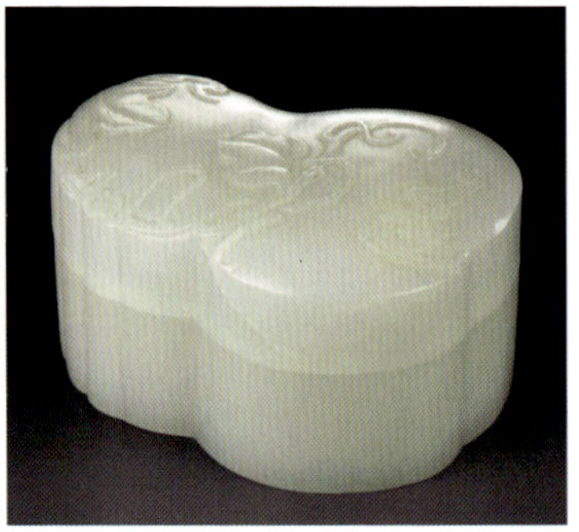

白玉瓜式盖盒
清，18 世纪 Qing,18th Century C 佳士得
2016-03-17 Lot1670 W8.3cm
估价：USD 15,000-20,000
成交价：USD 18,750

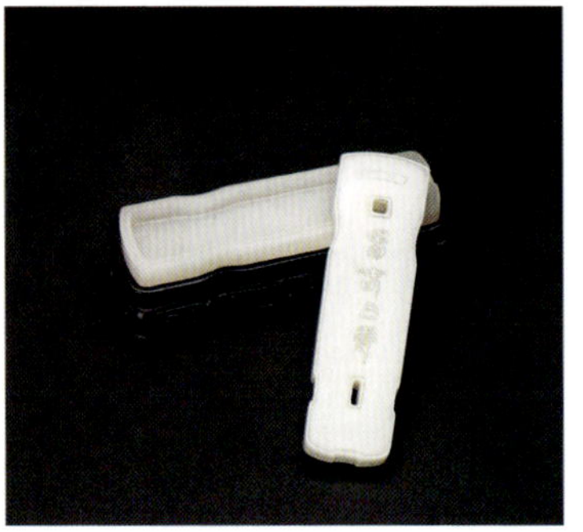

“子冈”款琴式香盒
乾隆 Qianlong KS 北京匡时
2016-12-05 Lot2570 L8.3cm
估价：RMB 100,000-150,000
成交价：RMB 207,000

白玉四棱小盖盒
清中期 Mid Qing GD 中国嘉德
2016-11-12 Lot2849 L 5.3cm
估价：RMB 20,000-40,000
成交价：RMB 78,200

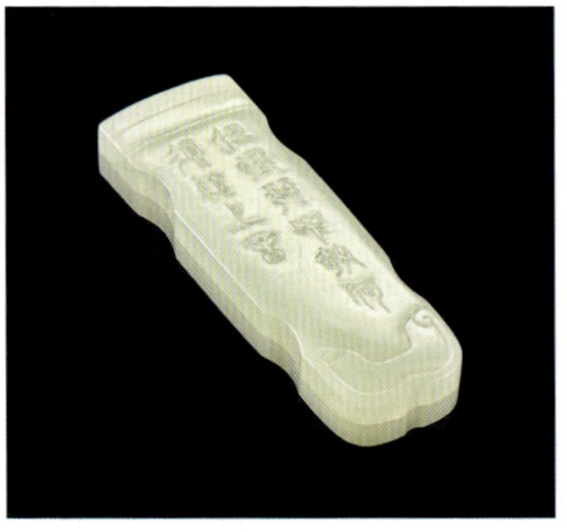

白玉雕古琴形盖盒
清，18-19 世纪 Qing,18th-19th Century S 苏富比
2016-03-15 Lot122 尺寸不详
估价：USD 6,000-8,000
成交价：USD 22,500

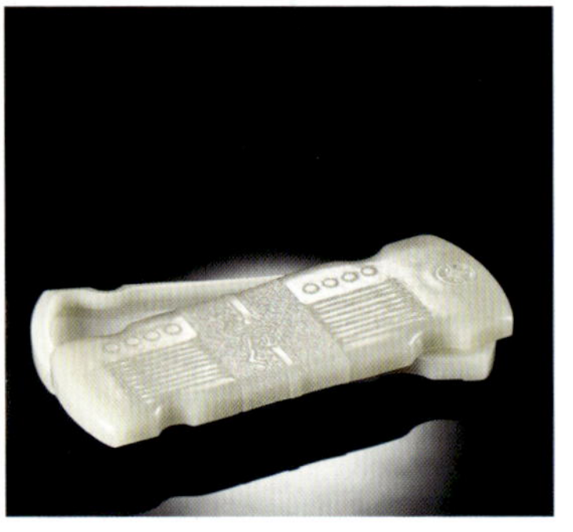

白玉琴式盒
乾隆 Qianlong BH 北京翰海
2016-12-04 Lot2515 L14.7cm
估价：RMB 55,000-70,000
成交价：RMB 69,000

碧玉雕几何纹四方圆角盖盒
清，18-19 世纪 Qing,18th-19th Century S 苏富比
2016-09-17 Lot1091 尺寸不详
估价：USD 2,000-3,000
成交价：USD 1,250

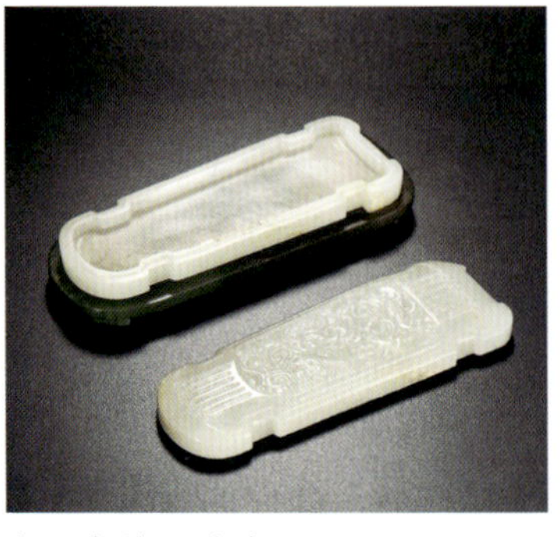

白玉龙纹琴式盒
清中期 Mid Qing BH 北京翰海
2016-12-04 Lot2514 L10.5cm
估价：RMB 25,000-30,000
成交价：RMB 32,200

白玉兽面纹香盒
清 Qing GD 中国嘉德
2016-06-18 Lot2579 D5.7cm
估价：无底价
成交价：RMB 4,600

白玉五福捧盒

乾隆 Qianlong KS 北京匡时
2016-06-07 Lot3286 D17cm
估价：RMB 400,000-500,000
成交价：RMB 460,000

白玉雕多子多福香盒

乾隆 Qianlong HY 华艺国际
2016-05-26 Lot1203 D6cm
估价：RMB 150,000-200,000
成交价：RMB 230,000

御制白玉龙纹多宝盒

乾隆 Qianlong RBZ 荣宝斋（上海）
2016-11-27 Lot828 L4.9cm;W4.8cm;H2.3cm
估价：RMB 7,000,000-10,000,000
成交价：RMB 8,280,000

2016 Chinese Art Auction TOP10 中国玉器拍卖器皿类十大天价排行榜 Top 4

和田青白玉整挖圆形香盒

清 Qing RBZ 荣宝斋（上海）
2016-11-27 Lot846 D6.4cm;H3.5cm
估价：RMB 20,000-30,000
成交价：RMB 32,200

白玉莲蓬印盒

民国 Republic Period GD 中国嘉德
2016-09-25 Lot5277 D 5.5cm
估价：RMB 8,000-12,000
成交价：RMB 11,500

碧玉嵌白玉花卉纹印盒

年代不详 Unknown GD 中国嘉德
2016-09-25 Lot5406 D 5.7cm
估价：RMB 3,000-5,000
成交价：RMB 4,600

白玉雕佛手粉盒
乾隆 Qianlong BD 北京东正
2016-11-11 Lot105 L7.5cm
估价：RMB 180,000-250,000
成交价：RMB 287,500

灵芝团寿纹玉盒
明 Ming RBZ 荣宝斋（上海）
2016-11-27 Lot847 L16.5cm;W12.5cm;H4cm
估价：RMB 30,000-50,000
成交价：RMB 57,500

掐丝珐琅嵌白玉云龙熏盒
年代不详 Unknown BP 北京保利
2016-10-31 Lot1724 D 17.5cm
估价：无底价
成交价：RMB 5,750

白玉御制八卦如意纹方盒
乾隆 Qianlong BD 北京东正
2016-11-11 Lot0203A 6.5×6.5×3.7cm
估价：RMB 2,000,000-3,000,000
成交价：RMB 3,450,000

烧蓝嵌白玉螭龙纹盒
民国 Repulic Period GD 中国嘉德
2016-03-28 Lot5285 L6.8cm
估价：无底价
成交价：RMB 5,750

白玉留皮仙鹤盒（一对）
乾隆 Qianlong GD 中国嘉德
2016-11-12 Lot2636 L 6.8cm
估价：RMB 600,000-800,000
成交价：RMB 943,000

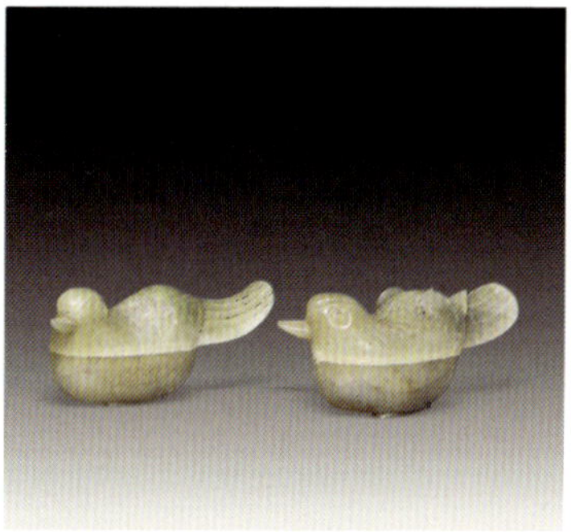

青玉鸳鸯盒（一对）
年代不详 Unknown GD 中国嘉德
2016-03-28 Lot5360 L12.4cm;L12cm
估价：无底价
成交价：RMB 2,300

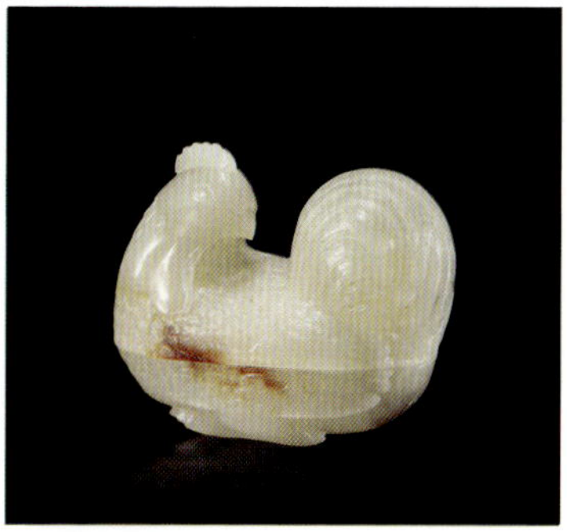

白玉大吉盒
乾隆 Qianlong BH 北京翰海
2016-06-05 Lot2629 L7cm
估价：RMB 36,000-46,000
成交价：RMB 46,000

青白玉桃形盒
年代不详 Unknown GD 中国嘉德
2016-06-18 Lot2503 L11.7cm
估价：无底价
成交价：RMB 11,500

白玉莲塘花鸟图三层方盒
清中期 Mid Qing C 佳士得
2016-06-01 Lot3260 11.4cm
估价：HKD 1,000,000-2,000,000
成交价：HKD 1,840,000

白玉石榴形“河清海晏”活环盖衣
乾隆 Qianlong GD 中国嘉德
2016-05-14 Lot3158 W17cm
估价：RMB 1,200,000-1,800,000
成交价：RMB 1,380,000

其他
Others

白玉瓜形盖罐
清 Qing BP 北京保利
2016-04-27 Lot263 D5cm
估价：RMB 10,000-20,000
成交价：RMB 11,500

青玉雕仿古纹觯
清，19-20 世纪 Qing,19th-20th Century C 佳士得
2016-11-09 Lot522 H 6.5cm
估价：GBP 600-1,000
成交价：GBP 1,375

碧玉龙纹大缸
年代不详 Unknown BP 北京保利
2016-10-31 Lot1821 D 96cm
估价：无底价
成交价：RMB 34,500

青白玉兽耳活环四足彝
年代不详 Unknown C 佳士得
2016-05-11 Lot165 W 16.8cm
估价：GBP 2,000-3,000
成交价：GBP 17,500

碧玉云龙纹缸
民国 Repulic Period BP 北京保利
2016-04-28 Lot1704 D105cm
估价：无底价
成交价：RMB 63,250

云龙纹大缸
年代不详 Unknown GD 中国嘉德
2016-09-25 Lot5547 D 92cm
估价：无底价
成交价：RMB 57,500

白玉雕仿古龙首罍
明 Ming BP 北京保利
2016-12-05 Lot5243 W25.5cm
估价：RMB 800,000-1,200,000
成交价：RMB 920,000

青白玉葫芦式钵
清，18-19 世纪 Qing,18th-19th Century S 苏富比
2016-05-11 Lot152 18cm
估价：GBP 2,000-3,000
成交价：GBP 2,500

白玉双龙磬
明 Ming BP 北京保利
2016-04-27 Lot401 W13cm
估价：RMB 10,000-20,000
成交价：RMB 23,000

掐丝珐琅嵌白玉福寿磬
清 Qing BP 北京保利
2016-04-28 Lot1679 H21cm
估价：无底价
成交价：RMB 25,300

碧玉海晏河清烛台（一对）
年代不详 Unknown GD 中国嘉德
2016-03-28 Lot5482 H22.8cm
估价：无底价
成交价：RMB 6,900

碧玉描金龙纹磬
清 Qing BP 北京保利
2016-01-16 Lot451 H35cm
估价：无底价
成交价：RMB 10,350

黄玉象形烛台（一对）
清中期 Mid Qing BP 北京保利
2016-06-06 Lot7465 H16cm
估价：RMB 400,000-600,000
成交价：RMB 460,000

碧玉何清海晏烛台（一对）
清 Qing BP 北京保利
2016-04-28 Lot1702 H23cm
估价：无底价
成交价：RMB 9,200

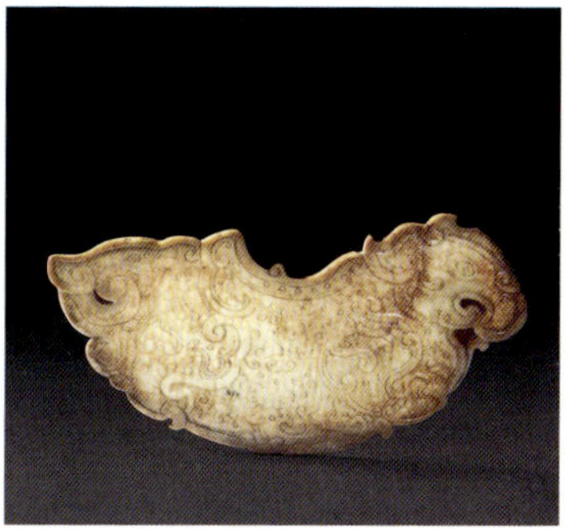

仿古玉鸟形磬
清 Qing C 佳士得
2016-03-17 Lot960 L20cm
估价：USD 10,000-15,000
成交价：USD 13,750

青玉鸟式烛台（一对）
19 世纪末 -20 世纪 Late 19th Century-20th Century S 苏富比
2016-03-15 Lot163 尺寸不详
估价：USD 1,500-2,500
成交价：USD 2,000

碧玉鹤形烛台（一对）
乾隆 Qianlong KS 北京匡时
2016-12-05 Lot2580 H25cm × 2
估价：RMB 200,000-300,000
成交价：RMB 230,000

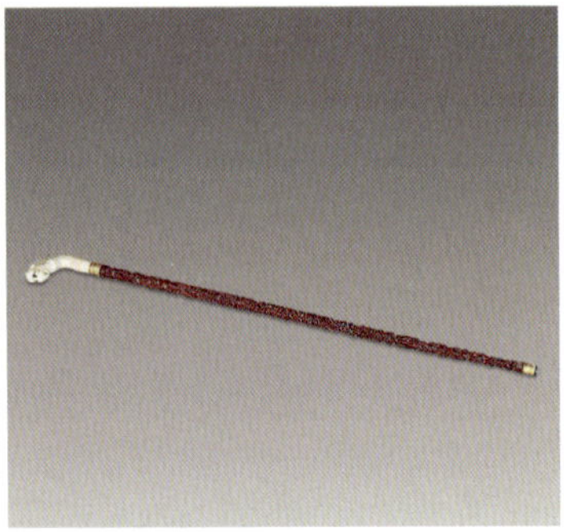

白玉龙首手杖
年代不详 Unknown BP 北京保利
2016-04-28 Lot2023 L83cm
估价：无底价
成交价：RMB 23,000

青玉雕鸠杖首
清 Qing BP 北京保利
2016-04-28 Lot1655 L11.5cm
估价：RMB 4,000-8,000
成交价：RMB 6,900

白玉螭龙纹拂尘执柄
19-20 世纪 19th-20th Century C 佳士得
2016-11-11 Lot802 L 12.3cm
估价：GBP 2,000-3,000
成交价：GBP 2,500

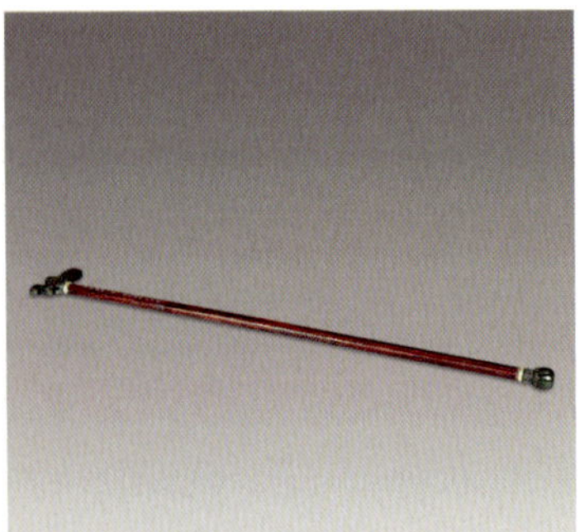

碧玉天鸡手杖
年代不详 Unknown BP 北京保利
2016-04-28 Lot2024 L90cm
估价：无底价
成交价：RMB 6,900

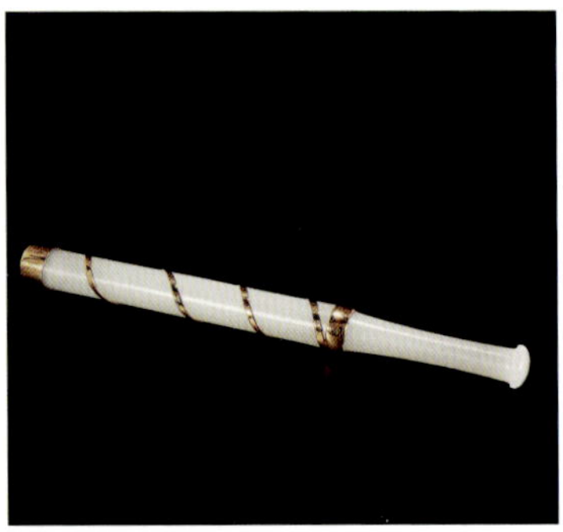

白玉烟嘴
清 Qing GD 中国嘉德
2016-05-14 Lot3215 L16.7cm
估价：RMB 20,000-40,000
成交价：RMB 23,000

碧玉诗文册
年代不详 Unknown BP 北京保利
2016-10-31 Lot1820 21 × 10cm
估价：无底价
成交价：RMB 14,950

青白玉鸟形杖首
明 Ming C 佳士得
2016-03-17 Lot1517 H5.5cm
估价：USD 4,000-6,000
成交价：USD 4,750

白玉留皮福禄万代舟形摆件
18 世纪 18th Century C 佳士得
2016-11-08 Lot171 L 15cm
估价：GBP 20,000-30,000
成交价：GBP 35,000

白玉长宜子孙册
年代不详 Unknown BP 北京保利
2016-04-28 Lot1681 L15cm
估价：无底价
成交价：RMB 6,900

碧玉诗文册

清 Qing BP 北京保利
2016-01-16 Lot453 L15cm
估价：无底价
成交价：RMB 4,600

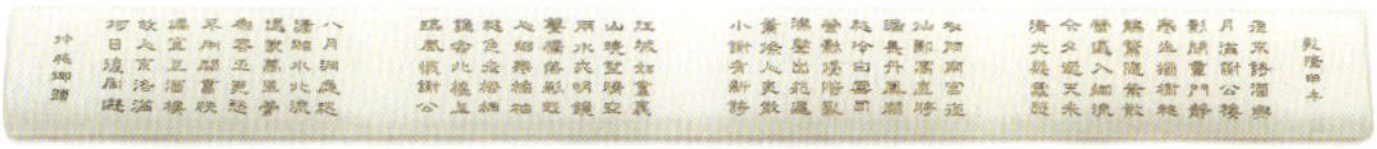

白玉御题咏秋唐诗压尺

乾隆 Qianlong S 苏富比
2016-10-05 Lot70 28.1cm
估价：HKD 800,000-1,200,000
成交价：HKD 2,480,000

阴刻填金册页（一套八方）

年代不详 Unknown GD 中国嘉德
2016-06-18 Lot2592 21 × 10cm
估价：无底价
成交价：RMB 34,500

青白玉雕芝仙祝寿纹牌改装书挡（一对）

清，19 世纪 Qing,19 Century S 苏富比
2016-09-17 Lot1124 尺寸不详
估价：USD 3,000-5,000
成交价：USD 3,000

青白玉诗文帽架

乾隆 Qianlong C 佳士得
2016-05-10 Lot34 H 27cm
估价：GBP 30,000-50,000
成交价：GBP 31,250

青玉帽架

乾隆 Qianlong KS 北京匡时
2016-12-06 Lot3207 H32cm
估价：RMB 300,000-330,000
成交价：RMB 414,000

白玉嵌百宝竹石盆景
年代不详 Unknown GD 中国嘉德
2016-03-28 Lot5163 H12.8cm
估价：无底价
成交价：RMB 2,300

青白玉嵌百宝阿拉伯文梅花盆景
民国 Repulic Period GD 中国嘉德
2016-03-28 Lot5161 H25cm
估价：无底价
成交价：RMB 8,050

青白玉嵌碧玉水仙盆景
年代不详 Unknown GD 中国嘉德
2016-03-28 Lot5162 H19cm
估价：无底价
成交价：RMB 5,750

白玉百宝盆景（一对）
乾隆 Qianlong BP 北京保利
2016-12-05 Lot5175 H32cm
估价：RMB 1,600,000-2,600,000
成交价：RMB 2,760,000

烧蓝碧玉碧玺秋海棠、配嵌郎红瓷片御题诗十六首盆景（一对）
乾隆 Qianlong BP 北京保利
2016-12-05 Lot5176 H28.9cm
估价：RMB 1,200,000-2,200,000
成交价：RMB 2,070,000

青白玉狮耳水仙盆
乾隆 Qianlong BP 北京保利
2016-12-06 Lot5918 W24cm
估价：RMB 600,000-800,000
成交价：RMB 690,000

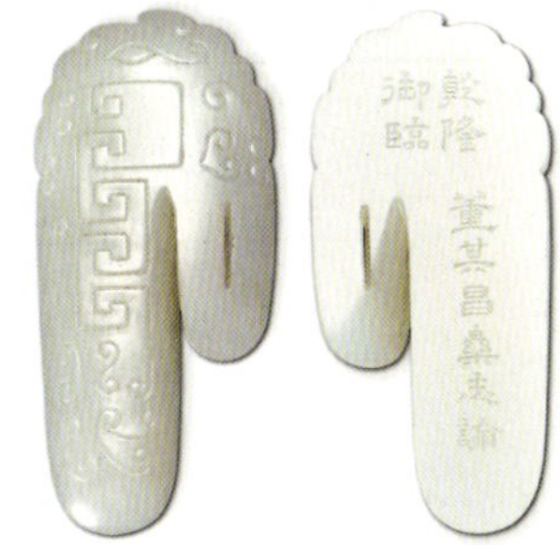

白玉别子
清 Qing BP 北京保利
2016-12-06 Lot5506 L6.2cm
估价：RMB 20,000-30,000
成交价：RMB 34,500

白玉兽耳匜
清中期 Mid Qing BH 北京翰海
2016-12-04 Lot2578 L9.8cm
估价：RMB 150,000-250,000
成交价：RMB 287,500

青白玉龙纹葵口盏托
清早期 Early Qing GD 中国嘉德
2016-11-29 Lot1149 D15cm
估价：HKD 80,000-120,000
成交价：HKD 354,000

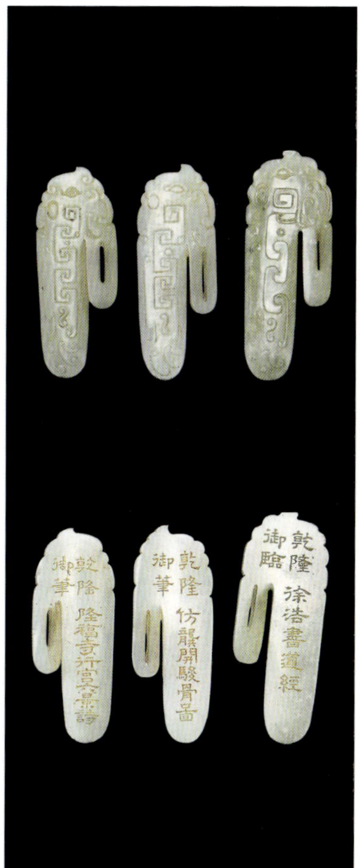

玉别子（三件）
乾隆 Qianlong SUN 中贸圣佳
2016-11-15 Lot1447 尺寸不一
估价：无底价
成交价：RMB 126,500

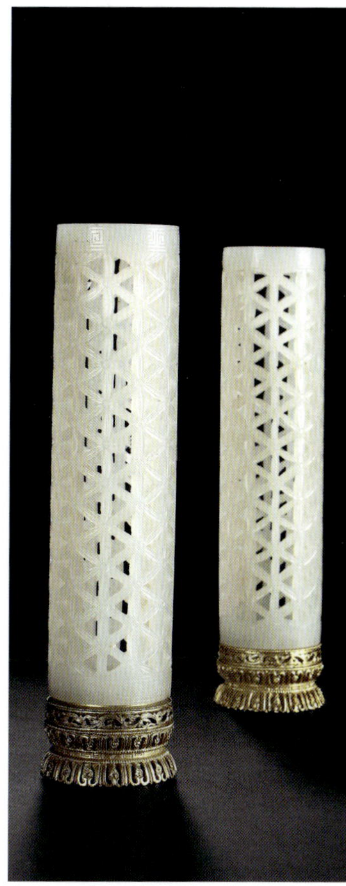

白玉镂雕锦纹香亭（一对）
乾隆 Qianlong BD 北京东正
2016-11-11 Lot106 H15cm
估价：RMB 1,000,000-1,200,000
成交价：RMB 1,150,000

白玉持荷童子暖手
乾隆 Qianlong BD 北京东正
2016-11-11 Lot198 L6cm
估价：RMB 180,000-300,000
成交价：RMB 207,000

白玉仿古龙鱼纹觿
清，18 世纪 Qing,18th Century S 苏富比
2016-05-11 Lot156 9cm
估价：GBP 3,000-5,000
成交价：GBP 3,750

玉器（三件）
年代不详 Unknown GD 中国嘉德
2016-03-28 Lot5372 L11.5cm;L7.6cm;D6.5cm
估价：无底价
成交价：RMB 4,600

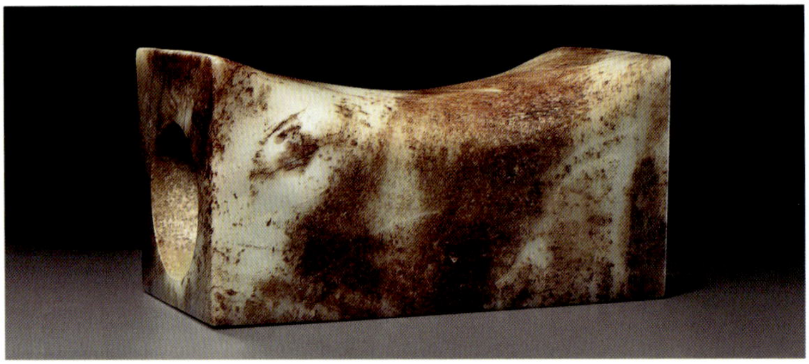

白玉褐沁枕
年代不详 Unknown C 佳士得
2016-03-17 Lot1664 W18.3cm
估价：USD 6,000-8,000
成交价：USD 3,250

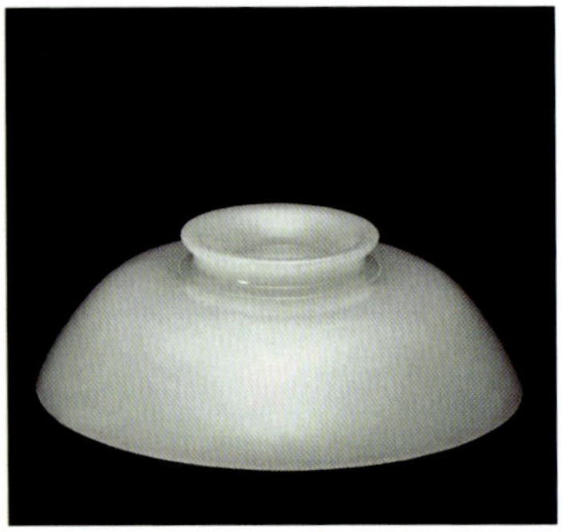

青白玉盖
清，18 世纪 Qing,18th Century C 佳士得
2016-04-05 Lot28 D 11.8cm
估价：HKD 60,000-80,000
成交价：HKD 75,000

白玉、碧玉器物（一组四件）
近代 Modern BP 北京保利
2016-04-28 Lot1268 尺寸不一
估价：无底价
成交价：RMB 2,300

PART 6

印章 · 印玺
Seal

皇家印玺
Imperial Seal

白玉交龙钮宝玺八征耄念之宝

乾隆 Qianlong BP 北京保利
2016-06-06 Lot7416 L7.5cm;W7.5cm H6.2cm
估价：咨询价
成交价：RMB 41,975,000

2016 Chinese Art Auction TOP10 中国艺术拍卖十大天价 中国玉器拍卖十大天价排行榜 Top 2
2016 Chinese Art Auction TOP10 中国艺术拍卖十大天价 中国玉器拍卖印章·印玺十大天价排行榜 Top 2

玉“奉三无私之宝”交龙钮玺

19-20 世纪 19th-20th Century S 苏富比
2016-09-13 Lot185 尺寸不详
估价：USD 20,000-30,000
成交价：USD 286,000

2016 Chinese Art Auction TOP10 中国艺术拍卖十大天价 中国玉器拍卖印章·印玺十大天价排行榜 Top 7

青玉“孝懿仁皇后”交龙钮宝玺

嘉庆 Jiaqing GD 中国嘉德
2016-11-12 Lot2644 12.8 × 12.8 × 9cm
估价：RMB 5,000,000-8,000,000
成交价：RMB 5,980,000

2016 Chinese Art Auction TOP10 中国艺术拍卖十大天价 中国玉器拍卖印章·印玺十大天价排行榜 Top 3

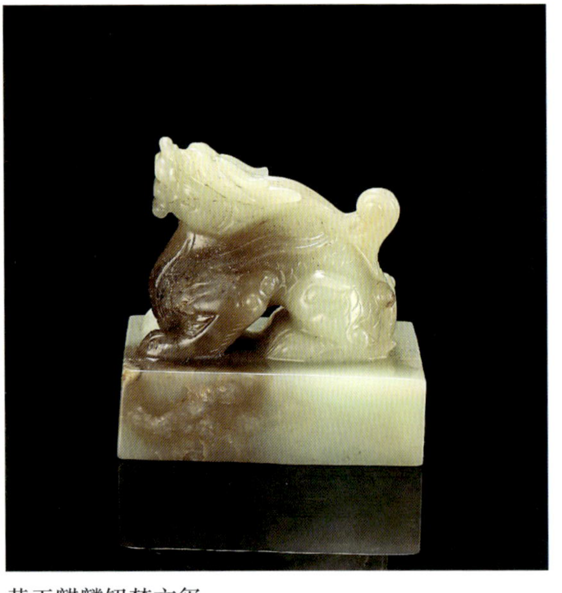

黄玉麒麟钮梵文玺

元 Yuan BP 北京保利
2016-06-06 Lot7475 5.1 × 6.2 × 6.4cm
估价：RMB 1,000,000-1,500,000
成交价：RMB 1,150,000

2016 Chinese Art Auction TOP10 中国艺术拍卖十大天价 中国玉器拍卖印章·印玺十大天价排行榜 Top 9

乾隆帝御宝青玉交龙钮方玺
乾隆 Qianlong S 苏富比
2016-10-05 Lot3304 11 × 12.8 × 12.8cm
估价：HKD 80,000,000-120,000,000
成交价：HKD 91,480,000

2016 Chinese Art Auction TOP10 中国玉器拍卖十大天价排行榜 Top 1
2016 Chinese Art Auction TOP10 中国玉器拍卖印章 · 印玺十大天价排行榜 Top 1

青白玉龙钮玺
年代不详 Unknown GD 中国嘉德
2016-09-26 Lot5619 H 8cm
估价：无底价
成交价：RMB 9,200

历代雕钮玉玺（一盒六件）
年代不详 Unknown BD 北京东正
2016-11-11 Lot211 尺寸不一
估价：RMB 200,000-300,000
成交价：RMB 977,500

白玉蹲龙钮“隆福徽音”方玺
明 Ming BP 北京保利
2016-12-05 Lot5152 5.5 × 5.5 × 5cm
估价：RMB 1,200,000-2,200,000
成交价：RMB 2,070,000

白玉龙钮梵文方印
元 Yuan BP 北京保利
2016-06-06 Lot7474 3.6 × 3.6 × 3.5cm
估价：RMB 350,000-550,000
成交价：RMB 402,500

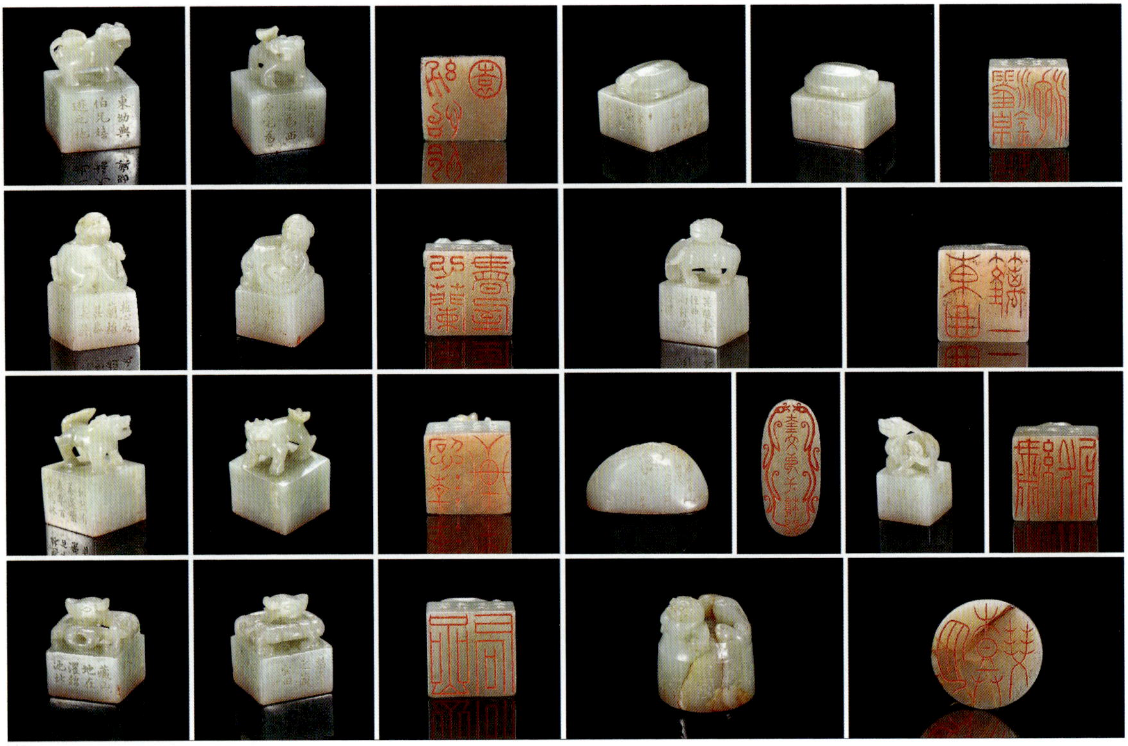

白玉方观承私用印“幼怡园玉章”（一套九方）
乾隆 Qianlong BP 北京保利
2016-12-05 Lot5151 尺寸不一
估价：RMB 100,000-150,000
成交价：RMB 1,495,000

青白玉御题诗文印
年代不详 Unknown GD 中国嘉德
2016-03-28 Lot5379 D4.5cm
估价：无底价
成交价：RMB 5,750

白玉螭龙钮小印
清 Qing GD 中国嘉德
2016-03-28 Lot5408 H3.1cm
估价：无底价
成交价：RMB 1,150

黄玉螭龙纹长方章
明晚期 - 清，18 世纪 Late Ming-Qing,18th Century C 佳士得
2016-03-17 Lot1666 W5.7cm
估价：USD 18,000-25,000
成交价：USD 8,750

其他印章
Other Seals

旧玉雕螭钮、龟伏钮印（两件）
清 Qing BP 北京保利
2016-10-31 Lot151 L 3cm;L 2.5cm
估价：无底价
成交价：RMB 3,450

青白玉螭龙印
乾隆 Qianlong BP 北京保利
2016-12-07 Lot6823 3 × 3.2 × 2.7cm
估价：RMB 100,000-150,000
成交价：RMB 115,000

白玉雕龙钮章
清 Qing PLHK 保利香港
2016-10-04 Lot3157 4.6 × 5.6 × 5.6cm
估价：HKD 200,000-280,000
成交价：HKD 236,000

旧玉螭龙方章
年代不详 Unknown BP 北京保利
2016-10-31 Lot1667 H 6cm
估价：无底价
成交价：RMB 5,750

白玉雕龙钮方印章
清，19 世纪 Qing,19th Century S 苏富比
2016-12-01 Lot137 2.5cm
估价：HKD 10,000-15,000
成交价：HKD 118,750

青玉龙钮方印（一组三只）
年代不详 Unknown HC 北京华辰
2016-11-16 Lot1254 H6cm
估价：RMB 4,000,000-6,000,000
成交价：RMB 4,600,000

青白玉雕盘螭钮“功臣封爵铭”印（一对）
明 Ming BP 北京保利
2016-12-05 Lot5240 6.8 × 6.8 × 8cm
估价：RMB 1,000,000-1,500,000
成交价：RMB 1,150,000

2016 Chinese Art Auction TOP10 中国玉器拍卖印章·印玺十大天价排行榜 Top 10

白玉兽钮印
清早期 Early Qing GD 中国嘉德
2016-11-29 Lot1159 H3.1cm
估价：HKD 85,000-120,000
成交价：HKD 100,300

白玉兽钮圆印
乾隆 Qianlong BP 北京保利
2016-12-07 Lot6729 H3cm
估价：RMB 150,000-200,000
成交价：RMB 172,500

玉瑞兽钮方印章
明 Ming S 苏富比
2016-12-01 Lot230 4.3cm
估价：HKD 20,000-30,000
成交价：HKD 47,500

白玉兽钮印章
清 Qing BD 北京东正
2016-11-11 Lot183 L6cm
估价：RMB 10,000-20,000
成交价：RMB 57,500

白玉兽钮印
清 Qing GD 中国嘉德
2016-03-28 Lot5292 H3cm
估价：无底价
成交价：RMB 17,250

青白玉兽钮印
清 Qing GD 中国嘉德
2016-06-18 Lot2571 L2.6cm
估价：无底价
成交价：RMB 6,900

白玉兽钮印章（一对）
清 Qing BD 北京东正
2016-05-14 Lot3071 H3cm;D2.8cm
估价：RMB 20,000-30,000
成交价：RMB 63,250

白玉兽钮印（两方）
清 Qing GD 中国嘉德
2016-06-18 Lot2576 H4.1cm;H3.3cm
估价：无底价
成交价：RMB 4,600

白玉雕瑞兽钮对章
清 Qing BC 北京诚轩
2016-05-15 Lot934 1.6 × 2.6cm;1.7 × 3cm
估价：RMB 60,000-80,000
成交价：RMB 69,000

白玉 青白玉兽钮印各一方
清 Qing GD 中国嘉德
2016-09-25 Lot4814 H 3.8cm;L 2.3cm
估价：无底价
成交价：RMB 3,450

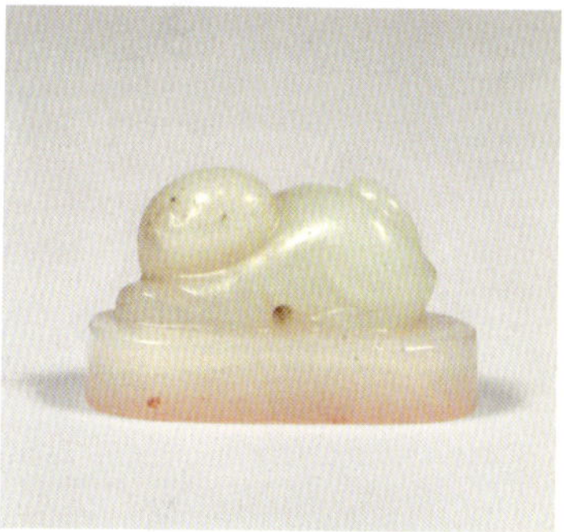

白玉兽钮印
清 Qing GD 中国嘉德
2016-09-25 Lot4789 L 3.3cm
估价：无底价
成交价：RMB 3,450

白玉兽钮印章
清 Qing BP 北京保利
2016-01-16 Lot391 H5cm
估价：RMB 20,000-30,000
成交价：RMB 23,000

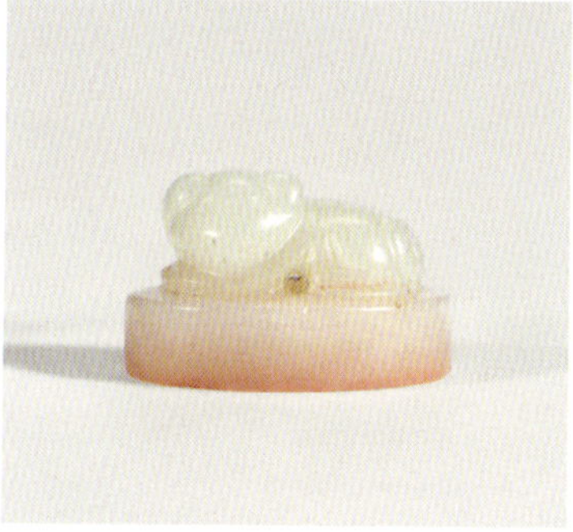

白玉兽钮印
清 Qing GD 中国嘉德
2016-09-25 Lot4792 L 2.6cm
估价：无底价
成交价：RMB 10,350

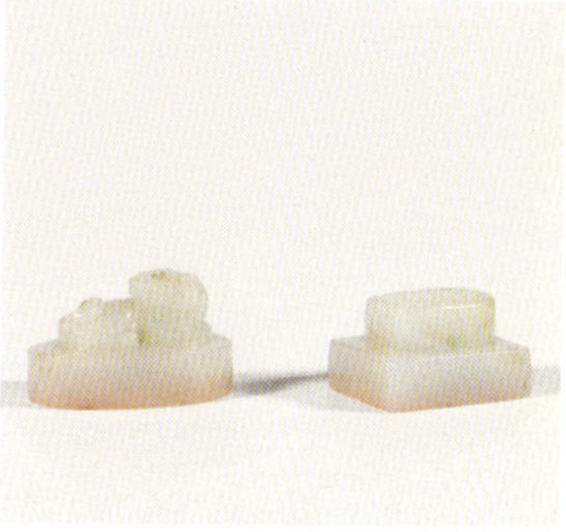

白玉兽钮印（两方）
清 Qing GD 中国嘉德
2016-09-25 Lot4815 L 3.2cm;L 2.6cm
估价：无底价
成交价：RMB 6,900

青白玉兽钮印
清 Qing GD 中国嘉德
2016-09-25 Lot4790 L 3.3cm
估价：无底价
成交价：RMB 4,600

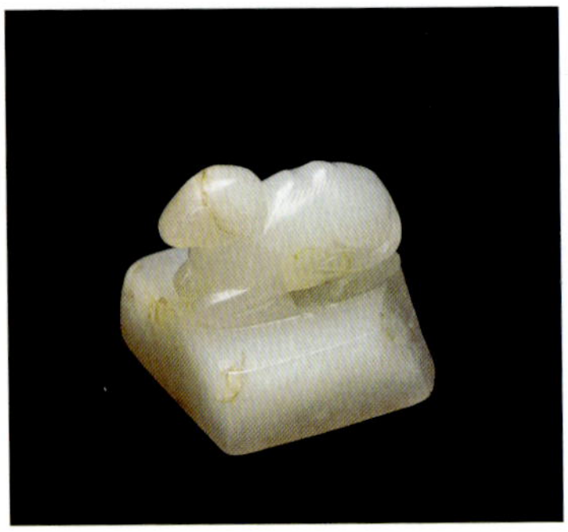

白玉驼钮印章
明 Ming KS 北京匡时
2016-12-05 Lot2528 2.7 × 2.7 × 3cm
估价：RMB 30,000-40,000
成交价：RMB 34,500

玉鳌钮方印章
清 Qing S 苏富比
2016-12-01 Lot229 2.5cm
估价：HKD 6,000-8,000
成交价：HKD 20,000

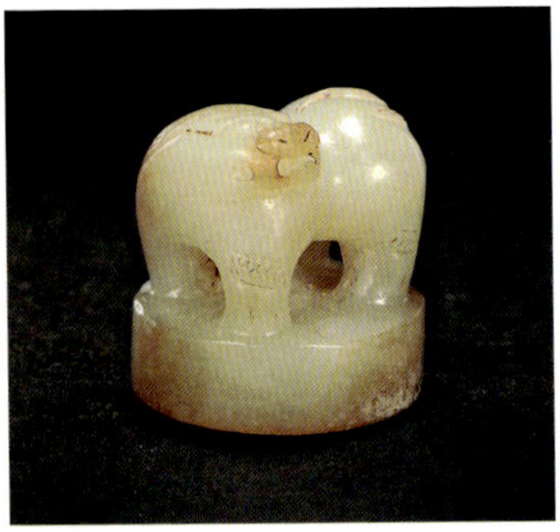

玉雕兽钮印
明 Ming GD 中国嘉德
2016-11-12 Lot2953 H 2.2cm
估价：无底价
成交价：RMB 10,350

褐玉雕龟钮印章 青白玉雕螭龙纹墨床
清，17-18 世纪 Qing,17th-18th Century S 苏富比
2016-06-02 Lot922 3.5;9.5cm
估价：HKD 30,000-40,000
成交价：HKD 60,000

白玉雕金蟾钮印章
乾隆 Qianlong BD 北京东正
2016-11-11 Lot119 H5.5cm
估价：RMB 80,000-100,000
成交价：RMB 207,000

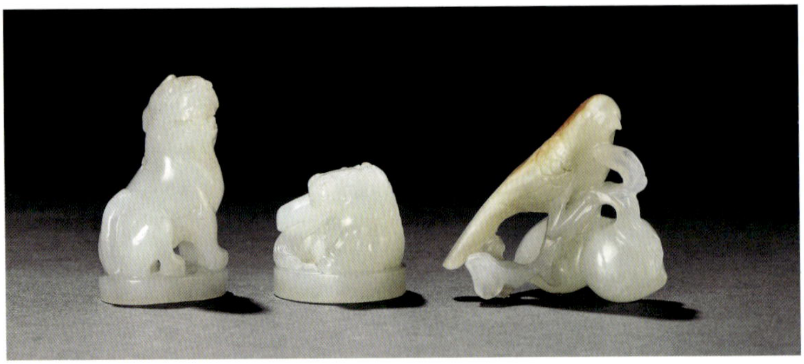

白玉雕瑞兽钮 卧马钮印章两件 寿带鸟把件
乾隆 Qianlong BD 北京东正
2016-11-11 Lot334 H4.5cm;H2.7cm;H4.2cm
估价：RMB 100,000-130,000
成交价：RMB 149,500

白玉花卉纹兽钮章
明 Ming C 佳士得
2016-05-11 Lot113 W 8.3cm
估价：GBP 3,000-5,000
成交价：GBP 12,500

翡翠狮钮方章
清 Qing BH 北京翰海
2016-12-04 Lot2828 H7.7cm
估价：RMB 5,000-8,000
成交价：RMB 8,050

褐斑灰玉雕瑞兽钮印章 及寿山石雕山水图印章（一组两件）
明 - 清 Ming-Qing S 苏富比
2016-12-02 Lot750 3cm;7.8cm
估价：HKD 8,000-12,000
成交价：HKD 68,750

缅甸天然翡翠配钻石 百宝玉龙章
年代不详 Unknown PLHK 保利香港
2016-10-03 Lot2168 1.107 × 1.177 × 3.006cm
估价：HKD 240,000-300,000
成交价：HKD 365,800

白玉薄意高士图印
清 Qing GD 中国嘉德
2016-09-25 Lot4791 L 4.3cm
估价：无底价
成交价：RMB 6,900

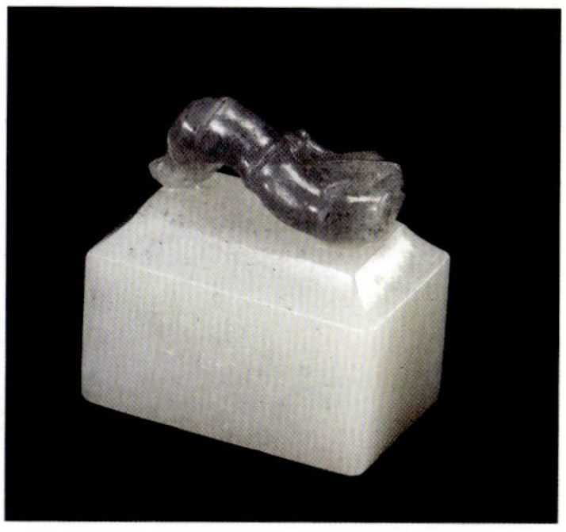

黑白玉竹节钮章
清 Qing BD 北京东正
2016-11-11 Lot185 3.5 × 2 × 3.7cm
估价：RMB 150,000-180,000
成交价：RMB 218,500

翡翠狮钮方章
清 Qing BH 北京翰海
2016-12-04 Lot2827 H7.2cm
估价：RMB 3,000-6,000
成交价：RMB 5,750

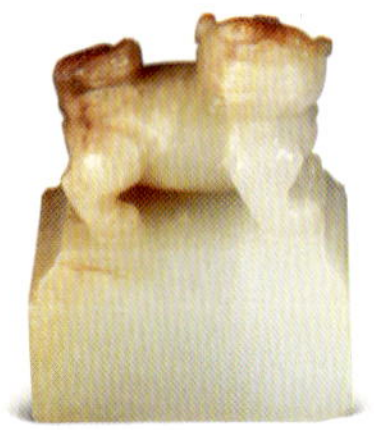

玉雕狮钮印
清 Qing BP 北京保利
2016-04-27 Lot255 H4cm
估价：RMB 10,000-20,000
成交价：RMB 11,500

白玉螭钮双联印
年代不详 Unknown GD 中国嘉德
2016-09-25 Lot5375 L 5cm
估价：无底价
成交价：RMB 3,450

白玉雕母子猴印章
清 Qing BD 北京东正
2016-05-14 Lot2003 H4cm
估价：RMB 120,000-150,000
成交价：RMB 138,000

白玉狮钮印
18-19 世纪 18th-19th Century C 佳士得
2016-11-08 Lot187 H 7.9cm
估价：GBP 12,000-15,000
成交价：GBP 15,000

白玉童子钮方章
清 Qing C 佳士得
2016-09-16 Lot1287 H 3.6cm
估价：USD 6,000-8,000
成交价：USD 5,625

青玉鹿钮印
清 Qing GD 中国嘉德
2016-06-18 Lot2572 H3.9cm
估价：无底价
成交价：RMB 4,600

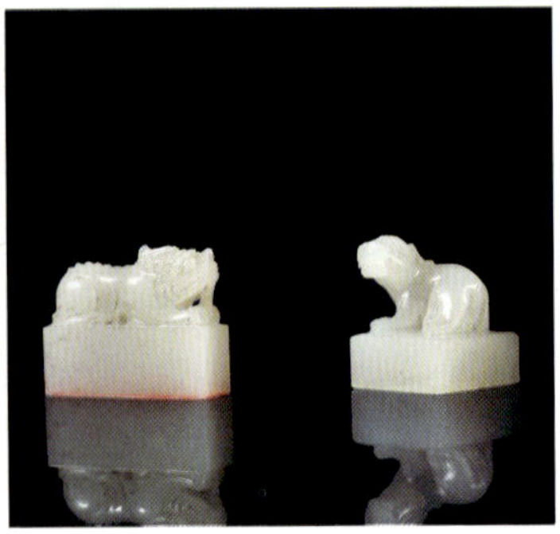

白玉狮钮印 印材各一方
清 Qing GD 中国嘉德
2016-09-25 Lot5316 L 3cm;H 2.5cm
估价：RMB 5,000-8,000
成交价：RMB 5,750

白玉猴钮印
清 Qing GD 中国嘉德
2016-06-18 Lot2573 H3.1cm
估价：RMB 5,000-8,000
成交价：RMB 6,900

青玉牛钮印
清 Qing GD 中国嘉德
2016-03-28 Lot5293 H2.4cm
估价：无底价
成交价：RMB 5,750

玉龟钮章（两件）
清 Qing BP 北京保利
2016-10-31 Lot463 L 2.5cm;L 2cm
估价：无底价
成交价：RMB 2,300

青白玉镂雕路路连科纹钮
元 Yuan S 苏富比
2016-03-16 Lot382 尺寸不详
估价：USD 4,000-6,000
成交价：USD 3,750

白玉双联印
年代不详 Unknown GD 中国嘉德
2016-06-18 Lot2574 L3.2cm
估价：无底价
成交价：RMB 2,300

崔磊 四御大方章
当代 Contemporary KS 北京匡时
2016-06-08 Lot4017 13.20 × 6.00 × 6.20cm
估价：RMB 2,200,000-2,700,000
成交价：RMB 3,335,000

吴德升 四美方章 和田籽玉摆件
当代 Contemporary KS 北京匡时
2016-06-08 Lot4029 11.80 × 5.50 × 5.20cm
估价：RMB 800,000-1,200,000
成交价：RMB 1,472,000

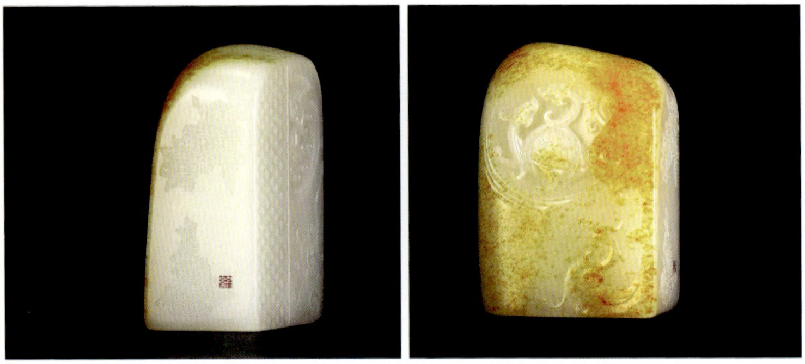

葛洪 四灵印章 和田籽玉摆件
当代 Contemporary KS 北京匡时
2016-06-08 Lot4002 6.00 × 4.00 × 2.60cm
估价：RMB 250,000-320,000
成交价：RMB 402,500

白玉雕“凤楼氏印”方章
清 Qing KS 北京匡时
2016-06-07 Lot3333 2.8 × 2.5 × 3cm
估价：RMB 80,000-100,000
成交价：RMB 109,250

翡翠巧雕福寿章
年代不详 Unknown AS 中国艺海
2016-01-21 Lot2010 L 2.8cm
估价：HKD 1,100,000-2,200,000
成交价：HKD 1,210,000

樊军民 白玉雕乐天印章
年代不详 Unknown GD 中国嘉德
2016-11-13 Lot3274 4 × 2.3 × 5.8cm
估价：无底价
成交价：RMB 9,200

玉剑饰、白玉印（两件）
清 Qing BP 北京保利
2016-06-08 Lot9105 2.3 × 2.3 × 4.4cm;D3.5cm
估价：RMB 5,000-8,000
成交价：RMB 5,750

玉印（三方）
清 Qing GD 中国嘉德
2016-06-18 Lot2575 H4.2cm;H3.5cm;H2.1cm
估价：无底价
成交价：RMB 3,450

玉印（三方）
清 Qing GD 中国嘉德
2016-09-25 Lot4816 H 4.8cm;4.4cm;4.2cm
估价：无底价
成交价：RMB 5,750

玉印（四枚）
汉 - 六朝 Han-Six Dy. GD 中国嘉德
2016-11-29 Lot1229 2.7 × 2.7 × 2.3cm
估价：HKD 150,000-250,000
成交价：HKD 177,000

玉印（一组三件）
明 - 清 Ming-Qing BD 北京东正
2016-05-14 Lot3072 H2.4cm;H1.7cm;H4.1cm
估价：RMB 60,000-80,000
成交价：RMB 109,250

黄玉、白玉印等（五枚）
明 - 清 Ming-Qing BP 北京保利
2016-06-06 Lot7149 尺寸不一
估价：RMB 10,000-20,000
成交价：RMB 28,750

各式玉印章（四十四件）
明 - 清 Ming-Qing BP 北京保利
2016-06-08 Lot9138 尺寸不一
估价：无底价
成交价：RMB 184,000

白玉雕寒山寻梅图诗文牌“文珍”印
清 Qing S 苏富比
2016-12-01 Lot128 5.4cm
估价：HKD 80,000-120,000
成交价：HKD 125,000

田黄各式章（五方）
清早期 Early Qing BH 北京翰海
2016-12-04 Lot2821 H1.8-5cm
估价：RMB 4,000,000-6,000,000
成交价：RMB 5,750,000

方介堪 白玉九连环对章
年代不详 Unknown RBZ 荣宝斋（上海）
2016-11-27 Lot768 L1cm;W0.8cm;H1.6cm × 2
估价：RMB 30,000-50,000
成交价：RMB 115,000

玉人、印、扳指、环、鼻塞（各一件）
战国 - 明 Warring-Ming GD 中国嘉德
2016-11-29 Lot1230 6.5cm
估价：HKD 25,000-35,000
成交价：HKD 29,500

PART 7

鼻烟壶
Snuff Bottle

青黄玉巧雕寿老图鼻烟壶
1740-1850 年 1740-1850 C 佳士得
2016-03-16 Lot406 H6.4cm
估价：USD 6,000-8,000
成交价：USD 12,500

白玉松下高士鼻烟壶
清中期 Mid Qing BP 北京保利
2016-04-27 Lot575 H6cm
估价：无底价
成交价：RMB 69,000

青玉雕牧牛图鼻烟壶
1740-1850 年 1740-1850 C 佳士得
2016-9-14 Lot584 H 6.4cm
估价：USD 3,500-5,500
成交价：USD 6,250

青玉雕和合二仙图鼻烟壶
1740-1850 年 1740-1850 C 佳士得
2016-9-14 Lot540 H 6cm
估价：USD 2,400-3,400
成交价：USD 2,500

青玉雕高士图鼻烟壶
1740-1850 年 1740-1850 C 佳士得
2016-9-14 Lot546 H 6cm
估价：USD 3,500-4,500
成交价：USD 6,000

灰白玉雕松下高士图鼻烟壶
1760-1850 年 1760-1850 C 佳士得
2016-9-14 Lot567 H 5.7cm
估价：USD 2,400-3,400
成交价：USD 1,375

黑玉雕松下高士图鼻烟壶
1740-1850 年 1740-1850 C 佳士得
2016-9-14 Lot476 H 5.7cm
估价：USD 3,000-5,000
成交价：USD 8,125

白玉诗文兽耳方烟壶
清 Qing SUN 中贸圣佳
2016-11-15 Lot1417 H5.7cm
估价：RMB 110,000-150,000
成交价：RMB 115,000

白玉雕山间骏马图鼻烟壶
嘉庆 - 道光 Jiaqing-Daoguang S 苏富比
2016-12-02 Lot880 6.9cm
估价：HKD 20,000-30,000
成交价：HKD 68,750

黑白玉俏色高士图烟壶
清 Qing GD 中国嘉德
2016-11-29 Lot1052 H7.3cm
估价：HKD 10,000-20,000
成交价：HKD 96,760

苏州风格 黑玉刻王羲之赏鹅图鼻烟壶
清晚期 Late Qing BO 邦瀚斯
2016-9-12 Lot9111 H 6.2cm
估价：USD 4,000-6,000
成交价：USD 4,000

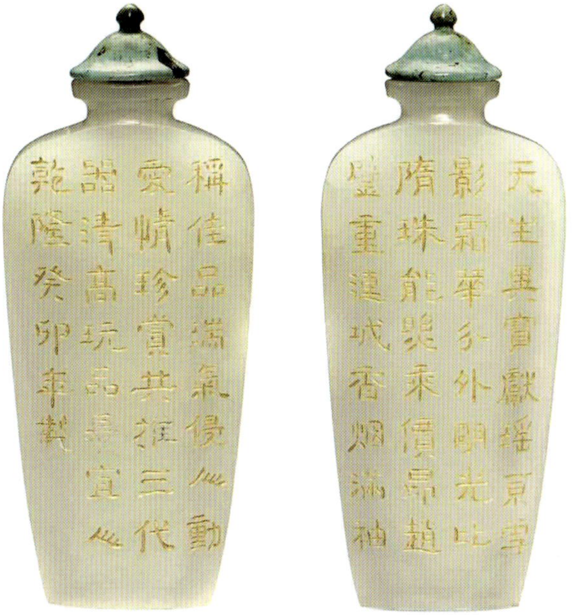

御制白玉诗文鼻烟壶
1791-1799 年 1791-1799 C 佳士得
2016-9-14 Lot409 H 6.4cm
估价：USD 6,000-8,000
成交价：USD 23,750

青白玉刻御题诗鼻烟壶

1770-1820 年 1770-1820 BO 邦瀚斯
2016-9-12 Lot9110 H 6cm
估价：USD 3,000-5,000
成交价：USD 7,500

白玉雕云龙诗文鼻烟壶

1750-1820 年 1750-1820 C 佳士得
2016-9-14 Lot548 H 6cm
估价：USD 3,500-4,500
成交价：USD 5,250

灰青玉雕云龙纹鼻烟壶

1740-1840 年 1740-1840 C 佳士得
2016-9-14 Lot438 H 6.4cm
估价：USD 2,000-3,000
成交价：USD 5,250

青玉带棕斑刻山水人物鼻烟壶

1780-1820 年 1780-1820 BO 邦瀚斯
2016-9-12 Lot9052 H 6cm
估价：USD 5,000-7,000
成交价：USD 4,375

白玉留皮报喜童子鼻烟壶

清 Qing GD 中国嘉德
2016-05-14 Lot3103 H5.3cm
估价：RMB 60,000-80,000
成交价：RMB 97,750

白玉御题诗烟壶

乾隆 Qianlong BP 北京保利
2016-06-08 Lot9224 L8cm
估价：RMB 150,000-200,000
成交价：RMB 172,500

2016 Chinese Art Auction TOP10 中国艺术拍卖十大天价 中国玉器拍卖鼻烟壶十大天价排行榜 Top 5

翡翠松鹤延年图 云龙纹 螭龙纹烟壶各一件
清 Qing GD 中国嘉德
2016-9-25 Lot5574 L 5.5cm;H 5.5cm;H 5.2cm
估价：无底价
成交价：RMB 2,300

青玉鱼化龙烟壶
清 Qing GD 中国嘉德
2016-03-28 Lot5193 L7.5cm
估价：无底价
成交价：RMB 1,150

灰黑玉雕双龙赶珠纹鼻烟壶
1760-1850 年 1760-1850 C 佳士得
2016-9-14 Lot462 H 7.8cm
估价：USD 16,000-20,000
成交价：USD 35,000

2016 Chinese Art Auction TOP10 中国玉器拍卖鼻烟壶十大天价排行榜 Top 2

白玉雕夔龙龙字纹鼻烟壶
清，18-19 世纪 Qing,18th-19th Century S 苏富比
2016-3-19 Lot1392 尺寸不详
估价：USD 5,000-7,000
成交价：USD 2,500

白玉凤纹鼻烟壶
清 Qing BP 北京保利
2016-10-31 Lot1314 H 5.5cm
估价：RMB 5,000-10,000
成交价：RMB 5,750

青黄玉雕螭龙纹鼻烟壶
1740-1850 年 1740-1850 C 佳士得
2016-9-14 Lot429 H 6.4cm
估价：USD 2,400-3,400
成交价：USD 13,750

白玉雕夔龙纹烟壶
清 Qing BP 北京保利
2016-06-08 Lot9116 H7cm
估价：RMB 15,000-25,000
成交价：RMB 17,250

白玉仿古铺兽耳烟壶
清 Qing GD 中国嘉德
2016-11-12 Lot3018 H 5.8cm
估价：RMB 50,000-80,000
成交价：RMB 57,500

白玉兽耳烟壶
清中期 Mid Qing GD 中国嘉德
2016-03-28 Lot5194 H7.9cm
估价：RMB 10,000-20,000
成交价：RMB 11,500

翠玉雕瑞兽图鼻烟壶
1790-1860 年 1790-1860 C 佳士得
2016-9-14 Lot444 H 6cm
估价：USD 5,000-7,000
成交价：USD 3,000

白玉瓜瓞绵绵烟壶
清 Qing SUN 中贸圣佳
2016-11-15 Lot1415 H7cm
估价：RMB 60,000-80,000
成交价：RMB 66,700

白玉双兽耳烟壶
清 Qing BP 北京保利
2016-04-27 Lot261 H6cm
估价：RMB 10,000-20,000
成交价：RMB 23,000

白玉兔鼻烟壶
清，17-18 世纪 Qing,17th-18th Century S 苏富比
2016-12-02 Lot883 7.5cm
估价：HKD 40,000-60,000
成交价：HKD 100,000

青白玉天马纹鼻烟壶
清，18 世纪 Qing,18th Century C 佳士得
2016-10-4 Lot78 H 5.2cm
估价：HKD 30,000-50,000
成交价：HKD 93,750

墨玉兽耳鼻烟壶
清中期 Mid Qing BP 北京保利
2016-04-27 Lot579 H7.5cm
估价：无底价
成交价：RMB 23,000

黑白玉俏色巧雕金玉满堂烟壶
清中期 Mid Qing BP 北京保利
2016-12-07 Lot6781 H6cm
估价：RMB 80,000-120,000
成交价：RMB 92,000

灰玉雕松鹿长春图鼻烟壶
1740-1850 年 1740-1850 C 佳士得
2016-9-14 Lot466 H 6.4cm
估价：USD 1,500-2,000
成交价：USD 750

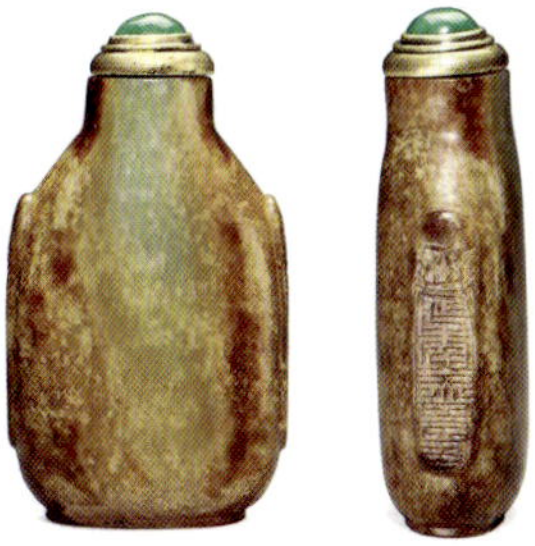

青玉“延年益寿长乐永康”鼻烟壶

1740-1850 年 1740-1850 C 佳士得
2016-9-14 Lot477 H 6.6cm
估价：USD 6,000-8,000
成交价：USD 6,000

灰玉松鼠葡萄纹鼻烟壶

清，19 世纪 Qing,19th Century S 苏富比
2016-05-11 Lot159 5.5cm
估价：GBP 2,000-3,000
成交价：GBP 2,500

白玉云蝠烟壶

清 Qing BP 北京保利
2016-06-08 Lot9115 H6cm
估价：RMB 8,000-12,000
成交价：RMB 9,200

青白玉芝仙祝寿鼻烟壶

清 Qing C 佳士得
2016-4-5 Lot16 H 6.4cm
估价：HKD 80,000-150,000
成交价：HKD 87,500

玉雕合家欢图鼻烟壶

清 Qing BC 北京诚轩
2016-05-15 Lot941 5.2 × 8cm
估价：RMB 5,000-8,000
成交价：RMB 66,700

翠玉雕 福寿双全 纹鼻烟壶
1750-1830年 1750-1830 BO 邦瀚斯
2016-9-12 Lot9136 H 5.2cm
估价：USD 1,000-1,500
成交价：USD 1,000

带皮白玉巧雕 五蝠捧寿 刻铜钱纹鼻烟壶
1740-1820年 1740-1820 BO 邦瀚斯
2016-9-12 Lot9022 H 5.7cm
估价：USD 4,000-6,000
成交价：USD 4,375

白玉福寿如意烟壶
清 Qing GD 中国嘉德
2016-9-25 Lot5571 H 6cm
估价：RMB 8,000-12,000
成交价：RMB 9,200

白玉卧鼠形烟壶
清 Qing GD 中国嘉德
2016-11-12 Lot3020 L 6.8cm
估价：RMB 80,000-120,000
成交价：RMB 92,000

白玉福寿图鼻烟壶
乾隆 Qianlong S 苏富比
2016-06-02 Lot940 6.5cm
估价：HKD 100,000-150,000
成交价：HKD 125,000

青白玉鲤鱼形鼻烟壶
清，19 世纪 Qing,19 Century C 佳士得
2016-11-9 Lot472 L 7.3cm
估价：GBP 2,000-4,000
成交价：GBP 2,500

黄玉花鸟鼻烟壶
清 Qing GD 中国嘉德
2016-05-14 Lot3194 H5.8cm
估价：无底价
成交价：RMB 10,350

白玉 连年好和 鼻烟壶
1780-1850 年 1780-1850 BO 邦瀚斯
2016-9-12 Lot9096 H 6.3cm
估价：USD 3,000-5,000
成交价：USD 5,250

白玉雕福禄寿图鼻烟壶
1760-1850 年 1760-1850 C 佳士得
2016-03-16 Lot498 H6.8cm
估价：USD 2,800-3,800
成交价：USD 8,125

翠玉雕花鸟纹鼻烟壶
1880-1940 年 1880-1940 BO 邦瀚斯
2016-9-12 Lot9054 H 5.1cm
估价：USD 2,000-3,000
成交价：USD 3,125

褐青玉雕喜上眉梢图鼻烟壶
1750-1850 年 1750-1850 C 佳士得
2016-9-14 Lot420 H 6.4cm
估价：USD 1,500-2,000
成交价：USD 1,375

白玉雕瓜瓞绵绵鼻烟壶

清，18 世纪 Qing,18th Century S 苏富比

2016-04-06 Lot69 6cm

估价：HKD 25,000-35,000

成交价：HKD 162,500

白玉瓜蝶随形鼻烟壶

乾隆 Qianlong BP 北京保利

2016-04-27 Lot576 H9cm

估价：无底价

成交价：RMB 69,000

白玉瓜瓞绵绵葫芦鼻烟壶

清，18-19 世纪 Qing,18th-19th Century S 苏富比

2016-12-02 Lot884 4cm

估价：HKD 16,000-20,000

成交价：HKD 40,000

青玉雕三甲传芦图鼻烟壶

1740-1850 年 1740-1850 C 佳士得

2016-9-14 Lot405 H 5.7cm

估价：USD 6,000-8,000

成交价：USD 9,375

白玉瓜蝶绵绵鼻烟壶

乾隆 Qianlong BP 北京保利

2016-04-27 Lot574 H7cm

估价：无底价

成交价：RMB 172,500

2016 Chinese Art Auction TOP10 中国玉器拍卖鼻烟壶十大天价排行榜 Top 4

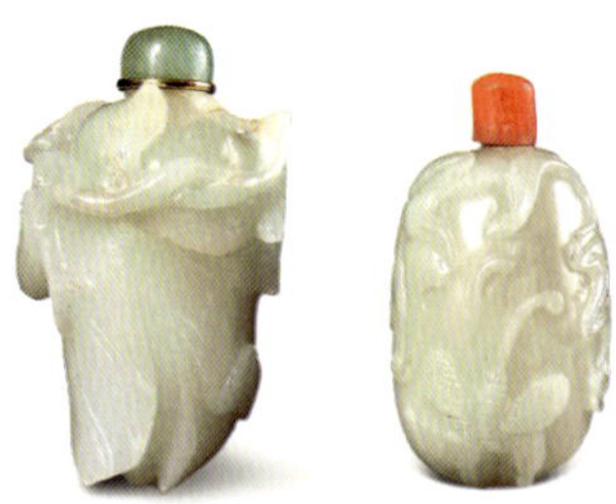

白玉瓜形、花卉形烟壶（二件）

清 Qing BP 北京保利

2016-12-07 Lot6778 H8cm;H7cm

估价：无底价

成交价：RMB 17,250

褐青玉雕瓜瓞绵绵籽料式鼻烟壶
1740-1850 年 1740-1850 C 佳士得
2016-03-16 Lot442 H6.4cm
估价：USD 2,000-3,000
成交价：USD 2,750

玉雕瓜瓞绵绵鼻烟壶
清中期 Mid Qing BC 北京诚轩
2016-05-15 Lot939 4.5 × 6.7cm
估价：RMB 5,000-8,000
成交价：RMB 13,800

青白玉瓜碟绵绵鼻烟壶
1780-1850 年 1780-1850 BO 邦瀚斯
2016-9-12 Lot9100 H 6.3cm
估价：USD 3,000-5,000
成交价：USD 3,125

白玉松鼠瓜蝶鼻烟壶
1860-1940 年 1860-1940 BO 邦瀚斯
2016-9-12 Lot9047 H 4.5cm
估价：USD 4,000-6,000
成交价：USD 5,625

白玉雕瓜瓞绵绵鼻烟壶
1760-1840 年 1760-1840 C 佳士得
2016-9-14 Lot453 H 6.4cm
估价：USD 3,000-5,000
成交价：USD 5,250

白玉花卉纹鼻烟壶
乾隆 Qianlong BP 北京保利
2016-04-27 Lot577 H7cm
估价：无底价
成交价：RMB 63,250

白玉刻团花纹鼻烟壶
1720-1800 年 1720-1800 C 佳士得
2016-03-17 Lot1700 H7.5cm
估价：USD 15,000-18,000
成交价：USD 18,750

褐青玉雕松瀑图鼻烟壶
1740-1850 年 1740-1850 C 佳士得
2016-03-16 Lot423 H5.7cm
估价：USD 8,000-10,000
成交价：USD 10,625

白玉嵌寶摘桃图鼻烟壶
1920-1800 年 1920-1800 C 佳士得
2016-9-14 Lot475 H 6cm
估价：USD 2,000-3,000
成交价：USD 11,875

白玉雕梅花烟壶
清 Qing GD 中国嘉德
2016-11-12 Lot3016 H 6.8cm
估价：RMB 25,000-35,000
成交价：RMB 28,750

白玉雕瓜棱式鼻烟壶
1730-1820 年 1730-1820 C 佳士得
2016-9-14 Lot473 H 5.7cm
估价：USD 3,500-4,500
成交价：USD 13,750

褐青玉梅枝式鼻烟壶
1760-1880 年 1760-1880 C 佳士得
2016-03-16 Lot402 H6.6cm
估价：USD 3,000-5,000
成交价：USD 4,000

白玉卵石形刻寿桃鼻烟壶
1750-1850 年 1750-1850 BO 邦瀚斯
2016-9-12 Lot9087 H 6.1cm
估价：USD 2,500-4,000
成交价：USD 2,500

青白玉葫芦形及佛手形鼻烟壶（一组两件）
清，19 世纪 Qing,19 Century C 佳士得
2016-11-9 Lot471 L 6.3cm
估价：GBP 2,000-4,000
成交价：GBP 6,000

白玉双狮耳鼻烟壶
乾隆 Qianlong BP 北京保利
2016-04-27 Lot578 H6.5cm
估价：无底价
成交价：RMB 161,000

2016 Chinese Art Auction TOP10 中国玉器拍卖鼻烟壶十大天价排行榜 Top 7

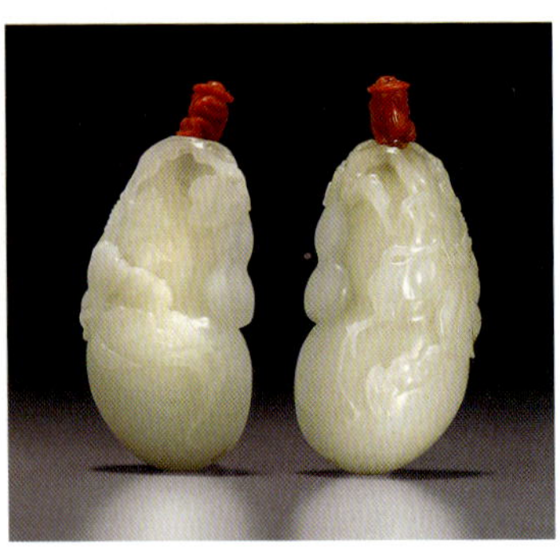

白玉葫芦形鼻烟壶
1850-1940 年 1850-1940 BO 邦瀚斯
2016-9-12 Lot9055 H 7.6cm
估价：USD 3,000-5,000
成交价：USD 8,750

白玉葫芦形鼻烟壶
清，18-19 世纪 Qing,18th-19th Century C 佳士得
2016-10-4 Lot77 H 5.7cm
估价：HKD 60,000-100,000
成交价：HKD 100,000

御制白玉茄式鼻烟壶
1750-1820 年 1750-1820 C 佳士得
2016-9-14 Lot436 H 6.4cm
估价：USD 3,500-4,500
成交价：USD 7,500

白玉雕竹篓纹鼻烟壶
清，18-19 世纪 Qing,18th-19th Century S 苏富比
2016-9-13 Lot216 尺寸不详
估价：USD 3,000-5,000
成交价：USD 13,750

白玉带皮随形印章烟壶
清 Qing SUN 中贸圣佳
2016-11-15 Lot1416 H6.2cm
估价：RMB 60,000-80,000
成交价：RMB 71,300

白玉黄金皮随形烟壶
清 Qing SUN 中贸圣佳
2016-11-15 Lot1418 H6.6cm
估价：RMB 60,000-80,000
成交价：RMB 66,700

白玉茄形鼻烟壶
清 Qing GD 中国嘉德
2016-05-14 Lot3193 H6.3cm
估价：无底价
成交价：RMB 9,200

白玉留皮包袱烟壶
清 Qing BP 北京保利
2016-10-31 Lot1322 H 7cm
估价：无底价
成交价：RMB 8,050

葫芦形黄玉刻锦缎包袱纹鼻烟壶
1750-1800 年 1750-1800 BO 邦瀚斯
2016-9-12 Lot9021 H 5.7cm
估价：USD 20,000-30,000
成交价：USD 12,500

碧玉簸箕纹烟壶
清 Qing GD 中国嘉德
2016-11-12 Lot3012 L 6cm
估价：无底价
成交价：RMB 17,250

和田白玉籽料鼻烟壶
清 Qing RBZ 荣宝斋（上海）
2016-11-27 Lot875 H7.3cm
估价：RMB 5,000-10,000
成交价：RMB 63,250

白玉八方鼻烟壶
清，18-19 世纪 Qing,18th-19th Century S 苏富比
2016-9-13 Lot227 尺寸不详
估价：USD 2,000-3,000
成交价：USD 2,250

白玉珊瑚钮素身烟壶
清 Qing BP 北京保利
2016-10-31 Lot1316 H 8cm
估价：RMB 6,000-10,000
成交价：RMB 63,250

灰黑玉雕藤篮纹鼻烟壶
1760-1860 年 1760-1860 C 佳士得
2016-9-14 Lot517 H 5.7cm
估价：USD 2,200-3,200
成交价：USD 2,125

白玉带皮烟壶
清 Qing BP 北京保利
2016-06-08 Lot9114 H6cm
估价：RMB 15,000-25,000
成交价：RMB 17,250

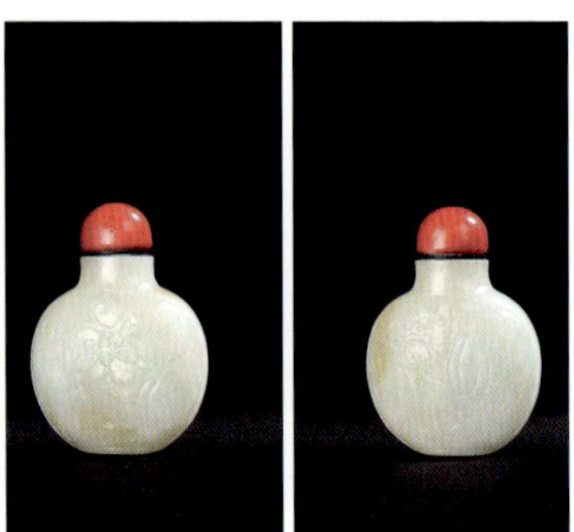

白玉鼻烟壶
清 Qing BD 北京东正
2016-05-14 Lot2005 H7cm
估价：RMB 40,000-50,000
成交价：RMB 55,200

青玉雕古琴形鼻烟壶
清，18-19 世纪 Qing,18th-19th Century S 苏富比
2016-9-13 Lot242 尺寸不详
估价：USD 4,000-6,000
成交价：USD 6,875

白玉带皮烟壶
清 Qing BP 北京保利
2016-06-08 Lot9113 H9cm
估价：RMB 5,000-8,000
成交价：RMB 51,750

白玉鼻烟壶
清，18-19 世纪 Qing,18th-19th Century S 苏富比
2016-12-02 Lot888 5.5cm
估价：HKD 30,000-40,000
成交价：HKD 250,000

2016 Chinese Art Auction TOP10 中国玉器拍卖鼻烟壶十大天价排行榜 Top 3

白玉烟壶
清 Qing KS 北京匡时
2016-06-07 Lot3337 H7.3cm
估价：RMB 80,000-100,000
成交价：RMB 97,750

白玉烟壶（二件）
清 Qing BP 北京保利
2016-12-07 Lot6779 H6.6cm;H6.5cm
估价：无底价
成交价：RMB 46,000

白玉带皮扁鼻烟壶
清 Qing PLHK 保利香港
2016-11-29 Lot1089 H8.7cm
估价：HKD 20,000-50,000
成交价：HKD 23,600

白玉鼻烟壶
1750-1850 年 1750-1850 C 佳士得
2016-9-14 Lot504 H 5.4cm
估价：USD 1,500-2,000
成交价：USD 3,250

玉雕鼻烟壶
清 Qing BP 北京保利
2016-04-27 Lot573 H7cm
估价：无底价
成交价：RMB 6,900

白玉鼻烟壶

1760-1820 年 1760-1820 C 佳士得
2016-9-16 Lot1293 H 5.1cm
估价：USD 10,000-15,000
成交价：USD 22,500

2016 Chinese Art Auction TOP10 中国玉器拍卖鼻烟壶十大天价排行榜 Top 10

白玉鼻烟壶 一组两件

19-20 世纪 19th-20th Century BO 邦瀚斯
2016-11-10 Lot88 H 5.7cm
估价：GBP 3,000-5,000
成交价：GBP 5,250

白玉光素鼻烟壶

1750-1850 年 1750-1850 BO 邦瀚斯
2016-9-12 Lot9048 H 5.9cm
估价：USD 2,500-4,000
成交价：USD 2,500

白玉鼻烟壶

19-20 世纪 19th-20th Century S 苏富比
2016-9-17 Lot1077 尺寸不详
估价：USD 3,000-5,000
成交价：USD 3,750

白玉鼻烟壶

清，18-19 世纪 Qing,18th-19th Century S 苏富比
2016-9-17 Lot1078A 尺寸不详
估价：USD 4,000-6,000
成交价：USD 3,250

白玉留皮烟壶

清 Qing GD 中国嘉德
2016-11-12 Lot3011 H 6cm
估价：RMB 15,000-25,000
成交价：RMB 20,700

白玉烟壶
清 Qing BP 北京保利
2016-10-31 Lot1317 H 8cm
估价：RMB 20,000-30,000
成交价：RMB 23,000

白玉烟壶
清 Qing BP 北京保利
2016-10-31 Lot1318 H 7cm
估价：RMB 20,000-30,000
成交价：RMB 23,000

白玉籽料鼻烟壶
清，19 世纪 Qing,19 Century C 佳士得
2016-10-4 Lot80 L 6cm
估价：HKD 20,000-30,000
成交价：HKD 68,750

白玉沁色烟壶
清 Qing GD 中国嘉德
2016-9-25 Lot5575 L 5.8cm
估价：无底价
成交价：RMB 3,450

白玉烟壶
清 Qing GD 中国嘉德
2016-9-25 Lot5294 H 7.2cm
估价：RMB 5,000-8,000
成交价：RMB 13,800

翠玉鼻烟壶
清，19 世纪 Qing,19 Century S 苏富比
2016-9-17 Lot1045 尺寸不详
估价：USD 2,000-3,000
成交价：USD 5,625

翠玉光素鼻烟壶
1770-1860 年 1770-1860 C 佳士得
2016-9-14 Lot422 H 6.6cm
估价：USD 4,000-6,000
成交价：USD 23,750

2016 Chinese Art Auction TOP10 中国玉器拍卖鼻烟壶十大天价排行榜 Top 8

翡翠素烟壶
清 Qing BP 北京保利
2016-12-07 Lot6786 H7.7cm
估价：RMB 15,000-25,000
成交价：RMB 59,800

黄玉光素鼻烟壶
1750-1840 年 1750-1840 C 佳士得
2016-9-14 Lot401 H 6.4cm
估价：USD 6,000-8,000
成交价：USD 15,000

翠玉鼻烟壶
清 Qing BSA 北京古天一
2016-12-07 Lot1052 H6.2cm
估价：RMB 120,000-150,000
成交价：RMB 172,500

2016 Chinese Art Auction TOP10 中国玉器拍卖鼻烟壶十大天价排行榜 Top 6

青白玉鼻烟壶（一组两件）
19-20 世纪 19th-20th Century C 佳士得
2016-11-9 Lot470 H 5.8cm
估价：GBP 1,500-3,000
成交价：GBP 5,000

拟御制素面带皮青白玉鼻烟壶
1730-1840 年 1730-1840 BO 邦瀚斯
2016-9-12 Lot9011 H 5.7cm
估价：USD 7,000-10,000
成交价：USD 7,500

素面开光翠玉鼻烟壶
民国 Republic Period BO 邦瀚斯
2016-9-12 Lot9053 H 5.1cm
估价：USD 1,000-1,500
成交价：USD 5,625

青玉带皮鼻烟壶（一组两件）
19 世纪 19th Century BO 邦瀚斯
2016-11-7 Lot557 H 6.7cm
估价：GBP 800-1,200
成交价：GBP 6,875

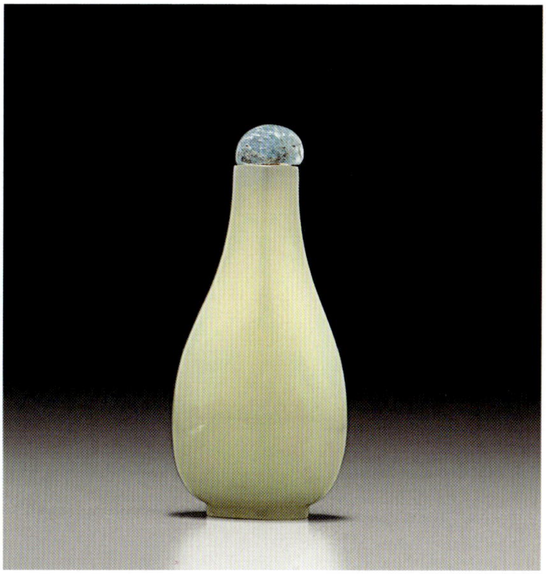

素面青白玉鼻烟壶
1760-1820 年 1760-1820 BO 邦瀚斯
2016-9-12 Lot9128 H 6.2cm
估价：USD 1,500-2,000
成交价：USD 1,500

天然翡翠鼻烟壶
年代不详 Unknown S 苏富比
2016-10-4 Lot1767 尺寸不详
估价：HKD 350,000-500,000
成交价：HKD 687,500

2016 Chinese Art Auction TOP10 中国玉器拍卖鼻烟壶十大天价排行榜 Top 1

玉雕鼻烟壶（三件）
1750-1880 年 1750-1880 C 佳士得
2016-9-14 Lot482 H 4.5cm;6cm;3.1cm
估价：USD 4,000-6,000
成交价：USD 6,500

玉雕鼻烟壶（两件）
1760-1850 年 1760-1850 C 佳士得
2016-9-14 Lot442 H 5.7cm;H 3.8cm
估价：USD 2,000-3,000
成交价：USD 3,250

玉雕鼻烟壶（两件）
清，19 世纪 Qing,19 Century S 苏富比
2016-9-17 Lot1056 尺寸不详
估价：USD 1,500-2,000
成交价：USD 5,625

玉料光素鼻烟壶
1760-1860 年 1760-1860 C 佳士得
2016-9-14 Lot415 H 6.6cm
估价：USD 1,500-2,000
成交价：USD 2,000

PART 8

痕都斯坦式玉器
Mughal Style Jade

青玉痕都斯坦式花卉纹双耳碗
乾隆 Qianlong C 佳士得
2016-11-9 Lot521 D 10.6cm
估价：GBP 1,500-3,000
成交价：GBP 5,625

白玉雕痕都斯坦式花卉小盖罐
清中期 Mid Qing BP 北京保利
2016-06-08 Lot9132 W5.5cm
估价：RMB 20,000-50,000
成交价：RMB 36,800

白玉痕都斯坦式瓜棱式羊首杯
乾隆 Qianlong S 苏富比
2016-04-06 Lot3015 19cm
估价：HKD 8,000,000-12,000,000
成交价：HKD 10,280,000
2016 Chinese Art Auction TOP10 中国玉器拍卖器皿类十大天价排行榜 Top 2

青白玉痕都斯坦式花卉纹杯
清 Qing S 苏富比
2016-12-01 Lot145 9cm
估价：HKD 8,000-12,000
成交价：HKD 11,250

褐青玉螭耳把杯 青白玉痕都斯坦式葵花杯及青白玉盌
清，19 世纪 Qing,19th Century S 苏富比
2016-05-11 Lot150 10cm
估价：GBP 2,000-3,000
成交价：GBP 2,500

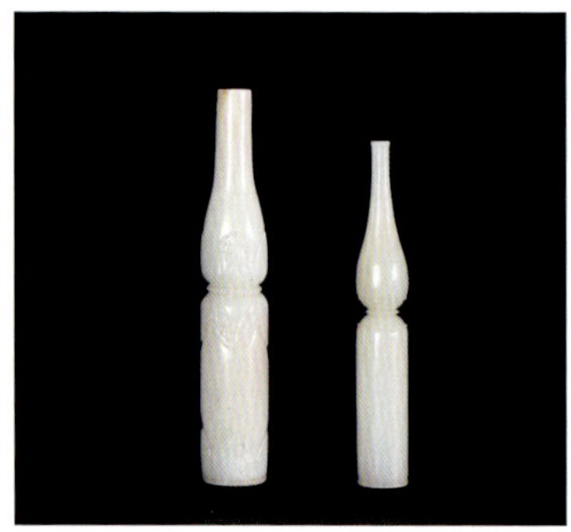

白玉痕都斯坦水烟管（二件）
乾隆 Qianlong BD 北京东正
2016-11-11 Lot222 L11.7cm;13.5cm
估价：RMB 100,000-150,000
成交价：RMB 115,000

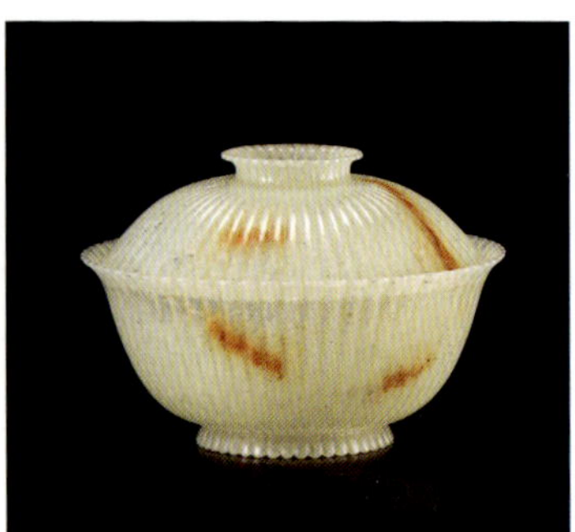

痕都斯坦式菊瓣盖碗
乾隆 Qianlong C 佳士得
2016-11-30 Lot3453 12.2cm
估价：HKD 50,000-80,000
成交价：HKD 162,500

碧玉痕都斯坦式花卉纹花苞耳盖罐
清晚期 Late Qing S 苏富比
2016-9-17 Lot1090 尺寸不详
估价：USD 3,000-5,000
成交价：USD 16,250

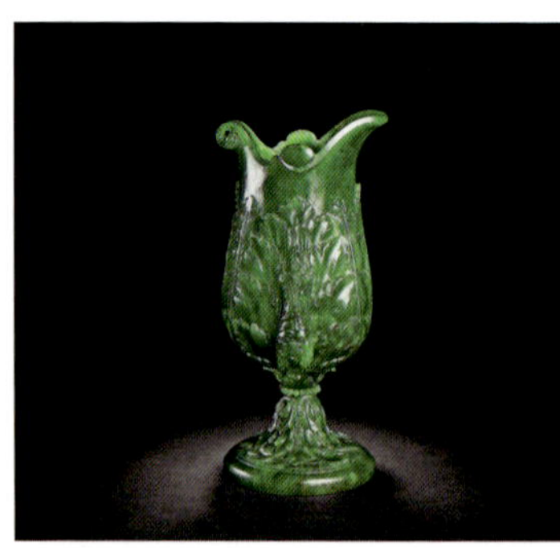

痕都斯坦碧玉杯
18 世纪 18th Century SUN 中贸圣佳
2016-11-15 Lot1448 H18.2cm
估价：RMB 200,000-250,000
成交价：RMB 218,500

PART 9

翡翠
Jadeite

翠雕花卉璧
清 Qing BP 北京保利
2016-10-31 Lot1822 D 5.5cm
估价：无底价
成交价：RMB 3,450

翡翠福寿珮及翡翠灵猴献桃珮（一组两件）
年代不详 Unknown C 佳士得
2016-11-11 Lot827 L 5.1cm
估价：GBP 800-1,200
成交价：GBP 2,000

翡翠及钻石吊坠
年代不详 Unknown C 佳士得
2016-11-29 Lot1867 1.9 × 1.52 × 0.51cm
估价：HKD 300,000-500,000
成交价：HKD 812,500

翠玉和合二仙珮
年代不详 Unknown C 佳士得
2016-04-05 Lot21 L 4.5cm
估价：HKD 100,000-150,000
成交价：HKD 325,000

翡翠雕福禄瑞兽珮
清 Qing XLA 西泠印社
2016-09-29 Lot115 L 5.2cm;W 4.2cm
估价：RMB 18,000-30,000
成交价：RMB 25,300

翡翠满绿观音吊坠
当代 Contemporary KS 北京匡时
2016-06-08 Lot4090 L7.5cm
估价：RMB 2,000,000-2,200,000
成交价：RMB 2,300,000

天然翡翠吊坠
年代不详 Unknown S 苏富比
2016-04-05 Lot1683 尺寸不详
估价：HKD 1,200,000-1,800,000
成交价：HKD 1,125,000

翡翠及钻石吊坠
年代不详 Unknown C 佳士得
2016-05-31 Lot1942 5.47 × 3.44 × 2.04cm
估价：HKD 120,000-180,000
成交价：HKD 150,000

翡翠及钻石吊坠
年代不详 Unknown C 佳士得
2016-05-31 Lot1944 6.35 × 3.70 × 1.19cm
估价：HKD 500,000-800,000
成交价：HKD 850,000

翡翠、红宝及钻石吊坠项链
年代不详 Unknown C 佳士得
2016-11-29 Lot1865 L2.8cm
估价：HKD 60,000-80,000
成交价：HKD 75,000

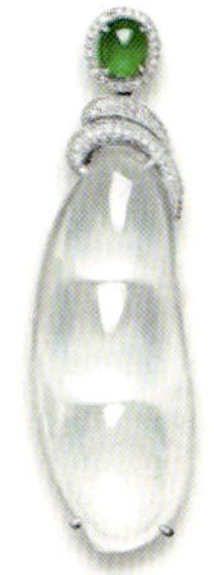

翡翠及钻石吊坠
年代不详 Unknown C 佳士得
2016-11-29 Lot2000 4.35 × 1.68 × 0.78cm
估价：HKD 50,000-80,000
成交价：HKD 75,000

翡翠吊坠及钻石吊坠
年代不详 Unknown C 佳士得
2016-05-31 Lot1935 4.83 × 3.17 × 1.81cm
估价：HKD 300,000-500,000
成交价：HKD 375,000

天然翡翠配钻石吊坠
年代不详 Unknown HY 华艺国际
2016-05-26 Lot2049 5.5cm
估价：RMB 50,000-60,000
成交价：RMB 63,250

天然黄色翡翠弥勒佛配 钻石 吊坠 及天然黄色翡翠 配 天然翡翠及 钻石 戒指
年代不详 Unknown S 苏富比
2016-04-05 Lot1638 尺寸不详
估价：HKD 80,000-120,000
成交价：HKD 75,000

天然翡翠观音配钻石吊坠
年代不详 Unknown HY 华艺国际
2016-05-26 Lot2060 5.774 × 3.653 × 0.8cm
估价：RMB 1,200,000-1,500,000
成交价：RMB 1,380,000

天然翡翠弥勒佛配钻石吊坠
年代不详 Unknown HY 华艺国际
2016-05-26 Lot2039 3.387 × 3.565 × 0.9cm
估价：RMB 80,000-100,000
成交价：RMB 92,000

天然冰种翡翠观音配钻石吊坠
年代不详 Unknown BP 北京保利
2016-06-07 Lot13081 9.045 × 5.138 × 1.181cm
估价：RMB 480,000-680,000
成交价：RMB 552,000

天然翡翠观音配钻石吊坠项链
年代不详 Unknown S 苏富比
2016-04-05 Lot1639 尺寸不详
估价：HKD 80,000-100,000
成交价：HKD 100,000

翡翠及钻石吊坠项链
年代不详 Unknown C 佳士得
2016-11-29 Lot2007 2.24 × 1.78 × 0.80cm
估价：HKD 680,000-880,000
成交价：HKD 1,500,000

翡翠及钻石吊坠
年代不详 Unknown C 佳士得
2016-11-29 Lot1869 L5.8cm
估价：HKD 150,000-250,000
成交价：HKD 200,000

天然翡翠送子观音摆件
年代不详 Unknown HY 华艺国际
2016-05-26 Lot2047 55.0 × 21.0 × 12.0cm
估价：RMB 180,000-250,000
成交价：RMB 207,000

翡翠及钻石吊坠项链
年代不详 Unknown C 佳士得
2016-11-29 Lot2062 D2.93cm，H0.56cm
估价：HKD 6,800,000-8,800,000
成交价：HKD 8,460,000

天然满绿翡翠绿度母观音菩萨配钻石吊坠
年代不详 Unknown BP 北京保利
2016-06-07 Lot13268 6.302 × 4.483 × 1.105cm
估价：咨询价
成交价：RMB 13,570,000

天然翡翠龙腾图吊坠
年代不详 Unknown TH 北京传是
2016-06-04 Lot533 5.101 × 4.551 × 0.661cm
估价：RMB 150,000-200,000
成交价：RMB 172,500

天然满绿翡翠葫芦配钻石吊坠
年代不详 Unknown BP 北京保利
2016-06-07 Lot13087 3.430 × 2.205 × 0.860cm
估价：RMB 420,000-600,000
成交价：RMB 356,500

天然翡翠“龙牌”吊坠（一对）
年代不详 Unknown BP 北京保利
2016-12-06 Lot8549 5.261 × 5.279cm
估价：无底价
成交价：RMB 40,250

天然翡翠福瓜吊坠
年代不详 Unknown TH 北京传是
2016-06-04 Lot537 5.221 × 2.854 × 1.188cm
估价：RMB 300,000-400,000
成交价：RMB 437,000

天然冰种飘绿翡翠“子母扣”吊坠
年代不详 Unknown BP 北京保利
2016-12-06 Lot8553 D5.3cm，H1.18cm
估价：无底价
成交价：RMB 20,700

天然翡翠“弥勒佛”配钻石吊坠
年代不详 Unknown HY 华艺国际
2016-11-26 Lot2116 3.79 × 3.62 × 1.2cm
估价：RMB 140,000-180,000
成交价：RMB 161,000

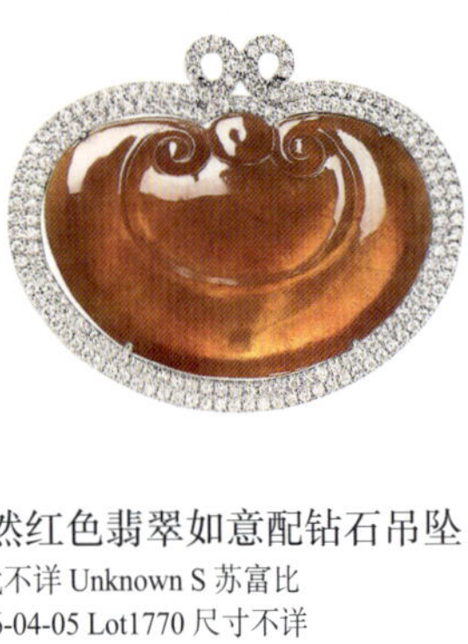

天然红色翡翠如意配钻石吊坠
年代不详 Unknown S 苏富比
2016-04-05 Lot1770 尺寸不详
估价：HKD 65,000-80,000
成交价：HKD 118,750h

天然翡翠“观音”配钻石吊坠
年代不详 Unknown HY 华艺国际
2016-11-26 Lot2019 4.96 × 1.68 × 0.6cm
估价：RMB 55,000-80,000
成交价：RMB 63,250

天然翡翠配宝石吊坠（五件）
年代不详 Unknown RBZ 荣宝斋（上海）
2016-11-27 Lot889 尺寸不详
估价：RMB 50,000-80,000
成交价：RMB 92,000

天然翡翠配钻石吊坠
年代不详 Unknown S 苏富比
2016-11-28 Lot1755 尺寸不详
估价：HKD 280,000-400,000
成交价：HKD 687,500

天然翡翠福佑平安吊坠
年代不详 Unknown TH 北京传是
2016-06-04 Lot532 5.551 × 4.593 × 0.703cm
估价：RMB 70,000-90,000
成交价：RMB 89,700

天然翡翠如意欢喜吊坠
年代不详 Unknown TH 北京传是
2016-06-04 Lot538 4.722 × 3.283 × 0.463cm
估价：RMB 150,000-200,000
成交价：RMB 184,000

天然翡翠寿比南山吊坠
年代不详 Unknown TH 北京传是
2016-06-04 Lot536 6.032 × 4.022 × 0.732cm
估价：RMB 300,000-600,000
成交价：RMB 575,000

天然紫罗兰翡翠平安扣吊坠
年代不详 Unknown BP 北京保利
2016-06-07 Lot13065 3.846 × 0.838cm
估价：RMB 48,000-68,000
成交价：RMB 63,250

天然翡翠平安扣配 钻石 吊耳环（一对）
年代不详 Unknown S 苏富比
2016-04-05 Lot1768 尺寸不详
估价：HKD 80,000-110,000
成交价：HKD 162,500

翡翠翎管吊坠项链
年代不详 Unknown C 佳士得
2016-11-29 Lot2063 6.55 × 1.61 × 0.34cm
估价：HKD 1,800,000-2,800,000
成交价：HKD 2,940,000

翡翠配心形黄钻吊坠
年代不详 Unknown KS 北京匡时
2016-12-05 Lot3909 L3.5cm
估价：无底价
成交价：RMB 40,250

天然冰种翡翠“佛公”配钻石吊坠
年代不详 Unknown BP 北京保利
2016-12-06 Lot8541 3.94 × 4.156cm
估价：无底价
成交价：RMB 34,500

天然冰种翡翠“福贝”配钻石吊坠
年代不详 Unknown BP 北京保利
2016-12-06 Lot8545 6.315 × 2.715 × 0.83cm
估价：无底价
成交价：RMB 36,800

天然翡翠叶子配钻石吊坠
年代不详 Unknown BP 北京保利
2016-06-07 Lot13063 5.848 × 3.325 × 0.643cm
估价：无底价
成交价：RMB 63,250

天然翡翠豌豆配钻石吊耳环（一对）
年代不详 Unknown S 苏富比
2016-04-05 Lot1689 尺寸不详
估价：HKD 3,800,000-4,500,000
成交价：HKD 4,640,000

天然翡翠平安扣配钻石吊坠
年代不详 Unknown S 苏富比
2016-04-05 Lot1681 尺寸不详
估价：HKD 850,000-950,000
成交价：HKD 1,125,000

天然翡翠豆荚配钻石吊坠

年代不详 Unknown HY 华艺国际
2016-05-26 Lot2054 0.55 × 0.57 × 0.3cm
估价：RMB 160,000-200,000
成交价：RMB 184,000

天然冰种翡翠“观音”配钻石吊坠

年代不详 Unknown BP 北京保利
2016-12-06 Lot8677 7.135 × 3.705cm
估价：无底价
成交价：RMB 32,200

天然翡翠竹报平安配钻石吊坠

年代不详 Unknown HY 华艺国际
2016-05-26 Lot2043 3.3 × 2.0cm
估价：RMB 360,000-450,000
成交价：RMB 414,000

天然翡翠福豆配钻石吊坠

年代不详 Unknown HY 华艺国际
2016-05-26 Lot2117 4.332 × 1.254 × 0.45cm
估价：RMB 120,000-150,000
成交价：RMB 138,000

天然冰种翡翠配黑玛瑙“猫头鹰”吊坠

年代不详 Unknown BP 北京保利
2016-12-06 Lot8679 4.198 × 5.756cm
估价：无底价
成交价：RMB 17,250

天然冰种翡翠配天然翡翠珠“金玉满堂”吊坠

年代不详 Unknown S 苏富比
2016-11-28 Lot1748 尺寸不详
估价：HKD 50,000-80,000
成交价：HKD 15,000

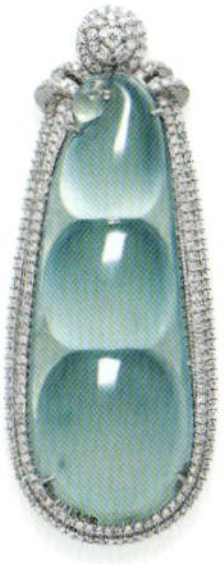

天然冰种翡翠“福豆”配钻石吊坠

年代不详 Unknown BP 北京保利
2016-12-06 Lot8547 5.148 × 1.816cm
估价：无底价
成交价：RMB 36,800

天然翡翠豌豆配钻石吊耳环（一对）

年代不详 Unknown S 苏富比
2016-04-05 Lot1766 尺寸不详
估价：HKD 200,000-260,000
成交价：HKD 250,000

天然翡翠 配 钻石 吊坠

年代不详 Unknown S 苏富比
2016-04-05 Lot1765 尺寸不详
估价：HKD 600,000-800,000
成交价：HKD 725,000

天然满绿翡翠蛋面配钻石戒指/吊坠（两用）

年代不详 Unknown HY 华艺国际

2016-05-26 Lot2069 2.25 × 1.6 × 0.7cm

估价：RMB 960,000-1,200,000

成交价：RMB 1,104,000

天然翡翠配钻石吊坠

年代不详 Unknown HY 华艺国际

2016-11-26 Lot2026 3.1 × 1.8 × 0.8cm

估价：RMB 140,000-180,000

成交价：RMB 161,000

天然满绿翡翠“随形”配钻石吊坠

年代不详 Unknown PLXM 保利厦门

2016-12-10 Lot1162 1.12 × 0.55 × 0.15cm

估价：无底价

成交价：RMB 3,450

天然满绿翡翠配钻石金枝玉叶吊坠

年代不详 Unknown HY 华艺国际

2016-05-26 Lot2073 4.2 × 2.0 × 0.5cm

估价：RMB 900,000-1,200,000

成交价：RMB 1,035,000

天然满绿翡翠“观音”配钻石吊坠

年代不详 Unknown HY 华艺国际

2016-11-26 Lot2032 5.16 × 3.45 × 0.5cm

估价：RMB 1,300,000-1,500,000

成交价：RMB 1,495,000

缅甸天然冰种翡翠佛公配钻石挂坠
年代不详 Unknown PLHK 保利香港
2016-10-03 Lot2161 3.841 × 3.901 × 0.995cm
估价：HKD 60,000-100,000
成交价：HKD 35,400

缅甸天然翡翠弥勒佛配钻石挂坠
年代不详 Unknown PLHK 保利香港
2016-10-03 Lot2001 3.082 × 2.821 × 0.769cm
估价：HKD 30,000-50,000
成交价：HKD 18,880

缅甸天然冰种翡翠观音挂坠
年代不详 Unknown PLHK 保利香港
2016-10-03 Lot2169 8.592 × 5.590 × 1.190cm
估价：HKD 580,000-880,000
成交价：HKD 649,000

缅甸天然翡翠配钻石挂坠
年代不详 Unknown PLHK 保利香港
2016-10-03 Lot2002 2.581 × 1.551 × 0.703cm
估价：HKD 28,000-48,000
成交价：HKD 33,040

缅甸天然翡翠配钻石挂坠
年代不详 Unknown PLHK 保利香港
2016-10-03 Lot2029 4.283 × 0.877 × 0.206cm
估价：HKD 120,000-180,000
成交价：HKD 141,600

缅甸天然冰种翡翠配钻石挂坠
年代不详 Unknown PLHK 保利香港
2016-10-03 Lot2102 4.282 × 1.702 × 0.862cm
估价：HKD 38,000-58,000
成交价：HKD 41,300

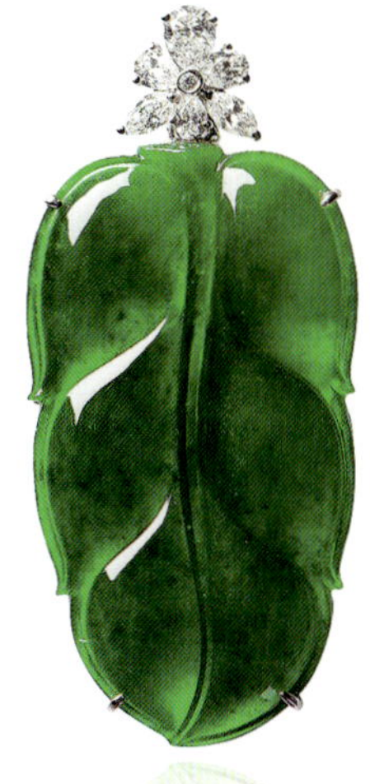

缅甸天然翡翠配钻石挂坠
年代不详 Unknown PLHK 保利香港
2016-10-03 Lot2081 4.332 × 2.371 × 0.410cm
估价：HKD 800,000-1,200,000
成交价：HKD 944,000

缅甸天然翡翠观音配钻石挂坠
年代不详 Unknown PLHK 保利香港
2016-10-03 Lot2078 4.282 × 2.666 × 0.507cm
估价：HKD 300,000-400,000
成交价：HKD 377,600

缅甸天然冰种翡翠配钻石挂坠
年代不详 Unknown PLHK 保利香港
2016-10-03 Lot2098 5.887 × 3.239 × 0.547cm
估价：HKD 40,000-60,000
成交价：HKD 30,680

缅甸天然紫罗兰翡翠配钻石戒指及挂坠
年代不详 Unknown PLHK 保利香港
2016-10-03 Lot2072 1.838 × 1.595 × 1.092cm
估价：HKD 48,000-68,000
成交价：HKD 28,320

天然紫罗兰翡翠配钻石吊坠及戒指套装
年代不详 Unknown BP 北京保利
2016-12-06 Lot8551 1.907 × 1.728cm
估价：无底价
成交价：RMB 36,800

缅甸天然翡翠配钻石戒指及挂坠
年代不详 Unknown PLHK 保利香港
2016-10-03 Lot2159 2.298 × 0.876 × 0.425cm
估价：HKD 28,000-48,000
成交价：HKD 35,400

缅甸天然紫翠配钻石挂坠耳环
年代不详 Unknown PLHK 保利香港
2016-10-03 Lot2160 3.126 × 3.135 × 0.221cm
估价：HKD 25,000-45,000
成交价：HKD 29,500

天然满绿翡翠配钻石吊坠
年代不详 Unknown BP 北京保利
2016-12-06 Lot8697 5.382 × 2.748 × 0.973cm
估价：咨询价
成交价：RMB 13,409,000

缅甸天然翡翠配钻石挂坠颈链
年代不详 Unknown PLHK 保利香港
2016-10-03 Lot2167 2.618 × 1.182 × 0.578cm
估价：HKD 400,000-500,000
成交价：HKD 531,000

天然翡翠 配 钻石 吊坠
年代不详 Unknown TH 北京传是
2016-06-04 Lot499 3.334 × 2.442cm
估价：RMB 100,000-150,000
成交价：RMB 138,000

翡翠豆荚及钻石耳坠
年代不详 Unknown C 佳士得
2016-11-29 Lot1870 2.36 × 0.75 × 0.35cm
估价：HKD 380,000-580,000
成交价：HKD 500,000

天然木那种翡翠“常青树”配钻石吊坠
年代不详 Unknown BP 北京保利
2016-12-06 Lot8554 2.706 × 4.768cm
估价：无底价
成交价：RMB 34,500

天然翡翠 配 钻石 吊坠
年代不详 Unknown TH 北京传是
2016-06-04 Lot531 3.342 × 2.442cm
估价：RMB 50,000-60,000
成交价：RMB 74,750

天然满绿翡翠配钻石吊坠
年代不详 Unknown BP 北京保利
2016-12-06 Lot8557 4.049 × 1.626cm
估价：RMB 70,000-110,000
成交价：RMB 80,500

天然翡翠 配 钻石 吊坠
年代不详 Unknown TH 北京传是
2016-06-04 Lot503 5.108 × 1.598 × 2.604cm
估价：RMB 500,000-600,000
成交价：RMB 632,500

翡翠及红宝石吊坠项链
年代不详 Unknown C 佳士得
2016-05-31 Lot1947 2.87 × 2.47 × 1.32cm
估价：HKD 6,000,000-8,000,000
成交价：HKD 6,640,000

翡翠及钻石吊坠项链

年代不详 Unknown C 佳士得

2016-05-31 Lot1869 2.45 × 1.15 × 0.40cm

估价：HKD 50,000-80,000

成交价：HKD 175,000

翡翠及钻石吊坠项链

年代不详 Unknown C 佳士得

2016-05-31 Lot1934 2.55 × 3.22 × 0.75cm

估价：HKD 150,000-250,000

成交价：HKD 187,500

翡翠及钻石吊坠项链

年代不详 Unknown C 佳士得

2016-05-31 Lot1946 2.74 × 2.58 × 1.60cm

估价：HKD 500,000-800,000

成交价：HKD 625,000

翡翠及钻石吊坠项链

年代不详 Unknown C 佳士得

2016-05-31 Lot1941 3.27 × 1.93 × 1.06cm

估价：HKD 120,000-180,000

成交价：HKD 350,000

翡翠及钻石吊坠项链

年代不详 Unknown C 佳士得

2016-05-31 Lot2009 4.23 × 2.02 × 0.88cm

估价：HKD 3,000,000-5,000,000

成交价：HKD 4,840,000

翡翠及钻石吊坠项链

年代不详 Unknown C 佳士得

2016-05-31 Lot1938 4.72 × 2.34 × 1.26cm

估价：HKD 120,000-180,000

成交价：HKD 237,500

翡翠耳坠

年代不详 Unknown C 佳士得

2016-05-31 Lot2039 D1.59cm

估价：HKD 880,000-1,200,000

成交价：HKD 3,640,000

翡翠及钻石耳坠
年代不详 Unknown C 佳士得
2016-11-29 Lot1939 1.55 × 1.24 × 0.63cm
估价：HKD 1,800,000-2,800,000
成交价：HKD 2,580,000

翡翠及钻石耳坠
年代不详 Unknown C 佳士得
2016-05-31 Lot1997 2.15 × 1.07 × 0.38cm
估价：HKD 200,000-300,000
成交价：HKD 500,000

翡翠及钻石耳坠
年代不详 Unknown C 佳士得
2016-05-31 Lot2008 3.27 × 1.65 × 0.38cm
估价：HKD 3,800,000-5,800,000
成交价：HKD 4,060,000

翡翠及钻石耳坠
年代不详 Unknown C 佳士得
2016-05-31 Lot2034 D2.17cm
估价：HKD 180,000-280,000
成交价：HKD 225,000

翡翠、钻石及红宝石耳坠
年代不详 Unknown C 佳士得
2016-05-31 Lot2010 3.60 × 1.36 × 0.59cm
估价：HKD 3,800,000-5,800,000
成交价：HKD 4,600,000

翡翠、钻石及有色钻石耳坠
年代不详 Unknown C 佳士得
2016-05-31 Lot2000 3.11 × 1.32 × 0.65cm
估价：HKD 120,000-180,000
成交价：HKD 500,000

缅甸天然翡翠“弥勒”配钻石挂坠
年代不详 Unknown PLHK 保利香港
2016-04-05 Lot2680 3.562 × 3.725 × 0.788cm
估价：HKD 3,800,000-5,800,000
成交价：HKD 4,543,000

翡翠三环及钻石耳坠
年代不详 Unknown C 佳士得
2016-11-29 Lot1860 1.66 × 0.36 × 0.35cm
估价：HKD 280,000-380,000
成交价：HKD 350,000

缅甸天然翡翠观音配钻石挂坠
年代不详 Unknown PLHK 保利香港
2016-04-05 Lot2601 4.829 × 3.212 × 0.836cm
估价：HKD 88,000-128,000
成交价：HKD 94,400

翡翠及钻石耳坠
年代不详 Unknown C 佳士得
2016-11-29 Lot1868 1.58 × 0.68 × 0.22cm
估价：HKD 180,000-280,000
成交价：HKD 400,000

翡翠及钻石耳坠
年代不详 Unknown C 佳士得
2016-11-29 Lot1850 2.2 × 1.33 × 0.58cm
估价：HKD 50,000-80,000
成交价：HKD 93,750

翡翠及钻石耳坠
年代不详 Unknown C 佳士得
2016-11-29 Lot1859 D1.57cm，H0.27cm
估价：HKD 120,000-180,000
成交价：HKD 150,000

翡翠“凤栖梧”挂件

当代 Contemporary KS 北京匡时
2016-06-08 Lot4173 D4cm
估价：RMB 160,000-180,000
成交价：RMB 195,500

天然白玉配彩色翡翠“称心如意”吊坠项链

年代不详 Unknown PLXM 保利厦门
2016-11-06 Lot1079 4.81 × 4.53 × 0.76cm
估价：无底价
成交价：RMB 2,300

天然翡翠“福瓜”配满绿翡翠及钻石吊坠项链

年代不详 Unknown PLXM 保利厦门
2016-11-06 Lot1059 2.46 × 1.22 × 0.49cm
估价：无底价
成交价：RMB 9,200

天然翡翠“平安扣”吊坠

年代不详 Unknown S 苏富比
2016-10-04 Lot1630 尺寸不详
估价：HKD 80,000-100,000
成交价：HKD 106,250

天然翡翠配钻石吊坠

年代不详 Unknown S 苏富比
2016-10-04 Lot1641 尺寸不详
估价：HKD 180,000-280,000
成交价：HKD 250,000

天然翡翠配钻石吊坠

年代不详 Unknown S 苏富比
2016-10-04 Lot1789 尺寸不详
估价：HKD 3,000,000-4,000,000
成交价：HKD 4,640,000

天然冰种翡翠“豆荚”配满绿翡翠及钻石吊坠项链
年代不详 Unknown PLXM 保利厦门
2016-11-06 Lot1005 2.62 × 1.4cm
估价：无底价
成交价：RMB 3,450

天然满绿翡翠“福豆”配钻石吊坠项链
年代不详 Unknown PLXM 保利厦门
2016-11-06 Lot1045 3.13 × 1.16cm
估价：RMB 38,000-50,000
成交价：RMB 43,700

天然紫翡“蛋面”配钻石耳环、吊坠项链套装
年代不详 Unknown PLXM 保利厦门
2016-11-06 Lot1018 1.54 × 1.18 × 0.5cm × 2;2.11 × 1.38 × 0.57cm
估价：RMB 80,000-120,000
成交价：RMB 92,000

天然翡翠 [豌豆”配钻石及粉红色钻石吊坠
年代不详 Unknown S 苏富比
2016-10-04 Lot1629 尺寸不详
估价：HKD 150,000-250,000
成交价：HKD 525,000

天然满绿翡翠“双环”配钻石吊坠项链
年代不详 Unknown PLXM 保利厦门
2016-11-06 Lot1001 2.3 × 1.55cm
估价：RMB 20,000-28,000
成交价：RMB 25,300

天然黄翡“连连有余”配钻石吊坠项链
年代不详 Unknown PLXM 保利厦门
2016-11-06 Lot1056 2.75 × 1.86cm
估价：无底价
成交价：RMB 3,450

天然三色翡翠“福禄寿”配钻石吊坠项链
年代不详 Unknown PLXM 保利厦门
2016-11-06 Lot1054 3.88 × 1.12 × 0.56cm
估价：无底价
成交价：RMB 6,900

天然翡翠雕“招财进宝”配红色翡翠珠挂件
年代不详 Unknown S 苏富比
2016-10-04 Lot1697 尺寸不详
估价：HKD 450,000-550,000
成交价：HKD 1,750,000

翡翠蟋蟀坠 平安环各一件
清 Qing GD 中国嘉德
2016-09-25 Lot5288 L 3.1cm;D 2.1cm
估价：无底价
成交价：RMB 4,600

王小哲 翡翠雕金玉满堂挂件
年代不详 Unknown GD 中国嘉德
2016-11-13 Lot3296 6.1 × 2 × 4.1cm
估价：RMB 50,000-70,000
成交价：RMB 57,500

天然冰种翡翠“聚宝盆”挂件
年代不详 Unknown PLXM 保利厦门
2016-11-06 Lot1081 5.63 × 5.42 × 1.81cm
估价：RMB 10,000-20,000
成交价：RMB 11,500

翡翠佛手挂件
清 Qing XLA 西泠印社
2016-09-29 Lot114 L 7cm
估价：RMB 16,000-20,000
成交价：RMB 23,000

翠玉龙纹带钩
清晚期 Late Qing C 佳士得
2016-04-05 Lot23 L 12cm
估价：HKD 40,000-60,000
成交价：HKD 50,000

翡翠龙马精神带钩
清 Qing GD 中国嘉德
2016-09-25 Lot5536 L 11.8cm
估价：无底价
成交价：RMB 4,600

翡翠水禽纹小坠
年代不详 Unknown C 佳士得
2016-09-16 Lot1295 W 4.5cm
估价：USD 4,000-6,000
成交价：USD 5,000

翠玉龙纹带钩
年代不详 Unknown C 佳士得
2016-04-05 Lot20 L 8.4cm
估价：HKD 120,000-150,000
成交价：HKD 150,000

翠雕龙纹带扣

清 Qing BP 北京保利
2016-10-31 Lot160 L 9.5cm
估价：无底价
成交价：RMB 6,900

天然翡翠龙钩

年代不详 Unknown S 苏富比
2016-10-04 Lot1730 尺寸不详
估价：HKD 240,000-400,000
成交价：HKD 375,000

翡翠手镯

年代不详 Unknown C 佳士得
2016-05-31 Lot1937 D5.20cm
估价：HKD 250,000-350,000
成交价：HKD 325,000

翡翠龙钩

年代不详 Unknown C 佳士得
2016-11-29 Lot2061 8.72 × 2.38 × 2.36cm
估价：HKD 1,800,000-2,800,000
成交价：HKD 4,260,000

翡翠手镯

年代不详 Unknown C 佳士得
2016-11-29 Lot1942 D5.52 × 0.87 × 0.87cm
估价：HKD 2,800,000-3,800,000
成交价：HKD 3,420,000

翡翠手镯

年代不详 Unknown C 佳士得
2016-11-29 Lot2004 5.53 × 1.01 × 0.89cm
估价：HKD 250,000-350,000
成交价：HKD 475,000

翡翠手镯

年代不详 Unknown C 佳士得
2016-05-31 Lot1871 D5.48cm
估价：HKD 150,000-250,000
成交价：HKD 275,000

翡翠手镯

年代不详 Unknown C 佳士得
2016-05-31 Lot1872 D5.79cm
估价：HKD 150,000-250,000
成交价：HKD 362,500

翡翠手镯四只

年代不详 Unknown C 佳士得
2016-05-31 Lot1873 D4.20、4.21、4.21 及 3.62cm
估价：HKD 30,000-50,000
成交价：HKD 75,000

缅甸天然翡翠手镯

年代不详 Unknown PLHK 保利香港
2016-04-05 Lot2672 7.555 × 5.821 × 1.710cm
估价：HKD 120,000-180,000
成交价：HKD 141,600

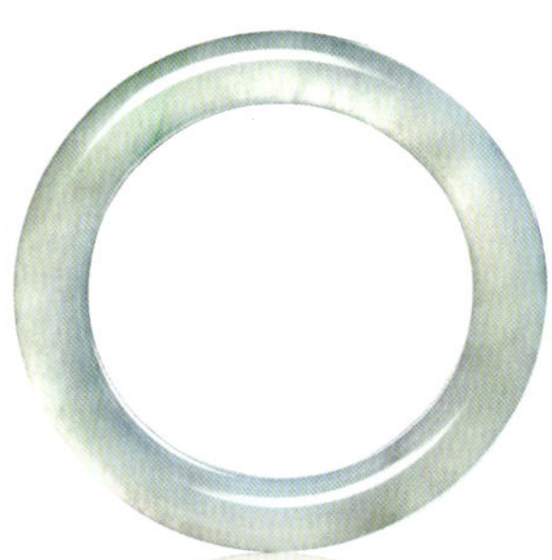

缅甸天然翡翠手镯

年代不详 Unknown PLHK 保利香港
2016-04-05 Lot2669 D5.780cm
估价：HKD 88,000-128,000
成交价：HKD 103,840

翡翠手镯（一对）

年代不详 Unknown C 佳士得
2016-11-29 Lot2003 5.73 × 1.08 × 1.12cm;5.79 × 1.08 × 1.1cm
估价：HKD 400,000-600,000
成交价：HKD 500,000

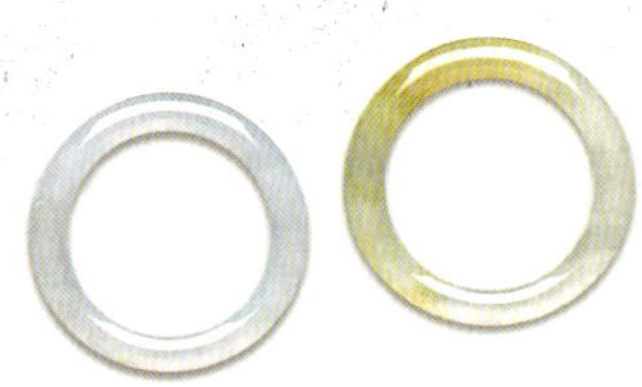

翡翠手镯（一对）

年代不详 Unknown C 佳士得
2016-11-29 Lot1933 5.79 × 1.08 × 1.15cm;6 × 1.11 × 1.18cm
估价：HKD 180,000-280,000
成交价：HKD 118,750

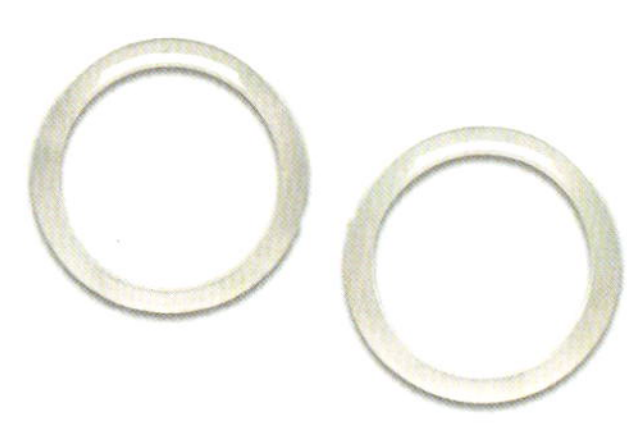

翡翠手镯（一对）

年代不详 Unknown C 佳士得
2016-11-29 Lot2001 5.88 × 1.71 × 0.82cm;5.87 × 1.76 × 0.8cm
估价：HKD 500,000-800,000
成交价：HKD 437,500

翡翠手镯
清 Qing BH 北京翰海
2016-12-04 Lot3162 D5.6cm
估价：RMB 50,000-70,000
成交价：RMB 69,000

翡翠手镯
清 Qing BD 北京东正
2016-09-23 Lot373 D 7.5cm
估价：无底价
成交价：RMB 4,600

天然翡翠手镯
年代不详 Unknown S 苏富比
2016-04-05 Lot1652 尺寸不详
估价：HKD 50,000-80,000
成交价：HKD 200,000

翡翠手镯
清 Qing BH 北京翰海
2016-12-04 Lot3161 D6cm
估价：RMB 100,000-150,000
成交价：RMB 138,000

翡翠手镯
当代 Contemporary BD 北京东正
2016-09-23 Lot374 D 8cm
估价：无底价
成交价：RMB 11,500

天然翡翠手镯
年代不详 Unknown S 苏富比
2016-10-04 Lot1727 D 5.988cm
估价：HKD 250,000-350,000
成交价：HKD 312,500

翡翠手镯（一对）
清 Qing KS 北京匡时
2016-12-05 Lot2556 D7.6cm*2
估价：RMB 20,000-50,000
成交价：RMB 71,300

翡翠手镯
当代 Contemporary BD 北京东正
2016-09-23 Lot375 D 8cm
估价：无底价
成交价：RMB 4,600

天然翡翠手镯
年代不详 Unknown PLXM 保利厦门
2016-12-10 Lot1163 7.15×5.33×0.97cm
估价：无底价
成交价：RMB 9,200

天然翡翠手镯
年代不详 Unknown BP 北京保利
2016-12-06 Lot8689 D5.41cm
估价：RMB 50,000-80,000
成交价：RMB 97,750

天然翡翠手镯
年代不详 Unknown S 苏富比
2016-04-05 Lot1815 尺寸不详
估价：HKD 7,000,000-9,000,000
成交价：HKD 6,800,000

天然翡翠手镯（一对）
年代不详 Unknown HY 华艺国际
2016-11-26 Lot2023 5.63 × 1.38 × 1.2cm;5.64 × 1.26 × 1.2cm
估价：RMB 500,000-600,000
成交价：RMB 575,000

天然翡翠手镯（一对）
年代不详 Unknown BP 北京保利
2016-12-06 Lot8678 D57.92cm;58.84cm
估价：无底价
成交价：RMB 55,200

天然翡翠手镯（一对）
年代不详 Unknown HY 华艺国际
2016-05-26 Lot2122 5.803 × 1.753 × 0.77cm;5.902 × 1.728 × 0.832cm
估价：RMB 900,000-1,200,000
成交价：RMB 1,380,000

天然翡翠手镯

年代不详 Unknown BP 北京保利
2016-06-07 Lot13089 D5.870cm
估价：RMB 40,000-60,000
成交价：RMB 322,000

天然翡翠手镯

年代不详 Unknown S 苏富比
2016-11-28 Lot1657 D5.268;H1.040cm
估价：HKD 250,000-350,000
成交价：HKD 337,500

天然冰种翡翠手镯

年代不详 Unknown BP 北京保利
2016-06-07 Lot13260 D5.431cm
估价：RMB 80,000-120,000
成交价：RMB 97,750

翡翠雕绳纹手镯

清早期 Early Qing BD 北京东正
2016-05-14 Lot3002 D6.2cm
估价：无底价
成交价：RMB 80,500

天然冰种翡翠手镯

年代不详 Unknown S 苏富比
2016-11-28 Lot1747 D5.89;1.21cm
估价：HKD 120,000-220,000
成交价：HKD 150,000

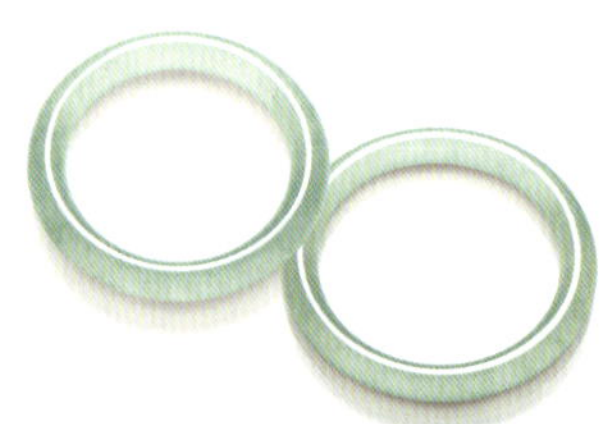

天然冰种翡翠手镯（一对）

年代不详 Unknown BP 北京保利
2016-12-06 Lot8691 尺寸不一
估价：RMB 100,000-150,000
成交价：RMB 115,000

翡翠透雕手镯

清 Qing BH 北京翰海
2016-12-04 Lot3163 D5.6cm
估价：RMB 70,000-90,000
成交价：RMB 101,200

天然冰种翡翠手镯（一对）

年代不详 Unknown S 苏富比
2016-04-05 Lot1771 尺寸不详
估价：HKD 95,000-140,000
成交价：HKD 475,000

天然冰种翡翠手镯

年代不详 Unknown HY 华艺国际
2016-05-26 Lot2057 5.715 × 1.599 × 0.745cm
估价：RMB 360,000-450,000
成交价：RMB 414,000

缅甸天然冰种翡翠手镯
年代不详 Unknown PLHK 保利香港
2016-10-03 Lot2082 7.654 × 5.509 × 1.077cm
估价：HKD 880,000-1,200,000
成交价：HKD 1,038,400

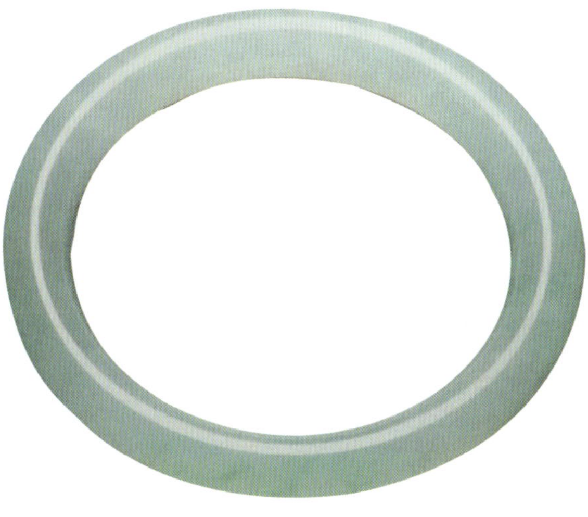

天然冰种翡翠原条手镯
年代不详 Unknown AS 中国艺海
2016-01-21 Lot2016 D 5.847cm
估价：HKD 860,000-1,720,000
成交价：HKD 946,000

天然冰种飘绿翡翠手镯
年代不详 Unknown HY 华艺国际
2016-11-26 Lot2117 5.9 × 1.59 × 0.85cm
估价：RMB 350,000-450,000
成交价：RMB 402,500

天然黄色翡翠手镯
年代不详 Unknown BP 北京保利
2016-06-07 Lot13078 D5.2cm
估价：RMB 120,000-180,000
成交价：RMB 149,500

天然黄翡手镯
年代不详 Unknown PLXM 保利厦门
2016-11-06 Lot1082 D 7.1cm
估价：RMB 40,000-55,000
成交价：RMB 46,000

缅甸天然紫罗兰翡翠手镯
年代不详 Unknown PLHK 保利香港
2016-10-03 Lot2073 7.217×5.705×6.540×5.096×1.355cm
估价：HKD 30,000-50,000
成交价：HKD 41,300

天然紫罗兰翡翠手镯（一对）
年代不详 Unknown BP 北京保利
2016-12-06 Lot8552 D5.878cm
估价：无底价
成交价：RMB 43,700

天然翡翠戒指
年代不详 Unknown S 苏富比
2016-04-05 Lot1817 尺寸不详
估价：HKD 250,000-320,000
成交价：HKD 375,000

天然紫罗兰翡翠手镯
年代不详 Unknown BP 北京保利
2016-12-06 Lot8680 5.5×1.18×1.18cm
估价：无底价
成交价：RMB 48,300

翡翠戒指
年代不详 Unknown C 佳士得
2016-05-31 Lot1930 1.60×1.11×0.51cm
估价：HKD 40,000-60,000
成交价：HKD 81,250

翡翠及钻石戒指
年代不详 Unknown C 佳士得
2016-11-29 Lot1863 1.63×1.48×0.67cm
估价：HKD 380,000-580,000
成交价：HKD 500,000

天然紫罗兰翡翠手镯
年代不详 Unknown BP 北京保利
2016-12-06 Lot8548 D5.878cm
估价：RMB 50,000-80,000
成交价：RMB 57,500

翡翠戒指
年代不详 Unknown C 佳士得
2016-05-31 Lot1931 2.34×1.66×0.75cm
估价：HKD 150,000-250,000
成交价：HKD 225,000

翡翠及钻石戒指
年代不详 Unknown C 佳士得
2016-11-29 Lot1871 1.67×1.31×0.41cm
估价：HKD 250,000-350,000
成交价：HKD 312,500

翡翠及钻石戒指
年代不详 Unknown C 佳士得
2016-05-31 Lot2042 1.42 × 1.18 × 0.71cm
估价：HKD 1,800,000-2,800,000
成交价：HKD 3,640,000

翡翠及钻石戒指
年代不详 Unknown C 佳士得
2016-05-31 Lot1865 1.88 × 1.48 × 0.89cm
估价：HKD 150,000-250,000
成交价：HKD 212,500

翡翠及钻石戒指
年代不详 Unknown C 佳士得
2016-11-29 Lot1852 1.71 × 1.22 × 0.53cm
估价：HKD 60,000-80,000
成交价：HKD 125,000

翡翠及钻石戒指
年代不详 Unknown C 佳士得
2016-05-31 Lot2001 1.70 × 1.45 × 0.93cm
估价：HKD 500,000-800,000
成交价：HKD 625,000

翡翠及钻石戒指
年代不详 Unknown C 佳士得
2016-05-31 Lot1858 1.94 × 1.34 × 0.44cm
估价：HKD 150,000-250,000
成交价：HKD 162,500

翡翠及钻石戒指
年代不详 Unknown C 佳士得
2016-05-31 Lot1855 1.45 × 1.12 × 0.72cm
估价：HKD 40,000-60,000
成交价：HKD 81,250

翡翠及钻石戒指
年代不详 Unknown C 佳士得
2016-05-31 Lot1998 1.75 × 1.35 × 0.64cm
估价：HKD 600,000-800,000
成交价：HKD 775,000

翡翠及钻石戒指
年代不详 Unknown C 佳士得
2016-11-29 Lot1999 1.85 × 1.83 × 1.08cm
估价：HKD 40,000-60,000
成交价：HKD 106,250

天然翡翠配钻石戒指

年代不详 Unknown HY 华艺国际
2016-05-26 Lot2036 1.210 × 0.936 × 0.3cm
估价：RMB 80,000-100,000
成交价：RMB 92,000

天然翡翠配钻石戒指

年代不详 Unknown S 苏富比
2016-04-05 Lot1645 尺寸不详
估价：HKD 80,000-120,000
成交价：HKD 81,250

翡翠及钻石戒指

年代不详 Unknown C 佳士得
2016-05-31 Lot2040 2.28 × 1.18 × 0.49cm
估价：HKD 2,800,000-3,800,000
成交价：HKD 3,880,000

翡翠及钻石戒指

年代不详 Unknown C 佳士得
2016-11-29 Lot2008 1.95 × 1.71 × 1.01cm
估价：HKD 1,200,000-1,800,000
成交价：HKD 1,500,000

天然翡翠配钻石戒指

年代不详 Unknown S 苏富比
2016-04-05 Lot1647 尺寸不详
估价：HKD 65,000-80,000
成交价：HKD 81,250

翡翠及钻石戒指

年代不详 Unknown C 佳士得
2016-05-31 Lot1870 2.40 × 1.24 × 0.49cm
估价：HKD 480,000-680,000
成交价：HKD 625,000

天然翡翠配钻石戒指

年代不详 Unknown S 苏富比
2016-04-05 Lot1640 尺寸不详
估价：HKD 250,000-300,000
成交价：HKD 312,500

翡翠及钻石戒指

年代不详 Unknown C 佳士得
2016-11-29 Lot1943 2.46 × 1.98 × 0.99cm
估价：HKD 1,800,000-2,800,000
成交价：HKD 2,220,000

翡翠及钻石戒指

年代不详 Unknown C 佳士得
2016-11-29 Lot1861 2.31 × 2.09 × 0.54cm
估价：HKD 200,000-300,000
成交价：HKD 937,500

天然翡翠配钻石戒指
年代不详 Unknown HY 华艺国际
2016-11-26 Lot2020 1.33 × 1.05 × 0.28cm
估价：RMB 65,000-80,000
成交价：RMB 74,750

天然满绿翡翠“马鞍”配钻石戒指
年代不详 Unknown BP 北京保利
2016-12-06 Lot8690 1.889 × 0.831cm
估价：RMB 50,000-80,000
成交价：RMB 57,500

天然翡翠配钻石戒指
年代不详 Unknown S 苏富比
2016-04-05 Lot1767 尺寸不详
估价：HKD 300,000-380,000
成交价：HKD 375,000

天然翡翠马鞍戒指（一对）
年代不详 Unknown S 苏富比
2016-04-05 Lot1773 尺寸不详
估价：HKD 250,000-350,000
成交价：HKD 750,000

天然翡翠配钻石戒指
年代不详 Unknown S 苏富比
2016-04-05 Lot1651 尺寸不详
估价：HKD 200,000-280,000
成交价：HKD 250,000

天然翡翠及钻石戒指
年代不详 Unknown C 佳士得
2016-05-31 Lot2003 1.93 × 1.63 × 0.55cm
估价：HKD 1,200,000-1,800,000
成交价：HKD 1,480,000

天然满绿翡翠“马鞍”配钻石戒指
年代不详 Unknown BP 北京保利
2016-12-06 Lot8692 1.85 × 0.87cm
估价：RMB 140,000-190,000
成交价：RMB 138,000

天然翡翠配钻石戒指
年代不详 Unknown S 苏富比
2016-04-05 Lot1654 尺寸不详
估价：HKD 320,000-400,000
成交价：HKD 400,000

天然翡翠及钻石戒指
年代不详 Unknown C 佳士得
2016-05-31 Lot2006 2.14 × 1.71 × 0.58cm
估价：HKD 2,500,000-3,500,000
成交价：HKD 3,160,000

天然翡翠 配 钻石 戒指
年代不详 Unknown TH 北京传是
2016-06-04 Lot501 2.579 × 1.401cm
估价：RMB 80,000-100,000
成交价：RMB 115,000

天然翡翠配钻石戒指及耳环套装
年代不详 Unknown S 苏富比
2016-11-28 Lot1655 尺寸不详
估价：HKD 280,000-350,000
成交价：HKD 350,000

天然翡翠珠配钻石戒指
年代不详 Unknown S 苏富比
2016-04-05 Lot1648 尺寸不详
估价：HKD 150,000-200,000
成交价：HKD 250,000

天然翡翠配钻石戒指
年代不详 Unknown S 苏富比
2016-11-28 Lot1649 尺寸不详
估价：HKD 50,000-80,000
成交价：HKD 62,500

天然翡翠配钻石戒指
年代不详 Unknown S 苏富比
2016-11-28 Lot1656 尺寸不详
估价：HKD 250,000-350,000
成交价：HKD 337,500

天然满绿翡翠蛋面戒指及耳环套装
年代不详 Unknown BP 北京保利
2016-06-07 Lot13265 2.231 × 1.675cm
估价：RMB 3,800,000-5,200,000
成交价：RMB 4,830,000

天然满绿翡翠配钻石戒指
年代不详 Unknown HY 华艺国际
2016-05-26 Lot2067 1.439 × 1.441 × 0.52cm
估价：RMB 340,000-400,000
成交价：RMB 391,000

天然翡翠蛋面戒指及耳环套装
年代不详 Unknown C 佳士得
2016-11-29 Lot2057 1.90 × 1.64 × 0.77cm
估价：HKD 6,800,000-8,800,000
成交价：HKD 9,660,000

天然满绿翡翠蛋面配钻石戒指（一对）
年代不详 Unknown BP 北京保利
2016-06-07 Lot13259
1.641 × 1.528cm;1.669 × 1.510cm
估价：RMB 60,000-90,000
成交价：RMB 69,000

天然冰种满绿翡翠蛋面配钻石戒指
年代不详 Unknown BP 北京保利
2016-06-07 Lot13069 1.086 × 0.806cm
估价：RMB 50,000-80,000
成交价：RMB 103,500

天然满绿翡翠蛋面配钻石戒指
年代不详 Unknown BP 北京保利
2016-06-07 Lot13091 尺寸不详
估价：RMB 180,000-220,000
成交价：RMB 241,500

天然满绿翡翠配钻石戒指
年代不详 Unknown HY 华艺国际
2016-05-26 Lot2042 1.635 × 1.27 × 0.52cm
估价：RMB 350,000-450,000
成交价：RMB 402,500

天然冰种翡翠“蛋面”配钻石戒指
年代不详 Unknown BP 北京保利
2016-12-06 Lot8685 1.402 × 1.151cm
估价：无底价
成交价：RMB 13,800

天然翡翠“蛋面”配钻石戒指
年代不详 Unknown BP 北京保利
2016-12-06 Lot8681 1.509 × 1.103cm
估价：无底价
成交价：RMB 17,250

天然满绿翡翠“蛋面”配钻石戒指
年代不详 Unknown PLXM 保利厦门
2016-12-10 Lot1169 0.78 × 0.63 × 0.3cm
估价：无底价
成交价：RMB 5,750

天然满绿翡翠“蛋面”配钻石戒指
年代不详 Unknown BP 北京保利
2016-12-06 Lot8683 1.361 × 1.078cm
估价：无底价
成交价：RMB 36,800

天然满绿翡翠“蛋面”配钻石戒指
年代不详 Unknown BP 北京保利
2016-12-06 Lot8688 1.466 × 1.202cm
估价：无底价
成交价：RMB 48,300

天然满绿翡翠“蛋面”配钻石戒指
年代不详 Unknown BP 北京保利
2016-12-06 Lot8556 0.97 × 0.86cm
估价：RMB 45,000-65,000
成交价：RMB 49,450

天然满绿翡翠“蛋面”配钻石戒指
年代不详 Unknown BP 北京保利
2016-12-06 Lot8544 1.411 × 1.717cm
估价：无底价
成交价：RMB 20,700

缅甸天然翡翠配钻石戒指及耳环套装
年代不详 Unknown PLHK 保利香港
2016-04-05 Lot2543 1.417 × 1.122 × 0.418cm
估价：HKD 380,000-480,000
成交价：HKD 590,000

天然满绿翡翠“蛋面”配钻石戒指
年代不详 Unknown PLXM 保利厦门
2016-12-10 Lot1166 1.03 × 0.82cm
估价：RMB 8,000-15,000
成交价：RMB 8,855

天然满绿翡翠“蛋面”配钻石戒指
年代不详 Unknown BP 北京保利
2016-12-06 Lot8543 1.417 × 1.042cm
估价：无底价
成交价：RMB 48,300

天然翡翠配沙弗来石及钻石戒指
年代不详 Unknown S 苏富比
2016-04-05 Lot1769 尺寸不详
估价：HKD 120,000-180,000
成交价：HKD 200,000

天然翡翠雕“葫芦”配钻石“猴子献福禄”戒指
年代不详 Unknown S 苏富比
2016-11-28 Lot1753 尺寸不详
估价：HKD 120,000-180,000
成交价：HKD 87,500

天然满绿翡翠配钻石“水晶花”戒指及耳环套装
年代不详 Unknown BP 北京保利
2016-12-06 Lot8555 2.354 × 2.316cm
估价：RMB 190,000-290,000
成交价：RMB 218,500

翡翠及钻石耳环
年代不详 Unknown C 佳士得
2016-05-31 Lot1996 1.30 × 0.95 × 0.42cm
估价：HKD 180,000-280,000
成交价：HKD 425,000

天然满绿翡翠“随形”配钻石戒指
年代不详 Unknown PLXM 保利厦门
2016-12-10 Lot1168 1.04 × 0.42 × 0.26cm
估价：无底价
成交价：RMB 4,600

翡翠及钻石耳环
年代不详 Unknown C 佳士得
2016-05-31 Lot2002 2.27 × 0.94 × 0.22cm
估价：HKD 150,000-250,000
成交价：HKD 150,000

天然翡翠配钻石戒指及耳环套装
年代不详 Unknown S 苏富比
2016-04-05 Lot1821 尺寸不详
估价：HKD 18,000,000-20,000,000
成交价：HKD 19,280,000

缅甸天然翡翠配钻石戒指及耳环套装
年代不详 Unknown PLHK 保利香港
2016-04-05 Lot2604 2.049 × 1.741 × 0.630cm
估价：HKD 2,800,000-4,800,000
成交价：HKD 2,714,000

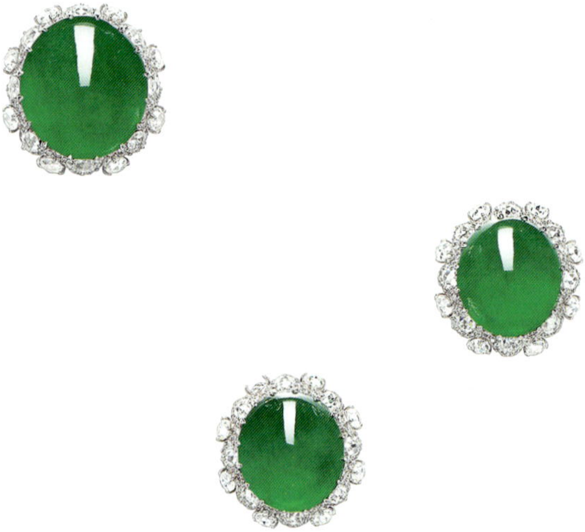

天然翡翠配钻石戒指及耳环套装
年代不详 Unknown S 苏富比
2016-10-04 Lot1634 尺寸不详
估价：HKD 2,000,000-2,500,000
成交价：HKD 2,480,000

天然翡翠配钻石耳环及戒指套装
年代不详 Unknown S 苏富比
2016-11-28 Lot1661 尺寸不详
估价：HKD 60,000-100,000
成交价：HKD 156,250

天然翡翠配钻石耳环及戒指套装
年代不详 Unknown S 苏富比
2016-11-28 Lot1757 尺寸不详
估价：HKD 250,000-350,000
成交价：HKD 300,000

天然翡翠配钻石吊耳环 卡地亚
年代不详 Unknown S 苏富比
2016-04-05 Lot1816 尺寸不详
估价：HKD 950,000-1,100,000
成交价：HKD 1,150,000

天然翡翠配钻石吊耳环（一对

年代不详 Unknown S 苏富比

2016-04-05 Lot1682 尺寸不详

估价：HKD 3,200,000-3,800,000

成交价：HKD 4,400,000

天然翡翠"双环"配钻石吊耳环（一对）

年代不详 Unknown S 苏富比

2016-10-04 Lot1788 尺寸不详

估价：HKD 5,000,000-6,000,000

成交价：HKD 6,320,000

天然翡翠配钻石耳环（一对）

年代不详 Unknown S 苏富比

2016-04-05 Lot1643 尺寸不详

估价：HKD 150,000-250,000

成交价：HKD 200,000

天然翡翠配钻石耳环（一对）

年代不详 Unknown S 苏富比

2016-04-05 Lot1776 尺寸不详

估价：HKD 400,000-500,000

成交价：HKD 750,000

天然翡翠配钻石耳环（一对）

年代不详 Unknown S 苏富比

2016-10-04 Lot1662 尺寸不详

估价：HKD 60,000-80,000

成交价：HKD 175,000

缅甸天然冰种翡翠配钻石耳环
年代不详 Unknown PLHK 保利香港
2016-10-03 Lot2049 1.652 × 0.311 × 0.504cm
估价：HKD 48,000-68,000
成交价：HKD 49,560

缅甸天然翡翠配钻石耳环
年代不详 Unknown PLHK 保利香港
2016-10-03 Lot2099 1.983 × 1.648 × 0.405cm
估价：HKD 35,000-55,000
成交价：HKD 41,300

缅甸天然翡翠配钻石耳环
年代不详 Unknown PLHK 保利香港
2016-10-03 Lot2106 2.225 × 1.635 × 0.561cm
估价：HKD 200,000-280,000
成交价：HKD 318,600

缅甸天然冰种翡翠配钻石及彩色刚玉耳环及戒指
年代不详 Unknown PLHK 保利香港
2016-10-03 Lot2074 1.383 × 1.401 × 0.651cm
估价：HKD 48,000-68,000
成交价：HKD 56,640

天然冰种翡翠“环形”配钻石耳环
年代不详 Unknown PLXM 保利厦门
2016-11-06 Lot1004 D 2.85cm
估价：无底价
成交价：RMB 2,300

天然翡翠珠配红宝石耳环（一对）
年代不详 Unknown S 苏富比
2016-11-28 Lot1760 尺寸不详
估价：HKD 15,000-25,000
成交价：HKD 35,000

天然满绿翡翠“如意”配钻石耳环（一对）
年代不详 Unknown HY 华艺国际
2016-11-26 Lot2031 2.03 × 1.53cm、2.09 × 1.59cm
估价：RMB 130,000-150,000
成交价：RMB 149,500

天然翡翠珠配钻石及红宝石耳环（一对）
年代不详 Unknown S 苏富比
2016-10-04 Lot1627 尺寸不详
估价：HKD 30,000-40,000
成交价：HKD 150,000

天然满绿翡翠“蝴蝶”配钻石耳环
年代不详 Unknown PLXM 保利厦门
2016-11-06 Lot1012 3.24 × 1.6cm × 2
估价：无底价
成交价：RMB 3,450

天然满绿翡翠“双环”配钻石耳环
年代不详 Unknown PLXM 保利厦门
2016-11-06 Lot1002 2.33 × 1.58 × 0.27cm × 2
估价：RMB 15,000-36,000
成交价：RMB 17,250

翡翠耳环
年代不详 Unknown C 佳士得
2016-11-29 Lot1851 2.55 × 2.38 × 1.2cm
估价：HKD 80,000-120,000
成交价：HKD 600,000

翠玉戒指（四枚）
年代不详 Unknown C 佳士得
2016-10-04 Lot188 L 2cm
估价：HKD 20,000-40,000
成交价：HKD 17,500

天然满绿翡翠配钻石“蝴蝶”耳环
年代不详 Unknown PLXM 保利厦门
2016-11-06 Lot1058 3.2 × 1.16 × 0.69cm × 2
估价：RMB 35,000-50,000
成交价：RMB 40,250

翠玉戒指
年代不详 Unknown C 佳士得
2016-10-04 Lot186 L 2cm
估价：HKD 80,000-150,000
成交价：HKD 125,000

缅甸天然翡翠配红碧玺及钻石戒指
年代不详 Unknown PLHK 保利香港
2016-10-03 Lot2003 2.221 × 0.657 × 0.530cm
估价：HKD 30,000-50,000
成交价：HKD 20,060

翡翠耳环
年代不详 Unknown C 佳士得
2016-11-29 Lot1862 1.98 × 1.15 × 0.33cm
估价：HKD 650,000-950,000
成交价：HKD 2,220,000

缅甸天然翡翠配钻石戒指
年代不详 Unknown PLHK 保利香港
2016-10-03 Lot2009 1.446 × 1.289 × 0.708cm
估价：HKD 240,000-320,000
成交价：HKD 283,200

缅甸天然翡翠配钻石戒指
年代不详 Unknown PLHK 保利香港
2016-10-03 Lot2134 2.001 × 1.526 × 0.545cm
估价：HKD 700,000-900,000
成交价：HKD 750,000

天然裴翠配钻石戒指
年代不详 Unknown S 苏富比
2016-10-04 Lot1666 尺寸不详
估价：HKD 250,000-350,000
成交价：HKD 500,000

缅甸天然紫罗兰翡翠戒指
年代不详 Unknown PLHK 保利香港
2016-10-03 Lot2126 1.943 × 1.785 × 1.019cm
估价：HKD 48,000-68,000
成交价：HKD 59,000

缅甸天然翡翠配钻石戒指
年代不详 Unknown PLHK 保利香港
2016-10-03 Lot2100 2.315 × 1.527 × 0.439cm
估价：HKD 120,000-180,000
成交价：HKD 153,400

天然满绿翡翠“蛋面”配钻石戒指
年代不详 Unknown PLXM 保利厦门
2016-11-06 Lot1015 1.02 × 0.84cm
估价：RMB 10,000-20,000
成交价：RMB 11,500

缅甸天然紫罗兰翡翠马鞍戒指
年代不详 Unknown PLHK 保利香港
2016-10-03 Lot2033 3.020 × 3.163 × 1.954 × 1.413cm
估价：HKD 30,000-50,000
成交价：HKD 35,400

天然翡翠配钻石戒指
年代不详 Unknown S 苏富比
2016-10-04 Lot1768 尺寸不详
估价：HKD 2,500,000-3,500,000
成交价：HKD 3,920,000

天然冰种翡翠“蛋面”配钻石戒指
年代不详 Unknown PLXM 保利厦门
2016-11-06 Lot1006 1.17 × 1.06 × 0.35cm
估价：RMB 18,000-32,000
成交价：RMB 20,700

天然紫翡“蛋面”配钻石戒指
年代不详 Unknown PLXM 保利厦门
2016-11-06 Lot1017 1.59 × 1.14 × 0.48cm
估价：RMB 30,000-60,000
成交价：RMB 34,500

天然紫色翡翠配钻石戒指
年代不详 Unknown S 苏富比
2016-10-04 Lot1726 尺寸不详
估价：HKD 100,000-180,000
成交价：HKD 212,500

翡翠、钻石及有色钻石套装
年代不详 Unknown C 佳士得
2016-11-29 Lot2006 1.8 × 1.46 × 0.83cm
估价：HKD 650,000-950,000
成交价：HKD 812,500

满绿翡翠配钻石珠宝一套
年代不详 Unknown KS 北京匡时
2016-12-05 Lot3913 尺寸不详
估价：RMB 140,000-150,000
成交价：RMB 172,500

翡翠及钻石套装
年代不详 Unknown C 佳士得
2016-11-29 Lot1935 1.46 × 1.22 × 0.73cm
估价：HKD 80,000-120,000
成交价：HKD 125,000

翡翠及钻石套装
年代不详 Unknown C 佳士得
2016-11-29 Lot2060 1.78 × 1.52 × 0.72cm
估价：HKD 20,000,000-30,000,000
成交价：HKD 24,060,000

天然翡翠配钻石项链及耳环套装
年代不详 Unknown S 苏富比
2016-11-28 Lot1650 尺寸不详
估价：HKD 25,000-45,000
成交价：HKD 77,500

缅甸天然翡翠珠链
年代不详 Unknown PLHK 保利香港
2016-10-03 Lot2054 1.038-1.212cm
估价：HKD 900,000-1,500,000
成交价：HKD 1,180,000

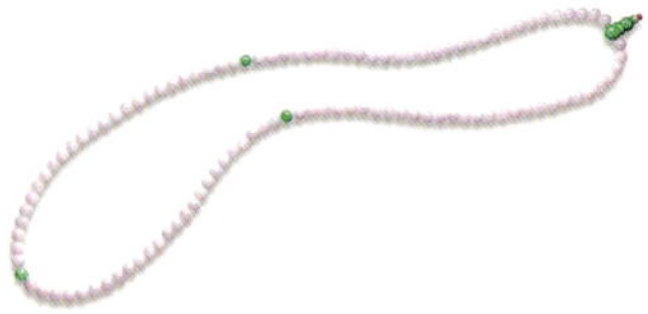

翡翠项链
年代不详 Unknown C 佳士得
2016-11-29 Lot1874 0.79-0.87cm
估价：HKD 80,000-120,000
成交价：HKD 81,250

天然翡翠珠配钻石及红宝石项链
年代不详 Unknown S 苏富比
2016-10-04 Lot1672 尺寸不详
估价：HKD 4,800,000-5,800,000
成交价：HKD 5,720,000

翡翠及钻石项链
年代不详 Unknown C 佳士得
2016-11-29 Lot1940 1.1 × 0.85 × 0.42cm
估价：HKD 680,000-880,000
成交价：HKD 1,125,000

天然翡翠配钻石项链
年代不详 Unknown HY 华艺国际
2016-11-26 Lot2035 尺寸不一
估价：RMB 650,000-800,000
成交价：RMB 747,500

翡翠及钻石项链
年代不详 Unknown C 佳士得
2016-11-29 Lot2011 0.9-1.26cm
估价：HKD 22,000,000-30,000,000
成交价：HKD 26,300,000

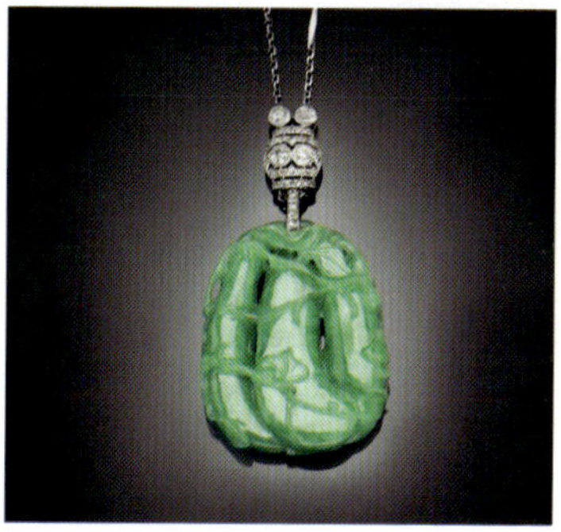

翡翠坠白金镶钻石项链
年代不详 Unknown C 佳士得
2016-03-17 Lot1703 L4cm
估价：USD 20,000-30,000
成交价：USD 25,000

天然满绿翡翠“葫芦”配钻石项链
年代不详 Unknown BP 北京保利
2016-12-06 Lot8561 L44cm
估价：RMB 550,000-750,000
成交价：RMB 609,500

翡翠及钻石项链
年代不详 Unknown C 佳士得
2016-05-31 Lot1864 1.27 × 1.17 × 0.81cm
估价：HKD 120,000-180,000
成交价：HKD 150,000

天然翡翠配钻石项链
年代不详 Unknown S 苏富比
2016-04-05 Lot1685 尺寸不详
估价：HKD 600,000-800,000
成交价：HKD 1,625,000

天然冰种翡翠珠链
年代不详 Unknown BP 北京保利
2016-12-06 Lot8682 1.2cm
估价：无底价
成交价：RMB 43,700

天然翡翠珠链
年代不详 Unknown HY 华艺国际
2016-11-26 Lot2086 D0.72-0.75cm
估价：无底价
成交价：RMB 2,300

天然翡翠珠链
年代不详 Unknown HY 华艺国际
2016-11-26 Lot2087 D0.75-0.78cm
估价：无底价
成交价：RMB 2,300

天然翡翠珠链（两条）
年代不详 Unknown HY 华艺国际
2016-11-26 Lot2015 D1.12-1.31cm
估价：RMB 26,000-35,000
成交价：RMB 29,900

天然翡翠珠配钻石项链
年代不详 Unknown S 苏富比
2016-04-05 Lot1814 尺寸不详
估价：HKD 3,800,000-4,500,000
成交价：HKD 4,400,000

缅甸天然紫罗兰翡翠配钻石颈链
年代不详 Unknown PLHK 保利香港
2016-04-05 Lot2545 2.225 × 1.931 × 1.078cm
估价：HKD 680,000-1,000,000
成交价：HKD 778,800

天然翡翠珠配翠榴石及钻石项链
年代不详 Unknown S 苏富比
2016-04-05 Lot1649 尺寸不详
估价：HKD 350,000-450,000
成交价：HKD 437,500

天然黄翡珠链
年代不详 Unknown BP 北京保利
2016-12-06 Lot8546 1.3cm
估价：无底价
成交价：RMB 34,500

缅甸天然翡翠珠配钻石颈链
年代不详 Unknown PLHK 保利香港
2016-10-03 Lot2027 1.345cm
估价：HKD 70,000-100,000
成交价：HKD 64,900

天然满绿翡翠“蝴蝶”配珍珠、碧玺项链
年代不详 Unknown PLXM 保利厦门
2016-11-06 Lot1050 2.61 × 1.53cm × 2
估价：RMB 45,000-60,000
成交价：RMB 51,750

天然满绿翡翠珠链
年代不详 Unknown HY 华艺国际
2016-11-26 Lot2061 D0.91-1.24cm
估价：RMB 350,000-450,000
成交价：RMB 402,500

缅甸天然冰种翡翠配钻石颈链
年代不详 Unknown PLHK 保利香港
2016-10-03 Lot2075 1.295 × 1.117 × 0.603cm
估价：HKD 80,000-120,000
成交价：HKD 103,840

翡翠及钻石手链
年代不详 Unknown C 佳士得
2016-05-31 Lot2043 18.2cm
估价：HKD 8,800,000-12,800,000
成交价：HKD 15,040,000

缅甸天然翡翠配钻石手链
年代不详 Unknown PLHK 保利香港
2016-10-03 Lot2132 L 17cm
估价：HKD 180,000-260,000
成交价：HKD 212,400

缅甸天然翡翠配钻石手链
年代不详 Unknown PLHK 保利香港
2016-04-05 Lot2544 1.269 × 0.965 × 0.370cm
估价：HKD 220,000-280,000
成交价：HKD 259,600

翡翠及钻石套装
年代不详 Unknown C 佳士得
2016-05-31 Lot1863 1.92 × 1.71 × 1.06cm
估价：HKD 60,000-80,000
成交价：HKD 150,000

翡翠及钻石手链
年代不详 Unknown C 佳士得
2016-05-31 Lot2007 1.35 × 1.11 × 0.46cm
估价：HKD 2,800,000-3,800,000
成交价：HKD 3,400,000

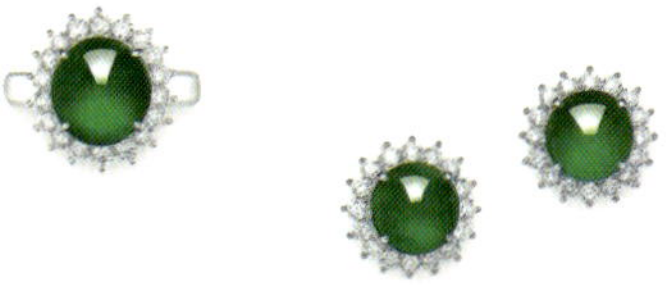

翡翠及钻石首饰
年代不详 Unknown C 佳士得
2016-05-31 Lot1859 1.15 × 1.03 × 0.41cm
估价：HKD 250,000-350,000
成交价：HKD 500,000

翡翠及钻石胸针
年代不详 Unknown C 佳士得
2016-11-29 Lot1856 0.98 × 0.99 × 0.51cm
估价：HKD 160,000-250,000
成交价：HKD 200,000

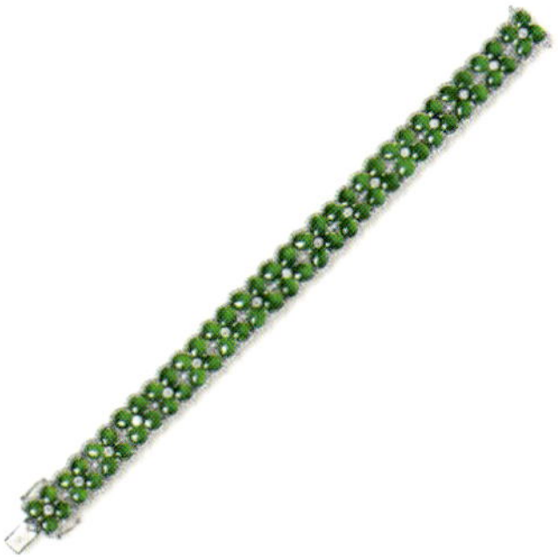

翡翠及钻石手链
年代不详 Unknown C 佳士得
2016-05-31 Lot1860 17.3cm
估价：HKD 50,000-80,000
成交价：HKD 118,750

翡翠及钻石首饰
年代不详 Unknown C 佳士得
2016-11-29 Lot1866 1.61 × 1.03 × 0.45cm
估价：HKD 80,000-120,000
成交价：HKD 100,000

翡翠及钻石胸针
年代不详 Unknown C 佳士得
2016-11-29 Lot1854 3.81 × 2.61 × 0.56cm
估价：HKD 60,000-80,000
成交价：HKD 60,000

翡翠及钻石胸针
年代不详 Unknown C 佳士得
2016-11-29 Lot2055 L2.7cm
估价：HKD 380,000-580,000
成交价：HKD 1,000,000

天然翡翠 配钻石花胸针
年代不详 Unknown TH 北京传是
2016-06-04 Lot502 3.329 × 7.318cm
估价：RMB 80,000-100,000
成交价：RMB 112,700

天然翡翠配钻石花别针
年代不详 Unknown S 苏富比
2016-04-05 Lot1642 尺寸不详
估价：HKD 160,000-200,000
成交价：HKD 325,000

天然满绿翡翠配钻石胸针
年代不详 Unknown BP 北京保利
2016-12-06 Lot8684 3.35 × 2.128cm
估价：RMB 30,000-50,000
成交价：RMB 43,700

缅甸天然翡翠配彩色钻石“齐天大圣”胸针
年代不详 Unknown PLHK 保利香港
2016-04-05 Lot2597 1.949 × 1.586 × 0.160cm
估价：HKD 150,000-220,000
成交价：HKD 188,800

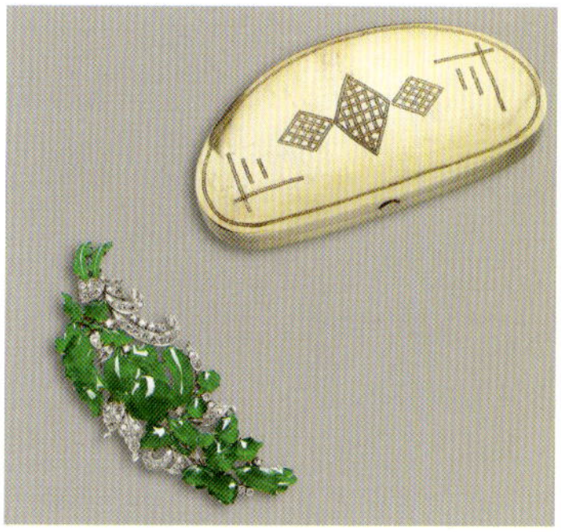

天然翡翠配钻石别针
年代不详 Unknown S 苏富比
2016-11-28 Lot1763 尺寸不详
估价：HKD 400,000-600,000
成交价：HKD 562,500

翡翠及钻石胸针
年代不详 Unknown C 佳士得
2016-05-31 Lot1862 2.14 × 1.47 × 0.24cm
估价：HKD 80,000-120,000
成交价：HKD 125,000

缅甸天然翡翠配钻石挂坠 / 胸针
年代不详 Unknown PLHK 保利香港
2016-04-05 Lot2535 2.363 × 0.772 × 0.482cm
估价：HKD 68,000-100,000
成交价：HKD 80,240

天然翡翠配钻石花别针
年代不详 Unknown S 苏富比
2016-04-05 Lot1764 尺寸不详
估价：HKD 150,000-200,000
成交价：HKD 212,500

天然裴翠配钻石及红宝石“蝴蝶”别针
年代不详 Unknown S 苏富比
2016-10-04 Lot1628 尺寸不详
估价：HKD 60,000-80,000
成交价：HKD 100,000

缅甸天然冰种翡翠配钻石挂墜
年代不详 Unknown PLHK 保利香港
2016-10-03 Lot2050 2.356 × 2.286 × 1.378cm
估价：HKD 85,000-120,000
成交价：HKD 106,200

缅甸天然翡翠配钻石珠宝套装
年代不详 Unknown PLHK 保利香港
2016-10-03 Lot2125 1.138 × 0.996 × 0.423cm
估价：HKD 48,000-68,000
成交价：HKD 28,320

蔡孟翰设计缅甸天然翡翠配钻石及彩色刚玉胸针
年代不详 Unknown PLHK 保利香港
2016-10-03 Lot2164 1.135 × 0.926 × 0.571cm
估价：HKD 130,000-180,000
成交价：HKD 141,600

缅甸天然翡翠配红宝及钻石珠宝
年代不详 Unknown PLHK 保利香港
2016-10-03 Lot2097 6.996 × 5.489 × 0.991 × 6.473 × 4.969cm;1.638 × 1.537 × 0.765cm
估价：HKD 60,000-80,000
成交价：HKD 35,400

天然红色翡翠配天然冰种翡翠、钻石、彩色钻石及缟玛瑙“蜜蜂”别针
年代不详 Unknown S 苏富比
2016-10-04 Lot1725 尺寸不详
估价：HKD 40,000-60,000
成交价：HKD 212,500

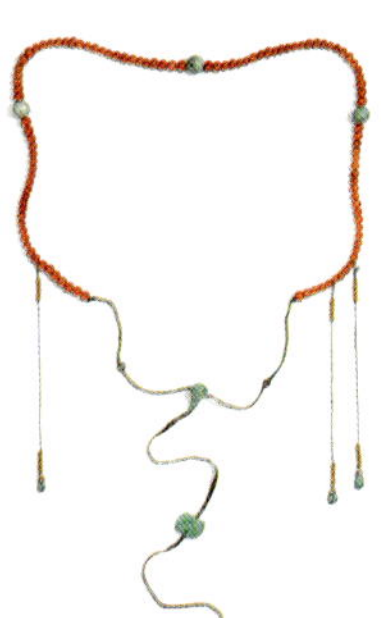

翡翠 108 粒佛珠
19 世纪 19th Century C 佳士得
2016-05-13 Lot756 尺寸不详
估价：GBP 3,000-5,000
成交价：GBP 12,500

缅甸天然翡翠配钻石挂墜
年代不详 Unknown PLHK 保利香港
2016-10-03 Lot2128 1.135 × 1.138 × 0.382cm
估价：HKD 65,000-90,000
成交价：HKD 76,700

天然翡翠“平安扣”（一对）
年代不详 Unknown S 苏富比
2016-10-04 Lot1729 尺寸不详
估价：HKD 450,000-550,000
成交价：HKD 875,000

翡翠平安扣
当代 Contemporary BD 北京东正
2016-06-05 Lot293 尺寸不详
估价：无底价
成交价：RMB 2,300

白玉芝仙祝寿牌及翡翠连福纹珮
清晚期 Late Qing C 佳士得
2016-03-17 Lot1685 L6cm
估价：USD 20,000-30,000
成交价：USD 23,750

翡翠英雄牌
清 Qing BSA 北京古天一
2016-12-07 Lot1053 5 × 7cm
估价：RMB 250,000-300,000
成交价：RMB 287,500

天然翡翠“龙”牌
年代不详 Unknown HY 华艺国际
2016-11-26 Lot2065 6.08 × 4.22 × 0.86cm
估价：RMB 850,000-1,000,000
成交价：RMB 977,500

翡翠寿星珮
清 Qing BH 北京翰海
2016-12-04 Lot3165 H4.8cm
估价：RMB 20,000-30,000
成交价：RMB 32,200

翡翠福寿珮
清 Qing BH 北京翰海
2016-12-04 Lot3164 H4.8cm
估价：RMB 20,000-30,000
成交价：RMB 32,200

翡翠福字珮
清 Qing BH 北京翰海
2016-12-04 Lot3166 H4.8cm
估价：RMB 20,000-30,000
成交价：RMB 34,500

翡翠及宝石袖扣
年代不详 Unknown C 佳士得
2016-11-29 Lot1857 D1.47cm，H0.3cm
估价：HKD 280,000-380,000
成交价：HKD 350,000

玉及翠玉扳指 三只
清或民国 Qing or Republic Period BO 邦瀚斯
2016-09-12 Lot8041 D 2.9cm
估价：USD 4,000-6,000
成交价：USD 3,750

白玉芝仙祝寿牌及翡翠连福纹珮
清晚期 Late Qing C 佳士得
2016-03-17 Lot1685 L6cm
估价：USD 20,000-30,000
成交价：USD 23,750

银镶翡翠碧玺带扣
清 Qing BP 北京保利
2016-12-07 Lot6862 L8cm
估价：RMB 10,000-20,000
成交价：RMB 11,500

翡翠马蹄戒
清 Qing BD 北京东正
2016-09-23 Lot372 D 2.2cm
估价：无底价
成交价：RMB 3,450

翡翠袖扣
年代不详 Unknown C 佳士得
2016-05-31 Lot1932 2.08 × 1.58 × 0.67cm
估价：HKD 480,000-680,000
成交价：HKD 600,000

翡翠包金扳指
清 Qing KS 北京匡时
2016-12-05 Lot2555 D3cm
估价：RMB 20,000-50,000
成交价：RMB 36,800

翡翠扳指及翎管（一组两件）
清 Qing XLA 西泠印社
2016-09-29 Lot119 尺寸不一
估价：RMB 10,000-20,000
成交价：RMB 9,200

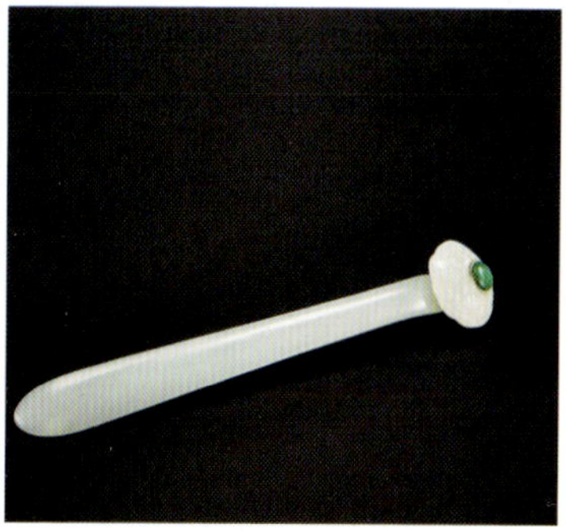

白玉雕龙纹嵌翠玉如意形簪
清，19 世纪 Qing,19th Century S 苏富比
2016-12-01 Lot14 13.9cm
估价：HKD 30,000-50,000
成交价：HKD 81,250

翡翠翎管
清 Qing KS 北京匡时
2016-12-05 Lot2554 L6cm
估价：RMB 20,000-50,000
成交价：RMB 32,200

翠玉烟管（五件）
年代不详 Unknown C 佳士得
2016-10-04 Lot189 L 13cm
估价：HKD 20,000-40,000
成交价：HKD 8,750

翠玉高山行旅图山子
民国 Repulic Period C 佳士得
2016-06-01 Lot3263 H21.5cm
估价：HKD 1,000,000-2,000,000
成交价：HKD 1,000,000

翡翠鹅首带勾
清 Qing RBZ 荣宝斋（上海）
2016-11-27 Lot822 L10cm
估价：RMB 20,000-30,000
成交价：RMB 138,000

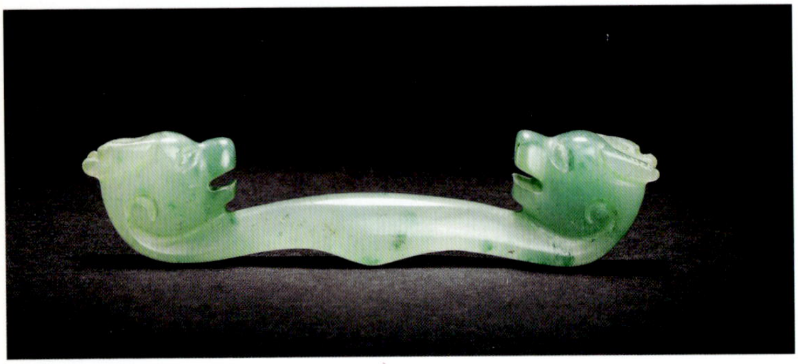

翡翠双龙笔架
清 Qing RBZ 荣宝斋（上海）
2016-11-27 Lot823 L9.4cm
估价：RMB 10,000-20,000
成交价：RMB 40,250

翡翠草虫插屏（一对）
民国 Repulic Period BP 北京保利
2016-04-27 Lot298 H28cm
估价：RMB 100,000-200,000
成交价：RMB 184,000

碧玉雕高士小砚屏、翡翠雕山子笔架
清 Qing BP 北京保利
2016-12-07 Lot6768 W7cm;H5.5cm;L7cm
估价：RMB 10,000-20,000
成交价：RMB 11,500

翡翠雕鸳鸯衔荷
清 Qing BP 北京保利
2016-12-07 Lot6865 L6cm
估价：RMB 25,000-55,000
成交价：RMB 28,750

翡翠荷塘鸳鸯笔架
清 Qing BP 北京保利
2016-12-06 Lot5928 L7cm
估价：RMB 100,000-150,000
成交价：RMB 299,000

翡翠灵猴摆件
清 Qing KS 北京匡时
2016-06-07 Lot3259 H5.5cm
估价：RMB 100,000-120,000
成交价：RMB 115,000

翡翠雕张骞乘槎小座屏
清中期 Mid Qing BP 北京保利
2016-06-08 Lot9110 H3.5cm
估价：RMB 50,000-80,000
成交价：RMB 69,000

翡翠摆件
年代不详 Unknown C 佳士得
2016-05-31 Lot1877 11.29 × 10.35 × 4.22cm
估价：HKD 80,000-120,000
成交价：HKD 200,000

翡翠摆件
年代不详 Unknown C 佳士得
2016-11-29 Lot1997 2.57 × 1.25cm
估价：HKD 80,000-120,000
成交价：HKD 100,000

翡翠摆件
年代不详 Unknown C 佳士得
2016-11-29 Lot1931 3 × 3 × 1.8cm
估价：HKD 80,000-120,000
成交价：HKD 50,000

翡翠摆件
年代不详 Unknown C 佳士得
2016-05-31 Lot1929 10.77 × 9.12 × 4.48cm
估价：HKD 180,000-280,000
成交价：HKD 350,000

翡翠摆件
年代不详 Unknown C 佳士得
2016-11-29 Lot1998 6.5 × 14.2 × 3.7cm
估价：HKD 680,000-880,000
成交价：HKD 850,000

翡翠摆件

年代不详 Unknown C 佳士得
2016-11-29 Lot1876 6.19 × 3.73 × 3.97cm
估价：HKD 180,000-280,000
成交价：HKD 237,500

翡翠摆件

年代不详 Unknown C 佳士得
2016-05-31 Lot1853 4.36 × 2.41 × 1.64cm
估价：HKD 120,000-180,000
成交价：HKD 150,000

翡翠摆件

年代不详 Unknown C 佳士得
2016-05-31 Lot1928 H31.0cm
估价：HKD 80,000-120,000
成交价：HKD 200,000

翡翠摆件

年代不详 Unknown C 佳士得
2016-05-31 Lot1852 11.40 × 6.07 × 4.21cm
估价：HKD 180,000-280,000
成交价：HKD 1,180,000

翡翠雕松鼠葡萄纹镇纸

清 Qing XLA 西泠印社
2016-09-29 Lot33 5.3 × 5.5 × 1.3cm
估价：RMB 18,000-30,000
成交价：RMB 23,000

翡翠衔桃凤

清 Qing GD 中国嘉德
2016-11-12 Lot2898 L 9cm
估价：RMB 58,000-78,000
成交价：RMB 66,700

翡翠瑞兽
清 Qing GD 中国嘉德
2016-11-12 Lot2897 L 5cm
估价：RMB 38,000-58,000
成交价：RMB 63,250

翡翠观音
清 Qing BD 北京东正
2016-11-11 Lot225 H25cm
估价：RMB 300,000-500,000
成交价：RMB 598,000

翡翠书卷观音
清 Qing HY 华艺国际
2016-11-26 Lot1155 H21.5cm
估价：RMB 300,000-400,000
成交价：RMB 345,000

翡翠雕鸳鸯摆件
20 世纪 20th Century S 苏富比
2016-12-02 Lot876 18.1cm
估价：HKD 80,000-120,000
成交价：HKD 100,000

翡翠佛
民国 Republic Period GD 中国嘉德
2016-11-29 Lot1188 H29.5cm
估价：HKD 300,000-500,000
成交价：HKD 413,000

翡翠观音
清 Qing KS 北京匡时
2016-12-06 Lot3164 H68.5cm
估价：RMB 35,000,000-38,000,000
成交价：RMB 74,750,000

翠雕观音像
年代不详 Unknown AS 中国艺海
2016-01-21 Lot2001 62cm
估价：HKD 900,000-1,800,000
成交价：HKD 2,750,000

天然冰种翡翠雕“观音”摆件
年代不详 Unknown S 苏富比
2016-11-28 Lot1765 尺寸不详
估价：HKD 450,000-600,000
成交价：HKD 937,500

翠玉雕件（六件）
年代不详 Unknown C 佳士得
2016-10-04 Lot187 H 6.5cm
估价：HKD 30,000-60,000
成交价：HKD 87,500

翠雕持花仕女
清 Qing BP 北京保利
2016-10-31 Lot535 H 24cm
估价：RMB 200,000-300,000
成交价：RMB 230,000

翡翠观音
清 Qing SUN 中贸圣佳
2016-05-16 Lot1209 H24.5cm
估价：RMB 1,600,000-2,000,000
成交价：RMB 1,840,000

翡翠兽面纹双耳熏炉
清 Qing PLXM 保利厦门
2016-11-06 Lot864 H 15cm
估价：RMB 120,000-160,000
成交价：RMB 218,500

翡翠双耳方盖炉
清，19 世纪 Qing,19th Century BP 北京保利
2016-06-08 Lot9318 H15.5cm
估价：RMB 600,000-800,000
成交价：RMB 690,000

翠玉仿古兽首衔环方鼎式盖炉
清晚期 Later Qing S 苏富比
2016-04-06 Lot3712 18.5cm
估价：HKD 180,000-250,000
成交价：HKD 400,000

翠玉拐子龙纹方鼎式盖炉
清 Qing C 佳士得
2016-06-01 Lot3265 H24.1cm
估价：HKD 800,000-1,500,000
成交价：HKD 2,440,000

翡翠瑞兽杯
民国 Repulic Period BP 北京保利
2016-04-27 Lot295 W21cm
估价：RMB 50,000-80,000
成交价：RMB 69,000

翡翠镂空活环香炉
20 世纪 20th Century RBZ 荣宝斋（上海）
2016-11-27 Lot933 H35cm
估价：RMB 50,000-80,000
成交价：RMB 92,000

翡翠九狮香炉
清 Qing BD 北京东正
2016-11-11 Lot1434 H15.6cm
估价：RMB 8,000,000-9,000,000
成交价：RMB 9,200,000

翠玉雕狮耳活环三足盖炉
20 世纪 20th Century S 苏富比
2016-12-02 Lot795 10.6cm
估价：HKD 80,000-120,000
成交价：HKD 175,000

翡翠雕夔龙纹双耳盖炉
清晚期 Late Qing BP 北京保利
2016-12-07 Lot6868 W14.5cm
估价：RMB 40,000-60,000
成交价：RMB 46,000

翡翠炉
民国 Republic Period GD 中国嘉德
2016-11-29 Lot1187 H15.5cm
估价：HKD 80,000-120,000
成交价：HKD 129,800

翠玉雕螭龙灵芝纹盖瓶
清，19 世纪 Qing,19th Century S 苏富比
2016-03-15 Lot135 尺寸不详
估价：USD 15,000-25,000
成交价：USD 47,500

翠玉雕百鸟朝凤图狮耳活环套链盖瓶
清晚期 Late Qing S 苏富比
2016-09-17 Lot1099 尺寸不详
估价：USD 4,000-6,000
成交价：USD 30,000

翡翠盖瓶
19-20 世纪 19th-20th Century GD 中国嘉德
2016-11-29 Lot1189 H22cm
估价：HKD 20,000-30,000
成交价：HKD 23,600

翡翠小瓶（碧玺座）
清 Qing BSA 北京古天一
2016-12-07 Lot1049 H6.5cm
估价：RMB 80,000-100,000
成交价：RMB 212,750

翠玉雕饕餮纹象耳活环盖瓶
20 世纪 20th Century S 苏富比
2016-12-02 Lot854 27.1cm
估价：HKD 100,000-150,000
成交价：HKD 200,000

翡翠活环海棠式炉
清中期 Mid Qing BP 北京保利
2016-12-05 Lot5168 W16cm
估价：RMB 1,500,000-2,000,000
成交价：RMB 3,105,000

翡翠雕兽面纹香瓶
乾隆 Qianlong BP 北京保利
2016-06-06 Lot7469 H12.2cm
估价：RMB 500,000-700,000
成交价：RMB 575,000

翡翠雕暗八仙纹茶碗
清中期 Mid Qing BD 北京东正
2016-06-05 Lot217 D 11.5cm
估价：RMB 50,000-60,000
成交价：RMB 138,000

翠玉雕五福百子图叶形大盘
19-20 世纪 19th-20th Century S 苏富比
2016-09-17 Lot1117 尺寸不详
估价：USD 4,000-6,000
成交价：USD 4,750

翠雕八宝盖碗
清中期 Mid Qing BP 北京保利
2016-10-31 Lot530 D 11.5cm
估价：RMB 100,000-200,000
成交价：RMB 115,000

翡翠大碗
清 Qing BP 北京保利
2016-04-27 Lot294 D22cm
估价：RMB 60,000-80,000
成交价：RMB 86,250

翡翠小碟
清 Qing GD 中国嘉德
2016-11-12 Lot3024 D 4.5cm
估价：无底价
成交价：RMB 5,750

翠雕盘（一对）
清 Qing BP 北京保利
2016-04-27 Lot293 D15cm
估价：RMB 40,000-60,000
成交价：RMB 97,750

翡翠烟碟
清 Qing BP 北京保利
2016-10-31 Lot479 D 5.5cm
估价：无底价
成交价：RMB 2,300

2016年度拍卖场次索引

2016 AUCTIONS INDEX

场次	拍卖机构	专场名称	拍卖时间	地点
1	北京保利	瓷器 · 玉器 · 工艺品	2016-01-16	北京
2	中国艺海	雅灿共赏——玉器	2016-01-21	香港
3	中国艺海	雅灿共赏——杂项	2016-01-21	香港
4	中国艺海	雅灿共赏——瓷器	2016-01-21	香港
5	佳士得	中国出口艺术品	2016-01-21	纽约
6	华艺国际	古董珍玩——瓷器 · 玉器 · 工艺品	2016-01-23	广州
7	邦瀚斯	印度、喜马拉雅及东南亚艺术	2016-03-14	纽约
8	邦瀚斯	美国私人中国鼻烟壶收藏两组：霍华德伉俪收藏及刘月初女仕收藏	2016-03-14	纽约
9	邦瀚斯	中国工艺精品及书画	2016-03-14	纽约
10	佳士得	范德伟喜马拉雅绘画珍藏	2016-03-15	纽约
11	佳士得	印度、喜马拉雅及东南亚工艺精品	2016-03-15	纽约
12	佳士得	拉希莉珍藏：印度与喜马拉雅艺术及古现代收藏	2016-03-15	纽约
13	苏富比	费立哲神父珍藏中国古典家具	2016-03-15	纽约
14	苏富比	Caramoor 音乐艺术中心珍藏中国艺术品	2016-03-15	纽约
15	佳士得	露芙及卡尔 · 巴伦珍藏中国鼻烟壶（第二部分）	2016-03-16	纽约
16	苏富比	中国艺术珍品	2016-03-16	纽约
17	苏富比	印度、喜马拉雅及东南亚工艺品重点呈献克劳斯 · 菲尔希收藏	2016-03-16	纽约
18	佳士得	东西轩——重要比利时显赫私人珍藏中国玉石雕	2016-03-17	纽约
19	佳士得	威尔逊伉俪文玩珍藏	2016-03-17	纽约
20	佳士得	中国瓷器及工艺精品	2016-03-17	纽约
21	上海嘉禾	艺术品	2016-03-18	上海
22	苏富比	苏富比周末拍场：亚洲艺术	2016-03-19	纽约
23	北京中汉	瓷器工艺品专场	2016-03-25	北京
24	中国嘉德	丹青五色——明末清初瓷器集珍	2016-03-26	北京
25	中国嘉德	瓷器	2016-03-26	北京
26	中国嘉德	长物心裁——清供治置	2016-03-26	北京
27	中国嘉德	承古容今——古典家具及工艺品	2016-03-26	北京
28	中国嘉德	研濡生香——砚、墨、印及文房诸器	2016-03-27	北京
29	中国嘉德	古籍善本 · 碑帖法书	2016-03-27	北京
30	北京荣宝	古董珍玩紫砂	2016-03-27	北京
31	北京荣宝	名贵珠宝首饰	2016-03-27	北京
32	中国嘉德	玉器 · 工艺品	2016-03-28	北京
33	佳士得	古今 丨 佳士得	2016-04-05	香港

场次	拍卖机构	专场名称	拍卖时间	地点
34	保利香港	中国古董珍玩专场	2016-04-05	香港
35	保利香港	法华万象——佛教艺术集珍	2016-04-05	香港
36	保利香港	璀璨珠宝专场	2016-04-05	香港
37	苏富比	文人玩趣——怪奇	2016-04-05	香港
38	苏富比	瑰丽珠宝及翡翠首饰	2016-04-05	香港
39	苏富比	赏心菁华——琵金顿珍藏重要中国工艺精品	2016-04-06	香港
40	苏富比	敬天勤民——康熙御制珍宝	2016-04-06	香港
41	苏富比	明式家具——亚洲私人收藏	2016-04-06	香港
42	苏富比	御甑凝芳——重要鉴赏收藏	2016-04-06	香港
43	苏富比	中国艺术珍品	2016-04-06	香港
44	西泠印社	文房清玩 · 古玩杂件专场	2016-04-09	绍兴
45	西泠印社	中外名人手迹专场	2016-04-09	绍兴
46	北京翰海	家具 · 赏石 · 玉器专场	2016-04-17	北京
47	北京翰海	古董珍玩专场	2016-04-17	北京
48	朵云轩	历代钱币及金银器	2016-04-22	上海
49	北京保利	闲中日月长——瓷器 · 玉器 · 文房杂项专场	2016-04-27	北京
50	北京保利	烟云——海外藏画专场	2016-04-27	北京
51	北京保利	瓷器 · 玉器 · 工艺品	2016-04-28	北京
52	保利厦门	玄览——重要作品专场	2016-05-08	厦门
53	保利厦门	狮吼南天——中国金铜佛造像、唐卡	2016-05-08	厦门
54	保利厦门	中国古董珍玩	2016-05-08	厦门
55	邦瀚斯	亚洲艺术专场	2016-05-09	伦敦
56	佳士得	中国瓷器及工艺品精选	2016-05-10	伦敦
57	佳士得	中国瓷器、工艺品及纺织品（第一部分）	2016-05-11	伦敦
58	苏富比	中国艺术珍品	2016-05-11	伦敦
59	邦瀚斯	中国工艺精品专场	2016-05-12	伦敦
60	佳士得	中国瓷器、工艺品及纺织品（第二部分）	2016-05-13	伦敦
61	北京华辰	瓷器玉器工艺品	2016-05-13	北京
62	北京东正	万卷琳琅——20 世纪重要古美术文献专场	2016-05-14	北京
63	北京东正	烟云供养——砚墨专场	2016-05-14	北京
64	北京东正	明清工艺美术专场	2016-05-14	北京
65	北京东正	神怡牧闲——书斋生活专场	2016-05-14	北京
66	北京东正	德不孤——古代陈设艺术专场	2016-05-14	北京
67	北京东正	稽首世尊——国内名家藏唐卡佛像专场	2016-05-14	北京
68	北京东正	皇家长物	2016-05-14	北京
69	北京东正	重要宫廷夜场	2016-05-14	北京
70	北京东正	合契——明清古典家具专场	2016-05-14	北京
71	北京东正	十日十月——文人生活空间专场	2016-05-14	北京

场次	拍卖机构	专场名称	拍卖时间	地点
72	中国嘉德	器以载道——现当代陶瓷	2016-05-14	北京
73	中国嘉德	天撷英华——当代玉石雕刻艺术家专场	2016-05-14	北京
74	中国嘉德	锦绣琼琚——明清玉器·鼻烟壶·织绣	2016-05-14	北京
75	中国嘉德	文人·漫生活——天地有大美而不言	2016-05-14	北京
76	中国嘉德	案上云烟——文房雅玩	2016-05-14	北京
77	中国嘉德	嘉木万重光——明式家具集珍	2016-05-14	北京
78	北京诚轩	瓷器工艺品	2016-05-15	北京
79	北京东正	真如妙谛——古代佛教艺术专场	2016-05-15	北京
80	北京东正	卿云斋织绣艺术撷芳	2016-05-15	北京
81	北京东正	玉成其美——当代玉雕专场	2016-05-15	北京
82	北京东正	紫器东来——茶·器专场	2016-05-15	北京
83	中国嘉德	名人手迹·签名收藏	2016-05-15	北京
84	中国嘉德	花香供佛·瓷珍雅玩	2016-05-15	北京
85	中国嘉德	明清瓷器·宫廷御玩	2016-05-15	北京
86	中国嘉德	逸云斋珍藏	2016-05-15	北京
87	中国嘉德	紫泥菁英——紫砂古器与近现代臻品	2016-05-15	北京
88	中国嘉德	旃檀林——佛教艺术集萃	2016-05-15	北京
89	中国嘉德	万法归一——宫廷造像精粹	2016-05-15	北京
90	中国嘉德	清宁——国石篆刻艺术	2016-05-15	北京
91	北京中汉	瓷器工艺品	2016-05-15	北京
92	北京诚轩	古钱·银锭·机制币	2016-05-16	北京
93	中国嘉德	印林锦囊——吴中王氏槐荫层晖庐藏明清印谱	2016-05-16	北京
94	中国嘉德	古籍善本	2016-05-16	北京
95	中国嘉德	笔墨文章——信札写本专场	2016-05-16	北京
96	中贸圣佳	藏珍——瓷器专场	2016-05-16	北京
97	中贸圣佳	彝癖——铜器专场	2016-05-16	北京
98	中贸圣佳	竹嶰虚心——明清竹雕专场	2016-05-16	北京
99	中贸圣佳	集萃——古董珍玩	2016-05-16	北京
100	中贸圣佳	斫木——明清家具专场	2016-05-16	北京
101	中贸圣佳	中国碑帖·古籍·书札专场	2016-05-16	北京
102	北京诚轩	纸币	2016-05-17	北京
103	中国嘉德	金银器·金银锭·钱币（古钱）	2016-05-17	北京
104	中国嘉德	金银器·金银锭·钱币（金银器·金银锭·金银币）	2016-05-17	北京
105	中国嘉德	纸钞	2016-05-18	北京
106	福建东南	石韵清玩——寿山石雕精品专场	2016-05-21	福州
107	福建东南	补天遗珍——寿山石雕珍品夜场	2016-05-21	福州
108	福建东南	印象万千——金石篆刻专场	2016-05-22	福州
109	福建东南	乘物游心——文房清供专场	2016-05-22	福州

场次	拍卖机构	专场名称	拍卖时间	地点
110	华艺国际	齐门天下——齐白石师生作品集珍	2016-05-26	广州
111	华艺国际	陶雅——中国历代陶瓷专场	2016-05-26	广州
112	华艺国际	静观——历代造像专场	2016-05-26	广州
113	华艺国际	西关大宅——器物篇	2016-05-26	广州
114	华艺国际	经典永恒——珠宝翡翠及珍贵钟表	2016-05-26	广州
115	佳士得	三十周年志庆拍卖：世纪珍藏	2016-05-30	香港
116	佳士得	中国近现代画	2016-05-31	香港
117	佳士得	瑰丽珠宝及翡翠首饰	2016-05-31	香港
118	佳士得	开元大观	2016-06-01	香港
119	佳士得	中国宫廷御制艺术精品 · 重要中国瓷器及工艺精品	2016-06-01	香港
120	邦瀚斯	中国瓷器及工艺精品专场	2016-06-02	香港
121	苏富比	水松石山房藏珍玩专场——逸翫俊赏	2016-06-02	香港
122	苏富比	中国艺术品	2016-06-02	香港
123	北京翰海	紫瓯凝香——紫砂艺术	2016-06-03	北京
124	北京翰海	古籍善本	2016-06-03	北京
125	北京保利	古锦——近现代名人书札手迹 · 上册	2016-06-03	北京
126	北京保利	古锦——近现代名人书札手迹 · 下册	2016-06-03	北京
127	北京翰海	木鱼晓动——佛造像艺术	2016-06-04	北京
128	北京翰海	繁华盛世——明清金铜器物	2016-06-04	北京
129	北京保利	百年风云——世界名人字札	2016-06-04	北京
130	北京保利	泉韵古今——古钱机制币、纸币专场	2016-06-04	北京
131	北京传是	雅事——文房杂项专场	2016-06-04	北京
132	北京传是	菩提心专场	2016-06-04	北京
133	北京传是	弥珍——瓷器专场	2016-06-04	北京
134	北京传是	凿枘——家具专场	2016-06-04	北京
135	北京传是	华丽珠宝专场	2016-06-04	北京
136	北京东正	重要中国陶瓷及工艺品专场	2016-06-05	北京
137	北京翰海	中国玉器	2016-06-05	北京
138	北京翰海	中国古董珍玩	2016-06-05	北京
139	北京保利	古事 · 文人生活	2016-06-05	北京
140	北京保利	古籍文献 · 唐宋遗书 · 翰墨菁萃 · 西文经典	2016-06-05	北京
141	北京保利	文人长物集珍（含紫砂壶、赏石、玉雕、天珠）	2016-06-05	北京
142	北京荣宝	古董珍玩及工艺品	2016-06-05	北京
143	北京荣宝	名贵珠宝首饰专场	2016-06-05	北京
144	北京保利	吉金——重要私人收藏明清铜炉	2016-06-06	北京
145	北京保利	从喜马拉雅到五台山——重要佛教艺术夜场	2016-06-06	北京
146	北京保利	禹贡——天子与庶民的感应 · 古董珍玩之夜	2016-06-06	北京
147	北京保利	宫廷艺术与重要瓷器、玉器、工艺品	2016-06-06	北京

场次	拍卖机构	专场名称	拍卖时间	地点
148	北京保利	冰壶秋月——紫砂茗具与书斋陈设雅玩	2016-06-06	北京
149	北京保利	新月雅集——近现代艺术陶瓷专场	2016-06-06	北京
150	北京匡时	可以清心——家具紫砂茶香及养生专场 A	2016-06-06	北京
151	北京匡时	可以清心——家具紫砂茶香及养生专场 B	2016-06-06	北京
152	北京保利	稽古——中国文房艺术	2016-06-07	北京
153	北京保利	自在菩提——中国金铜佛造像	2016-06-07	北京
154	北京保利	与古为徒——“有容堂”藏重要吴昌硕自用印及名家篆刻	2016-06-07	北京
155	北京保利	大明·格古	2016-06-07	北京
156	北京保利	潜龙腾渊——日本名轩御藏长物	2016-06-07	北京
157	北京保利	华彩霓裳——张信哲先生珍藏明清织绣服饰	2016-06-07	北京
158	北京保利	瑰丽珠宝与翡翠	2016-06-07	北京
159	北京匡时	推陈出新——近当代陶瓷专场	2016-06-07	北京
160	北京匡时	风华绝代——明清瓷器专场	2016-06-07	北京
161	北京匡时	神工妙造——古董珍玩专场	2016-06-07	北京
162	北京匡时	作意——佛教艺术专场	2016-06-07	北京
163	北京匡时	天工开物——瓷玉工艺品精品夜场	2016-06-07	北京
164	北京匡时	寻味求真——祺昌号茶事茶叶夜场	2016-06-07	北京
165	北京保利	中国古董珍玩（Ⅰ）	2016-06-08	北京
166	北京保利	中国古董珍玩（Ⅱ）	2016-06-08	北京
167	北京保利	国有善铜——铜镜·银器·铜杂专题	2016-06-08	北京
168	北京保利	游艺——当代工艺美术薪传录	2016-06-08	北京
169	北京匡时	脂蕴香泽——当代玉雕名家作品专场	2016-06-08	北京
170	北京匡时	珠宝及名表专场	2016-06-08	北京
171	北京匡时	方寸乾坤——印石篆刻专场	2016-06-08	北京
172	广州崇正	古逸清芬·古籍、信札、善本	2016-06-13	广州
173	中国嘉德	瓷器·玉器·工艺品	2016-06-18	北京
174	上海嘉禾	《珍瓷雅玩》——瓷器玉器工艺品专场	2016-06-25	上海
175	西泠印社	吉金嘉会·金石碑帖专场	2016-06-25	杭州
176	西泠印社	古籍善本专场	2016-06-25	杭州
177	西泠印社	萃古熙今·文房古玩专场	2016-06-25	杭州
178	西泠印社	道入匠心·文房古玩专场	2016-06-25	杭州
179	西泠印社	中国历代瓷器专场	2016-06-25	杭州
180	西泠印社	中国当代玉雕大师作品专场	2016-06-25	杭州
181	西泠印社	中外名人手迹专场	2016-06-26	杭州
182	西泠印社	文房清玩·古玩杂件专场	2016-06-26	杭州
183	西泠印社	中国历代紫砂器物暨茶文化专场	2016-06-26	杭州
184	西泠印社	华藏宝相——中国历代造像艺术专场	2016-06-26	杭州
185	西泠印社	中国历代庭园艺术——石雕专场	2016-06-26	杭州

场次	拍卖机构	专场名称	拍卖时间	地点
186	西泠印社	西洋钟及器物专场	2016-06-26	杭州
187	西泠印社	寄兴金石 · 名家闲章集萃专场	2016-06-26	杭州
188	西泠印社	文房清玩 · 田黄及名家钮工专场	2016-06-26	杭州
189	西泠印社	文房清玩 · 近现代名家篆刻专场	2016-06-26	杭州
190	西泠印社	文房清玩 · 历代名砚及古墨专场	2016-06-27	杭州
191	西泠印社	中国园艺盆景专场	2016-06-27	杭州
192	西泠印社	中国历代钱币专场	2016-06-27	杭州
193	邦瀚斯	中国鼻烟壶（美国收藏）专场	2016-06-28	旧金山
194	邦瀚斯	中国工艺精品专场	2016-06-28	旧金山
195	朵云轩	金石缘——近现代名家篆刻专场	2016-06-29	上海
196	朵云轩	金石缘——当代全国名家篆刻专场	2016-06-29	上海
197	朵云轩	含英咀华——首届金石铭刻文房专场	2016-06-29	上海
198	朵云轩	丰乐砚田——古名砚专场	2016-06-29	上海
199	朵云轩	瓷器杂项专场	2016-06-29	上海
200	中国艺海	盛世珍藏——瓷器、玉器、字画	2016-07-15	香港
201	中国艺海	盛世珍藏——杂项	2016-07-15	香港
202	朵云轩	文房玉石杂项	2016-07-22	上海
203	朵云轩	古籍碑帖专场	2016-07-22	上海
204	华艺国际	珠宝 · 翡翠 · 钟表	2016-07-24	广州
205	华艺国际	古董珍玩	2016-07-24	广州
206	北京保利	瓷器 · 玉器 · 工艺品	2016-07-30	北京
207	北京翰海	玉器 · 家具 · 赏石专场	2016-08-14	北京
208	北京翰海	匠心筑梦——燕京八绝精品拍卖专场	2016-08-14	北京
209	北京翰海	古董珍玩专场	2016-08-14	北京
210	邦瀚斯	约翰和西莱斯特 · 弗莱明夫妇珍藏中国古典家具及艺术精品	2016-09-12	纽约
211	邦瀚斯	美国私人鼻烟壶收藏	2016-09-12	纽约
212	苏富比	艺海观涛：坂本五郎珍藏中国艺术——高古	2016-09-13	纽约
213	苏富比	中国艺术珍品	2016-09-13	纽约
214	佳士得	露芙及卡尔 · 巴伦珍藏中国鼻烟壶	2016-09-14	纽约
215	佳士得	古韵天成——临宇山人珍藏（二）	2016-09-15	纽约
216	佳士得	美藏于斯——大都会艺术博物馆珍藏中国瓷器	2016-09-15	纽约
217	佳士得	中国瓷器及工艺精品	2016-09-16	纽约
218	苏富比	蘇富比周末拍场：亚洲艺术	2016-09-17	纽约
219	上海嘉禾	珍瓷雅玩	2016-09-20	上海
220	北京东正	重要中国陶瓷及工艺品专场（二）	2016-09-23	北京
221	北京匡时	直心道场——五台山人藏珍	2016-09-23	北京
222	中国嘉德	瓷器	2016-09-24	北京
223	中国嘉德	承古容今——古典家具及工艺品	2016-09-24	北京

场次	拍卖机构	专场名称	拍卖时间	地点
224	北京中汉	瓷器工艺品专题	2016-09-24	北京
225	中国嘉德	研濡生香——砚、墨、印及文房诸器	2016-09-25	北京
226	中国嘉德	长物心裁——清供冶置	2016-09-25	北京
227	中国嘉德	玉器工艺品	2016-09-25	北京
228	中国嘉德	玉器工艺品	2016-09-26	北京
229	中国嘉德	古籍善本 · 碑帖法书	2016-09-26	北京
230	西泠印社	文房清玩 · 古玩杂件专场	2016-09-29	绍兴
231	保利香港	璀璨珠宝专场	2016-10-03	香港
232	佳士得	古今丨佳士得	2016-10-04	香港
233	保利香港	九重芳华——宫廷御制珍玩专场	2016-10-04	香港
234	保利香港	中国古董珍玩专场	2016-10-04	香港
235	保利香港	梵珍妙品——御颐珍藏金铜佛像专场	2016-10-04	香港
236	保利香港	古韵——重要高古艺术专场	2016-10-04	香港
237	苏富比	瑰丽珠宝及翡翠首饰	2016-10-04	香港
238	苏富比	精蕴琳琅：Roger · Keverne · 私人瑰藏	2016-10-05	香港
239	苏富比	花赏瑶华：巴黎名藏中国艺术收藏 · III	2016-10-05	香港
240	苏富比	龙游帝苑	2016-10-05	香港
241	苏富比	艺海观涛：坂本五郎珍藏早期佛教铜像	2016-10-05	香港
242	苏富比	明式家具：轻巧袖珍宝	2016-10-05	香港
243	苏富比	中国艺术珍品	2016-10-05	香港
244	朵云轩	历代钱币及金银器	2016-10-20	上海
245	北京华辰	瓷器玉器工艺品	2016-10-26	杭州
246	北京华辰	亚洲重要私人收藏	2016-10-26	杭州
247	福建东南	乘物游心——文房清供专场	2016-10-30	福州
248	福建东南	印象万千——金石篆刻专场	2016-10-30	福州
249	福建东南	石韵清玩——寿山石雕精品专场	2016-10-30	福州
250	福建东南	化境——当代漆艺专场	2016-10-30	福州
251	福建东南	补天遗珍——寿山石雕珍品夜场	2016-10-30	福州
252	北京保利	瓷器 · 玉器 · 工艺品一	2016-10-31	北京
253	北京保利	瓷器 · 玉器 · 工艺品二	2016-10-31	北京
254	保利厦门	玄览——重要古董器物专场	2016-11-06	厦门
255	保利厦门	中国古董珍玩	2016-11-06	厦门
256	保利厦门	中西名酒及陈年好茶	2016-11-06	厦门
257	保利厦门	珠宝腕表与西洋古董	2016-11-06	厦门
258	邦瀚斯	亚洲瓷器及工艺精品	2016-11-07	伦敦
259	佳士得	中国瓷器及工艺精品	2016-11-08	伦敦
260	佳士得	中国瓷器 · 工艺精品及纺织品（第一部分）	2016-11-09	伦敦
261	邦瀚斯	中国工艺精品专场	2016-11-10	伦敦

场次	拍卖机构	专场名称	拍卖时间	地点
262	北京保利	壶中鸥波——士子和他的时代	2016-11-10	北京
263	北京东正	文心清节——书斋生活专场	2016-11-11	北京
264	北京东正	日月菁华——文人器物专场	2016-11-11	北京
265	北京东正	澈心——中国器具陈设与艺术专场	2016-11-11	北京
266	北京东正	卿云斋织绣艺术撷芳	2016-11-11	北京
267	北京东正	燕居首器——明清铜炉专场	2016-11-11	北京
268	北京东正	馨翊轩——明清工艺美术专场	2016-11-11	北京
269	北京东正	真如妙谛——古代佛教艺术专场	2016-11-11	北京
270	北京东正	万物——佛像、玉器及古董艺术专场	2016-11-11	北京
271	北京东正	皇家长物	2016-11-11	北京
272	北京东正	云觥万载——古代玉器专场	2016-11-11	北京
273	北京东正	至尊华美——铜胎掐丝珐琅专场	2016-11-11	北京
274	佳士得	中国瓷器·工艺精品及纺织品（第二部分）	2016-11-11	伦敦
275	北京诚轩	瓷器工艺品	2016-11-12	北京
276	北京东正	集古拾今——家具、紫砂茶道具、美术文献专场	2016-11-12	北京
277	北京东正	平凡之外——珍稀佳酿及西洋古董专场	2016-11-12	北京
278	北京东正	琉光溢彩——珠宝、翡翠及艺术品专场	2016-11-12	北京
279	中国嘉德	明清瓷器玉器掌玩艺术	2016-11-12	北京
280	中国嘉德	含英咀华——明清宫廷艺术聚珍	2016-11-12	北京
281	中国嘉德	心赏·赏心——私人藏佛教艺术精粹	2016-11-12	北京
282	中国嘉德	哲布尊丹巴——扎那巴扎尔	2016-11-12	北京
283	中国嘉德	旃檀林——佛教艺术集萃	2016-11-12	北京
284	中国嘉德	清宁——国石篆刻艺术	2016-11-12	北京
285	中国嘉德	器以载道——现当代陶瓷	2016-11-13	北京
286	中国嘉德	天撷英华——当代玉石雕刻艺术家专场	2016-11-13	北京
287	中国嘉德	紫泥菁英——紫砂古器与近现代臻品	2016-11-13	北京
288	中国嘉德	名人手迹·签名收藏	2016-11-13	北京
289	中国嘉德	案上云烟——文房雅玩	2016-11-13	北京
290	中国嘉德	执古御今——书斋长物	2016-11-13	北京
291	中国嘉德	清隽明朗——明清古典家具精品	2016-11-13	北京
292	中国嘉德	匠心妙契——江南长物集珍	2016-11-13	北京
293	北京中汉	瓷器工艺品	2016-11-13	北京
294	北京诚轩	古钱·银锭·机制币	2016-11-14	北京
295	中国嘉德	古籍善本	2016-11-14	北京
296	中国嘉德	笔墨文章——信札写本专场	2016-11-14	北京
297	中贸圣佳	【夜场】梵尘妙相——佛像专场	2016-11-14	北京
298	北京诚轩	纸币	2016-11-15	北京
299	中国嘉德	金银器	2016-11-15	北京

场次	拍卖机构	专场名称	拍卖时间	地点
300	中国嘉德	古钱、金银锭、金银币（古钱币）	2016-11-15	北京
301	中贸圣佳	集萃——古董珍玩	2016-11-15	北京
302	中贸圣佳	斫木——明清家具专场	2016-11-15	北京
303	中贸圣佳	藏珍——瓷器专场	2016-11-15	北京
304	中贸圣佳	万卷——古籍·碑帖·书札专场	2016-11-15	北京
305	中贸圣佳	御览——天禄琳琅及历代佳椠	2016-11-15	北京
306	中国嘉德	纸钞	2016-11-16	北京
307	中国嘉德	古钱、金银锭、金银币（金银锭、金银币）	2016-11-16	北京
308	北京华辰	瓷器玉器工艺品	2016-11-16	北京
309	华艺国际	经典永恒——珠宝翡翠与名品手袋	2016-11-26	广州
310	华艺国际	静观——历代造像专场	2016-11-26	广州
311	华艺国际	余香集——古董珍玩专场	2016-11-26	广州
312	荣宝斋（上海）	金梅花室——郭若愚藏钱币专场	2016-11-27	上海
313	荣宝斋（上海）	金梅花室——郭若愚藏金石书画文房雅玩专场	2016-11-27	上海
314	荣宝斋（上海）	古董珍玩专场	2016-11-27	上海
315	北京匡时	集瑞——古董珍玩专场	2016-11-28	香港
316	苏富比	珍贵珠宝及翡翠首饰	2016-11-28	香港
317	邦瀚斯	中国瓷器及工艺精品	2016-11-29	香港
318	佳士得	瑰丽珠宝及翡翠首饰	2016-11-29	香港
319	中国嘉德	紫英青璲——古砚专场	2016-11-29	香港
320	中国嘉德	怀古——重要元明艺术珍品	2016-11-29	香港
321	中国嘉德	搏泥幻化——中国古代陶瓷	2016-11-29	香港
322	中国嘉德	观古——瓷器珍玩工艺品	2016-11-29	香港
323	中国嘉德	观华——明清古典家具	2016-11-29	香港
324	保利香港	怡情·中国古董珍玩	2016-11-29	香港
325	佳士得	养德堂珍藏中国古陶瓷	2016-11-30	香港
326	佳士得	重要中国瓷器及工艺精品	2016-11-30	香港
327	苏富比	五德冰清——沐文堂藏中国玉雕	2016-12-01	香港
328	北京翰海	紫瓯凝香——紫砂艺术	2016-12-02	北京
329	苏富比	中国艺术品	2016-12-02	香港
330	北京翰海	繁华盛世——明清金铜器物	2016-12-03	北京
331	北京翰海	格古集甄——重要私人收藏	2016-12-03	北京
332	北京翰海	西路十年——金铜佛像	2016-12-03	北京
333	北京荣宝	华庭妙趣——古董文玩造像	2016-12-03	北京
334	北京翰海	中国玉器	2016-12-04	北京
335	北京翰海	中国古董珍玩	2016-12-04	北京
336	北京保利	泉韵古今——古钱机制币、纸币专场	2016-12-04	北京
337	北京保利	中国当代高端工艺品	2016-12-04	北京

场次	拍卖机构	专场名称	拍卖时间	地点
338	北京保利	吉金——重要私人收藏明清铜炉	2016-12-05	北京
339	北京保利	大圆觉——重要佛教美术夜场	2016-12-05	北京
340	北京保利	三叠·五饼——东瀛清赏宋元明清花器	2016-12-05	北京
341	北京保利	色古，香清——雍正御瓷与内廷雅玩	2016-12-05	北京
342	北京保利	禹贡——御座与重屏之间·古董珍玩之夜	2016-12-05	北京
343	北京保利	大明·格古	2016-12-05	北京
344	北京保利	古籍文献·唐宋遗书·翰墨菁萃·西文经典	2016-12-05	北京
345	北京匡时	推陈出新——近当代陶瓷专场	2016-12-05	北京
346	北京匡时	风华绝代——明清瓷器专场	2016-12-05	北京
347	北京匡时	天工紫韵——藏乐阁当代紫檀家具专场	2016-12-05	北京
348	北京匡时	珠宝及西洋古董专场	2016-12-05	北京
349	北京匡时	作意——佛教艺术专场	2016-12-05	北京
350	北京匡时	神工妙造——古董珍玩专场	2016-12-05	北京
351	北京匡时	浮翠流丹——私人藏珊瑚工艺品专场	2016-12-05	北京
352	北京匡时	方寸乾坤——印石篆刻专场	2016-12-05	北京
353	北京保利	稽古——中国文房艺术与紫砂茗具	2016-12-06	北京
354	北京保利	自在菩提——中国金铜佛造像、唐卡	2016-12-06	北京
355	北京保利	宫廷艺术与重要瓷器、玉器、工艺品	2016-12-06	北京
356	北京保利	营作——一木一石间的中国古典家具	2016-12-06	北京
357	北京保利	瑰丽珠宝与翡翠	2016-12-06	北京
358	北京匡时	可以清心——紫砂及茶道具专场	2016-12-06	北京
359	北京匡时	寻味求真——祺昌号茶事茶叶专场	2016-12-06	北京
360	北京匡时	静观——重要私人收藏明清工艺品夜场	2016-12-06	北京
361	北京匡时	天工开物——瓷器工艺品精品夜场	2016-12-06	北京
362	北京匡时	瑞福集臻——宫廷艺术珍品夜场	2016-12-06	北京
363	北京匡时	佳器互代——乾坤堂藏瓷玉工艺品夜场	2016-12-06	北京
364	北京匡时	百雅之首——重要古琴夜场	2016-12-06	北京
365	北京保利	中国古董珍玩（I）	2016-12-07	北京
366	北京保利	中国古董珍玩（II）	2016-12-07	北京
367	北京保利	国有善铜——铜镜·金银器	2016-12-07	北京
368	北京古天一	清玩聚珍	2016-12-07	北京
369	北京古天一	缘起——藏传佛教艺术（四）	2016-12-07	北京
370	北京中汉	犹珍 25——瓷器工艺品专题拍卖会	2016-12-07	北京
371	北京中汉	瓷器工艺品二	2016-12-07	北京
372	保利厦门	古董珍玩	2016-12-10	厦门
373	保利厦门	珠宝腕表与佳酿茗品	2016-12-10	厦门
374	广州崇正	汲古·珍瓷雅器、玉堂清玩	2016-12-11	广州

中国历代年表

CHRONOLOGY

中文/缩写 英文	年代
新石器时代 / Neolithic Neolithic Period	10th-early 1st millennium B.C.
商 Shang	16th century B.C.—1059 B.C.
周 Zhou	1059 B.C.—221 B.C.
西周 / W.Zhou Western Zhou	1059 B.C.—771 B.C.
东周 / E.Zhou Eastern Zhou	770 B.C.—255 B.C.
春秋/ S.& A. Spring& Autumn	770 B.C.—403 B.C.
战国/ Warring Warring States	403 B.C.—221 B.C.
秦 Qin	221 B.C.—207 B.C.
汉 Han	206 B.C.—220 A.D.
西汉 / W.Han Western Han	202 B.C.—9 A.D.
东汉 / E.Han Eastern Han	25—220
六朝 / Six Dy. Six Dynasties	220—589
三国 / Three King Three Kingdoms	220—280
晋 Jin	266—420
西晋 / W.Jin Western Jin	266—317
东晋 / E.Jin Eastern Jin	317—420
南北朝 / S.&N.Dy. Southern&Northern Dynasties	420—589
隋 Sui	581—618
唐 Tang	618—907
五代 / Five Dy. Five Dynasties	907—960
宋 Song	960—1279
北宋 / N.Song Northern Song	960—1127
南宋 / S.Song Southern Song	1127—1279
辽 Liao	916—1125

中文/缩写 英文	年代
金 Jin	1115—1234
元 Yuan	1271—1368
明 Ming	1368—1644
洪武 Hongwu	1368—1398
建文 Jianwen	1398—1402
永乐 Yongle	1402—1424
洪熙 Hongxi	1424—1425
宣德 Xuande	1425—1435
正统 Zhengtong	1435—1449
景泰 Jingtai	1449—1457
天顺 Tianshun	1457—1464
成化 Chenghua	1464—1487
弘治 Hongzhi	1487—1505
正德 Zhengde	1505—1521
嘉靖 Jiajing	1521—1567
隆庆 Longqing	1567—1572
万历 Wanli	1572—1620
泰昌 Taichang	1620—1620
天启 Tianqi	1620—1627
崇祯 Chongzhen	1627—1644
清 Qing	1636—1912
崇德 Chongde	1636—1643
顺治 Shunzhi	1643—1661
康熙 Kangxi	1661—1722
雍正 Yongzheng	1722—1735
乾隆 Qianlong	1735—1796
嘉庆 Jiaqing	1796—1820
道光 Daoguang	1820—1850
咸丰 Xianfeng	1850—1861
同治 Tongzhi	1861—1875
光绪 Guangxu	1875—1908
宣统 Xuantong	1908—1912
中华民国 / Republic Period Republic of China	1912—1949
中华人民共和国 / PRC People's Republic of China	1949—

图书在版编目（CIP）数据

2017中国艺术品拍卖年鉴．玉器/《拍卖年鉴》编辑部（中国）编著．—北京：北京联合出版公司，2017.1

ISBN 978-7-5502-9529-2

Ⅰ．①2… Ⅱ．①拍… Ⅲ．①艺术品—拍卖—价格—中国—2017—年鉴②古玉器—拍卖—价格—中国—2017—年鉴 Ⅳ．①F724.787-54

中国版本图书馆CIP数据核字（2017）第004965号

2017中国艺术品拍卖年鉴

玉器

项目策划 紫图图书ZITO®

监　　制 黄利　万夏

编　　著 《拍卖年鉴》编辑部

责任编辑 管　文

特约编辑 张耀强　高　翔

装帧设计 紫图图书ZITO®

北京联合出版公司出版

（北京市西城区德外大街83号楼9层　100088）

联城印刷（北京）有限公司印刷　新华书店经销

380千字　710毫米×1000毫米　1/16　33.5印张

2017年1月第1版　2017年1月第1次印刷

ISBN 978-7-5502-9529-2

定价：199.00元